Brot, Licht und Weinstock

Supplements to Novum Testamentum

Executive Editors
M.M. Mitchell
Chicago
D.P. Moessner
Dubuque

Editorial Board
C.K. BARRETT, DURHAM – P. BORGEN, TRONDHEIM
C. BREYTENBACH, BERLIN – J.K. ELLIOTT, LEEDS
C.R. HOLLADAY, ATLANTA – A.J. MALHERBE, NEW HAVEN
M.J.J. MENKEN, UTRECHT – J. SMIT SIBINGA, AMSTERDAM
J.C. THOM, STELLENBOSCH

VOLUME 127

Brot, Licht und Weinstock

Intertextuelle Analysen
johanneischer Ich-bin-Worte

von

Silke Petersen

BRILL

LEIDEN • BOSTON
2008

This book is printed on acid-free paper.

Library of Congress Cataloging-in-Publication Data

Petersen, Silke.
  Brot, Licht und Weinstock : intertextuelle Analysen johanneischer Ich-bin-Worte / von Silke Petersen.
    p. cm. — (Supplements to Novum Testamentum ; v. 127)
  Includes bibliographical references and index.
  ISBN 978-90-04-16599-1 (hardback : alk. paper) 1. Bible. N.T. John—Language, style. 2. Metaphor in the Bible. 3. Bible. N.T. John—Comparative studies. 4. Metaphor—Religious aspects—Comparative studies. 5. Bible. N.T. John—Theology. 6. Incarnation—Biblical teaching. I. Title.

  BS2615.6.R54P48 2008
  226.5'066–dc22

2008004363

ISSN 0167-9732
ISBN 978 90 04 16599 1

Copyright 2008 by Koninklijke Brill NV, Leiden, The Netherlands.
Koninklijke Brill NV incorporates the imprints Brill, Hotei Publishing, IDC Publishers, Martinus Nijhoff Publishers and VSP.

All rights reserved. No part of this publication may be reproduced, translated, stored in a retrieval system, or transmitted in any form or by any means, electronic, mechanical, photocopying, recording or otherwise, without prior written permission from the publisher.

Authorization to photocopy items for internal or personal use is granted by Koninklijke Brill NV provided that the appropriate fees are paid directly to The Copyright Clearance Center, 222 Rosewood Drive, Suite 910, Danvers, MA 01923, USA.
Fees are subject to change.

PRINTED IN THE NETHERLANDS

In Erinnerung an meinen Vater
Peter Petersen
24.10.1935–12.9.2002

INHALTSVERZEICHNIS

VORWORT xi
A. STATT EINER EINLEITUNG: ISIS IN DER KIRCHE
   DES HEILIGEN JOHANNES AUF IOS 1

B. PROLEGOMENA 5
   I. Zwischen Gnosis, Hellenismus und Deuterojesaja:
      Die Ich-bin-Worte in der Forschung 5
      1. Haupttendenzen neuerer Veröffentlichungen 5
      2. Gegenläufige Tendenzen, offene Fragen und
         methodische Probleme 13
      3. Die älteren Hypothesen und ihre Problematik 19
      4. Konsequenzen für das weitere Vorgehen 27
   II. Das Johannesevangelium und „die Juden": Zum Umgang
       mit problematischen Texten 29
      1. Das Problem 29
      2. Antisemitismus, Antijudaismus, antijüdische Rhetorik?
         Begriffsklärungen 36
      3. Die historische Situation der johanneischen Gemeinde ... 40
      4. Hermeneutische Überlegungen 49
   III. Religionsgeschichte, Intertextualität und die antike LeserIn:
        Überlegungen zur Methode 54
      1. Problemanzeige 54
      2. Intertextualität, Dialogizität, Transposition 62
      3. Unterschiedliche Textverständnisse 66
      4. Die Rezeptionssituation und die Textwelt der
         Spätantike 71
      5. Formen von Intertextualität: Terminologie und
         Beispiele 80
      6. Intertextualität und die Evangelienanfänge 84
      7. Welcher Text wird interpretiert? 91

C. DIE JOHANNEISCHEN ICH-BIN-WORTE 97

I. Die Ich-bin-Worte im Kontext des Johannesevangeliums 97
   1. Die Formulierung ἐγώ εἰμι im Johannes-
      evangelium 98
   2. Der johanneische Ich-Stil 102
   3. Zur Interpretation der sogenannten „absoluten"
      Ich-bin-Worte 106
   4. Prädikative Ich-bin-Worte und Bedingungssätze 110

II. Die Ich-bin-Worte als Metaphern 115
   1. Aristoteles und die neuere Metapherntheorie 116
   2. Sinnstiftung durch Metaphern 117
   3. Zur Wirkung von Metaphern 122
   4. Metaphern und Verwandtes 124
      a) Metonymie und Synekdoche 125
      b) Vergleich 126
      c) Symbol 127
      d) Gleichnis und Allegorie 128
   5. Erzählung und Metapher 135
   6. Subjekt und Prädikat 139

III. Ich-bin-Worte in Texten der Spätantike: ein Überblick 143
   Zur Vorgehensweise 143
   1. Septuaginta und frühjüdische Apokryphen 146
      a) Selbstvorstellungen mit Namen oder Titeln 147
      b) Beschreibung von Eigenschaften, Tätigkeiten und
         Befindlichkeiten 149
      c) Paradoxien, Rätsel und Metaphern 150
   2. Neues Testament und (griechisch erhaltene)
      frühchristliche Apokryphen 153
      a) Selbstvorstellungen mit Namen oder Titeln 154
      b) Beschreibung von Eigenschaften, Tätigkeiten und
         Befindlichkeiten 157
      c) Paradoxien, Rätsel und Metaphern 158
   3. Koptische Schriften, vorwiegend aus dem Bereich der
      Gnosis 159
   Exkurs: Zur Übertragung von ἐγώ εἰμι in koptischen
   Übersetzungen 160
      a) Selbstvorstellungen mit Namen oder Titeln 165
      b) Beschreibung von Eigenschaften, Tätigkeiten und
         Befindlichkeiten 168

c) Paradoxien, Rätsel und Metaphern 169
d) Serien: Pronoia, Protennoia und Bronte 172
4. Paganes, besonders von Isis 181
   a) „Unhellenischer Charakter" der Ich-bin-Worte 181
   b) Die Zauberpapyri 182
   c) Isis 184
5. Ergebnisse und Schlussfolgerungen 194

D. EXEMPLARISCHE AUSLEGUNGEN
   METAPHORISCHER ICH-BIN-WORTE 201

I. Himmlisches Brot: Manna, Sophia und Jesus 201
   1. Abgrenzung, Gliederung und Kontext 201
   2. Manna, Brot vom Himmel und Jesus 208
   3. Sophia und Jesus als Nahrungsspendende und
      Nahrungsmittel 218
   4. Antithese, Überbietung, Überhöhung? 225
   5. Erinnerung, Erwartung und messianische Zeit 230
   6. Raum und Materie 232
II. Licht, Ethik und Erkenntnis 235
   1. Abgrenzung, Gliederung und Kontext 237
   2. Jesus im Thomasevangelium (NHC II,2) 245
   3. Derdekeas in der Paraphrase des Sêem
      (NHC VII,1) 252
   4. Poimandres im Poimandres (CH 1) 258
   5. Pronoia im Apokryphon des Johannes (NHC II,1 /
      IV,1) 260
   6. Protennoia in der dreigestaltigen Protennoia (NHC
      XIII,1) 269
   7. Das Licht der Weisheit und andere Lichter 273
   8. Die johanneische Lichtmetaphorik im Kontext der
      anderen Texte 279
III. Der Weinstock, Israel und das Paradies 286
   1. Abgrenzung, Gliederung und Kontext 287
   2. Ein metaphorisches Netzwerk 289
   3. Zum antiken Weinbau: Bildwelt-Realitäten 293
   4. Metaphorischer Weinbau 302

E. ERGEBNISSE UND SCHLUSSFOLGERUNGEN:
INTERTEXTUELLE PERSPEKTIVEN
JOHANNEISCHER ICH-BIN-WORTE 315

  I. Das Ergebnis in Kürze 315
 II. Rückblick auf den Verlauf der Untersuchungen 316
III. Gemeinsamkeiten johanneischer Ich-bin-Worte 323

F. EPILOG: GEFAHREN UND CHANCEN
JOHANNEISCHER ICH-BIN-WORTE 335

G. LITERATURVERZEICHNIS 341

  I. Abkürzungen und Technisches 341
 II. Quellen, Textausgaben und Übersetzungen 345
III. Übrige Literatur 352

H. REGISTER ANTIKER SCHRIFTEN UND
AUTORINNEN 383

VORWORT

Die vorliegende Untersuchung wurde im Dezember 2004 als Habilitationsschrift am Fachbereich Evangelische Theologie der Universität Hamburg eingereicht und im folgenden Sommersemester als Habilitationsschrift angenommen.

Mein besonderer Dank gilt meinem Doktorvater Eckhard Rau, der mich über lange Jahre stets zuverlässig begleitet und unterstützt und der trotz der Folgen eines schweren Unfalls das Erstgutachten zu dieser Arbeit angefertigt hat. Mein Dank gilt auch dem Zweitgutachter Gerhard Sellin, nicht nur für die Anfertigung des Gutachtens, sondern auch für Gespräche über inhaltliche Fragen, insbesondere auf dem Gebiet der Metapherntheorie.

Wissenschaftliche Arbeit findet glücklicherweise nicht ausschließlich in der Einsamkeit des eigenen Schreibtisches statt. Verschiedene Teile und Themen dieser Untersuchung wurden in unterschiedlichen Zusammenhängen vorgestellt und diskutiert: im neutestamentlichen Forschungskolloquium der Universität Hamburg, bei Treffen der deutschsprachigen Sektion für Neues Testament der *European Society of Women in Theological Research*, bei der fünften Jahrestagung der Arbeitsgemeinschaft neutestamentlicher Assistenten und Assistentinnen 2001 in München, mit Studierenden in Seminaren an den Universitäten Hamburg, Duisburg-Essen und Heidelberg, bei der Internationalen Konferenz *Bildersprache des Johannesevangeliums* 2005 in Eisenach sowie – in der Anfangsphase dieser Arbeit – im Würzburger Graduiertenkolleg *Zur Wahrnehmung der Geschlechterdifferenz in religiösen Symbolsystemen*; bei allen Beteiligten bedanke ich mich für Gespräche, Anfragen und Anregungen.

Zudem danke ich Margaret M. Mitchell und David P. Moessner für die Aufnahme der vorliegenden Arbeit in die Reihe *Novum Testamentum Supplements* sowie Ivo Romein und Anita Opdam für die Betreuung von Verlagsseite.

Schließlich möchte ich noch allen jenen danken, die in den oben genannten oder auch anderen Lebenszusammenhängen mir in unterschiedlichen Phasen der Arbeit mit Ermutigung, freundschaftlicher Begleitung, Diskussionsfreude, sprachlicher Kompetenz und unterschiedlichsten Formen der Unterstützung geholfen haben; genannt seien hier Gerlinde Baumann, Angela Berlis, Gabriele Borger, Katrin Brockmöller,

Ralph Brucker, Ute E. Eisen, Heinz Fuchs, Ingeborg Geißler, Christine Gerber, Hans-Martin Gutmann, Judith Hartenstein, Frank Hengsbach, Axel Horstmann, Daphna Horwitz, Benita Joswig, Christa Kaplan, Helga Kuhlmann, Martin Leutzsch, Charlotte Methuen, Gisela und Meike Petersen, Uwe-Karsten Plisch, Susanne Pramann, Jan Roßmanek, Ulrike Rothe, Ulrike Sals, Tim Schramm, Peter-Rudolf Schulz, Angela Standhartinger, Angelika Strotmann, Elke Tönges, Vivian Wendt und Ruben Zimmermann.

Hamburg, im September 2007   Silke Petersen

A. STATT EINER EINLEITUNG: ISIS IN DER KIRCHE DES HEILIGEN JOHANNES AUF IOS

> Am frappantesten aber ist die Ähnlichkeit der kultisch-feierlichen ICH-Worte des johanneischen Christus mit einem alten und weitverbreiteten nichtchristlichen und vorchristlichen sakralen ICH-Stil. Eine durch Diodoros von Sizilien mitgeteilte Inschrift aus Nysa in „Arabien" zu Ehren der Isis und eine Isis-Inschrift von der Insel Ios mögen uns einen Eindruck von diesem kultischen Stil vermitteln (...). Es ist (...) ein liebenswürdiger Zufall (...), daß die auch sachlich höchst wichtige zweite Inschrift sich heute auf Ios in der Kirche des heiligen Johannes des Theologen befindet, geschrieben auf eine als Stütze des heiligen Tisches dienende kannelierte Säulentrommel: Johannes der Theolog hat das altehrwürdige stilverwandte Dokument gerettet[1].

So schreibt Adolf Deissmann 1908 in seiner berühmten Monographie „Licht vom Osten". Die genannte Inschrift aus Ios enthält Selbstvorstellungen der Isis, die mehrfach mit ἐγώ εἰμι beginnen und von Deissmann mit den Ich-bin-Worten des johanneischen Jesus in Zusammenhang gebracht werden.

Die Geschichte dieser Inschrift in der neuzeitlichen Forschung beginnt noch vor Deissmann, und zwar mit einem Irrtum. Rudolf Weil vermutet bei ihrer Erstveröffentlichung in den „Mitteilungen des Deutschen Archäologischen Instituts in Athen" von 1877, es handele sich um einen „kaiserliche[n] Erlass oder Brief aus der Zeit der Christenverfolgungen", bei dem er als Urheber zunächst an Julian denkt, dann aber Diokletian für wahrscheinlicher hält[2]. Noch in demselben Jahr korrigiert er in einem späteren Artikel seine Zuordnung, da er inzwischen auf eine Isis-Inschrift aus Andros aufmerksam gemacht worden war, deren inhaltliche Übereinstimmungen mit der Inschrift aus Ios auch diese als dem Isiskult zugehörig erweisen[3]. Die Inschrift

---

[1] Adolf Deissmann, Licht vom Osten. Das Neue Testament und die neuentdeckten Texte der hellenistisch-römischen Welt, Tübingen 1908, 89; unverändert in ⁴1923, 108.
[2] Weil, Ios, 81f. – Weil kommt auf diese Vermutung aufgrund der Zeile „Ich habe die Menschenfresserei beendet", was sich wohl auf die Eucharistie beziehen soll.
[3] Weil, Inschrift, 189f.

ist dann u.a. in den *Inscriptiones Graecae* wieder veröffentlicht und bei Deissmann auch im Faksimile wiedergeben[4].

In neueren Textausgaben wird auf die alten Veröffentlichungen verwiesen, Hinweise auf den Verbleib der Inschrift finden sich dort nicht. Meine eigenen Recherchen auf Ios im Frühjahr 2001 haben ergeben, dass die Inschrift nach wie vor in der Kirche des heiligen Ἰωάννης Θεολόγος im Ortszentrum der Inselhauptstadt zu finden ist[5]; allerdings sind – soweit ich feststellen konnte – auf der Insel selbst Existenz und Inhalt der Inschrift nahezu vollständig unbekannt. Dies hängt sicher auch damit zusammen, dass sich die Inschrift hinter der Ikonostase auf einer Säulentrommel befindet, die den Altarfuß bildet, und deshalb üblicherweise noch zusätzlich von einem Altartuch verdeckt ist. Meine größte Überraschung, als ich die Inschrift sah und zu entziffern versuchte, war die (von Deissmann u.a. nicht erwähnte) Tatsache, dass sie auf dem Kopf steht: Johannes der Theologe – eine Bezeichnung für den Evangelisten – hat die Inschrift also nicht nur „gerettet", wie Deissmann schreibt, sondern dabei auch noch „verkehrt". Vielleicht repräsentiert dieses abbildliche Zusammentreffen von Isis und Johannes das Verhältnis der jeweiligen ἐγώ εἰμι-Texte zueinander, können doch übereinstimmende Formulierungen ebenso gut auf Zustimmung wie auch auf ein „verkehrendes", veränderndes oder kontrastierendes Verhältnis von Texten hinweisen.

Deissmann gibt im Anschluss an seine oben zitierten Ausführungen nacheinander mehrere Texte wieder: jene Inschrift, von der Diodor berichtet; die Isis-Inschrift aus Ios; einen Abschnitt aus der Hirtenrede des Johannesevangeliums (Joh 10,7–14) sowie einen spätantiken Zauberpapyrus. Deissmanns Absicht ist dabei, die Ähnlichkeiten des Ich-Stils in diesen Dokumenten zu illustrieren.

Einige Jahrzehnte später benutzt Rudolf Bultmann in seinem Johanneskommentar Passagen aus den Isis-Inschriften (in der Zwischenzeit waren noch weitere Inschriften desselben Texttyps gefunden

---

[4] Inscriptiones Graecae 12,5,1, Nr. 14 / 12 Suppl., 98; Deissmann, Licht, ¹92; ⁴110.

[5] Die Kirche ist im Labyrinth der Altstadt nicht ganz einfach zu finden und normalerweise verschlossen. Freundlicherweise hat mir der zuständige Papas Stavros die Kirche aufgeschlossen, sowie die Tür der Ikonostase geöffnet, das Altartuch aufgerollt und Kerzen angezündet, so dass ich in der Lage war, die Inschrift ohne Regelverstoß (nur orthodoxen Priestern ist der Zugang hinter die Ikonostase gestattet) in Augenschein zu nehmen und u.a. das umseitig abgebildete Foto aufzunehmen.

worden⁶), um seine Klassifizierung unterschiedlicher Arten von ἐγώ εἰμι-Formulierungen beispielhaft darzustellen⁷.

Während die Isis-Texte in der älteren Forschung zu den johanneischen Ich-bin-Worten eine entscheidende Rolle spielten, sind sie in neueren Veröffentlichungen zu diesem Thema nur noch am Rande zu finden. Das entspricht einer generellen Tendenz der Johannesforschung, die das vierte Evangelium inzwischen fast ausschließlich im Kontext jüdischer Texte und Traditionen liest. Die Vergleichsgrößen der älteren Forschung – vornehmlich „Hellenismus" und „Gnosis" – sind in den Hintergrund geraten⁸. In verschiedenen Epochen der Forschungsgeschichte dominieren je unterschiedliche Kontextualisierungen, wobei meist ein Entweder – Oder die Argumentationen bestimmt. Zudem haben sich inzwischen auch Lesegewohnheiten eingestellt, durch die bestimmte andere Verstehensmöglichkeiten kaum mehr wahrnehmbar sind⁹.

Im Zentrum der folgenden Arbeit steht die Frage nach den verschiedenen möglichen Kontextualisierungen der johanneischen Ich-bin-Worte. Dabei stehen zu Beginn ein Forschungsüberblick sowie hermeneutische und methodische Vorklärungen (B I–III). Es folgen eine interne Bestimmung der johanneischen Ich-bin-Worte (C I), die Untersuchung der Frage, ob und inwiefern es sich bei diesen um Metaphern handelt (C II), und ein Überblick über ἐγώ εἰμι-Formulierungen in unterschiedlichen Texten der Spätantike (C III). Da eine genauere Verhältnisbestimmung von Texten des Johannesevangelium und anderen Texten, die in der Spätantike gelesen wurden, nur anhand von Untersuchungen der Einzeltexte vorgenommen werden kann, wende ich mich dann exemplarisch drei johanneischen Ich-bin-Worten und ihrem Kontext zu: den Selbstprädikationen des johanneischen Jesus als Brot (D I),

---

⁶ Zu den verschiedenen Inschriften vgl. unten C III 4c).
⁷ Vgl. Bultmann, Evangelium, 167f A2.
⁸ Dies gilt auch generell für die neutestamentliche Wissenschaft, vgl. Wischmeyer u.a., Selbstverständnis, 28: „Als die primäre, ja fast die einzige Welt ,hinter' und ,neben' den ntl. Texten wird die Welt des antiken Judentums verstanden. Wirklich relevante andere Kontexte sind nicht in Sicht. Schon die hellenistisch-römische Welt ist deutlich marginal. Das christliche zweite Jahrhundert fehlt. Hermeneutische Fragen stehen ganz am Rand".
⁹ Vgl. Georgi, Aeneas, 43 A3: „Zweitausend Jahre christlicher Sozialisierung haben glaubende und nichtglaubende Leserinnen und Leser des Neuen Testaments gegen viele Optionen des Verstehens immunisiert, die für Schreib- und Leseseite der neutestamentlichen Zeit selbstverständlich waren".

als Licht (D II) und als Weinstock (D III). Es folgen ein Ergebniskapitel (E), ein Epilog (F), Literaturverzeichnis (G) und Register (H).

Zu Beginn eines jeden Kapitels – und gelegentlich auch zu Beginn eines Unterabschnitts – steht jeweils als Motto des folgenden Abschnitts ein Zitat, in dem wichtige Themen des Kapitels vorweggenommen werden. Die Verbindungslinien zwischen Motto und Kapitel verfolge ich, wie bei der Gattung Motto üblich[10], nicht bis in alle Einzelheiten hinein, sondern lasse der kombinatorischen Kreativität der Lesenden ihren Spielraum. Die Mehrheit dieser Motti stammen aus Texten der Kirchenväter, in denen die johanneischen Ich-bin-Worte rezipiert werden. Auf diese Weise können die Zitate einen Eindruck von den spätantiken Lektüre- und Rezeptionsgepflogenheiten vermitteln, die sich nicht selten beträchtlich von den neuzeitlichen Lesegewohnheiten unterscheiden. Viele dieser Motti stammen aus den erhaltenen Fragmenten des Johanneskommentars von Origenes, der mich im Laufe meiner Beschäftigung mit den johanneischen Ich-bin-Worte zunehmend fasziniert hat. Möglicherweise ist die Zugangsweise des Origenes nicht zuletzt deshalb so spannend, weil sein Kommentar zeitlich vor der Etablierung vieler (auch dogmatischer) Lektüregewohnheiten entstanden ist und insofern eine Perspektive auf den johanneischen Text bezeugt, die in späteren Zeiten nahezu zwangsläufig unmöglich wurde. Ein weiterer inspirierender Aspekt des Origenes-Kommentars gründet sich darauf, dass Origenes seinen Kommentar in Auseinandersetzung mit den älteren Äußerungen Herakleons zum Johannesevangelium verfasst. Da Herakleon das Alte Testament und das Judentum ablehnt, sieht sich Origenes dazu herausgefordert, die Kontinuitäten von Johannesevangelium und jüdischer Überlieferung zu betonen. Damit repäsentiert er eine Art von Auslegung, die Texte miteinander ins Gespräch bringt und nicht lediglich Konkurrenz und Unterschiede betont. Ich hoffe, dass meine eigenen Ausführungen diesem Anspruch ebenso gerecht werden können.

---

[10] Vgl. den Abschnitt über „Motti" in Genette, Paratexte, 141–156, in dem er bemerkt, „daß das Verwenden eines Mottos immer eine stumme Geste darstellt, deren Interpretation dem Leser überlassen bleibt" (152).

B. PROLEGOMENA

I. Zwischen Gnosis, Hellenismus und Deuterojesaja: Die Ich-bin-Worte in der Forschung

Καὶ ὁ Ἰησοῦς τοίνυν πολλά ἐστιν ταῖς ἐπινοίαις, ὧν ἐπινοιῶν εἰκὸς τοὺς εὐαγγελιστὰς διαφόρους ἐννοίας λαμβάνοντας, ἔσθ' ὅτε καὶ συμφερομένους ἄλλους περί τινων ἀναγεγραφέναι τὰ εὐαγγέλια[1].

1. *Haupttendenzen neuerer Veröffentlichungen*

In neueren Veröffentlichungen zu den Ich-bin-Worten des Johannesevangeliums zeigen sich insgesamt zwei dominierende Tendenzen. Erstens lässt sich ein Trend beobachten, das Johannesevangelium als aus sich selbst verständlichen Text zu lesen und die „Ich-bin-Worte" primär im Kontext des Johannesevangeliums und insbesondere jener Kapitel zu lesen und zu interpretieren, in denen sie vorzufinden sind. Die zweite dominierende Tendenz – die auch in Kombination mit der ersten auftritt – besteht darin, als religionsgeschichtliches Vergleichsmaterial und Schlüssel zur Interpretation aller Ich-bin-Worte primär Texte aus Deuterojesaja heranzuziehen.

Ein Beispiel für beide Tendenzen bietet die umfangreichste neuere Monographie zum Thema von David M. Ball, die 1996 erschienen ist[2]. Hier werden die Ich-bin-Worte – nach einigen einleitenden methodischen Bemerkungen und einem Überblick über die Forschungsgeschichte – zuerst einer ausführlichen Analyse im Kontext der entsprechenden Kapitel des Joh (4; 6; 8; 10; 11; 13; 14; 15; 18) sowie im Zusammenhang des Gesamtevangeliums unterzogen[3], wobei sich Ball methodisch am narrative criticism (besonders an der in der neueren Johannesforschung

---

[1] „Jesus ist nun vieles durch seine verschiedenen Aspekte. Die Evangelisten haben selbstverständlich verschiedene Aspekte aufgegriffen und sie bei der Abfassung der Evangelien manchmal nebeneinander gestellt". – Origenes, Johanneskommentar X, 5, § 21 (SC 157, 396); Übersetzung nach Gögler, Origenes, 214.

[2] David M. Ball, "I Am" in John's Gospel. Literary Function, Background and Theological Implications, JSNT.S 124, Sheffield 1996.

[3] "The World of the Text: A Literary Analysis of the Function of ἐγώ εἰμι in John's Gospel", 48–160.

ungemein einflussreichen Monographie Culpeppers[4]) orientiert und den Text des Johannesevangeliums in seiner uns vorliegenden Gestalt zugrunde legt, ohne nach Schichten oder Quellen zu fragen. In einem zweiten Schritt bezieht Ball die Frage nach dem historischen Hintergrund in seine Untersuchung der Texte ein[5]. Er erhofft sich von dieser Vorgehensweise, dass die Untersuchung der Texte auf der Ebene des Johannesevangeliums ihm die Richtung zeigen möge, in der nach dem historischen Hintergrund-Material zu suchen sei, um nicht alle jemals in der Forschung vorgeschlagenen Vergleichstexte berücksichtigen zu müssen. Ball findet den Hintergund der ἐγώ εἰμι-Formulierungen im Alten Testament und im Judentum, wofür er schon in seiner Einleitung drei Punkte als Begründung angibt: "1. Old Testament and Jewish concepts are explicitly alluded to in the context of ἐγώ εἰμι; 2. scholarship has become more and more conscious of the Jewish nature of John; 3. literary study shows the two types of ἐγώ εἰμι to be interrelated in such a way as to suggest a similar conceptual background"[6].

Bei den zwei Typen von Ich-bin-Worten, von denen Ball in 3. redet, handelt es sich um ἐγώ εἰμι mit Prädikat einerseits und um absolutes ἐγώ εἰμι andererseits[7]. Ball stellt fest, dass es bei den absoluten Aussagen vorrangig um die *Identität* Jesu gehe, bei den Aussagen mit Prädikat primär um die *Rolle* Jesu, und strukturiert sein Kapitel über den Hintergrund der Ich-bin-Worte dementsprechend zweiteilig. Dabei analysiert er zuerst den Hintergund der absoluten Ich-bin-Aussagen, da bei diesen die Verweise auf alttestamentliche Texte – vorwiegend aus Deuterojesaja – sehr viel offensichtlicher sind als bei den prädikativen Aussagen. Die postulierte Zusammengehörigkeit beider Arten von Ich-bin-Worten dient ihm dann dazu, zu betonen, dass derselbe Hintergrund für alle Ich-bin-Texte angenommen werden müsse. Dies macht er sich auch zunutze, um die in der vorausgehenden Forschung verbreitete These vom mandäischen Hintergrund der Ich-bin-Worte zu destruieren, da es dort keine absoluten Ich-bin-Formulierungen gebe[8]. Ball findet auch für die prädikativen ἐγώ εἰμι-Worte den Hintergrund in alttestamentlichen Passagen, insbesondere in prophetischen Texten.

---

[4] R. Alan Culpepper, Anatomy of the Fourth Gospel. A Study in Literary Design, Philadelphia 1983.
[5] "The World Behind the Text: The Historical Background to 'I Am'", 162–261.
[6] Ball, I Am, 20.
[7] Zu dieser Unterscheidung vgl. Ball, I Am, 162–176.
[8] Vgl. Ball, I Am, 163–166.

Dies tut er, indem er sich auf die Inhalte der Prädikate konzentriert, die er in alttestamentlichen Texten vorgegeben sieht (z.B. den Hirten in Ez 34, das Licht in Jes 42; 49; 51 sowie 9 und die Weinstock-Bildwelt in Jes 5 und Jer 2), und meint, diese seien bei Johannes auf Jesus appliziert[9]. Als Ergebnis seiner Untersuchung fasst Ball zusammen: "The study of background material has thus shown that there is a distinction between the 'I am' sayings with an image and those without. However, both forms of saying require the Old Testament in order to be understood fully. Both imply, that the fulfilment of Old Testament ideas, particularly concerning salvation, occur in Jesus. The distinction lies in the fact that, while the 'I am' sayings without an image point to formal parallels in the Old Testament to explain Jesus' identity, the 'I am' sayings with an image point to conceptual parallels to explain Jesus' role among humanity"[10].

Im letzten Teil seiner Untersuchung formuliert Ball weitreichende christologische Konsequenzen aus dem von ihm angenommenen alttestamentlichen Hintergrund der Ich-bin-Worte. Dort lesen wir z.B.: "By means of the 'I am' sayings without an image, Jesus is even identified with the God of the Old Testament" oder: "The use of ἐγώ εἰμι as an allusion to the *ani hu* of Isaiah, together with John's view of sonship, speaks of Jesus' identification with the words, work and very nature of God"[11].

In Balls Untersuchung der Ich-bin-Worte zeigen sich insgesamt drei Charakteristika, die uns auch noch in anderen Veröffentlichungen zum Thema begegnen werden: erstens eine Priorisierung der absoluten Ich-bin-Aussagen vor den prädikativen für die Ermittlung des religionsgeschichtlichen Hintergrundes; zweitens eine Bestimmung dieses Hintergrundes als primär alttestamentlich mit besonderer Konzentration auf Texte aus Deuterojesaja und drittens die Formulierung

---

[9] Vgl. Ball, I Am, 259: "In these sayings it is not the words 'I am' which are found in the Old Testament, but the images which accompany them. The words ἐγώ εἰμι thus act as a formula which applies Old Testament and Jewish concepts to the person of Jesus who embodies and fulfils them. (...) The Old Testament images serve as types pointing to the reality which is found in Jesus".

[10] Ball, I Am, 260.

[11] Ball, I Am, 269 bzw. 278. Vgl. auch folgende Aussagen: "[T]he Johannine Jesus is able to take words reserved exclusively for YHWH and use them of himself and his own ministry" (278), und: "Jesus can only claim a phrase that was reserved for YHWH and apply it to himself because he is not only YHWH's Son but is in fact YHWH speaking" (280).

christologischer Hoheitsaussagen als Konsequenz aus der Annahme dieses Hintergrundes der Formulierungen.

Auf derselben Linie wie Ball bewegt sich Hartwig Thyen in seinen Veröffentlichungen zu den Ich-bin-Worten[12]. Thyen fordert eine „strikte Konzentration auf die synchrone Ebene des überlieferten Evangeliums" und will die Frage nach Quellen und Traditionen „methodisch in epoché" versetzen[13]. Er unterscheidet zwischen „absoluten" und „prädizierten" Worten und stellt fest: „Als die ‚neutestamentliche Offenbarungsformel' sind die absoluten Ich-bin-Worte den prädizierten gegenüber ‚logisch primär'"[14]. Dementsprechend untersucht er auch im Fortgang seines Artikels erst die absoluten und dann die prädizierten Aussagen[15]. Was die religionsgeschichtlichen Parallelen angeht, so weist er zwar zu Beginn seines Artikels auf „frappante Analogien zur Redeweise des johanneischen Jesus" in den Mandaica, den Isis-Aretalogien und den Nag-Hammadi-Schriften hin[16], lässt diese dann aber im Folgenden fast vollkommen außer Acht[17]. Thyen postuliert den Vorrang des Alten Testament für die Interpretation des Johannesevangeliums[18] und zieht mehrfach Stellen aus Deuterojesaja als Schlüssel für das Verständnis der Ich-bin-Aussagen heran. Daneben verweist er jedoch auch auf Passagen aus Exodus (bes. 3,14) sowie auf verschiedene Stellen aus den synoptischen Evangelien (bes. Mk 14,62), die Johannes seiner Ansicht nach voraussetzt und verarbeitet[19].

In seinem etwas später erschienenen RAC-Artikel bringt Thyen einen breiten Überblick über das Vorkommen von Ich-bin-Worten von altägyptischen und alttestamentlichen Texten über frühjüdische, neutestamentliche, frühkirchliche und gnostische Literatur bis zu

---

[12] Hartwig Thyen, Ich bin das Licht der Welt. Das Ich- und Ich-Bin-Sagen Jesu im Johannesevangelium, JAC 35, 1992, 19–46, sowie Ders., Artikel: Ich-Bin-Worte, in: RAC 17, Stuttgart 1996, 147–213. Vgl. neuerdings auch Thyens Johannes-Kommentar (HNT 6), 268f.342.426–428.595.709, zu den „absoluten" Ich-bin-Worten.
[13] Thyen, Licht, 22.
[14] Thyen, Licht, 38.
[15] Vgl. die Seiten 24–32 bzw. 32–45.
[16] Thyen, Licht, 19.
[17] Dies mit Ausnahme einiger scharfer Repliken auf Ableitungen von mandäischen Schriften, vgl. etwa Licht, 40.45.
[18] Thyen, Licht, 23.
[19] Auch Klein, Vorgeschichte, passim, versucht der „christlichen Vorgeschichte" der johanneischen Ich-bin-Worte nachzugehen; allerdings verweist er primär auf einen (angenommenen) traditionsgeschichtlichen Zusammenhang zwischen den Vorlagen von Mt 5,14 und Joh 8,12.

muslimischen Schriften nachkoranischer Zeit. Ungefähr in der Mitte des Artikels steht wie ein erratischer Block der Abschnitt über das Johannesevangelium[20], dessen Ich-bin-Worte er – wie in seinem zuvor erschienenen Aufsatz – mit Deuterojesaja, Exodus und der synoptischen Überlieferung in Verbindung bringt, um sie damit zugleich von allem anderen aufgeführten nichtbiblischen Material zu isolieren.

In der Formulierung seiner christologischen Konsequenzen äußert sich Thyen vorsichtiger als Ball, wohl im Zusammenhang mit seiner höheren Sensibilität gegenüber der eigenständigen Bedeutung jüdischer Texte, die ihn davon abhält, Aussagen über den obsoleten Charakter des Judentums zu treffen. Dennoch stellt er fest: „Antwortete Gott Mose auf die Frage nach seinem Namen: ‚Ich bin, der da ist' (ἐγώ εἰμι ὁ ὤν), so begegnet Jesus dem Unverständnis seiner Person gegenüber so: ‚Wenn ihr nicht glaubt, daß ich es bin, werdet ihr in euren Sünden sterben' (Ex. 3,14 u. Joh. 8,24)"[21]. Und an anderer Stelle kann er als Paraphrase von Joh 8,58 formulieren: „Ja, ich bin größer als Abraham, bin ich doch eines mit dem Gott Abrahams. Ich bin: ‚Ich bin'!"[22].

Das bislang skizzierte Interpretationsmodell begegnet auch in neueren Monographien und Kommentaren, die sich nicht primär mit den Ich-bin-Worten beschäftigen[23]. Zudem findet es sich nicht nur in Veröffentlichungen aus den letzten Jahren[24]. Schon Raymond Brown stellt in seinem 1966 erschienenen Kommentar zum Johannesevangelium die absoluten Ich-bin-Worte voran, er stellt fest: "Jesus is presented as speaking in the same manner in which Yahweh speaks in Deutero-Isaiah" und vermutet denselben Hintergrund auch für die prädikativen

---

[20] Vgl. Thyen, Ich-Bin-Worte, 173–183.
[21] Thyen, Ich-Bin-Worte, 175. „Ihr" sind die „Juden" aus dem vorhergehenden Satz.
[22] Thyen, Licht, 28. – Im Text von Joh 8,58 steht lediglich: πρὶν Ἀβραὰμ γενέσθαι ἐγὼ εἰμί – es ist also von Präexistenz und nicht von Identität die Rede.
[23] Vgl. z.B. Schmithals, Johannesevangelium (1992), 295f; Casey, Gospel (1996), 41f; Ringe, Friends (1999), 61; Williams, I am He (2000), 255–303 (nur über die absoluten Ich-bin-Worte); Wengst, Johannesevangelium 1 (2000), 225–227.239 (christologisch vorsichtiger als die oben vorgestellten); Theißen, Religion (2000), 263 (unter Berufung auf Thyen; Theißens eigene Bemerkungen sind differenzierter, bezeichnenderweise fehlen die absoluten Ich-bin-Worte dann auch bei seiner eigenen Interpretation [267]); McGrath, Christology (2001), 104–107; Theobald, Herrenworte (2002), 245.258.329–333.590 (auch Theobald konzentriert sich dann ausschließlich auf die Interpretation der prädikativen Ich-bin-Worte); Schnelle, Denken (2004), 378.
[24] Vgl. z.B. Zimmermann, Ἐγώ εἰμι, passim, sowie die dort 60f referierten (älteren) Vertreter dieser Interpretationsrichtung.

Worte. Darüber hinaus zieht er – wie Thyen – auch synoptische Einflüsse in Betracht[25].

Philip B. Harner verzichtet in seiner 1970 erschienenen Monographie "The 'I Am' of the Fourth Gospel: A Study in Johannine Usage and Thought" nahezu gänzlich auf eine Analyse der Ich-bin-Aussagen mit Prädikat. Seine Untersuchung der absoluten Ich-bin-Worte führt zu dem Schluss: "The most likely source for the absolute *ego eimi* in John is the Septuagint translation of *'ani hu* and *'anoki 'anoki hu* in Second Isaiah. On a linguistic level this translation made available the Greek phrase *ego eimi* as a complete, self-contained expression (...). In second Isaiah (...) the phrase 'I am He' is spoken only by Yahweh, and in the Fourth Gospel the absolute *ego eimi* is used only by Jesus. The phrase 'I am He' expresses the theme of exclusive monotheism, in the sense that Yahwe alone is God. In a similar way the absolute *ego eimi* expresses the same theme, in the Johannine sense that the son is one with the Father, yet God remains one"[26]. Harner sieht das absolute Ich bin geradezu als christologischen Titel[27]. Er geht davon aus, dass es keine von Jesus selbst gebrauchte Formulierung sei und meint: "[T]he early church applied these titles to him at an early period"[28].

Letzteres richtet sich wohl gegen Ethelbert Stauffer, der der Überzeugung ist, dass wir es bei den Ich-bin-Worten letztlich mit Selbstaussagen des historischen Jesus zu tun haben. In seiner 1957 erschienenen Schrift „Jesus. Gestalt und Geschichte" schließt er sein letztes Kapitel über „Das Selbstzeugnis Jesu" mit einem Abschnitt, der „Ich bin es!" überschrieben ist. Eine zentrale Rolle spielen auch hier wieder Texte aus Deuterojesaja, daneben aber auch rabbinische Zeugnisse. Stauffer kommt schließlich zu dem Ergebnis, dass es sich bei ANI HU um „die reinste, die kühnste und die tiefste Selbstpraedikation Jesu" handelt: „ICH BIN ES, das bedeutet: Wo ich bin, da ist Gott, da lebt, da spricht, da ruft, da fragt, da handelt, da entscheidet, da liebt, da erwählt, da

---

[25] Brown, Gospel, 537f.
[26] Harner, I Am, 60f.
[27] Er schreibt über das absolute ἐγώ εἰμι: "[T]he usage of this phrase corresponds to the use of titles such as 'lord' and 'christ' with reference to Jesus" (65). Vgl. auch Appold, Oneness Motif, 81–85, der EGO EIMI als einen christologischen Titel verhandelt und zu dem Ergebnis kommt: "[T]he ἐγώ εἰμι statements (...) derive from the given conviction, that Jesus, though diffentiated from, is identical with God" (84). – Ähnlich äußert sich schon Wetter, Sohn, 235, der das ἐγώ εἰμι als „Geheimnamen" Jesu versteht; vgl. zur Kritik an der unübersichtlichen Argumentation Wetters: Cebulj, Ich bin es, 28f.
[28] Harner, I Am, 65.

vergibt, da verwirft, da verstockt, da leidet, da stirbt Gott. Kühneres kann man nicht sagen, nicht ausdenken"[29]. – Die Darstellung Stauffers zeichnet sich mehr durch emphatische Rhetorik als durch solide exegetische Argumentation aus[30], und so ist es auch nicht verwunderlich, dass seine These in der Forschung nicht zur Mehrheitsmeinung avancierte[31].

Die vier 1998 erschienenen Kommentare zum Johannesevangelium von Francis J. Moloney, Ludger Schenke, Udo Schnelle und Ulrich Wilckens sind alle nicht primär an religionsgeschichtlichen Vergleichen und Untersuchungen interessiert. In ihnen dokumentiert sich vielmehr die neuere Tendenz, das Johannesevangelium als aus sich heraus verständlichen Text zu lesen, verbunden mit einer gewissen Abneigung gegen die in der älteren Forschung verbreiteten Quellen-, Schichten- und Redaktionshypothesen. Interessanterweise finden sich aber auch in diesen Kommentaren zum Teil weitgehende theologische Aussagen im Zusammenhang mit der Interpretation der Ich-bin-Worte. So kann etwa Schenke formulieren: „Wie sich Jesus mit der absoluten Offenbarungsformel ‚*Ich bin*' als die irdische Erscheinung Gottes ausgeben kann, so identifiziert er sich in den prädikativen ‚*Ich bin*'-Worten mit

---

[29] Stauffer, Jesus, 145. Vgl. auch 144: „[M]an [darf] mit großer Zuversicht sagen, daß die Theophanieformel ANI HU im Selbstzeugnis Jesu eine entscheidende Rolle gespielt haben muß. Und man darf aufgrund der vorliegenden Zeugnisse wohl noch einen Schritt weiter gehen und einige Situationen fixieren, in denen Jesus die Theophanieformel ausgesprochen haben dürfte: In der Passahzeit 31 am See Genezareth zu seinen Jüngern, in der Laubhüttenwoche 31 auf dem Tempelplatz vor allem Volk, und insbesondere am 14. Nisan 32 vor dem Großen Synhedrium".

[30] Schnackenburg, Johannesevangelium II, 68 A2, bezeichnet Stauffers Vorgehen als „recht fragwürdig". Zur Kritik der exegetischen Argumentation Stauffers vgl. Harner, I Am, 36 A67. Hinweisen möchte ich auch auf den streckenweise antijüdischen Ton von Stauffers Ausführungen, vgl. etwa das Ende seines Abschnitts über die Ich-bin-Worte: „Gott selbst hat die Thora zerbrochen, die man in seinem Namen verkündet hat, die Thora, die den Menschen und die Menschlichkeit tötete. Die Männer der Thora sind ihm die Antwort auf diesen Angriff nicht schuldig geblieben. Sie haben im Kaiphasprozeß den Beweis geliefert, einmal für allemal, daß die Welt des Gesetzes keinen Raum hat für die Epiphanie der lebendigen und festlichen, der schöpferischen und befreienden Menschlichkeit Gottes. Kreuziget, kreuziget ihn!" (145f). – Ich möchte hier noch einmal hervorheben, dass Stauffers Buch 1957 erschienen ist.

[31] Vgl. allerdings Geiger, ΕΓΩ EIMI-Worte, passim, der die johanneischen Ich-bin-Worte in den Kontext synoptischer Selbstaussagen Jesu stellt und davon ausgeht, dass sie zwar keine „ipsissima vox im strengen Sinne" seien, sich aber „inhaltlich im wesentlichen auf Jesus zurückführ" ließen (470f). – Insgesamt wird in der Forschung zu den Ich-bin-Worten ein möglicher Zusammenhang mit dem historischen Jesus nicht thematisiert; ebenso spielen in Untersuchungen zum historischen Jesus die Ich-bin-Worte keine Rolle.

den göttlichen Wirklichkeiten *Licht* (8,12; 9,5; 12,46; vgl. 3,19; 12,35f), *Wahrheit* (14,6) und *Leben* (11,25; 14,6), die der Glaube empfängt"[32].

In dem Kommentar von Ulrich Wilckens sind fast alle Vorkommen von ICH BIN innerhalb der Übersetzungen johanneischer Texte in Kapitälchen hervorgehoben[33]. Dem korrespondiert die in den Kommentarteilen geäußerte Ansicht, dass in Jesu ICH BIN „Gottes Name präsent" sei[34]. Bemerkenswerterweise vertritt Wilckens diese These auch im Zusammenhang mit den prädikativen Formulierungen, wenn er z.B. zu 8,12 schreibt: „Mit dem göttlichen Namen ‚ICH BIN' offenbart er sich als ‚das Licht der Welt'"[35]. Als alttestamentlichen Hintergund zitiert er hier u.a. Deuterojesaja: „ICH BIN IAHWE, das ist mein Name" (Jes 42,8). An anderer Stelle heißt es im Hinblick auf Joh 18: „Er offenbart sich ihnen: ‚Ich bin (es)'. In der Situation ist das eine Identitätsbekundung. Aber die Leser wissen, es ist das ‚Ich' des Gottessohnes, der den Namen trägt, mit dem Gott sich Israel offenbart hat: ‚ICH BIN' (Ex 3,14; Ex 20,2)"[36].

Ebenso wie die neueren Kommentare zeigt auch die 1988 erschiene kürzere Monographie von Boy Hinrichs mit dem Titel „‚Ich bin'. Die Konsistenz des Johannes-Evangeliums in der Konzentration auf das Wort Jesu" kein primäres Interesse an religionsgeschichtlichen Fragestellungen, sondern will „mit Mitteln der literaturwissenschaftlichen Strukturanalyse die konstitutiven Konstruktionsprinzipien des Johannes-Evangeliums (...) erschließen"[37]. Die Untersuchung kommt zu dem Ergebnis, „daß es dem Evangelisten um die Konzentration auf das Wort Jesu geht und daß das ‚Ich bin' nicht irgendein Wort Jesu unter anderen ist, sondern das, in dem sich seine gesamte Offenbarung

---

[32] Schenke, Johannes, 409; Hervorhebungen vom Autor.

[33] So in 4,26; 6,20.35.48.51; 8,12.24.28; 10,7.9.11.14; 11,25; 13,19; 14,6; 15,1.5; nicht jedoch in 8,58; 9,9; 18,5.6.8. Vielleicht handelt es sich bei den Stellen in 8 und 18 jedoch um ein drucktechnisches Versehen, ist doch auch das ICH BIN in 15,1 offensichtlich versehentlich in Großbuchstaben und nicht in Kapitälchen gedruckt. – Großbuchstaben verwendet auch Thyen, HNT, 425.434, in seiner Übersetzung von 8,24.28 bzw. 8,58, sonst jedoch nicht, auch wenn er noch weitere Stellen als „absolute" Ich-bin-Worte klassifiziert.

[34] Wilckens, Evangelium, 178 (zu Joh 11,25); vgl. 223 (zu Joh 14,6): „ICH BIN, die Offenbarung des Gottesnamens, ist der entscheidende christologische Aspekt: In Jesus offenbart sich Gott selbst".

[35] Wilckens, Evangelium, 140.

[36] Wilckens, Evangelium, 271.

[37] Hinrichs, Ich bin, 9.

irreduzibel konzentriert"³⁸. Hinrichs versucht in seiner Strukturanalyse gleichzeitig auch, anhand der Ich-bin-Worte die Grundstruktur des Evangeliums so herauszuarbeiten, dass Zusätze späterer Redaktionen auf diesem Hintergrund deutlich werden (s.E. sind die Abschnitte in den Kapiteln 10 und 15 redaktionell). Zudem versucht er auch, sich auf diese Weise der „Dislokationsfrage" zu nähern und warnt vor voreiligen Umstellungen³⁹. Hinrichs arbeitet sich hier mit einer literaturwissenschaftlichen Fragestellung an den literarkritischen Problemen ab, die in der Johannesforschung – vor allem im Zusammenhang mit den Kommentaren von Bultmann und Becker⁴⁰ – lange im Zentrum standen, heute aber nicht mehr die gleiche Aufmerksamkeit erfahren. Er tut dies allerdings wesentlich vorsichtiger und zurückhaltender als seine Vorgänger, und auch bei ihm findet sich, ebenso wie bei vielen neueren Monographien zum Johannesevangelium, ein Verweis auf Culpeppers "Anatomy of the Fourth Gospel"⁴¹.

Die Einbeziehung literaturwissenschaftlicher Analysemethoden bei der Interpretation des Johannesevangeliums ist ein Grundzug der neueren Forschung, den man kaum mehr außer Acht lassen kann. Anzumerken bleibt bei der neueren Skepsis gegen literarkritische Modelle allerdings auch, dass schon Schweizer aufgrund seiner Analyse der sprachlichen Besonderheiten des Johannesevangeliums zu dem Schluss kommt, dass „eine Quellenscheidung innerhalb des Joh.-Ev. nicht vorzunehmen ist"⁴², und eine Interpretation der Ich-bin-Worte im Kontext ihres jeweiligen Vorkommens durchführt⁴³. Die Postulierung verschiedener Schichten, Quellen und Redaktionen im Johannesevangelium scheint für die religionsgeschichtliche Fragestellung letztlich entbehrlich zu sein.

2. *Gegenläufige Tendenzen, offene Fragen und methodische Probleme*

Letztlich bleibt m.E. bei den im vorigen Abschnitt vorgestellten Interpretationen unklar, warum der Schlüssel zum Verständnis aller Ich-bin-Formulierungen in den sogenannten absoluten Ich-bin-Aussagen

---

[38] Hinrichs, Ich bin, 94.
[39] Vgl. Hinrichs, Ich bin, 95f.
[40] Im Vorwort spricht Hinrichs Jürgen Becker als seinem Lehrer seinen Dank aus (9).
[41] Vgl. Hinrichs, Ich bin, 12 A4.
[42] Schweizer, Ego Eimi, 112.
[43] Vgl. Schweizer, Ego Eimi, 141–166.

zu finden sein muss⁴⁴. Diese Aussagen liegen – wie in der Literatur gelegentlich selbst vermerkt⁴⁵ – nicht alle auf derselben Ebene. Eine überzeugende Verknüpfung mit Deuterojesaja gelingt eigentlich nur bei den Formulierungen von Joh 8,24.28 und 13,19⁴⁶. Das ἐγώ εἰμί von 8,58 ist offensichtlich sprachlich von anderer Art. In 4,26 ist das Prädikat mühelos aus dem Kontext ergänzbar. Ein besonderer Charakter dieses „Ich bin" ist ebenso wie bei den Aussagen in 6,20 oder 18,5.6.8 eigentlich erst dann zu behaupten, wenn er schon vorher etabliert wurde⁴⁷. Bezeichnend scheint auch, dass das einzige ἐγώ εἰμι, das im Johannesevangelium nicht von Jesus selbst gesprochen wird (9,9), von vornherein aus der Untersuchung der absoluten Ich-bin-Worte ausgeschlossen wird, obwohl es sich sprachlich um exakt dieselbe Formulierung handelt⁴⁸.

Dazu kommt ein Zweites: Selbst wenn sich einige der absoluten Formulierungen auf Deuterojesaja beziehen, ist nicht einsichtig, warum deshalb der alleinige Hintergrund für die Auslegung *aller* Ich-bin-Worte in alttestamentlichen prophetischen Texten zu suchen ist. Denkbar schiene doch auch, dass die Unterschiedlichkeit der Ich-bin-Worte auf

---

⁴⁴ Interessant ist in diesem Zusammenhang, dass die „populären" Assoziationen zu den johanneischen Ich-bin-Worten genau in die umgekehrte Richtung verlaufen. Religiös sozialisierte Menschen erinnern sich (meinen bisherigen Recherchen nach) auf Nachfrage immer an mehrere der prädikativen Aussagen, während sie von der Existenz absoluter Aussagen zumeist überrascht sind. Dasselbe Phänomen zeigt sich auch in Darstellungen der Bibelkunde (vgl. z.B. Wilcke, Bibelkunde, 34–37), in Nacherzählungen biblischer Texte (vgl. z.B. Klöpper / Schiffner, Erzählbibel, 317) sowie in predigtorientierten Veröffentlichungen wie denen von Jörns, Winkel und Lamparter. Alle drei berücksichtigen nur die prädikativen Worte; Lamparter noch zusätzlich Joh 18,37 und offb 22,16 (etwas gegenläufig zum textlichen Befund unter den Überschriften „Ich bin ein König" bzw. „Ich bin der helle Morgenstern"). Die Darstellung von Jörns ist mehr generell an johanneischer Christologie als speziell an den Ich-bin-Worten interessiert, die beiden anderen sind exegetisch eher unergiebig; bei Lamparter fällt noch zusätzlich der erbauliche Ton unangenehm auf.

⁴⁵ Vgl. z.B. Ball, I Am, 168–170; Harner, I Am, 1–3.

⁴⁶ Für eine kritische Diskussion auch dieser Ableitungen vgl. jedoch Berger, Anfang, 197f.

⁴⁷ Vgl. zu dieser Kritik unten C I 1 und 2.

⁴⁸ Vgl. Ball, I Am, 21f: "It is not a problem for the following investigation that John is able to use a 'profane' ἐγώ εἰμι on the lips of the man born blind, since neither the context of that saying nor its formulation point to the background which makes the use of the phrase on Jesus' lips so profound", und Harner, I Am, 3: "Here it is clear that the phrase is merely a convenient expression of everyday speech" (Warum ist dies nur hier klar, nicht aber etwa in Joh 4,26?). Vgl. auch Williams, I am He, 255. Hinrichs, Ich bin, 67, schließlich erklärt das „ungewöhnliche und inkonsistente ‚Ich bin' an dieser Stelle" mit der Annahme redaktioneller Erweiterung.

die Unterschiedlichkeit des textlichen und sprachlichen Milieus verweist, mit dem sie in Verbindung gebracht werden konnten und können[49].

Schwerwiegender noch erscheint mir ein methodisches Problem: In der Sekundärliteratur zu den ἐγώ εἰμι-Worten wird so gut wie gar nicht thematisiert, auf welcher Ebene die religionsgeschichtlichen Vergleiche eigentlich angestellt werden. Symptomatisch ist hier die Einbeziehung der hebräischen Fassung des Alten Testaments in den Interpretationsprozeß bei gleichzeitiger Betonung der Tatsache, dass die Formulierungen der LXX die Vorlage des Johannesevangeliums darstellen. Abgesehen davon, dass nicht jedes אני הוא oder אני יהוה der hebräischen Bibel in der LXX mit ἐγώ εἰμι wiedergegeben wird (und nicht jedem ἐγώ εἰμι ein אני הוא oder אני יהוה zugrunde liegt)[50], bleibt vollkommen unklar, wer diejenigen sind, die den Bezug zwischen der hebräischen Formulierung אני הוא und den ἐγώ εἰμι-Worten des Johannesevangeliums herstellen. Ist es der Verfasser / die Verfasserin des Evangeliums selbst, der oder die die hebräische Sprache beherrschten und sich über die Nuancen der LXX-Übertragungen Gedanken machten? Sind es die spätantiken (jüdischen?) LeserInnen, denen der hebräische Text so vertraut war, dass sie ihn bei den griechischen Formulierungen des Johannesevangeliums assoziieren mussten? Oder sind es die heutigen, philologisch gebildeten InterpretInnen, die diesen Zusammenhang herstellen?

Das skizzierte Problem verweist auf die grundlegende Frage bei der Annahme von Beziehungen zwischen verschiedenen Texten, die Frage nämlich, auf welcher Ebene eigentlich und von wem diese Beziehungen hergestellt werden. In der Monographie von Ball wird dieses Problem deutlich, wenn er zwar im Verlaufe seiner Untersuchung so formuliert, als seien die Textbeziehungen die Intention des Autors oder als seien sie im Text eingeschrieben[51], sich aber schließlich auch Gedanken über die LeserInnen macht, feststellt, der Gebrauch des AT durch die

---

[49] Vgl. hierzu schon Schulz, Komposition, 90–94.
[50] Vgl. zu dieser Frage Schweizer, Ego Eimi, 22–27, sowie Zimmermann, Ἐγώ εἰμι, 64–69, der den vielschichtigen Befund darstellt, folgert, „daß ἐγώ εἰμι für die Übersetzer der LXX ein abgegriffenes Wort ist, das keineswegs einem sakralen Gebrauch vorbehalten bleibt" (68), aber trotzdem die hebräischen Formulierungen zur Grundlage seiner Interpretation macht: „Das absolute ἐγώ εἰμι im Munde Jesu ist die atl Offenbarungsformel (...) Inhaltlich betrachtet heißt dies: Wie Jahwe viele Male innerhalb des AT durch die Offenbarungsformel sein Wesen und seinen Willen kundtut, so offenbart er sich im NT durch seinen Christus" (270).
[51] Vgl. z.B. Ball, I Am, 259: "It has thus been confirmed that there is no need to all the possible parallels of 'I am' sayings in order to understand how *John* uses the words.

Ich-bin-Worte "implies that the readers have a detailed knowledge of the Jewish Scriptures and of Jewish customs", und folgert: "[T]he audience most likely to understand the implications of the 'I am' sayings knows the Old Testament and is therefore probably either Jewish or Christian"[52]. Mir stellte sich hier die Frage, was eigentlich passiert, wenn jemand anders (d.h. ein nicht oder nicht primär jüdisch-gebildeter Mensch) die Texte liest.

Auch Ball kommt an dieser Stelle ins Zweifeln. Er stellt fest, dass die johanneischen Formulierungen der LXX näher stehen als der hebräischen Bibel und vermutet, dass dies auf eine "non-Palestinian Jewish audience" hinweisen könne[53]. Im selben Zusammenhang stellt er fest, dass der Gebrauch von Ironie als Stilmittel im Johannesevangelium sowie die Form der prädikativen Ich-bin-Worte eher auf ein hellenistisches Milieu verweisen, und formuliert (im Anschluss an Schnackenburg) die Frage: "Could it be that the content of the 'I am' sayings with a predicate is Jewish while their form is in fact Hellenistic?"[54] Dies führt ihn im Hinblick auf die Hörer und Leserinnen des Evangeliums zu folgender Aussage: "There are (...) hints within the 'I am' sayings (their allusion to the LXX rather than the Hebrew, their use of irony and possibly the form of the sayings with a predicate nominative) that the audience may not be Palestinian or that it is at least conversant with the techniques of Greek literature. Members of the Jewish dispersion or of the wider Christian church would probably provide the audience most likely to understand all the implications of the 'I am' sayings"[55] Nach dieser Passage des Buches kommt es doch etwas überraschend, dass Ball in seinem Abschlusskapitel so sehr auf der Schlüsselrolle Deuterojesajas für die Interpretation der johanneischen Ich-bin-Worte insistiert.

Überrascht hat mich auch die deutliche Fokussierung auf eine bestimmte Auswahl jüdischer Vergleichstexte innerhalb der referierten Sekundärliteratur. Wenn man es als gegeben ansieht, dass der innerjohanneische Kontext der Ich-bin-Formulierungen auf die LXX verweist[56], so ist es umso erstaunlicher, dass gerade bestimmte Texte aus der LXX zum Schlüssel der Interpretation gemacht werden und andere

---

The Gospel itself provides clues which point to the Old Testament and Judaism as correct conceptual background for the use of ἐγώ εἰμι." (Hervorhebungen von mir).

[52] Ball, I Am, 270.
[53] Ball, I Am, 271.
[54] Ball, I Am, 272.
[55] Ball, I Am, 272f.
[56] Vgl. hierzu etwa Ball, I Am, 271.

nicht. Zum Beispiel wird in den Veröffentlichungen immer wieder auf die Parallelität der Jesusrede von Joh 13,19 (..., ἵνα πιστεύσητε ὅταν γένηται ὅτι ἐγώ εἰμι) und der Gottesrede aus Jes 43,10 (..., ἵνα γνῶτε καὶ πιστεύσητε καὶ συνῆτε ὅτι ἐγώ εἰμι) hingewiesen; Ausführungen zu einem möglichen Zusammenhang von Joh 6,35 (ἐγώ εἰμι ὁ ἄρτος τῆς ζωῆς· ὁ ἐρχόμενος πρὸς ἐμὲ οὐ μὴ πεινάσῃ, καὶ ὁ πιστεύων εἰς ἐμὲ οὐ μὴ διψήσει πώποτε) und Sir 24,21 (οἱ ἐσθίοντές με ἔτι πεινάσουσιν, καὶ οἱ πίνοντές με ἔτι διψήσουσιν) oder Joh 15,5 (ἐγώ εἰμι ἡ ἄμπελος, ὑμεῖς τὰ κλήματα. ὁ μένων ἐν ἐμοὶ κἀγὼ ἐν αὐτῷ οὗτος φέρει καρπὸν πολύν) und Sir 24,17 (ἐγὼ ὡς ἄμπελος ἐβλάστησα χάριν, καὶ τὰ ἄνθη μου καρπὸς δόξης καὶ πλούτου) sind dagegen sehr viel weniger beliebt[57]. Interessanterweise werden dagegen in neueren Veröffentlichungen, die sich nicht primär mit den Ich-bin-Worten, sondern mit anderen johanneischen Themen beschäftigen, die Parallelen zur frühjüdischen Weisheitsliteratur durchaus für die Interpretation auch der Ich-bin-Texte fruchtbar gemacht[58].

Die schärfste Kritik an der neueren Forschungslage formuliert Klaus Berger. Er stellt fest, dass „die johanneischen Ich-bin-Worte zum Hort steilster Identitätsaussagen" gemacht werden, „die man nur als ultraorthodox bezeichnen kann". Diese Tendenz gehe so weit, „daß jedes ‚ich' (gr.: *ego*) und jedes ‚ich bin' (gr.: *eimí*) unter den Anspruch der Gottheit Jesu subsumiert" werde[59]. Berger selbst hält es dagegen für methodisch unmöglich, „insbesondere für das JohEv eine Art Sondersprache zu postulieren, die unter Umgehung der zahlreichen Belege für *ego eimi* in der griechischen und hellenistischen Literatur eine exklusive Bedeutung im Sinne des Gottesnamens annimmt, wo immer von ‚ich'

---

[57] Eine Ausnahme ist hier Cebulj, Ich bin es, 18.266–287, der die weisheitlichen Analogien hervorhebt. Allerdings passt auch Cebulj insofern ins Bild, als er nicht primär an der religionsgeschichtlichen Fragestellung interessiert ist, sondern eine soziologisch orientierte Textanalyse vornimmt, bei der es ihm um die pragmatische Funktion der Ich-bin-Worte geht, die er im Kontext des Stigma-Konzeptes von Goffmann / Becker (vgl. ebd. 87–94) als Selbststigmatisierungen zur Identitätsstärkung liest. Cebulj, ebd., 18.256, merkt selbst an, dass ihm das Weisheitsthema zuerst als eine Art „Nebenschauplatz" erschienen sei, was angesichts der Forschungslage wenig überraschen kann.
[58] Vgl. hier etwa Scott, Sophia, 116–131; Davies, Rhetoric, 82–87; Ringe, Friends, 60f. – Selbstvorstellungen der Sophia im Ich-Stil begegnen in Spr 8,1–36; 1,22–36; Sirach 24,3–34; 4,15–19 (hebräischer Text). Zur gemeinsamen Metaphorik vgl. etwa Joh 6,35.48.51 mit Prov 9,5 und Sirach 24,21 (Brot, Essen und Trinken) und Joh 8,12 mit Weish 7,10.29f (Licht) sowie Joh 15,1.5 mit Sirach 24,17ff (Weinstock).
[59] Berger, Anfang, 195. Vgl. auch 199: „Der systematisch vollzogenen theologischen Überfrachtung des ‚ich bin' ist energisch ein Riegel vorzuschieben".

die Rede ist"⁶⁰. Dementsprechend hält Berger für die Herleitung der johanneischen Redeweise nicht Deuterojesaja für zentral, sondern verweist auf „Belege aus dem griechischsprachigen Ägypten (...), in denen es sich um Selbstvorstellungen einer Gottheit (Isis), eines Engels (TestAbr) oder eines Repräsentanten Gottes (Weisheit) handelt"⁶¹.

In moderateren Formulierungen finden sich auch in anderen Veröffentlichungen Hinweise auf die Notwendigkeit, die johanneischen Ich-bin-Worte in einen breiteren religionsgeschichtlichen Kontext zu stellen. Ball, dessen deuterojesajazentrierte Thesen oben vorgestellt wurden, bemerkt dennoch: "Further investigation into the use of ἐγώ εἰμι in the world of Hellenism is needed to confirm whether there are indeed close formal parallels to the 'I am' sayings of John in the rest of greek literature"⁶². Und Rudolf Schnackenburg, der den Hintergrund der absoluten Formulierungen in der „atl. Offenbarungsformel Jahwes" sieht, rechnet gleichzeitig damit, dass „die Formstruktur des ganzen Offenbarerspruches von dem soteriologischen Redetypus im orientalischen Hellenismus beeinflußt" sei⁶³ – ohne dies näher auszuführen.

Jürgen Becker schließlich stellt die johanneischen Ich-bin-Aussagen in den Zusammenhang der Sendungschristologie und damit in den weiteren Rahmen der „Anschauung vom Botenverkehr im Alten Orient"⁶⁴. Er distanziert sich von der Ableitung der Ich-bin-Aussagen von der alttestamentlichen Selbstaussage Gottes, weil dort die „spezielle Sendungsterminologie" fehle⁶⁵. Den Schlüssel zu seiner religionsgeschichtlichen Einordnung bilden die prädikativen Formulierungen, von denen sich die anderen s.E. als komprimierte Form traditionsgeschichtlich ableiten lassen. Analogien findet Becker weder in den Gottesprädikationen des Alten Testaments noch innerhalb der Botenaussagen des Judentums, sondern in (literarisch späteren) gnostischen Texten. Er wertet dies als

---

⁶⁰ Berger, Anfang, 196.
⁶¹ Berger, Anfang, 197. Vgl. dazu auch seine Ausführungen in Exegese, 197: „Auf die atl. Gottesprädikationen weisen die joh Bilder nicht, da die vergleichbaren Texte entweder kein prädikatives Verhältnis aufweisen oder nur Vergleiche bieten oder nur das Verhältnis zu Israel zum Inhalt haben. – Auf eine erste Spur führen längere Passagen im Ich-Stil in der späteren jüdischen Weisheitsliteratur. (...) Die Weisheitsrede in Prov und Sir ist in ihrem charakteristischen Stil in der Ich-Form nun offenbar nicht den atl. Selbstvorstellungen Gottes nachgebildet, sondern den Selbstpräsentationen ägyptischer Gottheiten".
⁶² Ball, I Am, 272.
⁶³ Schnackenburg, Johannesevangelium II, 67.
⁶⁴ Becker, Evangelium, 207, unter Verweis auf Bühner, Gesandte, 118–180.
⁶⁵ Becker, Evangelium, 208.

Indiz, „daß die joh Gemeinde hier ihr gnostisierendes Milieu zeigt"[66]. Für Becker geht es bei den Ich-bin-Aussagen „um die Grundfrage nach weltüberwindendem ewigen Leben", er deutet sie als „Aufforderung zum Glauben" im Kontext johanneischer Christologie[67].

Becker bewegt sich hier in den Bahnen, die durch die ältere Forschung zu den johanneischen Ich-bin-Worten vorgegeben wurden. Die relative Engführung in der Mehrheit der neueren Veröffentlichungen im Hinblick auf das religionsgeschichtliche Vergleichsmaterial sowie die nicht a priori überzeugende Konzentration auf die absoluten Ich-bin-Formulierungen lassen es sinnvoll erscheinen, an dieser Stelle ebenfalls einen Blick auf die ältere, ganz anders orientierte Forschung zu werfen.

3. Die älteren Hypothesen und ihre Problematik

1925 veröffentlichte Rudolf Bultmann einen Aufsatz über die „Bedeutung der neuerschlossenen mandäischen und manichäischen Quellen für das Verständnis des Johannesevangeliums", in dem er demonstrieren will, dass der gnostische Mythos vom „erlösten Erlöser" der Darstellung der Jesusgestalt im Johannesevangelium zugrunde liegt. Er versucht dies zu zeigen, indem er Versen des Johannesevangeliums Passagen aus der mandäischen und manichäischen Literatur sowie den Oden Salomos zuordnet. Für die prädikativen Ich-bin-Worte findet Bultmann ebenfalls solche Parallelen, hier stammen die herangezogenen Texte durchgehend aus der mandäischen Literatur[68].

Auch der Bultmann-Schüler Eduard Schweizer sieht in seiner 1939 veröffentlichten Monographie „Ego eimi. Die religionsgeschichtliche Herkunft und theologische Bedeutung der johanneischen Bildreden, zugleich ein Beitrag zur Quellenfrage des vierten Evangeliums" die nächsten Parallelen (unter dem zahlreich herangezogenen Material aus verschiedenen Kulturkreisen und Jahrhunderten) in den mandäischen Texten. Im Lichte dieser Parallelen interpretiert er die johanneischen Aussagen und schließt seine Untersuchung mit den Worten: „Die

---

[66] Becker, Evangelium, 209. Schwierig scheint mir hier allerdings Beckers Verteilung der Ich-bin-Worte auf vier verschiedene Quellen bzw. Schichten (6,20: Semeia-Quelle; 6,35, 8,12; 14,6: vorgegebene Tradition; 8,24.28; 11,25f: Evangelist; 10,7.9; 10,11.14; 15,1.5: kirchliche Redaktion).
[67] Becker, Evangelium, 210.
[68] Vgl. Bultmann, Bedeutung, 71–73.

joh. Bildreden sind bedingt durch den Gegensatz zu den religiösen Antworten der Menschen (die zugleich die natürlichen sind), wie sie im ‚mand.' System, aber auch im ganzen gnostischen Umkreis sich konkretisieren. Zu diesen mand. Schriften zeigt das Evangelium, das stilistisch im wesentlichen einheitlich ist, in seinen Reden noch eine gewisse, auch äußere, Verwandtschaft. Aber die Bildreden heben sich zugleich ab von den rel.gesch. Analogien durch die Anspruch erhebende und Anstoß erregende exklusive Formulierung, die, weil sie bestimmt ist durch die Person des Christus Jesus, alle Mythologie ausschließt. (...) Die Bildreden sind (...) weder Gleichnis, noch Allegorie noch Symbolrede, sondern eine in ihrem entscheidenden Satz ‚eigentlich' zu verstehende Rede, die streng christologisch gelesen und nur von hier aus in ihren Einzelheiten interpretiert werden darf"[69].

Hinsichtlich der mandäischen Texte äußert sich Schweizer in der Einleitung zur (sonst unveränderten) zweiten Auflage seiner Monographie von 1965 deutlich skeptischer. Er reagiert hier u.a. auf die Kritik Carsten Colpes, die dieser unter dem Titel „Die religionsgeschichtliche Schule. Darstellung und Kritik ihres Bildes vom gnostischen Erlösermythus" 1961 veröffentlicht hatte[70]. Schweizer bringt nun seinen Zweifel daran zum Ausdruck, „daß sich irgendeine Vorlage der johanneischen Formulierungen aus den Jahrhunderte später geschriebenen mandäischen Texten noch erheben läßt". Gleichzeitig gibt er zu, die gnostische Frage jetzt komplizierter zu sehen als zuvor, und rät zur Unterscheidung zwischen einem „vor- und außerchristlich belegbaren allgemeinen gnostischen Weltgefühl" und dem erst nachchristlich belegbaren „gnostischen Erlösungsdrama"[71]. Im Hinblick auf seine anderen Thesen (die johanneischen Aussagen als ‚eigentliche' Rede und die Einheitlichkeit des johanneischen Stils) bekräftigt Schweizer seine ursprünglichen Erkenntnisse.

Die mandäischen Texte gelten der neueren Forschung durchgehend nicht mehr als ernstzunehmende Parallelen zu den johanneischen Ich-bin-Worten. Sie spielen nur dann noch eine Rolle, wenn gegen die Mandäerhypothesen der älteren Forschung mehr oder weniger

---

[69] Schweizer, Ego eimi, 167.
[70] Vgl. Colpe, Schule, passim, zu Bultmann bes. 171–175.
[71] Schweizer, Ego eimi, 2. Auflage, VIIf.

polemisch Stellung genommen wird[72]. Festzuhalten bleibt, dass die Übereinstimmungen zwischen dem Johannesevangelium und den mandäischen Schriften streckenweise nach wie vor beeindruckend sind. Festzuhalten bleibt aber auch, dass die mandäischen Texte in der uns heute vorliegenden Form erst im achten Jahrhundert n.Chr. zusammengestellt wurden. Sie enthalten antiislamische Polemik und sind zum Teil deutlich christlich beeinflusst[73]. Ich halte nach meinen jetzigen Kenntnissen die Traditionsgeschichte der mandäischen Texte für unentwirrbar und bin deshalb der Ansicht, dass sie in einer religionsgeschichtlichen Untersuchung des Johannesevangeliums keine Schlüsselrolle einnehmen sollten. Zudem hat sich die Quellenlage seit der Zeit von Bultmann und Schweizer verändert: Unter den Schriften von Nag Hammadi gibt es Texte, die Ich-bin-Proklamationen enthalten[74] und dem Johannesevangelium zeitlich wie geographisch näher stehen als die mandäischen Quellen (selbst wenn auch diese Texte später entstanden sind, so doch jedenfalls nicht im achten Jahrhundert am Euphrat). Der Frage nach einem eventuellen „gnostisierenden Milieu" (vgl. Becker) der johanneischen Reden sollte also eher mit Blick auf die Nag-Hammadi-Schriften und unter Absehung von den mandäischen Texten nachgegangen werden[75]. Erstaunlicherweise spielen die Nag-Hammadi-Texte in neueren Untersuchungen zu den Ich-bin-Worten jedoch praktisch überhaupt keine Rolle, während gleichzeitig immer wieder die Ableitung von den mandäischen Texten ablehnend thematisiert wird, so als sei mit der Destruktion der Mandäerhypothese gleichsam auch alles andere Textmaterial erledigt, das dem Bereich der Gnosis zuzuordnen sein könnte.

Den Veröffentlichungen Schweizers und vor allem Bultmanns lässt sich nicht gerecht werden, wenn man sie auf die Problematik der mandäischen Analogien reduziert. Ihr eigentliches Interesse liegt in einer Interpretation johanneischer Aussagen, für die das religionsgeschichtliche Vergleichsmaterial nur quasi die Negativfolie bildet. In Bultmanns „Theologie" finden sich im Zusammenhang mit seiner Interpretation

---

[72] Vgl. u.a. Ball, I Am, 163–166.259; Thyen, Licht, 40.45. Selbst Berger, Anfang, 195, meint: „Von der Herleitung der johanneischen Ich-Worte aus mandäischen Analogien bzw. der Opposition zu ihnen ist man mit Recht abgerückt".
[73] Vgl. dazu Schweizer, Ego eimi, 46.61f.
[74] Vgl. McRae, Ego-Proclamation, passim; Ders., Discourses, passim.
[75] Dies meint auch McRae, Ego-Proclamation, 133.

des johanneischen ἐγώ εἰμι die Sätze: „So zeigt sich schließlich, daß Jesus als der Offenbarer Gottes *nichts offenbart, als daß er der Offenbarer ist,* und daß damit gesagt ist, daß er der ist, auf den die Welt wartet und der in seiner Person das bringt, worauf alle Sehnsucht des Menschen geht: Leben und Wahrheit als die Wirklichkeit, aus der der Mensch existieren kann, Licht als die völlige Durchsichtigkeit der Existenz, in der Fragen und Rätsel ein Ende haben. Wie aber ist und bringt er das? in keiner anderen Weise, als daß er sagt, daß er es sei und bringe, – er, der Mensch im menschlichen Wort, das ohne Legitimation den Glauben fordert. Johannes stellt also in seinem Evangelium nur das Daß der Offenbarung dar, ohne ihr Was zu veranschaulichen"[76]. Mir scheint, dass Bultmann hier tatsächlich etwas für die johanneische Theologie Entscheidendes beschreibt. Demzufolge stellt sich die Frage, ob Bultmanns existentiale Interpretation der Ich-bin-Worte und der johanneischen Theologie nicht auch dann etwas zum Verständnis des Johannesevangeliums beitragen kann, wenn man die Hypothese eines gnostischen Erlösermythos verabschiedet hat[77].

Auch im Hinblick auf die religionsgeschichtlichen Quellen ist die Sachlage m.E. komplizierter, als die neuere Forschung suggeriert, die sich bei ihrer Auseinandersetzung mit Bultmann immer wieder auf die Mandäerfrage konzentriert. Tatsächlich steht die Mandäerfrage in Bultmanns Johanneskommentar – wie auch in dem vorhergehenden Kommentar Walter Bauers – sehr viel weniger im Zentrum als etwa in dem älteren Aufsatz Bultmanns oder in Schweizers Monographie. Bultmanns Kommentar enthält keinen Exkurs oder separaten Abschnitt zu den Ich-bin-Worten, sondern lediglich eine recht umfangreiche Fußnote, die sich diesem Thema schwerpunktmäßig widmet. Hier führt er eine prinzipielle Unterscheidung vier verschiedener Formen der ἐγώ εἰμι-Formel ein[78]: 1. Präsentationsformel, antwortend auf die Frage: „Wer bist du"; 2. Qualifikationsformel, antwortend auf die Frage: „Was

---

[76] Bultmann, Theologie, 418f; Kursives im Original gesperrt.

[77] Bultmanns Interpretation der Ich-bin-Passagen erscheint auch in seinem Kommentar weit mehr von existentialen Grundaussagen gesteuert als vom Vergleich mit antikem Quellenmaterial. Seine Überzeugung von der Umformung des gnostischen Erlösermythos in Richtung auf einen Entscheidungsdualismus lässt gleichzeitig den angenommenen mythologischen Hintergrund zurücktreten zugunsten des immer wieder zu hörenden Rufs zur Entscheidung.

[78] Bultmann, Evangelium, 167f A2. Aufgenommen (und teilweise modifiziert) wird diese Unterscheidung u.a. von Schweizer, Ego Eimi, 27–34; Becker, Evangelium, 209; Schnelle, Evangelium, 125; Brown, Gospel, 533f.

bist du?"; 3. Identifikationsformel, in der sich der Redende mit einer anderen Person oder Größe identifiziert, 4. Rekognitionsformel, wo auf die Frage: „Wer ist der Erwartete, der Erfragte, der Besprochene?" durch ein „ich bin es" geantwortet wird, bei dem das ἐγώ Prädikat ist. Für alle vier Typen führt Bultmann u.a. Beispiele aus Isis-Inschriften an[79]. Die johanneischen Ich-bin-Worte ordnet er mehrheitlich den Rekognitionsformeln zu (so 6,35.41.48.51; 8,12; 10,7.9.11.14; 15,1.5), vermutet dabei aber, dass es sich in den verarbeiteten Quellen auch um Präsentations- oder Qualifikationsformeln gehandelt haben könne. Bei den Ich-bin-Worten in 11,25 und 14,6 handelt es sich nach Bultmanns Ansicht um Identifikationsformeln. Die ἐγώ εἰμι-Aussagen von 4,26; 8,18.23 [sic]; 18,5f.8 haben seiner Meinung nach nicht „den Charakter einer sakralen Formel"[80] und werden auch sonst in seinem Kommentar nicht in diesem Sinne interpretiert[81]. Für die Formulierungen in 8,24.28; 13,19 verweist Bultmann auf seine Einzelauslegungen, wo er das fehlende Prädikat jeweils aus dem Kontext ergänzt. Das absolute ἐγώ εἰμι von 8,24 versteht er im Sinne von: „ich bin alles das, von dem ich sage, daß ich es bin" und meint: „Alle anderen ἐγώ εἰμι-Sätze sind also gleichsam auf dieses prädikatlose ἐγώ εἰμι reduziert"[82]. Bei Bultmann bilden also nicht – wie in der neueren Forschung – die absoluten Ich-bin-Worte den Schlüssel zu den prädikativen Formulierungen, er erklärt vielmehr die absoluten Aussagen (soweit er solche gegeben sieht) von den prädikativen aus. Mit dieser Vorgehensweise befindet er sich in Übereinstimmung mit der älteren Forschung. Gleichzeitig erlaubt ihm sein Ansatz auch, religionsgeschichtliches Vergleichsmaterial in einer sehr viel größeren Breite heranzuziehen, als dies in der neueren Sekundärliteratur zum Thema geschieht. Dabei konzentriert er sich gerade nicht ausschließlich auf die mandäischen Texte (diese dominieren eigentlich nur in seinen Ausführungen zur Bildwelt von Joh 15), sondern führt Parallelen aus allen denkbaren Bereichen spätantiker

---

[79] Für 1.: Εἶσις ἐγώ εἰμι ἡ τύραννος πάσης χώρας, für 2.: ἐγώ εἰμι πολέμου κυρία, ἐγώ κεραυνοῦ κυρία εἰμί, für 3.: ἐγώ εἰμι πᾶν τὸ γεγονὸς καὶ ὂν καὶ ἐσόμενον, für 4.: ἐγώ εἰμι ἡ καρπὸν ἀνθρώποις εὑροῦσα und: ἐγώ εἰμι ἡ παρὰ γυναιξὶ θεὸς καλουμένη. – Die Beispiele aus 1., 2. und 4. sind aus einer mehrfach überlieferten Isis-Inschrift; das Beispiel aus 3. ist eine bei Plutarch zitierte Inschrift, vgl. dazu unten C III 4c.
[80] Bultmann, Evangelium, 168 A2; vgl. auch Thüsing, Erhöhung, 17f (zu Joh 8,28).
[81] Auch die Formulierung in 8,58 hat s.E. nichts mit den ἐγώ εἰμι-Sätzen der Offenbarungsreden zu tun; vgl. Bultmann, Evangelium, 248 A4.
[82] Bultmann, Evangelium, 265. Hier – wie ebenfalls zu 13,19 (S. 365 A2) – verweist auch Bultmann in den Fußnoten auf Textstellen aus Deuterojesaja.

Religiosität an und liest die Ich-bin-Worte auf diesem allgemeinen Hintergrund. Die mandäischen Texte spielen für Bultmanns Interpretation der johanneischen Aussagen also eher eine untergeordnete Rolle; die Destruktion dieses Ableitungsmodells in der Forschungsgeschichte sollte mithin nicht dazu führen, Bultmanns Einsichten prinzipiell für obsolet zu erklären. Die Schwierigkeit in Bultmanns Ansatz liegt m.E. eher darin, dass die herangezogenen religionsgeschichtlichen Parallelen teilweise etwas beliebig zusammengestellt zu sein scheinen und letztlich lediglich dazu dienen, eine Negativfolie bereitzustellen, von der sich die johanneischen Aussagen leuchtend abheben.

Die frühesten Untersuchungen, die sich mit den johanneischen Ich-bin-Formulierungen im Kontext religionsgeschichtlicher Vergleiche befassen, sind Eduard Nordens „Agnostos Theos" von 1913 und Adolf Deissmanns „Licht vom Osten" von 1908, beide mehrfach in weiteren Auflagen erschienen. Norden widmet einen Abschnitt seiner Monographie den „Untersuchungen zur Stilgeschichte der Gebets- und Prädikationsformeln". Hier kommt er neben Ausführungen über den verbreiteten Partizipial- und Relativstil der Prädikationen auch auf die Formeln σὺ εἶ, ἐγώ εἰμι, οὗτός ἐστιν zu sprechen, die er als „soteriologischen Redetypus" qualifiziert. Nach Norden handelt es sich um „unhellenische" Formeln[83], d.h. um solche, die nicht aus der klassischen griechischen Literatur, sondern aus Dokumenten stammen, die aus orientalischen Sprachen übersetzt sind oder auch „aus der Sphäre des orientalisierten Hellenismus". Die ἐγώ εἰμι-Formulierungen des Johannesevangeliums stellt Norden in einen Zusammenhang mit derselben Ausdrucksweise bei den Pseudopropheten, die Celsus erwähnt, im Poimandres, in gnostischen Texten, in den apokryphen Apostelakten und schließlich in der 61. Sure des Korans[84]. Er sieht hier die „Zähigkeit der Tradition dieses soteriologischen Redetypus" belegt und versteht die johanneischen Reden als „Produkte einer mächtigen theosophisch-mystisch-gnostischen Bewegung"[85]. Auch wenn Norden hier vielleicht etwas weit ausholt, so ist doch sein Grundgedanke, erst die *Gemeinde* habe, „durch den Konkurrenzkampf mit anderen und älteren

---

[83] Nordens Urteil über den „unhellenischen Charakter" der Ich-bin-Worte findet Thyen durch die Durchsicht des „Thesaurus Linguae Graecae" bestätigt, vgl. Thyen, Ich-Bin-Worte, 148f.
[84] Vgl. Norden, Theos, 188–192.
[85] Norden, Theos, 191 bzw. 194.

Erlösungsreligionen dazu gezwungen", die „schlichte Lehre Jesu" in die Worte eines „soteriologischen Typus religiöser Propagandarede" gekleidet[86], nicht ganz von der Hand zu weisen. Allerdings scheint es mir Quellen zu geben, mit den sich dies besser (und weniger pathetisch) belegen ließe als mit den von Norden bereitgestellten.

Adolf Deissmann beschäftigt sich mit den Ich-bin-Worten im Zusammenhang seines Vergleichs zwischen dem Stil johanneischer Sprache und jenem Sprachstil, der sich in spätantiken Papyri und Inschriften findet[87]. Er stellt „die Ähnlichkeit der kultisch-feierlichen ICH-Worte des johanneischen Christus mit einem alten und weitverbreiteten nichtchristlichen und vorchristlichen sakralen ICH-Stil"[88] fest. Zur Illustration dieses Sachverhaltes führt er nacheinander vier Texte an: Eine bei Diodor von Sizilien mitgeteilte Isis-Inschrift, eine streckenweise wörtlich mit dieser übereinstimmende Isis-Inschrift aus Ios[89], ein Stück aus der Hirtenrede des Johannesevangeliums (10,7–14) und schließlich einen Zauberpapyrus[90] des vierten nachchristlichen Jahrhunderts[91]. Zur Iosinschrift gibt Deissmann in den Fußnoten Septuagintaparallelen an, um zu zeigen, „wie verwandt das hellenisierte Ägyptische und das hellenisierte Alttestamentliche aussehen können. Wie leicht mußte es bei sachlicher Verwandtschaft erst sein, daß der so eigenartig einfache ICH-Stil vom hellenistischen Juden- und Christentum übernommen wurde"[92].

Deissmann ist meines Wissens der erste, der diese Texte miteinander in Verbindung gebracht hat. Inzwischen sind weitere Varianten der Isisinschrift aus anderen Orten des östlichen Mittelmeerraumes der

---

[86] Norden, Theos, 197.
[87] Deissmann liegt in seiner Monographie insgesamt daran, die neutestamentlichen Texte als Dokumente ihrer Zeit darzustellen, die sich sprachlich und literarisch nicht prinzipiell von anderen Dokumenten derselben Zeit unterscheiden, wie sie in Form von Papyri, Ostraka, Inschriften etc. gefunden wurden (Deissmann nennt sie in der Einleitung „nichtliterarische Schriftdenkmäler"). Er richtet sich dabei gegen Thesen wie die von einer semitisierenden Sondersprache des Neuen Testaments, die zu seiner Zeit üblich waren.
[88] Deissmann, Licht (4. Aufl.), 108.
[89] Vgl. zu dieser Inschrift oben die Einleitung sowie unten C III 4c).
[90] Die Zauberpapyri spielen auch bei Wetter, Ich bin es, 233–235, eine Rolle, da er die ἐγώ εἰμι-Formulierungen als „Zauberworte, denen nichts widerstehen kann" erweisen möchte. Problematisch erscheint dabei, dass in den Zauberpapyri der zauberkräftige Name immer erst auf ἐγώ εἰμι folgend einzusetzen ist. – Zu den Zauberpapyri und ihrer Differenz zur johanneischen Ausdrucksweise vgl. unten C III 4b).
[91] Deissmann, Licht (4. Aufl.), 109–114 (1. Aufl., 90–95; der gesamte Abschnitt ist bis auf die Ergänzung von Quellenmaterial in den Fussnoten mit Verweis auf Norden [109 A3] von der 1. zur 4. Aufl. kaum verändert).
[92] Deissmann, Licht (4. Aufl.), 112.

Forschung zugänglich gemacht worden, was die These von der Popularität dieses Sprachstils nur unterstreichen kann. Was bei Deissmann allerdings fehlt, ist eine inhaltliche Interpretation johanneischer Texte vor dem Hintergrund der Paralleltexte, da er sich vorwiegend mit sprachlichen Phänomenen befasst.

Der Bultmanns Kommentar vorausgehende Johanneskommentar von Walter Bauer[93] baut auf dem bis dahin bekannten religionsgeschichtlichen Vergleichsmaterial auf, und berücksichtigt – ab der zweiten Auflage 1925 – auch die mandäischen Schriften. Viele der von Bultmann und Schweizer herangezogenen Texte finden sich schon hier. Bauer äußert sich von vornherein sehr vorsichtig, was hypothetische Abhängigkeiten angeht. In der Einleitung konstatiert er im Hinblick auf das mandäische Schrifttum, dass „an keiner Stelle (…) die Gleichheit eine derartige ist, daß man Abhängigkeit der einen Größe von der anderen behaupten dürfe"[94]. Bauer berücksichtigt sowohl die absoluten als auch die prädikativen Ich-bin-Worte (ohne diese Unterscheidung zu machen) und charakterisiert diese Passagen als „feierliche[n] Ich-Stil", der „für die Ausdrucksweise unseres Evangelisten kennzeichnend" sei[95]. Bauer bezeichnet die johanneischen Formulierungen (im Anschluss an Norden) als „unhellenische, orientalische Formeln"[96] und bringt als Beispiele Texte aus allen Bereichen spätantiker Literatur. Er bemerkt zwar in seinen prinzipiellen Ausführungen zum Thema, dass der „Ich-Stil im AT stark zurück[trete]"[97], zieht aber gleichzeitig in seinem Einzelkommentar zu 8,24.28 und 13,19 Textstellen aus Deuterojesaja zum Vergleich heran. Dem korrespondiert, dass er in dem „Allgemeines" überschrieben Teil, mit dem er den Kommentar beschließt, unter der Überschrift „Die Voraussetzungen für die Entstehung des vierten Evangeliums" sowohl das Alte Testament, als auch „enge geistige Beziehungen zur Welt des Synkretismus" nennt[98]. Ich stimme ihm darin bei, dass es nicht nötig ist, hier einen Gegensatz zu etablieren. Und für mich haben auch jene Ausführungen Bauers, die er seinem Johanneskommentar voranstellt, ihre Gültigkeit nicht verloren: „Das 4. Evangelium

---

[93] 1912 in erster Auflage erschienen.
[94] Bauer, Johannesevangelium, 4 (hier und im Folgenden Seitenangaben nach der 3. Auflage).
[95] Bauer, Johannesevangelium, 119.
[96] Bauer, Johannesevangelium, 119.
[97] Bauer, Johannesevangelium, 119.
[98] Bauer, Johannesevangelium, 244 bzw. 245.

kann religionsgeschichtlich nicht verstanden und ausreichend gewürdigt werden, wenn man unterläßt, es in den Strom des religiösen Lebens seiner Zeit hineinzustellen und mit von da aus zu begreifen. Es genügt keineswegs, auf die anderen Aeußerungen christlichen Glaubens aus der Frühzeit unserer Religion zu achten. So deutlich es ist, daß Jo mit ihnen zusammengehört, sich an sie anschließt, ihnen zur Seite geht oder auch sie vorbereitet, so sicher verfügt er über eine Reihe von Worten, Ausdrücken, Ideen, Begriffen und Bildern, die sich weder von dort her, noch aus dem AT und dem Judentum genügend erklären. Auf sie fällt mancherlei Licht aus der Welt des Synkretismus"[99].

4. *Konsequenzen für das weitere Vorgehen*

Für mein weiteres Vorgehen leite ich aus der hier kurz skizzierten Forschungslage drei Schlussfolgerungen ab:

Erstens: Für eine religionsgeschichtliche Untersuchung sind die neueren Quellenfunde (bes. die Texte aus Nag Hammadi und das zwischenzeitlich gefundene Material aus dem Bereich des Isiskultes) einzubeziehen. Dieses Material ist bislang in der Forschung zu den Ich-bin-Worten nicht adäquat berücksichtigt worden, da es den älteren Untersuchungen noch nicht vorlag und die neueren Darstellungen letztlich zu wenig religionsgeschichtliches Interesse haben, um außerbiblische Texte ernsthaft zu diskutieren.

Zweitens: Um mit der Fülle des Quellenmaterials umgehen zu können, ist eine methodische Reflexion der Vorgehensweise unentbehrlich. Dabei scheint es mir sinnvoll, an Erkenntnisse aus der Literaturwissenschaft, insbesondere aus der Intertextualitätstheorie anzuknüpfen. Die theoretische Reflexion von Textbeziehungen, die unter dem Oberbegriff „Intertextualität" in letzter Zeit zunehmend zum Gegenstand von Untersuchungen geworden ist, sollte es erlauben, von den in der Forschung zum Johannesevangelium gängigen Abhängigkeitshypothesen und Ableitungsmodellen Abstand zu nehmen – zugunsten einer differenzierteren Beschreibung möglicher Beziehungen zwischen Texten. Dabei ist auch der Frage nachzugehen, auf welcher Ebene und von wem solche Textbeziehungen hergestellt werden. In diesem Zusammenhang lässt sich auch überlegen, ob und in welcher Weise nicht eindeutig datierbare Texte etwas zur Untersuchung beitragen können.

---

[99] Bauer, Johannesevangelium, 3.

Drittens: In der Literatur zum Thema finden sich immer wieder Aussagen, die das Judentum in unterschiedlicher Weise abqualifizieren. Antijüdische Stereotypen durchziehen die gesamte Forschungsgeschichte. Drei Beispiele mögen dies illustrieren: Bei Ball findet sich die Formulierung: "The Exclusiveness of Jesus and the Obsolence of Judaism"[100]. – Heinrich Zimmermann schreibt in seinem leicht pathetischen Stil: „Vielmehr spürt man – gerade was die Offenbarungsformel angeht – nur zu deutlich, daß man in der spätjüdischen Literatur nicht mehr die reine Luft der Propheten atmet (...). Manch trüber Nebel hat sich herabgesenkt und umhüllt die Menschen, die bestrebt sind, die wahre Gottesoffenbarung durch eine Formel zu ersetzen"[101]. – Bauer bemerkt im Zusammenhang mit Joh 7: „Die zuletzt beschriebenen Szenen erweisen die Machtlosigkeit des Judentums gegenüber dem durch seinen Geistbesitz als göttlich legitimierten Christentum. Trotz des Terrors und des ungesetzlichen Vorgehens der jüdischen Obrigkeit gewinnt die neue Religion Boden unter den Juden"[102].

Die Sekundärliteratur zum Johannesevangelium zeigt, dass schon das einfache Nachschreiben johanneischer Aussagen Antijudaismen erzeugt, solange der historische Abstand, der uns von dem johanneischen Text trennt, nicht gleichzeitig berücksichtigt wird. M.E. handelt es sich deshalb bei dem Antijudaismus-Problem letztlich um eine *hermeneutische* Frage, die als solche im nächsten Abschnitt zu thematisieren ist, bevor ich mich dann der *methodischen* Frage nach den Möglichkeiten der Beschreibung von Textbeziehungen zuwende.

---

[100] Ball, I Am, 273.
[101] Zimmermann Ἐγώ εἰμι, 267.
[102] Bauer, Johannesevangelium, 115. Vgl. daneben aber auch die Ausführungen in seinen Schlussbemerkungen 243f: „Antisemitismus von dieser Stärke setzt doch wohl eine Gegend voraus, in der es den Juden möglich war, den Christen nicht nur das Leben sauer zu machen, sondern sie ernstlich zu gefährden". Hier zeigt sich eine gewisse Widersprüchlichkeit in Bauers Kommentar, der zwar einerseits die antijüdischen Tendenzen des Johannesevangeliums deutlich benennt, sie aber andererseits in seinem Kommentar dennoch reproduziert.

II. Das Johannesevangelium und „die Juden": Zum Umgang mit problematischen Texten

οἶμαι δὲ ὅτι καὶ ὁ κακολογῶν τινα λίθους ἐπ' αὐτὸν βάλλει[1].

1. Das Problem

„So wie Jesus sie (die Sohnschaft Gottes) hat, hält der Jude sie für unmöglich, und so, wie der Jude sie für sich in Anspruch nimmt, ist sie eine Lüge. Darum kann der Jude nur dann an Jesus glauben, wenn seine unechte, scheinbare Gottessohnschaft widerlegt ist"[2]. – „Die Juden sind nicht Söhne im Hause Gottes, sondern Knechte (Sklaven), und so ist gewiß, daß sie aus dem Hause herausgeworfen werden"[3]. – „Die Juden sollten sich auf die Seite Gottes stellen, sein Zeugnis annehmen und glauben, daß Gott in Jesus sein ‚Ich bin es' spricht. Dann würden auch sie am eschatologischen Heil Gottes Anteil gewinnen"[4]. – „Wer sich durch Todfeindschaft gegen Jesus außerhalb der Abrahamskindschaft stellt, hat auch kein Recht mehr, sich auf Gott als Vater zu berufen. Er ist einem anderen Vater verfallen, dem Teufel"[5].

Dies sind einige Aussagen aus Texten des 20. Jahrhunderts, die sich mit der Auslegung des achten Kapitels des Johannesevangeliums befassen. Sie können zeigen, wie ein Nachschreiben johanneischer Aussagen Formulierungen erzeugt, die heutzutage einen mehr als unangenehmen Klang haben. In seinem neuen Kommentar zum Johannesevangelium macht Klaus Wengst immer wieder auch diese Auslegungstradition

---

[1] „Ich glaube aber, dass auch derjenige, der gegen jemanden verleumdend redet, Steine auf ihn wirft". – Origenes, Johannes-Kommentar, Fragment 136 zu Joh 10,31; vgl. Gögler, Origenes, 109 und 360; GCS 10, 572.

[2] Schlatter, Evangelist, 207 (zu Joh 8,19), erschienen 1930, Nachdruck 1960. – Zu Schlatter vgl. auch Siegele-Wenschkewitz, Sicht, passim.

[3] Hirsch, Evangelium, 218 (zu Joh 8,35), erschienen 1936, auch zitiert bei Wengst, Johannesevangelium 1, 331.

[4] Schnackenburg, Johannesevangelium 2, 254 (zu 8,24), erschienen 1971, 2. Aufl. 1977.

[5] Hahn, Juden, 127 (zuerst 1981 veröffentlicht, 1996 wieder abgedruckt). – Vgl. auch Bergmeier, Glaube (1980), 227: „Die Feindschaft der Juden gegen die göttliche Wahrheit ist Kennzeichen dafür, dass der Teufel ihr Vater ist"; zitiert bei Gebauer, Aletheia (2000), 246, der selbst zu Joh 8 schreibt: „In diesem Zusammenhang erfolgt auch eine Präzisierung der im Prolog angedeuteten Abgrenzung der ἀλήθεια von den Juden (vgl. 1,17). In ihrem Unglauben gegenüber Jesus erweisen sie sich als Söhne des Teufels, die die Lüge lieben, aber nicht die von Jesus verkündete Wahrheit". – Die Aufzählung entsprechender Ausssagen in Veröffentlichungen zu Joh 8 ließe sich problemlos verlängern.

zum Thema. Zu dem „Spitzensatz" des Johannesevangeliums, der die Teufelskindschaft „der Juden" konstatiert (Joh 8,44), bemerkt Wengst: „Wer den Text nachspricht, wie immer die Auslegung dann auch im einzelnen aussehen mag, muss sich fragen lassen, wie solche Auslegung davor geschützt sein kann, antijüdisch zu wirken"[6].

Antijüdische Auslegungstendenzen beschränken sich nicht auf das Nachschreiben johanneischer Aussagen. Beliebt war und ist eine Überbietungstheologie, die in der Traditionslinie des Idealismus beispielsweise behauptet: „Unser Evangelium leitet das Christentum von den Juden zu den Heiden. Es legt die letzte Hand daran, aus einer jüdischen Sekte die Menschheits-Religion zu machen. Es übersetzt das Christentum aus dem Semitischen ins Hellenistische. Aus dem Messias, der im Grunde nur für die Juden Bedeutung hat, macht es den Offenbarer Gottes und trifft damit den innersten Kern dessen, was Jesus wollte, und zugleich das Sehnen der Hellenisten, die nach Offenbarung, nach Enthüllung der göttlichen Welt hungerten"[7]. Auch in neueren Äußerungen zum Johannesevangelium findet sich das Überbietungsmotiv, besonders gerne bei Auslegungen von 1,17 (wo ohne syntaktischen Grund antithetisch interpretiert wird[8]) und bei Überlegungen zu den Wasserkrügen von Joh 2,6. Nach Schnelle klingt hier in der Wendung „‚für die Reinigung der Juden' (...) das Motiv der Ablösung und Überbietung der jüdischen Religion durch den christlichen Glauben an"[9].

---

[6] Wengst, Johannesevangelium 1, 337.

[7] Heitmüller, Johannes-Evangelium, 3. Auflage, 29; vgl. auch Grill, Untersuchungen 1, 104.

[8] Vgl. hierzu Wengst, Johannesevangelium 1, 71–73; McGrath, Christology, 152f. – Gräßer, Polemik, 139–141, liest wie viele andere den Text „paulinisch", wenn er konstatiert: „V.17 parallelisiert antithetisch und gut paulinisch Nomos und Charis. Man denkt also zunächst und beinahe selbstverständlich daran, daß es hier um die Befreiung vom jüdischen Dienst der Knechtschaft durch das Evangelium von der Gnade geht bzw. um die Ablösung des Alten Bundes durch den Neuen" (139f). M.E. ist diese antithetische Auslegung hier alles andere als selbstverständlich. Es legt sich vielmehr die Vermutung nahe, dass – ausgehend von einem bestimmten Verständnis paulinischer Texte – in Joh 1,17 etwas hineingelesen wird, was weder für 1,17 noch für das übrige Johannesevangelium irgendwo ein theologisches Anliegen ist. Auch Gräßers Formulierungen der „eigentlich johanneische[n] Antithese" als jüdische vs. christliche Religion bzw. Synagoge vs. Kirche (140) steht insofern quer zum Johannesevangelium, als in diesem weder Christentum noch Kirche überhaupt irgendwo benannt werden; vgl. dazu unten. – Zur neuzeitlichen Fixierung christlicher Exegese auf die „jüdische Gesetzlichkeit" und die „Kritik des Gesetzes" vgl. Sanders, Reflections, 282–286; Stegemann, Befreiung, 217–221.

[9] Schnelle, Evangelium, 60. – Bei Wilckens, Evangelium, 58, heißt es zu derselben Stelle: „Die Verwandlung des Wassers in Wein muß ihren Sinn darin haben, daß entsprechend die ‚rituelle Reinigung der Juden' (...) durch eine Reinigung anderer Art

Barrett meint: "[T]his incident illustrates at once the poverty of the old dispensation with its merely ceremonial cleansing and the richness of the new, in which the blood of Christ is available both for cleansing (1.29) and for drink (6.35). The initial reference is to the supersession of Judaism"[10].

Gilt für letztere Äußerungen, dass sie der Text des Johannesevangeliums nicht erfordert, sondern sie in denselben eingetragen werden, weil ohnehin feststeht, dass „das Judentum" und „das Gesetz" minderwertig seien und das Christentum überlegen[11], so liegt das Problem bei den anfänglich zitierten Aussagen über „die Juden" auf einer anderen Ebene. Hier begegnen nämlich die negativen Formulierungen im Text des Evangeliums selbst[12]. Konflikte mit den Ἰουδαῖοι und negative Aussagen über sie durchziehen fast das gesamte Johannesevangelium (mit Ausnahme der „nichtöffentlichen" Kapitel 13–17, wo der κόσμος die entsprechende Funktion hat). Die schärfsten Auseinandersetzungen gibt es in den Kapiteln 5–10. Viele der johanneischen Ich-bin-Formulierungen finden sich ausgerechnet in jenen Texten, die von einer heftigen Polemik gegen die Ἰουδαῖοι geprägt sind, Jesu Worte sind hier gegen „die Juden" und ihren Unglauben gerichtet (vgl. Kap. 6; 8; 10). Deshalb ist es notwendig, sich bei einer Auslegung der Ich-bin-Worte auch exegetisch und hermeneutisch mit der johanneischen Polemik gegen die Ἰουδαῖοι auseinanderzusetzen, da das Verständnis dieser Polemik die Sicht auf die Ich-bin-Worte beeinflusst.

---

ersetzt wird. Da Jesus dieses Wunder bewirkt als Zeichen *seiner* Herrlichkeit, ist er es auch, der allein diese wahre, vollkommene Reinigung bewirkt".

[10] Barrett, Gospel (2. Aufl.), 192. Welche Blüten hier die Exegese treiben kann, zeigt sich auch an Barretts Ausführungen zu der Tatsache, dass es sich gerade um *sechs* Wasserkrüge handelt: "Six, being less by one than seven, the number of completeness and perfection, would indicate that the Jewish dispensation, typified by its ceremonial water, was partial and imperfect. Perhaps it should be noted that the event took place on the sixth day (...); on the other hand, no numerical interpretation of the miracle can be entirely satisfactory since Jesus does not create a seventh vessel" (ebd., 191). – (In Fortführung dieses Gedankenganges ließe sich noch anmerken, dass Barrett den siebten Krug wohl übersehen hat: Dieser wird nämlich – so Origenes – von der Samaritanerin am Brunnen stehen gelassen, um die ‚Minderwertigkeit' der samaritanischen Religion zu dokumentieren: In diesem Sinne legt Origenes Joh 4,28 aus [vgl. Gögler, Origenes, 261f; SC 222, 128–130]).

[11] Zum Problem einer Exegese, die sich an den Begriffen "supersessionism" und "replacement" orientiert vgl. Bieringer / Pollefeyt, Ways, 14–19. Ihre Schlussfolgerung ist, "that replacement is not an accurate category to interpret John's relationship to his jewish heritage" (19).

[12] Vgl. Räisanen, Critics, 16: "It is John, himself, who uses the term 'Jews' in a way that has proved disastrous".

Eine verbreitete Deutungstradition der johanneischen Ἰουδαῖοι sieht diese als Symbolgestalten für die Ablehnung der Welt. Bultmann formuliert programmatisch: „Das für den Evangelisten charakteristische οἱ Ἰουδαῖοι faßt die Juden in ihrer Gesamtheit zusammen, so wie sie als Vertreter des Unglaubens (und damit, wie sich zeigen wird, der ungläubigen ‚Welt' überhaupt) vom christlichen Glauben aus gesehen werden. (...) Die Ἰουδαῖοι sind eben das jüdische Volk nicht in seinem empirischen Bestande, sondern in seinem Wesen"[13]. Auch wenn Bultmann zugute zu halten ist, dass er in seinem Kommentar „die Juden" meist mit Anführungsstrichen markiert, so machen doch seine generalisierenden Aussagen über das „Wesen" des jüdischen Volkes und des Judentums die johanneischen Aussagen nicht besser: Handelt es sich nun doch nicht mehr nur um eine konkrete historische Situation, sondern gleichsam um einen prinzipiell-menschlichen Defekt, der auf Kosten des Judentums dargestellt wird[14]. So hält denn auch Bultmanns existentiale Übertragung ihn nicht davon ab, auch weiterhin Negativ-Aussagen über das Judentum nachzuschreiben, beide Ebenen bedingen sich gegenseitig: „Damit ist das Urteil über die jüdische Religion gesprochen, damit aber zugleich, da ‚die Juden' die Welt überhaupt repräsentieren, das Urteil über die Religion als eine dem Menschen seine Sicherheit und sein Selbstbewußtsein gebende Sphäre überhaupt"[15].

Auch auf der exegetischen Ebene scheint mir die Gleichsetzung Bultmanns von „Juden" und „Welt" nicht alle Probleme zu lösen. Auch wenn die Ἰουδαῖοι Symbol für die ungläubige Welt sind, so muss es doch trotzdem einen Grund haben, dass es gerade die Ἰουδαῖοι sind, die dafür herhalten müssen[16]. Ohne einen konkreten historischen

---

[13] Bultmann, Evangelium, 59. Die Gleichsetzung von „Juden" und Welt findet sich ähnlich auch schon bei Bauer, Johannesevangelium, 31; vgl. auch Hengel, Frage, 296–298; Porsch, Teufel, 54f; sowie den Exkurs bei Mußner, ZΩH, 59f, unter der Überschrift: „‚Die Juden' als Repräsentanten des Todeskosmos bei Johannes". Mußner, Traktat, 289, setzt sich allerdings von Bultmann ab, wenn er schreibt: „Es geht aber in Wirklichkeit nicht um das Wesen des Judentums, sondern des ‚Kosmos' ".

[14] Vgl. die Kritik bei Rensberger, Anti-Judaism, 131f: "'The Jews' now become a symbol for all human unbelief and opposition to God (...), the very type of demonization that has led to some of the most violent anti-Semitic outrages of Christian Europe".

[15] Bultmann, Evangelium, 213 (zu 8,20). Eine kritische Bewertung von Bultmanns Judentumsverständnis (bei Betonung seiner persönlichen Integrität) findet sich bei Wolfgang Stegemann, Verständnis, passim; zu Bultmanns politischer Haltung vgl. auch Paulsen, Bultmann, passim.

[16] Vgl. Trilling; Gegner, 212–214.229; skeptisch gegen die Gleichsetzung äußern sich auch Hahn, Juden, 113; Wengst, Gemeinde, 55–58; Nicklas, Ablösung, 17–20; Hakola, Identity, 7f.

Anknüpfungspunkt wäre es unverständlich, warum nicht eine andere Gruppe als negative Repräsentationsfigur auftritt oder die Polemik ohne eine nähere Gruppenbezeichnung lediglich gegen die „Welt" gerichtet ist. (Letzteres ist z.B. im 1. Johannesbrief der Fall, wo die Bezeichnung οἱ Ἰουδαῖοι fehlt, aber dennoch beständig gegen den κόσμος geredet wird.) Auch ist zu bedenken, dass weder Ἰουδαῖοι noch κόσμος im Johannesevangelium durchgehend negativ konnotierte Bezeichnungen sind (s.u. und z.B. 3,16; 4,42). Und schließlich lässt sich zwar häufig οἱ Ἰουδαῖοι für die Interpretation mit „Welt" übersetzen, aber eben nicht an allen Stellen (z.B. 1,19; 9,22; 18,31), und die Ersetzung funktioniert häufig andersherum nicht in entsprechender Weise (vgl. 1,9f; 4,42; 8,12.23; 9,5; 14,30; 18,36 u.ö.) – auch dies ist ein Beleg, dass beide Begriffe nicht prinzipiell identifizierbar sind.

Von den insgesamt 71 Belegen im Johannesevangelium für Ἰουδαῖος zeichnen die Mehrzahl die Ἰουδαῖοι pauschal in einer feindlichen, ablehnenden und ungläubigen Rolle. Gleichzeitig gibt es aber auch Stellen, die von den Ἰουδαῖοι positiv reden. Der Textbefund ist in sich widersprüchlich[17]: Einerseits werden die Ἰουδαῖοι pauschal als gegnerische Gruppe angegriffen, andererseits wird mehrfach konstatiert, dass es auch glaubende und anteilnehmende Ἰουδαῖοι gibt (8,31; 10,19; 11,31.33.36.45; 12,11 vgl. 12,42), Jesus wird selbst als Ἰουδαῖος bezeichnet (4,9), und es wird festgehalten, dass die Erlösung ihren Ursprung im Judentum hat (ἡ σωτηρία ἐκ τῶν Ἰουδαίων ἐστίν, 4,22). Dieselbe Widersprüchlichkeit durchzieht auch die einzelnen Textpassagen: In Kapitel 8, das sich ansonsten durch die schroffsten Aussagen über die Ἰουδαῖοι im gesamten Evangelium auszeichnet, treten zwischenzeitlich glaubende Ἰουδαῖοι auf (8,30f); in Kapitel 11, wo die Ἰουδαῖοι überwiegend als freundlich gezeichnet werden und gesagt wird, dass viele von ihnen zum Glauben gekommen seien (11,45), ist zuvor pauschal von der Tötungsabsicht der Ἰουδαῖοι die Rede (11,8). Die Verfolgung und Tötungsabsicht durch die Ἰουδαῖοι wird wiederholt im Evangelium konstatiert (5,16.18; 7,1; 8,59; 10,31.33; 11,8).

Neben dem Gebrauch von Ἰουδαῖοι als einer feindlichen Gruppe einerseits und einer glaubenden andererseits gibt es eine Reihe von Belegen, die Feste und Gebräuche als τῶν Ἰουδαίων beschreiben, ohne

---

[17] Zu den verschiedenen Verwendungsweisen von Ἰουδαῖοι im Joh vgl. u.a. auch Wahlde, Jews, passim; Barth, Juden, 56–66; Schnelle, Juden, 218–221; Wengst, Gemeinde, 55–73; Scholtissek, 163f.166–168; Rensberger, Anti-Judaism, 122–125; Casey, Gospel, 116–127; Moloney, Israel, 358–363; Hakola, Identity, 10–15.225–231.

dabei zu werten (2,6.13; 5,1; 6,4; 7,2; 11,55; 19,42; vgl. 4,9; 19,31.40). Für einige Texte lässt sich annehmen, dass Ἰουδαῖοι speziell Menschen aus Judäa meint (1,19; 7,1; 11,8.54)[18], andere Texte zeigen aber, dass dies nicht durchgängig der Fall ist (2,6; 4,9; 6,41.52; 18,35). Und schließlich wird die Bezeichnung Ἰουδαῖοι in einer ganzen Anzahl von Stellen synonym mit jüdischen Leitungsfiguren (οἱ ἀρχιερεῖς, οἱ Φαρισαῖοι, οἱ ἄρχοντες) verwendet (so z.B. 1,19; 2,18.20; 7,13; 9,18.22; 18,12.14; 19,7.12.14.31.38; 20,19), während sie in anderen Texten anscheinend generell für das Volk gebraucht wird (so z.B. 3,1; 6,41.52; 11,54; 12,9.11; 18,20.33.39; 19,3.19–21). An vielen Stellen ist nicht wirklich deutlich, ob von Leitungsfiguren oder von Angehörigen des Volkes die Rede ist (so z.B. 3,25; 5,10.15; 7,11.15.35; 8,22.48.52.57; 10,24.31.33; 13,33; 18,38)[19]. Der auf mehreren Ebenen in sich widersprüchliche Befund führt auch zu konträren Äußerungen in der Forschung, je nachdem welche der johanneischen Aussagen als Schlüsseltexte für die Einordnung des Evangeliums verwendet werden.

Zahlreiche Veröffentlichungen beschäftigen sich vor allem seit den 70iger Jahren des letzten Jahrhunderts mit dem Thema „Antijudaismus" im Johannesevangelium[20], häufig ist das vierte Evangelium auch bevorzugter Gegenstand in Veröffentlichungen, die sich generell mit Antijudaismus und dem Neuen Testament befassen. Es gibt keine Übereinstimmung in der Sekundärliteratur, ob und inwiefern das Johannesevangelium antijudaistisch ist. Und, was mir noch interessanter erscheint: Es gibt auch keine Übereinstimmung, ob und inwieweit das Johannesevangelium *jüdisch* ist. Beide Themen werden oft miteinander

---

[18] Zum Schlüssel der Interpretation wird dies z.B. bei Lowe, Ἰουδαῖοι, passim; vgl. aber die Kritik bei Rensberger, Anti-Judaism, 123f; Casey, Gospel, 116–120. Eine solche Bedeutung würde auch dem damaligen allgemeinen Sprachgebrauch nicht entsprechen, vgl. Rad / Kuhn / Gutbrod, Ἰσραήλ κτλ., 360 A27, 377 A99.

[19] Wahlde, Jews, 39f, listet in einer Tabelle verschiedene Forschungsmeinungen zu der Frage auf, an welchen Stellen Autoritäten und an welchen das Volk gemeint ist. Die Einschätzungen variieren im einzelnen, zeigen aber insgesamt, dass es eine Reihe von unklaren Fällen gibt.

[20] Umfangreiche Literaturangaben zur neueren deutschen Forschung finden sich in den Fußnoten bei Scholtissek, Antijudaismus, passim; vgl. darüber hinaus noch Nicklas, Ablösung, 16–72, sowie die beiden Sammelbände: Bieringer / Pollefeyt / Vandecasteele-Vanneuville (Hg.), Anti-Judaism; Labahn / Scholtissek / Strotmann (Hg.), Israel. Für die englischsprachige Forschung vgl. u.a. Rensberger, Anti-Judaism, passim; Hakola, Identity, 5–30. Beide Forschungskontexte diskutieren zwar dieselben Themen, beziehen sich aber nicht durchgehend aufeinander. Die ältere Literatur (bis in die 70iger Jahre) zum Thema „Johannes und die Juden" (unter Einschluss jüdischer Stimmen) ist bei Leistner, Antijudaismus, 15–67, überblicksartig aufgearbeitet.

verknüpft, wobei alle theoretisch denkbaren Positionen vertreten sind: Das Johannesevangelium ist keine jüdische Schrift und antijudaistisch[21]; das Johannesevangelium ist keine jüdische Schrift, aber auch nicht antijudaistisch bzw. antisemitisch[22]; das Johannesevangelium ist zugleich jüdisch und judenfeindlich / antijudaistisch[23]; und schließlich: Es ist eine jüdische Schrift und eben deshalb nicht antijudaistisch[24]. Die tatsächliche exegetische Divergenz zeigt sich dabei nicht zwischen denjenigen, die das Evangelium für judenfeindlich, antijudaistisch oder antisemitisch halten, und denjenigen, die dies nicht tun (hier sind eher die Begrifflichkeiten Grund der unterschiedlichen Bewertungen), sondern zwischen den verschiedenen Einschätzungen darüber, wie jüdisch das Johannesevangelium sei. So sind sich Wengst und Rensberger prinzipiell in ihrer Auslegung des Evangeliums als einer jüdischen Schrift sehr ähnlich, sie haben lediglich eine unterschiedliche Terminologie in der Bewertung ihrer Resultate. Und auf der anderen Seite führen zwei inhaltlich so ähnliche Lektüren wie die von Gräßer einerseits[25] und Radford Ruether andererseits[26] zu vollkommen unterschiedlichen Bewertungen: Was Radford Ruether für den christlichen Sündenfall schlechthin hält

---

[21] Vgl. u.a. Bauer, Johannesevangelium, bes. 234f: „Antisemitismus von dieser Stärke setzt doch wohl eine Gegend voraus, in der es den Juden möglich war, den Christen nicht nur das Leben sauer zu machen, sondern sie ernstlich zu gefährden"; Brumlik, Johannes, passim; Ruether, Nächstenliebe, 106–112; Casey, Gospel, 111–139; Hakola, Identity, 138–242 (mit moderater Kritik).

[22] Dies ist die Mehrheitsposition der deutschen christlichen Exegese, soweit sie sich überhaupt mit diesem Thema beschäftigt (wobei meist zwar apologetisch konstatiert wird, dass das Joh nicht antijudaistisch bzw. antisemitisch sei, aber nicht direkt ausgesprochen wird, dass das Joh eine christliche und keine jüdische Schrift sei, dies wird aber dennoch hinreichend deutlich); vgl. u.a. Hahn, Heil, passim (vgl. 117); Ders., Juden, passim (vgl. 119); Gräßer, Polemik, passim; Ders., Heilswege, passim; Leistner, Antijudaismus, 150; Hengel, Frage, 297; Rissi, Juden, 2136; Schnelle, Einleitung, 490 A132; Schnelle, Juden, passim (vgl. 229); Porsch, Teufel, 57; Scholtissek, Antijudaismus, passim (vgl. 178).

[23] Vgl. u.a. Wengst; Johannesevangelium, passim; sowie die häufig in der Sekundärliteratur zitierte Aussage von Meeks, Jew, 172: "To put the matter sharply, with some risk of misunderstanding, the Fourth Gospel is most anti-Jewish just at the points it is most Jewish".

[24] Vgl. u.a. Rensberger, Anti Judaism, passim; Vouga, Antijudaismus, 88f.

[25] Gräßer, Polemik, passim. – „Ἰουδαῖος und κόσμος sind in gleicher Weise Chiffren für den Unglauben schlechthin" (151). – „Damit ist das vierte Evangelium einer der frühesten Versuche, den Absolutheitsanspruch des Christentums theologisch zu fixieren" (153).

[26] Ruether, Nächstenliebe, 106–112. – „,Die Juden' sind für ihn die Inkarnation des falschen, abtrünnigen Prinzips der gefallenen Welt selbst, die ihrem wahren Sein in Gott entfremdet ist" (109). – „[Johannes] liefert (...) die äußerste theologische Form jener Verteufelung ,der Juden', welche die Wurzel des Antisemitismus in der christlichen Tradition

(nämlich den Antisemitismus als Kehrseite der Christologie), wird von Gräßer als unerlässlicher Bestandteil christlichen Selbstverständnisses angesehen (nämlich die Abgrenzung vom Judentum als Notwendigkeit der Christologie).

Die Heterogenität der Forschungslage resultiert zu einem Teil daraus, dass häufig auf unterschiedlichen Ebenen argumentiert wird, ohne dass deutlich würde, auf welcher Ebene sich die Bewertung des johanneischen Befundes entscheidet. Ich möchte deshalb im Folgenden drei Ebenen unterscheiden, die mir für die Einschätzung des Phänomens relevant erscheinen. Zum ersten ist dies die *Terminologie*: Was ist mit „Antisemitismus", „Antijudaismus" etc. gemeint?, zweitens die *Historie*: Wie lässt sich die Situation der johanneischen Gemeinde beschreiben? Wie reagiert das Johannesevangelium auf diese Situation? und drittens die *Hermeneutik*: Was bedeutet die Wirkungsgeschichte der johanneischen Aussagen und unsere heutige Position für das Thema? Welche Konsequenzen sind für die Auslegung des Johannesevangeliums zu ziehen?

2. *Antisemitismus, Antijudaismus, antijüdische Rhetorik? Begriffsklärungen*

Die Begriffe Antisemitismus und Antijudaismus werden in der Literatur häufig undifferenziert nebeneinander gebraucht[27]. Gleichzeitig dient dieselbe Bezeichnung in unterschiedlicher Literatur jeweils zur Beschreibung verschiedener Sachverhalte. Zur Klärung dessen, wovon hier die Rede ist, möchte ich im Folgenden verschiedene Dinge terminologisch unterscheiden: Zuerst einmal gibt es den modernen Antisemitismus – das Wort ist eine Begriffsbildung des 19. Jahrhunderts – für den die

---

ist. Es gibt keinen Weg, das Christentum von seinem Antijudaismus zu befreien, ohne schließlich mit seiner christologischen Hermeneutik selbst zu ringen" (112).

[27] So z.B. in den Artikeln der TRE und RGG (4. Aufl.) zum Thema, vgl. Lange / Thoma, Antisemitismus, 114. Leipoldt, Antisemitismus, passim, benutzt diesen Ausdruck durchgehend für die Antike, und schreibt in seinem RAC-Artikel (1940 in erster Lieferung, 1950 im Rahmen des ersten Bandes der RAC erschienen) zudem in hohem Maße antike Judentumsklischees und Schuldzuweisungen fort; vgl. dagegen den Antisemitismus-Artikel des jüdischen Verfassers Isaak Heinemann, der sich schon 1931 ungleich differenzierter äußert (zum Begriff dort 3–5). Für eine Begriffsunterscheidung plädieren z.B. auch Colpe, Antisemitismus, 790; Scholtissek, Antijudaismus, 153; Rensberger, Anti-Judaism, 120. Ebach stellt in seinem Antisemitismus-Artikel im Handbuch religionswissenschaftlicher Grundbegriffe, 495, fest, dass der Begriff Antisemitismus „in seinem diffusen Gehalt, seiner künstlichen Bildung und seiner Opposition zu etwas Imaginärem (...) geradezu ein konstituiver Teil dessen (sei), was er bezeichnet". – Zur Entstehung des Begriffs „Antisemitismus" vgl. Ebach, ebd., 496f; Weinzierl, Antisemitismus, 158f.

Vorstellung von der angeblichen Existenz einer „semitischen" Rasse (die tatsächlich eine „jüdische" Rasse ist, Antisemitismus richtet sich nicht gegen semitische Menschen prinzipiell, sondern gegen jüdische[28]) ein konstitutives Moment darstellt. Hiervon lässt sich der antike Antijudaismus differenzieren, der nicht mit rassetheoretischen Argumenten arbeitet, sondern sich gegen die Religion, die Gebräuche und die Lebensweise von jüdischen Menschen richtet. Zwischen dem antiken Antijudaismus und dem modernen Antisemitismus gibt es zugleich auch Linien der Kontinuität; religiöse Argumente der Antike kehren streckenweise in modernen Texten wieder[29].

Für die Spätantike lässt sich dann unterscheiden zwischen einem paganen Antijudaismus einerseits, der jüdischen Menschen u.a. Gottlosigkeit (ἀθεότης), Menschenfeindlichkeit (ἀπανθρωπία, ἀμιξία), Faulheit (wegen der Einhaltung des Sabbats) und Eselsverehrung nachsagt[30], und einem christlichen Antijudaismus, der in seiner Anfangsphase nur selten die paganen Argumentationsstrukturen reproduziert. Christen und Christinnen sind erst einmal primär Mitbetroffene der antijüdischen Polemik[31]. Noch in der zweiten Hälfte des zweiten Jahrhunderts zeigt sich in der Schrift des Celsus gegen die Christen, dass dieser JüdInnen und ChristInnen in vielen Passagen Identisches vorwirft und Stereotypen des paganen Antijudaismus (Menschenfeindlichkeit, Gottlosigkeit) unverändert für die antichristliche Polemik übernehmen kann[32]. Beide Gruppen sind für ihn gleichermaßen irrational (wenn auch die Juden relativ gesehen vorzuziehen sind[33]), und dabei spielt es kaum eine Rolle, dass die einen meinen, der Messias sei schon gekommen, und die anderen noch auf ihn warten. Ihr Gezänk untereinander verschlimmert

---

[28] Vgl. Lange / Thoma, Antisemitismus, 114; Colpe, Antisemitismus, 790.

[29] Vgl. Heinemann, Antisemitismus, 3f; Siegele-Wenschkewitz, Beitrag, passim; Hoffmann, Antijudaismus, passim; Ebach, Antisemitismus, 496. Friedrich, Antijudaismus, 346, resümiert: „Der christliche Antijudaismus spielt offensichtlich wirklich eine wichtige Rolle als langfristiges strukturgeschichtliches Moment bei der Entstehung des Antisemitismus".

[30] Vgl. zu diesen u.a. Vorwürfen die Zusammenstellungen mit Quellenangaben bei Heinemann, Antisemitismus, 19–38; Colpe, Antisemitismus, 791; Scholtissek, Antijudaismus, 153–155.

[31] Vgl. Harnack, Mission, 281f; Schaller, Antisemitismus / Antijudaismus III, 558; Heinemann, Antisemitismus, 36f; Scholtissek, Antijudaismus, 154; Colpe, Antisemitismus, 792. – Zur Aufnahme von paganer Polemik in 1Thess 2,14–16 („Sie mißfallen Gott und sind Feinde aller Menschen") vgl. Vollenweider, Antijudaismus, 42f; Haacker, Elemente, passim.

[32] Vgl. Origenes, Cels VIII,2 bzw. VIII,11.

[33] Vgl. Origenes, Cels V,25.

lediglich den Eindruck, den sie bei vernünftig denkenden Menschen hinterlassen[34].

Die Argumentationsstrukturen des christlichen Antijudaismus sind anders geartet als die der paganen Polemik. Sie lassen sich exemplarisch an Schriften des zweiten Jahrhunderts aufzeigen. Im Brief des Ignatius an die Gemeinde in Magnesia werden Christentum und Judentum als zwei unterschiedliche Größen dargestellt, vor letzterem wird gewarnt:

> Lasst euch nicht täuschen durch die heterodoxen Lehren und nicht durch die alten Fabelgeschichten, die nichts nützen. Denn wenn wir bis jetzt dem Judentum gemäß (κατὰ Ἰουδαισμόν) leben, bekennen wir, keine Gnade empfangen zu haben. (...) Lasst uns deshalb lernen, da wir seine JüngerInnen geworden sind, dem Christentum gemäß (κατὰ Χριστιανισμόν) zu leben. Denn wer mit einem anderen Namen genannt wird außer diesem, ist nicht Gottes. Schafft also beiseite den schlechten Sauerteig, der alt geworden ist und bitter, und wendet euch dem neuen Sauerteig zu, der Jesus Christus ist. Es ist nicht am Platze, Jesus Christus zu sagen und jüdisch zu leben. Denn das Christentum hat nicht an das Judentum geglaubt, sondern das Judentum an das Christentum, zu dem jede Zunge, die an Gott glaubte, versammelt wurde[35].

Das Judentum ist alt und überholt, das Christentum in seiner eigenen Wahrnehmung eine eigenständige Religion geworden, die sich gegen das Judentum und seine Lebensweise definiert. Der Barnabasbrief geht noch einen Schritt weiter, indem er Israel den Empfang des Bundes abspricht, feststellt, Christus sei gekommen, „damit jene in ihren Sünden zur Vollendung kämen und wir durch den Erben den Bund des Herrn Jesus empfangen"[36], und die Tora konsequent „geistlich" uminterpretiert. Die Passahomilie des Melito von Sardes schließlich qualifiziert ganz „Israel" als schuldig an der Ermordung Gottes:

> Der die Erde aufhing, ist aufgehängt worden; der die Himmel festmachte, ist festgemacht worden; der das All festigte, ist am Holze befestigt worden.

---

[34] Vgl. Origenes, Cels IV,20–23: „Das ist aushaltbarer, wenn Würmer und Frösche, als wenn Juden und Christen sich streiten" (IV,23 nach der Übersetzung von Theodor Keim).

[35] Ign, Mag 8,1; 10,1–3 (Dies ist das erste Auftreten des Begriffs Χριστιανισμός überhaupt – es sei denn, man datiert die Ignatianen nicht um 110, sondern in die zweite Hälfte des zweiten Jahrhunderts, was ich aber für wenig plausibel halte).

[36] Barn 14,1–5; vgl. 5,11; 6,19. Der Barnabasbrief ist in die Zeit kurz nach 130 zu datieren. Dass es zu dieser Zeit auch andere theologische Positionen zum Judentum gab, zeigt die Warnung in 4,6, nicht „gewissen Leuten zu gleichen und dabei eure Sünden zu vermehren, indem ihr sagt: Der Bund gilt jenen und uns (ἡ διαθήκη ἐκείνων καὶ ἡμῶν)".

Der Herr ist geschmäht worden, der Gott ist getötet worden; der König Israels ist beseitigt worden von Israels Hand.
O des unerhörten Mordes! O des unerhörten Unrechts![37]

Antijudaismus dieser Art arbeitet mit ungebrochen feindseligen Pauschalaussagen über Israel bzw. das Judentum; vorausgesetzt ist gleichzeitig das Bewusstsein, eine eigenständige, andere Religion zu haben: „Antijudaismus" ist insofern keine passende Bezeichnung für innerjüdische Auseinandersetzungen. Es wäre anachronistisch, etwa die Polemik israelitischer ProphetInnen als „antijudaistisch" zu charakterisieren. Wenn Amos oder Jeremia zur Umkehr aufrufen, tun sie das zweifelsohne von einer Position innerhalb Israels und nicht in prinzipieller Opposition zu diesem. Dasselbe gilt auch dann, wenn JüdInnen späterer Zeiten zur Umkehr aufrufen oder ihre Kritik an anderen Judentümern ihrer Zeit formulieren, also etwa für Johannes den Täufer, Jesus von Nazareth oder die Gemeinschaft von Qumran[38]. Gerade in den Qumranschriften finden sich Äußerungen heftigster Polemik gegen ein anderes Judentum (jüdische Gegner werden als „Söhne Belials" angegriffen[39]), ohne dass deswegen dieser Gemeinschaft ihre Zugehörigkeit zum Judentum abgesprochen werden könnte.

Nach dem bisher Gesagten dürfte deutlich sein, dass für das Johannesevangelium „Antisemitismus" keine sinnvolle Kategorie darstellt und die pagane antijüdische Polemik keine nennenswerte Rolle spielt. Demgegenüber sind die beiden zuletzt beschriebenen Kategorien relevant: Das Johannesevangelium hat seinen Ort offensichtlich *zwischen* innerjüdischer Polemik, wie sie bei den Propheten, Johannes dem Täufer, Jesus oder in Qumran begegnet, einerseits und Texten des zweiten Jahrhunderts

---

[37] Passahomilie § 96f (nach Hall, Melito, xxii, entstanden 160–170), zitiert nach Vollenweider, Antijudaismus, 40; vgl. dazu auch Blank, Meliton, 79–86; griechischer Text bei Hall, Melito, 54. – Zur altkirchlichen Polemik und judenfeindlichen Maßnahmen und Gesetzen der Zeit seit Konstantin vgl. Schaller, Antisemitismus/Antijudaismus IV, passim; Lange, Antisemitismus IV, passim; George, Antijudaismus, passim.

[38] Zu Jesus vgl. die Beurteilung von Farmer, Introduction, 2: "In the case of Jesus, the term 'anti-Judaism' is not only anachronistic but historically incorrect, for it would mean identifying certain Jewish individuals or subgroups, contemporary with Jesus, with the whole of Judaism at his time, and excluding, against his intentions, him and his disciples from the Jewish people". – Zu Qumran vgl. Scholtissek, Antijudaismus, 155f.171–173.

[39] Vgl. 1 QS II; 4 Q 174 III; vgl. auch TestDan 5,5f; Jub 15,33. – Zu den (eher unerfreulichen) Gepflogenheiten antiker religiöser Polemik – unter der sich die neutestamentlichen Texte noch vergleichsweise freundlich ausnehmen – vgl. Johnson, Slander, 430–441; Broer, Antijudaismus, 347–350.

andererseits, die von einer deutlich christlichen Position aus (Ignatius) eine Enterbungslehre vertreten (Barnabas) oder Israel pauschal des Gottesmordes bezichtigen (Melito). Die streckenweise antijüdische Rhetorik des Johannesevangeliums setzt nicht notwendigerweise voraus, dass dieses Evangelium von einer Position *außerhalb* des Judentums aus spricht. Zur Näherbestimmung dieser Position ist ein Blick auf die (vermutliche) historische Situation unerlässlich.

3. *Die historische Situation der johanneischen Gemeinde*

Auf der Suche nach dem Ort des Johannesevangeliums in Relation zum Judentum ist der mehrfach im Evangelium erwähnte Ausschluss aus der Synagoge (durch den Terminus ἀποσυνάγωγος bezeichnet, 9,22; 12,42; 16,2) ein zentrales Datum. Nach Klaus Wengst ist das Johannesevangelium „im Kontext einer scharfen Auseinandersetzung" geschrieben worden: „Sie wurde geführt zwischen jüdischen Menschen, die den gekreuzigten Jesus für den Messias hielten, und der Mehrheit ihrer Landsleute, die diesen Glauben entschieden ablehnten – und dafür Gründe hatten. (...) Dass (...) die Auseinandersetzung einer jüdischen Minderheit mit einer jüdischen Mehrheit die die Gegenwart des Johannes und seiner Gemeinde bestimmende Situation ist, zeigt sich wahrscheinlich am deutlichsten in dem dreimal im Evangelium begegnenden Motiv vom Ausschluss aus der Synagoge. An allen drei Stellen sind Verhältnisse vorausgesetzt, die für die erzählte Zeit, die Zeit Jesu, nicht vorstellbar sind, die aber ausgezeichnet in die Zeit nach 70 n.Chr. passen"[40]. Nach Wengst entspricht die Darstellung von Ἰουδαῖοι als Leitungsfiguren mit behördlicher Vollmacht nicht der historischen Wirklichkeit zur Zeit Jesu, sondern jener zur Zeit der Entstehung des Evangeliums, die in die erzählte Zeit zurückprojiziert wird[41]. Das Johannesevangelium ist das Dokument einer Gemeinschaft, die von dem nach

---

[40] Wengst, Johannesevangelium 1, 21f; vgl. Wengst, Gemeinde, passim (bes. 55–104); Martyn, History, passim; Kysar, Gospel, 2422–2428; Habermann, Evangelium, 528f; Rensberger, Anti-Judaism, 125–130; McGrath, Christology, 48–50.

[41] Die nicht klar zu datierende Einfügung der *birkat ha-minim* (des sogenannten „Ketzersegens") in das 18-Bitten-Gebet verweist nach Wengst auf das Klima der Auseinandersetzungen; dabei ist kein direkter ursächlicher Zusammenhang zwischen der johanneischen Polemik und der *birkat ha-minim* anzunehmen, vgl. dazu Wengst, Gemeinde, 89–104. Zur *birkat ha-minim* vgl. auch Scholtissek, Antijudaismus, 159–163; Hengel, Frage, 290–298; Dettwiler, Gegenwart, 104f; Labahn, Jesus, 35–41; Cebulj, Ich bin es, 104–110; Katz, Issues, 63–76; Niklas, Ablösung, 30–72; Hakola, Identity, 45–55, mit der jeweils dort angegebenen Literatur.

70 sukzessive normativ werdenden pharisäisch-rabbinischen Judentum aus der Synagoge ausgeschlossen wurde und im Zuge dessen auch unter sozialen und gesellschaftlichen Restriktionen zu leiden hatte[42].

Wengsts Beschreibung der Gemeindesituation als einer durch den Konflikt geprägten behält m.E. auch dann ihre Plausibilität, wenn man seinen Ausführungen zur Lokalisierung (Gaulanitis / Batanäa / Trachonitis) und Datierung (80–90) des Johannesevangeliums skeptisch gegenübersteht. Beides wird in der Forschung nach wie vor kontrovers diskutiert, ohne dass ein Konsens auch nur im Entferntesten in Sicht wäre[43]. Wichtiger als eine Festlegung in diesen Fragen scheint mir deshalb die Einschätzung der Relation des Evangeliums zum Judentum seiner Zeit[44].

Besonders heftige Polemik gegen Jüdisches findet sich gerade in jenen neutestamentlichen Texten, die gleichzeitig in einer besonderen

---

[42] Vgl. Wengst, Gemeinde, 183: „Nicht integrationsfähige und nicht integrationswillige Gruppen wurden als Ketzer eingeschätzt und behandelt, was für die Betroffenen vor allem in sozialer und wirtschaftlicher Hinsicht einschneidende Folgen hatte". – Reinhartz, Girl, 186, stellt in einem fiktiven Brief des Synagogenpräsidenten die mögliche Sicht der anderen Seite dar: "Let me tell you how it really happened. As long as the Jesus-followers continued to come to synagoge, pay their membership dues, share table-fellowship (...), no one paid attention to their way-out views about Jesus. The troubles began when the Jesus-followers gradually stopped socializing with the others and eventually formed their own group, first within the synagogue, and then outside it. Before long they had separated themselves off from the community altogether, except to come around occasionally and harangue our members about the identity of Jesus and the interpretation of scripture. So they say they were expelled? Don't believe a word of it. It's just an attempt to escape responsibility for a break which they themselves initiated" (vgl. auch Reinhartz, Grammar, passim). – Dieser fiktive Brief mag als Warnung dienen, sich nicht allzusehr auf die einseitige Darstellung des Evangeliums einzulassen, zumal die rabbinischen Quellen im Hinblick auf den Ausschluss von „Ketzern" alles andere als eindeutig sind, vgl. Nicklas, Ablösung, 72; Katz, Issues, passim; Hakola, Identity, 41–86.

[43] Zu einer späteren Datierung (ca. 100–110) vgl. z.B. Schnelle, Einleitung, 485–487; Labahn, Jesus, 20f; zu einer früheren Datierung vgl. Berger, Anfang, 11 (ca. 60–70); Barth, Juden, passim (ca. 45–65). – Für die Lokalisierung werden im wesentlichen drei Alternativen diskutiert: Ephesus (so z.B. Schnelle, Hengel, Schnackenburg); der syrische Raum (so z.B. Bauer, Becker, Wengst) und neuerdings zunehmend auch Ägypten. Frenschkowski, Indizien, passim, äußert sich dezidiert gegen Ephesus oder Syrien und plädiert für Ägypten. Berger, Anfang, 54f, hält den Evangelisten für einen Alexandriner, der auf Wanderschaft auch mit anderen Gegenden des östlichen Mittelmeerraumes in Berührung gekommen sei. Ringe, Friends, 14, spricht sich für Alexandria als den wahrscheinlichsten Entstehungsort aus.

[44] Aus dieser Relationsbestimmung lassen sich schon deshalb keine sicheren Folgerungen für die Datierung und Lokalisierung ableiten, weil wir über die konkrete Situation jüdischer Gruppierungen im ersten und zu Beginn des zweiten Jahrhunderts in den verschiedenen Gegenden des östlichen römischen Reiches keine hinreichenden Einzelinformationen haben.

Nähe zum Judentum anzusiedeln sind. Ohne diese Nähe gäbe es kein Bedürfnis nach Abgrenzung und Distanzierung. Konflikte zwischen Gruppen sind umso schärfer, je enger die Beziehung zwischen ihnen ist[45]. Die Schärfe der Auseinandersetzungen im Johannesevangelium (und einigen anderen neutestamentlichen Texten) lässt sich als „Familienkonflikt" beschreiben, wobei passender als die Rede von einem Konflikt zwischen Mutter- und Tochterreligion[46] die Beschreibung als „Geschwisterkonflikt" zu sein scheint: Aus dem vielfältigen Judentum der Zeit vor 70 entwickelte sich sukzessive ein normatives Judentum, in dem die pharisäisch-rabbinische Richtung die dominierende wurde, während die Jesusbewegung dieses Ziel verfehlte und ihre Frustration in Polemik umwandelte[47]. Theißen fasst die Entwicklung zusammen: „Aus einer innerjüdischen Umkehrbewegung wurde zunächst eine missionierende Sekte, dann ein endgültiges Schisma"[48].

Im Blick auf das Johannesevangelium stellt sich hier die Frage, ob das „endgültige Schisma" schon eingetreten ist, oder ob es sich noch um den Blickwinkel einer missionierenden Sekte innerhalb des Judentums handelt. Oder, anders formuliert: Dokumentiert dieses Evangelium einen endgültigen und deutlichen Bruch mit dem Judentum und blickt auf den Synagogenausschluss als längst vergangen zurück[49], oder handelt es sich um eine Gruppe, die ihre Identität als jüdisch versteht, dabei aber in Fragen der Messianologie eine andere Position vertritt als das sich etablierende Mehrheitsjudentum?

In der neueren Forschung zum Johannesevangelium mehren sich jene Stimmen, die für die zweite Alternative votieren und das Johannesevangelium primär im Kontext des Judentums verstehen und interpretieren[50]. M.E. spricht einiges für eine solche Lektüre des vierten Evangeliums, auch wenn sie auf den ersten Blick im Zusammenhang einer von Baur

---

[45] Dies wird in der Literatur zum Thema immer wieder betont, vgl. die Überschrift von Stegemanns Aufsatz: „Die Tragödie der Nähe", sowie z.B. Bauer, Johannesevangelium, 234f; Vollenweider, Antijudaismus, 45–48; Mayer, Weg, 186f; Luz, Antijudaismus, 318; Theißen, Aporien, passim; Stegemann, Befreiung, 216; Sänger, Testament, 221–223; Scholtissek, Antijudaismus, 162f.

[46] So z.B. Harnack, Mission, 76 (im Blick auf das zweite Jahrhundert): „[D]ie Tochter verstößt die Mutter, nachdem sie sie ausgeplündert!".

[47] Zum „Familienkonflikt" vgl. Luz, Antijudaismus, 317–322; Heschel, Gift, 75.

[48] Theißen, Entstehung, 184.

[49] So votieren etwa Hengel, Frage, 298–300; Schnelle, Einleitung, 490.

[50] Vgl. z.B. Rensberger, Anti-Judaism, passim; Sasse, Menschensohn, 35–50; Barth, Juden, passim; Vouga, Antijudaismus, passim; Wengst, Johannesevangelium, passim; Bieringer / Pollefeyt, Ways, 20f.

bis Theißen andauernden Rezeption, die im Johannesevangelium das Christentum zu sich selbst kommen sieht[51], überraschen oder sogar befremden mag. Mit David Rensberger hat die Einschätzung des vierten Evangeliums als jüdisch auch Konsequenzen für die Frage des johanneischen Antijudaismus: "John does not, in my judgement, represent an outsider's hostility toward Judaism or toward people of the Jewish faith, the definition of anti-Judaism with which I began this essay. The primary reason for this assertion is that the fourth evangelist, like other early Christians, did not yet regard his Christianity as a new or separate religion, but considered it to *be* Judaism"[52].

Um die Möglichkeit einer jüdischen Lektüre des Johannesevangeliums darzustellen und zugleich die Spannung zu verstehen, die sich daraus ergibt, dass sich in eben diesem Evangelium heftigste antijüdische Rhetorik findet, komme ich noch einmal auf die Verwendung der für dieses Thema relevanten Begriffe im Text des Evangeliums zu sprechen.

Der Wortgebrauch von Ἰουδαῖος hebt sich bei Joh deutlich vom übrigen Neuen Testament ab. Die 195 neutestamentlichen Belege finden sich zu einem Großteil im Johannesevangelium (71) und der Apostelgeschichte (80). In den synoptischen Evangelien begegnet der Begriff nur selten (Mt: 5; Mk: 6; Lk: 5), davon meist in der Verbindung βασιλεὺς τῶν Ἰουδαίων. Nur ein einziger Beleg bei Mt redet pauschal von einem negativ konnotierten Kollektiv (Mt 28,15). Hier hebt sich Joh deutlich von den anderen Evangelien ab. Interessanter noch ist aber ein Vergleich mit den Belegstellen der Briefliteratur und der Apostelgeschichte. In vielen Fällen wird Ἰουδαῖος hier mit einem Komplementärbegriff gebraucht, meist Ἕλλην, gelegentlich ἔθνη. Typisch sind Formulierungen, die anzeigen, dass die Ἰουδαῖοι den nichtjüdischen Menschen heilsgeschichtlich vorangehen: Ἰουδαίῳ τε πρῶτον καὶ Ἕλληνι (Rö 1,16; 2,9.10; vgl. Rö 9,24: οὐ μόνον ἐξ Ἰουδαίων ἀλλὰ καὶ ἐξ ἐθνῶν). In Apg 13,44–51 wenden sich Paulus und Barnabas nach der mangelnden Akzeptanz bei jüdischen Menschen von diesen ab und zu den Völkern (στρεφόμεθα εἰς τὰ ἔθνη). Die Ἰουδαῖοι lehnen das Evangelium ab, an ihre Stelle (und nicht zu ihnen hinzu) treten

---

[51] Vgl. Baur, Christenthum, 169–172; Theißen, Religion, 255–280; vgl. neuerdings auch Hakola, Identity, 232–238.

[52] Rensberger, Anti-Judaism, 138 (Hervorhebung dort). Ähnlich auch Vouga, Antijudaismus, 88: „Von einem johanneischen Antijudaismus kann insofern nicht die Rede sein, als keine Gegenüberstellung Juden / Heiden, sondern eine Kontroverse innerhalb der jüdischen Überlieferung und innerhalb der Synagoge in der johanneischen Tradition stattfindet".

die Völker. Vergleichbares gibt es im Johannesevangelium nicht. Hier scheint ein solcher Komplementärbegriff zu Ἰουδαῖοι zu fehlen. Die wenigen Belege für ἔθνος beziehen sich ausschließlich auf das Volk Israel (11,48.50.51.52; 18,35). Von den drei Belegen für Ἕλλην bezieht sich einer auf griechischsprachige Menschen jüdischen Glaubens (12,20), die beiden anderen begegnen im Kontext eines johanneischen Missverständnisses zur Bezeichnung der Diaspora (7,35). Einige Stellen im Johannesevangelium lassen sich auf eine Einbeziehung von Menschen aus den Völkern deuten (10,16; 11,52; 17,20)[53], dies geschieht jedoch vollständig in Kontinuität mit prophetischen Traditionen (Jes 2,2f u.a.), ohne dass dabei im Entferntesten an eine Abwendung vom Judentum zu denken wäre oder gar an eine Verwerfung Israels. Ἰσραήλ / Ἰσραηλίτης wird im Johannesevangelium mit positiven Konnotationen verwendet (1,31.49; 3,10; 12,13 bzw. 1,47)[54], eine Abgrenzung zwischen empirischem und wahrem Israel o.ä. gibt es nicht[55].

Bezeichnenderweise fehlt im Johannesevangelium auch jene Begrifflichkeit vollkommen, die in der Sekundärliteratur zu diesem Evangelium immer wieder als Gegenbegriff zu den „Juden" oder „Israel" fungiert, nämlich „Christen" (Χριστιανοί) oder „Kirche" (ἐκκλησία) – beides an anderen Stellen im Neuen Testament belegt, ἐκκλησία auch innerhalb eines Evangeliums (Mt 16,18; 18,17). Eine Abgrenzung der Ἰουδαῖοι von einer anderen Volks- oder Religionsgruppe gibt es im Johannesevangelium einerseits gegenüber der römischen Staatsmacht (οἱ Ῥωμαῖοι in 11,48) und andererseits in Kap. 4, wo die Abgrenzung von Ἰουδαῖοι und Σαμαρῖται zum Thema wird. An dieser Stelle wird Jesus als Ἰουδαῖος bezeichnet – womit hier etwas ausgesprochen ist, was in den anderen Schriften des Neuen Testaments meist implizit vorausgesetzt ist, aber sonst nicht in vergleichbarer Deutlichkeit formuliert wird. Mit wenigen Ausnahmen – die Samaritanerin, Pilatus, römische Soldaten – sind

---

[53] Wobei diese Stellen nicht zwangsläufig so gelesen werden müssen, vgl. Barth, Juden, 69, der die zusätzlichen Schafe von 10,16 auf „Galiläer, Samaritaner, Juden im Ostjordanland und in der Diaspora" deutet. Barth betont zugleich das Fehlen eines expliziten Missionsbefehls im Johannesevangelium. Wenn er allerdings aus diesen – und anderen – Beobachtungen ableitet, dass Joh müsse in der Zeit zwischen 45 und 65 geschrieben sein, so scheint mir dies doch eine zu kühne Schlussfolgerung.

[54] Dabei verweist die bevorzugte Verwendung von Ἰουδαῖοι gegenüber Ἰσραήλ im Johannesevangelium auf einen Entstehungskontext in der jüdischen Diaspora, vgl. die bei Rad / Kuhn / Gutbrod, Ἰσραήλ κτλ., 361–366.370–374, angeführten Analogien.

[55] Vgl. Rensberger, Anti-Judaism, 144.

alle im Johannesevangelium auftretenden Personen selbstverständlich Jüdinnen oder Juden.

Gleichzeitig werden entscheidende Merkmale jüdischer Identität im ersten Jahrhundert n.Chr. fraglos akzeptiert und tradiert: Jesus pilgert wie viele andere regelmäßig und mit Selbstverständlichkeit an Festtagen nach Jerusalem (2,13; 5,1; 7,10; 12,12)[56], die Beschneidung wird nur ein einziges Mal erwähnt als etwas, was fraglos vorausgesetzt ist und nicht zur Diskussion steht (7,22f); die Dialoge darum, was am Sabbat erlaubt ist und was nicht, bewegen sich in denselben Argumentationsbahnen wie die rabbinischen Diskussionen zu dieser Frage und sind als innerjüdische Debatten lesbar[57], und die Geltung der Tora wird nicht außer Kraft gesetzt[58]: Es wird mit der Tora für (und manchmal von „den Anderen" auch gegen) Jesus argumentiert, aber nicht mit Jesus gegen die Tora (1,45; 5,39.46; 7,42; 10,34f; 12,34.41; 15,25; 19,36f; 20,9 u.ö.)[59].

---

[56] Vgl. Busse, Tempelmetaphorik, 415.

[57] Vgl. Wengst, Johannesevangelium 1, passim (bes. zu Kap. 5 und 9); vgl. z.B. (zu 7,22f): „Jesu Argumentation in V.22f erfolgt also ganz und gar in jüdischem Kontext. Sie setzt voraus, dass die Tora und also auch der Sabbat grundsätzlich anerkannt sind" (282).

[58] Vgl. Busse, Tempelmetaphorik, 398, der von der „unangefochtenen Autorität der Schrift" redet und den Nachweis führt, „daß die Schrift im Johannesevangelium als unumkehrbarer Deutehorizont des Jesusgeschehens verwendet wird".

[59] Zur Geltung der Tora bei Joh vgl. Wengst, Johannesevangelium 1, 71-73.213f. 366f; Barth, Juden, 89f. Zu dieser Frage im frühen Christentum insgesamt vgl. Georgi, Kampf, 89.90: „Die Buntheit der christlichen Theologien und Gemeinden war ein getreues Spiegelbild der Zustände im Judentum bis zum Ende des 1. Jahrhunderts. Der jeweils erhobene Anspruch auf die allein gültige und wahre Auslegung der heiligen Schrift Israels war gerade auch in seiner Vielstimmigkeit und Lautstärke keine Novität, sondern ein geradezu alltägliches Phänomen im Judentum, vor allem seit dem 2. vorchristlichen Jahrhundert. (...) Die Qumrantexte zeigen, dass es (...) möglich war, bestimmte geschichtliche Ereignisse und Erscheinungen, insbesondere Auftreten und Wirksamkeit bestimmter geschichtlicher Personen zum Verstehensschlüssel für eine Neuinterpretation der Heiligen Schriften zu machen". – An dieser Stelle muss offenbleiben, ob auch die johanneische Messianologie / Christologie im Rahmen des Jüdischen verstehbar ist. Aus methodischen Gründen wäre es unangemessen, hier schon eine These oder ein Ergebnis zu formulieren, da das Thema dieser Arbeit selbst der Christologie zugehört. Es kann sich im Folgenden nur erweisen, ob sich jenes Christus-Verständnis, das sich in den Ich-bin-Worten dokumentiert, im Rahmen jüdischer Aussagen lesen lässt oder ob es darüber hinausgeht. Angemerkt sei aber, dass Fragen der Messianologie aus jüdischer Perspektive normalerweise kein Trennungsgrund gewesen sind, vgl. Luz, Auseinandergehen, 57: „Es gab in der Antike Dutzende von Messiassen oder Messiasanwärtern, aber nie wurde sonst einer von ihnen oder einer seiner Anhänger aus der jüdischen Gemeinschaft ausgeschlossen. Im Gegenteil: Messianische Hoffnungen gehörten zu den Dingen, bei denen im Judentum größtmögliche Vielfalt herrschte und alle denken konnten, was sie wollten. Die Gründe, weswegen

Zudem ist – wie Leistner betont[60] – die Darstellung der Ereignisse in der johanneischen Passionsgeschichte in dem, was tatsächlich erzählt wird, eher weniger gegen die Ἰουδαῖοι gerichtet als bei den Synoptikern. So gibt es z.B. kein offizielles jüdisches Todesurteil, und die Verhaftung Jesu wird nicht von jüdischer Seite, sondern von römischen Soldaten vorgenommen. Umso rätselhafter erscheint demgegenüber die Tatsache, dass an so vielen Stellen innerhalb des Evangeliums zuvor pauschal den Ἰουδαῖοι die Absicht oder der Versuch unterstellt wird, Jesus zu töten. Hier, wie auch sonst, gibt es einen eklatanten Widerspruch zwischen den Tatsachen, die im Johannesevangelium faktisch berichtet oder vorausgesetzt sind und der antijüdischen Rhetorik, die viele Passagen durchzieht. Mir scheint dieser Widerspruch nur durch einen genaueren Blick auf jene Verschiebung auflösbar zu sein, die sich innerhalb des Johannesevangeliums bei der Verwendung des Wortes Ἰουδαῖοι eingestellt hat. Schon oben habe ich ausgeführt, dass der Begriff Ἰουδαῖοι im vierten Evangelium sehr unterschiedlich benutzt wird. Strukturell lässt sich dasselbe Phänomen wie bei den Ἰουδαῖοι auch für den Begriff κόσμος aufzeigen, weshalb ich beide im Folgenden zusammen behandle[61].

Die Verschiebung im Wortgebrauch lässt sich durch die Trennung verschiedener Ebenen der Begriffsverwendung nachzeichnen, die ich hier chronologisch anordne, auch wenn sie im Johannesevangelium nicht chronologisch begegnen[62]. Zuerst und grundlegend gelten die

---

Menschen als *Minim*, d.h. als Abtrünnige angesehen wurden, lagen anderswo, z.B. in ihrer Torapraxis".

[60] Leistner, Antijudaismus, 71–150; vgl. Beutler, „Juden", 66–69; ähnlich auch Rensberger, Anti-Judaism, 147–149. Einen anderen Weg geht Verburg, Passion, passim, wenn er die Johannespassion als Tragödie liest und dabei „den Juden" die literarische Rolle des Tragödienchors zuweist – womit er die johanneische Darstellung von der Historie distanziert und gegen ihre antijudaistische Auslegungsgeschichte interpretiert.

[61] In dieser strukturellen Übereinstimmung liegt wohl der Grund, warum z.B. Bultmann beide Begriffe identifiziert – was also auf dieser Ebene doch wieder seine Berechtigung zeigt.

[62] Die oben nachgezeichnete sprachliche Verschiebung ist im Sinne einer logischen und nicht einer historischen Reihenfolge zu verstehen. Ich könnte mir jedoch vorstellen, dass die tatsächliche Entstehungsgeschichte der johanneischen Begrifflichkeit dieser Logik folgt. Im Text stehen dabei die verschiedenartigen Verwendungen undifferenziert nebeneinander, sie sind sozusagen alle in ihm aufbewahrt. – Auch ohne jede literarkritische Argumentation lässt sich die beschriebene Verschiebung am ehesten in der genannten Abfolge verständlich machen, da sich genau hier der sprachliche Niederschlag des Übergangs von einer innerjüdischen Auseinandersetzung (bei der JüdInnen quasi überall sind) zu einer Loslösung einer Untergruppe (noch ohne unterscheidbaren eigenen Namen) vom Mehrheitsjudentum sehen lässt.

Ἰουδαῖοι als „alle Menschen jüdischen Glaubens" (vgl. 2,6, 4,22), und der κόσμος meint „die ganze Welt" (vgl. 1,9.10a; 3,16). In diesem Kontext geht es um die Erlösung der ganzen Welt (4,42 vgl. 6,14.33; 9,5; 12,19), des ganzen Volkes (11,50f), Jesus ist König aller Ἰουδαῖοι (19,21) usw. Dann tritt auf der zweiten Ebene eine Art „Begriffsspaltung" ein: Die Ἰουδαῖοι spalten sich untereinander im Streit um Jesus (10,19 vgl. 6,52.60; 7,43; 9,16), und der κόσμος teilt sich in Sehende und Nicht-Sehende, Glaubende und Nicht-Glaubende (9,39; 3,16–21). Auf einer dritten Ebene wird jetzt der Gesamtbegriff nur noch für diejenige Teilgruppe verwendet, die sich im zweiten Schritt aus der Gesamtgruppe als feindlicher Teil herausgelöst hatte: Von (eigentlich auch jüdischen) Menschen wird jetzt gesagt, sie hätten Furcht vor den Ἰουδαῖοι (9,22; 20,19); den Ἰουδαῖοι wird pauschal die Tötungsabsicht unterstellt (7,1; 10,31 u.ö.), von der Welt pauschal gesagt, sie habe den λόγος Gottes nicht erkannt (1,10b) und Jesus und die JüngerInnen seien nicht ἐκ τοῦ κόσμου τούτου und würden deshalb vom κόσμος gehasst (8,23; 15,19). Mit dieser Begriffsverschiebung wird so schließlich suggeriert, die Gesamtgruppe sei feindlich und nicht nur ein Teil derselben. Die sprachliche Irritation folgt daraus, dass die johanneische Rhetorik suggeriert, eine Teilmenge wäre das Ganze, und damit gleichzeitig die Bezeichnung des Ganzen in einer Art gebraucht wird, die nicht mehr sichtbar werden lässt, dass es sich eigentlich um eine Teilmenge handelt[63]. Der Begriff wird in der Mehrzahl der Texte schließlich so gebraucht, als ob die Gesamtheit feindlich wäre („*die* Welt hasst euch"; „*die* Ἰουδαῖοι hoben Steine auf, um ihn zu töten"), wobei nicht nur vernachlässigt wird, dass es freundliche ebenso wie feindliche Teilmengen gibt, sondern auch im Hinblick auf die Ἰουδαῖοι die Unterschiede zwischen Führungsfiguren und Volk bzw. Menschen aus Judäa und JüdInnen im allgemeinen verwischt werden[64].

---

[63] Rhetorisch ist dies als Synekdoche (Genus pro specie) zu klassifizieren; vgl. die Definition bei Menge, Repetitorium, 378: „Die Synekdoche (συνεκδοχή, comprehensio) beruht im wesentlichen auf der Teilung (Vereinzelung) und der Zusammenfassung (Vereinigung), ist also der Tropus der Division und Komprehension. Sie besteht darin, dass das Einzelne für das Gesamte (Pars pro toto) oder das Gesamte für das zu ihm gehörige Einzelne (Genus pro specie) gesetzt wird".

[64] Vgl. auch Davies, Rhetoric, 291, die unter Verweis auf die widersprüchliche Verwendung von Ἰουδαῖοι in Joh 7,11 bzw. 13 (wo gesagt wird dass „die Juden" aus Furcht vor „den Juden" nicht zu sprechen wagten) bemerkt: "The theological structure (…) is obscuring the full dimensions of the historical reality".

Die polemische Verwendung von „Juden" und „Welt" wird dann schließlich in der Sekundärliteratur einseitig negativ weitergeschrieben und streckenweise noch verschärft. Dabei stellt sich dann das Problem ein, mit den auch vorhandenen positiven Begriffskonnotationen der als ausschließlich feindlich dargestellten Größen überhaupt noch umzugehen. Infolgedessen gibt es z.B. Versuche, die positiven Belegstellen literarkritisch auszuscheiden, weil Ἰουδαῖοι und κόσμος schon so sehr als Feindbild wahrgenommen werden, dass ihre Verwendung in einem positivem Sinne nicht mehr in derselben literarischen Schicht denkbar scheint[65]. Die Negativ-Aussagen haben sich verselbständigt und regieren den Diskurs[66]. Und das Nachschreiben der negativen Begrifflichkeit führt in der Sekundärliteratur letztlich zu eben solchen pauschalisierenden Aussagen über „die Juden" wie den zu Beginn dieses Kapitels zitierten.

Als Fazit dieser Ausführungen ist festzuhalten, dass das Problem an sich schon im Johannesevangelium selbst verankert ist, nämlich in dessen vereinseitigender Rhetorik, dass aber – im Gegensatz zu vieler Sekundärliteratur – im Evangelium selbst auch gegenläufige Stellen begegnen, die auf den Kontext innerjüdischer Polemik verweisen und die es uns ermöglichen können, die antijüdische Rhetorik nicht ungebrochen und unkritisch weiterzuschreiben. Wie und warum dies vor sich gehen kann, soll Thema des letzten Abschnitts dieses Kapitels sein.

---

[65] Bultmann, Evangelium, 110 A3, meint, 3,16 stamme vom Evangelisten, während er die dualistischen Aussagen im Text zuvor (3,12f) einer gnostischen Quelle zuschreibt, welche der Evangelist umdeute. Bauer, Johannesevangelium, 57, stellt fest, man habe bei den positiven Aussagen über den Kosmos „nicht den Eindruck, als spräche Jo aus seinem Eigenen heraus". – Zu Joh 4,22 vgl. Bauer, Johannesevangelium, 70 („Der hier den Juden zugebilligte Vorrang paßt weder in den engeren Zusammenhang, noch überhaupt zu der gesamten Einstellung des Evangelisten"); Bultmann, Evangelium, 139 A6 („V 22 ist ganz oder teilweise eine Glosse der Redaktion. Das ὅτι ἡ σωτηρία ἐκ τ. Ἰουδ. ἐστίν ist bei Joh unmöglich nicht nur angesichts 8,41ff; schon 1,11 zeigt, daß der Evglist die Juden nicht als das Eigentums- und als Heilsvolk ansieht"); sowie die bei Hahn, Heil, 99–109, zusammengestellte relativ zahlreiche Literatur, die 4,22 als nicht vom Evangelisten stammend betrachtet (Hahn selbst schließt sich dem nicht an).

[66] Die Tendenz, dass die Pauschalaussagen über die Ἰουδαῖοι die anderen Belegstellen dominieren, lässt sich schon in der alten Textüberlieferung finden, wo in Joh 3,25 der einzelne Ἰουδαῖος in einer Reihe der alten Textzeugen sowie im Johanneskommentar des Origenes in die Pluralform abgeändert wurde.

4. Hermeneutische Überlegungen

Günter Klein formuliert in einem Aufsatz mit dem programmatischen Titel „‚Christlicher Antijudaismus'. Bemerkungen zu einem semantischen Einschüchterungsversuch" seine prinzipielle Ablehnung jener selbstkritischen christlichen Positionen, die mit der „Unwertvokabel" und dem „Kampfbegriff" Antijudaismus[67] arbeiten. Dabei formuliert er den Vorwurf, man traue dem „Wort Gottes selber (…) nicht mehr zu, dass es aus eigener Kraft und alle Vorverständnisse überwindend das dem Glauben gemäße Selbstverständnis zum Zuge zu bringen vermag", es sei „auf die mäeutische Hilfe zeitgeschichtlicher Ereignisse angewiesen". Durch solche Argumentationen, die auf die „Schuld- und Leidensgeschichte fehlgeleiteter Auslegung des Neuen Testaments" verwiesen, werde letztlich Auschwitz „Offenbarungscharakter" zugesprochen[68]. Klein selbst begründet seine eigene Position, die er durch die Formulierung „extra ecclesiam nulla salus" zusammenfasst[69], unter Rekurs auf paulinische Aussagen – die er jedoch auch selbst (unter Abgrenzung von anderen Paulus-Auslegungen) in einer bestimmten Richtung interpretiert. Damit erweist er ironischerweise die Interpretationsbedürftigkeit neutestamentlicher Aussagen in seinem eigenen Vorgehen. Auch Klein selbst hat hermeneutische Voraussetzungen, seien es auch die von einem Wirken des Wortes Gottes „aus eigener Kraft". Im Unterschied zu seinen „Gegnern" reflektiert er jedoch die Existenz und Art dieser Vorgaben nicht, wodurch er sich selbst als überparteilich darstellt, bei den anderen jedoch politische Voreingenommenheit findet[70].

Eine solche Argumentationsstruktur wie die von Klein beruht m.E. letztlich auf der Ausblendung des hermeneutischen Problems aus dem Diskurs. Es geht hier nicht um den Offenbarungscharakter

---

[67] Klein, Antijudaismus, 427 bzw. 433.

[68] Ebd., 420f. Kleins hier durchgeführte Oberthese ist, „daß das Programm der retrospektiven Hermeneutik sich der drei reformatorischen sola aufs gründlichste entschlägt" (419).

[69] Ebd., 436; vgl. auch 443, wo er diese Formulierung nochmals zitiert und hinzufügt: „Bei allen theologischen Differenzen zwischen den verschiedenen Flügeln des Urchristentums sind sie sich doch darin einig, daß die Christusverkündigung an die Juden für diese schlechthin heilsnotwendig ist". Eine ähnliche Position vertritt auch Gräßer, Heilswege, passim.

[70] Hier zeigt sich exakt dieselbe Argumentationsfigur, die auch immer wieder in konservativen Gegenreden gegen die feministische Exegese zu finden ist. – Zum Verhältnis von feministischer Exegese und Antijudaismus(-Kritik) vgl. Schroer, Feminismus, passim; Wacker, Raum, passim.

historischer Ereignisse[71] – welcher auch immer –, sondern um meine und unsere historische Situiertheit, von der ausgehend wir sprechen, da wir nicht anders können[72]. Deshalb spielt die Geschichte der Judenverunglimpfung, -verfolgung und -vernichtung durchaus eine Rolle für die theologischen Aussagen, die wir treffen[73]. Durch den Blick auf ein anderes Beispiel neutestamentlicher Polemik lässt sich dies illustrieren: Solche neutestamentlichen Aussagen, die gegen das römische Reich polemisieren, sind für uns heute vergleichsweise unproblematisch. Ist in biblischen Texten oder der Sekundärliteratur von „den Römern" die Rede, so wird keiner daraus heutzutage eine pauschale Feindseligkeit gegen alle derzeitigen BewohnerInnen der Stadt Rom ableiten und zu deren Verfolgung aufrufen. Der historische Abstand ist hier unmittelbar deutlich. Ganz anders hat es sich dagegen in der europäischen Geschichte mit solchen neutestamentlichen Aussagen verhalten, die gegen „die Juden" polemisieren. Die Instrumentalisierung solcher Texte ohne Bewusstsein ihres historischen Abstandes hat immer wieder eine große Rolle in der verbalen und auch die konkrete Existenz bedrohenden Propaganda gegen jüdische Menschen gespielt[74] und sie tut es zum Teil noch heute[75].

---

[71] Der wird m.E. von den von Klein Angegriffenen auch nicht wirklich behauptet, vgl. etwa Mußner, Traktat, 16: „Man kann sagen: ‚Auschwitz' übt eine hermeneutische Funktion aus. Das Umdenken impliziert nämlich ein neues Verstehen". Vgl. zu dieser Frage auch Sänger, Testament, 229, der festhält, dass eine „Theologie nach Auschwitz (...) keine andere Theologie sein kann, als wie sie schon *vor* Auschwitz und zu allen Zeiten hätte getrieben werden *müssen*" (Hervorhebungen dort).

[72] Zu der Tatsache, dass Exegese nicht voraussetzungslos geschieht, vgl. schon Bultmann, Exegese, passim. Zu einer neueren feministisch-wissenschaftstheoretischen Sicht der Situiertheit allen Wissens vgl. Haraway, Wissen, passim.

[73] Vgl. z.B. Broer, Antijudaismus, 326: „Nach dem Holocaust kann niemand mehr ausschließlich aus wissenschaftlicher Distanz heraus über antijüdische Texte oder Tendenzen sprechen, erst recht nicht in Deutschland. Auch ist eine rein synchrone Betrachtung der alten antijüdischen Texte des Neuen Testaments nicht mehr erlaubt – wir können bei der Betrachtung dieser Texte von ihrer Wirkungsgeschichte nicht absehen".

[74] Als Beispiel für diese Instrumentalisierung kann die Geschichte der neutestamentlichen Exegese im dritten Reich dienen; vgl. etwa das „Institut zur Erforschung und Beseitigung des jüdischen Einflusses auf das deutsche kirchliche Leben", dessen Leiter Walter Grundmann (Professor für Neues Testament an der Universität Jena) eine besondere Vorliebe für das Johannesevangelium hatte. In der „entjudeten" Ausgabe des Johannesevangeliums für das sogenannte „Volkstestament" wurde z.B. Joh 4,22 gestrichen und 4,9 umgeschrieben; zu den Einzelheiten vgl. Heschel, Theologen, passim; Jerke, Testament, passim.

[75] Vgl. Reinhartz, Grammar, 415; Levine, Anti-Judaism, 12, die ihre eigene Position beschreibt "as a Jew who, at age seven, was told by a playmate, 'You killed our Lord'". – Zu dem auch heute noch weiterbestehenden „massiven" und „latenten"

Der qualitative Unterschied der beiden Polemiken ist in der Geschichte des Christentums begründet, das als Randgruppe innerhalb des Judentums und als verfolgte Minderheit im römischen Reich begann, zur dominanten religiösen Gruppe und zur Staatsreligion des römischen Reiches und seiner Nachfolgeimperien wurde und von diesem Ort aus die Möglichkeit hatte (und diese Möglichkeit auch wahrnahm), nicht mehr nur verbale Polemik gegen das Judentum zu äußern, sondern jüdische Menschen zu marginalisieren, zu verfolgen und zu töten. In dem verbreiteten Nicht-Beachten der Geschichte (und speziell der fatalen Wirkungsgeschichte antijüdischer Polemik) dokumentiert sich m.E. nicht „objektive" historisch-kritische Exegese, sondern Ignoranz gegenüber der politischen Bedeutung von Theologie und der Kontextgebundenheit aller theologischen Aussagen.

Für die Exegese des Johannesevangeliums heißt dies, dass der fundamentale historische Abstand, der uns von der Situation seiner Abfassung trennt, zu bedenken ist. Das vierte Evangelium ist kein Dokument aus der Zeit der siegreichen Kirche und nicht entstanden, als das Christentum eine allseits anerkannte Religion war. Rensberger formuliert einleuchtend: "John is, in sociological terms, a sectarian document, which means that it portrays a conflict over sectarian heresy from the *heretics'* point of view. Its strictures are not in defense of an established orthodoxy against heretical innovation; they represent a heretical offensive *against* orthodoxy"[76]. Wenn in späteren Zeiten die antijüdische Rhetorik des Johannesevangeliums nach- und fortgeschrieben wird, so ist dies deshalb eine inadäquate Auslegung des Textes, weil sich die historischen Vorzeichen inzwischen umgekehrt haben[77]. In diesem Sinne wäre es konsequent, den Begriff Ἰουδαῖοι in seiner feindseligen Bedeutung mit „ChristInnen" statt mit „JüdInnen" zu übertragen[78],

---

Antisemitismus in Deutschland vgl. Stegemann, Judenfeindschaft, bes. 1–3. Vgl. auch Thoma, Antisemitismus, 165: „Die christlichen Kirchen sind angesichts dieser Sachlage gefordert, ihrer Einstellung zur Antisemitismusfrage ein deutliches Profil zu geben. Sie müssen dies wegen christlicher Schuld in der Vergangenheit und wegen neu aufsteigender Bedrohungen tun".

[76] Rensberger, Anti-Judaism, 150 (Hervorhebungen dort).

[77] Vgl. Schottroff, Antijudaismus, 411f; Wengst, Johannesevangelium 1, 20: „Dieselben Aussagen, in veränderter Situation wiederholt, bleiben nicht dieselben Aussagen". – Vgl. auch die von Stendahl, Imperialism, 62, hervorgehobene Notwendigkeit, im Hinblick auf biblische Texte und Konzepte zwischen "what it meant" und "what it means" zu unterscheiden.

[78] Vgl. Theißen, Aporien, 552, der Joh 8 in diesem Sinne umschreibt und feststellt: „Der Text paßt sachlich viel besser auf Christen als auf Juden".

da das Christentum sich inzwischen in die dominierende Position begeben hat, die im Kontext des Johannesevangeliums das Judentum hatte. Im Rahmen einer an den historischen Zusammenhängen der Antike interessierten Arbeit scheint mir diese Lösung allerdings schon deshalb nicht praktikabel, weil sie bei der Beschreibung der historischen Gegebenheiten Konfusion stiften würde. Ich werde deswegen im Folgenden an den Stellen, wo ich aus dem Evangelium zitiere, den antiken Terminus Ἰουδαῖοι auch im deutschen Text stehenlassen, um den historischen Abstand zu markieren. Darüberhinaus werde ich diesen Begriff so verwenden, dass sprachlich wie inhaltlich deutlich bleibt, dass es sich bei Jesus und den JüngerInnen selbstverständlich auch um Ἰουδαῖοι handelt und somit jüdische Menschen auf beiden Seiten der Auseinandersetzung stehen – ohne dass immer schon von vornherein beschlossen ist, welche Seite die plausibleren Argumente hat[79]. Damit verweigere ich mich dem letzten Schritt der sprachlichen Verschiebung innerhalb des Johannesevangeliums, die ich oben aufgezeigt habe[80], und lese die feindlichen Aussagen über die Ἰουδαῖοι aus dem Blickwinkel der umfassenden und positiven Aussagen. Dies ist eine hermeneutische Entscheidung, die sich einerseits auf die Analyse der historischen Zusammenhänge und die Einsicht in den jüdischen Charakter des Evangeliums gründet und die andererseits die Hermeneutik des Johannesevangeliums auf dieses selbst anwendet.

Die Ebene hermeneutischer Reflexion ist im Text des vierten Evangeliums selbst vermittels der Figur des Parakleten eingeschrieben. In den Abschiedsreden ist die Funktion des Parakleten die fortgesetzte

---

[79] Vgl. Barth, Juden, 88; Thoma, Antisemitismus, 167: „Den heutigen Christen ist die vielfältige Aufgabe gestellt, eine christliche Theologie zu schaffen, die dem Judentum gerecht wird, die das Judentum ins richtige Licht im Rahmen der christlichen Botschaft rückt. Diese Theologie muß aus einer profunden Kenntnis des Judentums und der jüdisch-christlichen Geschichte heraus so geformt werden, daß sie nicht zum Alibi oder sogar zur Ursache für Judentumsklischees, Judenverachtung und -verfolgung werden kann. Sie muß – etwa im Geiste von Röm 9–11 – die Ursprungs-, Widerspruchs und Begleitfunktion des Judentums für das Christentum radikal ernst nehmen".

[80] Vgl. hierzu die Ausführungen der jüdischen Neutestamentlerin Adele Reinhartz, die in ihren Veröffentlichungen zum Joh die (feministisch begründete) Hermeneutik des "resistant reading" (im Gegensatz zum "compliant reading") beschreibt: "[A] compliant reading not only permitts but actively inculcates an anti-Jewish message (...). To engage in such a reading would be a contradictory, not to say painful, experience for a Jewish reader. But compliance is not the only subject position open to the real reader. Rather than emulate the response of the implied reader, a real reader may choose instead to adopt the viewpoint of the group most marginalized within the text itself. (...) A resistant reading of John entails the attempt to read from the point of view of the Johannine Jews" (Girl, 183f; vgl. Dies., Gospel, 596f).

Vermittlung göttlicher Wahrheit nach Jesu Weggang[81]. Die Reden Jesu sind nicht statisch festgeschrieben und endgültig abgeschlossen, sondern offen für neue Applikation und Vermittlung[82]. Was sich hier zeigt, ist das Gegenteil dogmatischer Fixierung und ein hohes Maß an situationsbezogener Reflektiertheit, die uns auch heute ermöglicht, den Text des Johannesevangeliums als einen offenen Text zu lesen und aus sich selbst heraus unter geänderten historischen Vorzeichen neu zu interpretieren.

---

[81] Vgl. Joh 14,25f: Ταῦτα λελάληκα ὑμῖν παρ' ὑμῖν μένων· ὁ δὲ παράκλητος, τὸ πνεῦμα τὸ ἅγιον ὃ πέμψει ὁ πατὴρ ἐν τῷ ὀνόματί μου, ἐκεῖνος ὑμᾶς διδάξει πάντα καὶ ὑπομνήσει ὑμᾶς πάντα ἃ εἶπον ὑμῖν ἐγώ.
[82] Vgl. Joh 16,12f: Ἔτι πολλὰ ἔχω ὑμῖν λέγειν, ἀλλ' οὐ δύνασθε βαστάζειν ἄρτι· ὅταν δὲ ἔλθῃ ἐκεῖνος, τὸ πνεῦμα τῆς ἀληθείας, ὁδηγήσει ὑμᾶς ἐν τῇ ἀληθείᾳ πάσῃ.

III. Religionsgeschichte, Intertextualität und die antike Leserin: Überlegungen zur Methode

Bisher hatte ich immer gedacht, die Bücher sprächen nur von den menschlichen oder göttlichen Dingen, die sich außerhalb der Bücher befinden. Nun ging mir plötzlich auf, daß die Bücher nicht selten von anderen Büchern sprechen, ja, daß es mitunter so ist, als sprächen sie miteinander. Und im Licht dieser neuen Erkenntnis erschien mir die Bibliothek noch unheimlicher. War sie womöglich der Ort eines langen und säkularen Gewispers, eines unhörbaren Dialogs zwischen Pergament und Pergament? Also etwas Lebendiges, ein Raum voller Kräfte, die durch keinen menschlichen Geist gezähmt werden können, ein Schatzhaus voller Geheimnisse, die aus zahllosen Hirnen entsprungen sind und weiterleben nach dem Tod ihrer Erzeuger?[1]

1. *Problemanzeige*

In meinem forschungsgeschichtlichen Überblick hatte sich die methodische Unklarheit bei der Herstellung von Beziehungen zwischen Texten als Problem erwiesen: Unklar bleibt in der Sekundärliteratur weithin, von wem und auf welcher Ebene die bei der Interpretation eines Textes angenommenen Beziehungen zu anderen Texten hergestellt werden. Betrachtet man jene Untersuchungen des Johannesevangeliums, in denen andere Texte und Vorstellungen aus der sogenannten „religiösen Umwelt" herangezogen werden, so lassen sich Irritationen über die methodischen Grundlagen kaum vermeiden. Ich möchte im Folgenden einige der Schwierigkeiten aufzeigen, die sich sowohl in der älteren Forschung mit ihren religionsgeschichtlichen Ableitungsmodellen wie auch in der neueren Sekundärliteratur mit ihrem Schwerpunkt auf der Rezeption alttestamentlicher Texte finden lassen. In einem nächsten Schritt will ich dann jene Verstehensmöglichkeiten von Textbeziehungen in die Diskussion einbeziehen, die unter dem Oberbegriff der „Intertextualität" vor allem in literaturwissenschaftlich orientierten Veröffentlichungen anzutreffen sind. Ziel ist es, durch den Blick in die Literaturwissenschaft eine größere Klarheit der methodischen Prämissen solcher exegetischer Operationen zu gewinnen, die sich mit Textbeziehungen beschäftigen, und auf dieser Basis Grundzüge eines anwendbaren Modells zur Exegese der johanneischen Texte zu entwi-

---

[1] Adson von Melks Gedanken in Umberto Ecos „Der Name der Rose", 366.

ckeln. Zunächst gilt es jedoch, die der Forschungsliteratur inhärenten Unklarheiten zu benennen.

In der älteren religionsgeschichtlichen Forschung werden teilweise weitreichende Ableitungstheorien und Abhängigkeitshypothesen aufgestellt, in denen zur Interpretation christlicher Texte wechselweise und in Kombination Gnosis, Mysterienkulte, babylonisches und persisches Gedankengut, frühjüdische Schriften, mandäische Texte und vieles andere herangezogen werden[2]. Die konstitutiven Faktoren von Textbeziehungen kommen – auch wenn es immer wieder um *Texte* geht – nicht ins Blickfeld[3]. Das Programm religionsgeschichtlichen Arbeitens richtet sich gegen die Inspirationslehre und, wie Gunkel es nennt, einen „Supranaturalismus, wonach man behauptet, die Religion der Bibel sei *spezifisch* von allen anderen Religionen verschieden, und es könne also keine Rede davon sein, dass man Beiträge zur Erklärung der Bibel und nun gar des N.T. von den ‚heidnischen' Religionen herbringen dürfe"[4]. Gunkel beginnt seine Monographie „Zum religionsgeschichtlichen Verständnis des Neuen Testaments" mit einer programmatischen Zusammenfassung dieser Forschungsrichtung: „Die Behauptung, die im folgenden unter Beweis gestellt werden soll, ist diese, *dass die neutestamentliche Religion bei ihrer Entstehung und Ausbildung in wichtigen, ja in einigen wesentlichen Punkten unter entscheidendem Einfluss fremder Religionen gestanden hat, und dass dieser Einfluss zu den Männern des Neuen Testamentes durch das Judentum hindurch gekommen ist*"[5].

---

[2] Vgl. Bousset, Religionsgeschichte, 362: „Aber über diese Erscheinungen des religiösen Synkretismus in der Gnosis, den Mysterienreligionen, dem volkstümlichen Glauben gilt es für die religionswissenschaftliche neutestamentliche Forschung den Blick hinüberzulenken auf die dahinterstehenden und teilweise immer noch lebendigen orientalischen Volksreligionen in Persien, Babylon, Aegypten, Syrien, Kleinasien etc. Darauf, dass ein Teil dieser Religionen das spätere Judentum beeinflusst habe, wurde oben schon hingewiesen. Aber auch die späteren Erscheinungen des religiösen Synkretismus, das Milieu, in welchem das Christentum aufkam, versteht man nicht ohne diesen Rückgang".

[3] Dies ist zeit- und forschungsbedingt sicher erklärbar und verständlich, enthebt aber nicht von der Notwendigkeit, Textbeziehungen heute anders zu reflektieren.

[4] Gunkel, Verständnis, 5 (Kursives im Original gesperrt).

[5] Gunkel, Verständnis, 1 (Kursives im Original gesperrt). Die Schlüsselrolle dessen, was in Veröffentlichungen um 1900 noch ungebrochen als „Spätjudentum" bezeichnet wird, wird auch in anderen programmatischen Darstellungen deutlich, vgl. etwa Bousset, Religionsgeschichte, 267f: „Allmählich lernten wir dann erkennen, wie zwischen der alttestamentlichen und der neutestamentlichen Zeit und Literatur kein leerer Raum sich befinde, den man einfach überspringen könne, sondern dass hier eine höchst folgenschwere Entwickelung der Religion stattgefunden habe, ohne deren Kenntnis und Verständnis man die Literatur des neuen Testaments nicht verstehen könne. (…)

Die Erkenntnis, die sich in der religionsgeschichtlichen Forschung um 1900 niederschlug, ist die vom synkretistischen Charakter des frühen Christentums, und zwar nicht in Abgrenzung zu einem etwa weniger synkretistisch geprägten Judentum, sondern in Anknüpfung an dieses: „Ueberall erschien das Judentum und durch die Vermittelung des Judentums das junge Christentum wenn nicht durchaus abhängig, so doch in seiner Entwickelung von aussen her in bedeutsamer Weise angeregt"[6]. Um diese Grundeinsicht zu belegen und zu illustrieren, wird in religionsgeschichtlich orientierten Untersuchungen den auszulegenden Texten eine Fülle von Parallelstellen beigegeben, überwiegend ohne dass dabei theoretisch reflektiert würde, inwiefern diese Parallelstellen zur Sinnerhebung des Textes beitragen[7].

Offen bleibt auch, auf welcher Ebene die Verbindungen zwischen den unterschiedlichen Texten hergestellt werden: Wandern die religiösen Motive und Vorstellungen quasi ohne das Zutun einzelner Menschen von einem religiösen Bereich in einen anderen? Oder gibt es in der Spätantike LeserInnen und / oder AutorInnen, die Bezüge zwischen den verschiedenen Texten und Traditionen hergestellt haben? Sind Autor oder Autorin eines Textes für die Bezüge verantwortlich? Sind es die spätantiken RezipientInnen, die die Bezüge herstellen? Oder konstituieren sich die Verbindungen letztlich nur im Blick neuzeitlicher InterpretInnen mit umfassenden Textkenntnissen?

Die Überzeugung vom synkretistischen Charakter des frühen Christentums wird auch in späteren Veröffentlichungen gelegentlich weiterhin

---

Allmählich zog man dann die Linien weiter und erkannte, welche Bedeutung die Kenntnis der späteren Literatur des Judentums für das Verständnis des neuen Testaments habe, dass in ihnen das zeitgenössische Material vorliege, aus dem sich die neutestamentliche, vor allem die Evangelien-Literatur, erhebe und mit dem sie durch unendlich viele feinere und gröbere Fäden verbunden sei".

[6] Bousset, Religionsgeschichte, 277.

[7] Der Johanneskommentar Walter Bauers liefert hierfür eindrückliche Beispiele: Passagenweise dominieren Listen von Fundstellen, eine auf diesen beruhende Exegese von Einzelpassagen findet jedoch nicht in gleicher Dichte statt. Gezeigt wird überdeutlich die Einbettung des Johannesevangeliums in sein spätantikes kulturelles und textliches Umfeld; das Wissen der Lesenden über die religiöse „Landschaft" der Spätantike wird ungemein bereichert; auf der Suche nach konkreter Textauslegung jedoch stellt sich eine gewisse Orientierungslosigkeit ein. Offen bleibt etwa die Frage, ob es sich jeweils um „freundliche" oder „feindliche" Übernahmen von Motiven und Traditionen handelt: Wird gegen religiöse Vorstellungen der „Umwelt" polemisiert, oder dominieren Anleihen an den Sprachgebrauch anderer religiöser Richtungen?

geäußert[8]; allerdings erscheinen in der 2. Hälfte des 20. Jahrhunderts kaum mehr Untersuchungen, die sich bei der Auslegung des Johannesevangeliums dieser Überzeugung verpflichtet fühlen. Ein möglicher Grund für das Zurücktreten religionsgeschichtlich orientierter Forschung könnte in der unübersehbaren und kaum zu bewältigenden Materialfülle liegen[9]; ein anderer ist mit Sicherheit in der berechtigten Skepsis gegenüber spekulativen Abhängigkeitspostulaten und mit diesen verbundenen Datierungshypothesen zu finden. Für die Interpretation des Johannesevangeliums kommt den mandäischen Texten hier eine Schlüsselrolle zu. Diese Texte werden zu Beginn des 20. Jahrhunderts durch neue Funde, Veröffentlichungen von Quellentexten und beschreibende Darstellungen der mandäischen Religion für die neutestamentliche Wissenschaft zugänglich[10]; Walter Bauer versieht die zweite und dritte Auflage seines Johanneskommentars mit umfänglichen Verweisen auf mandäische Parallelen, die ihm für die erste Auflage noch nicht zur Verfügung standen, er selbst bleibt jedoch vorsichtig, was mögliche Abhängigkeiten zwischen dem Johannesevangelium und mandäischen (oder allgemein gnostischen) Texten angeht[11]. Bultmanns Interpretation des Johannesevangeliums schließt hier an – und geht gleichzeitig darüber hinaus –, wenn er mandäische und manichäische Texte als notwendigen

---

[8] Vgl. etwa den Abschnitt: „Das Urchristentum als synkretistisches Phänomen" bei Bultmann, Urchristentum (1949), 195–200; ebendort Seite 198: „So ist das hellenistische Christentum keine einheitliche Größe, sondern aufs Ganze gesehen ein merkwürdiges synkretistisches Gebilde, in sich Spannungen und Gegensätze enthaltend". Köster, Introduction 1 (1995), 101: "Christianity became a Hellenistic movement through and through, largely because Judaism had already shown the way". – Der Begriff „Synkretismus" wird aufgrund seines oft als pejorativ wahrgenommenen Charakters heute seltener gebraucht als in der älteren Forschung; an den Stellen, wo es früher „synkretistisch" hieß, ist heute überwiegend von „hellenistisch" die Rede.

[9] Bousset, Religionsgeschichte, 318, bemerkt: „Die Aufgabe ist freilich eine ungeheure. Dennoch halte ich sie nicht für hoffnungslos". Und weiter: „So hat sich das Arbeitsgebiet, das der neutestamentliche Theologe wenigstens übersehen muss, ins ungemessene erweitert. Tausende von Fäden schiessen herüber und hinüber und weben sich zum bunten Gewebe. Und immer deutlicher hat sich das Arbeitsziel einer religionsgeschichtlichen Erforschung des neutestamentlichen Zeitalters herausgestellt. Es handelt sich in der Tat letztlich um das kuhne und große Ziel. Entstehung und Entwickelung des Christentums, soweit dieses in den Grenzen des geschichtlich Begreifbaren liegt, zu begreifen durch eine entschlossene Erforschung des gesamten das Christentum umgebenden religionsgeschichtlichen Milieus, etwa von der Epoche Alexanders des Grossen an bis zur Ueberwindung der Gnosis im Dogma der konsolidierten christlichen Kirche" (364).

[10] Zur damals relevanten Literatur vgl. Bauer, Johannesevangelium (3. Auflage), 3–5.

[11] Vgl. Bauer, Johannesevangelium (3. Auflage), 4.

Verstehenshintergrund des johanneischen „Erlösermythos" annimmt[12]. Viele Stimmen in der neueren Forschung werfen Bultmann vor, dass er Texte zur Interpretation heranzieht, die eindeutig später entstanden sind als das Johannesevangelium. Bultmann rekonstruiert sowohl von den Vergleichstexten als auch vom Text des Johannesevangeliums selbst frühere (wohl letztlich wahrere) Fassungen, die er dann in ein Verhältnis zueinander bringt. D.h. ein von ihm rekonstruierter Johannesevangeliumstext wird anhand des Vergleiches mit anderen Texten ausgelegt, die zur Zeit der Entstehung des Johannesevangeliums entweder noch gar nicht oder nicht in der Form, wie Bultmann sie rekonstruiert, oder auch ausschließlich in anderen Sprachen als das Johannesevangelium existiert haben. Für den Text des Johannesevangeliums trennt Bultmann zwischen verschiedenen Quellenschriften einerseits, dem Evangelisten andererseits sowie schließlich zahlreichen Zusätzen der kirchlichen Redaktion; maßgeblich ist für Bultmanns Interpretation die Ebene des Evangelisten und nicht jene Textgestalt, die neuzeitlichen LeserInnen oder antiken RezipientInnen zugänglich gewesen ist. Bultmann liest demnach zwei rekonstruierte Texte zusammen, den „Text" des gnostischen Mythos und den von ihm hergestellten „ursprünglichen" Johannestext.

Eine solche Lektüre wäre antiken LeserInnen kaum möglich gewesen, da sie wohl weder den einen noch den anderen ‚Text' kannten. Konstituitives Moment solcher Textauslegung ist die Entstehungsgeschichte; diese – so die dahinterliegende Überzeugung – ist für die Feststellung des Textsinnes relevant. Dass dies eine Perspektive von Textauslegung sein kann, soll nicht bestritten werden, sicher ist jedoch, dass es sich hierbei nicht um die einzige Perspektive handelt und dass sie – besonders im Falle des Johannesevangeliums – belastet ist von hypothetischen Datierungen und literarkritischen Theorien.

Für die exegetische Arbeit am Johannesevangelium verweist die Quellenscheidung und die damit einhergehende Rekonstruktion des für ursprünglich gehaltenen Textes wie sie Bultmann und andere vornehmen, auf die Dringlichkeit der Frage, welcher Text eigentlich der zu interpretierende ist, und welche Rolle der Text- und Literarkritik

---

[12] Vgl. Bultmann, Bedeutung, passim; vgl. auch z.B. Bultmann, Urchristentum, 219: „Das Wichtigste war jedoch, daß Jesu Person und Werk mit den Begriffen des gnostischen Erlösungsmythos interpretiert wurde: er ist eine göttliche Gestalt der himmlischen Lichtwelt, der Sohn des Höchsten, der vom Vater herabgesandt wurde, in Menschengestalt verhüllt, und durch sein Werk die Erlösung brachte".

bei der Etablierung dieses Textes eingeräumt werden soll. Auf diese Frage werde ich am Ende dieses Kapitels eingehen, vorerst sei jedoch noch einmal zu Bultmann zurückgekehrt.

Was ich bisher skizziert habe, ist nur eine Seite von Bultmanns Interpretation, jene Seite, an der sich die Exegese des Johannesevangeliums nach Bultmann schon längst ausführlich abgearbeitet hat. Es gibt jedoch auch Aspekte in Bultmanns Veröffentlichungen, auf die die genannten Einwände nicht zutreffen. Interessanterweise wird auch bei Bultmann gelegentlich schon die Rezeptionsperspektive wichtig, wenn er etwa formuliert: „In allen Fällen trat der christliche Glaube jetzt in eine neue geistige Welt ein; die Verkündigung mußte in einer den hellenistischen Hörern verständlichen Sprache und ihrer Begriffswelt reden, und die Hörer interpretierten sich selbstverständlich die Botschaft in ihrer Weise, das heißt von ihren Sehnsüchten und Fragestellungen aus"[13]. Und Bultmanns Johanneskommentar beruht eben gerade nicht nur auf der Heranziehung mandäischer und gnostischer Quellen, sondern arbeitet auch mit solchen Texten, bei denen sich keine vergleichbaren Rekonstruktions- und Datierungsprobleme ergeben, wie etwa frühjüdischen Texten oder Isis-Inschriften. Auch diese Texte sind heute jedoch weitgehend aus der exegetischen Diskussion verschwunden – zugunsten von Textlektüren, die die Schriften der Hebräischen Bibel ins Zentrum stellen.

Erinnert sei für diese dominierende Richtung der neueren Exegese beispielhaft an die schon erwähnte[14] Monographie Balls zu den Ich-bin-Worten. Ball betont durchgehend die engen Beziehungen zum Alten Testament, besonders zu Deuterojesaja, um sich aber schließlich – aufgrund von formalen Parallelen zu nicht-jüdischen Texten – doch noch die Frage zu stellen: "Could it be that the content of the 'I am' sayings with a predicate is Jewish while their form is in fact Hellenistic?"[15] Die hier vorausgesetzte Dichotomie von ‚jüdisch' und ‚hellenistisch' bedeutet nicht nur einen Rückschritt hinter die Einsichten der religionsgeschichtlichen Schule, sondern steht auch im Gegensatz zu der Erkenntnis vom hellenistischen Charakter des Judentums der Zeitenwende[16]. Hinter der Aporie von Ball und anderen steht m.E. wiederum eine fundamentale Unklarheit über die Ebenen, auf der Textbeziehungen hergestellt

---

[13] Bultmann, Urchristentum, 196.
[14] Siehe oben B I 1 und 2.
[15] Ball, I Am, 272.
[16] Vgl. dazu unten Abschnitt 4.

werden. Ball z.B. betont einerseits, dass der Text selbst die nötigen Hinweise enthält[17], redet andererseits so, als sei der Autor verantwortlich[18], und beginnt schließlich, sich auch noch über die Lesenden Gedanken zu machen, wobei er zu einem Ergebnis kommt, das ihn in eine andere Richtung als die vorherigen Perspektiven weist[19].

In der Exegese dominierte lange Zeit eine Sichtweise, in der die Autorenintention als allein maßgeblich für die Sinnkonstitution eines Textes gehalten wurde, diese Sichtweise ist aber in letzter Zeit von verschiedenen Seiten[20] relativiert worden. Auf der logischen Ebene sind drei verschiedene Interpretationsebenen von Texten prinzipiell denkbar: Der ersten liegt die Annahme zugrunde, „der Autor" (oder die Autorin) seien verantwortlich für die Textbeziehungen; in diesem Modell zitiert ein Autor einen ihm bekannten Text (oder spielt auf einen Text an); die Aufgabe der Interpretation besteht darin, die aufgerufenen Texte zu erkennen und die Absicht des Autors zu entschlüsseln. Meist stillschweigend vorausgesetzt ist die Annahme, dass die Autorenintention maßgeblich für die Sinnkonstitution des von ihm (oder ihr) produzierten Textes sei.

Der zweiten Möglichkeit liegt die Betrachtung des Textes als Text zugrunde. Hier verschwindet der tatsächliche, historische Autor (und mit ihm auch die seltenere Autorin) aus dem Blickfeld zugunsten von im Text selbst zu findenden impliziten AutorInnen, ErzählerInnen oder

---

[17] Vgl. Ball, I Am, 259: "The Gospel itself provides clues which point to the Old Testament and Judaism as correct conceptual background for the use of ἐγώ εἰμι".

[18] Vgl. Ball, I Am, 259: "It has thus been confirmed that there is no need to all the possible parallels of 'I am' sayings in order to understand how *John* uses the words" (Hervorhebung S.P.).

[19] Vgl. Ball, I Am, 272f: "There are (...) hints within the 'I am' sayings (their allusion to the LXX rather than the Hebrew, their use of irony and possibly the form of the sayings with a predicate nominative) that the audience may not be Palestinian or that it is at least conversant with the techniques of Greek literature". – Bei der Hörerschaft, die Ball im letztgenannten Zusammenhang meint, muss es sich wohl um eine ideale Art von RezipientInnen handeln, die alles verstehen, was im Text nach Meinung Balls eventuell angelegt sein könnte. Was aber, wenn diese Voraussetzungen nicht gegeben sind und das Evangelium trotzdem rezipiert wird? – Dasselbe Problem verhandelt Christopher D. Stanley in einem Aufsatz mit dem Untertitel: "Did Paul's audiences understand his biblical quotations?" Stanley selbst ist hier skeptisch. Festzuhalten bleibt, dass auch bei Schriften, wo die Autorenfrage sehr viel weniger verworren ist als beim Johannesevangelium, die Entschlüsselung der Autorenintention nur *eine* mögliche Perspektive der Interpretation darstellt.

[20] So kann etwa Umberto Eco in „Nachschrift zum ‚Namen der Rose'" sich selbst den Fragen entziehen, die an ihn als Autor gestellt werden, indem er schreibt: „Es zählt nicht, was ich im nachhinein sage, der Text ist da und produziert seine eigenen Sinnverbindungen" (12).

Erzählstimmen – die Terminologie wechselt je nach vorausgesetztem Theorierahmen. Auch Textbeziehungen erscheinen hier als quasi im Text eingeschrieben, die Aufmerksamkeit liegt folgerichtig auf Markierungen von Zitaten und auf Textsignalen, durch die Bezugstexte aufgerufen werden.

Bei der dritten möglichen Betrachtungsweise wird die Textrezeption in den Vordergrund gestellt; Perspektive der Untersuchung ist die Perspektive der Lesenden. Dabei kann es unterschiedlich sein, welcher Typ von Lesenden vorgestellt wird: Die begriffliche Vielfalt von realem Leser, implizitem Leser, idealem Leser, Modell-Leser etc. legt auch hier Zeugnis von methodischer Vielfalt ab. Durch die Konzentration auf die Lesenden wird jedoch im allgemeinen die Frage nach kulturellem Umfeld, Textkenntnissen und Rezeptionsverhalten derselben wichtig – auch und gerade für die Frage nach der Herstellung möglicher Textbeziehungen.

In der Literaturwissenschaft werden die unterschiedlichen Arten und Möglichkeiten von Textbeziehungen unter dem Oberbegriff „Intertextualität" diskutiert. Dieser Terminus hat seit seinem Aufkommen Ende der sechziger Jahre eine wechselhafte Karriere durchgemacht und inzwischen auch zunehmend Eingang in die Exegese gefunden. Dabei ist jedoch zu beobachten, dass unter dem Begriff „Intertextualität" sehr unterschiedliche theoretische Konstrukte und textanalytische Unternehmungen einbegriffen werden: „Die Theorie der Intertextualität ist die Theorie der Beziehungen zwischen Texten. Dies ist unumstritten; umstritten jedoch ist, welche Arten von Beziehungen darunter subsumiert werden sollen. Und je nachdem, wieviel man darunter subsumiert, erscheint Intertextualität entweder als eine Eigenschaft von Texten allgemein oder als eine spezifische Eigenschaft bestimmter Texte oder Textklassen"[21].

Die Vielschichtigkeit des Begriffs lässt an dieser Stelle einen Blick auf seine Herkunft und die Geschichte seiner Verwendung notwendig erscheinen, um eine eigene Verortung in der Bandbreite der Theorieansätze vornehmen zu können. Dabei ist kein erschöpfender Forschungsüberblick intendiert[22], sondern eine Darstellung, die sich

---

[21] Pfister, Konzepte, 11.
[22] Einen umfänglicheren Überblick über die Forschung und Begriffsbildung bezüglich der Intertextualität, als er hier möglich ist, bieten z.B.: Pfister, Konzepte, passim; Aichele / Phillips, Introduction, passim; Genette, Palimpseste, 9–18; Wolde, Intertextuality, 43–49; Still / Worton, Introduction, 15–29 (ein kurzer Überblick über die Beiträge

schwerpunktmäßig an den für mein exegetisches Vorhaben relevanten Problemfeldern orientiert.

2. Intertextualität, Dialogizität, Transposition

Geprägt wurde der Begriff Intertextualität von Julia Kristeva, die in einem zuerst 1967 erschienen Aufsatz in Anlehnung an das Dialogizitätskonzept Bachtins formuliert: „[J]eder Text baut sich als Mosaik von Zitaten auf, jeder Text ist Absorption und Transformation eines anderen Textes. An die Stelle des Begriffs der Intersubjektivität tritt der Begriff der *Intertextualität*, und die poetische Sprache lässt sich zumindest als eine *doppelte* lesen"[23]. Dieses doppelte Lesen Kristevas entsteht durch die Überschneidung einer vertikalen mit einer horizontalen Ebene der Textlektüre[24]. Bei Bachtin[25], auf den sich Kristeva in ihrem Aufsatz immer wieder bezieht, dominiert die Ebene der von Kristeva sogenannten „Intersubjektiviät", d.h. des im Text eingeschriebenen personalen Austausches zwischen Autor und anderen „Stimmen", die bei Bachtin primär in gesellschaftlich vorhandenen Stimmen, im normativen Diskurs, gegen den das dialogische Schreiben sich wendet, zu finden sind[26].

---

zur Intertextualitätstheorie von Michail M. Bachtin, Julia Kristeva, Roland Barthes, Gérard Genette, Jacques Derrida, Michael Riffaterre, Harold Bloom); Holthuis, Intertextualität, 12–28; Plett, Intertextualities, passim; Mai, Intertextuality, passim; Alkier / Hays (Hg.), Bibel, passim.

[23] Kristeva, Bachtin, 348 (Hervorhebung dort).

[24] Vgl. Kristeva, Bachtin, 351f, und dazu Schmitz, Arbeit, 46.

[25] Zu Bachtins Stellung in der russischen Kultur des 20. Jahrhunderts vgl. den gleichnamigen Aufsatz von Michail Gasparov in dem von Renate Lachmann herausgegebenen Band zur Dialogizität, 256–259; zur Bachtin-Rezeption in der Literaturwissenschaft vgl. die in demselben Sammelband veröffentlichten Beiträge von Jauß, Kloepfer, Lachmann, Preisendanz und Schwab.

[26] Vgl. Bachtin, Literatur, 86–131, zu den verschiedenen Stimmen im Roman; ebendort 124–131 zur Dialogizität. 125: „In der Stilisierung, der Erzählung und der Parodie ruht das fremde Wort völlig passiv in den Händen des tätigen Autors. Er nimmt sozusagen das schutzlose und keiner Antwort mächtige fremde Wort und versieht es mit einer neuen Bedeutung. Er zwingt es, seinen neuen Zielen zu dienen". 129f: „Das Wort ist kein Ding, sondern das ewig bewegte, sich ewig verändernde Medium des dialogischen Umgangs. Ein einzelnes Bewußtsein, eine einzelne Stimme ist ihm niemals genug. Das Leben des Wortes besteht im Übergang von Mund zu Mund, von Kontext zu Kontext, von Kollektiv zu Kollektiv, von Generation zu Generation. Dabei bleibt das Wort seines Weges eingedenk. Es vermag sich nicht restlos aus der Gewalt jener Kontexte zu lösen, in die es einst einging. (...) Jedes Mitglied eines Sprechkollektivs findet das Wort nicht als ein neutrales Wort der Sprache vor, das von fremden Bestrebungen und Bewertungen frei ist, dem keine fremden Stimmen innewohnen. Nein, es empfängt das Wort von einer fremden Stimme, angefüllt mit dieser fremden Stimme. In

In Kristevas Konzeption jedoch treten andere *Texte* an diese Stelle[27]. So entsteht statt des – und zusätzlich zu dem – intersubjektiven Dialog Bachtins ein wahrnehmbarer intertextueller Diskurs im Text selbst. Sowohl bei Bachtin als auch bei Kristeva wird dabei in ihren Veröffentlichungen nicht immer deutlich, wie generalisiert Dialogizität[28] bzw. Intertextualität verstanden werden. Handelt es sich dabei um generelle Eigenschaften aller Texte, oder sind bestimmte Texte dialogischer bzw. intertextueller als andere?[29] Bachtin scheint in diesem Zusammenhang zumindest insofern eine eindeutige Position zu vertreten, als er die Dialogizität dem polyphonen Roman und die monologische Rede der Poesie zuordnet[30]. Die Dialogizität im Roman, die Bachtin in der Analyse von Texten Dostoevskis entwickelt und hervorhebt[31], wird an anderer Stelle von ihm dennoch so beschrieben, als handele es sich um eine generelle Eigenschaft von (Roman-)Literatur[32] oder sogar der

---

seinem Kontext kommt das Wort aus einem anderen Kontext, durchwirkt von fremden Sinngebungen. Sein eigner Gedanke findet das Wort bereits besiedelt".

[27] Vgl. Kristeva, Bachtin, 372: „Der Mitsprecher des Schriftstellers ist also der Schriftsteller selbst als Leser eines anderen Textes. Derjenige, der schreibt, ist auch derjenige, der liest. Da sein Mitsprecher ein Text ist, ist er selbst nur ein Text, der sich aufs neue liest, indem er sich wieder schreibt. Die dialogische Struktur tritt somit allein im Lichte eines sich in Bezug auf einen anderen Text als Ambivalenz aufbauenden Textes auf".

[28] In Kristevas Aufsatz ist an den entsprechenden Stellen von „Dialogismus" die Rede, in den deutschen Übersetzungen von Bachtins Schriften und der Sekundärliteratur dazu heißt es jedoch „Dialogizität", weshalb ich bei letzterem Ausdruck bleibe.

[29] Zur Frage, ob es sich hier um eine Eigenschaft bestimmter Texte oder eine generelle Texteigenschaft handelt, vgl. auch Mai, Intertextuality, 31; Preisendanz, Beitrag, passim.

[30] Dieser Entgegensetzung wird in neuerer Literatur eine Absage erteilt, vgl. etwa Lachmann, Vorwort, in: Dies. (Hg.), Dialogizität, 9; sowie in demselben Sammelband: Lachmann, Dialogizität und poetische Sprache, 62. Auch im Hinblick auf die Wahrnehmung hochgradig intertextueller Gedichte lassen sich Zweifel an Bachtins Entgegensetzung anmelden, vgl. z.B. die Interpretation von Paul Celans „Gauner- und Ganovenweise" bei Holthuis, Intertextualität, 235–248.

[31] Vgl. Bachtin, Probleme, 267: „In der Welt Dostoevskis gibt es überhaupt nichts Dingliches, keinen Gegenstand, kein Objekt, es gibt nur Subjekte. Deshalb gibt es auch kein Wort, das gleichzeitig Urteil wäre, kein Wort über ein Objekt, kein gegenstandsbezogenes Wort ohne Adressaten, sondern es gibt nur das Wort als Anrede, das Wort, das sich mit dem anderen Wort dialogisch berührt, das Wort über ein Wort, das an ein Wort gerichtet ist." Und 285: „Alles in den Romanen Dostoevskis begegnet sich im Dialog, in der dialogischen Opposition als seinem Zentrum. Alles ist Mittel, der Dialog allein ist das Ziel. Eine einzelne Stimme beendet nichts und entscheidet nichts. Zwei Stimmen sind das Minimum des Lebens, das Minimum des Seins".

[32] Bachtin, Ästhetik, 157: „Der Roman ist künstlerisch organisierte Redevielfalt, zuweilen Sprachvielfalt und individuelle Stimmenvielfalt. (...) Der Roman orchestriert seine Themen, seine gesamte abzubildende und auszudrückende Welt der Gegenstände und Bedeutungen mit der sozialen Redevielfalt und der auf ihrem Boden entstehenden

Sprache an sich[33]. Zentral bleibt ihm jedoch der widerständige Charakter dialogischen Schreibens gegenüber einer einlinigen, einheitlichen und verordneten Wahrheit, sein Interesse und seine Sympathie gilt der (subversiven) Vielstimmigkeit.

Bei Kristeva bleiben die Grenzen (wohl absichtlich[34]) fließend: Intertextualität erscheint sowohl lesbar und verstehbar als generelle Texteigenschaft als auch als eine Textqualität, die sich in unterschiedlichen Schriften verschieden stark manifestiert: „Es geht um Arbeit an Texten, die Kristeva als einen Dialog beschreibt, der aufnehmende wie auch zerstörerische Prozesse umfasst. Der poetische Text entstehe nur in Reaktion auf andere Texte, die er jedoch verändere. Dies meint der Bezug auf den intertextuellen Raum. Wichtig wird die inhaltliche Arbeit und Veränderung, die Kristeva als (inter)textuelle Dynamik beschreibt. Damit werden mehrere Momente benannt, durch die sich die Begriffe Intertextualität und Quellenkritik von einander unterscheiden lassen. Zunächst wird deutlich, dass Kristevas Anliegen zwar auch, aber nicht in erster Linie ein literaturwissenschaftlich-interpretierendes ist. Im Vordergrund steht bei ihr ein systematisch-methodologisches Interesse, dem es um die Grundlagen von Sprache und Sprachwissenschaft geht"[35].

Von diesen beiden Anliegen aus führen dann auch zwei entgegengesetzte, und, wie es scheint, sich zunehmend weiter voneinander

---

individuellen Stimmenvielfalt. Die Rede des Autors und die Rede des Erzählers, die eingebetteten Gattungen, die Rede des Helden sind nur jene grundlegenden kompositorischen Einheiten, mit deren Hilfe die Redevielfalt in den Roman eingeführt wird. Jede von ihnen begründet eine Vielzahl von sozialen Stimmen und eine Vielfalt von (immer mehr oder weniger dialogisierten) Verbindungen und Korrelationen zwischen den Aussagen und den Sprachen. Diese Bewegung des Themas durch Sprachen und Reden, deren Aufspaltung in Elemente der sozialen Redevielfalt, ihre Dialogisierung: dies macht die grundsätzliche Besonderheit der Stilistik des Romans aus". Ebendort, 255–300, gibt Bachtin einen historischen Überblick über Romane von der Antike bis zur Neuzeit und findet überall „Spuren" des „Zweistimmigen" oder „Mehrstimmigen".

[33] Vgl. Bachtin, Ästhetik, 172: „Die dialogische Orientierung ist jedem Wort eigentümlich. Sie ist die natürliche Einstellung jedes lebendigen Wortes. Auf allen seinen Wegen zum Gegenstand, in allen Richtungen trifft das Wort auf ein fremdes Wort und muß unweigerlich mit ihm in eine lebendige, intensive Wechselbeziehung eintreten. Nur der mythische Adam, der mit dem ersten Wort an eine noch nicht besprochene, jungfräuliche Welt herantrat, der einsame Adam hatte es nicht mit dieser dialogischen, wechselseitigen Orientierung an dem fremden Wort im Gegenstand zu tun. Ganz anders verhält es sich mit dem konkreten, historischen menschlichen Wort; es kann sich dieser Orientierung nur bedingt und nur bis zu einem gewissen Grad entziehen".

[34] Dies ist meine Interpretation der Offenheit (oder Unklarheit) von Kristevas Text; anders z.B. Lack, Intertextuality, 131, der Kristevas Tendenz kritisiert, generelle Aussagen mit Beispielen zu illustrieren, die zu partikulär sind, um dies leisten zu können.

[35] Schmitz, Arbeit, 40.

entfernende Linien in die sich anschließende Rezeption von Kristevas Intertextualitätsbegriff. Auf der einen Seite gibt es die postmoderne Richtung, der alles Text ist und alle Texte intertextuell, auf der anderen Seite die eher konventionelle Richtung, die mehr an Textanalyse interessiert ist – und im Extremfall unter dem Etikett „Intertextualität" nur das betreibt, was sie immer schon betrieben hat, nämlich Zitaten- und Quellenforschung. Kristeva selbst hat sich von dieser eher konventionellen Rezeption der Begrifflichkeit später distanziert und stellt fest: „Der Terminus Intertextualität bezeichnet eine solche Transposition eines Zeichensystems (oder mehrerer) in ein anderes; doch wurde der Terminus häufig in dem banalen Sinne von Quellenkritik verstanden, weswegen wir ihm den der Transposition vorziehen; er hat den Vorteil, daß er die Dringlichkeit einer Neuartikulation des Thetischen beim Übergang von einem Zeichensystem zu einem anderen unterstreicht"[36].

Trotz dieser Absage Kristevas scheint mir der Graben zwischen den beiden Verständnissen von Intertextualität letztlich nicht so breit zu sein, wie es einige der späteren Verlautbarungen suggerieren: Setzt doch die Wahrnehmung von Intertextualität als genereller Texteigenschaft quasi die Bedingung, auf deren Hintergrund verschiedene „Intertextualitäten" erst beschreibbar werden können[37]. Doch dazu im Folgenden noch einige genauere Bemerkungen.

---

[36] Kristeva, Revolution, 69; vgl. dazu Lachmann, Dialogizität, 61A, sowie für eine ausführliche Darstellung von Kristevas Transpositionsbegriff sowie ihrer „Neuartikulation des Thetischen" Schmitz, Arbeit, 62–129.

[37] Vgl. die abschließenden programmatischen Bemerkungen bei Preisendanz, Beitrag, 28, der es für wünschenswert hält, den Begriffen Dialogizität und Intertextualität ihre „disjunktive Funktion zu erhalten", und fortfährt: „Man könnte darum die selbstverständliche, in der Natur aller literarischen Produktion und Rezeption angenommene Dialogizität / Intertextualität als Axiom anerkennen und gleichwohl die ganze geschichtliche Erscheinungsfülle *angewandter* Dialogizität, *praktizierter* Intertextualität zum Feld literaturwissenschaftlicher Analyse, Beschreibung und Interpretation machen" (Hervorhebung dort). Ähnlich äußert sich auch Pfister, Konzepte, 25. Dieses Interesse koinzidiert mit dem Bachtins, Ästhetik, 294f, wo dieser das Ziel seiner Literaturanalyse beschreibt: „Im Roman liegt ein künstlerisches System von Sprachen, genauer gesagt: der Bilder von Sprachen, vor, und die wirkliche Aufgabe, den Roman stilistisch zu analysieren, besteht darin, die im Bestand des Romans vorhandenen orchestrierenden Sprachen aufzudecken, das Ausmaß der Entfernung jeder Sprache von der letzten Sinninstanz des Werkes und die verschiedenen Brechungswinkel der Intentionen in ihnen, ihre dialogische Wechselbeziehung, zu verstehen und schließlich, wenn es ein direktes Autorwort gibt, den dieses Wort dialogisierenden Hintergrund der Redevielfalt außerhalb des Werks zu bestimmen".

3. Unterschiedliche Textverständnisse

Die verschiedenen Verwendungen des Intertextualitätsbegriffes haben auch Einzug in Veröffentlichungen im Rahmen der Exegese biblischer Texte gehalten; der Gebrauch von Intertextualität ist hier ähnlich vielfältig wie der innerhalb der Literaturwissenschaft. Symptomatisch lässt sich die Situation an zwei Aufsatzsammlungen zum Thema illustrieren: Ein 1989 erschienener (von Draisma herausgegebener) Sammelband mit dem Titel "Intertextuality in Biblical Writings"[38] enthält neben mehreren theoretischen Beiträgen auch konkrete Textanalysen. Unter diesen finden sich Aufsätze, die sehr unterschiedlichen methodischen Prämissen verpflichtet sind: Neben Beiträgen, in denen es um das traditionelle Thema „Altes Testament im Neuen" geht[39], postuliert ein weiterer Aufsatz "Luke as Reader of Paul"[40]; ein anderer kontextualisiert einen Abschnitt des Lukasevangeliums mit dem Gesamtevangelium[41]; ein weiterer liest die Apokalypse und den Hebräerbrief auf dem Hintergrund ihrer gemeinsamen diskursiven Praxis zusammen[42], und wieder ein anderer untersucht neutestamentliche Texte im Hinblick auf soziale Transformationen[43]. Deutlich ist, dass die unterschiedlichen Aufsätze in diesem Sammelband ein jeweils verschiedenes Verständnis von „Intertextualität" voraussetzen. Diese Vielfalt verstärkt sich noch in einem einige Zeit später erschienenen Semeia-Band mit dem Titel "Intertextuality and the Bible"[44], wo etwa ein Beitrag über die Funktion der Schrift im lukanischen Passionsbericht[45] und ein Aufsatz, der eine subversive Lektüre des Lukasevangeliums präsentiert[46], neben

---

[38] Sipke Draisma (Hg.), Intertextuality in Biblical Writings. Essays in Honour of Bas van Iersel, Kampen 1989.

[39] So z.B.: Wim Weren, Psalm 2 in Luke-Acts: An Intertextual Study, 189–203.

[40] Wolfgang Schenk, Luke as Reader of Paul. Observation on His Reception, 127–139.

[41] Huub Welzen, Loosening and Binding. Luke 13:10–21 as Programme and Antiprogramme of the Gospel of Luke, 175–187.

[42] Seán Freyne, Reading Hebrews and Revelation Intertextually, 83–93.

[43] Bernard Lategan, Intertextuality and Social Transformation. Some Implications of the Family Concept in New Testament Texts, 105–116.

[44] George Aichele / Gary A. Phillips (Hg.), Semeia 69 / 70: Intertextuality and the Bible, Atlanta 1995.

[45] Robert Brawley, Resistance to the Carnivalisation of Jesus: Scripture in the Lukan Passion Narrative, 33–60.

[46] Gary A. Phillips, "What Is Written? How Are You Reading?" Gospel, Intertextuality and Doing Lukewise: Reading Luke 10:25–42 Otherwise, 111–147.

einer Darstellung der Christologie der Terminator-Filme[47] und einer Analyse der Inkorporation biblischer Geschichten und Bilder in der "Star Trek"-Fernsehserie[48] zu finden sind. In eben diesem Band wird der von mir zuvor erwähnte Sammelband (zusammen mit anderen exegetischen Veröffentlichungen) für die Verwendung von Intertextualität "as a restrictive tool for nailing down authorial intent and literary influence" kritisiert – wobei es sich um eine Kritik handelt, die sicher nicht auf alle Aufsätze des Draisma-Bandes zutrifft[49] und die angesichts der methodischen Vielfalt beider Bände eine prinzipielle Unterschiedlichkeit der jeweiligen methodischen Ansätze postuliert, die im Blick auf die heterogenen Einzelveröffentlichungen schwer nachvollziehbar ist. Schwierig scheint mir vielmehr, dass der Begriff Intertextualität inzwischen oft so allgemein gebraucht wird, dass er nichts Distinktives mehr aussagen kann und lediglich als Indiz methodischer Vielfalt (oder Beliebigkeit) erscheint.

Jenseits der aufgezeigten methodischen Vielfalt und Verwirrung gibt es einen zentralen Punkt, um den die theoretische Debatte immer wieder kreist: Die Differenzen zwischen einer eher „postmodernen" Intertextualitätsrezeption und der „konventionellen" Verwendung des Terminus sind letztlich nicht in einem unterschiedlichen Verständnis von Intertextualität begründet (dies ist eher das Symptom), sondern in einem unterschiedlichen Verständnis von *Text*, was die Art und Weise der angenommenen Sinnkonstitution ebenso einschließt wie die Rolle, die der Autor dabei spielt (oder eben nicht mehr spielt). Berechtigterweise werden solche Veröffentlichungen kritisiert, die den Begriff Intertextualität gebrauchen, ohne etwas methodisch Neues anzuzeigen oder etwas zu unternehmen, das anders ist als "a type of research that could have been and indeed was done regularly a century ago"[50]. Der Protest richtet sich dagegen, die neue Terminologie für konventionelle Unternehmungen zu verwenden, womit sowohl der

---

[47] Roland Boer, Christological Slippage and Ideological Structures in Schwarzenegger's Terminator, 165–193.
[48] Susan L. Graham, Intertextual Trekking: Visiting the Iniquity of the Fathers Upon the "Next Generation", 195–219.
[49] Zumindest die Beträge von Freyne und Lategan haben m.E. methodisch mehr mit Bachtin (und streckenweise auch mit Kristeva) zu tun als mit „konventioneller" Quellenkritik.
[50] Boyarin, Question, 224.

neuen Terminologie selbst als auch ihren kritischen Implikationen der Boden entzogen werde[51].

Thomas R. Hatina kritisiert in einem Aufsatz mit dem Titel "Intertextuality and Historical Criticism in New Testament Studies: Is there a Relationship?"[52] die unreflektierte Verwendung des Begriffs Intertextualität. Seiner Ansicht nach gibt es "three major characteristics of intertextuality which historical critics have often failed to consider whenever they appropriate the term: (1) the ideological context wherein the term was coined; (2) the inherently related concept of text; and (3) the distinction between influence and intertextuality"[53].

Der erste Punkt Hatinas bezieht sich auf die kritischen Implikationen des Terminus bei Kristeva: "Though Kristeva's main emphasis was on language theory, the concept of intertextuality was inseparably connected with political idealism. The agenda was nothing less than the subversion of the bourgeois establishment through the empowerment of the reader / critic to resist and combat the literary and social tradition at large"[54]. Dies bedeutet auch eine Verabschiedung einer Autor-orientierten Perspektive: "Kristeva believed that meaning does not exist apart from meaning producers (i.e. readers or recipients)"[55].

Letzteres verweist schon auf den zweiten Punkt, nämlich die unterschiedlichen Textverständnisse. Nicht nur ist der Autor nicht mehr die maßgebliche Instanz, auch „Text" ist nicht mehr nur in kon-

---

[51] Vgl. Boyarin, Question, 224f.
[52] Erschienen in: Biblical Interpretation 7, 1999, 28–43.
[53] Hatina, Intertextuality, 43.
[54] Diese kritische Geste führt allerdings bei näherer Betrachtung auch zu paradoxen Konsequenzen, vgl. Chambers, Alter ego, 145: "The second paradox is that, if intertextuality functions within the literary system as an oppositional gesture toward (socially) canonised texts of the 'tradition', it constitutes at the same time, by virtue of its own implicit but necessary address to a readership that will so recognise it, an appeal for canonisation on its own behalf, that is for the (social) acceptance of its own (socially and literarily) oppositional gesture. It is not only, than, that the reader is *necessary* to the functioning of the 'alter ego' relation that defines literature; that reader is also the object of an active *seduction*" (Hervorhebung dort). Zum Spannungsfeld von Opposition und Affirmation vgl. auch Schulte-Middelich, Funktionen, 199–202, der eine Überbetonung der oppositionellen Funktion in der Intertextualitätsdiskussion kritisiert.
[55] Hatina, Intertextuality, 30. Vgl. zu diesem Aspekt auch Boyarin, Question, 225, der gegen die Autorzentriertheit konventioneller Darstellungen ein anderes Konzept setzt: "'Intertextuality', on the other hand, refers to the anonymous codes, the ruptures and registers of language itself, as it speaks through the text, and, as a famous critical essay would have it, engages precisely the 'death of the author'". Vgl. auch Vorster, Intertextuality, 26, wo fundamental unterschiedliche Textverständnisse von Intertextualität einerseits und Redaktionsgeschichte andererseits konstatiert werden.

ventionellem Sinne geschriebener Text mit festen Grenzen, sondern: "[T]he notion of text is a mosaic of quotations without quotation marks"[56]. Hieraus folgt letztlich ein Zusammenfallen von „Text" und „Intertextualität": "[A]ll texts randomly and infinitly refer to one another. In this sense text and textuality is synonymous with intertext and intertextuality"[57]. An dieser Stelle kommt zum Tragen, dass Kristevas Interesse letztlich ein sprachphilosophisches und kein textanalytisches ist.

Der dritte Punkt Hatinas bezieht sich auf die Unterschiedlichkeit der Konzepte von "Influence" und Intertextualität, auch hier liegt die Basis der Verschiedenheit wieder in einem unterschiedlichen Textverständnis. Das Konzept von Beeinflussung geht von zeitlichen und kausalen Zusammenhängen zwischen früheren und späteren Texten aus. "[T]he primary emerging distinction between influence and intertextuality is that the former is a diachronic concept, while the later is a synchronic concept"[58].

Hatina ist der Ansicht, dass es einen letztlich unüberbrückbaren Graben zwischen dem postmodernen Intertextualitätsbegriff und jenen Unternehmungen gibt, die von der konventionellen Exegese unpassenderweise unter diesem Etikett unternommen werden. Zutreffend scheint mir dies für solche exegetischen Veröffentlichungen zu sein, die tatsächlich nur der Frage nachgehen, ob „der Autor" in Text y ein Zitat oder eine Anspielung aus Text x absichtlich eingebaut hat, und dies aus modischen Gründen Intertextualität nennen, ohne sich um die Implikationen der Theorie für ihr Textverständnis zu kümmern. Dies ist jedoch keineswegs in allen exegetischen Veröffentlichungen zum Thema der Fall. Und gleichzeitig scheint es mir nicht aussichtslos, Erkenntnisse der Intertextualitätstheorie für die Exegese fruchtbar zu machen. Dabei ist jedoch zweierlei bedenkenswert: Exegetische Untersuchungen sind an konkreter Textanalyse interessiert; demzufolge werden notwendigerweise sprachphilosophische Überlegungen (wie sie Kristeva primär am

---

[56] Hatina, Intertextuality, 33.
[57] Hatina, Intertextuality, 34.
[58] Hatina, Intertextuality, 41. Vgl. Wolde, Intertextuality, 43: "With the help of theories about intertextuality it is possible to challenge the idea of causality between texts. It also can become clear that it is not the chronology of texts that should occupy the centre of attention, but the logical and analogical reasoning of the reader in interaction with the text".

Herzen liegen) in den Hintergrund treten[59]. Zweitens ist bedenkenswert, dass wir in der Exegese an antiken Texten und Vorstellungen arbeiten, nahezu alle literaturwissenschaftlichen Veröffentlichungen aus dem Bereich angewandter Intertextualitättheorie sich jedoch mit moderner Literatur beschäftigten[60]. Hier sind notwendigerweise Unterschiede zu erwarten. Gerade an dieser Stelle aber kann das Textverständnis Kristevas durchaus weiterführen, und zwar sowohl hinsichtlich des offenen Textbegriffs wie auch hinsichtlich der Abkehr vom traditionellen Autor-Konzept.

Antike Texte haben in vielen Fällen keine eindeutig zu benennenden AutorInnen, sie lassen sich selten mit Sicherheit datieren und sie existieren zumeist in unterschiedlichen Versionen. In vielen Fällen ist die Reihenfolge der Entstehung von Texten nicht mehr bestimmbar. Auch bleibt die Postulierung von Abhängigkeiten oft genug willkürlich und letztlich nicht belegbar (erinnert sei hier nur an die diametral unterschiedlichen Theorien über das Verhältnis des Johannesevangeliums zu den synoptischen Evangelien). Alle diese Eigenschaften antiker Texte machen eine Konzentration auf ein Auslegungsmodell, das sich primär an Abhängigkeiten und Autorenintention orientiert, ohnehin problematisch.

Weiterhin ist auch die Frage, was konkret als „Text" zu betrachten ist, – ebenso wie die nach den Grenzen des Textes – nicht immer eindeutig zu beantworten. Materielle Erscheinungsformen von Texten variieren über die Jahrhunderte. Was in der Antike eine Inschrift war, lesen wir heute meist in gedruckter Form mit erklärenden Fußnoten. Zwischen einem spätantiken Evangelienpapyrus in Majuskelschrift und dem rekonstruierten „ursprünglichen" Text der 27. Auflage von Nestle / Aland (den es so in der Antike nie gegeben hat) bestehen beträchtliche Unterschiede. Und Informationen, die wir heute in „textlicher" Form bei Josephus, in einem historischen Lexikon oder auf Landkarten

---

[59] Pfister, Konzepte, 15, bemerkt zu dieser häufig anzutreffenden Perspektivenverengung, dass sie nicht überrasche, „denn ein Konzept, das so universal ist, daß zu ihm keine Alternative und nicht einmal dessen Negation mehr denkbar ist, ist notwendigerweise von geringem heuristischem Potential für die Analyse und Interpretation".

[60] Der von Broich / Pfister herausgegebene Sammelband beschäftigt sich ebenso wie Helbigs Monographie mit englischer Literatur, die Veröffentlichungen Renate Lachmanns setzen sich mit moderner russischer Literatur auseinander, und Genette zieht vorwiegend französische Beispieltexte der Neuzeit heran. Demgegenüber haben Kristeva und vor allem Bachtin durchaus auch antike Texte im Blick; vgl. dazu Schmitz, Literaturtheorie, 76–99.

antiker Gegenden erhalten, dürften in der Antike zu einem großen Teil eher als allgemeines „Weltwissen" präsent gewesen sein, für das es nicht nötig war, auf konkrete Texte zurückzugreifen. Der historische Abstand versetzt uns in eine andere Position als die antiken LeserInnen, eingeschlossen sind hierbei eben auch historisch bedingte Veränderungen materieller Vermittlungsformen. Ein weiter Text- (und Intertextualitäts)begriff ist eher in der Lage, solchen Veränderungen Rechnung zu tragen; unabdingbar bleibt dabei jedoch immer die Rückfrage nach den antiken Gegebenheiten.

4. Die Rezeptionssituation und die Textwelt der Spätantike

Seit zwei Jahren weigere ich mich, auf sinnlose Fragen zu antworten. Etwa die Frage, ob mein Werk nun ein 'offenes' sei oder nicht. Wie soll ich das wissen, das ist doch nicht *mein* Problem! (...). Oder die Frage, mit welcher von meinen Personen ich mich identifiziere. Mein Gott, womit identifiziert sich ein Autor? Mit den Adverbien, das ist doch klar[61].

Hier verweigert sich ein konkreter Autor den Versuchen, ihn für die Interpretation seiner Texte zu vereinnahmen. Damit steht er durchaus im Kontext moderner Literaturtheorie. Nicht der Autor ist es, der den Textsinn erzeugt, in den Blick geraten vielmehr zunehmend die LeserInnen[62]. Ohne sie ist der Text "only a lifeless collection of words", Sinn entsteht "as the result of a process of interaction between text and reader"[63]. LeserInnen reagieren auf die Möglichkeiten des Textes und treten in einen Dialog ein. Der Text bietet Möglichkeiten an, die LeserInnen wählen aus. Dabei ist diese Auswahl jedoch nicht einfach beliebig, sondern durch den kulturellen Verstehenshintergrund und die textlichen Kenntnisse der Rezipierenden geprägt. Der Sinn des

---

[61] Eco, Nachschrift, 85. Zu dem sich hier abzeichnenden postmodernen „Verschwinden" oder auch „Tod" des Autors vgl. Foucault, Autor, bes. 10–15; Barthes, Death, passim; dazu kritisch Schmitz, Literaturtheorie, 138–142.
[62] Zum Überblick vgl. hier etwa Parsons, Reading, 18–21, der darstellt, wie sehr die LeserInnen in der letzten Zeit insgesamt ins Zentrum der interpretatorischen Unternehmungen der Literaturwissenschaft gelangt sind. Für die Intertextualität begründet z.B. Holthuis, Intertextualität, passim, ein rezeptionsorientiertes Modell. – Das zunehmende *exegetische* Interesse an LeserInnen zeigt sich u.a. auch in Veröffentlichungen, die nicht an Intertextualitätstheorie orientiert sind, vgl. etwa zum Markusevangelium das erste Kapitel über "Reading and Readers" in Bas M. F. van Iersels "Mark. A Reader-Response Commentary", 14–29; und Mary Ann Tolbert, "Sowing the Gospel. Mark's World in Literary-Historical Perspective", 51ff, wo die Autorin für ihre Auslegung des Markusevangeliums an die Rezeptionsästhetik anknüpft.
[63] Wolde, Intertextuality, 47.

Textes wird auf diesem Hintergrund und durch Verknüpfungsleistungen der Rezipierenden erzeugt; das Lesen an sich ist ein "act of intertextualisation"[64].

Auf diesem methodischen Hintergrund ist es nicht mehr nötig, sich auf die Suche nach historischen AutorInnen und ihrer Intention zu begeben. Der historische „Autor" wäre auch jenseits seiner postmodernen Dekonstruktion im Falle des Johannesevangeliums ohnehin eine äußerst vage Figur. Wir wissen nicht, wann und wo er (oder sie) geschrieben hat (oder haben) und wir wissen auch nicht, welche Texte er (oder sie) kannte (oder kannten). Letzteres können wir zwar im Einzelfall aus Angaben des Textes selber erschließen, evident ist die Kenntnis jedoch lediglich bei einer Reihe von Texten des Alten Testaments, ansonsten gibt es keine Sicherheit irgendwelcher Art. Und sogar bei den im Text des Johannesevangeliums aufgerufenen Texten des Alten Testaments verändert der methodische Blickwinkel die Fragerichtung. Der intertextuelle Prozess zwischen dem Johannesevangelium und anderen Texten wird u.a. durch Markierungen („wie der Prophet Jesaja gesagt hat" [Joh 1,23]; „damit nicht die Tora des Mose gebrochen werde" [Joh 7,23]; „aber die Schrift muss erfüllt werden" [Joh 13,18] u.v.a.) in Gang gesetzt; der Blick richtet sich also auf Markierungen im Text des Evangeliums selbst und nicht auf den „Autor" und seine Absichten. Zudem interessieren die alttestamentlichen Texte in jener Fassung, in der sie den spätantiken RezipientInnen vorlagen, also in der gleichzeitigen griechischen Fassung (nicht ausschließlich, aber meistenteils die der Septuaginta), und nicht der ursprünglichen hebräischen[65]. Auch hier koinzidiert wieder der theoretische Blickpunktwechsel mit jenen Erkenntnissen, die sich im Blick auf den Text selbst gewinnen lassen, setzt sich in der Forschung doch zunehmend die Erkenntnis durch, dass

---

[64] Vgl. Grivel, Thèses, 240; Luttikhuizen, References, 117. Im Folgenden führt Luttikhuizen in seinem Aufsatz am Beispiel des Apokryphon des Johannes vor, wie unterschiedliche Intertextualisierungen (alttestamentliche einerseits und gnostisch-mythologische andererseits) verschiedene Lektüren des Textes hervorrufen können.

[65] Vgl. Still / Worton, Introduction, 8, die strukurell dasselbe Problem am Beispiel der Intertexte für Shakespeare-RezipientInnen des 16. Jahrhunderts verhandeln: Jenen lagen zeitgenössische Übersetzungen von Homer, Plinius etc. vor, "but modern readers tend to focus on the 'original' pretext and thus are blind to the workings of contemporary, vernacular intertextuality. This swerve marks one of the main differences between traditional source criticism and intertextual reading".

die Zitate im Johannesevangelium nicht direkt auf den hebräischen Text, sondern auf griechische Übersetzungen referieren[66].

Auch im Hinblick auf die RezipientInnen[67] lassen sich aus dem Text des Evangeliums selbst Schlüsse ziehen: Evident ist z.B., dass die spätantiken LeserInnen (oder HörerInnen) des Textes Griechisch gekonnt haben müssen[68], die Kenntnis irgendeiner anderen Sprache jedoch nicht erforderlich war und im Text nicht vorausgesetzt wird[69]. Dies klingt vielleicht im ersten Augenblick banal, führt man sich jedoch vor Augen, welche Rolle in der Forschung nichtgriechischen Texten wie der hebräischen Bibel und der mandäischen Literatur zugesprochen wurde, so wird die Tragweite dieser Vorgabe deutlich.

Des Weiteren gibt es Indizien im Text des Johannesevangeliums, die darauf hinweisen, dass die RezipientInnen nicht zum ersten Mal von der erzählten Geschichte hören. So tauchen z.B. die „Zwölf" plötzlich und ohne jede Erklärung im Text auf (Joh 6,67), und auf die Salbungsgeschichte wird referiert, ohne dass sie zuvor erzählt worden wäre (Joh 11,2). Hier macht der Text Voraussetzungen, die auf anderweitige Kenntnisse der ErzähladressatInnen[70] verweisen[71]. Im Falle der Salbungsgeschichte kann ein Weiterlesen des Evangelientextes das Problem abmildern, bei den „Zwölf" jedoch gibt auch das übrige Evangelium keinen Aufschluss. Diese Textindizien koinzidieren mit dem historisch

---

[66] Vgl. Menken, Use, passim; Beutler, Gebrauch, 314; Scholtissek, Buch, 214; Wucherpfennig, Markus, 228. Zu den Zitaten in Joh 6 vgl. Theobald, Schriftzitate, bes. 328f.

[67] Ich meine hier die historisch denkbaren RezipientInnen, von denen theoretisch die ErzähladressatInnen als innertextliche Funktion zu unterscheiden sind, die Kategorie der „impliziten LeserInnen" oder des „impliziten Autors" gebrauche ich generell nicht, dies in Übereinstimmung mit den neueren terminologischen Entwicklungen innerhalb der Narratologie, wo lediglich noch *real author – narrator – narratee – real reader* als Kategorien auftreten, zum Ganzen vgl. Eisen, Poetik, 63–72.

[68] Mein Konzept von RezipientInnen beruht hier theoretisch auf der Vorstellung des „informierten Lesers", wie ihn etwa Fish, Literatur, 215, als jemanden beschreibt, der u.a. „ein kompetenter Sprecher der Sprache ist, aus der der Text aufgebaut ist". Natürlich sind historisch auch andere LeserInnen oder HörerInnen des Textes denkbar, nur käme im Falle mangelnder Sprachkenntnisse die Textinterpretation schon zum Erliegen, bevor sie überhaupt angefangen hätte – mithin wäre dies kein sehr sinnvolles exegetisches Konzept.

[69] Alle fremdsprachlichen Begriffe werden im Text des Evangeliums übersetzt, sogar „Messias", vgl. z.B. Joh 1,41; 4,25.

[70] Zu diesem Begriff vgl. oben A67. Im Text des Johannesevangeliums werden die ErzähladressatInnen auch konkret angeredet, vgl. Joh 20,31: „Dies ist geschrieben, damit *ihr* glaubt, (...)".

[71] Vgl. Davies, Rhetoric, 30 und passim; Hartenstein, Charakterisierung, 299–305.

Plausiblen: Auch in der Antike dürfte es kaum reale LeserInnen oder HörerInnen gegeben haben, die den Text ohne jedes Vorwissen um die erzählten Ereignisse erstmalig lasen[72]. Auch wenn reale historische RezipientInnen theoretisch von den ErzähladressatInnen zu unterscheiden sind, lassen sich dennoch plausible Annahmen über die antike Rezeptionssituation sowohl aus dem Text selbst wie auch aus unserem Wissen um antike Gegebenheiten erschließen.

Im Anschluss an das bisher Ausgeführte möchte ich für meine Auslegungen johanneischer Texte den Schwerpunkt auf die *antike Rezeptionssituation* legen. Ausgehend von den Möglichkeiten der Intertextualitätstheorie wären auch andere Zugangsweisen möglich, die das Johannesevangelium z.B. mit modernen „Texten" zusammenlesen könnten; ähnlich wie es in den oben erwähnten Semeia-Aufsätzen geschieht, die sich mit Filmen und Fernsehserien auseinandersetzen. Um es an einem Beispiel zu illustrieren: Eine intertextuelle Lektüre des Johannes-Prologs kann man in sehr unterschiedlicher Art und Weise durchführen: So ließe sich Joh 1 mit Genesis 1 zusammenlesen, mit frühjüdischen Weisheitstexten, mit der philonischen Logos-Spekulation, und, wenn man weiter ausgreifen möchte (und sich auf das Thema der Anfänge der Welt konzentriert), etwa auch mit Hesiods „Theogonie", mit Haydns „Schöpfung" oder mit Stephen Hawkins „kurze[r] Geschichte der Zeit"[73]. Eine weitere Möglichkeit besteht darin, die intertextuelle Lektüre auf Texte zu konzentrieren, die sich direkt auf den Johannes-Prolog beziehen, wobei es auch hier wieder eine Bandbreite gibt, die von den entsprechenden Passagen des Johannes-Kommentars von Origenes über die Christologie-Paragraphen von Dogmatiken bis zu Bultmanns Aufsatz über den „religionsgeschichtliche[n] Hintergrund des Prologs

---

[72] Vgl. Thompson, Voice, 180: "The first-time reader is a construct of the critic, as the critic readily acknowledges. But we may still ask whether the construct of the 'first-time reader' does justice either to the way readers actually read or to the gospels themselves". Dass dies nicht so ist, führt sie im Folgenden aus und bemerkt dann (181): "The more we assume that the reader of the gospel is a 're-reader', then the less the emphasis falls on a sequential reading, for the reader always rereads with the whole of the text in view".

[73] Hawking, Stephen W., Eine kurze Geschichte der Zeit. Die Suche nach der Urkraft des Universums. Mit einer Einleitung von Carl Sagan. Deutsch von Hainer Kober unter fachlicher Beratung von Dr. Bernd Schmidt, Reinbek 1988 (A Brief History of Time: From the Big Bang to Black Holes, New York 1988).

zum Johannes-Evangelium"[74] reicht. All dies sind intertextuelle Möglichkeiten; es wird deutlich: "[T]he identification of an intertext is an act of interpretation. The intertext is not a real and causative source but a theoretical construct formed by and serving the purposes of a reading"[75].

Deutlich ist aber auch, dass es sich bei den oben genannten Beispielen um sehr unterschiedliche Arten von intertextuellem Lesen handelt. So existieren einige dieser Lektüre-Möglichkeiten nur für moderne RezipientInnen, andere sind auch auf dem Hintergrund der spätantiken Textwelt denkbar. Letztere sind es, die mich in dieser Arbeit vor allem interessieren. Intendiert ist eine Lektüre des Johannesevangeliums im Kontext der *spätantiken* Rezeptionssituation. Und auch hier lässt sich noch einmal eine Unterscheidung in verschiedene Kategorien von Textbeziehungen treffen: Zum einen gibt es Texte, auf die sich im Text des Evangeliums selbst direkte Verweise oder Anspielungen finden lassen (z.B. Genesis, Jesus Sirach); zum anderen Texte, die zur spätantiken Textwelt gehören, ohne dass das Johannesevangelium direkt auf sie verweist (z.B. Hesiod, Philo).

Die Nebeneinanderstellung von Hesiod und Philo mag überraschen. Diese Zusammenstellung beruht jedoch auf der Tatsache, dass den spätantiken RezipientInnen Texte aus verschiedenen Zeiten und sehr unterschiedlichen Traditionszusammenhängen nebeneinander zur Verfügung standen. Zwei Ausflüge in die spätantike Textwelt mögen dies belegen: Clemens von Alexandrien (ca. 150 – vor 220) ist bekannt für seine Belesenheit und den Reichtum an Zitaten in seinen Schriften. Ein

---

[74] Rudolf Bultmann, Der religionsgeschichtliche Hintergrund des Prologs zum Johannes-Evangelium, in: Ders., Exegetica. Aufsätze zur Erforschung des Neuen Testaments. Ausgewählt, eingeleitet und herausgegeben von Erich Dinkler, Tübingen 1967, 10–35 (zuerst erschienen in: Eucharisterion Bd. 2, FS Hermann Gunkel, FRLANT, NF 19,2, Göttingen 1923, 3–26). Für wissenschaftliche Texte wie den Bultmann-Aufsatz sind besondere intertextuelle Beziehungen vorrangig, vgl. hierzu den Exkurs „Zum Status intertextueller Relationen in fachwissenschaftlichen Texten" bei Holthuis, Intertextualität, 155–173.

[75] Frow, Intertextuality, 46. Weiter heißt es dort: "Intertextual analysis is distinguished from source criticism both by this stress on interpretation rather than on the establishment of particular facts, and by its rejection of a unilinear causality (the concept of 'influence') in favour of an account of the work performed upon intertextual material and its functional integration in the later text". Im Verlauf dieses Aufsatzes (bes. 49f) setzt sich Frow auch mit Derridas Konzept des „generellen Textes" als Netzwerk ohne Grenzen auseinander (vgl.: Derrida, 'Living on/Border Lines', trans. James Hulbert, in: Harold Bloom u.a., Deconstruction and Criticism, New York 1979, 83–84).

Blick in den Registerband der Clemens-Ausgabe der GCS[76] kann die Vielfalt der benutzen Schriften dokumentieren: Das Register enthält auf fast sechzig Seiten einen repräsentativen Querschnitt durch die antike Literatur. Um die Länge der Aufzählung auf ein überschaubares Maß zu reduzieren, erwähne ich nur diejenigen Texte und Autoren, bei denen die Aufzählung der Textstellen mehr als eine Spalte einnimmt: Es sind dies Gen, Ex, Lev, Num, Dtn, Ps, Spr, Sir, Jes, Jer, Mt, Mk, Lk, Joh, Röm, 1–2Kor, Gal, Eph, Kol, Hebr, 1Petr, 1Joh, Agrapha und Apokrypha (EvÄg, EvHebr u.a.), 1 Clem, Aristoteles, Chrysippos, Euripides, Homer, Musonios, Philon, Platon, Plutarch, sowie schließlich Sprichwörter und „Gemeinplätze".

Clemens ist sicherlich ein Sonderfall an Belesenheit für antike (und auch moderne) Verhältnisse. Doch auch ein zweiter Ausflug in die Textwelt der Spätantike kann zeigen, welche unterschiedlichen Texte an einem Ort in einer begrenzten Zeit vorhanden waren: Verschiedene Ausgrabungsperioden haben aus dem antiken Oxyrhynchos eine kaum überschaubare Anzahl von unterschiedlichsten Papyri zutage gefördert[77]. Die literarische Papyrusüberlieferung beginnt mit einem Homer-Papyrus aus dem zweiten Jahrhundert v.Chr., hat ihren Höhepunkt im zweiten nachchristlichen Jahrhundert und bricht erst im siebten Jahrhundert mit einem Fragment des Kallimachos ab[78]. Schätzungen zufolge hatte Oxyrhynchos in der römischen Zeit eine Bevölkerung von ca. 30000 Menschen[79], im zugehörigen Gebiet dürften es 250000–300000 gewesen sein[80]. Julian Krüger beschreibt in seiner Studie über „Oxyrhynchos in der Kaiserzeit" die antike Stadt folgendermaßen: „Deutlich zeigen uns die Papyri auch für Oxyrhynchos den Polytheismus, der sich bis in das 4. Jahrhundert in der Stadt hielt. Da finden wir ägyptische, griechische und einige außerägyptische Kulte, darunter auch die Synagoge der jüdischen Gemeinde von Oxyrhynchos. Zentrum des städtischen Lebens scheint das Heiligtum des Sarapis gewesen zu sein, wo sich eine Vielzahl von Banken und wohl auch der städtische Markt befanden.

---

[76] "Citatenregister", in: Otto Stählin (Hg.), Clemens Alexandrinus, Vierter Band. Register, GCS 39, Leipzig 1936, 1–59.

[77] POxy 1 (mit einem Fragment des Thomasevangeliums vom Beginn des dritten Jahrhunderts) wurde 1897 von Grenfell und Hunt herausgegeben; bis 2005 sind in der von Grenfell und Hunt begonnenen Serie 69 Bände mit Oxyrhynchos-Papyri erschienen, dazu kommen noch Papyri aus Oxyrhynchos in Textausgaben anderer Reihen.

[78] Vgl. Krüger, Oxyrhynchos, 246–254.

[79] Vgl. Krüger, Oxyrhynchos, 68f; Epp, Papyri, 54.

[80] Vgl. Krüger, Oxyrhynchos, 141.

Weitere bemerkenswerte Gebäude außer den Heiligtümern waren die Thermen, von denen es im 3. Jahrhundert in der Stadt mindestens drei, wahrscheinlich aber mehr gab, ferner das große Theater für ca. 10000 Zuschauer, das Gymnasium und das Hippodrom"[81].

Unter den bei Krüger aufgelisteten Papyri griechischer AutorInnen haben die folgenden mehr als zehn Einträge für das erste bis dritte Jahrhundert aufzuweisen[82]: Aischylos, Alkaios, Alkman, Apollonios Rhodios, Archilochos, Bakchylides, Demosthenes, Euripides (mit vielen Belegen), Herodot, Hesiod, Homer (mit weitem Abstand die meisten Einträge), Isokrates, Kallimachos, Menandros, Pindaros, Platon, Sappho, Sophokles, Theokritos und Xenophon. Daneben findet sich eine große Menge anonymer und nicht zuordenbarer Papyri[83], darunter astrologische und magische Texte, Horoskope, medizinische Verordnungen, Texte mit musikalischer Notation, ein Initiationsritus zu Mysterien und eine Anrufung der Isis[84]. Unter den Papyri aus dem jüdisch-christlichen Bereich[85] sind neben solchen später kanonisierter Schriften – wie z.B. einigen des Johannesevangeliums[86] – u.a. auch Papyri mit Teilen aus dem Thomasevangelium, dem Mariaevangelium, dem Hirten des Hermas und den Theklaakten zu verzeichnen, daneben etwa auch Einlagen von Amuletten sowie Gebetstexte.

Sowohl für Clemens von Alexandrien wie auch für die Oxyrhynchos-Papyri gilt, dass sich Texte miteinander (und zusammen mit dem Johannesevangelium) finden, die der modernen Forschung weit voneinander entfernt zu sein scheinen. Zu dieser Entfernung hat neben der Rubrizierung in jüdische, christliche, gnostische, pagane, philosophische etc. Texte sicher auch die Zuordnung der jeweiligen Literatur in oft deutlich voneinander getrennte Forschungsbereiche beigetragen, beschäftigen

---

[81] Krüger, Oxyrhynchos, 143; vgl. auch Epp, Papyri, passim.

[82] Vgl. die entsprechende Liste bei Krüger, Oxyrhynchos 313–339. Auch einige lateinische Autoren sind vertreten (Cicero, Gaius, Livius, Sallust, Terentius und Vergil), allerdings sind diese im Vergleich zu den griechischen sehr viel weniger belegt, vgl. Krüger, Oxyrhynchos, 339f.

[83] Vgl. die Liste bei Krüger, Oxyrhynchos, 341–350. Nicht erwähnt sind hier die zahlreichen privaten Papyri, Geschäftsquittungen, Bestellungen von Wein etc.

[84] POxy 1380 (in Grenfell / Hunt [Hg.], Bd. XI, London 1915, 190–220), vgl. zu diesem Papyrus unten C III 4 c).

[85] Vgl. die Liste bei Krüger, Oxyrhynchos, 351–354.

[86] Aus dem zweiten Jahrhundert POxy 3523 (Joh 18,36–19,7 [= $\mathfrak{P}^{90}$ bei Aland, Text, 321]); aus dem dritten Jahrhundert POxy 208 und 1781 (= $\mathfrak{P}^{5}$); POxy 1228 (= $\mathfrak{P}^{22}$), POxy 1596 (= $\mathfrak{P}^{28}$) und POxy 1780 (= $\mathfrak{P}^{39}$) sowie POxy 847 (= 0162) aus dem dritten oder vierten Jahrhundert.

sich doch AltphilologInnen heutzutage eher selten mit Texten, die der Theologie zugerechnet werden – und Ähnliches gilt auch umgekehrt. Betrachtet man die Lesegepflogenheiten (z.B. des Clemens) und die Lesemöglichkeiten (z.B. der BewohnerInnen von Oxyrhynchos), so stellt sich ein anderes Bild ein: Zugänglich waren, wenn auch sicherlich je nach Bildungsstand und Wohnort unterschiedlich, prinzipiell sehr verschiedene Texte neben- und durcheinander. Für Clemens ist es nicht ungewöhnlich, im Kontext seiner Argumentationen neben biblischen Texten auch Homer oder Sappho zu zitieren – ein heute eher unübliches Verfahren. Unter den Oxyrhynchos-Papyri sind Fragmente apokrypher Evangelien ähnlich gut belegt wie solche jener Evangelien, die heute in unseren kanonischen Ausgaben anzutreffen sind[87]. Und schließlich enthalten auch neutestamentliche Schriften Verweise und Anspielungen auf jene Texte, die heute in den gebräuchlichen protestantischen Bibelausgaben eingeschlossen sind, direkt neben solchen auf apokryphe Texte, die durch ihre Abwesenheit in der hebräischen Bibel zeitweise eher ins Abseits der Exegese geraten sind.

Neben den bisher erwähnten Schriften des antiken Textuniversums sei noch auf zwei weitere Gruppen von Texten hingewiesen, die aufgrund ihrer materiellen bzw. sprachlichen Andersartigkeit eine gesonderte Erwähnung verdienen. Zum einen gehören zum antiken Textuniversum neben Schriften, die in Papyrus-, Pergament-, Rollen- oder Codexform zugänglich waren, auch solche in Form von Inschriften. Gelegentlich gibt es hier Überschneidungen zwischen den verschiedenen materiellen Möglichkeiten der Textüberlieferung: So zitiert beispielsweise Diodor von Sizilien eine Isis-Inschrift, die – zum Teil in erweiterter oder abgewandelter Form – auch als tatsächliche Inschrift mehrfach im östlichen Mittelmeerraum aufgefunden wurde[88]. Durch Diodor ist dieser Text also auch jenseits seiner inschriftlichen Manifestation erhalten, dies verweist auf die Variabilität von Formen der Textüberlieferung sowie darauf, dass es notwendig ist, im Hinblick auf das antike Textuniversum an dieser Stelle keine Grenzen zu setzen.

Zum anderen ist zu bedenken, dass Texte, die in der Antike vorhanden waren, heute zu einem nicht unwesentlichen Teil verloren oder

---

[87] In einigen Fällen sind apokryphe Texte sogar besser belegt als kanonische, so gibt es z.B. drei Papyrusfragmente des Thomasevangeliums aus dem 2./3. Jhdt. (POxy 1; 654; 655), aber kein einziges vom Markusevangelium.

[88] Vgl. dazu unten C III 4 c).

uns nicht mehr in der originalen Fassung oder Sprache erhalten sind. So gibt es vom Thomasevangelium zwar die oben erwähnten griechischen Papyrusfragmente, eine vollständige Fassung liegt heutzutage aber nur in einer koptischen Übersetzung des griechischen Originals vor. Noch eine Reihe weiterer Texte, von denen zur Zeit der Spätantike griechische Vorlagen existiert haben, sind modernen LeserInnen nur in antiken Übersetzungen erhalten; diese Texte gehören jedoch zweifellos ebenso zur antiken Textwelt wie jene Texte, mit denen die Überlieferung der nachfolgenden Jahrhunderte freundlicher umgegangen ist. Die zu bedenkende Schwierigkeit ist dabei, dass die uns erhaltenen Übersetzungen zum Teil wohl deutlich von ihren Vorlagen abweichen[89] – hier sind also Vorsicht und ein genauer Blick auf die Einzelüberlieferung geboten.

Die von mir hier in Umrissen beschriebene Vielfalt des antiken Textuniversums bildet den Hintergrund meiner Interpretation des Johannesevangeliums. Ausdrücklich sei noch betont, dass dieser Blickwinkel nicht im Gegensatz zu dem jüdischen Charakter des Evangeliums zu sehen ist, wie ich ihn im vorherigen Kapitel dargestellt habe. Judentum und Hellenismus sind eben nicht prinzipiell antagonistische Strömungen innerhalb der Antike, vielmehr ist das Judentum um die Zeitenwende zutiefst hellenistisch, und zwar sowohl in wie außerhalb Palästinas[90]. Jüdinnen und Juden lebten nicht auf einer kulturellen Insel[91], die ihnen den Zugang zur pagan-antiken Kultur unmöglich gemacht hätte. Insofern ist auch die häufig in der Literatur zu den Ich-bin-Worten gesetzte Alternative, ob sie denn nun als jüdisch oder als

---

[89] Auch das Verhältnis zwischen „Original" und Übersetzung lässt sich unter dem Oberbegriff Intertextualität diskutieren, vgl. z.B. Koppenfels, Intertextualität und Sprachwechsel, passim.

[90] Vgl. das klassische Werk zu diesem Thema von Martin Hengel: Judentum und Hellenismus, passim; Cullmann, Kreis, 30–40; sowie aus neuerer Zeit z.B.: McGrath, Christology, 6f; Sterling, Philo, passim; Collins, Between Athens and Jerusalem. Jewish Identity in the Hellenistic Diaspora; mit zahlreicher weiterer Literatur. Vgl. auch Garrison, Context, 20f. "While the affirmation of the Jewish and Palestinian roots of early Christiantity is certainly justified, to emphasize this influence to the neglect of significant 'Hellenistic' sources and paralleles risks distorting our understanding of Christian origins".

[91] Meine Formulierung von der „kulturellen Insel" verweist u.a. auf die in Veröffentlichungen zur Intertextualitätstheorie gern zitierte Aussage: "No text is an island"; vgl. Miscall, Texts, 252.257.

hellenistisch anzusehen seien[92], letztlich keine sinnvolle Fragestellung. Ausgehend von dem jüdischen Charakter des Johannesevangeliums, ist allerdings damit zu rechnen, dass die intertextuellen Beziehungen zu Schriften der jüdischen Bibel von einer anderen Art und Qualität sein dürften als solche zu Texten des weiteren hellenistischen Kontextes[93]. Bevor dies näher erläutert werden kann – und vor der konkreten Hinwendung zu den antiken Texten – sind allerdings einige Begriffsklärungen vorzunehmen, um nicht in der Vielfalt möglicher intertextueller Beziehungen der terminologischen Verwirrung anheim zu fallen.

5. *Formen von Intertextualität: Terminologie und Beispiele*

Eine erste notwendige terminologische Unterscheidung ist jene zwischen *inter*textuellen Beziehungen *zwischen* Texten und *intra*textuellen Beziehungen *innerhalb* eines Textes. Diese Differenzierung ist von der vorgenommen Abgrenzung des zu interpretierenden Textes abhängig. Wird der zu interpretierende Text als Teil aus einem Textganzen ausgegliedert, so wäre es nur folgerichtig, die Beziehungen zwischen dem ausgewählten Text und anderen Bestandteilen des Gesamttextes als intertextuelle zu klassifizieren, mithin wäre in diesem Sinne die Untersuchung einer Perikope in Relation zum Gesamtevangelium eine intertextuelle[94]. Sinnvoller erscheint es jedoch, auch sprachlich solche Vorgehensweisen, die sich auf Bezüge *innerhalb* eines Gesamttextes konzentrieren, von jenen zu unterscheiden, die sich *zwischen* unterschiedlichen Texten herstellen lassen. Insofern klassifiziere ich die Interpretation von Joh 6 im Kontext des Gesamtevangeliums als *intra*textuelle, während ich die Untersuchung

---

[92] Erinnert sei hier paradigmatisch an die schon oben zitierte Fragestellung bei Ball, I Am, 272: "Could it be that the content of the 'I am' sayings with a predicate is Jewish while their form is in fact Hellenistic?".

[93] Diese möglichen Unterschiedlichkeiten entsprechen auch den theoretischen Vorgaben des Intertextualitätsbegriffs, vgl. z.B. Riffaterre, Reader, 76: "[I]ntertextuality enables the text to represent, at one and the same time, the following pairs of opposites (within each of which the first item corresponds to the intertext): convention and departures from it, tradition and novelty, sociolect and ideolect, the already said and its negation or transformation. It explains also that intertextuality should be one trope that modifies a whole text rather than a sentence or phrase, as a metaphor, say, or a synecdoche would".

[94] So ist die Vorgehensweise z.B. in dem schon oben (A41) erwähnten Aufsatz von Welzen mit dem Untertitel "Luke 13:10–21 as Programme and Anti-programme of the Gospel of Luke".

von Joh 6 zusammen mit anderen Texten der Spätantike (z.B. denen Philos) als *inter*textuelle ansehe. Ebenso als intertextuell verstehe ich auch das Zusammenlesen etwa von Joh 6 und Mk 6. Mein zu interpretierender Ausgangstext ist also das gesamte Johannesevangelium, nicht aber das gesamte Neue Testament. Die sich hier anschließende Frage ist die nach der anzunehmenden Textgestalt des Johannesevangeliums (also die Perspektive der Text- und Literarkritik). Da diese Frage jedoch einer näheren Erläuterung bedarf, werde ich am Ende dieses Kapitels in einem gesonderten Abschnitt darauf noch ausführlicher eingehen.

Häufig ist in der textanalytisch ausgerichteten Literatur eine zweite grundsätzliche Unterscheidung anzutreffen, wobei die Bezeichnungen für die zwei angenommenen Grundtypen von Intertextualität variieren: Broich und Pfister reden von Einzeltextreferenz einerseits und Systemreferenz andererseits[95]; bei Holthuis heißen die entsprechenden Phänomene dagegen referentielle bzw. typologische Intertextualität. Die erste genannte Form orientiert sich an konkreten Markierungen, Zitaten[96] oder Anspielungen[97] innerhalb eines Textes, durch die einzelne andere Texte aufgerufen werden. Die zweite Form dagegen ist schwerer fassbar, in den Blick genommen werden hier Strukturähnlichkeiten, Gattungszugehörigkeiten und Diskurstypen[98]. Die Aufmerksamkeit richtet sich bei dieser zweiten Form von Intertextualität weniger auf Einzeltexte als

---

[95] Vgl. die Abschnitte zur Einzeltextreferenz von Broich und zur Systemreferenz von Pfister in Broich / Pfister (Hg.), Intertextualität, 48–58; sowie zur Unterscheidung von beidem Karrer, Intertextualität, passim.

[96] Vgl. die Definition bei Plett, Konstituenten, 81: „Das Zitat ist ein aus einem Prätext abgeleitetes Sprachsegment, das in einen (Folge-)Text eingelassen ist, wo es ein *proprie*-Segment substituiert" (Hervorhebung dort). Ob es sich tatsächlich immer um Substitution handeln muss, ist m.E. diskutierbar. Zu den theoretischen Unklarheiten und den vielfältigen Möglichkeiten des Zitierens vgl. auch, Neumann, Eigene, passim; Ebach, Zitat, passim.

[97] Ich gebrauche hier – und im Folgenden – den Begriff „Anspielung" als Komplementärbegriff zu „Zitat" (wobei eine Anspielung weniger Text wortgleich übernimmt als ein Zitat, die Grenzen aber fließend sein können). Den ebenfalls in der Literatur oft verwendeten Ausdruck „Allusion" vermeide ich, da in den theoretischen Ausführungen zu diesem Begriff weithin unklar ist, ob er synonym zu „Anspielung" oder als Oberbegriff für alle drei oben genannten Intertextualitätsphänomene verwendet wird (vgl. dazu Helbig, Intertextualität, 30–36; Hebel, Poetics, passim, bes. 136f.). – Zur allgemeinen Begriffsverwirrung in der Exegese vgl. Porter, Use, passim.

[98] Vgl. hierzu Pfister, Systemreferenz, 54: „Solche Diskurstypen sind z.B. der religiöse, der philosophische, der wissenschaftliche oder der politische Diskurs, oder, noch pointierter, eine historisch-spezifische Ausformung solcher Diskurstypen, hinter denen immer auch bestimmte Sinnsysteme stehen". Pfister knüpft hier, wie er im Folgenden selbst ausführt, an die Konzepte Bachtins und Kristevas an.

auf Texttypen, Ziel ist es, „den einzelnen Text als vielschichtige dialogische Replik innerhalb vielfältig vernetzter Textreihen zu lesen"[99]. Unter dem Oberbegriff der typologischen Intertextualität lässt sich u.a. auch alles das thematisieren, was in der Exegese traditionell unter der Bezeichnung „Formgeschichte" verhandelt wird.

Bei der ersten genannten Form von Intertextualität bilden konkrete Einzeltextbezüge den Ausgangspunkt. Diese Bezüge können sich in verschiedenen Formen manifestieren, im Hinblick auf die Evangelien sind vor allem Markierungen, Zitate und Anspielungen zentral sowie jene Unterform von Intertextualität, die als „Interfiguralität" bezeichnet wird. Im Einzelnen: Als Markierungen werden Textpassagen oder textliche Mittel bezeichnet, durch die konkrete Verweise darauf gegeben werden, dass ein anderer Text aufgerufen wird. Einige Formen von Markierungen in modernen Texten spielen für die Antike keine Rolle, dies gilt etwa für Verweise in Fußnoten sowie für Anführungszeichen, Reduzierung des Zeilenabstandes oder den Kursivdruck eines Zitates[100].

Im Johannesevangelium gibt es eine ganze Reihe von Markierungen, und zwar sowohl solche, wo sich eine Markierung zusammen mit einem explizit zitierten Textteil einer anderen Schrift findet (so 1,23; 2,17; 6,31.45; 7,38; 10,34; 12,15f.38.40; 13,18; 15,26; 19,24.36.37), als auch solche Stellen, wo ohne explizites Zitat auf einen anderen Text verwiesen wird (so 5,39.45f; 7,19; 9,28f; 20,9). Manchmal ist es dabei unsicher, auf welchen Text genau verwiesen wird; an einer Stelle gibt es ein konkretes und als solches eingeführtes Schriftzitat, dessen genaue Herkunft wir nicht identifizieren können (7,38); und schließlich begegnen auch Verweise auf andere Texte, die so allgemein sind, dass sie sich unterschiedlich füllen lassen (20,30; 21,25).

Schlüsselworte der Markierungen sind häufig γεγραμμένον, γραφή und νόμος, mehrfach ist im zweiten Teil des Johannesevangeliums auch von der Erfüllung der γραφή oder des νόμος die Rede (13,18; 15,26; 17,12; 19,24.28.36), auch hier gelegentlich ohne ausgeführtes Zitat (vgl. 17,12; 19,28). Deutlich ist, dass die Schriften der jüdischen Bibel die primären Bezugstexte des Johannesevangeliums sind, auf sie wird verwiesen, aus ihnen wird zitiert, und: Es wird ihnen nicht widersprochen. Ihre Gültigkeit ist Voraussetzung der Textwelt des

---

[99] Pfister, Systemreferenz, 58.
[100] Eine Übersicht über mögliche Formen der Markierung bietet Helbig, Intertextualität und Markierung, 83–187. Viele davon sind für antike Texte irrelevant, weshalb ich hier auf Helbigs Klassifizierungen nicht näher eingehe.

Johannesevangeliums, sie werden interpretiert, aber nicht abgeschafft oder für falsch erklärt[101].

Ein weiteres Mittel der Markierung ist der Verweis auf bestimmte Personen im Text: So auf Mose (1,17.45; 3,14; 5,45f; 6,32; 7,19.22f; 9,28f), Jesaja (1,23; 12,38–41), Abraham (8,33.37–40.52f.56–58), Jakob und Josef (4,5f.12) oder David (7,42). Während etwa im Falle Abrahams oder Jakobs vermittels der Figuren gleichzeitig auf Geschichten verwiesen wird, in denen jene eine Rolle spielen – also „Interfiguralität" in ihrem häufigsten Sinne vorliegt[102] – so kann durch die Erwähnung von Jesaja oder Mose ein Verweis auf eine bestimmte Geschichte gegeben werden (vgl. etwa 12,41 bzw. 3,14), andererseits können diese Namen aber auch als Textverweise auf das Buch Jesaja bzw. die Tora fungieren (vgl. z.B. 1,23; 12,38 bzw. 1,45; 9,28). Gelegentlich wird diese Doppelsinnigkeit im Text sogar selbst zum Thema (vgl. 7,22). Mit dem Verweis auf die Personen wird also häufig ein Verweis auf konkrete Schriften gegeben, die unter deren Namen überliefert sind; „Mose" kann somit als Markierung im Text fungieren, die synonym zu νόμος gebraucht wird.

Ebenso wie es im Text des Johannesevangeliums Markierungen ohne Zitate gibt, so kommen auch Zitate ohne Markierungen vor (vgl. z.B. 1,51; 12,13.27). Dabei sind die Übergänge von Zitat, Anspielung und Verwendung von Septuaginta-Sprache oft fließend und nicht genau bestimmbar. Hier liegt auch der Übergang von referentieller zu typologischer Intertextualität; theoretisch wären konkrete Zitate als Phänomene referentieller Intertextualität zu klassifizieren, die Verwendung von Septuaginta-Sprache jedoch als typologische Intertextualität. Der Übergang zwischen diesen beiden ist auch deshalb oft so schwer bestimmbar, weil neutestamentliche Texte nicht „genau" im modernen Sinne zitieren und es sicher meist weder Möglichkeiten noch die Intention gab, die Korrektheit von Formulierungen zu kontrollieren[103]: Der „Text", aus dem zitiert wird, ist eher allgemein präsent als dass er in konkreter schriftlicher Form vorliegt.

---

[101] Der Text sagt es selbst (in Form einer Jesusrede): οὐ δύναται λυθῆναι ἡ γραφή (10,35). Vgl. dazu auch Davies, Rhetoric, 14; Söding, Offenbarung, 394; Scholtissek, Buch, 218.
[102] Vgl. dazu Müller, Namen, passim; Ders., Interfigurality, passim (mit vielen Beispielen aus der modernen Literatur).
[103] Vgl. Stanley, Environment, passim.

Noch eine weitere Möglichkeit von Markierungen ist zu bedenken: Textphänomene wie die unerklärten „Zwölf" fungieren in gewisser Weise ebenso als Intertextualitätssignale wie die oben genannten Markierungen. Verwiesen wird hier nicht auf eine andere „Schrift", aber es werden Informationen im Text selbst nicht gegeben, die zum Verständnis nötig sind und sich aus anderen „Texten" (wobei hier „Text" auch die mündliche Tradition einschließt) füllen lassen. Theoretisch gesagt: „Intertextuelle Beziehungen erschließen sich nicht nur über Anwesendes, sondern auch über Abwesendes, das verschwiegen, ausgelassen oder nicht genau definiert wird"[104].

6. *Intertextualität und die Evangelienanfänge*

Texte weisen oft gerade an ihrem Anfang eine hohe Dichte von intertextuellen Verweisen auf. "Beginnings establish intertextual contexts. Beginnings let hearers / readers know in light of what other texts the gospels are to be interpreted"[105]. Durch den folgenden – kurzen – Blick auf die Evangelienanfänge möchte ich eine erste „Landkarte" intertextueller Möglichkeiten in neutestamentlichen Texten entwerfen[106], die in einigen Punkten über das schon oben an Beispielen aus dem Johannesevangelium Ausgeführte noch hinausgeht.

Fast unmittelbar zu Beginn des Markusevangeliums[107] befindet sich eine Markierung, die auf das Buch des Propheten Jesaja verweist (καθὼς γέγραπται ἐν τῷ Ἠσαΐᾳ τῷ προφήτῃ, Mk 1,2). Auf diese Markierung folgt auch tatsächlich ein Zitat, aber erst einmal nicht das erwartete Jesajazitat, sondern ein Mischzitat aus Ex 23,20 und Mal 3,1, schließ-

---

[104] Bail, Schweigen, 106. An dieser Stelle ist auch die Möglichkeit – oder Notwendigkeit – gegeben, Intertextualitätstheorie und Rezeptionsästhetik zu verknüpfen (vgl. hierzu bes. die Veröffentlichungen von Iser und Jauß sowie Warning (Hg.), Rezeptionsästhetik); dazu unten C I 3.

[105] Malbon, Ending at the Beginning, 177. Zur Funktion von Anfängen insgesamt vgl. auch ebd., 181: "What do beginnings do? Beginnings connect us to texts (interactional functions); beginnings connect texts to other texts (intertextual functions); beginnings construct the foundations of narrative worlds (intratextual functions)".

[106] Der folgende Blick auf die Evangelienanfänge beschäftigt sich mit intertextuellen Möglichkeiten; es ist keine umfassende Exegese der Texte intendiert. Weiterführendes zum Thema Evangelienanfänge bietet: Dennis E. Smith (Hg.), Semeia 52: How Gospels Begin, 1991; dort ist auch der in meiner vorherigen Anmerkung zitierte Aufsatz als *response* enthalten.

[107] Vor der Markierung enthält der Text lediglich die eröffnende Formulierung Ἀρχὴ τοῦ εὐαγγελίου Ἰησοῦ Χριστοῦ [υἱοῦ θεοῦ] (Mk 1,1), der von vielen als eine Art Überschrift angesehen wird, vgl. dazu z.B. Boring, Mark, 47–53.

lich doch noch gefolgt von einem Zitat aus Jesaja (Jes 40,3 in der Septuaginta-Fassung)[108]. Es wird hier also nicht genau und ausschließlich das zitiert, worauf in der Markierung verwiesen wurde. Diese Vorgehensweise stellt für Markierungen und Zitate in den Evangelien keinen Einzelfall, sondern eher die Regel dar.

Der Beginn der Geschichte Jesu wird direkt zu Beginn des Markusevangeliums an die heiligen Schriften des Judentums zurückgebunden, erwiesen wird so die Kontinuität der im Folgenden erzählten Geschichte mit schon Bekanntem. Diese Kontinuität wird auch beim Übergang vom Zitat in die Erzählung noch einmal etabliert, indem in Vers 4 der Ausdruck ἐν τῇ ἐρήμῳ aus dem Jesajazitat in Vers 3 wiederholt wird. Durch die Wiedererwähnung der Wüste als Aufenthaltsort Johannes des Täufers wird dabei nicht nur die Erzählung mit dem direkt vorangehenden Jesajazitat verbunden, vielmehr lässt sich die Erwähnung der Wüste darüber hinausgehend auch als Anknüpfung an die Zeit des Wüstenaufenthalts des Volkes Israel lesen[109], wie sie in Exodus in eben jenem Zusammenhang erzählt wird, aus dem das erste verwendete Zitat im Markustext stammt. Wäre in Vers 4 einfach nur von der „Wüste" ohne die vorausgehenden Zitate die Rede, so würde sich dieser Bezug nicht nahelegen, die „Wüste" wäre dann nichts mehr als eine schlichte Angabe über den Aufenthaltsort des Johannes und nicht eine Rückbindung der Erzählung an die bekannte Geschichte Israels. Sichtbar wird hier, wie sich der Textsinn durch intertextuelle Verweise anreichern kann. Natürlich kommt dabei, wie so oft, „der Kenntnisstand des jeweiligen Lesers" ins Spiel[110]: Ohne Kenntnisse der aufgerufenen Texte lassen sich die skizzierten Verbindungen schwerlich herstellen.

Zu Beginn des Matthäusevangeliums finden wir weder eine Zitationsformel noch ein direktes Zitat. Der Text des Matthäusevangeliums beginnt vielmehr mit einem Stammbaum, also mit einer Form, die in den Schriften der jüdischen Bibel zahlreich belegt ist (Gen 5; 10f; 25; 46; 1Chr 1–9 u.ö.). Was hier vorliegt, ist als typologische Intertextualität zu qualifizieren; durch die Aufnahme einer bekannten Gattung schreibt sich der Text in die Kontinuität der aufgerufenen anderen Texte der Gattung ein[111], und die Genealogie Jesu ist damit von Anfang an mit

---

[108] Zu dieser Zitatkompilation vgl. z.B. Gnilka, Evangelium 1, 44f.
[109] Vgl. Boring, Mark, 62f.; Malbon, Beginning, 100f.
[110] Vgl. Füger, Intertextualia, 199.
[111] Zu Intertextualität und der Konstituierung von Gattungen vgl. Suerbaum, Intertextualität, passim.

den anderen Genealogien verbunden. Verstärkt wird diese Beziehung dadurch, dass die erste Genealogie der Genesis und der Anfang des Matthäusevangeliums mit derselben Formulierung beginnen (βίβλος γενέσεως; Gen 5,1 bzw. Mt 1,1); bei der Überleitung in die Erzählung wird im Matthäusevangelium das Stichwort γένεσις noch einmal aufgenommen (Mt 1,18). Ebenfalls verstärkt wird die Beziehung durch die Nennung bekannter Namen – also durch Interfiguralität: Schon im ersten Vers des Matthäusevangeliums begegnen uns David und Abraham, in den folgenden Versen (Mt 1,2–16) werden weitere bekannte Personen genannt. Dabei durchbricht der matthäische Stammbaum an mehreren Stellen die dominierende männerzentrierte Aufzählungsweise durch die Erwähnung von Frauen. Genannt werden Thamar (Mt 1,3; vgl. Gen 38), Rahab (Mt 1,5; vgl. Jos 2), Ruth (Mt 1,5; vgl. Rut passim); Bathseba, bei Mt als Frau des Uria bezeichnet (Mt 1,6; vgl. 2Kön 11, LXX) und schließlich Maria (Mt 1,16). Die Auffälligkeit, die hier durch die Abweichung vom Schema entsteht, hat dazu geführt, dass sich LeserInnen immer wieder Gedanken darüber gemacht haben, was die Gemeinsamkeit der Frauen und die Bedeutung der Frauennamen der Liste sein könnte[112], wird doch augenscheinlich durch die Erwähnung der vier aus der jüdischen Bibel bekannten Frauen die Nennung Marias am Ende des Stammbaumes vorbereitet. Bei solchen Überlegungen spielen durchgehend jene Geschichten eine Rolle, die in den biblischen Büchern über die genannten Frauen erzählt werden; die einfache Namensnennung ruft ganze Erzählzusammenhänge ins Gedächtnis. Hier wird deutlich, dass intertextuelle Verweise unter Umständen mehr Informationen aufrufen, als sie in jenem Text, der den Verweis enthält, direkt gegeben sind. Darüber hinaus kann der Stammbaum auch als Lektürehinweis für das weitere Evangelium funktionieren: "[A]n audience has learned from the genealogy (1:1–17) that the Gospel's hearers are to supply information from the biblical tradition to expand cryptical textual references and to elaborate names"[113].

Auch wenn das Matthäusevangelium im Gegensatz zum Markusevangelium nicht mit einer expliziten Einzeltextreferenz beginnt, so wird doch mit Hilfe der Übernahme einer genealogischen Form (also typo-

---

[112] Vgl. z.B. Scott, Birth, 84–88; Luz, Evangelium 1, 92–94; Schaberg, Stammütter, passim.
[113] Carter, Evoking, 509. Carter führt vor, wie auch im weiteren Verlauf der Mt-Lektüre mehr in den Interpretationsprozess einzubeziehen ist, als zitiert wird; zum Methodischen vgl. bes. 505–508.

logischer Intertextualität) sowie durch die Nennung bekannter Namen (also durch Interfiguralität) eine mindestens ebenso starke Verbindung zu den Schriften der jüdischen Bibel hergestellt wie im Markusevangelium. Es ließe sich überlegen, ob diese Bindung durch die Kumulation intertextueller Verweise unterschiedlicher Art nicht sogar stärker ist als jene, die im Text des Markusevangeliums mit Hilfe einer konkreten Zitationsformel mit Zitat angelegt ist. Dies zeigt, dass die Konzentration auf explizite Zitate und Markierungen, wie sie in textanalytischen Veröffentlichungen zur Intertextualität vorwiegend begegnet, sich in der Gefahr befindet, das intertextuelle Blickfeld zu verengen.

Das Lukasevangelium fängt als einziges der kanonischen Evangelien nicht direkt mit einer Anknüpfung an die „alten Schriften" an[114], sondern mit einer Vorrede in Ich-Form, in der der Erzähler des Evangeliums einem Erzähladressaten namens Theophilus seine Absichten darlegt. Aber auch dieses Evangelium beginnt mit einem Verweis auf andere Texte, wenn konstatiert wird, dass es schon „viele" (πολλοί) unternommen haben, von jenen Ereignissen zu berichten, die „auch" der Erzähler (κἀμοί) dieses Evangeliums im Folgenden aufschreiben wird (vgl. Lk 1,1–4). Hier wird weder gesagt, um welche Texte es sich genau handelt, noch wird aus ihnen im Kontext dieses Verweises zitiert. In der historisch-kritischen Exegese wird dieser Verweis als Hinweis auf Mk, Q und das lukanische Sondergut gelesen[115], d.h. auf die Quellen des Lukasevangeliums. Von RezipientInnen aus der Antike dagegen dürfte dieser Verweis eher als Bezug auf das Matthäusevangelium (das ja weithin als das älteste Evangelium galt) und das Markusevangelium sowie möglicherweise noch weitere ihnen bekannte Evangelien verstanden worden sein, zumal von der Zeit an, wo das Lukasevangelium zusammen mit anderen Evangelien und im Anschluss an sie in demselben Codex zu finden war[116]. Auf jeden Fall jedoch erfahren die LeserInnen des lukanischen Textes durch diesen denkbar unexpliziten Verweis von

---

[114] Die auf den Prolog folgenden Kindheitsgeschichten zeigen jedoch, dass auch im Lukasevangelium eine enge Verbindung zu den Schriften der jüdisch-griechischen Bibel besteht.

[115] Vgl. Bovon, Evangelium, 34.

[116] Die Reihenfolge variiert in den alten Handschriften; es gibt auch Codices, in denen der Text des Joh vor dem des Lk steht (so haben z.B. D [05] und W [032] die Reihenfolge Mt Joh Lk Mk); vgl. Aland, Text, 92; Trobisch, Endredaktion, 50f; Petersen, Evangelienüberschriften, 258f. Wo Lk auf Joh folgt, ergibt sich damit ein interessanter Übergang von den vielen Taten Jesu, über die mehr Bücher geschrieben werden könnten, als die Welt sie fassen kann (Joh 21,25), zu den vielen anderen Jesuserzählungen, von denen zu Beginn des Lukasevangeliums die Rede ist.

anderen Erzählungen derselben Geschichte, zu denen hier gleich am Anfang des Evangeliums eine Beziehung hergestellt wird.

Das Johannesevangelium beginnt ἐν ἀρχῇ und damit wortgleich mit dem Beginn von Gen 1,1: Der Anfang dieses Evangeliums ist nicht nur Anfang des Textes, sondern thematisiert zugleich den Anfang der Welt[117]. Im Johannesprolog geht es wie in Genesis 1 um Gott und die Schöpfung, in beiden Texten spielen Licht und Finsternis eine Rolle – die Verbindung beider Texte ist offensichtlich[118], zumal gegen Ende des Prologes noch ein interfiguraler Verweis auf Mose und die Bücher der Tora erfolgt (ὁ νόμος διὰ Μωϋσέως ἐδόθη; 1,17). Der johanneische Anfang bereichert den Genesis-Anfang um die „Gestalt" des λόγος in Äquivalenz zur Gestalt der Sophia, wie sie in anderen biblischen und apokryphen Texten bei der Schöpfung zugegen ist[119]: Erinnert sei hier nur an Spr 8,22f, wo Sophia von sich sagt: κύριος ἔκτισέν με ἀρχὴν ὁδῶν αὐτοῦ εἰς ἔργα αὐτοῦ, πρὸ τοῦ αἰῶνος ἐθεμελίωσέν με ἐν ἀρχῇ – und damit ein weiteres Mal ἐν ἀρχῇ im Kontext eines Schöpfungstextes begegnet[120]. Die Verbindung von Schöpfung, Sophia und λόγος ist zudem auch in weiteren Schriften der Spätantike belegt, erinnert sei etwa an Philo[121] oder an Origenes, der in seinem Johannes-Kommentar mehrfach gerade Spr 8,22f zur Interpretation von Christus als Weisheit heranzieht[122]. Auch ohne einen Weisheitsmythos als Hintergrund des

---

[117] Vgl. Kelber, Birth, 122.

[118] Vgl. neben den einschlägigen Kommentaren z.B. Kurz, Permutations, passim, mit der dort angegebenen Literatur.

[119] Zum Zusammenhang von Johannesprolog und Sophia vgl. schon Bultmann, Hintergrund, passim (mit den dort reichlich aufgeführten Quellen aus der Weisheitsliteratur).

[120] Dies sind dann auch die beiden einzigen Septuagintastellen, wo die Formulierung ἐν ἀρχῇ im Kontext eines Schöpfungstextes auftritt.

[121] Zu Philo vgl. z.B. Mack, Logos, 108-195.

[122] Vgl. z.B. Origenes, Johanneskommentar I,34 (GCS 10 [Origenes 4] 43), Übersetzung nach Gögler, Origenes, 123f: „Wir dürfen nicht mit Schweigen übergehen, daß Christus in einem tiefen Sinne ‚Gottes Weisheit' ist und daher auch mit diesem Namen belegt wird. Die Weisheit, die er ist, besteht nicht in bloßen Vorstellungen Gottes, des Vaters aller Dinge, vergleichbar den Vorstellungen in menschlichen Gedanken. Was aber die über jegliche Schöpfung erhabene Weisheit Gottes ist, die von sich sagt: ‚Gott schuf mich als Ursprung seiner Wege im Hinblick auf seine Werke' (Spr 8,22), das wird nur der erkennen, der imstande ist, an eine unkörperliche, lebendige und gleichsam durchseelte Wirklichkeit zu denken, die in vielfältigen Erkenntnisbildern (θεωρήματα) besteht, die das geistige Wesen (die Worte) aller Dinge in sich schließen. Durch diese ‚Schöpfung' erst kann die gesamte Schöpfung bestehen, die nicht ohne Gehalt an göttlicher Weisheit ist, nach deren Plan sie geworden ist. Denn nach dem Propheten David schuf Gott ‚alles in Weisheit' (Ps 103,24)". Vgl. auch Origenes, Princ I,2,1. u.ö. –

Johannesprologs zu rekonstruieren[123] sind die Verbindungen zwischen Aussagen frühjüdischer Weisheitsschriften und solchen des Prologs offensichtlich[124]; vorausgesetzt ist dabei allerdings eine Kenntnis jener jüdischen Schriften und Traditionen, die sich auf Sophia beziehen; Ähnliches gilt auch für die Bezüge zu Genesis 1. Im Johannesprolog fehlt ein explizites Zitat oder ein direkter Verweis auf einen anderen Text, wie er etwa am Anfang des Markusevangeliums vorliegt – die Erwähnung des Mose in Joh 1,17 ist doch eher allgemeiner Art. Trotzdem, so meine ich, lässt sich schwerlich behaupten, dass die intertextuelle Dichte des Johannestextes geringer wäre als die des Markustextes. Eher ließe sich sagen, sie sei subtiler, anders ausgedrückt: Die Verbindung zu bestimmten anderen Texten scheint so selbstverständlich, dass sie nicht mit Hilfe einer konkreten Markierung oder eines längeren Zitates verdeutlicht werden muss[125].

Im Vergleich zum Anfang des Matthäusevangeliums liegt im Johannesprolog quasi eine spiegelverkehrte Art von intertextuellen Bezügen vor: Während der Matthäustext mit Hilfe einer bekannten Form (dem Stammbaum) eine neue Geschichte (die Geburt Jesu) erzählt, bietet der Johannestext eine neue Fassung einer altbekannten und schon mehrfach erzählten Geschichte (der Schöpfung)[126].

Auch die Kombination von Gen 1 und Spr 8,22 ist noch anderweitig belegt, vgl. Bultmann, Hintergrund, 19f.

[123] Zu solchen Unternehmungen vgl. Mack, Logos, 13–20.

[124] Vgl. z.B. Brown, Gospel, 521–523, der abschließend konstatiert: "[I]n the OT presentation of Wisdom, there are good parallels for almost every detail of the Prologue's description of the Word", sowie Theobald, Fleischwerdung, 221; Ringe, Friends, 48–53; Scott, Sophia, 94–115; Beutler, Wort, 34f.40.

[125] Dies widerspricht dem Kriterium der Kommunikativität, das Pfister, Konzepte, 27, in seinem Abschnitt über die „Skalierung von Intertextualität" ausführt. Pfister schreibt dort, dass u.a. „der harte Kern maximaler Intensität" dann erreicht sei, wenn „durch eine bewußte Markierung im Text deutlich und eindeutig" auf einen anderen Text verwiesen werde. Dies gilt m.E. vor allem im Blick auf die selbstverständliche Sonderrolle bestimmter Texte nicht in gleicher Weise für die Antike. Bei Texten, die ohnehin omnipräsent sind, verstärken Markierungen ihre Präsenz nicht. Das Fehlen der Markierung kann vielmehr als Hinweis auf die Präsenz des anderen Textes gelesen werden.

[126] Dieser Unterschied entspricht strukturell jener Unterscheidung, die Genette, Palimpseste, 15–17, zwischen zwei „Hypertexten" der Odyssee feststellt: Während im Ulysses die Handlung der Odyssee in die moderne Welt verlegt wird, erzählt die Aeneis eine andere Geschichte im Stil der Odyssee (und in Anknüpfung an Personen der Odyssee). In der Terminologie Genettes handelt es sich um „spiegelverkehrte Transformationen". Die von ihm beschriebene Opposition benennt er als „dasselbe anders sagen / etwas anderes auf dieselbe Weise sagen" (ebd., 17).

Beim Nachdenken über die Rubrizierung dieser Formen von Textbeziehungen gerät man an dieser Stelle an die Grenzen der oben ausgeführten Unterscheidung zwischen referentieller und typologischer Intertextualität, da in beiden Texten Elemente von beiden Intertextualitätsformen gleichzeitig vorliegen und sich gegenseitig verstärken. Der Anfang des Matthäusevangeliums führt eine Gattung weiter (typologisch), bezieht sich aber gleichzeitig auch auf einzelne Personen, deren Geschichten in einzelnen anderen Texten erzählt werden (referentiell); der Johannesprolog zeigt sowohl referentielle Bezüge zu Gen 1 wie auch typologisch die Zugehörigkeit zum jüdischen Diskurs über die Schöpfung.

Zusammenfassend lässt sich festhalten, dass es sich bei Intertextualität letztlich um ein Referenzphänomen handelt[127]. Schematisch ausgedrückt lassen sich verschiedene Ebenen von Referenzen innerhalb einer Textpassage feststellen:

- Zusammenhänge mit anderen Passagen desselben Textes
  (hier *intratextuell* genannt)
- Zusammenhänge mit Texten, die „andere" Texte sind
  (*intertextuell* im engeren Sinne)
- Referenzen auf die (damaligen) historischen, geographischen, gesellschaftlichen und politischen Umstände
  (das *Weltwissen* der Hörer und Leserinnen)

Wie bei jedem Schema ergeben sich sofort Überschneidungen, wenn man diese Rubrizierung im Blick auf das Johannesevangelium durchdenkt. Bei der Unterscheidung zwischen den ersten beiden Punkten ist die Beantwortung der Frage, was zum Text gehört, distinktiv (also die Frage nach den Grenzen des Textes). Zwischen dem zweiten und dritten Phänomen ist die Frage entscheidend, was als „Text" gilt (also die Frage nach der Definition von Text). Für antike Menschen sind Pilatus, das römische Reich, die Zerstörung Jerusalems oder antike agrikulturelle Praktiken nicht primär textlich vermittelte Referenzen, sondern gehören zum allgemeinen Weltwissen – für uns jedoch sind sie insofern textliche Größen, als wir die nötigen historischen Informationen wieder an Texten gewinnen, und zwar sowohl an antiken (wie etwa Josephus) wie auch an neuzeitlichen (wie etwa Dalmans „Arbeit und Sitte in Palästina").

---

[127] Vgl. Holthuis, Intertextualität, 43f.

Während ich es im Falle der zweiten genannten Unterscheidung für methodisch sinnvoll halte, von einem Textbegriff auszugehen, der es bei der Einzelexegese erlaubt, auch kulturelles Wissen der Rezipierenden in die Interpretation einzubeziehen (also einen weiten Textbegriff bevorzuge), scheint es mir bei der ersten Unterscheidung vor allem im Blick auf die Forschungsgeschichte nötig zu sein, möglichst klar herauszustellen, welcher Text des Johannesevangeliums meiner Interpretation zugrunde liegt.

7. Welcher Text wird interpretiert?

Der Text des Johannesevangelium lädt zur Literarkritik ein. Es gibt Risse, Doppelungen und Widersprüche im Text[128], die von der neuzeitlichen Forschung mit Hypothesen zur Blattvertauschung oder zum Textwachstum erklärt wurden. Daneben haben vor allem auch inhaltliche Spannungen zu Modellen redaktioneller Bearbeitungen geführt[129]. Dominierend war dabei über lange Strecken ein Drei-Schichten-Modell aus (1) Quellen (bes. der sog. Semeia-Quelle und dem Passionsbericht), (2) dem Evangelisten und (3) der sogenannten „kirchlichen Redaktion", wobei letzterer weithin z.B. das „Nachtrags"-Kapitel 21 und die sakramental orientierte Passage der Brotrede (6,51c–58) zugewiesen wurden. Der „große Theologe" in dieser Konzeption ist der Evangelist, die „kirchliche Redaktion" diente dann lediglich dazu, das Evangelium weiteren Kreisen akzeptabler zu machen, als es bei dem genialischen (und möglicherweise „ketzerischen") Einzelentwurf des Evangelisten der Fall gewesen wäre[130].

In letzter Zeit hat dieses Modell Modifikationen in zwei Richtungen erfahren: Erstens werden angenommene sekundäre Passagen nicht mehr so stark wie zuvor im Widerspruch zu älteren Teilen des Evangeliums gesehen, sondern als „Relecture", d.h. als Fortschreibung in Reaktion

---

[128] Erinnert sei hier nur an das zweifache Ende (20,30f bzw. 21,24f), den verzögerten Übergang von 14,31 zu 18,1 und die geographischen Unstimmigkeiten in Kapitel 5–7.

[129] Für einen Überblick über diese Modelle vgl. Heckel, Evangelium, 106–128.

[130] Dabei dient der Evangelist auch als Spiegel und Projektionsfigur des neuzeitlichen Exegeten; vgl. Schmithals, Johannesevangelium, 171, der konstatiert, Bultmann sei „ganz erfüllt von der Einsicht, daß der vierte Evangelist ein nachdenklich-schöpferischer, den geistigen Anstößen seiner Zeit gegenüber aufgeschlossener und den Gemeinden seiner Umgebung verpflichteter theologischer Lehrer ist – ein Kathedergelehrter und ein Spiegelbild seines Interpreten". Ähnliches zeigt sich auch bei Hengels Ausführungen zu „dem Alten" und seiner Schülerschar, vgl. Hengel, Frage, 2f.

auf sich ändernde äußere Bedingungen, interpretiert[131]. Damit tritt dann auch der geniale Einzelne (Evangelist / Autor / Theologe) zumindest teilweise zurück zugunsten einer partiell rekonstruierbaren „johanneischen Schule"[132], die sich zugespitzt als eine Art AutorInnenkollektiv verstehen lässt. Stilkritische Untersuchungen belegen einen einheitlichen Sprachstil in allen Teilen des Johannesevangeliums[133], dieser ließe sich aber auch als eine gemeinsame Gruppensprache deuten und schließt damit nicht notwendigerweise Textwachstum innerhalb einer Gemeinschaft aus[134].

Zweitens hat die allgemeine Abkehr von der literarkritischen Begeisterung früherer Zeiten und die Hinwendung zu Methoden der Literaturwissenschaft auch in der Exegese des Johannesevangeliums dazu geführt, dass zunehmend Untersuchungen erscheinen, denen eine synchrone Lektüre des Textes zugrunde liegt. So plädiert z.B. Hartwig Thyen in Abkehr von eigenen früheren Veröffentlichungen nunmehr für diese Zugangsweise: „Meine eigenen vielfältigen Wege und Irrwege auf den verschlungenen Pfaden des Labyrinths johanneischer Literarkritik haben mich darüber belehrt, dass alle Versuche, hinter unserem kanonischen ein vermeintlich ursprüngliches Johannes-Evangelium zu rekonstruieren und dann dieses Konstrukt zum Gegenstand der Interpretation machen zu wollen, willkürlich sind und ihrem Gegenstand nicht gerecht werden können[135].

Jenseits der genannten Veränderungen in der Exegese des Johannesevangeliums macht schon die dieser Arbeit zugrunde liegende rezeptionsorientierte Perspektive die Frage nach redaktionellen Fortschreibungen im Evangelium obsolet. Damit soll nicht gesagt sein, dass

---

[131] Vgl. zu diesem Konzept Dettwiler, Gegenwart, passim, bes. 44–52; Zumstein, Prozeß, passim; Scholtissek, In ihm sein, 131–137; Cebulj, Ich bin es, 260–262; sowie unten D III 1.

[132] Zur „johanneischen Schule" vgl. grundlegend Culpepper, School, passim (bes. 261–290); sowie z.B. Dettwiler, Gegenwart, 51f; Heckel, Evangelium, 138–141; Labahn, Jesus, 21–30; Becker, Hoffnung, 210. Cebulj, Ich bin es, 67–80, redet vom johanneischen „Kreis".

[133] Vgl. Schweizer, Ego eimi, 85–109; Ruckstuhl, Einheit, passim; Ruckstuhl / Dschulnigg, Stilkritik, passim.

[134] Vgl. Heckel, Evangelium, 142f. – Schon Culpepper, School, 263, bemerkt: "The Gospel (...) can be regarded as the work of more than one writer without adopting any of the current hypotheses regarding its composition and sources". Cebulj, Ich bin es, 261f, liest das Johannesevangelium als Gruppenzeugnis.

[135] Thyen, Werk, 120. – Vgl. auch Beutler, Methoden, 209, der einen „zunehmenden Einfluß der synchronen Auslegungsmethode" in der Exegese des Johannesevangeliums konstatiert.

das Johannesevangelium nicht ein sukzessive entstandener Text einer Gruppe ist – dies scheint mir sogar historisch gesehen plausibel –, sondern vielmehr, dass meine Interpretationsperspektive nicht die Entstehungsgeschichte des Textes in den Blick nimmt, sondern den Text in jener Gestalt zugrunde legt, die den spätantiken RezipientInnen als einzige zugänglich gewesen ist, da diese noch nicht in den Genuss der Bultmannschen oder anderer literarkritisch orientierter Interpretationen des Textes gekommen waren.

Meine Perspektive hat die Konsequenz, jenen Text des Johannesevangeliums zu interpretieren, der auch den frühen RezipientInnen zugänglich gewesen ist, d.h. inklusive oft als sekundär angesehener Passagen wie 6,51c–58; 15,1–17,26 und 21,1–25. Weiterhin folgt aus ihr, solche Textstellen nicht zu berücksichtigen, bei denen es sich nach Ausweis der Textkritik um deutlich spätere Zusätze zum Text handelt. Dies gilt für zwei Passagen des später üblichen Textes, nämlich erstens für den erklärenden Einschub in der Geschichte von der Heilung des Gelähmten 5,3b–4[136], dessen An- oder Abwesenheit allerdings für mein Thema keine größere Rolle spielt. Der zweite sekundär hinzugekommene Text ist die Geschichte von der Ehebrecherin Joh 7,53–8,11. Hier ist die Nichtberücksichtigung dieses Textteiles entscheidend für die Interpretation der nachfolgenden Passage 8,12ff, da dieser Text dann direkt an 7,52 anschließt und mithin noch in den in Kapitel 7 gesetzten Gesprächszusammenhang gehört. Dagegen würde unter Einbeziehung von 7,53–8,11 mit 8,12 eine vollkommen neue Szene einsetzen, weil die jeweiligen GesprächspartnerInnen Jesu inzwischen zweimal (7,53 und 8,9.11) die Bühne verlassen hätten.

Die beiden genannten Texte fehlen übereinstimmend in den alten Papyri 𝔓[66] und 𝔓[75], in den wichtigsten Majuskeln (Sinaiticus, Vaticanus u.a.) sowie bei weiteren alten Textzeugen; bei dem Text der Ehebrecherin-Geschichte kommt noch hinzu, dass er in späteren Minuskelhandschriften an unterschiedlichen Stellen des Johannes- oder des Lukasevangeliums eingefügt wurde (hinter Joh 7,36 oder 21,25 bzw. hinter Lk 21,38 oder 24,53) sowie dass er sprachlich eindeutig von anderem Charakter ist als der Rest des Johannesevangeliums. Im Gegensatz dazu sind die anderen oft aus literarkritischen Gründen für sekundär gehaltenen Passagen textkritisch unumstritten. Dies hat schon deshalb ein vergleichsweise hohes Gewicht, weil die Überlieferungslage

---

[136] Zum sekundären Charakter dieser Verse vgl. Aland, Text, 307.

hinsichtlich der Textzeugen für das Johannesevangelium besser ist als für alle anderen neutestamentlichen Schriften: So enthält der älteste uns bekannte Papyrus ein Fragment aus dem Johannesevangelium[137] und wir kennen eine größere Anzahl von Papyri mit Teilen des Johannestextes aus der Frühzeit der Textüberlieferung ($\mathfrak{P}^5$, $\mathfrak{P}^{22}$, $\mathfrak{P}^{28}$, $\mathfrak{P}^{39}$, $\mathfrak{P}^{45}$, $\mathfrak{P}^{52}$, $\mathfrak{P}^{66}$, $\mathfrak{P}^{75}$, $\mathfrak{P}^{80}$, $\mathfrak{P}^{90}$, $\mathfrak{P}^{95}$, $\mathfrak{P}^{106}$, $\mathfrak{P}^{107}$, $\mathfrak{P}^{108}$, $\mathfrak{P}^{109}$)[138]. Letzteres gilt ähnlich auch für das Matthäusevangelium, allerdings sind dort ausschließlich sehr kleine Papyrusteile überliefert, während für das Johannesevangelium mehrere Papyri längere Textpassagen enthalten; besonders zu nennen sind hier die Bodmer-Papyri $\mathfrak{P}^{66}$ und $\mathfrak{P}^{75}$, deren Entstehungszeit wenigstens um 200 bzw. zu Beginn des dritten Jahrhunderts liegen dürfte[139] und von denen fast der gesamte Text des Johannesevangeliums abgedeckt wird: $\mathfrak{P}^{66}$ reicht vom Beginn des Johannesevangeliums bis 21,17; $\mathfrak{P}^{75}$ immerhin noch bis 15,8 – damit sind die in der Forschung als sekundär angesehenen Passagen in der ältesten uns zugänglichen Textüberlieferung bezeugt, einschließlich des Schlusskapitels und hier etwa im Unterschied zu der Sachlage bei den sekundären Markusschlüssen, die trotz viel schlechterer Textüberlieferung für die Frühzeit schon aus textkritischen Gründen eindeutig als Nachträge anzusehen sind[140].

Auch die Evangelienüberschriften sind in den beiden genannten Papyri überliefert, und zwar in der Langfassung ΕΥΑΓΓΕΛΙΟΝ ΚΑΤΑ ΙΩΑΝΝΗΝ. Diese Langfassung ist schon aufgrund der äußeren Bezeugung als die urspüngliche Lesart anzusehen[141]. Übereinstimmung

---

[137] $\mathfrak{P}^{52}$ mit Joh 18,31–33.37–38; nach Aland, Text, 109, „um 125"; bei Comfort / Barrett, Text, 355, datiert auf "early second century (ca. 100–125)"; für die Begründung vgl. dort 355–357. Abweichend von der Mehrheit der Forschung nimmt z.B. Schmidt, Anmerkungen, 11, eine Entstehung um 170 an. Er begründet dies mit einem Vergleich der Buchstabenformen mit zwei der Chester-Beatty Papyri (X und III). Die Identität der Buchstabenformen scheint mir allerdings schon bei der Betrachtung der entsprechenden Photographien in Aland, Text, 94.100, zweifelhaft; zudem ist auch ein Vergleich mit lediglich zwei anderen Papyri kaum repräsentativ. Skeptisch zu Schmidt äußert sich auch Nagel, Rezeption, 469–471 (dort weitere Literatur).

[138] Diese Zusammenstellung orientiert sich an Comfort / Barrett, Text, passim; Lührmann, Fragmente, 22. – Comfort / Barrett, Text, 632–634; Lührmann, Fragmente, 22, berücksichtigen neben den oben aufgezählten noch 0162 (= POxy 847) mit Joh 2,11–22 aus dem dritten oder frühen vierten Jahrhundert; alle anderen Papyri werden auf das zweite / dritte Jahrhundert datiert.

[139] So die Datierungen bei Aland, Text, 110. Comfort / Barrett, Text, 366–369.491, datieren erheblich früher, nämlich $\mathfrak{P}^{66}$ in die Mitte des zweiten Jahrhunderts und $\mathfrak{P}^{75}$ auf ca. 175.

[140] Vgl. Aland, Text, 295–297.

[141] Diese Lesart ist bezeugt von den Papyri $\mathfrak{P}^{66}$ und $\mathfrak{P}^{75}$, den Majuskeln A (als subscriptio), C, D, L, W (hier eine Supplementlesart), Θ und Ψ, der Minuskelfamilie $f^{\,1}$,

herrscht in der Forschung, dass es sich bei den Überschriften um frühe *Hinzufügungen* zum Text der Evangelien handelt[142], Anlass und genauer Zeitpunkt der Hinzufügungen sind umstritten und sollen hier nicht weitergehend diskutiert werden[143]. Wichtig ist jedoch, dass die gleichförmigen Überschriften aus der Perspektive einer rezeptionsorientierten Intertextualitätstheorie Textbeziehungen bezeugen und etablieren, die die Lektüre beeinflussen[144]. Und zwar gilt dies nicht nur im Hinblick auf die kanonisierten Evangelien, sondern auch für solche Texte, für die Überschriften (oder Untertitel) in derselben Form belegt sind, also etwa für das „Evangelium nach Thomas"[145]. Durch die gemeinsame Benennung einer Gruppe von Texten als „Evangelium" sowie durch die identische Struktur der Evangelienüberschriften[146] wird ein intertextueller Zusammenhang zwischen den Einzelevangelien hergestellt, auch wenn diese noch nicht in einer Evangeliensammlung zusammengestellt waren[147]. Sobald das Johannesevangelium seinen engeren Entstehungskontext verlassen hat und mit anderen Schriften

---

der Minuskel 33, dem Mehrheitstext und einer Vulgataausgabe. – Für die Priorität der Langform (gegenüber der von Nestle / Aland [27] bevorzugten Lesart ΚΑΤΑ ΙΩΑΝΝΗΝ, die sich lediglich als Textzusatz zweiter Hand in ℵ und B finden lässt) sprechen sich übereinstimmend Hengel, Evangelienüberschriften, 10–12; Trobisch, Endredaktion, 59 A154; Heckel, Evangelium, 207f; Comfort / Barrett, Text, 44, aus.

[142] Vgl. z.B. Trobisch, Endredaktion, 60; Heckel, Evangelium, 208f; Smith, Beginnings, 6; Hengel, Evangelienüberschriften, 47, sowie die dort auf den Seiten 8f referierten Positionen von Pesch, Zahn und Harnack.

[143] Neuerdings vertreten etwa Trobisch, Endredaktion; Heckel, Evangelienüberschriften; Scholtissek, Buch, weitreichende Hypothesen über den Zusammenhang von Überschriften, Vierevangeliensammlung und Kanonisierung, die mir problematisch erscheinen, vgl. zu meiner Kritik an diesen Hypothesen Petersen, Evangelienüberschriften, passim.

[144] Zur theoretischen Reflexion der Rolle von Überschriften vgl. Karrer, Titles, passim; Genette, Paratexte, 58–102; Petersen, Evangelienüberschriften, 273f.

[145] Die Überlieferungslage ist folgende: Aus dem zweiten / dritten Jahrhundert existieren für Joh sechzehn Papyri, für Mt zwölf, für Lk sieben und für Mk nur einer. Daneben gibt es aus derselben Zeit noch drei Papyri für EvThom; zwei für EvMar; zwei [oder drei] für EvPetr; einen für EvEg; einen für das Diatessaron und vier weitere nicht identifizierbare; vgl. Lührmann, Fragmente, 22f; Petersen, Evangelienüberschriften, 255f.

[146] Für Titel mit κατά und Autorennamen im Akkusativ gibt es nur „wenige ganz späte Belege", vgl. Hengel, Evangelienüberschriften, 9f; Heckel, Evangelium, 209. – Ursprung der Betitelung als εὐαγγέλιον dürfte der erste Vers des Markusevangeliums gewesen sein, vgl. Hengel, Evangelienüberschriften, 23f.49–51.

[147] Hengel, Evangelienüberschriften, 47, erklärt die Hinzufügung der Überschriften, indem er auf die „praktische Notwendigkeit" des Titels bei der Verbreitung einer Schrift hinweist: „Die Überschriften waren notwendig für die Einordnung in die Gemeindebibliotheken und für die gottesdienstliche Lesung. Nur auf diese Weise kann ihr hohes Alter und ihre völlige Einheitlichkeit gegen Ende des 2.Jh.s erklärt werden".

und einem weiteren RezipientInnenkreis in Dialog tritt, waren die Titel ein notwendiger Bestandteil dieses Vorgangs[148] – mithin ist der Titel konsequenterweise in eine rezeptionsorientierte Interpretation des Johannesevangeliums einzubeziehen[149] und als Verweis auf die frühen Kenntnisse mehrerer unterschiedlicher Evangelienschriften ernst zu nehmen. Dabei ist allerdings davon auszugehen, dass im Einzelfalle die Zahl der in den jeweiligen Gemeinden benutzten Evangelien variierte, und es ist durchaus auch denkbar, dass etwa eine syrische oder ägyptische Gemeinde des zweiten Jahrhunderts neben dem Johannesevangelium noch das Thomasevangelium benutzte und schätzte und gleichzeitig die Existenz des Markusevangeliums kaum oder gar nicht zur Kenntnis nahm[150].

Die Überschrift stellt das „Evangelium nach Johannes" in den Kontext anderer Evangelien. Der letzte Satz des Johannesevangelium verweist auf viele weitere (mögliche) Bücher[151], womit hier den Hörern und Leserinnen des Johannestextes sich noch einmal die Perspektive auf andere Texte öffnet – ganz im Sinne einer intertextuellen Lektüre des Johannesevangeliums.

Bevor ich mich jedoch diesem Vorhaben im Hinblick auf die Ich-bin-Worte zuwende, ist in einem vorausgehenden Schritt eine *intratextuelle* Annäherung an den johanneischen Text und insbesondere die Ich-bin-Worte notwendig, da erst auf diesem Hintergrund eine Suche nach vergleichbaren Formulierungen (typologische Intertextualität) und Textbeziehungen im engeren Sinne (referentielle Intertextualität) erfolgreich sein kann.

---

[148] Vgl. Hengel, Evangelienüberschriften, 47: „Spätestens nachdem in den Gemeinden *zwei verschiedene Evangelienschriften* vorlagen, mußten sie im Titel unterschieden werden, damit es nicht zu Verwechselungen kam" (Hervorhebung dort).

[149] Damit ist die Frage nicht beantwortet, ob die (historischen) AutorInnen des Johannesevangeliums eines oder mehrere der synoptischen Evangelien kannten (vgl. zur Diskussion z.B. Beutler, Methoden, 193–198; Denaux (Hg.), John, passim; Landis, Verhältnis, passim; Moody, John, passim). Glücklicherweise ist eine Festlegung in dieser notorisch umstrittenen Frage unter den hier entfalteten methodischen Voraussetzungen nicht notwendig. Ebenso kann auch die komplexe Frage nach dem Verhältnis der Entstehungsgeschichte von Johannes- und Thomasevangelium beiseite gelassen werden.

[150] Hier möchte ich daran erinnern, dass sich etwa in Oxyrhynchos mehrere frühe Papyri sowohl vom Joh als auch vom EvThom gefunden haben, aber kein einziger vom Mk.

[151] Joh 21,25: Ἔστιν δὲ καὶ ἄλλα πολλὰ ἃ ἐποίησεν ὁ Ἰησοῦς, ἅτινα ἐὰν γράφηται καθ' ἕν, οὐδ' αὐτὸν οἶμαι τὸν κόσμον χωρῆσαι τὰ γραφόμενα βιβλία.

C. DIE JOHANNEISCHEN ICH-BIN-WORTE

I. Die Ich-bin-Worte im Kontext des Johannesevangeliums

ἀλλά γε τηρεῖ τῷ ἐπὶ τὸ στῆθος ἀναπεσόντι τοῦ Ἰησοῦ τοὺς μείζονας καὶ τελειοτέρους περὶ Ἰησοῦ λόγους· οὐδεὶς γὰρ ἐκείνων ἀκράτως ἐφανέρωσεν αὐτοῦ τὴν θεότητα ὡς Ἰωάννης, παραστήσας αὐτὸν λέγοντα· "Ἐγώ εἰμι τὸ φῶς τοῦ κόσμου"· "Ἐγώ εἰμι ἡ ὁδὸς καὶ ἡ ἀλήθεια καὶ ἡ ζωή"· "Ἐγώ εἰμι ἡ ἀνάστασις"· "Ἐγώ εἰμι ἡ θύρα"· "Ἐγώ εἰμι ὁ ποιμὴν ὁ καλός"· καὶ ἐν τῇ Ἀποκαλύψει "Ἐγώ εἰμι τὸ Α καὶ τὸ Ω, ἡ ἀρχὴ καὶ τὸ τέλος, ὁ πρῶτος καὶ ὁ ἔσχατος". Τολμητέον τοίνυν εἰπεῖν ἀπαρχὴν μὲν πασῶν γραφῶν εἶναι τὰ εὐαγγέλια, τῶν δὲ εὐαγγελίων ἀπαρχὴν τὸ κατὰ Ἰωάννην, οὗ τὸν νοῦν οὐδεὶς δύναται λαβεῖν μὴ ἀναπεσὼν ἐπὶ τὸ στῆθος Ἰησοῦ μηδὲ λαβὼν ἀπὸ Ἰησοῦ τὴν Μαρίαν γινομένην καὶ αὐτοῦ μητέρα. Καὶ τηλικοῦτον δὲ γενέσθαι δεῖ τὸν ἐσόμενον ἄλλον Ἰωάννην, ὥστε οἱονεὶ τὸν Ἰωάννην δειχθῆναι ὄντα Ἰησοῦν ὑπὸ Ἰησοῦ[1].

Deutlich wird hier – wie auch sonst in seinem Kommentar –, dass Origenes das Johannesevangelium auf besondere Art und Weise hochschätzt. Und auch sonst gibt es in seinem Johanneskommentar Passagen wie die zitierte, in denen er Ich-bin-Worte – oder auch die Prädikationen, die Jesus in den Ich-bin-Worten benutzt[2] – aufzählt und nebeneinanderstellt. Dabei entsteht der Eindruck, dass Origenes die prädikativen Ich-bin-Worte als eine zusammengehörige Gruppe betrachtet, die sogenannten „absoluten" Ich-bin-Worte dagegen nicht[3].

---

[1] „Dem aber, der an der Brust Jesu lag, vertraut [Gott] die größeren und vollkommeneren Worte über Jesus an. Denn keiner der übrigen Evangelisten hat seine Gottheit so rein enthüllt wie Johannes, der ihn uns vorstellt, wie er sagt: ‚Ich bin das Licht der Welt', ‚Ich bin der Weg, die Wahrheit und das Leben', ‚Ich bin die Auferstehung', ‚Ich bin die Tür', ‚Ich bin der wahre Hirt'; und in der Apokalypse: ‚Ich bin das A und das O, der Anfang und das Ziel, der Erste und der Letzte'. Man kann deshalb unbedenklich sagen, die Evangelien seien die Erstlinge der Schrift, der Erstling der Evangelien aber sei das nach Johannes, dessen Sinn niemand fassen kann, der nicht an der Brust Jesu geruht und der nicht von ihm Maria angenommen hat, so daß sie auch seine Mutter geworden ist. So muß er von solchem geistigen Ausmaß werden, daß er ein zweiter Johannes sei, und gleichwie Johannes sich sozusagen als ein Jesus unter Jesus erweise". – Origenes, Johanneskommentar I, 4, § 22f (SC 120, 70); Übersetzung nach Gögler, Origenes, 99f.

[2] Vgl. u.a. die bei Gögler, Origenes, 105f, 126f und 289f, übersetzten Passagen.

[3] Letztere werden vielmehr (soweit dies aus den erhaltenen Passagen des Kommentars noch ersichtlich ist) im Einzelnen separat und unterschiedlich ausgelegt.

Im Folgenden möchte ich begründen, warum ich diesen Zugang des Origenes für plausibler halte als die Tendenz der neueren Forschung, die „absoluten" Ich-bin-Worte zum Schlüssel der Interpretation aller Ich-bin-Worte zu machen. In einem anschließenden Kapitel wird es dann um die den prädikativen Ich-bin-Worten gemeinsame sprachliche Ausdrucksform gehen, d.h. darum, ob und in welchem Sinne es sich bei diesen Worten um Metaphern, um Symbole oder – wie Eduard Schweizer meint – um „eigentliche Rede"[4] handelt. Zu Beginn jedoch soll ein erster Überblick über die in der Forschung diskutierten Textstellen und Passagen des Johannesevangeliums den Einstieg erleichtern. Aufgeführt habe ich alle jene Stellen, an denen die Formulierung ἐγώ εἰμι verwendet ist.

1. *Die Formulierung ἐγώ εἰμι im Johannesevangelium*

Betrachtet man die in der Tabelle gegenüber angeführten Stellen im Vergleich miteinander, so ergibt sich leicht eine erste Gruppierung in fünf unterschiedliche Arten des Gebrauchs von ἐγώ εἰμι. Erstens: Sprachlich hebt sich eine Formulierung deutlich von den anderen ab: Gegen Ende der kontroversen Diskussion zwischen Jesus und den anderen Ἰουδαῖοι im achten Kapitel sagt Jesus, er habe schon vor Abrahams Entstehung existiert (πρὶν Ἀβραὰμ γενέσθαι ἐγὼ εἰμί, 8,58). Hier wird εἶναι im Sinne von „existieren" verwendet, d.h. es handelt sich nicht wie sonst um eine Kopula, sondern in diesem Falle tatsächlich um eine „absolute" Formulierung[5], die weder im Griechischen noch bei ihrer Übertragung in andere Sprachen die gedankliche oder tatsächliche Ergänzung eines Prädikatsnomens erfordert. In den modernen Standardausgaben des griechischen Textes ist dies denn auch die einzige Textstelle, wo εἰμί nicht als Enklitikon behandelt, sondern mit einem eigenen Akzent versehen wird.

Zweitens fällt auf, dass sich eine Reihe von Stellen durch die gemeinsame Struktur ihrer Formulierung zusammenordnen lassen: Jesus trifft mehrfach Selbstaussagen, in denen auf ἐγώ εἰμι ein direkt genanntes Prädikat folgt (so 6,35.41.48.51; 8,12; 10,7.9.11.14; 11,25; 14,6; 15,1.5). Die Prädikate stammen dabei von der Sache her aus unterschiedlichen

---

[4] Schweizer, Ego eimi, 167 u.ö.
[5] So auch Cebulj, Ich bin es, 121, der von Joh 8,58 als „absolute[m]" ἐγώ εἰμι Joh 4,26; 6,20; 8,24.28; 13,19; 18,5.6.8 als „anaphorische" Vorkommen mit impliziten Prädikatsnomen unterscheidet.

Kap.	Subjekt	Inhalt: Ich bin...		AdressatInnen
1	–	–		–
2	–	–		–
3	–	–		–
4,26	Jesus	... (es): (Messias)		Samaritanerin
5	–	–		–
6,20	Jesus	... (es) [Identifikation]		JüngerInnen
35.48		2x	... das Brot des Lebens	Ἰουδαῖοι
41.51		2x	... das (lebendige) Brot vom Himmel	Ἰουδαῖοι
7	–	–		–
8,12	Jesus	... das Licht der Welt		Ἰουδαῖοι
18		..., der Zeugnis ablegt		Ἰουδαῖοι
24		glauben, dass		Ἰουδαῖοι
28		erkennen, dass...		Ἰουδαῖοι
58		... bevor Abraham entstand,		Ἰουδαῖοι
9,9	der geheilte Blinde	... (es) [Identifikation]		Ἰουδαῖοι
10,7.9	Jesus	2x	... die Tür (der Schafe)	Ἰουδαῖοι
11.14		2x	... der gute Hirte	Ἰουδαῖοι
11,25	Jesus	... die Auferstehung und das Leben		Martha
12	–	–		–
13,19	Jesus	... glauben, dass		JüngerInnen
14,6	Jesus	... der Weg, die Wahrheit und das Leben		JüngerInnen
15,1.5	Jesus	2x	... der (wahre) Weinstock	JüngerInnen
16	–	–		–
17	–	–		–
18,5.6.8	Jesus	3x	... (es) [Identifikation]	Soldaten
19	–	–		–
20	–	–		–
21	–	–		–

Bereichen: Brot, Licht, Tür, Hirte, Auferstehung, Weg und Weinstock. Diese Begriffe stehen in den meisten Fällen nicht separat, sondern werden näher qualifiziert oder ergänzt: „Brot des Lebens", „Licht der Welt", „der gute Hirte", „die Auferstehung und das Leben" usw.[6] Weiterhin fallen bei dieser Gruppe die Verdoppelungen auf: In mehreren Fällen tritt ein ἐγώ εἰμι mit einem genau oder nahezu identischen Prädikat zweimal kurz hintereinander in demselben Kontext auf: so beim Brot,

---

[6] Dabei spielt das Thema „Leben" explizit oder implizit immer wieder eine Rolle, vgl. dazu Stare, Lebensthematik, passim, so wie den Exkurs dort 269–271 zu den „Ich-bin-Worten", wo bezeichnenderweise ausschließlich die prädikativen Worte im Hinblick auf das Lebensthema zusammengestellt werden.

der Tür, dem Hirten und dem Weinstock. Bei den meisten dieser Worte folgen dann noch Nachsätze, in denen bedingte Heilszusagen ausgesprochen werden (so z.B. 8,12: ὁ ἀκολουθῶν ἐμοὶ οὐ μὴ περιπατήσῃ ἐν τῇ σκοτίᾳ, ἀλλ' ἕξει τὸ φῶς τῆς ζωῆς)[7].

In einer dritten Gruppe lassen sich Aussagen zusammenfassen, bei denen es sich um die Identifikation bekannter, gesuchter oder erwarteter Personen handelt. Das ἐγώ εἰμι beantwortet hier sozusagen die Frage: Bist Du das wirklich? Zu dieser Gruppe gehört neben den Selbstidentifikationen Jesu beim Seewandel (6,20) und bei der Verhaftung (18,5.6.8) auch die Erwiderung des geheilten Blindgeborenen angesichts der Frage anderer nach seiner Identität, wo er – in derselben Formulierung wie sonst Jesus – mit ἐγώ εἰμι antwortet (9,9).

Nahe verwandt mit den eben genannten ist eine Passage, in der es um den erwarteten Messias geht. Auf die Feststellung der Samaritanerin, sie wisse, dass der Messias komme, der auch Christus genannt werde, antwortet Jesus, dass eben er es sei, der mit ihr spreche (ἐγώ εἰμι, ὁ λαλῶν σοι, 4,26). Das hier Gemeinte ist klar: Ohne Zweifel ist „Messias" das zu ergänzende Prädikat zu ἐγώ εἰμι. Wie auch bei den drei zuvor genannten Stellen geht es hier um die Identifikation einer Person mit einer anderen, auch wenn es sich bei dem „Messias" nicht um eine konkrete schon zuvor bekannte Person handelt, sondern um die Vorstellung von einer Person oder Rolle (von der auch schon vorher im Evangelium die Rede war, vgl. 1,20.25.41; 3,28), mit der sich Jesus nun explizit identifiziert.

In einer vierten Gruppe lassen sich jene Aussagen zusammenfassen, die grammatisch insofern schwierig sind, als das Prädikat zu ἐγώ εἰμι fehlt. An drei Stellen redet Jesus von der Notwendigkeit zu glauben oder zu erkennen ὅτι ἐγώ εἰμι (8,24.28; 13,19) – was aber das ist, was er ist, wird den Hörern und Leserinnen erst einmal vorenthalten. Deutlich ist jedenfalls, dass bei den drei genannten Stellen aufgrund der ungewöhnlichen Formulierung ein erhöhter Interpretationsbedarf besteht, worauf ich unten noch eingehen werde[8].

Schließlich bleibt eine einzelne Aussage übrig, die sich nicht in die bisherigen Unterteilungen einfügen lässt: Jesus bezeichnet sich als denjenigen, der über sich selbst Zeugnis ablegt und über den gleichzeitig

---

[7] Vgl. zu diesem Aussagentyp den Abschnitt über die Bedingungssätze unten in diesem Kapitel unter C I 3.
[8] Vgl. unten C I 3.

Gott Zeugnis ablegt (ἐγώ εἰμι ὁ μαρτυρῶν περὶ ἐμαυτοῦ καὶ μαρτυρεῖ περὶ ἐμοῦ ὁ πέμψας με πατήρ, 8,18). Obwohl dem ἐγώ εἰμι ein Prädikat folgt – diesmal allerdings in Form eines substantivierten Partizips – liegt hier sprachlich gesehen ein anderer Typ von Aussage vor als bei den Formulierungen der zweiten Gruppe[9].

Deutlich wird bei diesem ersten Überblick zweierlei: Einerseits sind die johanneischen ἐγώ εἰμι-Formulierungen im Einzelnen sprachlich von unterschiedlicher Art, und zweitens tauchen sie häufig in Gruppen und Reihungen auf. D.h. innerhalb mancher Abschnitte des Evangeliums begegnet eine Art Gewebe von Formulierungen, die sich gegenseitig interpretieren und miteinander in Beziehung stehen. Die Unterschiedlichkeit im Einzelnen führt aber dazu, dass sich – im Gegensatz zu den deutlich einheitlich strukturierten prädikativen Formulierungen (oben die zweite Gruppe) – bei den nicht-prädikativen Vorkommen nicht von einer einheitlichen Gruppe reden lässt. Nur an einer Stelle liegt tatsächlich so etwas wie ein „absoluter" Gebrauch von ἐγώ εἰμι vor, bei den anderen Vorkommen gibt es neben jenen Formulierungen, wo das Prädikat nicht zu fehlen scheint (so 6,20) oder sich mühelos aus dem Kontext ergänzen lässt (so 4,26), auch solche, wo LeserInnen bei der Ergänzung eines Prädikates auf gewisse Schwierigkeiten stoßen (so 13,19). Bei den oft als „absolute" Ich-bin-Worte zusammengefassten Vorkommen handelt es sich also schon rein sprachlich um mindestens vier verschiedene Phänomene, eine Zuordnung zu einer gemeinsamen Gruppe legt sich nicht nahe. Gerade diese Worte als Ausgangspunkt und Schlüssel der Interpretation aller ἐγώ εἰμι-Stellen anzunehmen, erschiene mir angesichts ihres heterogenen Charakters gewagt[10]. Vielmehr halte ich es für erfolgversprechender, den umgekehrten Weg einzuschlagen, d.h. mit den prädikativen Formulierungen zu beginnen

---

[9] Bultmann, Evangelium, 212 A6, bemerkt zu dieser Stelle, sie gehöre „natürlich nicht zu den großen ἐγώ-εἰμι-Aussagen", sei „kein Offenbarungsspruch, sondern Diskussionsrede".

[10] Zu den entsprechenden Ansätzen innerhalb der Forschungsgeschichte vgl. oben B I 1. – Nach Abfassung dieses Abschnittes wurden mir die Ausführungen zu den Ich-bin-Worten in Zimmermann, Christologie, 121–136, zugänglich, der ebd. 124, feststellt: „Statt in den ‚prädikativen Ich-bin-Worten' eine polemisch oder rhetorisch motivierte Erweiterung der ‚absoluten Ich-bin-Worte' zu sehen, die quasi die geprägte Selbstoffenbarungsformel durch einen Bildbereich ausschmücken, sind die Ich-bin-Worte zunächst einzuordnen in das bei weitem dominierende allgemein Ich-Sagen Jesu im Rahmen der joh Reden". Zimmermann schlägt dann ebd. 125, vor, statt von „absoluten" eher von „*elliptischen Ich-bin-Worten*" (Hervorhebung dort) zu reden, da diesen Belegen „eine unmittelbare prädikative Ergänzung zum ἐγώ εἰμι im gleichen Satz fehlt".

und von hier ausgehend die anderen Stellen einzubeziehen. Für diese Vorgehensweise sprechen – neben dem bisher Ausgeführten zur Heterogenität dieser Aussagen – noch zwei weitere Argumente: zum ersten die Tatsache, dass unter den nicht-prädikativen Belegen nicht alle im Munde Jesu begegnen. Dass auch der Blindgeborene sich in gleicher Weise wie Jesus äußern kann (vgl. 9,9), zeigt, dass es sich bei der bloßen Formulierung ἐγώ εἰμι nicht a priori um eine christologische Charakterisierung handelt, sondern um eine Formulierung, die erst im Zusammenhang mit anderen Aspekten eine besondere Dimension bekommt. Für die Beschreibung dieser Dimension aber scheint es mir nötig, eine Kontextualisierung der nicht-prädikativen Ich-bin-Aussagen auf dem Hintergrund der prädikativen Formulierungen vorzunehmen.

Das zweite Argument für meine Vorgehensweise ergibt sich aus der Schwierigkeit, die nicht-prädikativen ἐγώ εἰμι-Formulierungen überhaupt als besondere Formulierungen innerhalb des Johannesevangeliums auszusondern. Dies hängt mit dem spezifischen johanneischen Stil zusammen, um den es deshalb im folgenden Abschnitt gehen soll[11].

2. *Der johanneische Ich-Stil*

Bei der Auswahl der oben in der Tabelle genannten Vorkommen habe ich zuerst einmal ausschließlich solche berücksichtigt, bei denen ἐγώ und εἰμι direkt und in dieser Reihenfolge aufeinander folgen. Diese Auswahl war primär dem Gebot der Übersichtlichkeit und der Orientierung an den in der Forschung hauptsächlich genannten Belegen geschuldet – de facto aber sind die Trennlinien unschärfer, als es die bisher erwähnten Belege erkennen lassen. Es gibt nämlich eine ganze

---

[11] Als drittes Argument ließe sich hier noch die Rezeptionsgeschichte der Ich-bin-Worte anführen: Mehrfach begegnen etwa bei Origenes (vgl. z.B. das Eingangszitat dieses Kapitels), Melito von Sardes (vgl. Hom § 103 bei Hall [Hg. / Übers.], Melito, 58), sowie in den Apokryphen ApostelInnenakten Zusammenstellungen von prädikativen Ich-bin-Worten oder Aufzählungen von Namen oder Eigenschaften Christi, die sich an die Prädikate der Ich-bin-Worte anlehnen und damit eine zusammenschauende Lektüre dieser Stellen belegen (vgl. etwa die Aufzählung von Tür, Licht, Weg, Brot, Leben, Auferstehung u.a. in einem Teil der Petrusakten [Actus Petri cum Simone 20; Lipsius / Bonnet, Acta I, 68] sowie die Aufzählung von Namen Christi in den Johannesakten, wo u.a. Tür, Weg, Brot, Auferstehung, Leben und Wahrheit genannt werden [ActJoh 98, NTApo 2,169f]). Für die anderen Ich-bin-Formulierungen habe ich keine vergleichbare Art von Rezeption finden können. – Auch die moderne Rezeption verläuft jenseits der exegetischen Fachdiskussion vergleichbar (vgl. oben B I 2, S.14 A44). Bei der Verfolgung eines rezeptionsorientierten Ansatzes sind m.E. auch solche Zeugnisse ernst zu nehmen.

Reihe von Stellen, bei denen ἐγώ und εἰμι gemeinsam gebraucht werden, dabei aber entweder in umgekehrter Reihenfolge auftreten oder durch eine eingeschobene Verneinung oder eine Näherbestimmung nicht direkt aufeinander folgen. Letzteres liegt an mehreren Stellen vor, wo es um die Herkunft und Zugehörigkeit Jesu geht. In 8,23 grenzt sich der johanneische Jesus von anderen ab und sagt von sich: ἐγὼ ἐκ τῶν ἄνω εἰμί·...ἐγὼ οὐκ εἰμὶ ἐκ τοῦ κόσμου τούτου. In 17,14 und 17,16 wird wiederholt festgestellt, Jesus sei nicht „aus der Welt": ἐγὼ οὐκ εἰμὶ ἐκ τοῦ κόσμου.

Auch im Zusammenhang mit Johannes dem Täufer gibt es mehrere vergleichbare Passagen: Gleich im ersten Kapitel wird dieser in geradezu bedrängender Art und Weise nach seiner Identität ausgefragt. Er antwortet unter anderem mit einem *Bekenntnis* dessen, was er *nicht* ist: καὶ ὡμολόγησεν καὶ οὐκ ἠρνήσατο, καὶ ὡμολόγησεν ὅτι ἐγὼ οὐκ εἰμὶ ὁ Χριστός (1,20). Verwiesen wird auf diese Aussage noch einmal in 3,28, wo Johannes sagt, andere könnten bezeugen (μαρτυρεῖν), dass er gesagt habe: οὐκ εἰμὶ ἐγὼ ὁ Χριστός. Wiederholung und Bekenntnischarakter dieser verneinenden Aussage fallen auf und erschließen sich in ihrem Sinn als Kontrastaussage zum johanneischen Jesus: Die Qualifizierung des Nicht-Messias-Seins als Bekenntnisaussage erweist sich als nötig im Gegenüber zum tatsächlichen Messias. Insofern gehört dieses „negative" ἐγώ εἰμι-Bekenntnis des Täufers zum Verstehenshintergrund der positiven Aussage Jesu im Gespräch mit der Samaritanerin (4,26) – und umgekehrt. Hier zeigt sich wieder einmal die starke Vernetzung der Formulierungen innerhalb des Johannesevangeliums. Interessant ist hier weiterhin, dass die Wortfolge aus 1,20 bei ihrer Wiederholung in 3,28 verschoben wird: Während es an der ersten Stelle ἐγὼ οὐκ εἰμί heißt, wird im zweiten Falle οὐκ εἰμὶ ἐγώ verwendet. Dies dokumentiert eine sprachliche Variabilität der Verwendungen von ἐγώ und εἰμι, die auch an solchen Stellen zu finden ist, wo gleichzeitig eine interne Verweisstruktur vorliegt.

Noch ein weiteres Mal begegnen ἐγώ und εἰμι in umgekehrter Reihenfolge innerhalb einer Aussage des Täufers (ὁ ὀπίσω μου ἐρχόμενος, οὗ οὐκ εἰμὶ ἐγὼ ἄξιος ἵνα λύσω αὐτοῦ τὸν ἱμάντα τοῦ ὑποδήματος, 1,27). Hier ist das ἐγώ textkritisch nicht gesichert, aber doch relativ wahrscheinlich zu machen[12].

---

[12] Zur Textkritik: εἰμι ohne ἐγώ wird u.a. von der unkorrigierten Fassung von 𝔓[66], von 𝔓[75] und dem Sinaiticus bezeugt; εἰμὶ ἐγώ u.a. von der korrigierten Fassung des

Auch innerhalb der Jesusreden gibt es mehrfach Belege mit ἐγώ und εἰμι in umgekehrter Reihenfolge, und zwar jeweils im Zusammenhang der Formulierung „wo ich bin"; im Einzelnen handelt es sich um 7,34 und 7,36 (ὅπου εἰμὶ ἐγὼ ὑμεῖς οὐ δύνασθε ἐλθεῖν), 12,26 (ὅπου εἰμὶ ἐγὼ ἐκεῖ καὶ ὁ διάκονος ὁ ἐμὸς ἔσται), 14,3 (ἵνα ὅπου εἰμὶ ἐγὼ καὶ ὑμεῖς ἦτε) und 17,24 (θέλω ἵνα ὅπου εἰμὶ ἐγὼ κἀκεῖνοι ὦσιν μετ' ἐμοῦ).

Weiterhin finden sich an zwei Stellen unvollständige ἐγώ εἰμι-Formulierungen im Munde Jesu, die aber auf eine der vollständigen zurückverweisen; so in 9,5 (φῶς εἰμι τοῦ κόσμου) und 12,46 (ἐγὼ φῶς εἰς τὸν κόσμον ἐλήλυθα), beide Belege rufen den Lesenden die zentrale Aussage von 8,12 (ἐγώ εἰμι τὸ φῶς τοῦ κόσμου) ins Gedächtnis und zeigen noch einmal die Stärke der internen Vernetzungen.

Schließlich gibt es noch eine Aussage Jesu, wo εἰμι und ἐγώ zwar im Text aufeinanderfolgen, aber durch ein Interpunktionszeichen getrennt sind und somit verschiedenen Sätzen zugehören (σὺ λέγεις ὅτι βασιλεύς εἰμι. ἐγὼ εἰς τοῦτο γεγέννημαι καὶ εἰς τοῦτο ἐλήλυθα εἰς τὸν κόσμον, ἵνα μαρτυρήσω τῇ ἀληθείᾳ, 18,37). Die handschriftliche Unsicherheit hinsichtlich der Interpunktion und das häufige Fehlen von Interpunktionszeichen in antiken Papyri machen hier auch eine Lektüre möglich, bei der beide Worte zusammengelesen werden, d.h. es ist denkbar, das ἐγώ zum ersten Satz zu ziehen und den zweiten mit εἰς τοῦτο beginnen zu lassen[13]. Bei späteren Textzeugen vor allem des Mehrheitstextes gibt es an dieser Stelle eine Verdoppelung des ἐγώ, was dann zu der Formulierung führt: βασιλεύς εἰμι ἐγώ. ἐγὼ εἰς τοῦτο...[14].

𝔓[66] und dem Vaticanus; für ἐγώ εἰμι sind vor allem spätere Zeugen und der Mehrheitstext. Letzteres lässt sich aufgrund der qualitativ schwächeren Bezeugung als sekundär annehmen, bei den beiden ersten Varianten fällt eine Entscheidung schwerer; für das ἐγώ spricht vielleicht jedoch die Tatsache, dass es in den synoptischen Parallelstellen nicht vorkommt (vgl. Mt 3,11; Mk 1,7; Lk 3,16), eine Auslassung aufgrund von Parallelbeeinflussung also wahrscheinlicher ist als eine sekundäre Hinzufügung – zumal sich die beiden alten Papyri auch im Folgenden als synoptisch beeinflusst zeigen, wenn sie ἄξιος durch ἱκανός ersetzen.

[13] Nestle / Aland [27] geben als Interpunktionsvariante an dieser Stelle ein Fragezeichen statt des Punktes am selben Platz an. In 𝔓[90] (= POxy 3523) ist diese Textstelle ergänzt, 𝔓[90] hat ohnehin keine Satzzeichen (vgl. Comfort / Barrett, Text, 609). Bei 𝔓[66] ist der Text ab ἐγώ ergänzt, hier gibt es sonst Hochpunkte, aber nicht an dieser Stelle (ebd., 448; 𝔓[60] fehlt bei Comfort / Barrett, wo sich auch ansonsten keine weiteren Papyri finden lassen, in denen diese Textstelle erhalten ist.)

[14] Vgl. Bultmann, Evangelium, 506 A8. Zu erinnern ist für die Einbeziehung dieses Textes in die Ich-bin-Worte auch an ein (im forschungsgeschichtlichen Überblick schon erwähntes) modernes Beispiel: Lamparter, Hoheit, verwendet in seiner Darstellung der Ich-bin-Worte neben den prädikativen Formulierungen auch „Ich bin ein König"

Zuletzt möchte ich noch eine Stelle erwähnen, wo ἐγώ und εἰμι im Munde des Pilatus nur durch ein Wort getrennt aufeinander folgen: Pilatus fragt Jesus in derselben Szene, aus der die im vorherigen Abschnitt erwähnte Aussage über den König stammt, ob er (d.h. Pilatus) etwa ein Jude sei (μήτι ἐγὼ Ἰουδαῖός εἰμι; 18,35).

Die bisher angeführten Stellen zeigen die Häufigkeit solcher Formulierungen, in denen ἐγώ und εἰμι in verschiedener Art und Weise verwendet und kombiniert werden. Dieser Befund lässt sich in einen umfassenderen Zusammenhang einzeichnen. Keine andere neutestamentliche Schrift ist so sehr von einem betonten Ich-Stil geprägt wie das Johannesevangelium. Hier gibt es 158 Belege für das Vorkommen von ἐγώ im Nominativ[15] – mehr als in den synoptischen Evangelien und der Apostelgeschichte zusammengenommen (Mt: 37; Mk: 16; Lk: 26; Apg: 48). Von insgesamt 422 neutestamentlichen Belegen[16] entfallen damit 37,4% auf das Johannesevangelium, das gleichzeitig aber lediglich 10,8% des neutestamentlichen Textes umfasst (bei den synoptischen Evangelien sind es 18,7% der Belege auf 36,2% des Textes). Deutlich zeigt sich hier, was Walter Bauer im Zusammenhang mit den Ich-bin-Worten als „feierliche[n] Ich-Stil" bezeichnet, der „für die Ausdrucksweise unseres Evangelisten kennzeichnend" sei[17]. Interessanterweise begegnet dieses betonte ἐγώ zwar vorwiegend, aber keinesfalls ausschließlich innerhalb von Jesusreden. Mehrfach findet sich ein betontes Ich auch im Munde Johannes des Täufers (1,20.23.26.27.30.31.33.34; 3,28), und Pilatus kann es ebenso gebrauchen (18,35.38; 19,6) wie der Gelähmte (5,7), der geheilte Blindgeborene (9,9) und einer von den δοῦλοι des Hohenpriesters (18,26). Bei dem Ich-Stil des Johannesevangeliums handelt es sich also nicht um eine sprachliche Besonderheit, um Jesus zu charakterisieren, sondern um ein Stilmerkmal, das sich durchgehend im Evangelium finden lässt und das in seiner Häufigkeit umso auffälliger ist, als das ἐγώ im Griechischen – anders als die

---

als Überschrift und bezieht damit Joh 18,37 in seine Textauswahl ein. – Zu Jesus als „andere[m] König" im Johannesevangelium vgl. Kügler, König, passim, bes. 47–50.

[15] Nicht gerechnet habe ich den Beleg in 8,11 wegen des textlich sekundären Charakters dieser Passage, vgl. oben B III 7. – Auch für die Berechnung der Textmenge des Johannesevangeliums habe ich 7,53–8,11 nicht berücksichtigt.

[16] In den anderen Schriften: Röm: 20; 1+2Kor: 49; Gal: 10; Eph: 4; Phil: 6; Kol: 2; 1Thess: 2; 1Tim-Tit: 7; Phem: 3; Hebr: 8; Jak: 2; 1+2Pet: 2; 2+3Joh: 3; Offb: 18; gesamt: 136.

[17] Bauer, Johannesevangelium, 119. Zum johanneischen Ich-Stil vgl. auch Deissmann, Licht, 1. Aufl. 88–95 (4. Aufl. 107–114).

entsprechenden Vokabeln im Deutschen, Englischen oder Französischen – kein notwendiger, sondern ein redundanter Bestandteil der sprachlichen Formulierung eines verbalen Ausdrucks ist, da das „Ich" an sich schon in der Verbform enthalten ist und nur bei besonderer Betonung gesetzt wird.

Festzuhalten bleibt also, dass sich die johanneischen ἐγώ εἰμι-Belege in den Kontext eines ausgeprägten Ich-Stils einfügen und dass sie als Bestandteil eines Gewebes von Ich-Formulierungen, das nicht nur die Jesusreden durchzieht, nicht als a priori hervorgehobene und hervorzuhebende separate Gruppe vom Rest des Evangeliums abgesondert werden können. Anders sieht es im Hinblick auf die prädikativen ἐγώ εἰμι-Formulierungen aus, die sich durch ihre – über das einfache ἐγώ εἰμι hinausgehende – gemeinsame Struktur sowie durch ihre interne Vernetzung sehr wohl als eine distinkte Gruppe darstellen. Bevor ich dies näher ausführe, möchte ich jedoch noch darauf eingehen, wie jene ἐγώ εἰμι-Formulierungen zu verstehen sein könnten, die in der Forschung als „absolute" Ich-bin-Worte qualifiziert werden und weithin als Schlüssel zum Verständnis aller Ich-bin-Worte gelten[18].

3. *Zur Interpretation der sogenannten „absoluten" Ich-bin-Worte*

Als „absolute" Ich-bin-Worte werden in der Forschung jene Textstellen zusammengefasst, wo der Ausdruck ἐγώ εἰμι in genau dieser Form vorkommt und kein explizites Prädikat auf ihn folgt. Durch die Formulierung ἐγώ εἰμι wird Jesus nach Ansicht einiger Vertreter der neueren Forschung mit dem Gott des Alten Testaments identifiziert[19]. Wie oben festgestellt, spricht dagegen schon die Tatsache, dass nicht nur der johanneische Jesus so redet, sondern auch der geheilte Blindgeborene im Bezug auf sich selbst ἐγώ εἰμι sagt. Ich möchte im Folgenden einige alternative Vorschläge zur Interpretation der prädikatlosen ἐγώ εἰμι-Formulierungen machen. Dabei ergeben sich unterschiedliche Ansatzpunkte, entsprechend der Tatsache, dass es sich nicht um eine einheitliche Gruppe von Vorkommen handelt.

– Alle ἐγώ εἰμι-Formulierungen stehen im Kontext des johanneischen Ich-Stils. Dabei sind die Trennlinien unscharf zwischen solchen Ausdrücken, wo ἐγώ und εἰμι direkt aufeinander folgen, und solchen,

---

[18] Zu dieser Position der Forschung vgl. oben B I 1.
[19] Vgl. oben B I 1.

wo sie in umgekehrter Reihenfolge begegnen oder ein Wort zwischen ihnen eingeschoben ist. Vergleichbare Phänomene begegnen auch in anderen Schriften der Spätantike[20]. Der Wechsel zwischen einfachem ἐγώ und ἐγώ εἰμι ist also nicht von einer so umfassenden Relevanz, wie in der Forschung zum Teil angenommen wird. Von ἐγώ εἰμι als einer herausgehobenen „neutestamentlichen Offenbarungsformel" zu sprechen, scheint deshalb schwer nachvollziehbar.

– Von den sonstigen Vorkommen von ἐγώ oder ἐγώ εἰμι hebt sich eine Stelle deutlich ab, nämlich Joh 8,58 (πρὶν Ἀβραὰμ γενέσθαι ἐγὼ εἰμί), da hier εἶναι im Sinne von „existieren" verwendet wird und keine Ergänzung eines Prädikatsnomens erforderlich ist. Inhaltlich geht es hier um die Präexistenz Jesu, d.h. auf Jesus wird eine Eigenschaft der Sophia[21] übertragen, nicht jedoch seine Wesensgleichheit mit Gott ausgesagt.

– Das Fehlen eines expliziten Prädikats bei einigen ἐγώ εἰμι-Formulierungen des Johannesevangeliums lässt sich als Aufforderung begreifen, eben dieses zu ergänzen. Wenn in Joh 4,25f die Samaritanerin zu Jesus sagt, sie wisse, dass der Messias komme, und Jesus ihr mit ἐγώ εἰμι antwortet, so ist das zu ergänzende Prädikat eben der Messias. In der Terminologie der neueren Literaturwissenschaft handelt es sich bei den fehlenden Prädikaten um „Unbestimmtheitsstellen"[22] oder „Leerstellen", die sich nach Wolfgang Iser als „Reizsignale der Texte bezeichnen (lassen); indem sie Zuordnungen aussparen, stoßen sie den Leser an, selbst welche zu finden"[23]. Das Füllen von Leerstellen, hier: das Finden von ergänzbaren Prädikaten verläuft dabei in der Regel unter Rückgriff auf den engeren oder weiteren Kontext der fraglichen Stelle.

---

[20] Vgl. dazu unten C III.
[21] Zur Präexistenz der Sophia in Relation zum Johannesevangelium vgl. Strotmann, Präexistenz, passim.
[22] Vgl. Ingarden, Konkretisation, 45–60; dazu Iser, Akt, 267–280.
[23] Iser, Leser, 317; vgl. auch den Abschnitt über „Die Leerstelle als ausgesparte Anschließbarkeit" in Iser, Akt, 284–301. Dort (285) führt er aus, dass die Leerstellen „durch die vorenthaltene Beziehung zur Entautomatisierung der habituellen Erwartungen des Lesers bei(tragen), denn dieser muß einen formulierten Text noch einmal für sich formulieren, um ihn aufnehmen zu können". Iser wendet das Leerstellen-Konzept auch auf Dialogsituationen im Roman an, die von Mißverständnissen geprägt sind. Seine Bemerkungen lassen sich streckenweise auch als Kommentar zu Passagen aus Joh 8 lesen: „Die Leerstellen der einzelnen Äußerungen unterbrechen die Dialogerwartung insofern, als nicht die Äußerungen, sondern das in ihr Ausgesparte den Bezugspunkt bildet. So wächst im Dialog die Unvorhersagbarkeit des Gesagten, was sich in der steigenden Ungeheuerlichkeit der Vorstellungen niederschlägt, die die Figuren voneinander haben" (300).

In einzelnen Interpretationen innerhalb der Forschungsgeschichte findet sich immer wieder ein solcher Umgang mit den fehlenden Prädikaten der ἐγώ εἰμι-Formulierungen[24] – allerdings ohne dass die Vorgehensweise konzeptionell reflektiert würde. Auch wenn das Konzept der „Leerstellen" ein modernes ist, so ist seine Umsetzung dennoch schon in der Antike zu finden. Als Beispiel sei hier noch einmal Origenes zitiert, der bei seiner Interpretation von Joh 13,19 in diesem Sinne vorgeht:

> Ἀπ' ἄρτι λέγω ὑμῖν πρὸ τοῦ γενέσθαι, ἵνα πιστεύσητε ὅταν γένηται ὅτι ἐγώ εἰμι. Τὴν ἀναφορὰν ἡ λέξις αὕτη ἔχει ἐπὶ τὸ προειρημένον τὸ "Οὐ περὶ πάντων ὑμῶν λέγω· ἐγὼ οἶδα τίνας ἐξελεξάμην· ἀλλ' ἵνα ἡ γραφὴ πληρωθῇ· Ὁ τρώγων μετ' ἐμοῦ τὸν ἄρτον ἐπῆρεν ἐπ' ἐμὲ τὴν πτέρναν αὐτοῦ"· τοῦτο γὰρ τὸ ἐσόμενον, ἵνα ἡ γραφὴ πληρωθῇ περὶ τοῦ ἐπαίροντος ἐπ' ἐμὲ τὴν πτέρναν αὐτοῦ, ὅς ἐστι τρώγων μετ' ἐμοῦ τὸν ἄρτον, ἀπ' ἄρτι λέγω ὑμῖν, καὶ λέγω πρὸ τοῦ γενέσθαι, ἵνα ἐπὰν γένηται τὸ πληρωθησόμενον τῶν προφητευθέντων ἐν τῇ γραφῇ, πιστεύσητε ὅτι ἐγώ εἰμι περὶ οὗ ταῦτα πεπροφήτευται, ἀπὸ τοῦ τρώγοντος μετ' αὐτοῦ τὸν ἄρτον ἐπάραντος τὴν ἑαυτοῦ πτέρναν κατ' αὐτοῦ[25].

Origenes ergänzt hier die ἐγώ εἰμι-Formulierung von Joh 13,19 aus dem Kontext: „Damit ihr glaubt, dass ich es bin" wird zu: „Damit ihr glaubt, dass ich derjenige bin, über den dies prophezeit wurde". Der Kontext, aus dem Origenes seine Explikation des ἐγώ εἰμι ableitet, ist der vorhergehende Vers, nämlich die Prophezeiung, die dort mit dem Schriftzitat getroffen wird.

Auch im nächsten Abschnitt seiner Kommentierung zu Joh 13,19 geht Origenes in derselben Art und Weise vor: Er stellt fest, dass die Jünger

---

[24] Vgl. z.B. Bultmann, Evangelium, 265, der 8,24 paraphrasiert: „[I]ch bin alles das, von dem ich sagte, daß ich es bin. Alle anderen ἐγώ-εἰμι-Sätze sind also gleichsam auf dieses prädikatlose ἐγώ εἰμι reduziert". In 8,28 ergänzt Bultmann den Menschensohn; zu 13,19 vgl. ebd., 365 A2; vgl. auch Thüsing, Erhöhung, 17f; Davies, Rhetoric, 84–86. – Die neugriechische paraphrasierende Übersetzung (von 1986; offiziell kirchlich anerkannt) ergänzt bei 4,25 und 13,19 ὁ Μεσσίας; bei 8,24 und 8,28 jeweils den Σωτήρ, bei 9,9 ὁ τυφλός und bei 18,5 und 18,8 ὁ Ἰησοῦς.

[25] „‚Ich sage es euch schon jetzt, bevor es geschieht, damit ihr, wenn es geschehen ist, glaubt, daß Ich es bin' (Joh 13,19). Dieser Text nimmt Bezug auf das vorher Gesagte: ‚Nicht von euch allen sage Ich dies; Ich weiß, wen Ich erwählt habe. Aber damit die Schrift erfüllt werde: Der mit mir das Brot ißt, erhob gegen Mich seine Ferse'. Dies bezieht sich nämlich auf das Zukünftige: damit die Schrift erfüllt werde über den, der gegen mich seine Ferse erhebt, der derjenige ist, der mit mir das Brot ißt. Ich sage es euch schon jetzt und ich sage es, bevor es geschieht, damit ihr glaubt, wenn die Erfüllung des in der Schrift Prophezeiten eintritt, daß Ich es bin, über den solches prophezeit ist – von dem, der mit ihm das Brot ißt und gegen ihn die Ferse erhebt". – Origenes, Johanneskommentar XXXII, 15, § 169 (SC 385, 260); Übersetzung in Anlehnung an Gögler, Origenes, 371.

bei der Fußwaschung noch nicht zum Glauben gekommen waren, dass er der Christus sei (αὐτὸς εἴη ὁ Χριστός), und meint, deswegen würde Christus „schon jetzt" zu ihnen sprechen, „damit ihr, wenn es geschieht, glaubt, dass ich der prophezeite Christus bin" ("ἵν' ὅταν γένηται πιστεύσητε ὅτι ἐγω εἰμι" ὁ προφητευθεὶς Χριστός). In diesem Falle erfolgt die Ergänzung des ἐγώ εἰμι nicht aus dem direkten Umfeld der zitierten Stelle, sondern aus dem weiteren Kontext des Evangeliums (vgl. etwa 4,25f und 20,31). Methodisch gesehen handelt es sich um dieselbe Vorgehensweise: Origenes empfindet das Fehlen eines Prädikatsnomens bei dieser Formulierung offensichtlich als „Leerstelle", die zu ergänzen ist.

– Das Konzept der „Leerstellen" macht die Annahme unnötig, dass es sich hier um „absolute" Formulierungen handelt. Damit erübrigt sich m.E. auch die These, dass das ἐγώ εἰμι vom johanneischen Jesus als Gottesname gebraucht wird – zumal auch an der Bezugsstelle, die häufig in diesem Zusammenhang herangezogen wird, nämlich in Ex 3,14, eben nicht ἐγώ εἰμι steht, sondern ἐγώ εἰμι ὁ ὤν. Das Fazit von Margaret Davies lautet in diesem Zusammenhang: "We should conclude, therefore, that the Johannine Jesus' use of the 'I am' form (...) does not assert Jesus' divinity"[26].

– Bei der Ergänzung der Leerstellen spielen die anderen Ich-bin-Worte eine nicht unerhebliche Rolle. Dies wird u.a. bei Hartwig Thyen[27] deutlich, der zwar eindeutig zwischen „absoluten" und „prädizierten" Worten unterscheidet und meint, dass „die absoluten ἐγώ-εἰμι-Worte Jesu seinen prädizierten Ich-Bin-Worten logisch voraus(gehen)", dann aber fortfährt: „Dennoch macht aber erst das Filigran des Netzes von Metaphern, das durch die Prädikate der letzteren mit ihren jeweiligen Kontexten über das gesamte Evangelium ausgespannt, und in dem die ganze Fülle des verheißenen Heils eingefangen ist, die ersteren konkret und lesbar"[28]. Das bedeutet aber, dass die Prädikationen der metaphorischen Ich-bin-Worte verwendet werden, um die anderen Vorkommen zu füllen, letztlich also genau der umgekehrte Vorgang stattfindet, als es geschehen müsste, wenn die „absoluten" Worte tatsächlich logisch primär wären. Die prädikatlosen ἐγώ εἰμι-Formulierungen erschließen sich erst im Verlauf der Lektüre, und sie tun dies auf dem Hintergrund

---

[26] Davies, Rhetoric, 87.
[27] Zu Thyens Position vgl. oben B I 1.
[28] Thyen, Licht, 45.

der prädikativen Ich-bin-Worte. Was dort ausgesagt wird, hat auch auf die anderen Formulierungen eine Ausstrahlung, die „Leerstellen" lassen sich im Zusammenhang des gesamten Evangeliums füllen. Dabei bleibt ein Spielraum der Interpretierenden, die aus dem jeweiligen näheren oder ferneren Kontext oder auch von den Prädikaten der anderen Ich-bin-Formulierungen her die Füllung der Leerstellen vornehmen können. Die Offenheit der Formulierungen zieht die Lesenden in den Interpretationsprozess hinein und eröffnet u.a. Möglichkeiten zur Verknüpfung mit den prädikativen Ich-bin-Worten.

4. *Prädikative Ich-bin-Worte und Bedingungssätze*

Bei den prädikativen ἐγώ εἰμι-Formulierungen gibt es sieben unterschiedliche Prädikationen (Brot, Licht, Tür, Hirte, Auferstehung, Weg, Weinstock); bezieht man die Doppelungen mit ein, so handelt es sich insgesamt um dreizehn Stellen, die in sechs verschiedenen Textzusammenhängen (in Joh 6; 8; 10; 11; 14 und 15) zu finden sind. Der Aufbau dieser Ich-bin-Worte im engeren Sinne weist eine feste Struktur auf[29], die jeweils unterschiedlich gefüllt wird: Auf das ἐγώ εἰμι folgt zuerst ein bestimmter Artikel, dann eine Prädikation, drittens eine Näherbestimmung dieser Prädikation und viertens ein längerer Nachsatz, den ich als Bedingungssatz bezeichnen möchte, weil in ihm eine Heilszusage an ein bestimmtes menschliches Verhalten gebunden wird[30]. Der sprach-

---

[29] Vgl. auch Cebulj, Ich bin es, 126, der ein „festes Schema" der prädikativen Ich-bin-Worte annimmt.

[30] Ich knüpfe hier an die Ausführungen von Becker, Evangelium, 208f, an, der ausgehend von den Belegen in 6,35; 8,12; 11,25f; 14,6, folgendes konstatiert: „Von der Form her zeigen diese vier Belege formale und sachliche Geschlossenheit bei zweiteiligem Aufbau (...). a) Eingangs steht die Selbstprädikation, bestehend aus zwei Elementen, dem ‚Ich bin' und der soteriologischen Funktionsangabe als Bildwort oder Heilsbegriff, jeweils mit bestimmtem Artikel (...) b) Es folgt der jeweils sich daraus ergebende Ruf zur Entscheidung, wobei dann die Einladung (etwa als konditionales Partizip) und die Heilszusicherung, die immer auf die Gabe ewigen Lebens zuläuft, zu erkennen sind. (...) Meistens ist der Ruf zur Entscheidung erheblich ausführlicher formuliert als die Selbstprädikation. So erhält er als soteriologische Explikation den Hauptakzent. Dieser Aufbau ist keine Schöpfung der joh[anneischen] Gemeinde. Solche soteriologische Redeform kennt die Weisheitsliteratur, wenn die von Gott gesandte einladende Weisheit auftritt (...), und die gnostische Literatur im Rahmen ihrer Gesandtenthematik". – Auf die Parallelen in der Weisheits- und anderer Literatur werde ich im Zusammenhang mit den Einzelauslegungen der entsprechenden Textstellen eingehen. Beckers ‚Ruf zur Entscheidung' scheint mir zu deutlich schon eine Bultmannsche *Interpretation* der Texte vorauszusetzen, weshalb ich oben versuche, mich mit der Benennung als ‚Bedingungssätze' an den sprachlichen Formen zu orientieren, um nicht die inhaltliche Interpretation vorwegzunehmen.

liche Ausdruck dieser Bedingungssätze variiert, das logische Schema bleibt dabei konstant und lässt sich als: „wer x tut, bekommt auch y" abstrahieren. Sprachlich wird dies oft durch ein substantiviertes Partizip ausgedrückt (so 6,35; 8,12), zu dem gelegentlich noch ein πᾶς hinzutritt (so 11,25f), es begegnen aber auch mit ἐάν eingeleitete Nebensätze (so z.B. 6,51) oder verneinte Aussagen (so 14,6).

In keinem der oben genannten Kapitel fehlt ein solcher Bedingungssatz, allerdings ist er nicht bei jedem einzelnen Beleg zu finden: In jenen Textzusammenhängen, wo die Sätze im Kontext (oft mit kleinen Variationen) wiederholt werden, wird der Bedingungssatz nicht unbedingt ebenfalls genannt. Das gilt für die Kapitel 6 und 10, wobei im Zusammenhang der Brotprädikation in Kapitel 6 der Diskussionscharakter des Abschnitts dazu führt, dass nicht jedesmal die vollständige Struktur von 6,35 wiederholt wird (vgl. 6,41.48). In Kapitel 10 lassen sich Bedingungssätze bemerkenswerterweise zwar im Zusammenhang mit der Tür, nicht aber mit dem Hirten finden. Im Einzelnen ergeben sich folgende Ausformulierungen und Variationen der Grundstruktur (aufgeführt habe ich alle dreizehn relevanten Stellen):

	Artikel	Prädikat	Näherbestimmung	Bedingungssatz
6,35	ὁ	ἄρτος	τῆς ζωῆς	ὁ ἐρχόμενος πρὸς ἐμὲ οὐ μὴ πεινάσῃ, καὶ ὁ πιστεύων εἰς ἐμὲ οὐ μὴ διψήσει πώποτε
6,41	ὁ	ἄρτος	ὁ καταβὰς ἐκ τοῦ οὐρανοῦ	–
6,48	ὁ	ἄρτος	τῆς ζωῆς	—[31]
6,51	ὁ	ἄρτος	ὁ ζῶν ὁ ἐκ τοῦ οὐρανοῦ καταβάς	ἐάν τις φάγῃ ἐκ τούτου τοῦ ἄρτου ζήσει εἰς τὸν αἰῶνα

---

[31] Hier ließe sich vielleicht noch der übernächste Satz anführen, wenn es 6,50 heißt: οὗτός ἐστιν ὁ ἄρτος ὁ ἐκ τοῦ οὐρανοῦ καταβαίνων, ἵνα τις ἐξ αὐτοῦ φάγῃ καὶ μὴ ἀποθάνῃ.

	Artikel	Prädikat	Näherbestimmung	Bedingungssatz
8,12	τὸ	φῶς	τοῦ κόσμου	ὁ ἀκολουθῶν ἐμοὶ οὐ μὴ περιπατήσῃ ἐν τῇ σκοτίᾳ, ἀλλ' ἕξει τὸ φῶς τῆς ζωῆς
10,7	ἡ	θύρα	τῶν προβάτων	–
10,9	ἡ	θύρα	–	δι' ἐμοῦ ἐάν τις εἰσέλθῃ σωθήσεται καὶ εἰσελεύσεται καὶ ἐξελεύσεται καὶ νομὴν εὑρήσει
10,11	ὁ	ποιμήν	ὁ καλός	–
10,14	ὁ	ποιμήν	ὁ καλός	–
11,25f	ἡ	ἀνάστασις	καὶ ἡ ζωή	ὁ πιστεύων εἰς ἐμὲ κἂν ἀποθάνῃ ζήσεται, καὶ πᾶς ὁ ζῶν καὶ πιστεύων εἰς ἐμὲ οὐ μὴ ἀποθάνῃ εἰς τὸν αἰῶνα·
14,6	ἡ	ὁδός	καὶ ἡ ἀλήθεια καὶ ἡ ζωή	οὐδεὶς ἔρχεται πρὸς τὸν πατέρα εἰ μὴ δι' ἐμοῦ
15,1f	ἡ	ἄμπελος	ἡ ἀληθινή	πᾶν κλῆμα ἐν ἐμοὶ μὴ φέρον καρπὸν αἴρει αὐτό, καὶ πᾶν τὸ καρπὸν φέρον καθαίρει αὐτό, ἵνα καρπὸν πλείονα φέρῃ.
15,5	ἡ	ἄμπελος	–	ὁ μένων ἐν ἐμοὶ κἀγὼ ἐν αὐτῷ οὗτος φέρει καρπὸν πολύν

Auslassungen bestimmter Elemente erklären sich durch Variation bei Wiederholungen im selben Kontext; bei jenen Prädikationen, die nur ein einziges Mal vorkommen (Licht, Auferstehung und Weg), sind jeweils alle Elemente vorhanden. Auffällig bleibt die Tatsache, dass sich im Zusammenhang mit dem Hirten kein den anderen vergleichbarer

Bedingungssatz findet. Was auf die beiden Selbstprädikationen Jesu als Hirten vielmehr folgt, sind Näherbestimmungen des Hirten, in denen es einmal darum geht, dass der gute Hirte sein Leben für die Schafe gibt (ὁ ποιμὴν ὁ καλὸς τὴν ψυχὴν αὐτοῦ τίθησιν ὑπὲρ τῶν προβάτων, 10,11), und das andere Mal das gegenseitige (Er-)kennen thematisiert wird (10,14f), bevor dann noch einmal die Hingabe des Lebens – diesmal explizit des Lebens Jesu – benannt wird (τὴν ψυχήν μου τίθημι ὑπὲρ τῶν προβάτων, 10,15). An dieser Stelle wird also nicht – wie in den anderen Fällen – der menschliche Lebenszugewinn ins Zentrum des auf ein Ich-bin-Wort folgenden Satzes gestellt, sondern der Lebens*verlust* Jesu. Kaum zufällig scheint mir dabei zu sein, dass sich dieses Ich-bin-Wort – betrachtet man die Abfolge der Prädikationen im Evangelium – als viertes von sieben im Zentrum aller anderen befindet[32]. Der johanneische Jesus steht mithin nicht nur als Subjekt im Zentrum jedes einzelnen Ich-bin-Wortes, sondern wird durch die Abfolge und Struktur noch einmal insgesamt in die Mitte aller Aussagen gerückt.

Bei einem Vergleich der Bedingungssätze untereinander ist weiterhin auffällig, dass es neben den häufigeren positiv und einladend formulierten Aussagen auch solche in einer negativen Form gibt. Ausschließlich positive Formulierungen finden sich im Zusammenhang mit dem Brot, dem Licht, der Tür und der Auferstehung, positive und negative Nachsätze begegnen beim Weinstock (gibt es hier doch auch Zweige, die abgeschnitten werden), ausschließlich negativ jedoch ist die Formulierung nur in einem einzigen Falle, nämlich bei dem Weg, wo es heißt: „Niemand kommt zum Vater, wenn nicht durch mich" (14,6). Bei der Interpretation dieses Satzes ist darauf zu achten, diese Besonderheit für die Auslegung des Textes ausreichend zu betonen und nicht aus dem Auge zu verlieren, dass es sich eben um eine *Besonderheit* handelt[33]. Festzuhalten bleibt an dieser Stelle jedoch der überwiegend positive und einladende Charakter der Nachsätze zu den Ich-bin-Worten.

Die feste Struktur der prädikativen Ich-bin-Worte lässt sich auch daran ermessen, dass es nicht schwer fällt, diese Struktur nachzuahmen. Es ist deswegen möglich, Sätze zu erfinden, die zwar nicht im Johannesevan-

---

[32] Gleichzeitig handelt es sich hier um die einzige Prädikation, die auch ohne die Übertragung auf eine Person an sich schon aus dem menschlichen Bereich stammt, während die anderen Prädikationen außerhalb des Menschen liegende Dinge, Sachen oder Vorgänge bezeichnen.

[33] Vgl. dazu unten den Epilog (F).

gelium stehen, dort aber stehen *könnten*. Als Beispiel möchte ich hier zwei erfundene „Ich-bin-Worte" vorstellen, in denen die aufgeführte Struktur in anderer Weise gefüllt ist. Im vierten Kapitel könnte z.B. Folgendes stehen: ἐγώ εἰμι τὸ ὕδωρ τὸ ζῶν· ὁ πίνων ἐκ τοῦ ὕδατός μου οὐ μὴ διψήσει πώποτε, καὶ πᾶς ὁ πιστεύων εἰς ἐμὲ ἔχει πηγὴν εἰς ζωὴν αἰώνιον[34]. Und zur Kana-Episode im zweiten Kapitel wäre als Ich-bin-Wort denkbar: ἐγώ εἰμι ὁ οἶνος ὁ καλός· ὁ πίνων τοῦτον τὸν οἶνον ἐν ἐμοὶ μένει κἀγὼ ἐν αὐτῷ. Die Möglichkeit der Nachahmung belegt die Existenz einer festen formalen Struktur; was bei den prädikativen Ich-bin-Worten und ihren Bedingungssätzen funktioniert (wie gut, mögen meine LeserInnen beurteilen), gelingt im Bezug auf die anderen johanneischen ἐγώ εἰμι-Formulierungen nicht. Dies zeigt – und lediglich darum soll es bei den „Fortschreibungen" gehen –, dass die prädikativen Ich-bin-Worte eine formal zusammengehörige Gruppe mit fester Struktur innerhalb des Gesamtevangeliums sind. Deshalb ist es sinnvoll, für die Interpretation bei eben diesen Worten einzusetzen. Dies soll im Folgenden geschehen, wobei ich mich zuerst der Frage nach dem sprachlichen Charakter der Worte mit ihren Prädikationen zuwenden möchte, bevor ich mich dann in einem weiteren Schritt mit der intertextuellen Vernetzung der Ich-bin-Worte befasse.

---

[34] Nachdem ich diese Formulierung „erfunden" hatte, bin ich bei Wead, Devices, 87, im Zusammenhang seiner Ausführungen zu Joh 4 auf folgende Formulierung gestoßen: "The discourse is based upon the unexpressed metaphor: ἐγώ εἰμι τὸ ὕδωρ τὸ ζῶν".

II. Die Ich-bin-Worte als Metaphern

ἔστι δὲ ὁ Χριστός, φῶς τυγχάνων κόσμου, φῶς ἀληθινὸν πρὸς ἀντιδιαστολὴν αἰσθητοῦ, οὐδενὸς αἰσθητοῦ ὄντος ἀληθινοῦ. ἀλλ' οὐχὶ ἐπεὶ οὐκ ἀληθινὸν τὸ αἰσθητόν, ψεῦδος τὸ αἰσθητόν· δύναται γὰρ ἀναλογίαν ἔχειν τὸ αἰσθητὸν πρὸς τὸ νοητόν, οὐ μὴν τὸ ψεῦδος ὑγιῶς παντὸς κατηγορεῖσθαι τοῦ οὐκ ἀληθινοῦ[1].

φῶς δὲ ἀληθινὸν οὐ πρὸς ἀντιδιαστολὴν ψεύδους ἀλλὰ πρὸς διαφορὰν εἰκονικοῦ εἴρηται. ἡ γὰρ ἀλήθεια καὶ τὸ ἀληθὲς ὁτὲ μὲν τῷ ψεύδει καὶ τῇ ἀπάτῃ, ὁτὲ δὲ εἰκόνι καὶ μιμήματι ἀντιδιαστέλλεται. δυνατὸν δὲ λαβεῖν εἰκονικὸν φῶς τὸ αἰσθητόν, καὶ μάλιστα τὸν ἥλιον, ἀληθινὸν δὲ φῶς τὸ νοητόν· μᾶλλον δὲ τὸ τῶν νοητῶν φωτιστικόν, τῶν ἁγίων δυνάμεων[2].

Entscheidend bei der Überlegung, ob und in welcher Weise es sich bei den Ich-bin-Worten um Metaphern handelt, ist die inhaltliche Bestimmung dessen, was gemeint sein soll, wenn von „Metapher" die Rede ist, und wie sich die Metapher zu verwandten sprachlichen Phänomenen wie Vergleich, Metonymie, Synekdoche, Symbol, Analogie, Gleichnis, Allegorie u.a. verhält. Wenn etwa Schweizer in seiner Monographie über die Ich-bin-Worte feststellt, die Bildreden seien „weder Gleichnis, noch Allegorie noch Symbolrede, sondern eine in ihrem entscheidenden Satz ‚eigentlich' zu verstehende Rede"[3], ist diese Aussage nur auf dem Hintergrund der zu Schweizers Zeiten üblichen Ausdrucksweise hinsichtlich der von ihm gebrauchten Begriffe verstehbar. Ähnliches gilt auch für die oben zitierten Passagen von Origenes – und seine Art, von „Analogie" zu reden –, die sich ohne einen platonischen Hintergrund

---

[1] „Christus, das Licht der Welt, ist das ‚*wahre* Licht', im Unterschied zum sinnenhaften Licht. Denn nichts, was sinnenhaft ist, ist ‚wahr'. Aber wenn auch das sinnlich Wahrnehmbare nicht ‚wahr' ist, so ist es doch nicht Lüge. Denn es kann das Sinnenhafte eine Analogie zum Geistigen hin haben und es kann ganz gewiss nicht alles, was nicht wahr ist, korrekterweise als lügnerisch eingestuft werden". – Origenes, Johanneskommentar I, 26, §167 (SC 120, 142–144); Übersetzung nach Gögler, Origenes, 122; den letzten Satz, der bei Gögler nur zum Teil übersetzt ist, habe ich vervollständigt.

[2] „Wahres Licht ist hier nicht gesagt im Gegensatz zu falschem, sondern im Unterschied zu abbildlichem Licht. Denn die Wahrheit und das Wahre wird bisweilen der Lüge und dem Trug, bisweilen aber auch dem Bild und der Nachahmung gegenübergestellt. Man kann das sinnenhafte Licht als ein abbildliches auffassen, besonders die Sonne; das geistige [Licht] aber, vor allem das Erhellende des geistig Erkennbaren und der heiligen Wirkkräfte, als wahres Licht". – Origenes, Johanneskommentar, Fragment 6 (GCS 10, 488); Übersetzung nach Gögler, Origenes, 123.

[3] Schweizer, Ego eimi, 167; vgl. 117 u.ö. Die Erstveröffentlichung dieses Buches erfolgte 1939; in der zweiten Auflage von 1965 sind die entsprechenden Passagen nicht verändert und im neu hinzugefügten Vorwort wiederholt und bekräftigt Schweizer seine These von der „eigentlichen Rede" (S. VIII).

kaum begreifen lassen. Aus diesem Grunde ist es nötig, etwas weiter auszuholen und einen Blick auf einige Aspekte aus der Geschichte der Metapherntheorie zu werfen[4], bevor sich diese Ansätze für die Ich-bin-Worte fruchtbar machen lassen. Inwiefern ich es für produktiv halte, die Ich-bin-Worte als Metaphern zu begreifen[5], wird – so hoffe ich – im Verlaufe der Überlegungen deutlich werden.

1. *Aristoteles und die neuere Metapherntheorie*

Der Ausgangs- und Bezugspunkt aller Metapherntheorie liegt bei Aristoteles, auf dessen Aussagen über Metaphern und verwandte sprachliche Formen auch in der modernen Diskussion immer wieder zurückgegriffen wird, wobei sich jedoch auch Tendenzen zur Abgrenzung in einigen Punkten beobachten lassen. Aristoteles klassifiziert die Metapher als rhetorisches Phänomen, das dem Schmuck der Sprache dient; er grenzt sie von eigentlicher, d.h. herrschender und allgemeingebräuchlicher Redeweise (ὄνομα κύριον bzw. τὸ οἰκεῖον ὄνομα) ab, und versteht sie somit als sprachlichen Luxus[6]. Dabei definiert er die Metapher als Übertragung einer Bezeichnung von einem Bereich auf einen anderen: Μεταφορὰ δέ ἐστιν ὀνόματος ἀλλοτρίου ἐπιφορὰ ἢ ἀπὸ τοῦ γένους ἐπὶ εἶδος, ἢ ἀπὸ τοῦ εἴδους ἐπὶ τὸ γένος, ἢ ἀπὸ τοῦ εἴδους ἐπὶ εἶδος, ἢ κατὰ τὸ ἀνάλογον[7]. Die unterschiedlichen Übertragungsarten werden mit Beispielen illustriert, dabei beruht die letztgenannte

---

[4] Intendiert ist dabei keine umfassende Behandlung aller Aspekte der neueren Theoriediskussion (vgl. hierzu etwa Zimmermann, Metapherntheorie, passim; Ders. Paradigmen, 7–18), sondern lediglich eine anwendungsorientierte Darstellung im Hinblick auf die johanneischen Ich-bin-Worte.

[5] In der neueren Sekundärliteratur zu den Ich-bin-Worten wird die Frage nach ihrer Metaphorizität nur selten ausführlicher behandelt, da sich ein Interpretationszugang über die „absoluten" Ich-bin-Worte, wie er die neuere Forschung dominiert, gegenläufig zu dieser Fragerichtung verhält. Anders sieht es in der älteren Literatur aus (vgl. vor allem Schweizer) sowie in solchen Veröffentlichungen, die sich nicht primär mit den Ich-bin-Worten, sondern mit Sprache, Rhetorik, Rezeption oder allgemein der Bildwelt des Johannesevangeliums befassen: hier spielen die Ich-bin-Worte als Metaphern durchaus eine Rolle; vgl. z.B. Wead, Devices, 74–94; Davies, Rhetorik, 114–118.197–208; Groot, Ikonen, 20.236–241; Kysar, Metaphor, passim; Frey, Bild, passim; Zimmermann, Größeres, 94.97f; Ders., Christologie, 82.121–136.304f.408.

[6] Vgl. Aristoteles, Poetik 1458 a18–b5; Rhetorik III, 1404 b26–1405 b21. – Für eine ausführlichere Darstellung der aristotelischen Metapherntheorie, als sie hier notwendig und sinnvoll erscheint, vgl. Jüngel, Wahrheit, 86–98.

[7] Aristoteles, Poetik, 1457 b6–9; die Übersetzung von Fuhrmann, Poetik, 67, lautet: „Eine Metapher ist die Übertragung eines Wortes (das somit in uneigentlicher Bedeutung verwendet wird), und zwar entweder von der Gattung auf die Art oder von der Art auf die Gattung, oder von einer Art auf eine andere, oder nach den Regeln der Analogie".

Übertragungsweise auf der Analogie als einer solchen Beziehung, in der sich die zweite Größe zur ersten verhält wie die vierte zur dritten und deshalb die zweite und vierte austauschbar sind[8]. Als Beispiel führt Aristoteles an, dass sich das Alter zum Leben verhalte wie der Abend zum Tag, weshalb der Abend „Alter des Tages" oder das Alter „Abend des Lebens" oder „Sonnenuntergang des Lebens" genannt werden könne[9]. Diese Art der Metapher ist die von Aristoteles bevorzugte[10] und gleichzeitig auch diejenige Art, die in der späteren Theorie allein als Metapher bezeichnet wird, während für die anderen von Aristoteles genannten Übertragungsmöglichkeiten andere Begriffe – wie etwa Metonymie oder Synekdoche – gewählt werden[11]. Diese differierende Begriffsbestimmung ist einer der Aspekte, wo sich eine Verschiebung innerhalb der neueren Diskussion zeigt, zwei weitere Aspekte sind der Status der Metapher als Luxus der Sprache (hier verschiebt sich die Diskussion von der Rhetorik in die Sprachphilosophie) und die Bestimmung des Umfangs eines metaphorischen Ausdrucks (hier wird die Metapher nicht mehr als substituiertes Wort verstanden, sondern der ganze Satz als Metapher begriffen und über das Verhältnis von diesem Satz und narratio reflektiert)[12]. Diesen drei Verschiebungen innerhalb der Metapherndiskussion will ich mich im Folgenden zuwenden, wobei ich jeweils darauf eingehen werde, inwiefern sie zum Verständnis der johanneischen Ich-bin-Worte etwas beizutragen haben. Beginnen möchte ich mit der Frage nach dem sprachlichen Status der Metapher, da es sich hier m.E. um die grundlegendste Neuorientierung innerhalb der Theoriediskussion handelt.

2. *Sinnstiftung durch Metaphern*

Aristoteles führt im Kontext der oben erwähnten Beispiele eines an, bei dem es nicht um die Ersetzung eines sprachlichen Ausdrucks geht

---

[8] Vgl. Aristoteles, Poetik, 1457 b16–19 (τὸ δὲ ἀνάλογον λέγω, ὅταν ὁμοίως ἔχῃ τὸ δεύτερον πρὸς τὸ πρῶτον καὶ τὸ τέταρτον πρὸς τὸ τρίτον· ἐρεῖ γὰρ ἀντὶ τοῦ δευτέρου τὸ τέταρτον ἢ ἀντὶ τοῦ τετάρτου τὸ δεύτερον).
[9] Vgl. Aristoteles, Poetik, 1457 b22–25.
[10] Vgl. Aristoteles, Rhetorik III, 1411 a1–2.
[11] Vgl. Jüngel, Wahrheit, 90: „Die Übertragung gemäß dem Entsprechenden hat in der späteren rhetorischen Tradition die Bezeichnung ‚Metapher' exklusiv auf sich gezogen".
[12] Zur Neuartikulation der Funktionsweise von Metaphern im Gegenüber zur antiken Rhetorik vgl. Ricoeur, Stellung, 46–48, der besonders die Abkehr von Substitutionstheorie und rhetorischer Ausschmückung betont. – Zur Darstellung der Metapherntheorie Ricoeurs vgl. u.a. Gisel, Ricoeur, passim; Fodor, Hermeneutics, 147–182.

(wie etwa beim „Lebensabend"), sondern um die Behebung eines sprachlichen Defizits: In manchen Fällen – so Aristoteles – fehlt eine der Bezeichnungen, auf denen die Analogie beruht, trotzdem wird aber in gleicher Weise (ὁμοίως) verfahren: Das Ausstreuen von Frucht heißt „säen" (σπείρειν), für den von der Sonne ausgehenden Glanz aber fehlt ein analoger Ausdruck (τὸ δὲ τὴν φλόγα ἀπὸ τοῦ ἡλίου ἀνώνυμον); da sich nun aber dieser namenlose Vorgang ähnlich zur Sonne verhalte wie das Säen zum Samen kann gesagt werden: „Säend die gottgeschaffene Flamme" (σπείρων θεοκτίσταν φλόγα)[13]. Während die Metapher also eigentlich bloß ein sprachlicher Luxus sein sollte, so zeigt sich doch schon bei Aristoteles[14], dass sie in manchen Fällen eine sprachliche Notwendigkeit darstellt: dann nämlich, wenn der metaphorische Ausdruck etwas auf andere Weise nicht Sagbares formuliert. Diese sprachliche Operation, die später Katachrese genannt wird, ist nun aber – nach Jüngel – geeignet, „die ganze traditionelle Metapherntheorie in Frage zu stellen"[15]. Jüngel geht davon aus, dass auch die als übliche Bezeichnungen in die Sprache aufgenommenen Worte ursprünglich zu einem großen Teil katachretische Metaphern waren, die er als „ausgesprochene Entdeckungen" des Menschen beschreibt und als Verweis auf das grundlegend „metaphorische Wesen der Sprache" liest[16]. Nicht Schmuck und Ersetzung also sind es, was Metaphern für die Sprache ausmachen, sondern es handelt sich um einen grundlegenden und elementaren sprachlichen Vorgang, durch den vorher nicht Benennbares eine Bezeichnung erhält und Neues gesehen werden kann, indem Verbindungen hergestellt werden, die vorher nicht vor Augen lagen. Mit dieser Einsicht aber wird der Substitutionstheorie

---

[13] Aristoteles, Poetik, 1457 b25–30. Für das von Aristoteles zitierte Beispiel ist die Quelle nicht bekannt. – Das Bewusstsein dafür, dass Metaphern dazu verwendet werden, um sprachliche Mängel zu beheben, findet sich auch bei Cicero. Vgl. de oratore III, 155–156: Ergo haec translationes quasi mutationes sunt, cum quod non habeas aliunde sumas. (So sind die Übertragungen gleichsam Anleihen, da man etwas, das man nicht hat, anderswoher nimmt; Übers. Merklin).

[14] Insofern ist Aristoteles, wie Zimmermann, Metapherntheorie, 117, feststellt, „zu Unrecht zum Gewährsmann der Subsitutionstheorie abgestempelt" worden. Verantwortlich für eine solche Lesart ist wohl weniger Aristoteles als seine einseitige Rezeption.

[15] Jüngel, Wahrheit, 100. Zur hier aufgenommenen Argumentation vgl. dort 100–105.

[16] Jüngel, Wahrheit, 104 bzw. 105; vgl. Schwankl, Licht, 18f. – Auch Sellin, Allegorie, 334 A171, redet vom „grundsätzlich metaphorischen Charakter der Sprache", und Reinmuth, Hermeneutik, 60, stellt fest: „Der Sprache selbst eignet ein metaphorischer Grundzug, und gerade darin liegt ihre Schöpferkraft, ihre Originalität, ihr nicht versiegendes Erzeugen von Bedeutungen".

der Boden entzogen. Dementsprechend lässt sich als Gemeinsamkeit neuerer Metapherntheorien die „Betonung der Unübersetzbarkeit der Metapher" festhalten[17]: Vereinfachend gesagt: Wo nichts ersetzt wird, lässt sich auch keine Ersetzung rückgängig machen. Damit steht im Hintergrund der sogenannten Wiederentdeckung der Metapher „eine grundsätzliche Abkehr" von einer Metapherndefinition, „die sie als lediglich ausschmückende Rede und als gekürzten Vergleich interpretierte und sie somit ins zweite Glied sprachlicher Ausdrucksweisen abschob. Ihre Interpretation als kreatives Sprachmittel bereitete dieser Marginalisierung ein Ende"[18].

Jedoch bleibt zu bedenken, dass auch der Kreativität Grenzen gesetzt sind: Der metaphorische Sprachgebrauch ist nicht beliebig, sondern an erkennbare und nachvollziehbare Ähnlichkeiten gebunden[19]; hier behält also Aristoteles Rede von der „Analogie" ihre Gültigkeit[20].

Das Verständnis der Metapher als kreativ und damit die Betonung ihrer sinnstiftenden Dimension[21] ist zunächst nur eine Beschreibung

---

[17] So Bernhardt / Link-Wieczorek, Einleitung, 13. Dies lässt sich dann auch an den einzelnen Beiträgen des Sammelbandes deutlich erkennen.

[18] Hailer, Metapher, 42.

[19] Vgl. Schwankl, Licht, 34: „Zwischen den beiden Größen, die in der Metapher zusammengespannt werden, muß bei aller Disparität eine Gemeinsamkeit bestehen (...). Metaphorisch kann eine Aussage nur genannt werden, wenn ihre Widersprüchlichkeit, ihre Abweichung von der Normalsprache noch diesseits der völligen Absurdität verbleibt, der Selbstwiderspruch also noch sinnvoll aufgelöst werden kann. Damit verbietet sich eine willkürliche Kombination von Objekten verschiedener Sphären. Ihre metaphorische Verknüpfung setzt vielmehr eine substanzielle oder stukturelle Ähnlichkeit voraus. Ohne dieses *fundamentum in re* würde die Sprache ihre Funktion der Mitteilung einbüßen und als System der Verständigung zusammenbrechen".

[20] Vgl. Lakoff / Johnson, Metaphors, 5: "The essence of metaphor is understanding and experiencing one kind of thing in terms of another".

[21] Vgl. Ricoeur, Stellung, 45f: „Die Metapher ist viel mehr als eine Stilfigur, sie bringt eine semantische Neuerung mit sich; durch sie kommen neue Bedeutungen in die Rede; kurz, sie legt Zeugnis ab von der schöpferischen Kraft der Rede. (...) Dieses Vermögen der Metapher nenne ich ihre dichterische Funktion im Gegensatz zu ihrer bloß rhetorischen Funktion. Es geht also um ihr Vermögen, in der Rede sinnstiftend zu wirken, Erfahrungs- und Wirkichkeitsbereiche zur Sprache zu bringen, die danach verlangen, gesagt zu werden". Weinrich, Semantik, 331, betont, dass Metaphern nicht „reale oder vorgedachte Gemeinsamkeiten abbilden, sondern daß sie ihre Analogien erst stiften, ihre Korrespondenzen erst schaffen und somit demiurgische Werkzeuge sind"; vgl. auch Haverkamp, Einleitung, 18; Ricoeur, Metapher, 366.374f; Kjärgaard, Metaphern, 251f; Black, Metapher, 68. Black, Mehr über die Metapher, 404–409, setzt sich mit der s.E. nicht weiterbringenden Alternative auseinander, ob Metaphern bereits existierende Ähnlichkeiten abbilden oder die Ähnlichkeiten erst herstellen. Er möchte festhalten, „daß manche Metaphern uns in die Lage versetzen, bestimmte Aspekte der Wirklichkeit zu sehen, zu deren Konstitution die Herstellung der Metapher beiträgt" (ebd., 409). – Im Sinne dieser Aussage möchte auch ich keinen sich ausschließenden

ihrer Funktionsweise und noch keine Definition. Die zu dem genannten Erkenntnisfortschritt in der Metapherntheorie gehörende Definition geht davon aus, dass es sich bei der vorgenommenen sprachlichen Operation statt um ausschmückende *Substitution* vielmehr um sinnerzeugende *Neukombination* handelt. Ricoeur beschreibt es folgendermaßen: „Die Metapher scheint also eine Bearbeitung der Sprache zu sein, die darin besteht, den logischen Subjekten Prädikate zuzuschreiben, die nicht zu ihnen passen. Von daher müssen wir verstehen, daß die Metapher, bevor sie eine abweichende Benennung ist, eine bizarre Prädikation ist, eine Zuschreibung, die die Konsistenz oder – wie man es genannt hat – die semantische Angemessenheit des Ausdrucks zerstört, wie sie durch die gewöhnlichen (d.h. die im Lexikon aufgeführten) Bedeutungen der vorliegenden Termini geschaffen wird"[22].

Hier lässt sich eine erste Verbindung zu den Ich-bin-Worten herstellen. Deutlich ist, dass die johanneischen Sätze anders und komplexer funktionieren als jene Beispiele, mit denen Aristoteles die Substitutionstheorie erläutert, denn was sollte wohl der „eigentliche" Begriff sein, der durch „Brot des Lebens", „Licht der Welt" oder den „wahren Weinstock" ersetzt worden wäre?[23] Während ein Verständnis der Metapher als Substitution im Hinblick auf die Ich-bin-Worte also lediglich Ratlosigkeit hervorzubringen vermag, so lassen sie sich durchaus als „bizarre Prädikationen" beschreiben: die in den Ich-bin-Worten vorgenommenen Kombinationen von Jesus mit Ausdrücken wie „Brot" oder „Weinstock" stören und irritieren semantische Gewohnheiten. Dabei ist noch ein weiterer Aspekt in Betracht zu ziehen. Im Sinne des oben Ausgeführten haben Metaphern eine Geschichte innerhalb der sprachlichen

---

Gegensatz zwischen Abbildung von Existierendem und kreativer neuer Sicht annehmen; vgl. auch Zimmermann, Metapherntheorie, 116.

[22] Ricoeur, Erzählung, 240; vgl. Ders., Stellung, 52f: „Die Metapher ist nichts anderes als das Aufkleben eines bekannten Etiketts mit einer bestimmten Vergangenheit auf einen neuen Gegenstand, der sich dieser Übertragung erst widersetzt, dann nachgibt". Vgl. auch Weinrich, Semantik, 330, der die Metapher als „widerprüchliche Prädikation" definiert; sowie Zimmermann, Einführung, 31f.

[23] Dieselbe Frage stellt sich auch Schweizer, Ego eimi, 116. Da er die Metapher aber unter Bezugnahme auf Jülicher als Ersetzung oder Maskierung versteht (vgl. ebd., 113), kommt er nicht umhin, zu bestreiten, dass es sich bei den Ich-bin-Worten um Metaphern handelt; er klassifiziert sie stattdessen als „eigentliche Rede" und fasst dies als einen Gegensatz zum Metaphorischen auf. Demgegenüber wendet sich Jüngel, Wahrheit, 100f, gegen das Verständnis der Metapher als „uneigentlicher" Redeweise (vgl. dazu auch Blumenberg, Paradigmen, 288). Hier lässt sich sehen, wie die zwischenzeitlich eingetretene Verschiebung in der Metapherntheorie die Klassifizierung der Ich-bin-Worte verändern kann.

Konventionen. Was zuerst eine Entdeckung und eine neue Sichtweise darstellt, kann sich durch häufigen Gebrauch mit der Zeit abnutzen und eine alltägliche Kombination werden, deren bizarrer Charakter kaum mehr wahrnehmbar ist[24]. So hat etwa der von Aristoteles angeführte Ausdruck „Lebensabend" im Laufe der Zeit einen so hohen Grad von sprachlicher Normalität erhalten, dass sein metaphorischer Ursprung im alltäglichen Gebrauch kaum noch bewusst sein dürfte. Ähnliches ließe sich etwa auch für „Tischbein" oder „Glühbirne" sagen, wo die in diesen Worten enthaltenen „bizarren" Kombinationen – und damit auch die Tatsache, dass es sich letztlich um Metaphern handelt – im Alltagsgebrauch aus dem Blickfeld verschwunden sind. Was einmal innovativ wirken konnte, schleift sich soweit ab, dass die ursprüngliche Fremdheit der Kombination zurücktritt. Analoge Abnutzungserscheinungen sind auch den Ich-bin-Worten widerfahren: Unter anderem durch ihre große Popularität, die sich z.B. in ihrer kontextlosen Verwendung auf Kirchenfenstern, Grabsteinen, Kitschpostkarten etc. dokumentiert, haben sie in der Alltagswahrnehmung ihren bizarren Charakter eingebüßt. Dieser kann aber dann wieder erinnert werden, wenn die Fremdheit bei einer analogen Bildung wahrnehmbar wird. Hier lässt sich auf Schweizer verweisen, der die „formale Einzigartigkeit" der johanneischen Formulierungen herausstellt: „Der Satz ἐγώ εἰμι ἡ ἄμπελος ἡ ἀληθινή usw. steht in dieser Prägnanz einzig da und müßte, wenn wir ihn nicht allzu gewohnt wären, Anstoß erregen. Wir können uns eigentlich nur wundern, daß dies nicht geschieht". Zur Illustration bildet er das fiktive Beispiel „Ich bin die wahre Kornähre!" und stellt fest: „Es klingt für unsere Ohren fast unannehmbar"[25]. Was sich hier absurd und ungewohnt anhört, ist strukturell nichts anderes als „Ich bin das Brot des Lebens" oder „Ich bin der wahre Weinstock" – nur hat die Gewöhnung die bizarre Kombination im Falle der Kornähre noch nicht unsichtbar werden lassen.

---

[24] Vgl. Wheelwright, Semantik, 115: „Die Sprachgeschichte bietet zahllose (...) Beispiele dafür, wie eine Metapher, die ursprünglich einen erkennbaren Vergleich und eine durch ihre Neuartigkeit belebende Synthese miteinander verband, sich allmählich in die Wohlanständigkeit des Buchstäblichen einfügt und dadurch ein Bestandteil der festen Sprache wird". – Vgl. auch Schwankl, Licht, 27f; Zimmermann, Metapherntheorie, 124.
[25] Schweizer, Ego eimi, 35f.

3. *Zur Wirkung von Metaphern*

Das Verständnis der Metapher als bizarrer Prädikation und damit das Begreifen von Metaphern als Neukombinationen und Entdeckungen hat noch eine weitere Dimension, die erwähnenswert ist. Anschaulich beschrieben wird diese Dimension von Snell, der – ausgehend von der homerischen Metapher, die einen in gefährlichen Situationen ausharrenden Menschen einen Fels nennt – folgendes ausführt: „Daß der Fels ein menschliches Verhalten deutlich macht, also ein toter Gegenstand etwas Lebendiges, beruht darauf, daß dieser tote Gegenstand anthropomorph gesehen wird: das unbewegliche Stehen der Klippe in der Brandung wird gedeutet als Ausharren, so wie der Mensch ausharrt in einer bedrohten Situation. Der Gegenstand wird also tauglich, im Gleichnis etwas zu veranschaulichen, dadurch, daß in diesen Gegenstand das hineingesehen wird, was er dann seinerseits illustriert. Dies eigentümliche Verhältnis, daß menschliches Verhalten erst deutbar wird durch etwas, das selbst erst nach diesem menschlichen Verhalten gedeutet ist, gilt auch für alle anderen homerischen Gleichnisse, ja, es gilt weit darüber hinaus bei den echten Metaphern und überhaupt überall dort, wo der Mensch etwas ‚versteht'. Es ist also schon bedenklich, wenn wir sagen, der Fels würde ‚anthropomorph' gesehen – man müßte denn hinzufügen, daß der Mensch den Felsen nur dadurch anthropomorph sehen kann, daß er sich selbst zugleich petromorph sieht, daß er nur dadurch, daß er den Felsen von sich aus interpretiert, ein eigenes Verhalten gewahr wird und den treffenden Ausdruck dafür findet"[26]. Das heißt also, dass bei der Bildung einer Metapher, bei der Zuschreibung einer bizarren Prädikation, *beide* beteiligten Bereiche von diesem Sprachvorgang berührt werden. Als Resultat der Neukombination verändert sich die Sichtweise auf den Felsen ebenso wie auch die auf den Menschen – und schließlich verändert sich nicht zuletzt die Wahrnehmung des Gesamtgefüges, zu dem sowohl Mensch wie auch Felsen gehören. Jüngel stellt fest: „Jede glückende Metapher müßte eigentlich etwas aufblitzen lassen von der Entsprechung, die die Welt im Innersten zusammenhält"[27].

---

[26] Snell, Entdeckung, 269. Vgl. insgesamt Kap. XI: „Gleichnis, Vergleich, Metapher, Analogie. Die Entwicklung vom mythischen zum logischen Denken", 258–298. – Rezipiert wird die oben zitierte Stelle u.a. von Jüngel, Wahrheit, 101f; Sellin, Allegorie, 290f.

[27] Jüngel, Wahrheit, 93. – Hier liesse sich auch Weder, Verstehen, 98, anführen, der betont, dass es um das Verstehen *durch* und nicht *von* Metaphern geht. Nach Weder hat bildhafte Sprache einen erkenntnistheoretischen Stellenwert, nicht einen didaktischen wie etwa bei Jülicher. Weder führt dies am Beispiel vom Gleichnis von den

Im Hinblick auf die Ich-bin-Worte bedeutet dies, dass es wohl eine Verengung der Perspektive wäre, sie lediglich als Aussagen über Jesus zu lesen. Nimmt man ernst, dass Metaphernbildung in zwei Richtungen neue Sichtweisen eröffnet, so müsste sich demzufolge auch die Wahrnehmung von Brot, Licht, Weinstock etc. durch ihre Neukontextualisierung innerhalb der Ich-bin-Worte verändern[28]. Interessant ist in diesem Zusammenhang, dass und wie Jüngel die Überlegungen Snells mit der Kontroverse zwischen Luther und Zwingli im Streit um das Abendmahl in Verbindung bringt. Luther bestreitet sowohl im Hinblick auf Sätze wie „Christus ist der Fels" oder „Christus ist ein Weinstock" als auch im Hinblick auf die Aussage „Das ist mein Leib", dass „die metaphorische Redeweise uneigentlich rede. Gegen Zwinglis ‚rationalistische' Interpretation, dergemäß *ist* in solchen Sätzen eigentlich *bedeutet* heiße, so daß der Kopula ein anderer ‚Sinn' zukäme, orientiert sich Luther an der *schöpferischen Kraft* metaphorischen Sprachgebrauchs und besteht deshalb darauf, das *ist* in metaphorischen Aussagen wörtlich zu nehmen. (…) Faßt man Luthers Aussagen unter hermeneutischem Gesichtspunkt zusammen, so besagen sie, daß die metaphorische Redeweise ontologische Relevanz hat, insofern durch sie ein neuer Seinszusammenhang aufgedeckt wird, der in einem Sprachgewinn begründet ist. Der neue (metaphorische) Gebrauch eines Wortes gibt diesem Wort eine neue

---

spielenden Kindern aus und kommt zu dem Schluss: „Das vorgeführte Beispiel zeigt die erkenntnistheoretische Tragweite einer Auslegung nach dem tertium comparationis beziehungsweise einer metaphorischen Interpretation. Im einen Fall wird das Bild nur insofern ausgenützt, als es die Überzeugungskraft des Gesagten erhöht. Im anderen Fall dagegen gibt das Bild zu verstehen, worauf nicht nur die Wahrheit des Bildes, sondern auch die Wahrheit dessen beruht, was präzise nur in und mit diesem Bild zur Sprache kommen kann" (ebd., 112). – Hier lässt sich noch einmal eine Verbindung herstellen zu Schweizers Aussage, dass es sich bei den Ich-bin-Worten um eigentliche Rede handelt, womit Schweizer meint, dass eine Interpretation dieser Worte über ein tertium comparationis nicht funktioniert. Da er nun aber tertium comparationis und „Metapher" zusammenordnet, lehnt er mit dem einen auch das andere ab und weicht auf den Begriff der „eigentlichen Rede" aus – um letztlich in einer anderen Begrifflichkeit dasselbe auszusagen wie Weder.

[28] An dieser Stelle lassen sich Verbindungslinien ziehen zwischen dem oben zur Metapher Ausgeführten und der platonisch geprägten Interpretation, die bei Origenes zu finden ist und die ich am Beginn des Abschnitts über Metaphern zitiert habe. Beide Sichtweisen rechnen mit der ontologischen Durchlässigkeit metaphorischer Aussagen. Der stufenweise Erkenntnisfortschritt allerdings, durch den das platonische Konzept geprägt ist, hat sicher keine Entsprechung im Johannesevangelium. Vgl. dazu Schweizer, Ego eimi, 131–135.

Bedeutung und bringt mit dieser neuen Bedeutung neues Sein zur Sprache"[29].

Metaphern sind, so ist festzuhalten, gerade keine uneigentlichen Aussagen, die das Eigentliche rhetorisch schmücken. Sie sind eigentliche Rede, die sinnstiftend wirkt und die Wahrnehmung der Wirklichkeit verändern kann. Die Prädikate der Ich-bin-Worte stehen somit nicht als Ausschmückungen für etwas eigentlich Gemeintes, das es nur herauszufinden und zu übersetzen gelte, sondern die vorliegenden Kombinationen von Jesus und den Prädikationen schaffen neue Sinnzusammenhänge, die ihre Relevanz nicht nur für die Sichtweise Jesu, sondern auch für die Wahrnehmung der prädikativen Inhalte entfalten.

An dieser Stelle lässt sich die Frage anfügen, ob und in welcher Form es sich bei den Prädikationen der Ich-bin-Worte auch um Symbole handeln könnte[30]. Um dieser Frage sinnvoll nachzugehen zu können, ist es notwendig, sich zuerst über die Abgrenzung des Begriffs Metapher von verwandten Begriffen klar zu werden.

4. *Metaphern und Verwandtes*

Der Begriff Metapher wird auf zwei Ebenen gebraucht: In einem engeren Sinne wird die Metapher verwandten sprachlichen Erscheinungen wie Metonymie, Synekdoche, Vergleich und Symbol nebengeordnet und von ihnen abgegrenzt, im weiteren Sinne als Oberbegriff für alle genannten Phänomene verwendet[31]. Entsprechendes lässt sich auch im Hinblick auf den Terminus Gleichnis konstatieren, der sowohl in Abgrenzung zu Parabel, Allegorie und Beispielerzählung wie auch als Oberbegriff für die genannten (sowie sich selbst) fungieren kann. Zusätzlich zu diesen

---

[29] Jüngel, Wahrheit, 102f A85. – Vgl. Link, Gleichnisse, 146, der in Anknüpfung an Luther ausführt, Worte wie Weinstock etc. würden aufhören, „bloße Gegenstände unseres materiellen oder historischen Verfügens zu sei. Sie lösen sich von ihrem natürlichen bzw. historischen Boden ab" und werden „umgedeutet zu Elementen (...) eines Entwurfs von Welt, der uns unsere eigenen Möglichkeiten spiegelt, einer Welt also, die uns nicht mehr gleichgültig gegenübersteht, sondern in die wir einwandern können, die wir ‚bewohnen' müssen, um Christus so kennen zu lernen, wie die Bibel ihn uns zeigt. Sie läßt ihn gewissermaßen durch die ‚Welt' des Weinstocks vertreten". – Zur Sinnlichkeit von Metaphern vgl. Schwankl, Licht, 35–37; Zimmermann, Metapherntheorie, 127f.

[30] Vgl. Wheelwright, Semantik, 114: „Der Gebrauch der beiden Wörter ‚Metapher' und ‚Symbol' ist bis heute so vielfältig, daß er zu einer verworrenen Situation geführt hat"; vgl. auch Blumenberg, Paradigmen, 288f.

[31] Zum umfassenden und speziellen Gebrauch von Metapher vgl. Lieb, Begriff, 343–345; Genette, Rhetorik, 244–248.

Begriffsunsicherheiten wird auch die Relation zwischen den Ausdrücken der ersten Gruppe (Metapher etc.) und denen der zweiten Gruppe (Gleichnis etc.) in der Forschung unterschiedlich bestimmt. Während die Ausdrücke der ersten Gruppe für das Verständnis der Ich-bin-Worte relevant sind, spielen die der zweiten Gruppe vor allem im Hinblick auf zwei längere Textabschnitte mit bildlicher Sprache eine Rolle, nämlich in Bezug auf Joh 10,1–5 (wo es um den Hirten und die Schafe geht) und 15,1–8 (wo es um den Weinstock und die Zweige geht). Für beide Texte sind die Ich-bin-Worte entscheidende Elemente – wobei sie einmal innerhalb und einmal außerhalb des genannten Abschnitts zu finden sind –, weshalb die formale Relation von Metapher etc. einerseits und Gleichnis etc. andererseits auch für das Verständnis von Joh 10 und 15 relevant ist.

Vor einer Anwendung auf die Texte ist auch hier wieder eine begriffliche Klärung unerlässlich. Ich beginne mit den Begriffen der ersten Gruppe, um diesen dann in einem zweiten Schritt jene der zweiten Gruppe zuzuordnen und schließlich der Frage nachzugehen, wie sich die erwähnten sprachlichen Ausdrucksmittel zum doppelbödigen Charakter der johanneischen Sprache insgesamt verhalten.

a) *Metonymie und Synekdoche*
Wo die Metapher nicht lediglich als Oberbegriff gebraucht wird, dominiert in der Forschung eine grundsätzliche Unterscheidung jener sprachlichen Operationen, die in der Metapher einerseits und in der Metonymie andererseits auftreten. Nach Jakobson liegen der Metapher und der Metonymie jeweils fundamental unterschiedliche Denkstrukturen zugrunde: Während bei der Metonymie die Assoziation prädikativ über Kontiguitätsrelationen verläuft, funktioniert sie bei der Metapher über Similaritätsrelationen[32]. Die Synekdoche begreift Jakobson dabei als Unterkategorie der Metonymie[33]. Er beobachtet, dass in verschiedenen

---

[32] D.h. in dem einen Fall geht es um eine sprachliche Verschiebung, im anderen Fall um einen Ebenenwechsel.

[33] Eine Unterscheidung von Metonymie und Synekdoche bereitet in jedem Fall Schwierigkeiten. Die Synekdoche gilt als Figur, wo ein Teil für das Ganze gesetzt wird (pars pro toto) oder umgekehrt; der Metonymie liegt ein Genitiv-Verhältnis zugrunde, wie etwa wenn „Poseidon" für „Meer" eintritt. Allerdings wird diese Unterscheidung schon bei jenem häufig angeführten Beispiel problematisch, wo „Segel" für „Schiffe" stehen: Wird hier ein Teil für das Ganze gesetzt oder handelt es sich um eine Genitiv-Relation? – Deutlich jedenfalls ist die Verwandtschaft von Synekdoche und Metonymie im Gegenüber zur Metapher.

literarischen Richtungen entweder die eine oder die andere Denkfigur dominiert; so die Metapher in Romantik und Symbolismus; die Metonymie dagegen in der sogenannten ‚realistischen' Literaturrichtung (hier führt er Beispiele aus Tolstoj an)[34]. Da zweifellos die johanneische Bildersprache insgesamt nicht von Kontiguitäten und prädikativen Verschiebungen dominiert wird, ist das Johannesevangelium – im Sinne Jakobsons – sicher nicht der metonymisch, sondern der metaphorisch geprägten Literatur zuzuordnen. Metonymie und Synekdoche sind m.E. jedenfalls keine relevanten Kategorien, um die johanneische Bildersprache zu beschreiben.

b) *Vergleich*
Kaum anders stellt sich die Situation im Hinblick auf den Vergleich dar. In Abgrenzung zur Metapher ist für einen Vergleich die Anwesenheit einer Vergleichspartikels oder eines Vergleichsverbs (wie, gleichwie, gleichen, ähneln etc.) konstitutiv[35]; dies gilt unabhängig davon, ob der Vergleich als Gegenbegriff oder – wie heute weithin üblich – als Spezialfall der Metapher begriffen wird[36]. Eine Durchsicht der entsprechenden griechischen Vergleichspartikel ergibt im Hinblick auf das Johannesevangelium ein eher spärliches Resultat: Im Gegensatz zu anderen neutestamentlichen Schriften[37] gibt es hier kaum Vergleiche mit ὡς. Wo ὡς benutzt wird, steht es fast immer als Konjunktion[38] oder im Sinne

---

[34] Vgl. zum oben Ausgeführten Jakobson, Doppelcharakter, passim. – Genette, Rhetorik, 235, konstatiert das „Zusammenrücken von Synekdoche und Metonymie" in neueren Forschungsansätzen.

[35] Vgl. Genette, Rhetorik, 238.

[36] Vgl. Sellin, Allegorie, 299f.

[37] Als Kontrast zum Befund im Johannesevangelium liesse sich z.B. auf die Apokalypse verweisen, vgl. etwa die Beschreibung des Menschensohnes in offb 1,14f: ἡ δὲ κεφαλὴ αὐτοῦ καὶ αἱ τρίχες λευκαὶ ὡς ἔριον λευκὸν ὡς χιὼν καὶ οἱ ὀφθαλμοὶ αὐτοῦ ὡς φλὸξ πυρὸς καὶ οἱ πόδες αὐτοῦ ὅμοιοι χαλκολιβάνῳ ὡς ἐν καμίνῳ πεπυρωμένης καὶ ἡ φωνὴ αὐτοῦ ὡς φωνὴ ὑδάτων πολλῶν. – Muraoka, Use of ΩΣ, passim, beschreibt die Anteile der unterschiedlichen Verwendungen von ὡς in verschieden „gutem" Griechisch. Während in literarischem Koine-Griechisch der Gebrauch von ὡς als Konjunktion dominiert, ist die komparative Verwendung der Partikel und ihre Abwesenheit als Konjunktion nach Muraoka ein Kennzeichen für die "vulgar nature" des entsprechenden Textes (72). Nach diesem Kriterium wäre das Griechisch des Johannesevangeliums als literarisch hochstehender einzuschätzen als jenes der Apokalypse – ein Befund, der kaum überraschen kann. – Ich bedanke mich bei Axel Horstmann, Hamburg, für den Hinweis auf den Aufsatz Muraokas.

[38] So 2,9.23; 4,1.40; 6,12.16; 7,10; 11,6.20.29.32.33; 12,35.36; 18,6; 19,33; 20,11 und 21,9.

von *ungefähr* bei Zählbarem[39]. Von den verbleibenden vier Belegen lässt sich nur einer mit Sicherheit als Vergleich einstufen[40], nämlich 15,6: ἐὰν μή τις μένῃ ἐν ἐμοί, ἐβλήθη ἔξω ὡς τὸ κλῆμα καὶ ἐξηράνθη κτλ. In Bezug auf andere denkbare Vergleichspartikel (wie καθώς, ὥσπερ, ὅμοιος oder ὁμοίως[41]), lässt sich noch deutlicher konstatieren, dass sie im Zusammenhang der johanneischen Bildersprache irrelevant sind[42]. Wie Metonymie und Synekdoche ist auch der Vergleich im Hinblick auf mein Thema keine weiterführende Kategorie.

c) *Symbol*
Anders sieht es in Hinsicht auf das Symbol aus. Folgt man neueren Veröffentlichungen zur Metapherntheorie, so lässt sich das Symbol „als eine stabilisierte Metapher betrachten"[43]. Die Differenz von Metapher und Symbol ist damit nicht zuletzt geschichtsabhängig. Im Gegensatz zur Metapher, die das Moment des Neuen und der Sinnstiftung in sich trägt, haben Symbole „Resultatcharakter. (...) Symbole sind abgeschlossene Prozesse. Sie sind Geschichte, oder besser: Darstellungen dessen, was offenbar Geschichte hat werden können"[44]. Hier zeigt sich also noch

---

[39] So 1,39; 4,6; 6,10.19; 11,18; 19,14.39; 21,8.
[40] Die drei fraglichen Stellen sind 1,14 (δόξαν ὡς μονογενοῦς παρὰ πατρός; hier legt sich die Bedeutung „als" und nicht „wie" nahe); 1,32 (τὸ πνεῦμα καταβαῖνον ὡς περιστερὰν ἐξ οὐρανοῦ; hier könnte ὡς auch „in Gestalt von" meinen) und 7,10 (οὐ φανερῶς ἀλλὰ ὡς ἐν κρυπτῷ; wobei das ὡς hier keinen Vergleich begründet und zudem textkritisch nicht gesichert ist).
[41] Andere Begriffe wie ὁμοιότης, ὁμοιόω, ὁμοίωμα, ὁμοίωσις oder auch „Fachterminologie" wie παραβολή oder ἀλληγορέω fehlen gänzlich im Johannesevangelium.
[42] Allerdings werden ὥσπερ (vgl. 5,21.26) und καθώς gebraucht, um Handlungen oder Verhaltensweisen zu parallelisieren, z.B.15,9: καθὼς ἠγάπησέν με ὁ πατήρ, κἀγὼ ὑμᾶς ἠγάπησα (vgl. 3,14; 5,23; 6,57.58; 8,28; 12,50; 13,15; 14,27; 15,4.10.12 u.ö.).
[43] So Wheelwright, Semantik, 115.
[44] Rudolph, Metapher, 327. – Vgl. auch Gemünden / Theissen, Logik, 109 A2: „Ein weiter Begriff von ‚Metapher' umfaßt alle bildlichen Elemente der Sprache, ein enger Begriff bezeichnet nur die der Determinationserwartung des Kontextes zuwiderlaufende Verwendung von Worten als ‚Metapher' und unterscheidet sie von der zusätzlichen Bedeutung von Realien, die diese zu ‚Symbolen' macht. Das ‚Kreuz' ist als Kreuz Christi ein Symbol: einerseits ein reales Hinrichtungsinstrument, andererseits innerhalb der christlichen Grunderzählung der Ort von Unheil und Heil. Symbole müssen, insofern sie in der Sprache begegnen, immer auch wörtlich verstanden werden. Das ‚Kreuz der Ehe' ist dagegen eine Metapher. Wer hier ‚Kreuz' wörtlich versteht, hat die Metapher mißverstanden. Der Unterschied zwischen Metaphern und Symbolen muß aber in einer Hinsicht relativiert werden: Metaphern wurzeln in der symbolisch wahrgenommenen Realität, daher umfaßt der Begriff ‚Metapher' in alltagsnaher Verständigung oft alle Formen von Bildlichkeit". – Vgl. zum Ganzen auch Gemünden, Vegetationsmetaphorik, 4–49, dort 36–45 ein Überblick über Forschungen zur bildlichen Sprache im Neuen Testament.

einmal die geschichtliche Dimension sprachlicher Phänomene, auf die ich schon im vorhergehenden Abschnitt im Zusammenhang mit dem Verlust der Wahrnehmung des bizarren Charakters der Ich-bin-Worte hingewiesen habe. Was im Entstehungszusammenhang eines Textes als Metapher, als bizarre Prädikation anzusehen ist, kann sich im Verlaufe der Überlieferungsgeschichte zum Symbol stabilisieren. M.E. ist diese Verschiebung bei den Ich-bin-Worten wenigstens teilweise eingetreten. Am deutlichsten ist dies vermutlich bei dem „Brot", das schon durch seine konkrete Verwendung und sakramentale Aufladung im Zusammenhang mit der Eucharistie zum Symbol für Christus geworden ist. Bei anderen Prädikaten, wie etwa dem Licht, dem Weg oder der Tür ist diese Verschiebung wohl nicht in einem vergleichbaren Ausmaß eingetreten, sondern von der jeweiligen Interpretation sowie der persönlichen Bindung an Aussagen der christlichen Tradition abhängig. Trotz dieses Prozesses der sprachlichen Verschiebung scheint es mir im Rahmen meines Zuganges, der sich an der antiken Rezeptionssituation orientiert, sinnvoll, die Ich-bin-Worte primär als Metaphern aufzufassen und ihre symbolische Konkretisierung als eine Komponente der Wirkungsgeschichte lediglich mit zu bedenken[45].

d) *Gleichnis und Allegorie*
Konsequenzen hat das Verständnis der Ich-bin-Worte als Metaphern auch für die Beschreibung des literarischen Charakters – und damit für die Interpretation – der oben erwähnten längeren bildersprachlich geprägten Texte (Joh 10,1–5 und 15,1–8). Diese Texte werden in der Forschung wechselweise als Gleichnis, Rätselrede, Gleichnis mit symbolischen Zügen, Parabel, Bildrede, Allegorie u.a. bezeichnet[46]; die Schwierigkeit einer Zuordnung ist somit evident. Sie hat sicher

---

[45] Auch Wead, Devices, 85f, setzt sich mit einem möglichen Verständnis bes. der Brot-Metapher als Symbol auseinander und entscheidet sich dagegen, wenn er konstatiert: "The divergency of the metaphorical statement is a strong argument against considering them as titles or symbols. The changes of meaning found in the various metaphorical expressions of the chapter are only possible when one considers them as metaphors. The use of a figurative expression as a symbolic title (literally) requires a fixed form for the figure. We do not find this in the bread of life discourse". – Zu den Symbolen im Johannesevangelium vgl. neuerdings auch Koester, Symbolism, passim; Zimmermann, Christologie, 84–86.136–165; mit je unterschiedlichen Verständnissen von „Symbol".

[46] Vgl. zur Zusammenstellung dieser (und weiterer) Begriffe etwa Schnackenburg, Johannesevangelium 2, 358–362; Dettwiler, Gegenwart, 81–86; Van der Watt, Metaphorik, 68f; Busse, Questions, 10f; Cebulj, Ich bin es, 177–179.242f.

nicht unwesentlich damit zu tun, dass die Beschäftigung mit der Gleichnistheorie in der neutestamentlichen Exegese primär an den synoptischen Evangelien entwickelt, diskutiert und angewendet wurde und die johanneischen Texte weithin keine Rolle spielten[47]. Versucht man dann nachträglich die johanneischen Texte in das an den synoptischen Gleichnissen gewonnene Raster einzuzeichnen, ergeben sich durch Andersartigkeit der johanneischen Textwelt[48] fast zwangsläufig Irritationen. Ein Blick auf die Verschiebungen, die hinsichtlich der Begrifflichkeiten in der Forschungsgeschichte eingetreten sind, kann auch hier hilfreich sein.

Einzusetzen ist bei Jülichers grundlegender Unterscheidung zwischen Allegorien einerseits und Gleichnissen, Parabeln und Beispielerzählungen andererseits; letztere versteht er als „eigentliche Rede"[49]. Keimzelle des Gleichnisses ist für Jülicher der Vergleich, Keimzelle der Allegorie die Metapher; dabei wertet er Metapher und Allegorie im Gegenüber zu Vergleich und Gleichnis ab[50]. Konstatiert man nun aber mit den neueren theoretischen Ansätzen, dass die Metapher keinen Substitutionsprozess darstellt, so lässt sie sich auch nicht mehr als Keimzelle der Allegorie begreifen[51]. Zudem lässt auch das Zusammenrücken von Vergleich und Metapher Jülichers strikte Entgegensetzung weniger plausibel erscheinen, wie auch seine negative Bewertung dessen, was er als „Metapher" ansieht, auf dem Hintergrund neuerer theoretischer Ansätze, die eher durch das „Lob der Metapher"[52] geprägt sind, befremdlich wirkt. Die genannten Schwierigkeiten lassen sich beheben, wenn man mit Sellin u.a. die Metapher als Baustein des Gleichnisses und das Symbol als Baustein der Allegorie versteht[53]. Symbol und Allegorie funktionieren im Bereich einer definierten Sondersprache für

---

[47] Vgl. Kysar, Metaphor, 81f; Zimmermann, Größeres, 93; Ders. Christologie, 78 u.ö.

[48] Zum Begriff „Textwelt" vgl. Ricoeur, Hermeneutik, 32: „Ein Text ist zu interpretieren als ein *Entwurf von Welt*, die ich bewohnen kann, um eine meiner wesenhaften Möglichkeiten darein zu entwerfen. Genau dies nenne ich Textwelt, die *diesem* einzigen Text eigene Welt" (Hervorhebungen dort). Ricoeur fügt hinzu, dass „die alltägliche Wirklichkeit mit Hilfe dessen, was man die durch die Literatur bewirkten imaginativen Veränderungen des Wirklichen nennen könnte, verwandelt" werde. Zur „Textwelt" in Bezug auf die biblischen Schriften vgl. ebd., 39–43.

[49] Jülicher, Gleichnisreden I, 49.

[50] Vgl. Rau, Reden, 53.

[51] Vgl. Ricoeur, Stellung, 63.

[52] So die Überschrift eines Kapitels bei Rau, Reden, 53–73.

[53] Vgl. Sellin, Allegorie, 281–289. Zum Verhältnis von Metapher und Gleichnis vgl. auch Ricoeur, Stellung, 54–65. Schon Cicero, de oratore III, 157, beschreibt

Eingeweihte[54]. Im Gleichnis wird die Prädikation der Metapher auf einen oder mehrere Sätze erweitert, den beiden Ebenen, die in der Metapher zueinander in Beziehung gesetzt werden, entspricht beim Gleichnis das, was traditionell „Sachhälfte" bzw. „Bildhälfte" genannt wird. Wenn in synoptischen Gleichnissen etwa das Gottesreich mit einem pflanzlichen Wachstumsvorgang in Beziehung gesetzt wird, so ist das Gottesreich als „Sachhälfte", die Beschreibung des Wachstumsvorgangs als „Bildhälfte" anzusehen. Die Sachhälfte ist nicht unbedingt immer im Gleichnis selbst explizit, sondern wird häufig auch vom Kontext oder der Situation vertreten (so in den lukanischen Gleichnissen), ohne die das Gleichnis – quasi reduziert auf seine „Bildhälfte" und somit nur mehr die Beschreibung eines alltäglichen Vorganges – unverständlich wäre[55].

Vor diesem theoretischen Hintergrund möchte ich zu den genannten johanneischen Texten zurückkehren. Auszugehen ist hier von der Beobachtung, dass beide Texte nicht denselben sprachlichen Status haben. Während 15,1–8 mit einem Ich-bin-Wort einsetzt (ἐγώ εἰμι ἡ ἄμπελος ἡ ἀληθινή), um dann zusätzliche Metaphern aus demselben Bildfeld anzufügen (Gott als Weingärtner, die JüngerInnen als Zweige) und diese miteinander in Beziehung zu setzen, beginnt Joh 10 mit konkreten Aussagen über Diebe, Räuber, Hirten und Schafe; ein Neuansatz mit einem Ich-bin-Wort erfolgt dann in Vers 7 (ἐγώ εἰμι ἡ θύρα τῶν προβάτων). Mithin ist nicht 10,1–5 der Entsprechungstext von 15,1–8, sondern 10,7ff; dieser Text ist wie 15,1–8 aus Reihungen von Metaphern aufgebaut, die jeweils demselben Bildfeld[56] entstammen. Dementsprechend lässt sich die übergeordnete Gattung dieser Texte nicht als Gleichnis bestimmen, da insgesamt nicht die metaphorische Prädikation erweitert, sondern die Zahl der Metaphern vermehrt wird[57]. Zudem sind in beiden Texten die zwei Ebenen, zwischen denen sich

---

die Metapher als „die Kurzform eines Gleichnisses, das sich in einem einzigen Wort konzentriert" (Übers. Merklin, 543).

[54] Vgl. Sellin, Allegorie, 300–313.

[55] Vgl. Sellin, Allegorie, 313–315; Zimmermann, Metapherntheorie, 120f; Gemünden, Vegetationsmetaphorik, 3.11–18, deren Programm die Erschließung des antiken Bildfeldes „Vegetation" ist.

[56] Zu Bildfeldern vgl. Gemünden / Theissen, Logik, 109f; Zimmermann, Metapherntheorie, 124–126.

[57] An einzelnen Stellen innerhalb der Texte zeigen sich dennoch Ansätze zu Gleichnissen, wenn etwa die Bildelemente vom „Mietling" oder den Zweigen erzählerisch erweitert werden (vgl. 10,12f; 15,5f). Dies ist m.E. jedoch nicht hinreichend, um die Gattung der Texte *insgesamt* als „Gleichnis" zu bestimmen, vgl. Zumstein, Bildersprache, 140f.

die Ausführungen bewegen (die Ebene von Jesus und den JüngerInnen einerseits und die Hirten- bzw. Weinstockebene andererseits) unlösbar ineinander verschlungen und wechseln sich in fast jedem Satz ab, auch dies ist ein Hinweis darauf, dass hier nicht Gleichnisse vorliegen, sondern die Texte sich besser als „metaphorisches Netzwerk"[58] beschreiben lassen.

Das bisher Ausgeführte gilt nicht für den Beginn der Hirtenrede in Joh 10,1–5. Hier wechseln sich die Ebenen nicht ab, sondern der Text bringt eine in sich geschlossene und plausible Beschreibung eines alltäglichen Vorganges[59], wie es auch für die synoptischen Gleichnisse charakteristisch ist. Tempus der Beschreibung ist die Gegenwart (also handelt es sich nicht um eine Parabel); es wird kein Einzel- oder Sonderfall beschrieben, sondern eine typische Situation (also handelt es sich nicht um eine Beispielerzählung). Das Fehlen einer Vergleichspartikel – oder eines Vergleichsverbes – spricht nach dem oben Ausgeführten nicht dagegen, dass es sich um ein Gleichnis (im engeren Sinne) handelt. Als

---

[58] Vgl. Van der Watt; Metaphorik, 77: „Die verschiedenen metaphorischen Wendungen in Joh 15,1–8 (...) stammen aus einem Assoziationskomplex, sind syntaktisch jeweils aufeinander bezogen und ergeben so ein metaphorisches Netzwerk. Dieses kann deshalb ‚Netzwerk' genannt werden, weil verschiedene ‚punktuelle metaphorische Wendungen' semantisch aufeinander bezogen sind und ein Netzwerk von semantisch aufeinanderbezogenen metaphorischen Wendungen auf einem allgemeinen kontextuellen Niveau ergeben". – Zum „metaphorischen Netzwerk" vgl. auch Zumstein, Bildersprache, 141–143.

[59] Gelegentlich finden sich in der Literatur Zweifel an der Plausibiltät des Beschriebenen (insbesondere am stimmlichen Erkennen), die sich allerdings wohl mehr auf mangelnde Anschauung in einer nicht mehr landwirtschaftlich geprägten Lebenswelt als auf tatsächliche Inkonsistenzen des johanneischen Textes zurückführen lassen. Illustrativ ist der bei Wengst, Johannesevangelium 1, 375, zitierte Text (aus C. T. Wilson, Peasant Life in the Holy Land, London 1906, 164f): „Vor einigen Jahren verbrachte ich die Nacht in einige Hirtenzelten in Gilead. Die Zelte, etwa zehn bis zwölf an der Zahl, waren in einem großen Umkreis aufgeschlagen und schlossen einen beträchtlichen Raum ein. Am Abend wurden etwa sechs oder sieben Herden in das Lager hineingebracht, um ihnen Schutz zu geben. Als am Morgen die Zeit für die Hirten kam, ihre Schützlinge zum Weiden hinauszubringen, versuchten sie nicht etwa, ihre jeweiligen Herden aus der Menge der Schafe und Ziegen abzusondern, die alle durcheinander über den ganzen Raum zerstreut waren. Vielmehr ging jeder ein kurzes Stück hinter den von den Zelten gebildeten Ring und gab dort stehend seinen je besonderen Ruf von sich. Sofort geriet die ganze Menge der Schafe und Ziegen in Bewegung, und während die Hirten weiter riefen, trennten sich die verschiedenen Herden von selbst. Alle strömten aus dem Lager hinaus in die Richtung ihrer jeweiligen Führer. Und nach fünf Minuten war kein Schaf und keine Ziege mehr im Innenraum. Wiederum ein wenig später konnte man sehen, wie die unterschiedlichen Herden in alle Himmelsrichtungen auseinandergingen, wobei jede ihrem eigenen Hirten folgte". – Vgl. generell zur den Realien der antiken Schafhaltung jetzt auch Zimmermann, Christologie, 291–302.

Bausteine oder Keimzellen dieses Gleichnisses sind die Metaphern in 10,7ff anzusehen[60] – hier könnte allerdings überraschen, dass zwei metaphorische Prädikationen Jesu nebeneinander begegnen: Jesus ist sowohl „Tür" als auch „Hirte"[61]. Dies spricht allerdings m.E. nicht dagegen, dass es sich um ein Gleichnis handelt, sondern belegt vielmehr, dass der Text nicht als Allegorie zu verstehen ist. Wäre er eine Allegorie, so müsste die Deutung nacheinander die symbolisch gemeinten Bildelemente in die eigentliche Ebene übertragen; zu erwarten wäre dann etwa eine Erklärung, die die Schafe mit Israel (oder den JüngerInnen), Jesus mit dem Hirten, die Diebe und Räuber mit den Römern etc. gleichsetzen würde, und die erzählte Geschichte selbst müsste sich als produktiv für das Verständnis der Relationen zwischen den in ihr symbolisierten Größen erweisen und eben nicht lediglich eine geschilderte Alltagssituation sein[62].

Dem Verständnis der Ich-bin-Worte als Metaphern korreliert also die formale Bestimmung von Joh 10,1–5 als Gleichnis[63]. Wenn sich aber nun, wie oben ausgeführt, bei den Prädikaten der Ich-bin-Worte im Laufe ihrer Wirkungsgeschichte die Tendenz entwickelt, sie als Symbole zu verstehen, so hat dies auch Auswirkungen auf den Beginn der Hirtenrede, dessen formale Einordnung sich entsprechend der Allegorie annähert. Häufige Rezeption und Gewöhnung an die verwendete Bildersprache führen bei den Ich-bin-Worten dazu, sie als Symbole zu begreifen, und bei einem Text wie Joh 10,1–5 zu sekundärer Allegorisierung[64]. Ursprünglich liegt hier jedoch keine Sondersprache für Eingeweihte vor, sondern eine Beschreibung einer Alltagssituation: genauso verhält es sich eben mit dem Hirten, dem Räuber und den Schafen. Da der Text nicht – wie viele der synoptischen Gleichnisse – mit einer Vergleichsformulierung beginnt, lässt sich die Frage stellen,

---

[60] Dies impliziert eine Sichtweise des Textzusammenhanges, die sich von den Metaphern zum Gleichnis umgekehrt zur Lektürerichtung bewegt; vgl. Wead, Devices, 89, der hierzu feststellt. "This is a total subjugation of the story to the application. The reasoning of the author moves from the application to the story".

[61] Dies hat in der Auslegungsgeschichte immer wieder zu Irritationen geführt, vgl. schon die Textkritik zu Joh 10,7; dazu z.B. Zimmermann, Christologie, 312f, der die Tür als „frische" oder „kühne" Metapher klassifiziert, was dann auch die Irritationen erklärt.

[62] Vgl. Wead, Devices, 90.92.

[63] Als Gleichnis verstehen den Text z.B. Bultmann, Evangelium, 282–285; Becker, Herde, passim. Wengst, Johannesevangelium 1, 373–388, benutzt die Bezeichnung „Gleichnisrede" (also Jülichers Oberbegriff).

[64] Hier lässt sich also ein vergleichbarer Vorgang beobachten wie der, den Jülicher für die synoptischen Gleichnisse beschrieben (und bekämpft) hat.

was eigentlich die LeserInnen befähigt, diese Beschreibung nicht nur als Beschreibung zu lesen, sondern eine Verweisstruktur auf eine andere Ebene der Wirklichkeit anzunehmen. Hier treten Kontext und Situation ins Blickfeld. Der direkte Kontext macht in der Einleitung deutlich, dass Jesus mit Nachdruck redet (ἀμὴν ἀμὴν λέγω ὑμῖν) und signalisiert damit den besonderen Charakter des Folgenden. Der anschließende Vers 6 deklariert das Vorangegangene als παροιμία[65], konstatiert das Unverständnis der HörerInnen und leitet gleichzeitig zum metaphorischen Teil der Jesusrede über[66]. Spätestens hier ist klar, dass sich die Aussage von 10,1–5 nicht im landwirtschaftlichen Bereich erschöpft. Zudem lässt auch schon der Gesamtkontext des Evangeliums Hörer und Leserinnen eine auf mehreren Ebenen bedeutsame Rede erwarten und nicht einen landwirtschaftlichen Exkurs, denn schon zuvor werden im Evangelium Begriffe wie Wasser und Brot, Ernte und Nahrung mehrfach in einer solchen Weise verwendet, dass ihre Bedeutung sich nicht auf der alltagssprachlichen Ebene der Rede erschöpft[67]. Es entsteht somit bei der Lektüre eine zunehmende Sensibilisierung für die Metaphorizität und

---

[65] παροιμία hat wie auch παραβολή in den neutestamentlichen Texten ein Bedeutungsspektrum, das sich nicht einfach mit den Kategorien moderner Gleichnisforschung zur Deckung bringen lässt. Beide Begriffe bezeichnen eine Redeform, die quasi neben (παρα-) der normalsprachlichen Ausdrucksweise liegt. Während παραβολή fast ausschließlich in den synoptischen Evangelien gebraucht wird (48 von 50 Belegen, sonst nur Hebr) und dort παροιμία fehlt, ist es im Joh umgekehrt: Vier von fünf neutestamentlichen Belegen von παροιμία finden sich hier (sonst nur 2Petr 2,22 im Sinne von „Sprichwort"), die Bezeichnung παραβολή dagegen fehlt vollkommen. Dies spricht dafür, keinen grundsätzlichen Bedeutungsgegensatz beider Begriffe zu konstruieren, sondern beide als relativ offene Bezeichnungen für metaphorisch geprägte Sprache zu verstehen, die jeweils in einem anderen sprachlichen Umfeld gebräuchlich waren. (Auch in der LXX begegnet παραβολή wesentlich häufiger als παροιμία; beide Bezeichnungen finden sich an zwei Stellen nebeneinander [Sir 39,3; 47,17], beidemale wird kein Gegensatz zwischen ihnen vorausgesetzt oder konstruiert; vgl. dazu Wead, Devices, 82f.) – Die drei weiteren Belege für παροιμία finden sich Joh 16,25bis; 16,29, wo es um den Gegensatz der Rede in παροιμία und der in παρρησία geht. Letzteres variiert im Bedeutungsspektrum zwischen „öffentlich" und „frei heraus, direkt"; vgl. dazu Petersen, Gospel, 49–53, der allerdings unnötigerweise von der Existenz einer johanneischen Sondersprache für Eingeweihte ausgeht. Vgl. dazu unten A68

[66] Damit ist die Abfolge in Joh 10 der in Mk 4 vergleichbar: Auf die Erzählung des Gleichnisses folgt die Bezeichnung als παροιμία bzw. παραβολή nebst Konstatierung des Unverständnisses und sodann ein Abschnitt, der die Ebene des Erzählten mit der Ebene der Erzählung in Beziehung setzt und gleichsam als Kurzfassung eines zentralen Erzählfadens im jeweiligen Evangelium lesbar ist (Jesu Sterben für die Seinen bzw. die verschiedenen Arten der Reaktion auf das Evangelium, vgl. zu Mk die Ausführungen von Tolbert, Sowing, 122–124 u.ö.).

[67] Dies heißt nicht, dass das alltagssprachliche Verständnis falsch wäre, vielmehr sind immer beide Ebenen neben- und miteinander zu lesen, vgl. Cullmann, Gebrauch, passim.

Doppelbödigkeit der johanneischen Sprache. Diese von mir sogenannte „Doppelbödigkeit" der johanneischen Ausdrucksweise ist Gegenstand zahlreicher Untersuchungen, die sich mit Ironie, Rätseln, Missverständnissen etc. im Johannesevangelium beschäftigen[68]. Unüberholt treffend beschreibt schon Bultmann das Phänomen: „Die Zweideutigkeit johanneischer Begriffe und Aussagen, die zu Mißverständnissen führen, liegt nicht darin, daß eine Vokabel zwei Wortbedeutungen hat, sodaß das Mißverständnis eine falsche Bedeutung ergriffe; sondern darin, daß es Begriffe und Aussagen gibt, die in einem vorläufigen Sinne auf irdische Sachverhalte, in ihrem eigentlichen Sinne aber auf göttliche Sachverhalte gehen. Das Mißverständnis erkennt die Bedeutung der Wörter richtig, wähnt aber, daß sie sich in der Bezeichnung irdischer Sachverhalte erschöpfe"[69].

---

[68] Vgl. etwa Duke, Irony, passim; Scholtissek, Ironie, passim; Culpepper, Anatomy, 149–202; Ball, I Am, 51–53; Cullmann, Gebrauch, passim; Wead, Devices, 30–70; Rahner, Mißverstehen, passim; Davies, Rhetoric, 363–373; Richard, Expressions, passim; Staley, Kiss, 95–118; Dewey, Paroimiai, passim; Leroy, Rätsel, passim (vgl. aber die Kritik bei Rahner, Mißverstehen, 216; Richard, Expressions, 108 A13!); weitere Literatur zum Thema bei Scholtissek, Ironie, passim; Petersen, Gospel, 135–137 A2. – Petersen postuliert (wie auch einige andere) eine johanneische Sondersprache ("special language"), in der die Begriffe nicht das bedeuten, was sie alltäglich ("in everyday speech") bedeuten. Diese Sondersprache werde von Jesus und dem Erzähler / der Erzählerin des Evangeliums benutzt, von den anderen Personen – einschließlich der JüngerInnen – jedoch nicht verwendet und auch nicht wirklich verstanden, worin die johanneischen Missverständnisse begründet seien. Petersen wertet diese Sprache als "anti-languague" (89–109), entstanden im Kontext der sozialen Situation der johanneischen Gemeinde in Ausschluss und oppositioneller Haltung (80–89). – Nicht überzeugend scheint mir an diesem (und ähnlichen) Konzepten, dass sie meinen, die sondersprachlichen Passagen wären nicht in normalsprachlicher Bedeutung lesbar und verstehbar; m.E. gibt es hier vielmehr die oben beschriebene Doppelbödigkeit, die die eine Wirklichkeit auf die andere hin durchsichtig macht. Zusammenhängen könnte die divergierende Einschätzung z.B. bei Petersen mit seinem relativ engen Metaphernbegriff (vgl. 10f), wodurch er die Doppelbödigkeit der Aussagen selbst nicht begrifflich fassbar machen kann. Zudem zieht er nicht in Betracht, dass die LeserInnen des Evangeliums mehr verstehen (und dass dies als textliche Strategie beabsichtigt ist) als die Figuren der erzählten Welt, über deren Missverständnisse wir uns beim Lesen amüsieren können – wie Culpepper, Anatomy, 89, feststellt: "We are therefore made to feel superior to the characters Jesus confronts" und ebd., 165f: "The implied author smiles, winks and raises his eyebrows as the story is told. The reader who sees as well as hears understands that the narrator means more than he says and that the characters do not understand what is happening or what they are saying". – Zu Missverständnissen als johanneischer Erzählstrategie vgl. Scholtissek, Ironie, 253f; Rahner, Mißverstehen, passim.

[69] Bultmann, Evangelium, 95 A2 (zu Joh 3,3).

5. *Erzählung und Metapher*

Bei der Beschreibung der johanneischen Sprachwelt ging es bislang wiederholt darum, dass zwei unterschiedliche Ebenen miteinander in Beziehung gesetzt werden. Dies gilt sowohl hinsichtlich der Doppelbödigkeit johanneischer Sprache im allgemeinen wie für das Gleichnis in Joh 10,1–5 mit seinem Kontext und schließlich auch für die Ich-bin-Worte. Ein Verständnis letzterer als Metaphern im oben ausgeführten Sinne impliziert, nicht lediglich die Prädikationen (Brot, Licht, Tür usw.) als Metaphern zu begreifen, sondern die jeweilige Kombination, in der die Prädikationen enthalten sind. Jüngel stellt fest: „Es gehört zur Eigenart der Metapher, daß sie zwei Sinnhorizonte miteinander in Beziehung setzt, die innerhalb einer Aussage durch zwei Wörter vertreten sind. Metaphern sind deshalb streng genommen keine Wörter, sondern Aussagen, in denen der Sinn des grammatischen Subjekts und der Sinn des grammatischen Prädikats aufeinanderprallen"[70]. Bei der Aussage „Ich bin das Brot" z.B. ist also nicht das Brot die Metapher, sondern die Gesamtaussage, in der das jesuanische „Ich" und das „Brot" „aufeinanderprallen". Über die Feststellung hinaus, dass Metaphern nicht einzelne (substituierte) Wörter, sondern Kombinationen von Wörtern sind, lässt sich die Funktion von Metaphern im Hinblick auf ihren Kontext noch weitergehender beschreiben, wenn man das Verhältnis von Metapher und Erzählung in den Blick nimmt. Jüngel geht davon aus, dass Metaphern „erzählte Geschichte rekapitulieren"[71]. Er erläutert dies mit Hilfe des – in der Metapherntheorie immer wieder gern gebrauchten – Beispiels: „Achill ist ein Löwe". Neben die in der linken Spalte wiedergegebenen Ausführungen Jüngels möchte ich

---

[70] Jüngel, Wahrheit, 112; vgl. Ricoeur, Metapher, 361f; Zimmermann, Metapherntheorie, 119f; Schwankl, Licht, 25.30f; Thyen, HNT, 525f.

[71] Jüngel, Wahrheit, 113. – Für eine Anwendung auf die christliche Tradition vgl. ebd., 114: „Für die Frage nach der Möglichkeit theologischer Metaphorik ergibt sich aus dem Gesagten, daß die Vertrautheit mit Gott erst hergestellt werden muß. Gott muß erst bekannt gemacht werden, um sinnvolles Subjekt der für ihn einzig angemessenen metaphorischen Prädikation werden zu können. Solches bekanntmachen, das immer die Differenz von Gott und Welt mitsagen mußte, kann aber wiederum nur in metaphorischer Rede geschehen, so daß wir in einen Zirkel geraten würden. Denn selbstverständlich wiederholt sich damit nur die Notwendigkeit, daß Gott – in einer bestimmten Hinsicht wenigstens – schon bekannt sein, vertraut sein muß. Will man den Zirkel vermeiden, wird man es folglich darauf ankommen lassen müssen, daß Gott selbst menschliche Vertrautheit mit sich ermöglicht. Der christliche Glaube lebt denn auch von der Erfahrung, daß Gott sich selbst bekannt gemacht, daß er Vertrautheit mit sich hergestellt hat. Daß diese Erfahrung mit der logisch einzigen Möglichkeit, jenen Zirkel vermeiden zu können, zusammenfällt, spricht zumindest nicht gegen sie".

in der rechten Spalte eine Applikation auf die Metapher „Ich bin das Brot" im Kontext von Joh 6 unternehmen, um die Plausibilität von Jüngels Sichtweise auch für den johanneischen Textzusammenhang vor Augen zu führen:

„Der metaphorische Sprachvorgang kann aber nur dann mitvollzogen werden, wenn man weiß, was ein Löwe ist und wer Achill war. Was ein Löwe ist, muß in der Regel nicht eigens bekannt gemacht werden. Von dem Individuum Achill jedoch muß *erzählt* werden, wer er war. Achill muß *als* tapferer Krieger schon eingeführt sein, er muß in Szene gesetzt sein, wenn die metaphorische Prädikation *Achill ist ein Löwe* sinnvoll sein soll. Die Als-Struktur des Seienden, die die Metapher verdeutlicht, verweist auf die Geschichtlichkeit des Seins. Das besagt: um metaphorisch reden zu können, muß erzählt werden, muß Vertrautheit hergestellt werden. Metaphern sind durch Erzählung vorbereitete Pointen der Erzählung, wobei diese ihrerseits durchaus wiederum metaphorische Sprache implizieren kann. Metaphern rufen in Erinnerung, indem sie Neues sagen. Das Neue, das die Metaphern bewirken, schließt also ein, daß sie zugleich erzählte Geschichte rekapitulieren, in einer ganz bestimmten Hinsicht rekapitulieren. Metaphern sind deshalb im Blick auf den Angesprochenen immer auch so etwas wie Ballungen von Zeit. In der Metapher ist das Geschehene einer Geschichte so präsent, daß daraufhin etwas Neues gesagt werden kann"[72].	Der metaphorische Sprachvorgang kann aber nur im Wissen darum mitvollzogen werden, was Brot ist, (und wie es mit dem Leben zusammenhängt) und wer Jesus war. Was Brot ist, muss nicht erläutert werden. Von Jesus jedoch muss *erzählt* werden, wer er war. Jesus muss als derjenige, der Nahrung gibt, schon bekannt sein, die Brotvermehrung muss erzählt worden sein, bevor Jesus sich als *Brot des Lebens* bezeichnet. Die metaphorische Neukombination von Jesus und Brot verweist auf die erzählte Geschichte von der Brotvermehrung. Das heißt: damit der johanneische Jesus von sich sagen kann, er sei das Brot des Lebens, muss er uns zuvor erzählerisch nahe kommen. Die Ich-Ausssage Jesu ist die durch die Brotvermehrung vorbereitete Pointe; *Ich bin das Brot* ruft die Erzählung in Erinnerung und bringt gleichzeitig etwas Neues ein, indem Jesus sich nicht mehr nur als den beschreibt, der Brot *gibt*, sondern der selbst das Brot *ist*. Diese Aussage rekapituliert und verdichtet die Erzählung: die Bedeutung der Erzählung wird für die LeserInnen in einem Satz zusammengefasst, dieser Satz geht jedoch gleichzeitig über das Erzählte hinaus: die Geschichte von der Brotvermehrung ist in der Metapher des johanneischen Jesus präsent und gleichzeitig wird etwas Neues gesagt.

---

[72] Jüngel, Wahrheit, 113f.

Im Anschluss an das beschriebene Verhältnis von Erzählung und Metapher in Joh 6 erhebt sich die Frage, ob sich Entsprechendes auch im Hinblick auf die anderen Ich-bin-Worte konstatieren lässt, d.h. ob auch sie als metaphorische Verdichtung von Textpassagen aus ihrem jeweiligen Kontext verstanden werden können[73]. M.E. ist dies durchaus der Fall – wenn auch nicht immer so offensichtlich wie in Joh 6, wo das Ich-bin-Wort auf die Erzählung von der Brotvermehrung folgt und diese auf einer anderen Ebene rekapituliert und konzentriert. Im Einzelnen: Noch in zwei weiteren Fällen sind ein Ich-bin-Wort und eine Wundererzählung im Text selbst deutlich aufeinander bezogen. In Joh 8f besteht eine Korrelation zwischen Jesu Selbstbezeichnung als Licht der Welt – mit seiner Zusage, alle, die ihm folgen, würden nicht mehr in der Finsternis wandeln, sondern das Licht des Lebens haben (8,12) – und der Erzählung von der Heilung des Blindgeborenen (9,1–7). Der Abstand zwischen beiden Textpassagen wird dadurch überbrückt, dass die Lichtaussage innerhalb der Heilungsgeschichte selbst (und noch vor erfolgter Gesundung) wiederholt ist (9,5: φῶς εἰμι τοῦ κόσμου). Die Abfolge von Ich-bin-Wort und Erzählung ist im Vergleich mit Joh 6 also verändert: die Wundererzählung folgt auf das jesuanische Wort ἐγώ εἰμι τὸ φῶς τοῦ κόσμου (8,12), das innerhalb der Wundererzählung selbst rekapituliert wird.

Auch in Joh 11 sind Wundererzählung und Ich-bin-Wort miteinander verbunden. In der eschatologischen Diskussion, die Martha und Jesus im Zusammenhang mit dem Tod des Lazarus führen, bezeichnet Jesus sich als die Auferstehung und das Leben (11,25: ἡ ἀνάστασις καὶ ἡ ζωή), bevor er dann Lazarus auferweckt und wieder ins Leben zurückführt. Auch hier erfolgt die Erzählung des eigentlichen Wunders also erst nach dem Ich-bin-Wort; und auch hier ist beides in demselben Kontext direkt aufeinander bezogen.

Für die übrigen Ich-bin-Worte lassen sich keine direkten Bezüge zu einer Wundererzählung herstellen, auch wenn dies in der Forschung gelegentlich versucht wurde, angeregt wohl durch die Tatsache, das im Johannesevangelium nicht nur sieben Ich-bin-Worte, sondern auch sieben Wundererzählungen (σημεῖα) zu finden sind[74]. Trotzdem lassen sich die Metaphern auch in den anderen Fällen – im Sinne von Jüngels Ausführungen – durch ihren jeweiligen Kontext anreichern. In Joh 10,7ff folgen Jesu Selbstbezeichnungen als „Tür" und „Hirte" auf das

---

[73] Vgl. zum Folgenden auch Zimmermann, Christologie, 216.429.
[74] Vgl. Thyen, Licht, 46.

Gleichnis zu Beginn des Kapitels. Die erzählerische Konkretion der metaphorischen Ausdrücke erfolgt somit hier – wie in Joh 6 – bevor die Metaphern selbst eingeführt werden, allerdings in diesem Falle nicht durch eine Erzählung über Jesus, sondern durch ein Gleichnis, das Jesus selbst erzählt.

Bei den letzten beiden Ich-bin-Worten ist die Sachlage komplexer. Die Selbstbezeichnung Jesu als „Weg", der die JüngerInnen „zum Vater" führt (14,6), lässt sich mit der Situation der Abschiedsreden in Beziehung setzen: in den Abschiedsreden geht es wiederholt um Jesu Weggehen, sowie darum, den JüngerInnen ihren zukünftigen Weg aufzuzeigen. Die Verbindung von Metapher und Erzählung (hier wohl besser: Erzählsituation) ist allerdings in diesem Falle weniger offensichtlich als bei anderen Ich-bin-Worten – trotzdem, so meine ich, ist die Kontextualisierung auch hier nicht beliebig; zu rechnen ist zudem in diesem Zusammenhang mit einem geschärften Bewusstsein der Hörer und LeserInnen für die starken Kontextbezüge der Ich-bin-Worte, da es sich in der Abfolge des Evangeliums um das vorletzte dieser Worte handelt.

Bei dem letzten Ich-bin-Wort fehlt eine den anderen entsprechende Konkretisierung. Die Selbstbezeichnung Jesu als „Weinstock" hat keine erzählerische Entsprechung. Jener Platz, der in Kapitel 10 vom Hirtengleichnis eingenommen wird, ist in Kapitel 15 eine Leerstelle. Aufgewogen wird dieses Fehlen allerdings auf zweifache Weise: Zum einen werden die Metaphern in 15,1ff wiederholt und ausführlich gebraucht und Bezüge zwischen ihnen hergestellt. Zum anderen lässt sich sagen, dass die Funktion, die in Joh 10 durch das Hirtengleichnis vertreten wird, in Joh 15 außerhalb des Textes selbst liegt: der „virtuelle" Bezugstext der Metaphorik in 15,1ff ist der antike Weinbau, dessen Allgegenwärtigkeit wohl dazu beigetragen haben dürfte, praktische Erklärungen im Text selbst überflüssig zu machen[75].

---

[75] Vgl. zu dem hier nur angedeuteten Zusammenhängen Wead, Devices, 93, sowie unten D III 2 und 3. Selbstverständlich soll mit der Betonung des „virtuellen" Bezugstextes von Joh 15,1ff nicht gesagt werden, dass die anderen Metaphern keinen solchen hätten; vgl. Schwankl, Licht, 35–37, der unter der Überschrift. „Empirische Fundierung der Metapher" ausführt: „Die verläßlichste und plausibelste Basis verständlicher, fester, ‚ubiquitärer' oder ‚archetypischer' Metaphern ist das empirische Bezugssystem, die allen Menschen gemeinsame leibhaftige Sinneserfahrung. (...) Der erste Sitz im Leben der Metapher ist somit nicht der Schreibtisch des Literaten, sondern das einfache tägliche Leben und die Sprechweise des Alltags".

Zusammenfassend lässt sich festhalten, dass die von Jüngel dargestellte Beziehung von Metapher und Erzählung durchaus ihre Entsprechung in den johanneischen Texten hat, wenn auch mit einer starken Variationsbreite und ohne dass sich eine einlinige Schematisierung nahelegen würde. Ich-bin-Worte und erzählerischer Kontext weisen fast durchgehend deutliche Bezüge aufeinander auf[76], allerdings lässt sich dabei nicht prinzipiell sagen – und hier zeigt sich eine Differenz zu Jüngels Ausführungen[77] –, welches der beiden Textelemente als das primäre anzusehen ist. Das Ich-bin-Wort lässt sich ebenso als verkürzte und konzentrierte Rekapitulation der Erzählung begreifen, wie andererseits auch die Erzählung als ausführlichere textliche Darstellung des metaphorisch Gesagten lesbar ist[78].

6. *Subjekt und Prädikat*

Relevant ist die beschriebene doppelte mögliche Leserichtung auch für das Verständnis der internen Struktur der Ich-bin-Worte. An dieser Stelle ist noch einmal zu Bultmann zurückzukehren, dessen grundlegende Klassifizierung von ἐγώ εἰμι-Worten in der Forschung immer wieder rezipiert worden ist[79]. Bultmann unterscheidet zwischen Präsentationsformeln, Qualifikationsformeln, Identifikationsformeln und Rekognitionsformeln[80]. Während bei den ersten drei das ἐγώ Subjekt

---

[76] So auch Wead, Devices, 75.

[77] Allerdings differenziert auch Jüngel, Wahrheit, 114 A5, das von ihm eingeführte Schema im Hinblick auf unterschiedliche literarische Gattungen, wenn er schreibt: „Anders scheint es in der Lyrik zu sein, die ja Metaphern setzt, ohne sie durch Erzählung einzuführen. Doch mir scheint, daß in der Lyrik die Metapher deshalb nicht durch Erzählung eingeführt werden muß, weil die lyrische Metapher selber die Funktion des Erzählens übernimmt. Lyrische Metaphern sind ebenfalls Ballungen von Zeit, aber nicht als Erzählungen rekapitulierende, sondern als Erzählung freisetzende Sprachereignisse. Der Hörer muß sich *sagen*, was die Metapher besagt".

[78] Zu dieser doppelten Richtung der Interpretation vgl. Ricoeur, Metapher, 363, der feststellt: „[V]on einem Standpunkt aus liefert das Verstehen einer Metapher den Schlüssel zum Verständnis längerer Texte, etwa literarischer Werke. (...) Aber von einem anderen Standpunkt aus liefert das Verstehen des Werks als ganzes den Schlüssel zur Metapher; die-ser andere Standpunkt ist derjenige der Interpretation im eigentlichen Sinn".

[79] Vgl. zum Folgenden Bultmann, Evangelium, 167f A2, dazu oben B I 3, sowie Schweizer, Ego Eimi, 27–34.126f; Becker, Evangelium, 209; Schnelle, Evangelium, 125; Brown, Gospel, 533f.

[80] Zur Erinnerung hier noch einmal die Kategorisierung nach Bultmann, Evangelium 167 A2: 1. Präsentationsformel, antwortend auf die Frage: „Wer bist du"; 2. Qualifikationsformel, antwortend auf die Frage „Was bist du?"; 3. Identifikationsformel, in der sich der Redende mit einer anderen Person oder Größe identifiziert;

der Aussage sei, zeichneten sich die Rekognitionsformeln dadurch aus, dass hier auf die Frage: „Wer ist der Erwartete, der Erfragte, der Besprochene?" geantwortet werde mit: „Ich bin es", wobei in diesem Falle dann das ἐγώ Prädikat der Aussage sei[81]. Bultmann klassifiziert die johanneischen Ich-bin-Worte mehrheitlich als Rekognitionsformeln (so 6,35.41.48.51; 8,12; 10,7.9.11.14; 15,1.5), vermutet aber, dass es sich in den verarbeiteten Quellen auch um Präsentations- oder Qualifikationsformeln gehandelt haben könne. Bei den Ich-bin-Worten in 11,25 und 14,6 liegen nach Bultmanns Ansicht Identifikationsformeln vor.

In zweierlei Hinsicht möchte ich die Klassifizierungen Bultmanns modifizieren[82]. Erstens erscheint es mir terminologisch nicht günstig, den zu beschreibenden Sachverhalt in den grammatischen Kategorien von Subjekt und Prädikat auszudrücken. Die veränderte Zuordnung von „Prädikat" stiftet bei der Benennung der einzelnen Satzelemente Verwirrung, da ja auch nach Bultmanns Einschätzung das Prädikat der Aussage je nach Kontextualisierung des Ich-bin-Worts unterschiedlich zu bestimmen ist. Denn aus Bultmanns Rubrizierung der Mehrheit der Ich-bin-Worte als Rekognitionsformeln bei gleichzeitiger Annahme, sie seien in den Quellen Präsentations- oder Qualifikationsformeln gewesen, folgt, dass etwa bei der Aussage „Ich bin das Brot" in der von Bultmann angenommenen Quellenschrift „Brot" das Prädikat gewesen wäre, im Kontext des Evangeliums dann jedoch „Ich" als Prädikat fungierte. Terminologisch scheint es mir hier sinnvoller, die Kontextualisierung der Aussagen und deren Auswirkungen zu beschreiben statt die Referenz der Kategorie Prädikat zu ändern[83]. Jenseits der Terminologie ist dann zweitens zu fragen, in welcher Weise das von Bultmann Gemeinte mit dem angesprochenen Verhältnis von metaphorischem Ich-bin-Wort

---

4. Rekognitionsformel, wo auf die Frage „Wer ist der Erwartete, der Erfragte, der Besprochene?" durch ein „ich bin es" geantwortet wird, bei dem das ἐγώ Prädikat ist. Für alle vier Typen führt Bultmann u.a. Beispiele aus Isis-Inschriften an (für 1.: Εἶσις ἐγώ εἰμι ἡ τύραννος πάσης χώρας, für 2.: ἐγώ εἰμι πολέμου κυρία, ἐγώ κεραυνου᾿ κυρία εἰμί, für 3.: ἐγώ εἰμι πᾶν τὸ γεγονὸς καὶ ὂν καὶ ἐσόμενον, für 4.: ἐγώ εἰμι ἡ καρπὸν ἀνθρώποις εὑροῦσα und: ἐγώ εἰμι ἡ παρὰ γυναιξὶ θεὸς καλουμένη).

[81] Vgl. Bultmann, Evangelium, 167f A2; zum Weinstock vgl. ebd., 406 A5.

[82] Zur Kritik an Bultmanns Konzept vgl. auch Frey, Eschatologie 3, 446f.

[83] Aus diesem Grunde bin ich auch im vorliegenden Kapitel bei der normalsprachlich verständlichen Benennung von Subjekt (Ich) und Prädikat / Prädikation (Brot, Licht etc.) geblieben. – Auch die Rede vom „primären" und „sekundären Subjekt" bei Kjärgaard, Metaphern, 252f u.ö., schafft m.E. eher Verwirrung.

und Erzählung zu korrelieren ist⁸⁴. Abhängig erscheint die Relation der beiden aufeinandertreffenden Komponenten im Ich-bin-Wort davon, welche der beiden Größen als die schon zuvor bekannte und beschriebene mit der anderen in Verbindung gebracht wird⁸⁵. Angesichts der jeweils unterschiedlichen Abfolgen von Metaphern und erzählerischen Konkretionen scheint eine einlinige Bestimmung von hier aus kaum möglich, und auch Bultmanns Aussonderung von 11,25 und 14,6 ist nicht unmittelbar einleuchtend.

Wichtig bleibt aber dennoch die Beobachtung, dass es sich bei den Ich-bin-Worten im Kontext des Johannesevangeliums⁸⁶ nicht um Präsentations- oder Qualifikationsformeln handelt; d.h. hier offenbart nicht eine erscheinende Gottheit ihre Identität oder Funktion⁸⁷, und es handelt sich auch nicht um eine solche Art von Selbstvorstellung, wie sie beim Auftreten von Gesandten oder Boten üblich ist⁸⁸. Qualitativ liegt in den johanneischen ἐγώ εἰμι-Aussagen deutlich etwas anderes vor: Der johanneische Jesus bringt sich mit Begriffen und Vorgängen der alltäglichen Welt in Beziehung, wobei sowohl Jesus als auch die gebrauchten Begriffe durch den innertextlichen Verweiszusammenhang, durch Alltagskenntnisse sowie oft auch durch intertextuelle Bezüge in unterschiedlichem Grad schon bekannte oder erzählerisch bekannt gemachte Größen sind. Der Zugewinn an Sinn erfolgt durch die metaphorische Neukombination, womit es sich um etwas qualitativ anderes handelt als

---

⁸⁴ Vgl. Weinrich, Theologie, 330, der dort im Zusammenhang mit seiner Rede von der Notwendigkeit narrativer Theologie konstatiert: „Das Christentum ist eine Erzählgemeinschaft" und feststellt: „Daß Jesus (...) seinen Jüngern die erzählten Geschichten im nachhinein deutet (‚Dieser gute Hirte bin ich...'), ist ein (...) Privileg für die ersten und auserwählten Nacherzähler". Bemerkenswert ist, wie Weinrich hier (unbewusst?) die Reihenfolge der Begriffe im Ich-bin-Wort umstellt und so sprachlich das nachvollzieht, was Bultmann theoretisch in Worte fasst.

⁸⁵ Vgl. Zimmermann, Metapherntheorie, 121, der von der „gerichtete[n] Struktur" der Metapher spricht und feststellt: „Statt einer vollständig reziproken Bezogenheit kann man feststellen, dass in der Regel ein Teil durch den anderen präzisiert werden soll und nicht umgekehrt".

⁸⁶ Auf die Frage nach den Quellen gehe ich hier aus methodischen Gründen nicht ein.

⁸⁷ Vgl. Köster, Introduction 2, 189f, der konstatiert, "the Johannine 'I am' formula" sei keineswegs "the self introduction of a divine being from another world, which can be heard only by those who are also of divine origin. Rather, it is a formula of recognition, in which the hearer recognizes the fullfillment of genuine human hope".

⁸⁸ Als Kontrast zu den johanneischen ἐγώ εἰμι-Formulierungen lassen sich hier etwa die namentlichen Selbstvorstellungen von Rafael und Gabriel in Tob 12,15 (ἐγώ εἰμι Ραφαηλ, εἷς ἐκ τῶν ἑπτὰ ἁγίων ἀγγέλων) bzw. Lk 1,19 (ἐγώ εἰμι Γαβριὴλ ὁ παρεστηκὼς ἐνώπιον τοῦ θεοῦ καὶ ἀπεστάλην λαλῆσαι πρὸς σὲ καὶ εὐαγγελίσασθαί σοι ταῦτα) anführen.

bei „konventionellen" Selbstvorstellungen. Wie dies im einzelnen funktioniert – und in welcher Weise sich die verschiedenen Ich-bin-Worte hierin unterscheiden – bleibt der intertextuellen Kontextualisierung und Auslegung der Texte vorbehalten, der ich mich im Folgenden zuwenden möchte. Dabei legt sich eine doppelte Vorgehensweise nahe: Eine intertextuelle Auslegung der metaphorischen Ich-bin-Worte lässt sich einerseits von der Formulierung ἐγώ εἰμι ausgehend durchführen, andererseits ist es auch notwendig, die einzelnen Prädikationen näher zu betrachten, d.h. bei den Begriffen Brot, Licht, Weinstock etc. anzusetzen. Beides ist für das Verständnis der johanneischen Ich-bin-Worte wichtig. Deshalb werde ich mich nacheinander beidem zuwenden, wobei ich mit dem anfange, was allen Ich-bin-Worten gemeinsam ist: mit dem ἐγώ εἰμι. In einem zweiten Schritt wird es dann exemplarisch um die Prädikationen „Brot", „Licht" und „Weinstock" gehen.

III. Ich-bin-Worte in Texten der Spätantike: ein Überblick

[Σαῦλος·] Τίς εἶ, Κύριε; [Ἰησοῦς·] Ἐγώ εἰμι Ἰησοῦς ὁ Ναζωραῖος, ὃν σὺ διώκεις. Ὢ σοφίας Δεσπότου! Διὰ τί μὴ εἶπεν Ἐγώ εἰμι ὁ Υἱὸς τοῦ Θεοῦ, ἐγώ εἰμι ὁ ἐν ἀρχῇ Λόγος, ἐγώ εἰμι ὁ ἐν δεξιᾷ καθήμενος τοῦ Πατρός, ἐγώ εἰμι ὁ ἐν μορφῇ Θεοῦ ὑπάρχων, ἐγώ εἰμι ὁ τὸν οὐρανὸν τείνας, ἐγώ εἰμι ὁ τὴν γῆν ἑδράσας, ἐγώ εἰμι ὁ τὴν θάλασσαν ἁπλώσας, ἐγώ εἰμι ὁ τοὺς ἀγγέλους ποιήσας, ἐγώ εἰμι ὁ πανταχοῦ παρὼν καὶ τὰ πάντα πληρῶν, ἐγώ εἰμι ὁ πρὸ αἰώνων ἐκ Πατρὸς γεννηθείς; Διὰ τί μὴ εἶπε τὰ σεμνὰ ἐκεῖνα καὶ ὑψηλὰ καὶ μεγάλα, ἀλλ᾽, Ἐγώ εἰμι Ἰησοῦς ὁ Ναζωραῖος;[1]

Dieser Text des Chrysostomos zeigt das Bewusstsein für die Existenz eines „Ich-bin"-Stils zur Zeit der Kirchenväter. Gleichzeitig zeigt er, dass die Verschiedenartigkeit von ἐγώ εἰμι-Formulierungen schon in der Antike thematisiert werden konnte. Chrysostomos beantwortet die von ihm gestellte Frage dahingehend, dass es die Intention Jesu gewesen sei, sich Saulus verständlich zu machen. Deshalb habe er sich so ausgedrückt, dass Saulus ihn als den identifizieren konnte, den er verfolgt hatte. Dies wäre bei einer Selbstpräsentation in hoheitlicher Rede, wie sie Chrysostomos imaginiert, nicht gelungen, da Saulus (noch) nicht in der Lage war, Jesus in seinen wahren Eigenschaften zu erkennen.

Zur Vorgehensweise

Als Fortsetzung der Argumentation des Chrysostomos lässt sich sagen, dass auch eine Selbstvorstellung Jesu als „Brot des Lebens" oder „wahrer Weinstock" für Saulus wenig aufschlussreich gewesen wäre. Es ist offensichtlich, dass die Verschiedenartigkeit von ἐγώ εἰμι-Aussagen von zentraler Bedeutung für deren Verständnis ist. Hieraus ergibt sich die Notwendigkeit, bei einem Überblick über die „Ich-bin-Worte" das Material im Hinblick auf diese Verschiedenartigkeit zu kategorisieren und nicht alle ἐγώ εἰμι-Formulierungen gleichrangig nebeneinander zu stellen. Ausgehend von meinen bisherigen Ausführungen und in

---

[1] Chrysostomos zu Apg 9,5; 22,8; 26,15: [Saulus]: „Wer bist du Herr?", [Jesus]: „Ich bin Jesus, der Nazoräer, den du verfolgst." Oh, welche Weisheit des Herrschers! Warum sagte er nicht: „Ich bin der Sohn Gottes. Ich bin der Logos im Anfang. Ich bin, der zur Rechten des Vaters sitzt. Ich bin, der von göttlicher Gestalt ist. Ich bin, der den Himmel aufgespannt hat. Ich bin, der die Erde befestigt hat. Ich bin, der das Meer ausgebreitet hat. Ich bin, der die Engel gemacht hat. Ich bin der überall Gegenwärtige und das All Erfüllende. Ich bin, der vor Ewigkeiten aus dem Vater geboren wurde." Warum sagte er nicht diese heiligen, erhabenen und gewaltigen Worte, sondern: „Ich bin Jesus, der Nazoräer"? (Hom in Ps 50; PG 55, 577, 8–31).

Anbetracht des vorhandenen Materials legt sich eine grundlegende Aufteilung in drei Typen nahe:

Die erste Gruppe bilden „ordentliche" Selbstvorstellungen, wo auf das ἐγώ εἰμι ein Name oder Titel folgt. Beispiel ist die von Chrysostomos aus Apg 9,5; 22,8; 26,15 zitierte Formulierung „Ich bin Jesus usw."; sowie aus der Septuaginta: „Ich bin Rafael (ἐγώ εἰμι Ραφαηλ), einer von den sieben heiligen Engeln" (Tob 12,15). Hierhin gehört auch die in der Septuaginta und anderswo häufige Gottesrede: „ἐγώ εἰμι κύριος ὁ θεός κτλ."; zumal, da κύριος letztlich eine Wiedergabe des Gottesnamens ist (was auch spätantiken LeserInnen nicht unbekannt gewesen sein dürfte)[2].

Die zweite Gruppe bilden Beschreibungen von Eigenschaften, Tätigkeiten und Befindlichkeiten. Beispiele hierfür gibt es sowohl von Gott: „Ich bin, der euch aus Ägypten hinaufgeführt hat" (ἐγώ εἰμι ὁ ἀναβιβάσας ὑμᾶς ἐξ Αἰγύπτου, Ri 6,8); wie auch von Menschen: „Denn ich bin alt" (ἐγώ γάρ εἰμι πρεσβύτης, wie Zacharias in Lk 1,18 sagt. Während in der vorigen Kategorie die Frage „Wer bist du?" beantwortet wird, geht es hier primär um ein „Was / wie bist du?". Formulierungen dieser Kategorie treten auch als Weiterführungen solcher der ersten Kategorie auf; vgl. z.B. Ex 20,2 und die Isisinschrift aus Kyme[3].

Die dritte Kategorie bilden Aussagen, die Paradoxien, Rätsel und Metaphern enthalten bzw. sind. Auch hier gibt es sowohl Beispiele von menschlicher Seite, wie z.B.: „Ich aber bin ein Wurm und kein Mensch" (ἐγὼ δέ εἰμι σκώληξ καὶ οὐκ ἄνθρωπος, Ψ 21,7) als auch göttliche Aussagen: „Ich bin das Alpha und das Omega" (ἐγώ εἰμι τὸ Ἄλφα καὶ τὸ Ὦ, Offb 1,8). Formulierungen dieser Kategorie sind im Gegensatz zu denen der ersten Kategorie besonders ungeeignet, um eine Identifikation des Sprechenden vorzunehmen, sie erlauben aber tiefere Einsichten in das Wesen dessen, der sie gebraucht, als einfache namentliche Selbstvorstellungen dies ermöglichen würden.

Ich werde im Folgenden die relevanten Belegstellen sowohl nach Art der Ich-bin-Worte als auch nach Schriftengruppen ordnen. Aus Gründen der Lesbarkeit und Übersichtlichkeit habe ich mich entschieden, als übergeordnete Rubrizierung die Einzelschriften in vier großen Gruppen zusammenzufassen und dann innerhalb dieser Abschnitte die

---

[2] In den unten aufgeführten Tabellen erhält diese Form der Gottesrede aufgrund ihrer besonderen Wichtigkeit in den Schriften der Septuaginta eine separate Spalte.

[3] Vgl. dazu unten C III 4c.

Ich-bin-Worte nach Typen zu sortieren. Die Schriftengruppen sind: 1. Die Septuaginta und frühjüdische Apokryphen; 2. Das Neue Testament und (griechisch erhaltene) frühchristliche Apokryphen; 3. Koptische Schriften (meist aus Nag Hammadi), die vorwiegend der Gnosis zuzuordnen sind; sowie 4. Pagane Texte, wobei hier Zeugnisse aus dem Bereich des Isiskultes eine besondere Rolle spielen[4].

Texte aus allen vier Gruppen (LXX, NT, Gnosis, Isiskult) spielten im Laufe der Forschungsgeschichte zu verschiedenen Zeiten eine Schlüsselrolle für das Verständnis der johanneischen Ich-bin-Worte. Zutreffend bemerkt Schwankl: „Fast hat man den Eindruck, daß die Forschung dort, wo sie gerade ihre Sonde ansetzt, auch fündig wird, und daß die Forscher dann jeweils geneigt waren, auf dem von ihnen erforschten Gebiet die Wurzeln der joh Offenbarungsworte anzunehmen"[5]. Eine Rubrizierung wie die hier vorgenommene soll dazu dienen, die Vergleichbarkeit der Textgruppen miteinander sowie mit dem Johannesevangelium zu erleichtern. Dabei ergibt sich meine Auswahl der herangezogenen Schriften aus meinen methodischen Vorgaben, d.h. der Ansatz der rezeptionsorientierten Intertextualität bedeutet, dass ich nur solche Texte berücksichtige, die in der Spätantike auf Griechisch zugänglich waren, also z.B. keine ägyptischen Texte aus dem mittleren Reich, aber die hellenistisch-griechischen Isis-Aretalogien[6].

Der folgende Überblick über spätantike ἐγώ εἰμι-Formulierungen ist von dem Interesse geleitet, die johanneischen Formulierungen zu kontextualisieren und zu verstehen. Deshalb sind zwei Phänomene von besonderem Interesse: erstens Wiederholungen, Reihen und Serien von ἐγώ εἰμι, da sich nicht in Einzelbelegen, sondern erst durch Reihungen

---

[4] Dieses Ordnungssystem erfolgt im Wissen um die Problematik von Rubrizierungen (Ist TestLev jüdisch oder christlich? Wohin gehört der Poimandres? etc.) und soll der Übersichtlichkeit dienen. Dabei nehme ich in Kauf, dass die griechisch erhaltenen Texte einerseits und die koptisch erhaltenen andererseits in verschiedenen Rubriken behandelt werden – was nicht der antiken Rezeptionssituation entspricht, aber notwendig ist, da sich aufgrund der differierenden Sprachstruktur des Koptischen hier zusätzliche erläuterungsbedürftige grammatische Probleme stellen.

[5] Schwankl, Licht, 197.

[6] Außerdem berücksichtige ich im engeren Sinne exegetische Texte nicht, da in ihnen immer wieder biblische ἐγώ εἰμι Formulierungen zitiert werden und damit das Material zwar wiederholt, jedoch nicht verändert wird. Eine Suche mit Hilfe des Thesaurus Linguae Graecae ergibt, dass die Belege für ἐγώ εἰμι (auch mit einem Wort dazwischen) erst ab Origenes (also nach dem hier interessierenden Zeitraum) deutlich ansteigen: Die Zahlen sind (in Auswahl): Philo: 36; Justin Mart.: 11; Clemens v. A.: 24; Origenes: 295 (überwiegend Johanneszitate); Eusebius: 207; Epiphanius: 72; Athanasius: 157; Chrysostomos: 450.

und Serien so etwas wie ein erkennbarer Ich-bin-Stil etabliert und zeigt („typologische Intertextualität"). Zweitens ist im Hinblick auf den johanneischen Befund das Vorkommen von metaphorischen ἐγώ εἰμι-Formulierungen besonders zu beachten[7]. Auf beides werde ich in meinen Rubrizierungen der Ich-bin-Aussagen eingehen[8].

Für jene drei Schriftengruppen, die uns durch unterschiedliche historische Umstände gemeinsam überliefert sind, nämlich für die Septuaginta, das Neue Testament und die Codices aus Nag Hammadi, präsentiere ich das Material auch in tabellarischer Form. Nur bei diesen Schriftengruppen erwähne ich auch, in welchen Schriften keine meinen Suchkriterien entsprechenden Ich-bin-Worte zu finden sind. Die Tabellen stehen jeweils zu Beginn des Abschnittes, in dem die entsprechenden Texte behandelt werden, und bieten eine erste Annäherung an die Fülle des Materials.

1. *Septuaginta und frühjüdische Apokryphen*

Nicht in allen Schriften der Septuaginta gibt es ἐγώ εἰμι-Formulierungen[9]. Die in der Tabelle aufgeführten Schriften enthalten solche Formulierungen in unterschiedlicher Häufigkeit[10] und verschiedener Art:

---

[7] Vgl. oben C II.

[8] Da die johanneischen Ich-bin-Worte im Kontext eines das ganze Evangelium durchziehenden Ich-Stils stehen (vgl. oben C I 2), ließe es sich erwägen, auch die anderen antiken Schriften auf einen solchen Stil hin zu untersuchen. Angesichts der Materialfülle ist es allerdings weder möglich noch sinnvoll, auch alle Belege für ἐγώ ohne εἰμι aufzulisten. Ich werde also nur gelegentlich solche Formulierungen aufnehmen, soweit sie charakteristisch sind. Um das Spektrum der Belege zu erweitern, habe ich jedoch auch nach solchen Formulierungen gesucht, in denen ἐγώ und εἰμι durch ein Wort (wie etwa γάρ oder δέ) oder einen Ausdruck von maximal drei Worten getrennt sind oder in umgekehrter Reihenfolge auftreten. Neben den einschlägigen Wörterbüchern, Konkordanzen und Registern von Textausgaben habe ich zum Finden der Belege auch mit computerisierten Suchprogrammen gearbeitet wie Accordance für die Septuaginta und dem Thesaurus Linguae Graecae für die dort vorhandenen Schriften; vgl. zum letzteren auch Thyen, Ich-bin-Worte, 148f.

[9] Schriften ohne ἐγώ εἰμι sind: Jos; 2Chr; 1Esra; 2Esra (HB Esra; Neh); 1–3Makk; Spr; Koh; Weish; Sir; PsSal; Am; Mi; Obd; Nah; Hab; Kgl; Bar; EpJer; Sus; Dan; Bel-et-Dr.

[10] Die von mir gewählten Zeichen bedeuten: − = fehlt; x = kommt selten vor (deutlich weniger als 10x); xx kommt häufiger vor (ca 10x); xxx kommt oft vor (deutlich mehr als 10x). Ich habe mich dagegen entschieden, genaue Zahlen anzugeben, da es immer wieder einzelne Stellen gibt, deren Zuordnung (etwa wegen textkritischer Varianten) schwierig ist, und Einzelfallbegründungen dieses Kapitel überfrachtet hätten. Solche Stellen sind jedoch nicht so zahlreich, dass sie das Gesamtbild verändern könnten.

	Namen	κύριος/Gott	andere	PRM	Serien
Gen	x Josef u.a.	x	xx	x	–
Ex	–	xx	x	x	–
Lev	–	xxx	–	–	x
Num	–	x	–	–	–
Dtn	–	x	x	–	–
Ri	–	–	x	–	–
Rut	x Ruth	–	x	–	–
1Kön/(HB: 1Sam)	–	–	xx	–	–
2Kön/(HB: 2Sam)	x Asael	–	xx	x	–
3(1)Kön	–	–	x	–	–
4(2)Kön	–	–	x	–	–
1Chr	–	–	x	–	–
Est	–	–	x	x	–
Jdt	–	–	x	–	–
Tob	x Rafael	–	x	–	–
4Makk	–	–	x	–	–
Ψ	–	x	xx	x	–
Hld	–	–	x	–	–
Ijob	–	–	x	x	–
Hos	–	x	x	x	–
Joel	–	–	x	–	–
Jona	–	–	x	–	–
Zef	–	–	x	–	–
Hag	–	–	x	–	–
Sach	–	–	x	–	–
Mal	–	–	x	–	–
Jes	–	xx	xx	x	–
Jer	–	x	xx	–	–
Ez	–	xxx	–	–	x

a) *Selbstvorstellungen mit Namen oder Titeln*
Diese Kategorie von ἐγώ εἰμι-Formulierungen gibt es in der Septuaginta und frühjüdischen Apokryphen[12] von Menschen, von Engeln oder Zwischenwesen sowie von Gott. Im Einzelnen gehören in die Kategorie Menschen:

---

[11] PRM steht für die dritte oben aufgeführte Kategorie und bedeutet „Paradoxien, Rätsel und Metaphern".
[12] Für die Angaben diese Schriften betreffend richte ich mich nach den bei Denis, Concordance, 815–925, zur Verfügung gestellten Texten mit den dortigen Kapitel- und Verszählungen. Textliche Einzelprobleme diskutiere ich nicht.

Gen 45,4: Joseph gibt sich seinen Brüdern zu erkennen: „Ich bin Joseph (ἐγώ εἰμι Ιωσηφ), euer Bruder, den ihr nach Ägypten verkauft habt"; vgl. auch: Gen 27,32 (Esau); 45,3 (Joseph); Rut 3,9 (Ruth); TestJob 1,5.6; 2,1 (Hiob / Iobab); JosAs 19,5 (Aseneth); TestZab 1,3 (Sebulon). Hier lassen sich auch solche Belege einordnen, wo sich jemand nicht mit eigenem Namen, aber in Relation zu einer namentlich bekannten Person oder Gruppe vorstellt, so Gen 24,34: „Knecht Abrahams bin ich (παῖς Αβρααμ ἐγώ εἰμι)"; vgl. Gen 24,24; Ri 17,9; 1Kön (HB 1Sam) 30,13; 2Kön (HB 2Sam) 1,8.13; Jona 1,9. Ebenfalls in diese Kategorie gehören Antworten auf Fragen nach der Identität, wie z.B. 2Kön (2Sam) 2,20: Auf die Frage: „Bist du es, Asael?" sagt der: „Ich bin es (ἐγώ εἰμι)"; vgl. auch TestJob 29,4; 31,6 (Hiob); VitAd 17,2 (Eva).

Selbstvorstellungen von Engeln oder Zwischenwesen gibt es seltener, vgl. Tob 12,15, wo sich der hilfreiche Fremde zu erkennen gibt: „Ich bin Rafael (ἐγώ εἰμι Ραφαηλ), einer von den sieben heiligen Engeln"; vgl. auch TestAbr 1, 7,11 / 2, 7,2 (Michael). Gelegentlich begegnen auch Vorstellungen ohne direkte Namensnennung, so sagt der Tod in TestAbr 2, 13,16: „Ich bin der Tod (ἐγώ εἰμι ὁ θάνατος), der die Seelen aus dem Körper wegnimmt"; und in TestLevi 5,6 heißt es: „Ich bin der Engel (ἐγώ εἰμι ὁ ἄγγελος), der für das Geschlecht Israels bittend eintritt"; vgl. auch JosAs 14,8; 15,12B.

Die weitaus meisten Belege dieser Kategorie entfallen in der Septuaginta auf Gott. Dabei kann auf das ἐγώ εἰμι entweder κύριος oder θεός oder beides folgen. Nur κύριος steht in Ex 7,5; 8,18; 14,4.18; 15,26; Lev 11,45; Num 35,34; Jes 45,8.19; 61,8; Jer 9,23; 24,7; Ez 7,6 (HB 7,4). Formulierungen mit „Gott", „dein Gott", „Gott Abrahams" etc. gibt es in Gen 17,1; 26,24; 31,13; 46,3; Ex 3,6; Ψ 45,11; 49,7; Jes 41,10; 45,22; 46,9; 48,17; Jer 23,23; TestAbr 1,8,5. Der ganze Ausdruck schließlich: ἐγώ εἰμι κύριος ὁ θεός (oft mit Zusätzen: „der dich aus Ägypten hinaufgeführt hat" oder „und keiner außer mir") steht in Ex 20,2.5; 29,46; Lev 11,44; 26,13.44.45; Dtn 5,9; Ψ 80,11; TestAbr 1,8,7.

Diese Kategorie ist die einzige in der Septuaginta, wo Serien und Wiederholungen auftreten: So wird in Lev 19–26 nach den Einzelgeboten immer wieder ἐγώ εἰμι κύριος (ὁ θεὸς ὑμῶν) wiederholt[13], und

---

[13] Lev 19,10.12.14.16.18.25.28.30.31.32.34.36.37; 21,23; 22,30; 24,22; 25,17; 26,1.2.13.44.45.

in Ez 28–39 heißt es regelmäßig[14] nach Prophezeiungen, dass in deren Konsequenz die Menschen erkennen werden, dass ἐγώ εἰμι κύριος (ὁ θεὸς αὐτῶν). Hier hat sich ein feststehender Sprachgebrauch etabliert, auf den auch in späteren (neutestamentlichen und gnostischen) Schriften immer wieder zurückgegriffen wird.

Das Zentrale dieser Aussagen zeigt sich auch darin, dass die Exklusivität und Einzigartigkeit Gottes in gleicher Weise auch bei fehlender Kopula[15] oder abwesendem Prädikatsnomen thematisiert werden kann; vgl. Dtn 32,39, wo Gott spricht: „Seht, seht: Ich bin und es gibt keinen Gott außer mir" (ἴδετε ἴδετε ὅτι ἐγώ εἰμι καὶ οὐκ ἔστιν θεὸς πλὴν ἐμοῦ); Jes 43,10, wo Gott sagt: „damit ihr erkennt und glaubt und einseht, dass ich es bin (ἵνα γνῶτε καὶ πιστεύσητε καὶ συνῆτε, ὅτι ἐγώ εἰμι). Vor mir ist kein anderer Gott entstanden und mit mir gibt es keinen"; vgl. auch Jes 45,18; 46,4. Wenn andere Subjekte vergleichbare Formulierungen gebrauchen, so wird dies bestraft, vgl. Zef 2,15, wo die übermütige Stadt Ninive vor ihrer Vernichtung von sich behauptet hatte, sie sei die Einzige (ἐγώ εἰμι, καὶ οὐκ ἔστιν μετ' ἐμὲ ἔτι); ähnlich auch Jes 47,8.10 (von Babel); sowie Ez 28,2.9, wo der Fürst von Tyrus meint: θεός εἰμι ἐγώ und die prophetische Entgegnung heißt: „Du bist nur ein Mensch". Aussagen, in denen Einzigartigkeit oder Göttlichkeit beansprucht wird, sind dem Gott Israels vorbehalten.

b) *Beschreibung von Eigenschaften, Tätigkeiten und Befindlichkeiten*
In der zweiten Kategorie sind in den meisten Fällen Menschen die Sprechenden. Hierhin gehören Stellen wie Rut 2,10, wo Ruth sagt: „Ich bin eine Fremde (ἐγώ εἰμι ξένη)"; oder Ψ 108,22, wo es heißt: „Rette mich, denn arm und elend bin ich (πτωχὸς καὶ πένης ἐγώ εἰμι)"; oder auch Ex 6,12, wo Mose sagt: „Ich aber bin sprachunfähig (ἐγὼ δὲ ἄλογός εἰμι)". Die Wortreihenfolge ist hier variabler als in der ersten

---

[14] Ez 28,22.23.24.26; 29,6.9.16.21; 30,8.19.25.26; 32,15; 33,29; 34,15.27.30; 35,4.9.12.15; 36,11.23; 37.6.13.28; 38,23; 39,6.7.22.28.

[15] So in Gen 28,13; 35,11; Ex 6,2.6.7.8.29; 7,17; 10,2; 12,12; 16,12; 31,13; 35,3; Lev 18,2.4.5.6.21 30; 19,3.4; 20,7.8.24; 21,8.12.15; 22,2.3.8.9.16.32.33; 23,22.43; 25,36.38.55; Num 3,13.41.45; 10,10; 15,41; Dtn 5,6; Ri 6,10; 3Kön (= HB 1Kön) 21,13.28; Joel 2,27; 4,17; Sach 10,6; Mal 3,6; Jes 41,4.17; 42,8; 43,3.15; 44,24; 45,3.5.6.7; 49,23.26; 60,16; Jer 17,10; 39,27; Bar 2,31; Ez 6,7.13.14; 7,8.27; 11,10.12; 12,15.16.20; 13,9.14.21.23; 14,8; 15,7; 16,62; 17,24; 20,5.7.12.19.20.38.42.44; 22,16; 23,49; 24,24.27; 25,5.7.11.17; 26,6; 34,31; 36,38. Auffallend sind auch hier wieder die Häufungen in Lev und Ez.

Gruppe von Belegstellen. Der Vielzahl „menschlicher" Belegstellen[16] stehen in dieser Kategorie vergleichsweise wenige von übermenschlicher Art gegenüber: Belege für Engel und Zwischenwesen gibt es in der Septuaginta nicht, vgl. aber TestJob 27,2, wo der Satan zu Hiob sagt: „Siehe Hiob, ich gebe auf und weiche zurück vor dir, obwohl du fleischlich bist, ich aber Geist bin (ἐγὼ δέ εἰμι πνεῦμα); du bist zwar in Plagen geraten, ich aber bin in großer Bedrängnis (ἐγώ εἰμι ἐν ὀχλήσει μεγάλῃ)"; sowie die Aussagen des Teufels in TestAbr 1, 16,12; 17,5.

Etwas häufiger sind die göttlichen Aussagen dieser Kategorie, vgl. Ri 6,8: „Ich bin, der euch aus Ägypten hinaufgeführt hat (ἐγώ εἰμι ὁ ἀναβιβάσας ὑμᾶς ἐξ Αἰγύπτου)". Der Rest der Belege entfällt auf prophetische Schriften, vgl. Hag 1,13: „Ich bin mit euch (ἐγώ εἰμι μεθ' ὑμῶν)"; sowie noch Hos 1,9; 11,9; Joel 2,27; Hag 2,4; Mal 1,6.14; Jes 43,25; 51,12; 52,6; Jer 1,8.17.19; 3,12; 26,28 (HB 46,28); 49,11 (HB 42,11).

Erwähnenswert ist die grammatische Besonderheit in einigen Schriften der Septuaginta, wo ἐγώ εἰμι als Subjekt in Kombination mit einer konjugierten Verbform gebraucht wird, z.B. 2Kön (HB 2Sam) 11,5, wo Batseba David ausrichten lässt: „Ich bin schwanger (ἐγώ εἰμι ἐν γαστρὶ ἔχω)". Diese grammatische Regelverletzung gibt es in Reden von Menschen (Ri 5,3; 11,27.35.37 [nur B-Text]; Rut 4,4; 2Kön [HB 2Sam] 13,28; 15,28; 18,12; 20,17; 24,17; 3Kön [HB 1Kön] 2,2; 4Kön [HB 2Kön] 4,13; 10,9); von Engeln (Ri 6,18) und von Gott (2Kön [HB 2Sam] 12,7; 24,12; 4Kön [HB 2Kön] 22,20; Ijob 33,31). Solche Formulierungen sind somit keine Besonderheit der Gottesrede, sondern ein stilistisches Merkmal einiger Schriften der Septuaginta.

c) *Paradoxien, Rätsel und Metaphern*
In Anbetracht des Gesamtbefundes in der Septuaginta gibt es erstaunlich wenige Belege der Rubrik „Paradoxien, Rätsel und Metaphern". Da diese Stellen im Hinblick auf das Johannesevangelium von besonderem Interesse sind, führe ich sie vollständig auf. Die Mehrzahl findet sich im Mund von Menschen:

---

[16] Vgl. zu dieser Kategorie noch: Gen 4,9; 23,4; 30,2; 31,38.41; 34,30; 50,19; Ex 4,10; 6,30; Dtn 31,2; Ri 5,3 (B-Text); 6,15; 8,5 (B-Text); 9,2; 16,17; 19,18; Rut 3,12; 1Kön (HB 1Sam) 1,15; 4,16; 9,19.21; 17,8; 22,22; 2Kön (HB 2Sam) 3,28.39; 7,18; 14,5; 15,26; 19,36; 20,19; 3Kön (HB 1Kön) 3,7; 19,4; 21,4 (HB 20,4); 4Kön (HB 2Kön) 1,12; 1Chr 17,16; 21,17; 29,14; Jdt 12,14; Tob 5,10 (nur S-Text); 6,15 (nur BA-Text); 4Makk 5,31; Ψ 24,16; 38,13; 39,18; 68,30; 85,1; 87,16; 118,19.63.94.125.141; 140,10; 142,12; Hld 1,6; 5,8; Ijob 13,18; Sach 13,5; Jes 6,8; Jer 1,6.7; TestAbr 2, 13,7; TestRub 1,4.

- Gen 18,27: Abraham sagt zu Gott: „Ich aber bin Erde und Asche (ἐγὼ δέ εἰμι γῆ καὶ σποδός)".
- 1Kön (HB 1Sam) 17,43: Goliad sagt zu David: „Bin ich wie ein Hund (ὡσεὶ κύων ἐγώ εἰμι), dass du mit einem Stock und Steinen zu mir kommst?"
- 2Kön (HB 2Sam) 3,8: Abner wird zornig und sagt: „Bin ich etwa ein Hundskopf? (μὴ κεφαλὴ κυνὸς ἐγώ εἰμι)".
- 2Kön (HB 2Sam) 24,17: David bittet Gott, von seinem Zorn gegen das Volk abzulassen, wobei er sagt: „Ich bin es, der als der Hirte schlecht gehandelt hat (ἐγώ εἰμι ὁ ποιμὴν ἐκακοποίησα); und diese, die Schafe, was haben sie getan?".
- Est 10,3d: In der Deutung von Mordechais Traum heisst es: „Die zwei Drachen aber bin ich und Aman (οἱ δὲ δύο δράκοντες ἐγώ εἰμι καὶ Αμαν)".
- Ψ 21,7: Der Betende spricht: „Ich aber bin ein Wurm und kein Mensch (ἐγὼ δέ εἰμι σκώληξ καὶ οὐκ ἄνθρωπος)".
- Ijob 30,9: Hiob beklagt seinen Zustand und sagt: „Jetzt aber bin ich eine Zither für sie (νυνὶ δὲ κιθάρα ἐγώ εἰμι αὐτῶν)".
- Jes 56,3: „Ein Eunuch soll nicht sagen: ‚Ich bin ein verdorrtes Holz' (ἐγώ εἰμι ξύλον ξηρόν)".

Auffallend ist der unkreative Charakter dieser Metaphern. Das Gemeinte ließe sich ohne größere Schwierigkeiten auch „normalsprachlich", d.h. ohne Metaphern oder Vergleiche, ausdrücken. Die genannten Metaphern wirken wie eine Illustration der Substitutionstheorie und unterscheiden sich insofern deutlich von der johanneischen Art und Weise, bildliche Sprache zu gebrauchen.

Während es in der Septuaginta keine metaphorischen ἐγώ εἰμι-Aussagen aus dem Mund von Engeln oder Zwischenwesen gibt, finden sich zwei solche Aussagen in verschiedenen Textversionen des Testaments Abrahams:

- TestAbr 1, 16,11: Der Tod sagt zu Abraham: „Ich bin das bittere Getränk des Todes (ἐγώ εἰμι τὸ πικρὸν τοῦ θανάτου ποτήριον)".
- TestAbr 2, 13,15: Der Tod sagt zu Abraham: „Ich bin der bitterere Name; ich bin das Wehklagen; ich bin der Fall aller Menschen (ἐγώ εἰμι τὸ πικρότερον ὄνομα ἐγώ εἰμι ὁ κλαυθμὸς ἐγώ εἰμι ἡ πτῶσις πάντων)".

In den frühjüdischen Apokryphen begegnen keine vergleichbaren Aussagen aus dem Mund Gottes. Dafür gibt es einige Belege aus der Septuaginta, die hier von Interesse sind. Ein Beleg ist ein einfacher Vergleich, ein anderer eine Metapher, die an die johanneischen erinnern:

– Hos 5,14: Gott spricht: „Ich bin wie ein Panther für Ephraim, wie ein Löwe für das Haus Juda (ἐγώ εἰμι ὡς πανθὴρ κτλ.)".
– Ψ 34,3: Der Betende bittet Gott, für ihn zu kämpfen und zu sagen: „Deine Rettung bin ich (σωτηρία σου ἐγώ εἰμι)".

Drei weitere Passagen von Gottesreden sind schwieriger zu klassifizieren. Es handelt sich nicht eigentlich um Metaphern, trotzdem lässt die Tiefendimension dieser Aussagen ihre Klassifizierung als einfache Selbstvorstellungen oder Eigenschaftsbeschreibungen unzureichend erscheinen. Im ersten Falle fragt Mose Gott nach seinem Namen. Die Antwort:

– Ex 3,14: Gott sagt zu Moses: „Ich bin der Seiende (ἐγώ εἰμι ὁ ὤν)", enthält keinen Namen im üblichen Sinne, womit der Ausspruch einen rätselhaften Charakter bekommt und zum Ausgangspunkt vielfältiger Spekulationen geworden ist. Die beiden anderen Aussagen sind als Paradoxien formuliert:
– Jes 41,4: Gott spricht: „Ich, Gott, (bin) der Erste, und für das Zukünftige bin ich (ἐγὼ θεὸς πρῶτος καὶ εἰς τὰ ἐπερχόμενα ἐγώ εἰμι)".
– Jes 48,12: Gott spricht: „Ich bin der Erste und ich bin in Ewigkeit (ἐγώ εἰμι πρῶτος καὶ ἐγώ εἰμι εἰς τὸν αἰῶνα)".

Aussagen göttlicher Gestalten, die in Gegensätzen reden, werden in späteren Texten noch eine große Rolle spielen.

Zusammenfassend lässt sich festhalten: Die Belegstellen der Septuaginta sind zu uneinheitlich, um hier einen festgelegten soteriologischen Redetypus zu erkennen. Aussagen aller Kategorien können von göttlicher oder von menschlicher Seite getroffen werden. In der Septuaginta selbst gibt es wenig Belege aus dem Mund von Engeln oder Zwischenwesen, diese nehmen in den späteren Schriften zu, während die Gottesaussagen dort im Verhältnis seltener werden.

Die einzige Gruppe, wo sich von einem festgelegten Redetypus sprechen lässt, sind die Formulierungen: ἐγώ εἰμι κύριος (ὁ θεός) κτλ. Sie werden wiederholt und variiert; sie treten in Reihungen und Serien auf. Ihre Funktion ist es überwiegend, Gebote oder Prophezeiungen zu legitimieren und ihnen Nachdruck zu verleihen. Im Johannesevangelium gibt es keine einzige solche Aussage; und auch ein denkbares Äquivalent – dass Jesus etwa mit der Formulierung ἐγώ εἰμι ὁ υἱὸς τοῦ θεοῦ seinen Worten Nachdruck verleihen würde – fehlt vollkommen. Auf der anderen Seite begegnet keine einzige der metaphorischen Formulierungen des Johannesevangeliums in der Septuaginta. Dies ist schon deshalb auffällig, weil die Prädikationen der johanneischen Formulierungen (abgesehen von der ἀνάστασις) dort durchaus eine größere Rolle spielen. Darüber hinaus lässt sich sogar sagen, dass metaphorische Ich-bin-Worte von der kreativen johanneischen Art überhaupt nicht vorkommen; es gibt in der Septuaginta keinen Typus von Ich-bin-Worten, die diesen johanneischen entsprechen. Angesichts der großen Rolle, die die heiligen Texte des Judentums insgesamt für das Johannesevangelium spielen, ist dieser Befund erst einmal überraschend. Er lässt sich dann auch in einer Hinsicht einschränken: Es gibt in den Weisheitsschriften Metaphern und Vergleiche, die denen des johanneischen Jesus ähneln oder entsprechen; vgl. etwa Sir 24,17, wo die Weisheit von sich sagt: „Ich ließ wie ein Weinstock Gnade hervorsprießen (ἐγὼ ὡς ἄμπελος ἐβλάστησα χάριν)". Allerdings: In keiner dieser Formulierungen begegnet ein ἐγώ εἰμι. Es fehlt sogar in den Büchern Spr, Koh, Weish und Sir vollständig. Selbst wo sich die Weisheit in Reden der 1.Pers. vorstellt[17], tut sie dies nicht mit der Formulierung ἐγώ εἰμι, und auch ein ἐγώ am Anfang eines Satzes oder Satzteiles ist die Ausnahme und nicht die Regel[18]. Was typisch für das Johannesevangelium ist, fehlt also in der Septuaginta – und umgekehrt. Welche Relevanz dieser Befund insgesamt hat, lässt sich erst nach einem Blick auf die anderen Textgruppen entscheiden.

2. *Neues Testament und (griechisch erhaltene) frühchristliche Apokryphen*

Durchsucht man die Schriften des Neuen Testaments nach denselben Kriterien wie die der Septuaginta, ergibt sich folgendes Bild[19]:

---

[17] Spr 1,22–33; 8,4–36; 9,5f; Sir 24,1–22.
[18] Nur Spr 1,28; 8,12.17.30; Sir 24,3f.16f.
[19] Keine Belege finden sich in: 2Kor, Gal, Eph, Phil, Kol, 1Thess, 2Thess, 2Tim, Tit, Phlm, Hebr, Jak, 2Petr, 1Joh, 2Joh, 3Joh, Jud. – In jenen Schriften, die heute unter dem Oberbegriff „Apostolische Väter" zusammengefasst werden, finden sich nur in 1Clem und Herm Belege (die ich im Folgenden berücksichtigen werde), in den übrigen Schriften fehlen solche Formulierungen.

	Namen	κύριος/ Gott	andere	PRM	Serien
Mt	–	x	xx	–	–
Mk	–	x	x	–	–
Lk	x Gabriel	–	xx	–	–
Joh	–	–	xx	xx	x
Apg	x Jesus	x	xx	–	–
Röm	–	–	x	–	–
1Kor	–	–	x	–	–
1Tim	–	–	x	–	–
1Petr	–	–	x	–	–
Offb	–	–	x	x	–

a) *Selbstvorstellungen mit Namen oder Titeln*
Selbstvorstellungen dieser Kategorie gibt es im Neuen Testament und frühchristlichen Apokryphen von Menschen, von Engeln und Zwischenwesen, von Gott und schließlich auch von Jesus. Im Einzelnen: Beispiele für ἐγώ εἰμι-Aussagen von menschlicher Seite finden sich von Paulus (der allerdings seinen Namen nicht nennt, da dieser ohnehin kontextuell bekannt ist), vgl. Apg 22,3, wo Paulus sagt: „Ich bin ein jüdischer Mann (ἐγώ εἰμι ἀνὴρ Ἰουδαῖος), geboren in Tarsus in Kilikien, aufgewachsen etc."; sowie die Selbstvorstellungen des Paulus in Apg 21,39; 23,6 und Röm 11,1.13. Beispiele mit Namensnennung gibt es in den Thomasakten, vgl. ActThom 115: „Ich bin Charisios (ἐγώ εἰμι Χαρίσιος), dein Ehemann"; vgl. auch ActThom 139: „Ich bin Sohn des Königs Misdaios (ἐγώ εἰμι υἱὸς Μισδαίου τοῦ βασιλέως)".

Aus der Kategorie Engel und Zwischenwesen gibt es im Neuen Testament nur einen einzigen Beleg, nämlich Lk 1,19, wo ein Engel zu Zacharias sagt: „Ich bin Gabriel (ἐγώ εἰμι Γαβριηλ), der vor Gott steht, und bin gesandt, mit dir zu reden und dir dies zu verkündigen". Aus den Apokryphen lässt sich in dieser Rubrik noch Herm 25,3 (Vis V,3) ergänzen: Dort hat Hermas eine Erscheinung, und auf seine Nachfrage sagt die erschienene Gestalt: „Ich bin der Hirt, sagte er, dem du übergeben wurdest (ἐγώ, φησίν, εἰμὶ ὁ ποιμὴν ᾧ παρεδόθης)"[20].

---

[20] Vgl. auch Herm 108,6 (Sim IX, 31, griechisch nicht erhalten): „et ego sum pastor". Der Hirt wird sonst im Text auch als „Engel der Buße" bezeichnet. M.E. handelt es sich hier nicht um eine Metapher (wie in Joh 10,11.14), sondern um einen festgelegten Titel.

Dreimal wird im Neuen Testament die Selbstvorstellung Gottes aus der Septuaginta zitiert, vgl. Mt 22,32: „Ich bin der Gott Abrahams und der Gott Isaaks und der Gott Jakobs (ἐγώ εἰμι ὁ θεὸς Ἀβραὰμ καὶ ὁ θεὸς Ἰσαὰκ καὶ ὁ θεὸς Ἰακώβ)", sowie Mk 12,26; Apg 7,32 (beide ohne εἰμι). Ebenfalls dreimal stellt sich Jesus namentlich vor, so Apg 9,5, wo Paulus eine Erscheinung hat und fragt: „Wer bist du, Herr?" Die Antwort ist: „Ich bin Jesus, den du verfolgst (ἐγώ εἰμι Ἰησοῦς ὃν σὺ διώκεις)"; vgl. die Wiederholungen in Apg 22,8 und 26,15.

Mehrfach begegnen in neutestamentlichen Texten auch Identitätsfragen oder Identitätsbekundungen. Diese Rubrik ist hier zahlreicher als in der Septuaginta und den frühjüdischen Apokryphen. Beispiele gibt es von Menschen und von Jesus, nicht jedoch von Engeln, Zwischenwesen oder Gott: In Apg 10,21 wird Petrus gesucht und sagt: „Siehe, ich bin es, den ihr sucht (ἐγώ εἰμι ὃν ζητεῖτε); aus welchem Grund seid ihr hier?" – In Mt 26,21–25 kündigt Jesus an: „Einer von euch wird mich verraten". Die Jünger fragen: „Bin ich es etwa (μήτι ἐγώ εἰμι), Herr?" (...) Auch Judas fragt: „Bin ich es etwa (μήτι ἐγώ εἰμι), Rabbi?" Er sagte ihm: „Du sagst es"[21]. – Von den johanneischen ἐγώ εἰμι-Aussagen lässt sich hier die Selbstidentifikation des Blindgeborenen (Joh 9,9) anfügen.

Einige weitere Stellen handeln von Selbstidentifikationen Jesu. Hierhin gehören die Seewandelerzählungen, vgl. Mk 6,49f: Die Jünger sehen Jesus auf dem See gehen und erschrecken. Jesus sagt zu ihnen: „Seid getrost, ich bin es (ἐγώ εἰμι); fürchtet euch nicht!", vgl. Mt 14,27 und Joh 6,20 (bei Lk fehlt der Seewandel). Vergleichbare Identifikationen Jesu gibt es in der johanneischen Version der Festnahmeerzählung (Joh 18,5.6.8) und in einer lukanischen Auferstehungsgeschichte: In Lk 24,39 führt die Erscheinung des Auferstandenen zu Erschrecken, woraufhin Jesus sagt: „Seht meine Hände und meine Füße, ich bin es selbst (ἐγώ εἰμι αὐτός)". Aus dem Gebrauch von ἐγώ εἰμι-Formulierungen nicht nur von Jesus, sondern auch von „einfachen" Menschen folgt, dass nicht jedes ἐγώ εἰμι eine Epiphanie begründet[22]; sondern die konstitutiven Merkmale einer Epiphanie jenseits des ἐγώ εἰμι zu suchen sind (u.a. im Erschreckensmotiv).

In die Rubrik, wo ein ἐγώ εἰμι im Zusammenhang eines Titels auftaucht, lassen sich auch jene Belegstellen der frühchristlichen Literatur

---

[21] Vgl. auch Mk 14,19 (ohne εἰμι); Lk formuliert anders.
[22] Vgl. zu den dahingehenden Forschungstendenzen oben B I 1.

einreihen, die sich mit der Frage nach der Identität des Messias beschäftigen. Zu nennen ist hier die markinische Verhörszene: In Mk 14,61f fragt der Hohepriester Jesus: „‚Bist du der Christus (σὺ εἶ ὁ Χριστός), der Sohn des Gepriesenen?' Jesus aber sagte: ‚Ich bin es (ἐγώ εἰμι); und ihr werdet den Menschensohn sitzen sehen zur Rechten der Kraft und kommen mit den Wolken des Himmels'"[23]. Daneben gibt es auch Warnungen vor falschen Messiasansprüchen, vgl. Mt 24,5, wo Jesus sagt: „Denn es werden viele kommen in meinem Namen und sagen: Ich bin der Christus (ἐγώ εἰμι ὁ Χριστός), und sie werden viele täuschen"[24]. Hierhin gehören auch jene Passagen des Johannesevangeliums, wo entweder Jesus bestätigt, dass er der Messias sei (vgl. Joh 4,25f), oder Johannes der Täufer darauf besteht, dass er es nicht sei, wobei die Aussage ἐγώ οὐκ εἰμὶ ὁ Χριστός geradezu als Bekenntnis stilisiert wird (vgl. Joh 1,20; 3,28)[25]. Interessant ist, dass Jesus nirgendwo im Neuen Testament explizit sagt: ἐγώ εἰμι ὁ Χριστός. Eine solche Redeform bleibt falschen Messiassen vorbehalten; der echte Messias dagegen bekommt den Titel von Anderen angetragen[26].

Interessant ist weiterhin, dass es nicht nur bei Johannes, sondern auch in den synoptischen Evangelien Aussagen gibt, wo ἐγώ εἰμι ohne folgendes Prädikatsnomen steht. Die parallelen Formulierungen von

---

[23] Vgl. Lk 22,70, wo Jesus auf die Frage antwortet: „Bist du denn der Sohn Gottes?" mit: „Ihr sagt, dass ich es bin (ὑμεῖς λέγετε ὅτι ἐγώ εἰμι)"; Mt formuliert anders.

[24] Vgl. auch Mk 13,6; Lk 21,8 (an beiden Stellen nur ἐγώ εἰμι ohne Christus). – Bei Celsos (Origenes, Cels VII,9 [Koetschau, GCS 2, 160,30–161,19]; vgl. auch Heine [Hrsg.], Oracles, 8f) findet sich eine Passage, in der dieser das Auftreten von s.E. falschen Propheten beschreibt, die von sich sagen: „Ich bin Gott, oder: Gottes Sohn, oder: göttlicher Geist (ἐγὼ ὁ θεός εἰμι ἢ θεοῦ παῖς ἢ πνεῦμα θεῖον)"; dies lässt sich u.a. auf Montanus beziehen, von dem an verschiedenen Stellen überliefert wird, er habe gesagt: „Ich (bin) Gott der Herr, der Allherrscher, der sich im Menschen aufhält (ἐγὼ κύριος ὁ θεὸς ὁ παντοκράτωρ καταγινόμενος ἐν ἀνθρώπῳ)" (vgl. Heine [Hg.], Oracles, 2f); oder: „Ich bin der Vater und der Sohn und der heilige Geist / und der Paraklet (ἐγὼ εἰμι ὁ πατὴρ καὶ ὁ υἱὸς καὶ τὸ ἅγιον πνεῦμα / καὶ ὁ παράκλητος)" (vgl. Heine [Hg.], Oracles, 6–9; zur Diskussion vgl. Nagel, Rezeption, 259–263). – Ob Montanus und andere Propheten hier tatsächlich von sich reden, wie ihnen vorgeworfen wird, oder sich nicht vielmehr als göttliches Sprachrohr empfinden und darstellen, sei dahingestellt.

[25] Zu den expliziten Verneinungen gehören noch Apg 13,25, wo Johannes sagt: „Für wen haltet ihr mich? Ich bin es nicht (οὐκ εἰμὶ ἐγώ)"; sowie aus den ActThom 11 und 160, wo Thomas sagt: „Ich bin nicht Jesus, sondern Sklave Jesu. Ich bin nicht Christus, sondern Diener Christi bin ich. Ich bin nicht Sohn Gottes usw. (ἐγὼ Ἰησοῦς οὐκ εἰμί, δοῦλος δὲ Ἰησοῦ. ἐγὼ Χριστὸς οὐκ εἰμί, διάκονος δὲ Χριστοῦ εἰμι. ἐγὼ θεοῦ υἱὸς οὐκ εἰμί κτλ.; nach anderer handschriftlicher Überlieferung: οὐκ εἰμὶ ἐγὼ Ἰησοῦς, δοῦλος δὲ αὐτοῦ εἰμι· οὐκ εἰμὶ ἐγὼ Χριστός, διάκονος δὲ αὐτοῦ ὑπάρχω· οὐκ εἰμὶ ἐγὼ ὁ υἱὸς τοῦ θεοῦ)".

[26] Vgl. Haacker, Jesus, passim.

Mk und Lk zu der matthäischen Täuschungsaussage lauten: πολλοὶ ἐλεύσονται ἐπὶ τῷ ὀνόματί μου λέγοντες ὅτι Ἐγώ εἰμι, καὶ πολλοὺς πλανήσουσιν (Mk 13,6) bzw.: πολλοὶ γὰρ ἐλεύσονται ἐπὶ τῷ ὀνόματί μου λέγοντες, Ἐγώ εἰμι, καί, Ὁ καιρὸς ἤγγικεν. μὴ πορευθῆτε ὀπίσω αὐτῶν (Lk 21,8). Wie bei den Stellen ohne Prädikatsnomen im Johannesevangelium (8,24.28; 13,19) ist auch hier die interpretierende Mitarbeit der LeserInnen gefragt.

b) *Beschreibung von Eigenschaften, Tätigkeiten und Befindlichkeiten*
Wie in der Septuaginta werden auch im Neuen Testament und in frühchristlichen Apokryphen die meisten Aussagen dieser Rubrik von Menschen gemacht, vgl. Lk 1,18, wo Zacharias sagt: „Denn ich bin alt (ἐγὼ γάρ εἰμι πρεσβύτης)" oder Röm 7,14, wo Paulus schreibt: „Denn wir wissen, dass das Gesetz geistlich ist; ich aber bin fleischlich (ἐγὼ δὲ σάρκινός εἰμι)". Ähnliche Belege finden sich noch in Mt 8,9; 20,15; Lk 7,8; 19,22; Apg 10,26; 26,28; 1Kor 15,9; 1Tim 1,15; 1Clem 17,5; Herm 40,3 (Mand X,1); ActThom 91; 113; 114; aus dem Johannesevangelium vgl. hier 1,27 und 18,35. An einigen Stellen werden Zugehörigkeiten thematisiert, vgl. ActThec 37, wo Thekla sagt: „Ich bin Dienerin des lebendigen Gottes (ἐγὼ μέν εἰμι θεοῦ τοῦ ζῶντος δούλη)" oder 1Kor 1,12, wo es heißt: „Ich gehöre zu Paulus, Ich aber zu Apollos, Ich aber zu Kephas, Ich aber zu Christus (ἐγὼ μέν εἰμι Παύλου, Ἐγὼ δὲ Ἀπολλῶ, Ἐγὼ δὲ Κηφᾶ, Ἐγὼ δὲ Χριστοῦ)"; vgl. auch 1Kor 3,4 sowie Apg 27,23.

Von Engeln und Zwischenwesen gibt es keine Aussagen dieser Art im Neuen Testament; von Gott eine einzige, die allerdings als Schriftzitat ausgewiesen wird und wo das εἰμι textkritisch nicht gesichert ist: 1Petr 1,16: „Denn es steht geschrieben: ‚Ihr sollt heilig sein, denn ich bin heilig' (ὅτι ἐγὼ ἅγιός [εἰμι])"[27].

In den Aussagen von Seiten Jesu geht es mehrfach um die Zusage von Nähe, vgl. Mt 28,20, wo Jesus sagt: „Und siehe, ich bin bei euch (ἐγὼ μεθ' ὑμῶν εἰμι) alle Tage bis ans Ende der Zeiten"; vgl. Apg 18,10 sowie EvThom, POxy 1 verso, 26f: ἐγώ εἰμι μετ' αὐτοῦ[28]. An anderen

---

[27] Vgl. Lev 19,2 (dort ohne εἰμι).
[28] Vgl. im koptischen Text EvThom 30, wo allerdings beträchtliche Abweichungen vom griechischen Text vorliegen. – Inhaltlich lässt sich noch das apokryphe Evangelium der Eva vergleichen, das bei Epiphanius, Haer 26,3,1, zitiert ist (Holl, Epiphanius 1,278, vgl. Stroker, Sayings, 161; NTApo I, 288–290): „Und er sprach mit mir und sagte: ‚Ich bin du und du ich, und wo immer du bist, ich bin dort (ἐγὼ ἐκεῖ εἰμι), und

Stellen gibt es partizipiale Formulierungen, vgl. Offb 2,23: „Und alle Gemeinden sollen erkennen, dass ich es bin, der Nieren und Herzen erforscht (ὅτι ἐγώ εἰμι ὁ ἐραυνῶν νεφροὺς καὶ καρδίας)". Von den johanneischen Formulierungen lässt sich hier 8,18 (ἐγώ εἰμι ὁ μαρτυρῶν περὶ ἐμαυτοῦ καὶ μαρτυρεῖ περὶ ἐμοῦ ὁ πέμψας με πατήρ) einordnen, vgl. in dieser Rubrik auch 7,34.36; 8,23; 12,26; 14,3; 17,14.16.24. Im Hinblick auf den Befund im übrigen Neuen Testament und in den frühchristlichen Apokryphen bleibt eine Aussage des johanneischen Jesus singulär: Zu der Formulierung: πρὶν Ἀβραὰμ γενέσθαι ἐγώ εἰμί (Joh 8,58) habe ich nirgendwo eine Entsprechung gefunden.

c) *Paradoxien, Rätsel und Metaphern*
Im Neuen Testament gibt keine Ich-bin-Aussagen dieser Rubrik von Menschen, Engeln oder Zwischenwesen, jedoch von Seiten Gottes oder Jesu. Abgesehen von den metaphorischen Ich-bin-Worten des Johannesevangeliums finden sich alle Aussagen dieser Art in der Apokalypse. Für paradoxe Redeweise gibt es einen Beleg in einer Gottesrede in Offb 1,8: „Ich bin das Alpha und das Omega (ἐγώ εἰμι τὸ ἄλφα καὶ τὸ ὦ), spricht Gott der Herr, der Seiende und der, der war, und der, der kommt, der Allherrscher (ὁ ὢν καὶ ὁ ἦν καὶ ὁ ἐρχόμενος, ὁ παντοκράτωρ)"[29]; sowie einen aus dem Mund des Menschensohnes in Offb 1,17f: „Ich bin der Erste und der Letzte und der Lebendige (ἐγώ εἰμι ὁ πρῶτος καὶ ὁ ἔσχατος καὶ ὁ ζῶν)". Beide Stellen sind deutlich in Anlehnung an Passagen der Septuaginta formuliert[30], wobei allerdings die Rede vom Alpha und Omega über den Sprachgebrauch der Septuaginta hinausgeht.

In einer weiteren Jesusrede in Offb 22,16 sagt dieser: „Ich bin die Wurzel und das Geschlecht Davids, der helle Morgenstern (ἐγώ εἰμι ἡ ῥίζα καὶ τὸ γένος Δαυίδ, ὁ ἀστὴρ ὁ λαμπρὸς ὁ πρωϊνός)". Weitere Belege für metaphorische Ich-bin-Worte im Neuen Testament (außerhalb des Johannesevangeliums) gibt es nicht.

Auch in den Apokryphen sind Belege für metaphorischen Sprachgebrauch selten: Zu nennen sind drei Stellen aus dem ersten Clemensbrief,

---

ich bin in allem ausgesät. Und wann immer du willst, sammelst du mich, während du aber mich sammelst, sammelst du dich selbst'".

[29] Vgl. auch die Wiederholungen aus dem Munde Christi in Offb 21,6 und 22,13, wo das εἰμι textkritisch umstritten ist bzw. fehlt.

[30] Vgl. Ex 3,14; Jes 41,4; 44,6; 48,12; Am 3,13 u.a. Zur alttestamentlichen Prägung der Ich-bin-Worte in Offb vgl. auch Theobald, Herrenworte, 322–329.

die als Schriftzitate ausgewiesen sind: in 1Clem 16,15 wird Ψ 21,7 Jesus in den Mund gelegt: „Ich aber bin ein Wurm und kein Mensch (ἐγὼ δέ εἰμι σκώληξ καὶ οὐκ ἄνθρωπος)", und in 1Clem 17,2 findet sich eine Zitation der Aussage Abrahams aus Gen 18,27: „Ich aber bin Erde und Asche (ἐγὼ δέ εἰμι γῆ καὶ σποδός)". Eigenartig ist ein weiterer Beleg in 1 Clem 17,6, wo es als angebliches (aber unauffindbares) Mosezitat heißt: „Ich aber bin Dampf aus einem Topf (ἐγὼ δέ εἰμι ἀτμὶς ἀπὸ κύθρας)". Schließlich begegnet noch ein Beleg in Herm 11,3 (Vis III,3). Dort erklärt die Presbytera Hermas seine Turmvision, wobei sie sagt: „Der Turm, dessen Bau du hier siehst, bin ich, die Kirche (ὁ μὲν πύργος, ὃν βλέπεις οἰκοδομούμενον, ἐγώ εἰμι ἡ Ἐκκλησία), die dir sowohl jetzt wie auch früher erschienen ist". Die Struktur der Formulierung ist hier ähnlich wie in der Erklärung von Mordechais Traum (Est 10,3d): Auf den Traum bzw. die Vision folgt mit Hilfe eines ἐγώ εἰμι die Gleichsetzung eines Elements daraus mit einer Gestalt der Erzählung. Beides jedoch sind Einzelbelege in der jeweiligen Schrift.

Zusammenfassend lässt sich sagen, dass es im Neuen Testament und in den frühchristlichen Apokryphen (abgesehen vom Johannesevangelium) weder Serien oder Reihungen von Ich-bin-Worten gibt noch ein metaphorischer Sprachgebrauch zu finden ist, der dem johanneischen entsprechen würde. Vielmehr ähneln die Belege denen der Septuaginta und der frühjüdischen Apokryphen; der auffallendste Unterschied ist das relative Zurücktreten der Gottesformel, die nur selten zitiert wird und nicht wie etwa in Lev und Ez in Reihungen oder Wiederholungen vorkommt. Insgesamt ist der neutestamentliche Sprachgebrauch auf dem Hintergrund der Septuaginta erklärbar und von dort aus gesehen keineswegs überraschend – abgesehen eben vom Auftreten und der Dominanz metaphorischer Ich-bin-Worte im Johannesevangelium. Für diese finden sich in allen bisher behandelten Schriften keine adäquaten Parallelen. Dieser Befund verschärft die Frage nach möglichen intertextuellen Beziehungen der johanneischen ἐγώ εἰμι-Worte.

3. *Koptische Schriften, vorwiegend aus dem Bereich der Gnosis*

Der griechische Ausdruck ἐγώ εἰμι Γαβριηλ (Lk 1,19) wird in der koptischen Übersetzung des Lukasevangeliums mit ⲀⲚⲞⲔ ⲠⲈ ⲄⲀⲂⲢⲒⲎⲖ wiedergegeben. Wenn also – so liesse sich folgern – ⲀⲚⲞⲔ ⲠⲈ das koptische Äquivalent von ἐγώ εἰμι ist, so wäre es lediglich nötig, in jenen koptischen Schriften, von denen das griechische Original nicht mehr existiert, nach ⲀⲚⲞⲔ ⲠⲈ zu suchen, um alle Belege zu finden, wo in den griechischen Vorlagen ein ἐγώ εἰμι gestanden hat. Leider ist die Sachlage – wie so oft bei Übersetzungsfragen – doch komplizierter. Deshalb sind hier einige Vorbemerkungen nötig, um den Umgang mit den in diesem Kapitel behandelten koptischen Schriften durchschaubar zu machen.

Exkurs: Zur Übertragung von ἐγώ εἰμι in koptischen Übersetzungen[31]
Grammatik und Syntax sind im Koptischen, der letzten Entwicklungsstufe der ägyptischen Sprache, von grundsätzlich anderer Struktur als im Griechischen. Dementsprechend gibt es kein grammatisch exaktes Äquivalent zum griechischen ἐγώ εἰμι[32]. In den koptischen Übersetzungen griechischer Texte stehen meistens ⲀⲚⲞⲔ ⲠⲈ oder ⲀⲚⲞⲔ ⲦⲈ an der Stelle von ἐγώ εἰμι; als Dialektvariante auch ⲀⲚⲀⲔ ⲠⲈ bzw. ⲀⲚⲀⲔ ⲦⲈ. Dabei ist ⲀⲚⲞⲔ die volltonige Form des Personalpronomens 1.pers.sing.masc. und fem.; die schwachtonige Form lautet ⲀⲚⲄ-. Bei ⲠⲈ und ⲦⲈ handelt es sich nicht um konjugierte Formen eines Hilfsverbs wie bei εἰμι, sondern um die enttonten Formen des Demonstrativpronomens sing.masc. bzw. fem., die als Subjekt im zweigliedrigen delokutiven Nominalsatz oder als Kopula im dreigliedrigen Nominalsatz fungieren[33].

Der dreigliedrige Nominalsatz wird in der älteren koptischen Grammatik Tills folgendermaßen beschrieben: „Der Nominalsatz mit ⲠⲈ, ⲦⲈ, ⲚⲈ wird meist dreigliedrig konstruiert. ⲠⲈ, ⲦⲈ, ⲚⲈ ist dann die Kopula, die das Subjekt mit dem Prädikat verbindet. Es ist meistens gleichgültig, ob das Subjekt oder das Prädikat an erster Stelle steht. Im dreigliedrigen Nominalsatz hat das Personalpronomen immer die volle Form ⲀⲚⲞⲔ usw. (…) und steht gewöhnlich an erster Stelle"[34]. Unter den Beispielen, die Till anführt, findet sich u.a. Joh 15,1

---

[31] Ich bedanke mich bei Judith Hartenstein, Marburg, und Uwe-Karsten Plisch, Berlin, für ihre Bereitschaft, mit mir die im Folgenden behandelten sprachlichen Probleme zu diskutieren.
[32] Vgl. Polotsky, Grundlagen, 17: „Der koptische Nominalsatz (…) enthält keinerlei Element auch nur entfernt verbalen Charakters. Seine Struktur ist so beschaffen, daß ein verbales Element sich auch auf keine Weise interpolieren oder supplieren läßt. Für den Nominalsatz ist die ‚präsentische' Bedeutung ebenso charakteristisch wie das Fehlen eines ‚Präsens' für den Verbalsatz; eine präsentische Kopula ‚ist' läßt sich mit den Mitteln des koptischen Verbalsatzes schlechterdings nicht ausdrücken".
[33] Dabei wird die feminine Form ⲦⲈ nur dann gesetzt, wenn Subjekt und Prädikat übereinstimmend feminin sind, bei Inkongruenzen steht die maskuline Form ⲠⲈ. Eine neutrische Form gibt es nicht; bei Kongruenz im Plural steht ⲚⲈ, was jedoch in Ich-bin-Worten naturgemäß nicht vorkommt. – Vgl. Plisch, Einführung, 45f.
[34] Till, Grammatik (²1961), 116 (§ 246).

(ⲁⲛⲟⲕ ⲡⲉ ⲧⲃⲱ ⲛⲉⲗⲟⲟⲗⲉ), wo also s.E. ⲁⲛⲟⲕ als Subjekt, ⲡⲉ als Kopula und ⲧⲃⲱ ⲛⲉⲗⲟⲟⲗⲉ als Prädikat aufeinander folgen[35]. In der neueren koptischen Grammatik Plischs steht im Gegensatz zu den Ausführungen Tills Joh 8,12 (ⲁⲛⲟⲕ ⲡⲉ ⲡⲟⲩⲟⲉⲓⲛ ⲙⲡⲕⲟⲥⲙⲟⲥ) als Beispiel für einen zweigliedrigen delokutiven Nominalsatz mit nachgestellter nominaler Erweiterung[36]. Dabei bilden ⲁⲛⲟⲕ als Prädikat und ⲡⲉ als Subjekt den Kern des delokutiven Nominalsatzes; ⲡⲟⲩⲟⲉⲓⲛ ⲙⲡⲕⲟⲥⲙⲟⲥ ist die nominale Erweiterung des Subjekts ⲡⲉ. Bei solchen Sätzen steht auf jeden Fall das Prädikat vor dem Subjekt[37]. Die von Plisch getroffene Unterscheidung der Nominalsatztypen geht auf Polotsky zurück, der ebenfalls einen johanneischen Satz, nämlich 10,11 (ⲁⲛⲟⲕ ⲡⲉ ⲡϣⲱⲥ ⲉⲧⲛⲁⲛⲟⲩϥ) als Beispiel eines binären (= zweigliedrigen) Nominalsatzes anführt und dazu bemerkt: „Von den gängigen neuzeitlichen Übersetzungen (»Je suis le bon pasteur«, "I am the good shepherd", usw.) unterscheidet sich das Koptische zu seinem Vorteil dadurch, daß in seiner Konstruktion das *anok* grammatisch eindeutig als Prädikat (Z) und damit der ganze Satz als Erklärung des vorangegangenen Gleichnisses gekennzeichnet ist. Dasselbe gilt natürlich von anderen Gleichnissen (Jo 10:7; 15:5)"[38]. Allerdings zeigt sich m.E. in Polotskys anschließendem Vergleich zwischen binären und ternären Nominalsätzen, dass die Unterscheidung zwar in vielen Fällen grammatisch eindeutig ist, in anderen aber nicht. Was die prädikativen johanneischen Ich-bin-Worte angeht, ist die Unterscheidung eher eine Frage der kontextuellen Interpretation als der Grammatik des Einzelsatzes. Nicht ohne Grund wählt Polotsky ja auch Beispiele, wo sich das Ich-bin-Wort an schon zuvor im Text gebrauchte Begriffe anschließt und diese wieder aufnimmt (der Hirte, von dem schon die Rede war, bin ich…); und äußert sich zu den anderen Verwendungen nicht. Darüber hinaus gebraucht Polotsky statt der traditionellen Analysekategorien Subjekt und Prädikat die Kürzel Z, A, a und c, die für „Ziel", „Ausgang(spunkt)", „geschwächtes A" und „Kopula" stehen[39]; der genannte johanneische Satz hat mithin die Struktur Z – a – A. Damit kongruiert aber die grammatische Klassifizierung Polotskys mit der Analyse Bultmanns, der ja ebenfalls den Hirten etc. für das Vorgegebene und das ἐγώ für den Zielpunkt der johanneischen Sätze hält. Insofern gilt m.E. hier auch derselbe Einwand, den ich schon oben im Zusammenhang mit Bultmann formuliert hatte[40], d.h. auch hier scheint es mir sinnvoller, primär die jeweilige Kontextualisierung der Ich-bin-Aussagen zu beschreiben und nicht durch scheinbar eindeutige grammatische Termini die Tatsache unsichtbar zu machen, dass hier letztlich inhaltliche Entscheidungen getroffen werden. Dazu kommt noch ein weiteres: Polotsky führt aus (und belegt mit Beispielen), dass in den unterschiedlichen koptischen Dialekten jeweils verschiedene Nominalsatztypen bevorzugt werden

---

[35] Vgl. Till, Grammatik, 117 (§ 246).
[36] Vgl. Plisch, Einführung (1999), 45.
[37] Vgl. Plisch, Einführung, 44.
[38] Polotsky, Grundlagen, 33.
[39] Vgl. Polotsky, Grundlagen, 18.
[40] Vgl. oben C II 6.

(im Sahidischen A – c – Z; im Bohairischen A – Z – a)⁴¹; das heißt aber, dass ein griechisches ἐγώ εἰμι κτλ. nicht zwingend in eine bestimmte Form des Nominalsatzes übertragen wird, was wiederum bedeutet, dass es bei der Suche nach Ich-bin-Worten in koptischen Texten nicht ausschlaggebend ist, welcher Nominalsatztyp im Einzelfall vorliegt.

Jenseits der grammatischen Theorie lässt sich mit Hilfe der koptischen Übersetzung des Johannesevangeliums ein Einblick in die antike Übersetzungspraxis gewinnen. Ein Vergleich der griechischen und koptischen Fassungen des Johannesevangeliums lässt auch Rückschlüsse zu, wo in jenen anderen Texten, die uns ausschließlich in koptischer Übersetzung erhalten sind, in der griechischen Vorlage ein ἐγώ εἰμι gestanden haben dürfte.

In der sahidischen⁴² Übersetzung des Johannesevangeliums steht ⲁⲛⲟⲕ ⲡⲉ an der Stelle von ἐγώ εἰμι bei allen metaphorischen Ich-bin-Worten, also in 6,35.41.48.51; 8,12; 10,7⁴³.9.11.14; 11,25; 14,6 und 15,1.5. Vergleicht man die verschiedenen Übertragungen der „Licht-Worte", so zeigt sich, dass Differenzierungen des Griechischen durchaus im Koptischen übernommen werden. So heißt die Übersetzung von 8,12 (ἐγώ εἰμι τὸ φῶς τοῦ κόσμου) ⲁⲛⲟⲕ ⲡⲉ ⲡⲟⲩⲟⲉⲓⲛ ⲙ̄ⲡⲕⲟⲥⲙⲟⲥ; während 9,5 (φῶς εἰμι τοῦ κόσμου) mit ⲁⲛⲅ̄ ⲡⲟⲩⲟⲉⲓⲛ ⲙ̄ⲡⲕⲟⲥⲙⲟⲥ wiedergegeben wird; also ohne ⲡⲉ und mit der schwachtonigen Form des „Ich" in Entsprechung zum fehlenden ἐγώ der griechischen Vorlage⁴⁴.

Auch bei den meisten übrigen Belegen für ἐγώ εἰμι steht ein ⲁⲛⲟⲕ ⲡⲉ, vgl. 4,26; 6,20; 8,24.28; 9,9; 13,19; 18,5.6.8; mit Verneinung ⲁⲛⲟⲕ ⲁⲛ ⲡⲉ, vgl. 1,20 (ἐγώ οὐκ εἰμι κτλ.). In zwei Fällen jedoch wird ein griechisches ἐγώ εἰμι nicht mit ⲁⲛⲟⲕ ⲡⲉ wiedergegeben, dies sind 8,18: ⲁⲛⲟⲕ ⲡⲉⲧⲣ̄ⲙⲛ̄ⲧⲣⲉ ϩⲁⲣⲟⲓ, „Ich (bin), der Zeugnis ablegt über mich", und 8,58: ⲁⲛⲟⲕ ϯϣⲟⲟⲡ, „Ich bin / existiere". Beide Stellen sind auch im griechischen Johannesevangelium grammatisch gesehen Einzelfälle. Dennoch lassen diese beiden Belege die Frage aufkommen, wie ⲁⲛⲟⲕ,

---

⁴¹ Vgl. Polotsky, Grundlagen, 41.
⁴² Diese Übersetzung habe ich gewählt, weil das Sahidische jener koptische Dialekt ist, der auch für die Schriften aus Nag Hammadi die größte Rolle spielt.
⁴³ Hier ist „Ich bin der Hirte" statt „Ich bin die Tür" die Lesart der sahidischen Version.
⁴⁴ Dabei ist dann (auch nach neueren Erkenntnissen der koptischen Grammatik) ⲁⲛⲅ̄ Subjekt und ⲡⲟⲩⲟⲉⲓⲛ Prädikat. – Auch in 10,36 und 18,37 wird ein griechisches εἰμι ohne ἐγώ mit ⲁⲛⲅ̄ wiedergegeben.

also die volltonige Form des Personalpronomens 1.pers.sing., sonst in der sahidischen Fassung des Johannesevangeliums gebraucht wird. Bei der Mehrheit der Vorkommen von ⲁⲛⲟⲕ dient dieses als Verstärkung des Subjektes, meist im Verbalsatz, so in 16,33: (ἐγὼ νενίκηκα τὸν κόσμον): ⲁⲛⲟⲕ ⲁⲓⳉⲣⲟ ⲉⲡⲕⲟⲥⲙⲟⲥ, „ICH habe die Welt besiegt"[45]; also als Wiedergabe des betonten ἐγώ. An zwei Stellen findet sich ein ⲁⲛⲟⲕ ⲡⲉ im Koptischen, obwohl im Griechischen kein ἐγώ εἰμι, sondern nur ein betontes ἐγώ steht (1,23;12,46); an zwei weiteren Stellen dort, wo in der Vorlage nur εἰμι ohne ἐγώ steht (13,13 und 19,21).

Betontes ἐγώ der Vorlage kann auch durch Verdoppelung des Personalpronomens wiedergegeben werden, vgl. 8,23 (ἐγὼ ἐκ τῶν ἄνω εἰμί): ⲁⲛⲟⲕ ⲁⲛⲅ̄ ⲟⲩⲉⲃⲟⲗ ϩⲛ̄ ⲧⲡⲉ „Ich, ich (bin) vom Himmel"; sowie 18,35 (μήτι ἐγὼ Ἰουδαῖός εἰμι): ⲙⲏⲧⲓ ⲁⲛⲟⲕ ⲁⲛⲅ̄ ⲟⲩⲓⲟⲩⲇⲁⲓ, „(Bin) etwa ich, ich ein Jude?" Die letztgenannten Stellen sind jene, wo auch im griechischen Johannestext die Separierung der Ich-bin-Worte gegenüber dem Ich-Stil des Gesamtevangeliums nicht einlinig durchzuführen ist; insofern spiegelt also der koptische Sprachgebrauch hier die fließenden Übergänge des griechischen Stils. Dennoch zeigt diese Durchsicht, dass in der Mehrheit der Fälle ⲁⲛⲟⲕ ⲡⲉ (bzw. in anderen Schriften: ⲁⲛⲁⲕ ⲡⲉ; ⲁⲛⲟⲕ ⲧⲉ; ⲁⲛⲁⲕ ⲧⲉ) als Entsprechung des griechischen ἐγώ εἰμι gelten kann; daneben sind auch Verdoppelungen des Personalpronomens zu beachten. Eine hundertprozentige Übereinstimmung kann es aufgrund der differierenden Struktur beider Sprachen nicht geben; allerdings ist ein betonter Ich-Stil mit häufigen ἐγώ εἰμι-Formulierungen auf jeden Fall in den koptischen Texten erkennbar.

Vor der Rubrizierung der Einzelbelege soll auch hier wieder eine Tabelle die Übersicht erleichtern; diesmal geht es um die Schriften aus dem Textfund von Nag Hammadi sowie aus dem Codex Berolinensis[46].

---

[45] Vgl 1,26.31.33.34; 4,32.38; 5,7.17.34.36.43; 6,40.51.54.57; 7,8.29; 8,15.21.22. 23.29 u.ö.
[46] Keine Ich-bin-Worte finden sich in: PrecPl (I,1); EpJac (I,2); EV (I,3 / XII,2); Rheg (I,4); TracTrip (I,5); EvPhil (II,3); ExAn (II,6); Eug (III,3 / V,1); Dial (III,5); AuthLog (VI,3); Noema (VI,4); Platon, Politeia 588b–589b (VI,5); PrecHerm (VI,7); Askl (VI,8); ApcPt (VII,3); Silv (VII,4); StelSeth (VII,5); Zostr (VIII,1); OdNor (IX,2); ExpVal (XI,2); PrecVal (XI,2a–e); Allog (XI,3); Sextus (XII,1); EvMar (BG,1); auch nicht in dem Teil der Petrusakten, der in BG,4 erhalten ist, und in den Fragmenten aus der Cartonage. (Zu den verwendeten Abkürzungen vgl. unten F I.) – Wegen ihrer eindeutig späteren Entstehungszeit (2.Hälfte 3.Jhdt.), der Kenntnis fast aller neutestamentlicher Schriften und dem Fehlen eines brauchbaren Registers habe ich die Pistis Sophia nicht berücksichtigt; Ähnliches gilt für die manichäischen Texte.

	Codex	Namen	Gott	andere	PRM	Serien
AJ	II,1/III,1/ IV,1/ BG,2	x Pronoia	x	xx	xx	x
EvThom	II,2	–	–	x	x	–
HA	II,4	x Eleleth	x	x	x	–
UW	II,5/ XIII,2	–	x	xx	xx	x
LibThom	II,7	–	–	x	x	–
ÄgEv	III,2/IV,2	–	x	–	–	–
SJC	III,4/BG,3	–	–	x	–	–
ApcPl	V,2	–	–	x	–	–
1ApcJac	V,3	–	–	x	–	–
2ApcJac	V,4	–	–	xx	–	x
ApcAd	V,5	–	x	–	–	–
ActPt	VI,1	–	–	x	–	–
Bronte	VI,2	–	–	xxx	xxx	x
OgdEnn	VI,6	–	–	x	x	–
ParSem	VII,1	x Derdekas x Sêem	–	xx	x	–
2LogSeth	VII,2	–	x	xx	x	–
EpPt	VIII,2	x Jesus Chr.	–	–	–	–
Melch	IX,1	x Gamaliel	–	x	–	–
TestVer	IX,3	–	x	–	–	–
Mar	X	–	–	x	–	–
Inter	XI,1	–	–	x	–	–
Hyps	XI,4	x Phainops	–	–	–	–
Protennoia	XIII,1	x Protennoia	x	xxx	xx	x

Schon ein erster Blick auf die Tabelle zeigt, dass die Verteilung der Belege sich von der in den beiden vorangegangenen Tabellen unterscheidet: Es gibt wesentlich mehr Belege aus der Kategorie „PRM" und auch die Zahl der Serien ist im Vergleich mit der Septuaginta und dem Neuen Testament gestiegen[47]. – Die längeren Serien aus AJ, Bronte

---

[47] Ich zitiere im Folgenden (sofern nicht anders angegeben): AJ nach II,1; UW nach II,5; ÄgEv nach III,2; SJC nach BG,3; für die anderen Schriften sind die Codexzahlen eindeutig und oben in der Tabelle zu finden. Das p. steht für die Seitenzahlen im koptischen Codex, gefolgt von der Zeilennummerierung; bei EvThom folge ich der üblichen Unterteilung in 114 Textabschnitte.

und Protennoia behandle ich am Ende dieses Abschnittes zusammenhängend, um sie im Ganzen vorzustellen und nicht zu fragmentieren. Zusätzlich zu den in der Tabelle genannten Schriften berücksichtige ich in diesem Teil des Kapitels noch die Epistula Apostolorum und den Poimandres, da beide Schriften vielfältige Beziehungen zu den Texten aus Nag Hammadi aufweisen; bei der EpAp kommt dazu, dass von ihr keine griechische, wohl aber eine (unvollständige) koptischen Fassung erhalten ist[48]. Auf die Frage nach dem Verhältnis der in diesem Abschnitt behandelten Schriften zur sogenannten „Gnosis" werde ich im Anschluss an die Aufführung der Belege eingehen.

a) *Selbstvorstellungen mit Namen oder Titeln*
Bei dieser Art von Selbstvorstellungen dominieren Belege aus dem Mund von Engeln und Zwischenwesen, mehrfach handelt es sich um Gesandte aus dem göttlichen Bereich, die den Menschen (Selbst)erkenntnis bringen, so in HA p.93,8–13, wo Eleleth Norea erscheint und sagt: „Ich bin Eleleth, die Weisheit (ⲀⲚⲞⲔ` ⲠⲈ ⲈⲖⲈⲖⲎⲐ ⲦⲘⲚⲦⲤⲀⲂⲈ), der große Engel, der vor dem heiligen Geist steht. Ich wurde gesandt, um mit dir zu sprechen (und) dich zu retten vor der Hand jener Gesetzlosen. Und deshalb werde ich dich belehren über deine Wurzel"[49]; vgl. ParSem p.8,24–26, wo der Offenbarer sagt: „Ich bin Derdekeas (ⲀⲚⲞⲔ ⲠⲈ ⲆⲈⲢⲆⲈⲔⲈⲀⲤ), das Kind des unverdorbenen, unbegrenzten Lichtes"; vgl. auch Melch p.5,17f (Gamaliel); Hyps p.70,29 (Phainops); ApcPl p.18,21f (der Geist, der dich begleitet)[50].

In vergleichbarer Weise erscheint auch zu Beginn des Poimandres eine Gestalt aus dem göttlichen Bereich, die auf die Frage des Ich-Erzählers, wer er sei, sagt (Poim 2): „Ich bin Poimandres[51], der Verstand

---

[48] Außerdem gibt es noch eine äthiopische Version, die ich hier allerdings nicht berücksichtige.
[49] Übersetzung: Kaiser, NHD 1, 230.
[50] An den letztgenannten Stellen ist der Papyrus beschädigt und der Text ergänzt. – Bei den Stellenwiedergaben in diesem Kapitel setzt ich keine Klammern um etwaig ergänzte Buchstaben oder Wortteile, sondern übernehme die Textergänzungen der NH(M)S, ohne sie im Einzelnen zu diskutieren. Dabei stehen jedoch nie überwiegend ergänzte Textteile im Zentrum meiner Argumentation; ich summiere sie meist unter vgl. – In Anbetracht der Fülle der Belege hätte eine andere Vorgehensweise sowohl Lesbarkeit wie auch Umfang dieses Kapitels übermässig strapaziert.
[51] Die Etymologie des Namens Poimandres ist letztlich ungeklärt; die interessantesten Vorschläge sind ποιμὴν ἀνδρῶν; ⲠⲘⲚⲦⲢⲈ = der Zeuge; Ⲡ-ⲈⲒⲘⲈ-Ⲛ(ⲦⲈ)-ⲢⲎ = das Erkennen des Sonnengottes (Re). Dabei liegt der Ursprung des Namens wohl eher im ägyptischen Sprachraum, wobei aber nicht auszuschliessen ist, dass die griechische

des Authenischen (ἐγὼ μέν, φησίν, εἰμὶ ὁ Ποιμάνδρης, ὁ τῆς αὐθεντίας νοῦς). Ich weiß, was du willst, und bin mit dir (σύνειμί σοι) allezeit". Wie in vielen der anderen Schriften schliesst sich auch hier die Wiedergabe von Offenbarungen dieses göttlichen Wesens an.

Nicht immer sind die sprechenden Wesen eindeutig zu klassifizieren, was nicht nur mit der Lückenhaftigkeit und Unklarheit mancher Texte zusammenhängt, sondern auch damit, dass ursprünglich menschliche Wesen aufgrund von Visionen oder Himmelsreisen anderen Offenbarung zukommen lassen können, wobei dann u.U. fraglich ist, inwieweit sie noch als „Menschen" einzuordnen sind. Vgl. hier etwa ParSem p.47,7 wo Sêem (eine Art Adam) Offenbarungen erhält, die er selbst weitergibt, wobei er u.a. sagt: „Ich bin Sêem (ⲁⲛⲟⲕ ⲡⲉ ⲥⲏⲉⲙ)".

Die Gottesrede der Septuaginta wird in den Schriften aus Nag Hammadi häufiger aufgegriffen; allerdings geschieht dies in polemischer Absicht: „Ich bin der Gott (ⲁⲛⲟⲕ ⲡⲉ ⲡⲛⲟⲩⲧⲉ)" hat meist die Fortsetzung: „Und es gibt keinen anderen außer mir" – und wird gerade *nicht* von Gott, sondern von einer untergeordneten Demiurgengestalt gesagt. Diese Gestalt beweist damit nichts als ihre Überheblichkeit, da deutlich ist, dass es einen wahren Gott gibt jenseits dessen, der sich so gebärdet. Vgl. AJ p.11,20f; p.13,8 (hier: ⲁⲛⲟⲕ ⲁⲛⲅ ⲟⲩⲛⲟⲩⲧⲉ)[52]; HA p.86,30f; p.94,21f; p.95,5; UW p.103,11–13; 107,30f; 112,28f; ÄgEv p.58,24f (hier: ⲁⲛⲟⲕ ⲁⲛⲟⲕ ⲟⲩⲛⲟⲩⲧⲉ); 2LogSeth p.53,30f; p.64,19–22; TestVer p.48,4f; Protennoia p.43,35f.

In ApcAd p. 66,19–21 sagt der (untergeordnete) Schöpfer(gott) zu Adam und Eva: „Ich bin der Gott (ⲁⲛⲟⲕ ⲡⲉ ⲡⲛⲟⲩⲧⲉ), der euch geschaffen hat". Dies ist zwar eine im Sinne des Textes zutreffende Aussage; allerdings ist dennoch der Sprechende nicht der *wahre* Gott, sondern nur ein untergeordneter „Handwerker". Der wahre Gott ist soweit vom irdischen Geschehen entfernt, dass er in Texten dieser Art nicht selber redet, sondern sich nur vermittels von Offenbarergestalten kundtut.

In einigen Texten aus Nag Hammadi gehört auch Jesus zu diesen Offenbarergestalten. In EpPt p.134,17f erscheint den Aposteln ein großes Licht und eine Stimme ruft ihnen zu: „Ich bin Jesus Christus (ⲁⲛⲟⲕ ⲡⲉ ⲓⲥ ⲡⲉⲭⲥ), der allezeit bei euch ist", und in ActPt p.9,14f

---

Ableitung schon sehr früh mitgedacht wurde, vgl. Marcus, Name, 40–43; Kingsley, Poimandres, 2–15.

[52] Vgl. noch zur Irenäus-Parallele Waldstein / Wisse, Apocryphon, 192.85 (ego sum deus zelator, et praeter me nemo est).

sagt der Erlöser, der in sich verwandelnder Gestalt auftritt, zu Petrus, der zuvor über Jesus Christus geredet hatte: „Ich bin es (ⲁⲛⲟⲕ ⲡⲉ). Erkenne mich, Petrus!".

Die Identität des Erlösers ist auch sonst Thema. In 2LogSeth p.56,8 verneint der Erlöser (= Christus), dass er derjenige am Kreuz gewesen sei: „Ich war es nicht (ⲁⲛⲟⲕ ⲁⲛ ⲡⲉ)". Dieser Text ist, wie auch einige andere (aber nicht alle) Schriften aus Nag Hammadi, Zeugnis doketischer Ansichten. Die entgegengesetzte Position wird von einem Text vertreten, der sich nicht unter den Schriften von Nag Hammadi findet, aber sowohl Übereinstimungen mit als auch Polemik gegen das in diesen Schriften dominierende Gedankengut enthält[53], nämlich in der sogenannten Epistula Apostolorum. Dort erscheint der auferstandene Jesus seinen JüngerInnen und redet im Ich-Stil mit ihnen[54]. Dabei geht es um den Beweis von Identität und Körperlichkeit: „Ich bin derjenige, der mit euch gesprochen hat (ⲁⲛⲁⲕ ⲡⲉ ⲡⲉⲓ ⲉⲧⲁϩⲭⲟⲟⲥ) über mein Fleisch und mein Sterben und meine Auferstehung. Damit ihr erkennt, dass ich es bin (ϫⲉ ⲁⲛⲁⲕ ⲡⲉ)"[55], fordert Jesus Petrus und Thomas auf, anhand der Nägelmale und der Seitenwunde seine Identität zu kontrollieren. Hier zeigt sich eine Kenntnis neutestamentlicher Überlieferungen, die auch in anderen Passagen der EpAp evident ist[56], so z.B. in der zweimal vorkommenden Formulierung aus dem Mund Jesu: „Ich bin der Logos (ⲁⲛⲁⲕ ⲡⲉ ⲡⲗⲟⲅⲟⲥ)"[57].

Insgesamt belegen die in diesem Abschnitt erwähnten Textstellen eine Verschiebung hinsichtlich der Subjekte von Ich-bin-Aussagen: Titulare oder namentliche Selbstvorstellungen begegnen kaum noch von menschlicher Seite und nie aus dem Mund des „wahren" Gottes; wer so spricht, kommt aus einem Bereich zwischen den beiden genannten, d.h. es handelt sich um göttliche Gesandte (zu denen auch Jesus gehört) oder aber um Demiurgengestalten, die sich vom wahren Gott separiert haben. Dabei ist insgesamt die Häufigkeit dieser Art von

---

[53] Zum Verhältnis der EpAp zu gnostischem Gedankengut vgl. Hartenstein, Lehre, 102–107; zur Kenntnis neutestamentlicher Schriften: ebd., 119–126.

[54] Fragmentarische und ergänzte Passagen lasse ich hier weg; es ist aber ersichtlich, dass es noch weitere ⲁⲛⲁⲕ ⲡⲉ-Aussagen im Text gab.

[55] P.4; in der Textausgabe von Schmidt, 3* und 43; vgl. Hartenstein, Lehre, 109f.

[56] Vgl. auch die Nacherzählung des matthäischen Gleichnisses von den klugen und törichten Jungfrauen (Mt 25,1–13), wo Jesus im Anschluss sagt: „Ich nämlich bin der Herr und ich bin der Bräutigam (ⲁⲛⲁ ⲅⲁⲣ ⲡⲉ ⲡϫⲁⲉⲓⲥ ⲁⲩⲱ ⲁⲛⲁⲕ ⲡⲉ ⲡⲡⲁⲧϣⲉⲗⲉⲉⲧ)" (p.35; Schmidt, 21* und 139); was sich wohl schon als metaphorische oder paradoxe Rede klassifizieren ließe.

[57] P.10; Schmidt, 7* und 59. Wiederholt in p.30; Schmidt, 18* und 129.

Selbstvorstellungen im Vergleich mit der Septuaginta oder dem Neuen Testament keinesfalls eine geringere; es hat sich lediglich das „Personal" der erzählten Geschichten zugunsten solcher Wesen verändert, deren Erscheinungsform variabel ist und deren Aufenthaltsort zwischen himmlischem und irdischem Bereich wechseln kann.

b) *Beschreibung von Eigenschaften, Tätigkeiten und Befindlichkeiten*
Auch in dieser Rubrik fehlen Aussagen aus dem Munde Gottes, und auch von menschlicher Seite gibt es nur wenige Beispiele. Zu letzteren gehören einige zum Teil lückenhaft überlieferte Textpassagen der 2ApcJac, in denen Jakobus spricht, vgl. 2ApcJac p.46,6–9: „Ich bin jener (ⲀⲚⲞⲔ ⲠⲈ ⲠⲎ), der Offenbarung empfangen hat aus dem Pleroma der Unvergänglichkeit"; vgl. 2ApcJac p.47,13f; p.59,21f. Nicht immer ist klar, ob das redende Subjekt der Mensch ist, der die Offenbarung empfangen hat, oder der himmlische Offenbarer selbst, vgl. Mar p.4,24f: „Denn ich bin es (ⲀⲚⲀⲔ ⲄⲀⲢ ⲠⲈ), der das verstanden hat, was wahrhaftig existiert".

Die Mehrzahl der Belege entfällt auch hier wieder auf jene Wesen, die zwischen Gott und den Menschen stehen, sowie insbesondere auf Jesus. In ParSem p.24,27–29 sagt der Offenbarer namens Derdekeas: „Ich nämlich bin es (ⲀⲚⲞⲔ ⲄⲀⲢ ⲠⲈ), der alles Ungezeugte offenbart hat"; vgl. auch ParSem p.20,1. In Melch p.15,10–13 spricht Melchisedek über sich selbst als Hohepriester. Der Text ist lückenhaft, aber ein ⲀⲚⲞⲔ ⲠⲈ ist erhalten. Bei diesem Text wird in der Forschung diskuitiert, ob Melchisedek mit Christus gleichgesetzt ist[58]; d.h. möglicherweise gehört auch dieser Beleg zu jenen relativ zahlreichen, in denen Jesus Christus über sich selbst redet. Mit größerer Sicherheit sind hier folgende Jesusreden zu nennen: SJC p.83,19 und p.105,2f: „Ich bin der große Erlöser (ⲀⲚⲞⲔ ⲠⲈ ⲠⲚⲞϬ ⲚⲤⲰⲦⲎⲢ)"; 1ApcJac p.31,17f. „Ich bin jener (ⲀⲚⲞⲔ ⲠⲈ ⲠⲎ), der in mir war. Niemals habe ich irgendwie gelitten, noch wurde ich gequält"; EvThom 61: „Ich bin der (ⲀⲚⲞⲔ ⲠⲈ), der aus dem Gleichen ist"; 2ApcJac p.48,22f: „Ich bin (ⲀⲚⲞⲔ ⲠⲈ) der Bruder im Geheimen"; vgl. auch 2ApcJac p.51,7–9. In dem letztgenannten Text gibt es auch eine kleinere Serie von Ich-bin-Worten aus dem Munde Jesu, wenn es in 2ApcJac p.49,5–12 heisst: „Ich bin (ⲀⲚⲞⲔ ⲠⲈ) der erste Sohn, der gezeugt wurde und der ihrer aller Herrschaft auflösen wird. Ich bin (ⲀⲚⲞⲔ ⲠⲈ) der Geliebte. Ich bin

---

[58] Vgl. Einleitung von Schenke zu dieser Schrift in NHD 2, 677–681, der das nicht meint und gegen Pearson argumentiert, der diese Ansicht vertritt.

(ⲁⲛⲟⲕ ⲡⲉ) der Gerechte. Ich bin (ⲁⲛⲟⲕ ⲡⲉ) der Sohn des Vaters. Ich rede, wie ich gehört habe"[59].

Noch in zwei weiteren Texten aus Nag Hammadi finden sich Selbstaussagen eines Erlösers, der mit Christus identifiziert wird; in 2LogSeth p.70,3–5 sagt er: „Ich allein aber bin (ⲁⲛⲟⲕ ⲇⲉ ⲡⲉ) der Freund der Sophia"; vgl. auch 2LogSeth p.50,12; und in Inter p.10,31–34 heißt es an die erlösungsbedürftige Seele gerichtet: „Wenn du nun an mich glaubst, bin ich es (ⲁⲛⲁⲕ ⲡⲉ), der dich nach oben bringen wird durch diese Erscheinung, die du siehst. Ich bin es (ⲁⲛⲁⲕ ⲡⲉ), der dich auf den Schultern tragen wird"[60].

Bei einigen der gerade genannten Stellen ist es schwierig zu entscheiden, ob es sich hier noch um normalsprachliche Aussagen oder schon um metaphorische Redeweise handelt. Die Offenbarungsreden in den Texten aus Nag Hammadi betreffen die göttliche Sphäre, über die letztlich in normaler Sprache kaum geredet werden kann. Insofern sind jene Redeformen, die die Grenzen des Alltäglichen sprengen, als Mittel anzusehen, um überhaupt noch Aussagen über Gott machen zu können. Bevor ich explizit zu solchen Redeformen komme, bleibt festzuhalten, dass auch bei den eben vorgestellten Ich-bin-Aussagen die Belege aus dem Munde von Gott oder Menschen zurücktreten gegenüber solchen, die den Mittlerwesen zwischen Gott und den Menschen in den Mund gelegt werden.

c) *Paradoxien, Rätsel und Metaphern*
Auch die Aussagen dieser Kategorie werden üblicherweise von Mittlerwesen aus dem überweltlichen Bereich getroffen; in einigen Fällen handelt es sich um die Fortsetzung von Aussagen der ersten Kategorie; vgl. HA p.93,19, wo der Engel Eleleth, der sich zuvor namentlich vorgestellt hatte, redet: „,Ich', sagte er, ,bin die Klugheit' (ⲁⲛⲟⲕ` ⲡⲉϫⲁϥ` ⲧⲉ ⲧ`ⲙⲛⲧⲣⲙⲛ̄ϩⲏⲧ`)". Dies ist eine Metapher, die den johanneischen insofern ähnelt, als auch hier die Offenbarergestalt mit einem Begriff identifiziert wird, der etwas ausdrückt, was diese Offenbarergestalt nicht nur personifiziert, sondern auch gibt. So wie der johanneische Jesus das Brot gibt, um sich anschließend mit dem Brot zu identifizieren, bringen Offenbarergestalten in den Texten aus Nag Hammadi Wissen, Weisheit, Klugheit, Erkenntnis usw. und werden gleichzeitig mit dem, was sie geben, identifiziert. Zu der Erkenntnismetaphorik lässt sich

---

[59] Übersetzung: Plisch, NHD 2, 427.
[60] Übersetzung: Plisch, NHD 2, 742.

auch die wiederholte Aussage des Hermes Trismegistos in OgdEnn p.58,4.15.27 rechnen, wo dieser zu seinem Sohn Tat sagt: „Ich bin der Verstand (ⲁⲛⲟⲕ ⲡⲉ ⲡⲛⲟⲩⲥ)"[61]. Auf weitere Metaphern dieser Art werde ich noch zurückkommen.

Andere Selbstaussagen von Offenbarergestalten stammen aus dem Bereich der Lichtmetaphorik; vgl. die Reden des Derdekeas in ParSem p.4,1–6: „Ich bin (ⲁⲛⲟⲕ ⲡⲉ) das Kind des unverdorbenen, unbegrenzten Lichtes. Ich erschien im Bild des Geistes. Ich bin nämlich (ⲁⲛⲟⲕ ⲅⲁⲣ ⲡⲉ) der Strahl des universalen Lichtes", ParSem p.8,24–26: „Ich bin (ⲁⲛⲟⲕ ⲡⲉ) Derdekeas, das Kind des unverdorbenen, unbegrenzten Lichtes", ParSem p.8,33–36: „Ich zog meine Kleidung an, nämlich die Kleidung des Lichtes der Größe, das ich bin (ⲉⲧⲉ ⲁⲛⲟⲕ ⲡⲉ)"[62] und schließlich ParSem p.10,21–24: „Ich bin (ⲁⲛⲟⲕ ⲡⲉ) das vollkommene Licht, das über dem Geist und der Finsternis ist". Auch hier gibt es also eine Offenbarergestalt, die sich namentlich vorstellt und im selben Zusammenhang weitere Aussagen im Ich-Stil vorbringt. Vergleichbar ist noch der Poimandres. Hier stellt sich Poimandres namentlich vor, worauf im Text eine Visionsschilderung folgt, die mit dem Auftreten von Licht, Finsternis, Wasser und dem Logos Anklänge an Gen 1 aufweist. Anschließend (Poim 6) redet Poimandres: „Jenes Licht", sagte er, „bin ich, der Verstand, dein Gott (τὸ φῶς ἐκεῖνο, ἔφη, ἐγώ, Νοῦς, ὁ σὸς θεός) (...). Der aus dem Verstand (hervorgekommene) leuchtende (φωτεινός) Logos ist der Sohn Gottes"[63].

Neben der Lichtmetaphorik und solchen Aussagen, die Begriffe aus dem Bereich der Erkenntnis aufnehmen, gibt es noch eine dritte Art von Offenbarungsreden. Dort spielen Paradoxien die maßgebliche Rolle, vgl. UW p.114,7–12, wo Eva spricht: „Ich bin (ⲁⲛⲟⲕ ⲡⲉ) der Teil meiner Mutter, und ich bin (ⲁⲛⲟⲕ ⲧⲉ) die Mutter, ich bin (ⲁⲛⲟⲕ ⲧⲉ) das Weib, (und) ich bin (ⲁⲛⲟⲕ ⲧⲉ) die Jungfrau, ich bin die Schwangere, (und) ich bin (ⲁⲛⲟⲕ ⲧⲉ) die Ärztin, (und) ich bin (ⲁⲛⲟⲕ ⲧⲉ) die Hebamme. Mein Gatte ist es, der mich gezeugt hat, und ich bin (ⲁⲛⲟⲕ ⲧⲉ) seine Mutter, und er ist mein Vater"[64].

---

[61] Vgl. auch OgdEnn p.60,29–31, wo Tat zu Hermes Trismegistos sagt: „Ich bin das Instrument deines Geistes (ⲁⲛⲟⲕ ⲡⲉ ⲡⲟⲣⲅⲁⲛⲟⲛ ⲙ̄ⲡⲉⲕⲡ̄ⲛ̄ⲁ̄). Der Verstand (ⲡⲛⲟⲩⲥ) ist dein Plektron; dein Ratschluss aber spielt auf mir".

[62] Der Relativsatz bezieht sich hier wohl auf das Licht.

[63] Ausführlicher werde ich auf diese Stellen im Lichtkapitel eingehen, vgl. unten D II 3.

[64] Übersetzung: Bethge, NHD 1, 253. – Aus dem Kontext dieser Schrift ist deutlich, dass Eva nicht als normales menschliches Wesen, sondern als himmlische Kraft anzusehen ist.

Diese Form der paradoxen Rede lässt sich insofern als metaphorisch beschreiben, als sich die Einzelaussagen durch ihre Kombination relativieren, d.h. ihre Widersprüchlichkeit transzendiert das Ausgesagte. Würde Eva nur sagen, sie sei die Mutter, so wäre diese Selbstaussage auf der normalspachlichen Ebene unverdächtig, durch die Verknüpfung mit gegenläufigen Formulierungen aber wird die normale Redeebene verlassen. Begreift man Metaphern als „bizarre Neukombinationen"[65], so entsteht hier der metaphorische Charakter der Redeform durch die Gegenläufigkeit der Einzelaussagen.

Die vorgestellten drei Varianten von Selbstvorstellungen – d.h. Metaphern aus dem Erkenntnisbereich, Lichtmetaphorik sowie Serien von paradoxen Aussagen – gibt es auch sonst in den Nag-Hammadi-Texten. Interessanterweise werden ebenso wie anderen Mittlergestalten auch Jesus diese drei Aussagetypen in den Mund gelegt[66]. Ein Beispiel für Aussagen aus dem Erkenntnisbereich ist LibThom p.138,13: „Ich bin das Erkennen der Wahrheit (ⲁⲛⲟⲕ ⲡⲉ ⲡⲥⲟⲟⲩⲛ ⲛ̄ⲧⲙⲏⲉ)". Um Licht geht es in EvThom 77, wo Jesus sagt: „Ich bin (ⲁⲛⲟⲕ ⲡⲉ) das Licht, das über allem ist. Ich bin (ⲁⲛⲟⲕ ⲡⲉ) das All"[67]. Ein Beispiel für paradoxe Redeweise schließlich bietet AJ p.2,12–15. Dort erscheint der Offenbarer (= Christus) in sich verwandelnder Gestalt und sagt zu Johannes: „Ich (ⲁⲛⲟⲕ) bin, der bei euch ist für alle Zeit. Ich bin (ⲁⲛⲟⲕ ⲡⲉ) der Vater, ich bin (ⲁⲛⲟⲕ ⲡⲉ) die Mutter, ich bin (ⲁⲛⲟⲕ ⲡⲉ) das Kind, ich bin (ⲁⲛⲟⲕ ⲡⲉ) der Unbefleckte und der Unvermischte"[68]. Während der zweite Satz ähnlich wie die Selbstaussagen der Eva in UW von paradoxer Ausdrucksweise geprägt ist, erinnert die Formulierung des ersten Satzes an die Zusage der Nähe Jesu, wie sie sich etwa in Mt 28,20 findet[69].

Zusammenfassend lässt sich festhalten, dass es in den Nag-Hammadi-Texten – anders als in allen bisher behandelten Schriften – direkte Parallelen zu den metaphorischen Ich-bin-Worten des Johannesevangeliums

---

[65] Vgl. oben C II 2.
[66] Neben den im Folgenden genannten gibt es noch zwei Belege von Reden des Erlösers (= Christus) in 2LogSeth, wo ⲉⲧⲉ ⲁⲛⲟⲕ ⲡⲉ als Relativsatz angehängt ist, ohne dass das Bezugswort eindeutig auszumachen wäre, vgl. 2LogSeth p.59,9.17–19. An der ersten Stelle bezieht sich der Relativsatz wohl (mit Pellegrini, NHD 2, 585) eher auf den „Seligen und Vollkommenen" (p.59,5f) als auf das „Licht" aus p.59,8; an der zweiten vermutlich auf den „Willen des Vaters".
[67] Vgl. dazu ausführlicher unten D II 2.
[68] Dieser Text ist in NHC II,1 nur lückenhaft erhalten. Er lässt sich aber mit Hilfe der Parallelen in BG,2, p.21,18–22,2; NHC IV,1, p.3,5–9 gut rekonstruieren.
[69] Vgl. oben C III 2b.

gibt. Zum Einen besteht eine Parallelität in der Art der Metaphernbildung, insofern als unter den Prädikationen Begriffe sind, die etwas bezeichnen, was die jeweilige Erlösergestalt sowohl gibt als auch ist. Zum Anderen gibt es in den Nag-Hammadi-Texten (und im Poimandres) Beispiele für eine direkte Übereinstimmung, da dort ebenso wie auch im Johannesevangelium Erlösergestalten sich selbst mit dem Licht identifizieren. Dabei ist in einigen Fällen auch in den Nag-Hammadi-Schriften Jesus Christus die Erlösergestalt, wobei sich Christus hier in der Art seines Redens nicht von den anderen offenbarungsbringenden Wesen unterscheidet. Die Identifikation oder Gleichsetzung von Christus mit anderen Offenbarergestalten ist häufiger in Texten aus Nag Hammadi zu finden; auch unter den Serien, die ich im Folgenden behandeln will, ist dieses Verfahren anzutreffen. Auf die Frage nach der Bewertung des Befundes werde ich im Anschluss an die Vorstellung der längeren Texte im Ich-Stil zurückkommen, da erst dann ein Überblick über das Material gewährleistet ist.

d) *Serien: Pronoia, Protennoia und Bronte*
In zwei der vier koptischen Versionen des AJ, die uns erhalten sind, nämlich in NHC II,1, p.30,11–31,25 und in NHC IV,1, p.46,23–49,6, gibt es gegen Ende eine längere Passage, die in den beiden anderen Fassungen (NHC III,1 und BG,2) fehlt. In diesem Textstück redet die Pronoia, d.h. die Vorsehung, im Ich-Stil. Durch die Art, wie dieser zusätzliche Text in die Schrift eingebettet ist, wird die Pronoia mit dem Erlöser der übrigen Schrift identifiziert. Es redet also nicht mehr nur die Pronoia, sondern ihre Aussagen sind gleichzeitig die Jesu Christi, der zu Johannes spricht. Die zusätzliche Textpassage der Langfassung lautet folgendermaßen (die ⲀⲚⲞⲔ ⲠⲈ oder ⲦⲈ entsprechenden Ausdrücke habe ich in der Übersetzung[70] kursiviert):

> Ich aber, die vollkommene Pronoia des Alls,
> formte mich in meiner Nachkommenschaft um.
> Ich existierte zuerst, wandelnd auf allen Wegen,
> denn *ich bin* der Reichtum des Lichtes;
> *ich bin* die Erinnerung der Fülle.
> Ich ging in den Herrschaftsbereich der Finsternis,
> und ich hielt durch, bis ich in die Mitte des Gefängnisses eintrat.
> Da wurden die Grundfesten des Chaos erschüttert.

---

[70] Die Übersetzung folgt Waldstein, NHD 1, 148f, mit Modifikationen.

Ich aber verbarg mich vor ihnen wegen ihrer Bosheit,
und sie erkannten mich nicht.

Wiederum kehrte ich zurück, ein zweites Mal, und wandelte.
Ich kam von denen, die dem Licht zugehören, welches *ich bin*,
die Erinnerung der Pronoia.
Ich trat ein in die Mitte der Finsternis und das Innere der Unterwelt,
um meinen Auftrag zu erfüllen.
Da wurden die Grundfesten des Chaos erschüttert und waren daran,
auf jene zu fallen, die im Chaos sind, und sie zu zerstören.
Ich rannte wieder hinauf zu meiner Lichtwurzel,
damit sie nicht vor der Zeit zerstört würden.

Ein drittes Mal noch wandelte ich
– *ich bin* das Licht, das im Licht existiert;
ich bin die Erinnerung der Pronoia[71] –,
um einzutreten in die Mitte der Finsternis und das Innere der Unterwelt,
und ich glühte in meinem Angesicht mit dem Licht der Erfüllung ihres
    Äons.
Ich trat ein in die Mitte ihres Gefängnisses
– das ist das Gefängnis des Leibes –,
und ich sagte: ‚Der Hörer, er möge erwachen vom tiefen Schlaf!'

Da weinte er und vergoss Tränen.
Bittere Tränen wischte er sich ab und sagte:
‚Wer ist es, der meinen Namen ruft,
und woher ist mir diese Hoffnung gekommen,
während ich in den Ketten des Gefängnisses liege?'
Und ich sagte: ‚*Ich bin* die Pronoia des reinen Lichtes,
ich bin das Denken des jungfräulichen Geistes,
das dich zum geehrten Ort erhebt.
Richte dich auf und erinnere dich daran, daß du der bist, der gehört hat,
und folge deiner Wurzel, die *ich bin*, der Erbarmungsvolle,
und hüte dich vor den Engeln der Armut und den Dämonen des Chaos
und all denen, die dich fesseln, und hüte dich vor dem tiefen Schlaf
und dem Umkreis des Inneren der Unterwelt.'
Ich richtete ihn auf und besiegelte ihn im Licht des Wassers mit fünf
    Siegeln,
damit von diesem Tag an der Tod keine Macht mehr über ihn habe.

Die Ich-bin-Aussagen dieses Textes lassen sich fast durchgehend den schon erwähnten Rubriken zuordnen: Neben der namentlichen Selbstvorstellung als Pronoia gibt es Aussagen aus dem Bereich des Lichtes (ⲠⲞⲨⲞⲈⲒⲚ) und aus dem Erkenntnisbereich (Denken: ⲠⲘⲈⲈⲨⲈ und Erinnerung: ⲠⲢ̄ ⲠⲘⲈⲈⲨⲈ); sowie zusätzlich noch in einem Relativsatz

---

[71] Dieser Satzteil fehlt bei Waldstein.

„die Wurzel". Wie im Johannesevangelium werden zentrale Aussagen wiederholt. Anders als dort ist von einem dreimaligen Kommen der Erlösergestalt in die Welt die Rede.

Ähnlich dreigeteilt wie diese Textpassage des AJ ist auch der Aufriss der Gesamtschrift in der dreigestaltigen Protennoia. Drei unterschiedliche Seins- und Erscheinungsweisen der Protennoia stehen jeweils im Zentrum eines Teils: Im ersten Teil geht es primär um den Ursprung des Alls, die Erscheinungsweise ist die des Vaters; im zweiten Teil geht es vorwiegend um die Eschatologie, die Erscheinungsweise ist die der Mutter; im dritten Teil um die Soteriologie, wobei die Erscheinung der Protennoia im Sohn als dritte Herabkunft geschildert wird[72]. Die Schrift ist fast durchgehend im Ich-Stil abgefasst. Der erste Teil beginnt mit einer Art namentlicher Vorstellung, es folgen weitere Ich-bin-Aussagen. Der Text ist zu umfangreich, um ihn im Ganzen wiederzugeben, deshalb habe ich solche Passagen ausgewählt, in denen Ich-bin-Aussagen gehäuft auftreten[73]. Dabei habe ich auch hier die Äquivalente zu ⲀⲚⲞⲔ (ⲀⲚⲀⲔ) ⲠⲈ bzw. ⲦⲈ kursiviert:

> „*Ich bin* Protennoia, das Denken, das da ist im Vater.
> *Ich bin* die Bewegung, die da waltet im All,
> und die, in der das All Bestand hat"[74].
>
> „*Ich bin* das Leben kraft meiner Epinoia"[75].
>
> „Ja, *ich bin* das Sehvermögen derer, die (jetzt noch) im Schlafe sind.
> *Ich bin* der unsichtbar (Waltende) im All"[76].
>
> „*Ich bin* das Haupt des Alls, die ich vor dem All da bin;
> ja, *ich bin* (selbst) das All, die ich walte in einem jeden"[77].
>
> „*Ich bin* die Erkenntnis und das Wissen,
> die ich einen Ruf aussende kraft eines Denkens.

---

[72] Vgl. Schenke Robinson, NHD 2, 809f; Turner, Introduction zur Textausgabe der NHS 28, 375.

[73] Von den durch diese Vorgehensweise weggefallenen Ich-bin-Aussagen gebe ich die Nummern der Paginierung in den Fußnoten der jeweils vorausgehenden Stellen an. – Die Übersetzungen und Ergänzungen orientieren sich an Schenke Robinson, NHD 2, 815–831; jedoch gebe ich ⲘⲈⲈⲨⲈ in Analogie zur Übersetzung des AJ mit „Denken" wieder (statt Gedanke) und ⲤⲚⲎⲨ als „Geschwister" (statt Brüder), da mir hier keine männliche Exklusivität intendiert zu sein scheint.

[74] Protennoia p.35,1–4.
[75] Protennoia p.35,12f.
[76] Protennoia p.35,22–24.
[77] Protennoia p.35,30–32.

Ich bin der wahre Ruf, die ich rufe in einem jeden. (...)
Ich bin das Denken des Vaters, und durch mich erscholl der Ruf"[78].

„*Ich bin* die (sichtbare) Gestalt des unsichtbaren Geistes,
und das All wurde gestaltet durch mich"[79].

„*Ich bin* es, der als erster herabkam, wegen meines verlassenen Teiles,
das der Geist ist, der in der Seele wohnt, der (von neuem) entstanden ist
durch das Wasser des Lebens und durch die Mysterientaufe"[80].

„*Ich bin* der Ruf, der ertönte kraft meines Denkens.
Ja, *ich bin* der Paargenosse,
sofern ich ‚das Denken des Unsichtbaren' genannt werde;
sofern ich ‚die unwandelbare Stimme' genannt werde,
heiße ich ‚die Paargenossin'. (...)
Ich bin die Mutter des Rufes,
die ich in vielerlei Weisen redend das All erfülle"[81].

„*Ich bin* der Mutterschoß im Innern des Alls, gebärend das Licht, das
erstrahlt im Glanz.
Ich bin der künftige Äon.
Ich bin die Erfüllung des Alls"[82].

„*Ich bin* der Logos, der im unaussprechlichen Lichte wohnt".
„*Ich* allein *bin* der Logos,
unaussprechlich, unberührt, unermeßlich und undenkbar"[83].

„*Ich bin* das Licht, das das All erleuchtet.
Ich bin das Licht, das sich freut in meinen Geschwistern.
Ja, ich kam herab in die Welt (ⲕⲟⲥⲙⲟⲥ) der Sterblichen
wegen des in ihr zurückgelassenen Geistes,
der (dort) hinab gelangt war, als er hervorgegangen war
aus der arglosen Sophia"[84].

„Die Archonten dachten, daß *ich* ihr Christus *wäre* (ϫⲉ ⲁⲛⲟⲕ ⲡⲉ ⲡⲟⲩⲭⲣⲥ̄).
Ich bin zwar in einem jeden, aber (nur) für die,
in die ich eine Lichtkraft zur Demütigung der Archonten gelegt hatte,
bin ich der Geliebte"[85].

---

[78] Protennoia p.36,12–18; (p.38,7f ausgelassen).
[79] Protennoia p.38,11f; (p.39,15; 41,1f ausgelassen).
[80] Protennoia p.41,20–24.
[81] Protennoia p.42,4–11.
[82] Protennoia p.45,6–9.
[83] Protennoia p.46,5f.14f.
[84] Protennoia p.47,28–34.
[85] Protennoia p.49,7–11.

Auch in diesem Text gibt es wieder sowohl Aussagen aus dem Erkenntnisbereich wie auch Lichtmetaphorik. Bei zwei Formulierungen entsprechen die Prädikationen denen der johanneischen Ich-bin-Worte: In p.47,28–30 heißt es zweimal: „Ich bin das Licht" (ⲀⲚⲞⲔ ⲠⲈ ⲠⲞⲨⲞⲈⲒⲚ), wobei das erstemal noch angefügt ist: „‚das das All erleuchte'" (ⲈⲦ Ϯ ⲞⲨⲞⲈⲒⲚⲈ ⲘⲠⲦⲎⲢϤ); die koptische Übersetzung von Joh 8,12 lautet: ⲀⲚⲞⲔ ⲠⲈ ⲠⲞⲨⲞⲈⲒⲚ ⲘⲠⲔⲞⲤⲘⲞⲤ. Die zweite Entsprechung ist die Aussage in p.35,12: „Ich bin das Leben" (ⲀⲚⲞⲔ ⲠⲈ ⲠⲰⲚϨ), in der dasselbe Wort für „Leben" steht wie in den koptischen Übersetzungen von Joh 11,25 und 14,6. Die Nähe der „dreigestaltigen Protennoia" zum Johannesevangelium ist auch sonst evident; Erklärungsmodelle für die Gemeinsamkeiten werden in der Forschung kontrovers diskutiert[86].

Bevor ich zur Bewertung des Gesamtbefundes komme, ist noch auf eine letzte Schrift aus Nag Hammadi kurz einzugehen. Sie trägt den Titel „Die Bronte, Vollkommener Verstand" und enthält längere Passagen mit Selbstaussagen im Ich-(bin-)Stil. Dabei bilden hier Paradoxien, wie sie uns oben aus dem Mund Evas in UW schon begegnet sind, das grundlegende Element des Textes[87]. Auch in diesem Fall ist die Gesamtschrift zu lang, um sie ganz wiederzugeben, weshalb ich einige zentrale Passagen auswähle[88]:

„Denn *ich bin* die Erste und die Letzte.
Ich bin die Geehrte und die Verachtete.
Ich bin die Hure und die Hehre.
Ich bin das Weib und die Jungfrau.
Ich bin die Mutter[89] und die Tochter.
Ich bin die Glieder meiner Mutter.
Ich bin die Unfruchtbare –
und doch sind ihre Kinder zahlreich.
Ich bin die, die häufig heiratet –
und doch habe ich keinen Gatten bekommen.
Ich bin die Hebamme und die, die nicht gebären kann.
Ich bin der Trost meiner Wehen.
Ich bin die Braut und der Bräutigam.
Und mein Mann ist es, der mich gezeugt hat.
Ich bin die Mutter meines Vaters und die Schwester meines Mannes.

---

[86] Vgl. dazu und zu den Lichtaussagen der Protennoia unten D II 4.

[87] Zu den durchgehenden Paradoxien und der damit einhergehenden Beschreibung der Schrift als „Rätselrede" vgl. Plisch, NHD 2, 457f; Layton, Riddle, passim; McRae, Discourses, 112–122.

[88] Übersetzung nach Plisch, NHD 2, 459–466. Äquivalente zu ⲀⲚⲞⲔ ⲠⲈ oder ⲦⲈ sind wieder kursiviert.

[89] Hier ist der Text verderbt. Ich folge den Konjekturen in NHS 11, 234.

Und er ist mein Sprößling.
Ich bin die Sklavin dessen, der mich bereitet hat.
Ich bin die Herrin meines Spößlings"[90].

„Denn *ich bin* die Weisheit (ⲧⲥⲟⲫⲓⲁ) der Griechen
und die Erkenntnis (ⲧⲅⲛⲱⲥⲓⲥ) der Barbaren.
Ich bin das Gesetz der Griechen und der Barbaren"[91].

„*Ich bin* der Friede (ⲁⲛⲟⲕ ⲧⲉ ϯⲣⲏⲛⲏ)
und um meinetwillen ward der Krieg.
Ich bin sowohl eine Fremde
als auch eine Einheimische.
Ich bin das Wesen (ⲁⲛⲟⲕ ⲧⲉ ⲧⲟⲩⲥⲓⲁ)
und die, die kein Wesen hat"[92].

Die Dominanz sowohl des Ich-bin-Stils wie auch der Paradoxien ist unübersehbar; das Vorkommen letzterer unterscheidet diese Schrift nicht nur vom Johannesevangelium, sondern auch von der dreigestaltigen Protennoia. Zugleich gibt es jedoch auch Übereinstimmungen mit anderen Nag-Hammadi-Texten, so in der Metaphorik aus dem Erkenntnisbereich, wobei sich die Gestalt der Offenbarerin hier explizit als „Weisheit" und „Erkenntnis" bezeichnet. Trotz des fast durchgehenden Ich-bin-Stils gibt es in dieser Schrift – im Gegensatz etwa zur Protennoia – keine wörtlichen Übereinstimmungen mit johanneischen Ich-bin-Formulierungen.

Die in diesem Abschnitt vorgestellten Schriften zeigen ein anderes Muster von Ich-bin-Worten als die in den vorigen Teilen des Kapitels behandelten Texte. Im Gegensatz zu dem Befund in der Septuaginta, dem Neuen Testament und den diesen zugeordneten Apokryphen findet sich hier zum ersten Mal ein ausgeprägter Ich-bin-Stil, der in einigen Fällen sogar den Grundaufriss der Gesamtschrift bildet. Gleichzeitig begegnet hier – auch dies im Gegensatz zu den anderen Textgruppen – eine größere Anzahl von metaphorischen Ich-bin-Worten, in einigen Fällen sogar in wörtlicher Übereinstimmung mit den johanneischen Formulierungen. Dennoch lässt sich auch die Unterschiedlichkeit zu den johanneischen Worten nicht verkennen, wie sie sich etwa im exzessiven Gebrauch von Paradoxien zeigt. Oder, um es anders zu formulieren: Die behandelten Schriften bezeugen die Existenz eines Ich-bin-Stils,

---

[90] Bronte p.13,15–14,1.
[91] Bronte p.16,3–6.
[92] Bronte p.18,21–28.

der für Selbstoffenbarungen von Offenbarergestalten nutzbar gemacht wird, sie verwenden diese Redeform aber *auch* in ganz anderer Weise, als dies im Johannesevangelium geschieht. Wörtliche Übereinstimmungen mit den johanneischen Formulierungen gibt es in mehreren Schriften in der Aussage: „Ich bin das Licht" sowie einmal in der Selbstbezeichnung als „Leben". Die übereinstimmenden Aussagen betreffen also gerade jene Begriffe, deren religiöse Verwendung universal und weit verbreitet ist, während sich in für die Einzelschriften typischeren Ausdrücken keine direkte Übereinstimmung findet. So verwenden z.B. die Schriften aus Nag Hammadi häufiger Metaphern aus dem Erkenntnisbereich (Klugheit, Verstand, Erinnern, Weisheit, Erkenntnis etc.), während im Johannesevangelium nur von „Wahrheit" die Rede ist. Und konkrete Prädikationen, wie etwa Brot oder Weinstock, begegnen in den Schriften aus Nag Hammadi nicht; während andererseits die „Familienmetaphorik" (Ich bin der Vater, ich bin die Mutter, ich bin das Kind etc.) zwar in den Nag-Hammadi-Texten vorkommt, bei den johanneischen Ich-bin-Worten jedoch fehlt.

Wie diese Mischung von Übereinstimmung und Unterschiedlichkeit einzuschätzen ist, hängt nicht zuletzt von der religionsgeschichtlichen Zuordnung und der Datierung der Texte ab. Der Fund von Nag Hammadi hat uns Schriften wieder zugänglich gemacht, die zwar (aus unbekannten Gründen) gemeinsam vergraben und aufgefunden wurden, jedoch ursprünglich aus unterschiedlichen religiösen Zusammenhängen stammen. Nicht alle dieser Texte werden heutzutage als gnostisch klassifiziert. Die Zuordnung hängt in Einzelfällen auch davon ab, welche Definition von „Gnosis" zugrunde gelegt wird[93]. Jenseits der Diskussion um den Gnosisbegriff zeigt sich inzwischen jedoch eine breite Übereinstimmung in der Forschung, welche der Texte aus Nag Hammadi und dem Codex Berolinensis eindeutig als gnostisch, und welche eindeutig als nicht-gnostisch zu klassifizieren sind. Daneben gibt es einige Schrif-

---

[93] Vgl. dazu meine Ausführungen in Petersen, Werke, 21–34. In neueren Monographien zum Thema (vgl. bes. Williams, Rethinking „Gnosticism", 1999; King, What Is Gnosticism, 2003) zeigt sich eine zunehmende Skepsis gegen den Gnosisbegriff (d.h. gegen den Ausdruck „gnosticism") – bis hin zum Plädoyer für seine Abschaffung. Mir scheint es dennoch notwendig, eine Bezeichnung zu haben, um Texte mit vergleichbaren formalen und inhaltlichen Merkmalen zusammenzufassen, weshalb ich an dem Oberberiff Gnosis im Wissen um die damit verbundenen Schwierigkeiten derzeit festhalten möchte.

ten, deren Zuordnung nach wie vor umstritten ist[94]. Legt man diese drei Rubrizierungsmöglichkeiten zugrunde, so zeigt sich im Hinblick auf die hier behandelten Texte, dass keine einzige relevante Schrift eindeutig nicht-gnostisch ist und sich die Mehrheit der Ich-bin-Worte in unumstritten gnostischen Schriften finden lässt. Im Einzelnen: Deutlich nicht-gnostische Texte (wie der Abschnitt aus Plato, Silvanus, Sextus, die Fragmente aus der Kartonage, der Teil der Petrusakten aus dem BG etc.) enthalten keine Ich-bin-Formulierungen. Fast alle relevanten Schriften werden in der Forschung entweder der sethianischen Gnosis zugeordnet, so AJ, HA, UW, ÄgEv, ApcAd, Bronte[95], Melch, Mar und Protennoia; oder als gnostisch klassifiziert, ohne dass man sie einer bestimmten gnostischen Richtung sicher zurechnen könnte, so SJC, ApcPl, 1ApcJac, 2ApcJac, 2LogSeth, EpPt, TestVer und Inter. Eine Schrift, nämlich ParSem, lässt sich als gnostisch-manichäisch bezeichnen, eine weitere (Hyps) ist zu fragmentarisch erhalten, um Aussagen machen zu können. Von den verbleibenden Texten wird in drei Fällen diskutiert, ob und inwiefern sie der Gnosis zuzuordnen sind (EvThom, LibThom, ActPt), in einem Fall handelt es sich um eine hermetische Schrift (OgdEnn). Von den beiden hier noch zusätzlich behandelten Schriften ist eine ebenfalls als hermetisch einzustufen (Poim), wobei die Beziehungen zur Gnosis umstritten sind[96], und die andere weist enge Berührungen zur Gnosis auf (EpAp).

Selbst wenn man alle jene Schriften aus dem Überblick herausnehmen würde, deren Zuordnung zur Gnosis nicht zweifelsfrei zu belegen ist, so würde sich dennoch wenig an den Ergebnissen dieses Abschnittes ändern, da in den diskutierten Schriften nur Einzelbelege vorkommen, während die längeren Serien von Ich-bin-Worten alle aus eindeutig gnostischen Texten stammen. D.h. aber, dass es sich hier tatsächlich um

---

[94] Bei den im Folgenden wiedergegebenen Zuordnungen schliesse ich mich überwiegend jenen Einschätzungen an, die in den einleitenden Artikeln der neuen zweibändigen Gesamtübersetzung der Nag-Hammadi-Schriften (Schenke / Bethge / Kaiser [Hg.], Nag Hammadi Deutsch, 2001 und 2003) formuliert sind.

[95] Hier ist die Zuordnung als sethianisch umstritten; vgl. Plisch, NHD 2, 458.

[96] Den Poimandres habe ich in diesen Teil des Kapitels wegen seiner zahlreichen Ähnlichkeiten mit Texten aus Nag Hammadi aufgenommen; vgl. unten D II 3. Die Äußerungen zur Klassifizierung dieser Schrift sind in der Forschung heterogen. So meint etwa Kingsley, Poimandres, passim, Poim sei primär von ägyptischer Religiosität geprägt; Förster (Hg.), Gnosis 1, 416, hält Poim für „eine heidnische gnostische Schrift"; Buechli, Poimandres, für „ein paganisiertes Evangelium" (so der Untertitel seiner Monographie); und Pearson, Elements, 147, redet von einer „curios mixture of Jewish piety, Gnosticism, and Hermetic paganism".

eine Redeform handelt, die sich als Stilmerkmal gnostischer Schriften beschreiben lässt. Damit soll nicht gesagt sein, dass dieses Stilmerkmal die Zugehörigkeit eines Textes zur Gnosis konstituiert – festzuhalten ist lediglich eine auffällige Übereinstimmung zwischen dem gnostischen Charakter einer Schrift und dem wiederholten Gebrauch von Aussagen in Ich-bin-Form.

Die meisten hier behandelten Texte dürften im zweiten oder dritten nachchristlichen Jahrhundert entstanden sein; in einigen Fällen wird diskutiert, ob Vorstufen der Texte ins erste Jahrhundert zurückgehen (so bei AJ, EvThom und Protennoia). Von keinem einzigen Text lässt sich sicher sagen, dass er früher als das Johannesevangelium entstanden ist. Die Ähnlichkeiten bei der Verwendung von Ich-bin-Aussagen verweisen m.E. nicht auf Abhängigkeitsverhältnisse, sondern auf den gemeinsamen kulturellen Entstehungsraum von gnostischen Texten und Johannesevangelium. Traditionsgeschichtlich betrachtet geht die Entwicklungslinie nicht von gnostischen Texten zum Johannesevangelium oder umgekehrt, sondern alle Texte speisen sich aus ihnen vorausliegenden gemeinsamen Traditionen[97], deren Verarbeitung sowohl Ähnlichkeiten wie auch Unterschiede deutlich werden lässt. Betrachtet man das Szenario vom Standpunkt der Intertextualitätstheorie aus, so treten traditionsgeschichtliche Fragen in den Hintergrund. Wichtiger ist die Tatsache, dass sich sowohl Johannesevangelium wie auch gnostische Texte denselben spätantiken RezipientInnen als „religiöses Angebot" präsentieren. Dabei bedeutet das gemeinsame Stilmerkmal der Selbstpräsentation göttlicher Gesandter in Ich-bin-Reden noch nicht a priori eine Übereinstimmung in der Sache. D.h. möglicherweise sind die theologischen Unterschiede größer, als es die Ähnlichkeit der Stilformen

---

[97] Vgl. zu dieser Einschätzung etwa die Aussagen von McRae und Turner zu Bronte bzw. Protennoia in den Textausgaben der NHS: Bei McRae, Introduction, 232f heisst es: "In terms of the religious traditions represented in the Nag Hammadi collection, *Thund.* is difficult to classify. (...) There are resemblances to the tone and style of the wisdom hymns in the Biblical and intertestamental wisdom literature, and the self-proclamations are similar to the Isis aretalogy inscriptions. But if the multiple assertions in these works are intended to assert the universality of Isis or of God's wisdom, perhaps the antithetical assertions of *Thund.* are a way of asserting the totally otherworldly transcendence of the revealer". – Turner, Introduction, 375, formuliert: "Thus the evident similarities between the Gospel of John and Trimorphic Protennoia may be explained in large part by supposing common membership in a religious world prone to conceiving the advent of the divine into the world in terms of a descending-ascending redeeming wisdom figure. Both texts arise in this sapiental environment at a point when it had taken a gnosticizing turn characterized by dualism and a mild anti-cosmicism which holds that true liberation lies beyond this world and is conveyed by a figure personifying the divine wisdom".

auf den ersten Blick erwarten lässt: Stilistische Übereinstimmungen sind etwas anderes als theologische Gemeinsamkeiten. Hier sind weitergehende Einzelvergleiche nötig, deren Platz nicht in diesem Kapitel sein kann, da es hier darum geht, einen Überblick über das Material zu präsentieren. In einem letzten Schritt soll dies nun im Hinblick auf pagane Texte geschehen, bevor ich mich dann den Schlussfolgerungen für den weiteren Verlauf der Arbeit zuwende.

4. *Paganes, besonders von Isis*

a) *„Unhellenischer Charakter" der Ich-bin-Worte*
Unbestritten ist in der Forschung der „unhellenische Charakter" der Ich-bin-Worte. Schon 1913 spricht Norden in seiner Monographie „Agnostos Theos" davon, dass solche Formeln „unhellenisch" seien[98], Thyen bestätigt diese Einschätzung Nordens in einem neueren RAC-Artikel über die Ich-bin-Worte. Dort zitiert er einige Beispiele aus der griechischen Literatur, darunter etwa die Selbstvorstellung des Poseidon an die gerade von ihm geschwängerte Tyro aus der Odyssee 11, 252: „Doch dir bin ich Poseidon, der Erdenerschütterer (αὐτὰρ ἐγώ τοί εἰμι Ποσειδάων ἐνοσίχθων)" sowie die Selbstaussage des Sokrates aus Theaitet 149a, wo dieser feststellt, „dass ich der Sohn einer Hebamme bin" (ὡς ἐγώ εἰμι υἱὸς μαίας), womit er seine Eignung herausstellt, den Gedanken zum Geborenwerden zu verhelfen[99]. Thyens Fazit ist: „Doch solche Anklänge vermögen Nordens Urteil nicht zu erschüttern"; s.E. bestätigt die von ihm vorgenommene Durchsicht des Materials des Thesaurus Linguae Graecae „eindrucksvoll Nordens Urteil über den ‚unhellenischen Charakter' der I[ch-bin-Worte]"[100]. Dazu kommt noch, dass Serien in diesen Texten überhaupt nicht vorkommen[101] und metaphorische Formulierungen praktisch keine Rolle spielen. Finden sich mithin keine interessanten Parallelen zum johanneischen Sprachgebrauch in der „eigentlich" griechischen Literatur, so ist die Lage in Dokumenten hellenistischer Zeit eine andere. Relevant sind in erster Linie die Zauberpapyri und die Isis-Aretalogien.

---

[98] Vgl. Norden, Theos, 182–223.
[99] Thyen, Ich-Bin-Worte, 149. – Zu weiteren Einzelbeispielen vgl. dort sowie Schnelle (Hg.) / Labahn / Lang (Mitarb.), Neuer Wettstein I,2, 361–364.
[100] Thyen, Ich-Bin-Worte, 148f; ähnlich äußert sich auch Cebulj, Ich bin es, 22.
[101] Vgl. McRae, Discourses, 111.

b) *Die Zauberpapyri*
In den spätantiken Zauberpapyri, die teils in griechischer und teils in koptischer Sprache abgefasst sind (wobei gelegentlich beides innerhalb derselben Passage mehrfach wechselt), gibt es häufiger Ich-bin-Formulierungen, in denen sich der Magier selbst mit Namen von Göttern identifiziert. So heisst es im sogenannten „Großen Pariser Zauberpapyrus", geschrieben im vierten nachchristlichen Jahrhundert[102], bei einer Dämonenbeschwörung im Kontext einer Anleitung für Liebeszauber: „Wenn du mir das erfüllst, werd ich dir sofort Ruhe gönnen. Denn ich bin (ZW) Adonai (ἐγὼ γάρ εἰμι Βαρβαρ Ἀδωναί), der die Gestirne verbirgt, der hellstrahlende Herrscher des Himmels, der Herr der Welt, (ZW) Adonai (ZW) Sabaoth (ZW); ich bin Thoth (ZW)"[103].

In einer anderen Passage desselben Papyrus folgt auf eine Anrufung des Gottes Typhon folgende Selbstvorstellung des Anrufenden: „*Ich bin* es, der mit dir die ganze Erde durchsucht und den großen Osiris aufgefunden hat, den ich in Fesseln dir zuführte. *Ich bin* es, der im Bunde mit dir kämpfte mit den Göttern (...); *ich bin* es, der des Himmels doppelte Falten schloß und einschläferte die Schlange, die man nicht anschauen kann, der zum Stehen brachte Meer, Fluten, der Ströme Gewässer, bis du Herr wurdest über dieses Reich"[104]. Anschließend folgt die Bitte um Macht, durch die diese machtvolle Vorstellung sich als Fiktion zu Beschwörungszwecken erweist.

In einem weiteren Papyrus geht es um die Anfertigung eines Ringes „für jeglichen Erfolg und jegliches Glück (...) Sehr wirksam"[105]. Auch hier folgt auf die Anleitung zu zauberwirkenden Handlungen sowie die Anrufung der Götter die Selbstvorstellung des Magiers: „Ich bin die Pflanze mit Namen Palmzweig (ἐγὼ φυτὸν ὄνομα βαίς)[106], ich bin der Ausfluß des Blutes der Palmzweige von des Großen (Osiris) Sarg, ich bin der Glaube, der sich bei den Menschen fand, und Prophet der heiligen Namen, der stets gleiche, der geboren ward aus dem Bythos, *ich bin* Chrates, geboren aus dem heiligen Sonnenauge, *ich bin* der

---

[102] Vgl. Preisendanz (Hg. / Übers.), PGM 1, 64; erwogen wird die „Niederschrift des Archetyps der koptischen Formeln" im 2./3. Jh., vgl. ebd., 66.
[103] PGM 1, 85 (Papyrus IV, Z.384–394); ZW steht in der Übersetzung von Preisendanz als Kürzel an der Stelle von Zauberworten im Originaltext.
[104] PGM 1, 77–79 (Papyrus IV, Z.185–193). Wo im griechischen Original ἐγώ εἰμι steht, habe ich die entsprechenden Worte in der deutschen Übersetzung kursiviert.
[105] PGM 2, 71.
[106] Zu Beginn steht hier nur ἐγώ, von dort an, wo ἐγώ εἰμι verwendet wird, habe ich die entsprechenden Worte in der Übersetzung wieder kursiviert.

Gott, den keiner sieht und vorwitzig nennt, *ich bin* der heilige Vogel Phoenix, *ich bin* Krates, der heilige, mit dem Beinamen Marmarauoth, *ich bin* Helios, der das Licht gezeigt hat, *ich bin* Aphrodite mit dem Beinamen Typhi, *ich bin* der heilige Entsender der Winde, *ich bin* Kronos, der das Licht gezeigt hat, *ich bin* die Mutter der Götter, genannt Himmel, *ich bin* Osiris, genannt Wasser, *ich bin* Isis, genannt Tau, *ich bin* Isis-Nephthys, genannt Frühling, *ich bin* Eidolos, den wahrhaftigen Gespenstern verähnlicht, *ich bin* Suchos, verähnlicht dem Krokodil. Drum bitte ich, kommt zu mir als Mithelfer, weil ich anrufen will den verborgenen und unaussprechlichen Namen, den Vorvater der Götter, aller Aufseher und Herrn"[107].

Auch hier verwendet der Magier Namen der Götter für sich selbst, die Länge der Aufzählung dürfte sich aus dem Bedürfnis speisen, keinen womöglich hilfreichen Gott bei der Beschwörung zu übergehen. Auch hier steht die machtvolle Selbstpräsentation des Magiers in Kontrast zu seiner Bitte um Hilfe. Fritz Graf beschreibt in einer seiner Veröffentlichungen zur antiken Magie die soziale Funktionsweise solcher Ich-bin-Formulierungen, indem er das Publikum mitbedenkt, von dem der Magier engagiert wird: „Denkt man diese Zuhörer und Kunden mit, so erscheinen viele Einzelheiten in doppelter Brechung, steht neben dem expliziten Adressaten, der Gottheit, als impliziter der menschliche Kunde, an den sich Götternamen samt mythischer Begründung ebenso richten wie die großspurigen Identifikationen in der ἐγώ εἰμι-Formel. In dieser Hinsicht ist auch Magie ein durchaus soziales Phänomen"[108].

Dies bedeutet aber, dass die Formulierungen der Zauberpapyri zwar durchaus Belege für die Existenz eines Ich-(bin-)Stils sind – und zwar Belege, die ungefähr zeitgleich sind mit jenen der gnostischen Texte –, dass hier aber inhaltlich etwas vollkommen anderes vorliegt als im Johannesevangelium und den gnostischen Texten: Nicht Gestalten des göttlichen Bereiches stellen sich vor und bringen ihre Offenbarung zu den Menschen, sondern einzelne Menschen eignen sich im sprachlichen Vollzug Namen oder Funktionen von Göttern an. Dass dies gerade mithilfe der Formel ἐγώ εἰμι geschieht, zeigt m.E., dass eine solche Ausdrucksweise zur Zeit der Abfassung der Zauberpapyri bekannt und verbreitet gewesen sein dürfte. Die Papyri sind nicht theologisch

---

[107] PGM 2, 73f (Papyrus XII, Z.227–238).
[108] Graf, Communio, 132. – Weitere Beispiele von Ich-bin-Formulierungen aus den Zauberpapyri zitiert Thyen, Ich-bin-Worte, 205–209; für einen Überblick und weitere Literatur zu den Zauberpapyri vgl. Busch, Magie, 45–68; Brashear, Papyri, passim.

innovativ, sondern benutzen gängige religiöse Vorstellungen und Ausdrucksformen aus den verschiedensten Bereichen spätantiker Religiosität, die sie „kundenorientiert" weiterverwenden und kombinieren. Damit liegen uns in den ἐγώ εἰμι-Formulierungen der Zauberpapyri zwar sprachliche Parallelen zur johanneischen Ausdrucksweise vor; inhaltlich und funktional gesehen dominieren allerdings die Unterschiede.

c) *Isis*

Die ursprünglich aus Ägypten stammende Isis hat in hellenistisch-römischer Zeit eine bemerkenswerte Karriere gemacht[109]. Während sie in älteren ägyptischen Texten nur als eine Figur innerhalb verschiedener Stationen des Osiris-Isis-Horus-Mythos eine Rolle spielt, wurde sie durch die Identifikation mit ägyptischen, griechischen und anderen Göttinnen zunehmend zur allumfassenden Göttin und vielnamigen Himmelskönigin[110]. In der Forschung gibt es keinen Konsens darüber, wieviel von dieser hellenistischen Göttin tatsächlich noch auf ägyptische Ursprünge zurückzuführen ist. Zusammenfassende Erzählungen ihres Mythos gibt es in ägyptischen Quellen nicht, erst Diodor und Plutarch[111] stellen das teilweise heterogene Material zusammen. Diodor, der sein Geschichtswerk zwischen 60 und 30 v.Chr. verfasste, berichtet zum Abschluss seiner umfangreichen Ausführungen über Isis, Osiris und die ägyptische Götterwelt von zwei Grabstelen, die sich auf den Gräbern von Isis und Osiris im arabischen Nysa[112] befunden haben sollen. Die

---

[109] Vgl. Köster, Introduction 1,180: "If ever a deity of that time was on the way to becoming the central figure of a world religion, it was Isis – not as the goddess of the throne of Pharao and the wife of Osiris, but as the mistress of heaven, the mother of the All, the ruler of the underworld, who united in her person everything that was significant for the religious expectations of that time". – Zur Integration von Isis (und Sarapis) ins römische Pantheon vgl. Takács, Isis, passim, die ebd., 204, zusammenfassend feststellt: "The cult advanced to a *sacrum publicum* in the mid-first century CE and the possibility to single it out vanished".

[110] Vgl. Köster, Introduction 1,176–184; Giebel, Geheimnis, 149–194; Kloft, Mysterienkulte, 41–55; Bergmann, Artikel: Isis, passim; Assmann, Isis, passim; Grieshammer u.a., Artikel: Isis, passim, für den Gesamtbefund und weitere Literaturangaben.

[111] Vgl. Diodorus Siculus I, 13–27 (bes. 21f); Plutarch, De Iside et Osiride 12–21.

[112] Dieses arabische Nysa ist nicht lokalisierbar; möglicherweise handelt es sich um eine etymologische Fiktion, die mit dem Namen Dionysos zusammenhängt. Harder, Karpokrates, 38, bemerkt dazu: „[D]iese Ortsangabe kann nicht ernst genommen werden, und zwar aus einem sehr einfachen Grund: unseres Wissens gab es einen solchen realen Ort überhaupt nicht. Die Bedeutung von Nysa stammt aus dem Dionysos-Mythos, und zwar vermöge einer Etymologie (Dionysos = *Dios-nysos*, ‚Sohn des Zeus aus Nysa'). Das hat zur Folge, daß überall da, wo die Geburt des Dionysos angesetzt werden soll, auch ein mythischer Ort Nysa postuliert wird; so auch in Arabien (dem

von Diodor mitgeteilten Texte sind nach seinen Angaben ursprünglich in Hieroglyphenschrift verfasst, er selbst zitiert allerdings eine griechische Fassung – jedoch ohne sich über die Herkunft der (angeblichen) Übersetzung zu äußern. Die Isis-Inschrift lautet folgendermaßen[113]:

Ἐγὼ Ἶσις εἰμι ἡ βασίλισσα πάσης χώρας, ἡ παιδευθεῖσα ὑπὸ Ἑρμοῦ,
καὶ ὅσα ἐγὼ ἐνομοθέτησα, οὐδεὶς αὐτὰ δύναται λῦσαι.
ἐγώ εἰμι ἡ τοῦ νεωτάτου Κρόνου θυγάτηρ πρεσβυτάτη.
ἐγώ εἰμι γυνὴ καὶ ἀδελφὴ Ὀσίριδος βασιλέως·
ἐγώ εἰμι ἡ πρώτη καρπὸν ἀνθρώποις εὑροῦσα·
ἐγώ εἰμι μήτηρ Ὥρου βασιλέως·
ἐγώ εἰμι ἡ ἐν τῷ ἄστρῳ τῷ ἐν τῷ κυνὶ ἐπιτέλλουσα·
ἐμοὶ Βούβαστος ἡ πόλις ᾠκοδομήθη.
χαῖρε χαῖρε Αἴγυπτε θρέψασά με.

Ich bin Isis, die Königin des ganzen Landes, die, die erzogen worden ist von Hermes,
und die Gesetze, die ich festgesetzt habe, kann niemand auflösen.
Ich bin des jüngsten Gottes Kronos älteste Tochter.
Ich bin Frau und Schwester des Königs Osiris.
Ich bin die, die als Erste Frucht für die Menschen gefunden hat;
Ich bin die Mutter des Königs Horus;
Ich bin die, die im Sternbild des Hundes aufgeht[114];
Mir ist die Stadt Boubastos erbaut worden.
Sei gegrüßt, sei gegrüßt, Ägypten, das du mich genährt hast.

Diodor selbst teilt mit, dass er nicht die gesamte Inschrift wiedergibt, der Rest der Inschrift sei „durch die Zeit zerstört worden"[115]. Er beruft sich für seine Angaben auf andere Zeugen[116], hat also weder die Gräber noch die Inschriften selbst gesehen. Dennoch haben sich die Angaben Diodors durch archäologische Funde insofern bestätigt, als im 19. und 20. Jahrhundert sukzessive[117] mehrere Inschriften bekannt geworden sind, die nahezu denselben Text wie den bei Diodor mitgeteilten enthalten. Bestätigt hat sich auch Diodors Angabe über die Länge des Textes, da

---

Durchgangsland für die indische Expedition des Dionysos-Osiris)"; vgl. auch Müller, Ägypten, 12f; Bergmann, Ich bin Isis, 36f.

[113] Diodor I,27,4 (Text nach: Oldfather, LCL, Diodor Bd. 1, 86–88).

[114] Die Kombination von Isis und Sirius, dem Stern des Hundes (ägyptisch Sothis), verweist auf die Verbindung von Isis mit der fruchtbarkeitsbringenden Nilschwelle, da der Beginn der Nilschwelle (im Sommer) mit dem Beginn der morgentlichen Sichtbarkeit des Sirius zusammenfiel.

[115] Diodor I,27,6.

[116] Vgl. Diodor I,27,3.

[117] Die Daten der Erstveröffentlichungen sind (nach Müller, Ägypten, 7f): Andros 1842; Ios 1877; Kyme 1927; Saloniki 1934; Chalkis 1944.

die Inschriften eine ausführlichere Textfassung bezeugen. Es handelt sich erstens um eine Inschrift aus Kyme in Kleinasien (der Text wird in der Forschung entweder auf das 1. Jhdt. v.Chr. oder auf das 1./2. Jhdt. n.Chr. datiert[118]); zweitens um eine Inschrift aus Saloniki (1./2. Jhdt. n.Chr.) und drittens um eine Inschrift aus Ios (2./3. Jhdt. n.Chr.)[119]. In weiteren Inschriften mit inhaltlichen Übereinstimmungen, wie zum Beispiel der Isis-Inschrift aus Andros[120] oder der Karpokrates-Inschrift aus Chalkis[121] tritt der Ich-Stil in den Hintergrund[122].

Der am besten erhaltene Paralleltext zu Diodor ist der der Kyme-Inschrift. In den beiden ersten Zeilen findet sich dort eine Herkunftsangabe, die von der Diodors abweicht[123]:

1 Δημήτριος Ἀρτεμιδώρου ὁ καὶ Θρασέας
   Μάγνης ἀπὸ Μαιάνδρου Ἴσιδι εὐχήν·
2 Τάδε ἐγράφη ἐκ τῆς στήλης τῆς ἐν Μέμφει,
   ἥτις ἕστηκεν πρὸς τῷ Ἡφαιστιήωι·

1 Demetrios, der Sohn des Artemidor, der auch Thraseas heißt,
   aus Magnesia am Mäander richtet ein Gebet an Isis.
2 Das folgende ist abgeschrieben von der Stele in Memphis,
   die im Hephaisteion steht:

Die historische Zuverlässigkeit dieser Angabe wird in der Forschung wesentlich höher eingeschätzt als die der Mitteilung Diodors über

---

[118] Die vorchristliche Datierung ist bei Totti, Texte, 1, zu finden; die nachchristliche bei Müller, Ägypten, 11; Bergmann, Ich bin Isis, 13; Weiteres (zu beiden Datierungen) bei Wild, Sanctuaries, 1769 A65; die Mehrheit vertritt die spätere Datierung.

[119] Zu den Veröffentlichungsorten vgl. Totti, Texte, 1.

[120] Vgl. Totti, Texte, 5–10 (griechischer Text); Peek, Isishymnus, 15–22 (griechischer Text); ebd., 25–75 (Kommentar); ebd., 79–98 (zum Stil). – In dieser Inschrift ist die Selbstoffenbarung in Hexameter umformuliert, was das Zurücktreten der Ich-Rede bedingt, vgl. Peek, Isishymnus, 91: „Andererseits konnte aber auch das ἐγώ am Anfang der Sätze in seiner stereotypen Wiederkehr schon aus metrischen Gründen nicht einfach übernommen werden". Datiert wird die Inschrift ins erste vorchristliche Jahrhundert, vgl. Peek, 14; Harder, Karpokrates, 3; Müller, Ägypten, 11; Totti, Texte, 5; Bergmann, Ich bin Isis, 14.

[121] Der Text ist von Harder, Karpokrates, 8, veröffentlicht und dort auch kommentiert; er findet sich auch in Totti, Texte, 15f. Harder, ebd., 53, datiert die Inschrift ins dritte nachchristliche Jahrhundert. Im erhaltenen Text findet sich kein einziges ἐγώ εἰμι, jedoch zweimal die Formulierung εἰμὶ ἐγώ.

[122] Dasselbe gilt auch für weitere Texte, die mit den genannten in Verbindung stehen: In der Offenbarung über Isis und Osiris aus der hermetischen Schrift „Kore Kosmou" (Totti, Texte, 11f) findet sich ebensowenig ein ἐγώ εἰμι wie in der iambischen Selbstoffenbarung der Isis aus Kyrene (Totti, Texte, 13) oder dem Anubishymnus aus Kios in Bithynien (Totti, Texte, 14).

[123] Text nach Totti, Texte, 1.

das (fiktive) arabische Nysa als Herkunftsort der Tradition. Für diese Einschätzung wird mit Diodor gegen Diodor argumentiert, da dieser selbst von einer Isis-Gedenkstätte im Tempelbezirk des Hephaistos in Memphis berichtet[124]. Da sich nun auch ein Isis-Tempel in Memphis befand – so die Argumentation –, wäre bei einer fingierten Angabe eine Lokalisierung dort zu erwarten gewesen und nicht im sachlich abseitigeren Tempel des Hephaistos. Sowohl Harder wie auch Bergmann vertreten in ihren Untersuchungen zur Herkunft der Tradition die These, dass es sich um memphitische Isispropaganda handelt, die absichtlich Isis in einer Weise darstellt, die ihre Rezipierbarkeit im griechischen Kulturraum befördern soll[125]. Harder beschreibt den Vorgang folgendermaßen: „Es ist eine bestimmte Form der griechisch-ägyptischen Isisreligion, deren Entstehung wir so fast beiwohnen. Wir beobachten beide Seiten des Vorgangs, sehen das zielbewußte, seelenkundige Ausgreifen der ägyptischen Priester und hören den Widerhall eines willigen griechischen Jüngers"[126].

Harders These ist in der Forschung streckenweise auf Kritik gestoßen; der ägyptische Ursprung der Tradition wurde zugunsten ihres hellenistischen Charakters bezweifelt; ebenso auch seine Annahme, dass die verschiedenen Fassungen der Aretalogie[127] letztlich auf unterschiedliche Übersetzungen eines ägyptischen Urtextes zurückgehen[128]. Assmann summiert die Diskussion, indem er feststellt, dass die „Frage nach dem Ursprung der griechischen Isis-A[retalogie] (...) weiterhin als durchaus offen gelten"[129] muss.

---

[124] Diodor I,22,2; dazu Harder, Karpokrates, 38; Müller, Ägypten, 12f; Bergmann, Ich bin Isis, 42f.

[125] Vgl. Harder, Karpokrates, 39–52; Bergmann, Ich bin Isis, 297–300 und passim.

[126] Harder, Karpokrates, 51; vgl. Fowden, Hermes, 45–52; sowie allgemein zur Durchdringung von Griechischem, Römischem und Ägyptischem bei der Ausbreitung des Isiskultes Vidman, Isis, 167–173.

[127] Ich benutze die Bezeichnung Aretalogie hier im Wissen um die definitorische Problematik (vgl. dazu u.a. Smith, Prolegomena, passim; Brucker, Christushymnen, 40f A24) im Sinne Assmanns (vgl. die übernächste Anmerkung), da dieser Begriff für die fraglichen Isistexte allgemein üblich ist.

[128] Vgl. dazu Müller, Ägypten, 13f.87f; Bergmann, Ich bin Isis, 15–18.

[129] Assmann, Aretalogien, 426; zum Begriff der „Aretalogie" vgl. ebd. 426: „Die griech[ische] Isisaretalogie ist ein Hymnus in der Ich-Form, der aufgrund seiner unzweifelhaft propagandistischen Intention zur Gattung der Aretalogie gehört. Dem ‚exoterischen' Zweck der Gattung entsprechend ist die gesamte Menschheit der (nicht eigens angeredete) Adressat dieses Hymnus, der – und das ist für die Gattung bisher einzigartig – der Göttin selbst in den Mund gelegt ist. Diese eigentümliche Form, die in der anaphorischen Repetition des Personalpronomens ‚ich' schon rein sprachlich dem Griechischen fremd ist, läßt auf orientalische Vorbilder schließen, die man allgemein,

Im Gegensatz zur offenen Ursprungsfrage lassen sich mit größerer Sicherheit Aussagen über die Verbreitung des Isiskultes und der Aretalogien in der hellenistisch-römischen Welt machen. Isisheiligtümer sind nahezu überall im römischen Reich gefunden worden[130], darunter auch in jenen Gegenden, die für die Abfassung und frühe Verbreitung des Johannesevangeliums eine besondere Rolle gespielt haben dürften (Syrien, Ägypten und das westliche Kleinasien)[131]. In POxy 1380 aus dem frühen zweiten Jahrhundert n.Chr.[132] wird Isis als vielgestaltig (πολύμορφον, Z.9), vielnamig (πολυώνυμον, Z.97) und größte der GöttInnen (μεγίστη θεῶν, Z.142f) angerufen; zugleich enthält POxy 1380 eine beeindruckende Auflistung von Orten, an denen Isis verehrt wird; neben den zuerst genannten ägyptischen Orten (Zeilen 1–76) enthält die Aufzählung viele weitere (Zeilen 76–119), darunter Arabien, Lykien, Kyrene, Kreta, Rom, die Kykladen, Zypern, Chalkidike, Asia, Petra,

---

der antiken Überlieferung selbst folgend, in Äg[ypten] gesucht hat, ohne bisher allerdings wirklich überzeugende Beispiele anführen zu können." – Weiterhin stellt Assmann die relevanten Texte zusammen und spricht dann (ebd., 428) von „dem Gesamteindruck (…), daß solche ‚Ich-Hymnen' in der Masse der Überlieferung nur höchst vereinzelt belegt sind und im Rahmen der einzelnen Gattungen wie ‚Verwandlungsspruch', ‚Zauberspruch' oder ‚dramatische Götterrede' erratisch wirken. Die Form scheint in keiner dieser Gattungen ursprünglich beheimatet, sondern vielmehr von einer weiteren Gattung übernommen zu sein, die uns nur noch in diesen Reflexen greifbar ist".

[130] Vgl. Wild, Sanctuaries, passim; sowie die Zusammenfassung bei Hornung, Ägypten, 74: „Die Ausbreitung des Isis-Kultes setzte im 4. Jahrhundert v.Chr. ein. Damals wurde (…) ein Tempel in Piraeus gegründet, um 300 auch in Eretria, es folgten weitere Gründungen auf den Inseln Delos, Rhodos, Kos, Samos, Lesbos und Cypern, dazu in Ephesos. In Athen hält sich der Isiskult bis ins 4. Jahrhundert n.Chr. Im Westen des Mittelmeeres geht Sizilien voran, im 2. Jahrhundert v.Chr. folgt das italienische Festland, vor allem Pompei; Pozzuoli besitzt in dieser Zeit schon ein eigenes Serapeum. Seit Sulla (88–78 v.Chr.) ist der Isiskult in Rom bezeugt, und Isis-Heiligtümer werden nach und nach in nahezu allen Provinzen des römischen Reiches errichtet. Die Ausbreitung folgte vor allem den Flußtälern als wichtigsten Handelsrouten, so in Gallien dem Rhônetal, in Germanien dem Rheintal bis nach Köln, und erreichte im Nordwesten Holland und England (Iseum in London, Serapeum in York), im Nordosten Ungarn; dazu kommen noch Nordafrika und Spanien". – Für eine ausführliche Darstellung der Ausbreitung vgl. Vidman, Isis, 10–124.

[131] Vgl. die Aufzählung der Orte bei Wild, Sanctuaries, 1739f, sowie zu Syrien Norris, Isis, passim; bei Vidman, Sylloge, 180–184, sind die syrischen Isis- und Sarapis-Inschriften zusammengestellt; dort auf den Seiten VII–IX gibt es ein Inhaltsverzeichnis, das jene Gegenden und Orte aufzählt, wo sich Inschriften gefunden haben.

[132] Der Papyrus ist zuerst veröffentlicht in: Grenfell / Hunt (Hg.), The Oxyrhynchus Papyri 11, London 1915, 190–220; die Datierung ebd., 190. Der Text findet sich auch in Totti, Texte, 62–75.

Sinope, Tripolis, Gaza, Delphi, Delos, Syrophönizien, Italien, den Hellespont und zahlreiche andere[133].

Die Verbreitung von Isisverehrung und Isiskultstätten im römischen Reich ist eine Voraussetzung auch für die Verbreitung des aretalogischen Textes. Dennoch ist die Vermutung Tottis, „daß es sich um einen fixierten Text handelt, der in *allen* Isisheiligtümern aufgestellt war"[134], möglicherweise zu weitreichend. Harder hat die verschiedenen Fassungen der Aretalogie miteinander verglichen und ein Stemma der Textüberlieferung erstellt[135]. Aus der Beziehung der Texte zueinander folgt, dass es noch weitere Exemplare als Zwischenstufen gegeben haben muss. Harder kommt zum Schluss: „Offenbar war der Text in einer beträchtlichen Anzahl von Exemplaren verbreitet; es würde nicht wundernehmen, wenn sich noch weitere fänden"[136].

Es lässt sich also davon ausgehen, dass nicht nur Isisverehrung und Isiskultstätten eine kaum zu übersehende Realität im römischen Reich der Kaiserzeit waren, sondern auch der Text der Aretalogie einen hohen Bekanntheitsgrad hatte – auch für die AutorInnen und frühen RezipientInnen des Johannesevangeliums. Insofern ist es lohnend, den Text der Aretalogie auf mögliche inhaltliche Parallelen zu den johanneischen Formulierungen hin zu betrachten. Die am vollständigsten erhaltene Inschrift ist die aus Kyme, weshalb ich hier im Wesentlichen diesen Text wiedergebe[137]:

---

[133] Auch in Anrufung und Selbstvorstellung der Isis bei Apuleius, Metamorphosen XI,2 bzw. XI,5f gibt es Aufzählungen von Orten der Verehrung (u.a. Eleusis, Paphos, Ephesos, Phrygien, Kreta, Äthiopien, Ägypten) und Gleichsetzungen der Isis u.a. mit Ceres, Venus, Proserpina, Minerva, Diana, Juno und Hekate. Diese Selbstvorstellung der Isis enthält keine Ich-bin-Formulierungen. Vgl. zum elften Buch der Metamorphosen auch Dibelius, Isisweihe, passim.

[134] Totti, Texte, 1; Hervorhebung von mir.

[135] Vgl. Harder, Karpokrates 22 und 39. Danach haben die Texte aus Kyme und Saloniki eine gemeinsame Vorlage, die wiederum auf eine gemeinsame Vorlage mit dem Text aus Ios zurückgeht. Das Präskript und das letzte Drittel des Textes aus Kyme, das in den Texten aus Ios und Saloniki nicht erhalten ist, zeigt Übereinstimmungen mit der angenommenen Prosa-Vorlage der Andros-Inschrift; in beiden Fällen wird Memphis genannt. Zu diesen Fassungen kommt noch die Diodors, die am weitesten abweicht; auch hier muss noch eine Quelle angenommen werden. In seinem Stemma auf S. 39 kommt Harder insgesamt auf zwölf Fassungen, dies allerdings unter Einschluss der von ihm postulierten hieroglyphischen Urvorlage, deren Existenz in der Forschung umstritten ist.

[136] Harder, Karpokrates, 22.

[137] Text und Nummerierung folgen Totti, Texte, 1–4; an einigen Stellen sind Schreibweisen von den anderen Textzeugen her korrigiert.

3 Ἶσις ἐγώ εἰμι ἡ τύραννος πάσης χώρας· καὶ ἐπαιδεύθην ὑπὸ Ἑρμοῦ καὶ γράμματα εὗρον μετὰ Ἑρμοῦ, τά τε ἱερὰ καὶ τὰ δημόσια, ἵνα μὴ τοῖς αὐτοῖς πάντα γράφηται.
4 Ἐγὼ νόμους ἀνθρώποις ἐθέμην, καὶ ἐνομοθέτησα ἃ οὐθεὶς δύναται μεταθεῖναι.
5 Ἐγώ εἰμι Κρόνου θυγάτηρ πρεσβυτάτη.
6 Ἐγώ εἰμι γυνὴ καὶ ἀδελφὴ Ὀσίριδος βασιλέως.
7 Ἐγώ εἰμι ἡ καρπὸν ἀνθρώποις εὑροῦσα.
8 Ἐγώ εἰμι μήτηρ Ὥρου βασιλέως.
9 Ἐγώ εἰμι ἡ ἐν τῷ τοῦ Κυνὸς ἄστρῳ ἐπιτέλλουσα.
10 Ἐγώ εἰμι ἡ παρὰ γυναιξὶ θεὸς καλουμένη.
11 Ἐμοὶ Βούβαστος πόλις ᾠκοδομήθη.
12 Ἐγὼ ἐχώρισα γῆν ἀπ' οὐρανοῦ.
13 Ἐγὼ ἄστρων ὁδοὺς ἔδειξα.
14 Ἐγὼ ἡλίου καὶ σελήνης πορείαν συνεταξάμην.
15 Ἐγὼ θαλάσσια ἔργα εὗρον.
16 Ἐγὼ τὸ δίκαιον ἰσχυρὸν ἐποίησα.
17 Ἐγὼ γυναῖκα καὶ ἄνδρα συνήγαγον.
18 Ἐγὼ γυναικὶ δεκαμηνιαῖον βρέφος εἰς φῶς ἐξενεγκεῖν ἔταξα.
19 Ἐγὼ ὑπὸ τέκνου γονεῖς ἐνομοθέτησα φιλοστοργεῖσθαι.
20 Ἐγὼ τοῖς ἀστόργως γονεῦσιν διακειμένοις τιμωρίαν ἐπέθηκα.
21 Ἐγὼ μετὰ τοῦ ἀδελφοῦ Ὀσίριδος τὰς ἀνθρωποφαγίας ἔπαυσα.
22 Ἐγὼ μυήσεις ἀνθρώποις ἐπέδειξα.
23 Ἐγὼ ἀγάλματα θεῶν τιμᾶν ἐδίδαξα.
24 Ἐγὼ τεμένη θεῶν ἱδρυσάμην.
25 Ἐγὼ τυράννων ἀρχὰς ἔπαυσα.
26 Ἐγὼ φόνους ἔπαυσα.
27 Ἐγὼ στέργεσθαι γυναῖκας ὑπὸ ἀνδρῶν ἠνάγκασα.
28 Ἐγὼ τὸ δίκαιον ἰσχυρότερον χρυσίου καὶ ἀργυρίου ἐποίησα.
29 Ἐγὼ τὸ ἀληθὲς καλὸν ἐνομοθέτησα νομίζεσθαι.
30 Ἐγὼ συγγραφὰς γαμικὰς εὗρον.
31 Ἐγὼ διαλέκτους Ἕλλησι καὶ βαρβάροις ἔταξα.
32 Ἐγὼ τὸ καλὸν καὶ αἰσχρὸν διαγινώσκεσθαι ὑπὸ τῆς φύσεως ἐποίησα.
33 Ἐγὼ ὅρκου φοβερώτερον οὐθὲν ἐποίησα.
34 Ἐγὼ τὸν ἀδίκως ἐπιβουλεύοντα ἄλλοις {ἄλλῳ} ὑποχείριον τῷ ἐπιβουλευομένῳ παρέδωκα.
35 Ἐγὼ τοῖς ἄδικα πράσσουσιν τιμωρίαν ἐπιτίθημι.
36 Ἐγὼ ἱκέτας ἐλεᾶν ἐνομοθέτησα.
37 Ἐγὼ τοὺς δικαίως ἀμυνομένους τιμῶ.
38 Παρ' ἐμοὶ τὸ δίκαιον ἰσχύει.
39 Ἐγὼ ποταμῶν καὶ ἀνέμων καὶ θαλάσσης εἰμὶ κυρία.
40 Οὐθεὶς δοξάζεται ἄνευ τῆς ἐμῆς γνώμης.
41 Ἐγώ εἰμι πολέμου κυρία.
42 Ἐγὼ κεραυνοῦ κυρία εἰμί.
43 Ἐγὼ πραΰνω καὶ κυμαίνω θάλασσαν.
44 Ἐγὼ ἐν ταῖς τοῦ ἡλίου αὐγαῖς εἰμι.
45 Ἐγὼ παρεδρεύω τῇ τοῦ ἡλίου πορείᾳ.

46 Ὃ ἂν ἐμοὶ δόξῃ, τοῦτο καὶ τελεῖται.
47 Ἐμοὶ πάντ' ἐπείκει.
48 Ἐγὼ τοὺς ἐν δεσμοῖς λύω.
49 Ἐγὼ ναυτιλίας εἰμὶ κυρία.
50 Ἐγὼ τὰ πλωτὰ ἄπλωτα ποι[ῶ, ὅ]ταν ἐμοὶ δόξῃ.
51 Ἐγὼ περιβόλους πόλεων ἔκτισα.
52 Ἐγώ εἰμι ἡ θεσμοφόρος καλουμένη.
53 Ἐγὼ νήσ[σ]ους ἐκ β[υθ]ῶν εἰς φῶς ἀνήγαγον.
54 Ἐγὼ ὄμβρων εἰμὶ κυρία.
55 Ἐγὼ τὸ εἱμαρμένον νικῶ.
56 Ἐμοῦ τὸ εἱμαρμένον ἀκούει.
57 Χαῖρε Αἴγυπτε θρέψασά με.

3 Isis bin ich, die Herrscherin des ganzen Landes; und ich bin erzogen worden von Hermes und ich habe die Buchstaben erfunden zusammen mit Hermes, die heiligen und die profanen, damit nicht mit denselben alles geschrieben werde.
4 Ich habe den Menschen Gesetze gegeben und festgesetzt, was niemand verändern kann.
5 Ich bin des Kronos älteste Tochter.
6 Ich bin Frau und Schwester des Königs Osiris.
7 Ich bin die, die Frucht für die Menschen gefunden hat.
8 Ich bin die Mutter des Königs Horus.
9 Ich bin die, die im Sternbild des Hundes aufgeht.
10 Ich bin die, die bei den Frauen Theos genannt wird.
11 Mir ist die Stadt Boubastos erbaut worden.
12 Ich habe die Erde vom Himmel getrennt.
13 Ich habe die Wege der Sterne gezeigt.
14 Ich habe den Gang der Sonne und des Mondes geordnet.
15 Ich habe die zum Meer gehörigen Dinge (= Seefahrt) erfunden.
16 Ich habe das Gerechte stark gemacht.
17 Ich habe Frau und Mann zusammengeführt.
18 Ich habe der Frau bestimmt, das Ungeborene mit zehn Monaten ans Licht herauszubringen.
19 Ich habe festgesetzt, dass die Eltern vom Kind geliebt werden.
20 Ich habe den Eltern, die ohne Liebe sind, Strafe auferlegt.
21 Ich habe zusammen mit meinem Bruder Osiris die Menschenfresserei beendet.
22 Ich habe den Menschen die Einweihungen (in die Mysterien) gezeigt.
23 Ich habe die Bilder der Götter zu verehren gelehrt.
24 Ich habe die Heiligtümer der Götter errichtet.
25 Ich habe die Herrschaft der Tyrannen aufgelöst.
26 Ich habe die Mordtaten beendet.
27 Ich habe veranlaßt, daß Frauen von Männern geliebt werden.
28 Ich habe das Gerechte stärker als Gold und Silber gemacht.
29 Ich habe festgesetzt, dass das Wahre als gut anerkannt werde.
30 Ich habe die Hochzeitsverträge erfunden.

31 Ich habe GriechInnen und BarbarInnen die Sprachen festgesetzt.
32 Ich habe verursacht, dass das Gute und Schändliche sich von Natur aus unterscheiden.
33 Ich habe nichts Fürchterlicheres als den Eid geschaffen.
34 Ich habe den, der unrechtmäßig andere bedroht, in die Hand des (anderen) Bedrohten gegeben.
35 Ich erlege denen, die Unrecht tun, Strafe auf.
36 Ich habe festgesetzt, sich der Schutzsuchenden zu erbarmen.
37 Ich ehre die, die sich in gerechter Weise verteidigen.
38 Bei mir ist das Gerechte mächtig.
39 Ich bin die Herrin der Flüsse und Winde und des Meeres.
40 Niemand erlangt Ruhm ohne meine Zustimmung.
41 Ich bin die Herrin des Krieges.
42 Ich bin die Herrin des Blitzes.
43 Ich besänftige und woge das Meer auf.
44 Ich bin in den Strahlen der Sonne.
45 Ich bin dabei beim Gang der Sonne.
46 Was mir gefällt, das wird auch vollendet.
47 Mir unterwirft sich alles.
48 Ich befreie die Gefesselten.
49 Ich bin die Herrin der Seefahrt.
50 Ich mache das Schiffbare unschiffbar, wann es mir gefällt.
51 Ich habe die Schutzwälle der Städte hergestellt.
52 Ich bin die, die Thesmophoros[138] genannt wird.
53 Ich habe die Inseln aus den Tiefen ans Licht heraufgeführt.
54 Ich bin die Herrin des Regens.
55 Ich besiege das Schicksal.
56 Mir gehorcht das Schicksal.
57 Sei gegrüßt, Ägypten, das du mich genährt hast.

Der Text ist beträchtlich länger als der bei Diodor mitgeteilte. Die Zeilen 3–9, 11 und 57 entsprechen weitgehend dem Text Diodors. Während bei Diodor die Mehrzahl der Sätze mit ἐγώ εἰμι beginnt, so sind in der längeren Kyme-Inschrift zusätzlich noch viele Sätze zu finden, die mit ἐγώ beginnen ohne dass ein εἰμι folgten würde. Ähnlich wie im Johannesevangelium[139] sind die ἐγώ εἰμι-Formulierungen Bestandteil eines umfassenderen Ich-Stils. Dieser Stil ist typisch für die genannten Isis-Texte, was sich besonders im Vergleich zeigt: So enthält die ebenfalls bei Diodor mitgeteilte Osiris-Inschrift – trotz mancher inhaltlicher

---

[138] Thesmophoros, d.h. gesetzgebend, war ursprünglich ein Beiwort der Demeter.
[139] Vgl. oben C I 2.

Übereinstimmungen mit der Isis-Inschrift – kein einziges ἐγώ εἰμι. Der Stil ist typisch für das Formular der Isis-Inschriften; stilistische Übereinstimmungen mit dem Johannesevangelium sowie einigen gnostischen Texten sind deutlich.

Ein anderes Bild jedoch ergibt sich, wenn man den Gehalt der Sätze betrachtet. Die Selbstaussagen der Isis gehören zu den beiden ersten Gruppen meiner Rubrizierung; es handelt sich um Selbstvorstellungen mit Namen oder Titeln und um Beschreibungen von Eigenschaften und Tätigkeiten. Isis nennt ihren Namen (3), ihre Verwandtschaftsverhältnisse (5; 6; 8), ihre Ortszugehörigkeit (11; 57) und die Titel, die ihr gegeben werden (10; 52). Ihre Eigenschaften und Tätigkeiten beziehen sich auf die Schöpfung (12–14; 53), Natur- und Wetterphänomene (9; 39; 42–45; 54) sowie besonders auf kulturstiftende Aktivitäten wie die Erfindung von Sprache (31), Ackerbau (7), Seefahrt (15; 49–50), Städtebau (51) und die Festsetzung von Gesetzen, Werten und Regeln des Zusammenlebens (4; 16–30; 32–38; 40–41). Daneben finden sich auch generelle Aussagen über ihre Macht und die Hilfe, die sie den Menschen gewährt (46–48; 55–56). Harder beschreibt die Tendenz des Textes: „[D]as ganze Schwergewicht liegt auf den *kulturschöpferischen Leistungen*, deren Darstellung den Hauptinhalt des Textes ausmacht. Alle Grundlagen menschlichen Lebens hat die Göttin gelegt (…) Vor allem aber – dem gilt fast die Hälfte des Textes – ist sie die Gründerin und Wahrerin der menschlichen *Gesittung*, die große Zivilisatorin"[140]. Dies ist nun aber inhaltlich etwas vollkommen anderes als in den johanneischen Texten. Thematische Übereinstimmungen mit den johanneischen Prädikationen gibt es kaum – allenfalls ließe sich auf gemeinsame Interessen an den Themen Leben (21; 26), Wahrheit (29) und Licht (44–45) hinweisen – und vor allem: Es handelt sich bei den Selbstaussagen der Isis nicht um Metaphern, und auch Paradoxien oder Rätsel spielen keine Rolle.

Während also Aussagen der Kategorie „Paradoxien, Rätsel und Metaphern" in dem bisher vorgestellten Inschriftentypus fehlen, so gibt es doch eine entsprechende Stelle bei Plutarch[141]. Auch Plutarch berichtet von einer Inschrift, diesmal handelt es sich um eine Inschrift

---

[140] Harder, Karpokrates, 46 (Kursives dort gesperrt).
[141] Plutarch wurde um 45 n.Chr. geboren und lebte bis nach 120 n.Chr.

aus Sais an einer Statue der Athena, die auch als Isis angesehen wurde und die nach Plutarch folgende Inschrift trug[142]:

ἐγώ εἰμι πᾶν τὸ γεγονὸς καὶ ὂν καὶ ἐσόμενον
καὶ τὸν ἐμὸν πέπλον οὐδείς πω θνητὸς ἀπεκάλυψεν.

Ich bin alles, was war und ist und sein wird,
und mein Gewand hat noch kein Sterblicher aufgedeckt.

Im Kontext bei Plutarch geht es darum, die ägyptische Theologie als „rätselvolle Weisheit" (αἰνιγματώδη σοφίαν) zu erweisen; eine nähere Deutung der Inschrift erfolgt nicht[143]. In Zusammenhang der hier vorgestellten Ich-bin-Worte lässt sich konstatieren, dass die Inschrift bei Plutarch zwar an Formulierungen der Apokalypse erinnert (vgl. Offb 1,8.17f), nicht jedoch an die metaphorischen Ich-bin-Worte des Johannesevangeliums.

Das Ergebnis hinsichtlich der Isis-Inschriften ist also ein zweigeteiltes: Auf der einen Seite bezeugen die Inschriften einen gehobenen Ich-(bin-)Stil aus dem Munde einer göttlichen Gestalt, dessen einzelne Zeugnisse in der Spätantike weit verbreitet waren. Auf der anderen Seite aber fehlen in den Isis-Inschriften metaphorische Aussagen, und es gibt keinen einzigen Fall wörtlicher Übereinstimmung zwischen den Selbstvorstellungen der Isis und denen des johanneischen Jesus. Wie auch angesichts der meisten anderen Vergleichstexte zeigt sich wiederum die Besonderheit der metaphorischen Ich-bin-Worte des Johannesevangeliums.

---

[142] Plutarch, De Iside et Osiride 354c (Griffiths [Hg./Übers.], Iside, 9).

[143] Eine Variante des Textes findet sich bei Proklos (412–485 n.Chr.), In Tim 1, 30e (Diehl, S. 98): τὰ ὄντα καὶ τὰ ἐσόμενα καὶ τὰ γεγονότα ἐγώ εἰμι· τὸν ἐμὸν χιτῶνα οὐδεὶς ἀπεκάλυψεν· ὂν ἐγὼ καρπὸν ἔτεκον, ἥλιος ἐγένετο. Nach Proklos handelt es sich ebenfalls um eine Inschrift aus Sais, wobei hier Athene mit Neith gleichgesetzt und die (Un-)Sichtbarkeit der Göttin thematisiert wird. – Die Kommentierungen von Griffiths, Iside, 283–285; Hopfner, Isis 2, 82–84, deuten den zweiten Teil auf sexuelle Unberührtheit; in der Rezeption Schillers in dem Gedicht „Das verschleierte Bild zu Sais" von 1795 geht es um die (schuldhafte) Aufdeckung der Wahrheit durch einen zu wissbegierigen Jüngling: „‚Kein Sterblicher', sprach des Orakels Mund, / ‚Rückt diesen Schleier, bis ich selbst ihn hebe'. / Doch setzte nicht derselbe Mund hinzu: / ‚Wer diesen Schleier hebt, soll Wahrheit schauen?' (...) Besinnungslos und bleich, / So fanden ihn am andern Tag die Priester / Am Fußgestell der Isis ausgestreckt. / Was er allda gesehen und erfahren, / Hat seine Zunge nie bekannt. Auf ewig / War seines Lebens Heiterkeit dahin, / Ihn riß ein tiefer Gram zum frühen Grabe. / ‚Weh dem,' dies war sein warnungsvolles Wort, / Wenn ungestüme Frager in ihn drangen, / ‚Weh dem, der zu der Wahrheit geht durch Schuld: / Sie wird ihm nimmermehr erfreulich sein'".

5. Ergebnisse und Schlussfolgerungen

Besondere Aufmerksamkeit für eine Kontextualisierung der johanneischen Texte, so hatte ich zu Beginn dieses Kapitels festgestellt, verdienen einerseits Reihen, Serien und Wiederholungen von Ich-bin-Worten, da sich erst in ihnen so etwas wie ein erkennbarer Ich-bin-Stil etabliert, nicht jedoch in vereinzelten Belegen. Und ebenfalls besondere Aufmerksamkeit sollte metaphorischen Ich-bin-Worten zuteil werden. Betrachtet man nun das Material noch einmal im Überblick, so sind die Ergebnisse hinsichtlich eines erkennbaren Ich-bin-Stils einerseits und hinsichtlich der metaphorischen Worte andererseits durchaus unterschiedlich. Der von Bauer sogenannte „feierliche Ich-Stil"[144] findet sich in verschiedenartigen Texten. Zu nennen sind hier vor allem die Isis-Aretalogien, Teile der Zauberpapyri und einige gnostische Schriften (bes. AJ, Protennoia, Bronte). In diesen Texten werden Ich-bin-Formulierungen wiederholt und variiert, sie sind eingebettet in einen häufigen Gebrauch von Reden mit betontem Ich, die in einigen Fällen sogar die Grundstruktur des gesamten Textes abgeben. In den Isis-Aretalogien und in gnostischen Schriften ist dabei der Stil offensichtlicher als im Johannesevangelium, da dort ganze Serien von Sätzen direkt aufeinander folgen, die jeweils mit „Ich" oder „Ich bin" beginnen. Dass ein solcher Stil in der Spätantike weithin bekannt war, zeigt die ungewöhnlich breite Textüberlieferung der Isis-Aretalogien nebst Verbreitung ihres Kultes sowie die Tatsache, dass sich ein entsprechender Stil auch in weiteren Texten erkennen lässt. Dabei ist die Annahme nicht abwegig, dass die Isis-Texte für die anderen Schriften eine stilbildende Funktion erfüllt haben; zumindest begegnet die Göttin Isis auch in den Zauberpapyri, die gleichzeitig Merkmale sekundärer Traditionsverwertung zeigen, und auch in der Forschung zu den gnostischen Texten wird wiederholt auf die Isis-Aretalogien verwiesen[145]. Hinzuweisen ist hier noch auf spätere Texte wie etwa die zu Beginn dieses Kapitels zitierte Selbstvorstellung Christi, die Chrysostomos imaginiert und in der sich formale und inhaltliche Entsprechungen zu den Isis-Aretalogien zeigen.

Auch in Texten der Septuaginta, nämlich in Lev und Ez, gibt es Serien und Wiederholungen des ἐγώ εἰμι. Allerdings ist die einzige

---

[144] Bauer, Johannesevangelium, 119.
[145] Vgl. MacRae, Introduction, 232f; Turner, Introduction, 384; Plisch, NHD 2, 457; Markschies, Gnosis 60f, meint, Bronte sei „deutlich einem bestimmten Redeformular der ägyptischen Göttin Isis nachgearbeitet".

Formulierung, die hier seriell auftritt, ἐγώ εἰμι κύριος (ὁ θεός) κτλ.; es werden keine längeren Reihen gebildet, in denen unterschiedliche Ich-bin-Aussagen nebeneinander stehen, sondern das refrainartige Auftreten des Satzes dient zur Legitimierung von Geboten und Prophezeihungen. Der genannte Satz wird in späteren Texten zitiert, so in den synoptischen Evangelien und in polemischer Absicht in vielen gnostischen Texten, er fehlt jedoch im Johannesevangelium. Und auch dort, wo er am häufigsten auftritt, nämlich in den gnostischen Schriften, wird dieser Satz nicht innerhalb der Ich-(bin-)Passagen verwendet oder erweitert, sondern steht quasi separiert neben dem sonstigen Ich-Stil[146].

In anderen untersuchten Textgruppen wie den Schriften der klassischen griechischen Literatur und des Neuen Testaments (mit Ausnahme des Johannesevangeliums) gibt es nur einzelne ἐγώ εἰμι-Formulierungen, ohne dass sich von einem „gehobenen Ich-Stil" sprechen liesse.

Die Subjekte der einzelnen Ich-Aussagen aller Kategorien sind in der Septuaginta sowohl göttliche Gestalten als auch Menschen, seltener sind Belege aus dem Mund von Engeln oder Zwischenwesen. Letztere nehmen in den späteren, besonders den gnostischen, Schriften zu, während die Gottesaussagen dort im Verhältnis seltener werden. Die vereinzelten ἐγώ εἰμι-Formulierungen in der klassischen griechischen Literatur begegnen sowohl im Munde von Göttern wie auch von Menschen. In den Zauberpapyri gibt es Ich-Aussagen von Seiten des Magiers, der sich mit göttlichen Gestalten identifiziert. In den Isis-Aretalogien sind alle Ich-Aussagen Formulierungen der Göttin. Wo, wie in den Isis-Texten und einigen gnostischen Schriften, ein gehobener Ich-Stil mit Reihungen und Wiederholungen auftritt, sind die sprechenden Subjekte der Texte Wesen aus dem göttlichen Bereich; in den Zauberpapyri ist es der Magier, der sich die Kraft dieser Gottheiten anzueignen versucht.

Während in den untersuchten Texten verschiedener Herkunft Beispiele für einen gehobenen Ich-Stil zu finden sind, so gilt dasselbe nicht für metaphorische Ich-bin-Worte. Solche Worte sind, betrachtet man die Gesamtheit der vorgestellten Texte, eher selten. Auf der Suche nach metaphorischen Ich-bin-Worten habe ich die entsprechende Kategorie, nämlich „Paradoxien, Rätsel und Metaphern" weit gefasst, um einen Vergleich mit dem johanneischen Sprachgebrauch nicht von vornherein

---

[146] In der Terminologie der Intertextualitättheorie heißt dies, dass typologische Intertextualität einerseits (der gemeinsame Stil) und referentielle Intertextualität andererseits (konkrete Zitate) nicht kombiniert werden.

einzuengen. Gerade dadurch wird aber deutlich, dass die johanneischen Metaphern im Vergleich mit den meisten anderen Texten eine Sonderstellung einnehmen. In den biblischen Vergleichstexten begegnen nur sehr vereinzelt paradoxe, rätselhafte oder metaphorische Formulierungen, wobei sich die Metaphern noch dadurch auszeichnen, dass sie im Gegensatz zu den johanneischen wenig kreativ wirken. Im Neuen Testament finden sich außerhalb des Johannesevangeliums überhaupt nur in der Apokalypse einzelne Formulierungen dieser Kategorie, und auch hier gibt es wie in den anderen biblischen Texten keine wörtlichen Übereinstimmungen mit den metaphorischen Ich-bin-Worten des Johannesevangeliums. Dasselbe gilt auch für die Isis-Aretalogien und die anderen behandelten Texte – mit Ausnahme der gnostischen Schriften: Formulierungen in der Art der johanneischen Metaphern und wörtliche Übereinstimmungen mit einzelnen johanneischen Ich-bin-Worten sind ausschließlich in gnostischen oder gnosisnahen Texten zu finden. Dabei sind auch Unterschiede zu konstatieren, so zitieren gnostische Texte im Gegensatz zum Johannesevangelium die Gottesformel, und es gibt in ihnen – auch dies im Gegensatz zum Johannesevangelium – häufig paradoxe Aussagen. Die gnostischen Texte verwenden den „gehobenen Ich-Stil" also *auch* in einer anderen Weise als das Johannesevangelium. Gleichzeitig sind nicht alle Prädikationen der johanneischen Ich-bin-Worte in den Texten aus Nag Hammadi zu finden; gerade konkrete Ausdrücke wie Brot, Tür oder Weinstock fehlen. Die meisten Parallelen gibt es zur Aussage „Ich bin das Licht"; diese Formulierung findet sich mehrfach in gnostischen Schriften.

Jenseits der Frage nach dem Alter der gnostischen Texte und einer möglichen Beeinflussung des Johannesevangeliums von ihnen – oder umgekehrt – stellt sich vom Standpunkt einer rezeptionsorientierten intertextuellen Betrachtung der Texte die Frage, ob die Verwendung desselben Ausdrucks tatsächlich dasselbe bedeutet. Sowohl gnostische Texte wie auch das Johannesevangelium waren spätantiken RezipientInnen zugänglich; liest man diese Texte, in denen eine Gestalt aus dem göttlichen Bereich sich selbst als Licht bezeichnet, nun neben- und miteinander, so ist nicht jene Frage vordringlich, wer von wem (wenn überhaupt) abgeschrieben haben könnte, sondern das Augenmerk richtet sich auf den Inhalt der Texte: Wird tatsächlich dasselbe gesagt, wenn sich die unterschiedlichen Offenbarergestalten als Licht vorstellen und qualifizieren? Oder ist die Aussagerichtung der Lichtmetaphorik in den einzelnen Texten jeweils eine andere – was dann auch hieße, dass den spätantiken LeserInnen (und auch uns) mit vergleichbaren

Formulierungen unterschiedliche religiöse Angebote vor Augen geführt werden?

Diesem Fragekomplex ist für eine intertextuelle Interpretation der johanneischen Ich-bin-Worte nachzugehen. Dabei bietet es sich an, die genannten Fragen exemplarisch eben an der Lichtmetaphorik zu untersuchen, da sich als ein Ergebnis dieses Kapitels zeigte, dass insgesamt die meisten wörtlichen Übereinstimmungen zwischen der jesuanischen Aussage „Ich bin das Licht" in Joh 8,12 und den entsprechenden Aussagen gnostischer Texte vorliegen. Auf dem Hintergrund der identischen Formulierungen kann ein inhaltlicher Vergleich am besten ansetzen, um die Konturen der jeweiligen Aussagen – die gleich aussehen, es aber möglicherweise nicht sind – herauszuarbeiten.

Da das Hauptthema dieser Untersuchung die johanneischen Ich-bin-Worte sind, nicht jedoch ein Vergleich zwischen Johannesevangelium und gnostischen Texten, ist es darüber hinaus geboten, auch anderen Spuren nachzugehen, d.h. gerade auch solche Metaphern zu analysieren, die in den gnostischen Texten abwesend sind, in anderen jedoch eine Rolle spielen. Auch wenn in der Septuaginta nicht eine einzige exakte Wortübereinstimmung mit den metaphorischen „Ich-bin-Worten" des Johannesevangeliums vorliegt, so gibt es jenseits dessen dennoch deutliche Bezüge zwischen den Texten. Schon oben hatte ich auf die Verwandtschaft von Joh 15,5 (ἐγώ εἰμι ἡ ἄμπελος κτλ.) und Sir 24,17 (ἐγὼ ὡς ἄμπελος ἐβλάστησα χάριν) hingewiesen. Darüber hinaus spielt die Weinstockmetaphorik auch in anderen, nichtweisheitlichen Texten der Septuaginta immer wieder eine Rolle. Hier bietet sich also eine Möglichkeit, die Bezüge der johanneischen Metaphorik zur Septuaginta exemplarisch zu untersuchen[147].

Im Mittelpunkt dieses Kapitels standen Fragen der typologischen Intertextualität[148]; d.h. es ging um übereinstimmende Formulierungen und einen gemeinsamen Stil, der sich in Serien und Wiederholungen manifestiert. Dagegen sind markierte Einzeltextreferenzen in den

---

[147] Eine Analyse der Weinstockrede von Joh 15 scheint auch deshalb von Interesse, weil die Metaphorik von Joh 15 – im Gegensatz etwa zur Lichtmetaphorik – in Einzelzügen konkretisiert wird: Die Rede ist vom Beschneiden des Weinstocks, von jenen Teilen der Pflanze, die keine Frucht bringen und deshalb verbrannt werden etc.; es werden also konkrete Alltagsvorgänge in die metaphorische Rede einbezogen. Mithin lassen sich an diesem Text nicht nur die Bezüge zur Weinstockmetaphorik der Septuaginta vor Augen führen, sondern auch die Art und Weise, wie die johanneische Metaphernbildung an konkreten Vorgängen der spätantiken (Weinbau-)Welt partizipiert.

[148] Zur Terminologie vgl. oben B III 5.

behandelten Texten eher selten, Ausnahmen finden sich lediglich in der Gottesrede (ἐγώ εἰμι κύριος / ὁ θεός κτλ.), die jedoch im Johannesevangelium fehlt. Bei keinem der johanneischen Ich-bin-Worte liegt eine markierte Einzeltextreferenz vor. Allerdings begegnen solche Referenzen *im Kontext* der Ich-bin-Worte, und zwar insbesondere in der Brotrede in Joh 6, wo es Schriftzitate gibt, die explizit als solche gekennzeichnet sind. Solche Markierungen im Kontext eines Ich-bin-Wortes gibt es ausschließlich in der Brotrede, sie fehlen bei den anderen Ich-bin-Worten. Das Brotwort ist das erste metaphorische Ich-bin-Wort im Kontext des Evangeliums, insofern ist es bemerkenswert, dass gerade hier markierte Einzeltextreferenzen konstitutiv für das Verständnis der jesuanischen Selbstprädikation als „Brot des Lebens" sind. Eine nähere Betrachtung der Brotrede und der Funktion der in ihr enthaltenen Zitate ist mithin zentral für ein intertextuelles Verständnis der johanneischen Ich-bin-Worte.

Das weitere Vorgehen ergibt sich aus dem bislang Ausgeführten: Nachdem ich mich in diesem Kapitel den Ich-bin-Worten des Johannesevangeliums quasi von der einen Seite aus – ausgehend von dem ἐγώ εἰμι – genähert habe, soll im Folgenden die andere Seite der Metapher, also die konkrete Prädikation oder „Bildhälfte", im Zentrum stehen. Dabei ist eine Auswahl der zu behandelnden Texte unumgänglich, um den Rahmen dieser Arbeit nicht zu sprengen und Wiederholungen zu vermeiden. Die Auswahl jener Texte, die ich exemplarisch analysieren werde, ist so getroffen, dass einerseits die Bandbreite der zu untersuchenden intertextuellen Bezüge möglichst groß ist und andererseits jene Texte, die sich insgesamt als Vergleichstexte zum Johannesevangelium in besonderer Weise nahelegen, repräsentiert sind. Im Anschluss an die exemplarischen Einzeltextanalysen gilt es dann festzustellen, inwiefern die erzielten Ergebnisse auch auf andere johanneische Ich-bin-Worte übertragbar sind.

D. EXEMPLARISCHE AUSLEGUNGEN METAPHORISCHER ICH-BIN-WORTE

I. Himmlisches Brot: Manna, Sophia und Jesus

Ζητήσαντες καὶ τί τὸ τρέφον ἐστὶ τὴν ψυχήν – "οὐ γὰρ" ᾗ φησι Μωυσῆς "ᾔδεισαν τί ἦν" – εὗρον μαθόντες ῥῆμα θεοῦ καὶ λόγον θεῖον, ἀφ' οὗ πᾶσαι παιδεῖαι καὶ σοφίαι ῥέουσιν ἀέννοι. ἥδ' ἐστὶν ἡ οὐράνιος τροφή, μηνύεται δ' ἐν ταῖς ἱεραῖς ἀναγραφαῖς ἐκ προσώπου τοῦ αἰτίου λέγοντος· "ἰδοὺ ἐγὼ ὕω ὑμῖν ἄρτους ἐκ τοῦ οὐρανοῦ"· τῷ γὰρ ὄντι τὴν αἰθέριον σοφίαν ὁ θεὸς ταῖς εὐφυέσι καὶ φιλοθεάμοσιν ἄνωθεν ἐπιψεκάζει διανοίαις.[1]

1. Abgrenzung, Gliederung und Kontext

Das sechste Kapitel des Johannesevangeliums enthält vier Ich-bin-Worte, in denen „das Brot" Prädikat ist. Drei dieser Worte spricht der johanneische Jesus (6,35.48.51), in einem weiteren wird die Jesusrede in verändertem Wortlaut von der gegnerischen Gruppe aufgenommen (6,41): Während im Munde Jesu zweimal die Näherbestimmung „das Brot des Lebens" (ὁ ἄρτος τῆς ζωῆς, 6,35.48) verwendet wird, sagen die Ἰουδαῖοι: „das Brot, das vom Himmel herabgestiegen ist" (ὁ ἄρτος ὁ καταβὰς ἐκ τοῦ οὐρανοῦ, 6,41). Die vierte und letzte Formulierung vereint dann beide Aspekte miteinander: „das lebendige Brot, das vom Himmel herabgestiegen ist" (ὁ ἄρτος ὁ ζῶν ὁ ἐκ τοῦ οὐρανοῦ καταβάς, 6,51). Alle vier Ich-bin-Worte sind Bestandteil eines längeren Diskussionszusammenhanges, der sich an die beiden Zeichen der

---

[1] „Auch als die (Israeliten) zu erforschen suchten, was es sei, das die Seele ernähre, – ‚denn', wie Moses sagt, ‚sie wußten nicht, was es war' (Ex 16,15) – da fanden und lernten sie, daß es Gottes Wort und die göttliche Vernunft ist, woher alle Arten von Bildung und Weisheit in ewigem Fluß ausströmen. Das ist die himmlische Nahrung, die in der heiligen Schrift durch den Mund des Schöpfers verkundet wird mit den Worten: ‚Siehe, ich lasse euch Brot vom Himmel regnen' (Ex 16,4); denn in der Tat läßt Gott die himmlische Weisheit auf die gut veranlagten, schaulustigen Seelen herniederträufeln". – Philo von Alexandrien, Fug 137f (LCL, Philo V, 82); Übersetzung nach Cohn et al., Philo VI, 86. Zu den Schriften Philos und den von mir verwendeten Abkürzungen vgl. unten G I.

Brotvermehrung und des Seewandels anschließt². Dabei wechseln die GesprächspartnerInnen Jesu: Zu Beginn der Diskussion ist es das Volk, das sich mit Fragen an Jesus wendet, ab 6,41 ist es die Gruppe der Ἰουδαῖοι und ab 6,60 sind μαθηταί im Gespräch mit Jesus. Durch diesen Wechsel der GesprächspartnerInnen – sowie durch die Verschiebungen innerhalb der Einzelformulierungen und das Hin und Her zwischen Brotvermehrung, Seewandel, Zeichenforderung und Brotrede – erscheint der Aufbau von Joh 6 auf den ersten Blick unübersichtlich. Abhilfe lässt sich hier anhand der Ortsangaben schaffen, die sowohl für die Abgrenzung von Kapitel 6 gegenüber seinem Kontext wie auch für die interne Gliederung nutzbar zu machen sind.

Zur äußeren Abgrenzung des Kapitels: Ein Neueinsatz erfolgt in 6,1 durch die Angabe, Jesus sei danach (μετὰ ταῦτα) an das jenseitige Ufer des „galiläischen Meeres" weggegangen, und in 7,1 beginnt ein neuer Abschnitt, wenn konstatiert wird, Jesus sei danach (μετὰ ταῦτα) in Galiläa umhergezogen. Innerhalb des sechsten Kapitels findet sich als Abschluss der Erzählung von der Brotvermehrung die Notiz, Jesus habe sich allein in die Berge zurückgezogen (6,15), die Seewandelerzählung schließt mit dem plötzlichen Ankommen des Bootes am Ufer des Sees (6,21), die Verwunderung und Suche des Volkes führt zu dessen Fahrt nach Kapernaum (6,24), und schließlich wird am Ende der Diskussionen mit dem Volk und den Ἰουδαῖοι festgestellt, Jesus habe dies in der Synagoge in Kapernaum gesagt (6,59). Mit Hilfe der Ortsangaben lässt sich also folgende Gliederung vornehmen:

6,1	Ortsangabe
6,2–14	Erzählung der Brotvermehrung
6,15	Ortsangabe
6,16–21	Erzählung des Seewandels und Ortsangabe
6,22–24	Verwunderung des Volkes und Ortsangabe
6,25–58	Diskussionen mit dem Volk und den Ἰουδαῖοι
6,59	Ortsangabe
6,60–71	Diskussionen mit den μαθηταί
7,1	Ortsangabe

---

² Labahn, Jesus, 298, qualifiziert die Wundergeschichten als „aktualisierendes Präludium" der Rede vom Brot des Lebens.

Zwischen dem Ortswechsel des Volkes in 6,24 und der Ortsangabe in 6,59 ergibt sich damit ein längerer Textabschnitt, der vorwiegend von Diskussionen geprägt ist und in dessen Verlauf sich die Ich-bin-Worte finden. Eine weitere Unterteilung dieses Abschnittes ist nicht einfach vorzunehmen und innerhalb der Forschung kontrovers[3]. Mit Peder Borgen[4] gehe ich davon aus, dass dem Zitat in Vers 31 („Brot vom Himmel gab er ihnen zu essen") eine Schlüsselfunktion zukommt[5]. Dieses Zitat wird in den folgenden Versen sukzessive ausgelegt, wobei die Auslegung einem – wie Borgen nachweist – jüdischen "common homiletic pattern" folgt. Borgen sieht das Ende der Homilie mit Vers 58 gegeben; er spricht sich für die Einheitlichkeit von 6,31–58 aus (und damit gegen die Annahme, bei 6,51c–58 handele es sich um einen sekundären Zusatz[6]). Im Gegenüber zu Borgen ist allerdings der Wechsel von Thema und Terminologie von 51b zu 51c zu betonen: Jetzt geht es nicht mehr nur um das Brot, sondern auch um Fleisch (σάρξ) und Blut (αἷμα), zusätzlich wird eine neue Vokabel für „essen" (τρώγειν) gebraucht. Auch die interne Gliederung der Homilie spricht

---

[3] Zu den verschiedenen Gliederungsvorschlägen vgl. z.B. Beutler, Struktur, passim; Crossan, It Is Written, 152–159; Phillips, Saying, passim; Theobald, Schriftzitate, 331–340; Swancutt, Hungers, 220–224; Maritz / Van Belle, Imagery, 334–336; für die ältere Literatur: Schnackenburg, Johannesevangelium II, 41–43. Die von mir angenommene Gliederung der Reden von Joh 6 entspricht weitgehend der Schnackenburgs, der sich ebenfalls auf Borgen (s.u. A4) beruft. Der Wechsel der redenden Personen ist schon deshalb als Strukturmoment nicht zentral, weil es üblich war, exegetische Ausführungen in Diskussionsform zu präsentieren, vgl. das Kap. "Questions and Answers" in: Borgen, Philo, 80–101.

[4] Bread from Heaven, An Exegetical Study of the Concept of Manna in the Gospel of John and the Writings of Philo, NT.S 10, Leiden 1965 (²1981).

[5] Auch Theobald, Schriftzitate, 339, sieht in dem Zitat in 6,31 einen der „entscheidenden Grundtexte des Dialogs", obwohl er mit Borgens These nicht übereinstimmt.

[6] Aus meinem methodischen Ansatz (vgl. oben B III) ergibt sich, dass literarkritische Fragen nicht im Zentrum stehen. Das heißt zum Beispiel, dass ich nicht diskutiere, ob das sechste Kapitel des Johannesevangeliums am richtigen Platz steht, und auch nicht die Frage klären werde, ob es sich bei 6,51c–58 um einen sekundären Zusatz zur Brotrede handelt. Dennoch sind eben jene Textphänomene, die zur Bildung literarkritischer Theorien geführt haben, als Beobachtungen auf der Ebene des Gesamttextes sehr wohl von Belang, da mit ihnen auch unabhängig von literarkritischen Hypothesen umzugehen ist. Der Wechsel von Vokabular und Thema in Joh 6,51 bleibt also auch ohne vorrangiges Interesse an einer eventuellen Wachstumsgeschichte des Textes auffällig. – Für einen ausführlichen Überblick über die literarkritischen Debatten um Joh 6 vgl. Anderson, Christology, 48–136. Anderson (136–166) selbst distanziert sich vom literarkritischen Paradigma und erklärt die Spannungen im Text als "dynamic tensions" (161) eines dialektisch denkenden Evangelisten. Für die andere mögliche Vorgehensweise, d.h. eine literarkritische Amalyse, vgl. z.B. neuerdings Siegert, Restaurieren, passim.

nicht gegen ihr Ende in 51b[7]. Die Homilie ist somit für die Verse 31–51b anzusetzen. Alle Ich-bin-Worte in Joh 6 finden sich in diesem Textsegment, mit dem ich mich deshalb im folgenden Abschnitt schwerpunktmäßig beschäftigen werde.

Zuvor jedoch ist noch auf einige der zahlreichen Verbindungslinien hinzuweisen, die sich von Joh 6 zu anderen Passagen des Evangeliums ziehen lassen. Solche Verbindungslinien bestehen zwischen allen Teilen von Joh 6 und dem übrigen Evangelium und zeigen, wie sehr nicht nur das Gesamtkapitel, sondern auch gerade der (oft als sekundär eingeschätzte) „sakramentale" Abschnitt 6,51c–58 im Kontext des Gesamtevangeliums verankert ist. Folgende Einzelaspekte sind hervorzuheben:
– Die Brotvermehrung wird in 6,14 als σημεῖον charakterisiert[8]. Schon in 6,2 ist von den σημεῖα die Rede, die Jesus getan hat, und auch in der folgenden Diskussion sind die σημεῖα ein Thema (6,26.30). Damit reiht sich die Brotvermehrung in eine Gruppe von Handlungen Jesu ein, die ebenfalls als σημεῖα bezeichnet werden (vgl. 2,11; 4,5; 12,18), und erscheint als ein Beispiel für die wiederholte allgemeine Feststellung, Jesus habe σημεῖα getan[9]. Jesus ist die einzige Person im Evangelium, von der dies erzählt wird, einmal wird sogar explizit konstatiert, Johannes der Täufer habe keine σημεῖα getan (10,41). Auch die Forderung anderer nach einem Legitimationszeichen begegnet nicht erst in 6,30, sondern schon zuvor im Kontext der Tempelreinigung (2,18). Die Rolle der σημεῖα für den Glauben bleibt dabei im Evangelium ambivalent. Einerseits wird eine Verbindung von Zeichen und Glauben hergestellt (vgl. z.B. 2,11), andererseits ist jedoch auch eine gewisse Kritik an der „Zeichensucht" vorhanden (vgl. 4,48). Die Ambivalenz der σημεῖα durchzieht auch Joh 6: Die Reaktion der Menge auf das Zeichen der Brotvermehrung ist das Bekenntnis, Jesus sei „der Prophet", woraufhin Jesus sich den Ansprüchen der Leute entzieht (6,14f). Und schließlich fordert dieselbe Menge, die zuvor als Zeugin von Brotvermehrung und Seewandel auftritt, in 6,30 ein σημεῖον von Jesus – so als hätten sie nicht registriert, dass ihre Forderung schon erfüllt worden ist. Die Figuren der erzählten Welt reagieren unterschiedlich auf die σημεῖα:

---

[7] Vgl. Richter, Formgeschichte, passim; sowie unten Abschnitt 2.
[8] Zur Diskussion um die σημεῖα Jesu im Johannesevangelium vgl. u.a. Fortna, Gospel of Signs (1970; literarkritische Rekonstruktion der sog. Semeia-Quelle); Nicol, Semeia (1972); Bittner, Jesu Zeichen (1987); van Belle, Signs Source (1994); Welck, Erzählte Zeichen (1994); Labahn, Jesus als Lebensspender (1999; weitere Literatur).
[9] Vgl. 2,23; 3,2; 7,31; 9,16; 11,47; 12,37; 20,30.

mit Glauben, Unverständnis oder auch mit weiteren Forderungen. Insofern unterscheidet sich das Resultat der Zeichen Jesu nicht von dem seiner Worte: Auch diese werden immer wieder unterschiedlich aufgenommen; auch hier gibt es Glauben, Missverstehen, Ablehnung und weitere Forderungen als erzählte Reaktionen der Zuhörenden[10].
– Außer in Joh 6 wird auch in Kapitel 13 und 21 von Mahlzeiten erzählt, bei denen Brot eine Rolle spielt. Bei der Erscheinungserzählung in Joh 21 werden wie in Joh 6 Brot und Fische gegessen, beide Mahlzeiten finden am „Meer von Tiberias" statt (6,1 und 21,1), und beide Male ist Jesus derjenige, der Brot und Fische unter die Anwesenden verteilt (6,11 und 21,13), also als Nahrungsspender auftritt[11]. Erzählerisch entsteht durch diese Wiederholungen eine Kontinuität zwischen dem vor- und dem nachösterlichen Jesus. Blickt man von Joh 21 zurück auf Joh 6, so zeigt sich, dass Jesu Rolle als Nahrungsspender im Evangelium nicht als einmaliges Ereignis inszeniert wird, sondern dass es sich dabei um ein Wesensmerkmal Jesu handelt. Bestätigt wird diese Interpretation auch durch die parallelen Formulierungen, die sich in Joh 4 und 6 finden lassen[12], wo Jesus als derjenige, der Wasser bzw. Brot gibt, Zugang zum ewigen Leben eröffnet:

4,14 ὃς δ' ἂν πίῃ ἐκ τοῦ ὕδατος οὗ ἐγὼ δώσω αὐτῷ, οὐ μὴ διψήσει εἰς τὸν αἰῶνα, ἀλλὰ τὸ ὕδωρ ὃ δώσω αὐτῷ γενήσεται ἐν αὐτῷ πηγὴ ὕδατος ἁλλομένου εἰς ζωὴν αἰώνιον.	6,51 ἐάν τις φάγῃ ἐκ τούτου τοῦ ἄρτου ζήσει εἰς τὸν αἰῶνα, καὶ ὁ ἄρτος δὲ ὃν ἐγὼ δώσω ἡ σάρξ μού ἐστιν ὑπὲρ τῆς τοῦ κόσμου ζωῆς.

Für Leserinnen und Hörer des Evangeliums ist somit die Verbindung von Nahrungsgabe Jesu und ewigem Leben in Joh 6 weder neu noch singulär.

---

[10] Vgl. Labahn, Jesus, 302, der im Hinblick auf Joh 6 formuliert: „Wie das Zeichen selbst führt auch die Offenbarungsrede zum Widerspruch, dies unterstreicht, daß die Rede des Offenbarers seinen Anspruch nicht unmittelbarer zum Ausdruck bringt als seine Taten". Vgl. auch Anderson, Christology, 107.

[11] Dabei wird beide Male nicht erwähnt, dass Jesus selbst gegessen habe, dies in Übereinstimmung mit Joh 4,31–35, wo Jesus auf die Aufforderung zu essen nicht damit reagiert, dass er isst, sondern dass er sagt, seine Nahrung sei es, den Willen Gottes zu erfüllen.

[12] Zu den Parallelen von Joh 4 und 6 vgl. auch Wead, Devices, 86f; Frey, Bild, 349; Maritz / Van Belle, 342–344.

– Anders geartet sind die Bezüge zwischen Joh 6 und Joh 13, einer weiteren johanneischen Mahlszene. Der in Joh 6,71 erstmalig im Evangelium angekündigte Verrat des Judas Iskariot wird in 13,21–30 ausführlicher zum Thema. Dabei wird das Brot, das Judas von Jesus bekommt – und mit dem er als Verräter gekennzeichnet wird –, nicht als ἄρτος, sondern als ψωμίον bezeichnet; gleichzeitig begegnet aber auch die Vokabel ἄρτος in demselben Textzusammenhang, wenn Jesus in 13,18 die Schrift zitiert, wo es heißt: „Wer mein Brot isst (ὁ τρώγων μου τὸν ἄρτον), hat seine Ferse gegen mich erhoben". Auffallend ist hier die Verwendung der selteneren[13] Vokabel τρώγειν (kauen) statt des sonst üblicheren ἐσθίειν / φαγεῖν. Durch die Verwendung dieser Vokabel, die keine Übernahme aus dem Text der LXX darstellt[14], wird eine Beziehung von der Verratsszene in 13 zum „sakramentalen" Abschnitt in 6,51c–58 hergestellt, da ausschließlich an diesen beiden Stellen τρώγειν verwendet wird. Auf dem Hintergrund der Verbindung, die in 6,54.56.58 zwischen dem Kauen (τρώγειν) des Fleisches Jesu, dem Bleiben in Jesus und der Auferstehung und dem ewigen Leben hergestellt wird, erscheint der Verrat des Judas als kaum zu überbietende Abwendung von der Lebensverheißung Jesu.

– Das Thema des „Bleibens" ineinander verbindet Joh 6 mit Joh 15, einem Teil aus den Abschiedsreden, die in der in Joh 13 geschilderten Mahlsituation gesprochen werden. Wie in Joh 6 im Zusammenhang mit dem Brot, so ist in Joh 15 im Zusammenhang mit dem Weinstock vom „Bleiben" (μένειν) der Angesprochenen in Jesus und vom Bleiben Jesu in diesen reziprok die Rede (vgl. 6,56 und 15,4.5); an anderen Stellen im Evangelium begegnen diese sogenannten „Immanenzaussagen" nicht[15]. Durch diese und andere Beobachtungen[16] legen sich Bezüge von Joh 6

---

[13] Der einzige außerjohanneische neutestamentliche Beleg ist Mt 24,38.

[14] In der LXX findet sich an der zitierten Stelle (Ψ 40,10) eine Form des Verbums ἐσθίειν.

[15] Vgl. aber 1 Joh 3,24; 4,13–16. Zu μένειν bei Joh insgesamt vgl. Lee, Abiding, passim; Heise, Bleiben, 44–103; zu Joh 6,56 vgl. dort 92f; zu den sogenannten Immanenzaussagen insgesamt vgl. Scholtissek, In ihm sein, passim; zu den „reziproken Immanenzformeln" ebd. 2.159.

[16] Neben den Formulierungen vom „Kauen des Fleisches" und „Trinken des Blutes" Jesu in 6,51b–58 ist hier etwa auch der betonte Rückverweis auf die Brotvermehrung in 6,23 zu erwähnen, wo bei der Kennzeichnung eines Ortes als Ort, ὅπου ἔφαγον τὸν ἄρτον εὐχαριστήσαντος τοῦ κυρίου, u.a. die Nennung des Brotes im Singular auffällt. – Ob sich im Kontext der eucharistischen Bezüge in Joh 6 auch die Erwähnung des Passah in 6,4 erklären lässt, bleibt fraglich. Auffällig ist die Erwähnung des nahe bevorstehenden Passah deshalb, weil es nie stattfindet, ganz im Gegensatz zu den anderen bei Joh erwähnten Festen (vgl. 2,13 mit 2,23; 7,2 mit 7,8ff; 11,55 mit 12,1; 13,1 etc.;

nicht nur zur gemeinschaftsstiftenden frühjüdischen und -christlichen Mahlpraxis im allgemeinen, sondern zur Eucharistie im Besonderen nahe[17]. Diese Verbindung wird in der Forschung kontrovers diskutiert. Dabei wird die Auseinandersetzung über die Frage, inwieweit Joh 6 ein Text über die (in Joh 13 auffallenderweise fehlende) Eucharistie ist, weitgehend auf der Ebene der Literarkritik geführt[18]. Jenseits der literarkritischen Perspektive – und jenseits der zirkulären Option, alles für sekundär zu erklären, was sich sakramental anhört, um daraus auf eine sakramentsfeindliche Haltung des Evangelisten zu schließen – lassen sich die eucharistischen Bezüge von Joh 6 m.E. nicht überlesen[19]. Für spätantike RezipientInnen des Johannesevangeliums, die mit den synoptischen Evangelien, dem 1Kor oder allgemein mit frühchristlichen Abendmahltraditionen in irgendeiner Weise bekannt waren, legt sich eine eucharistiebezogene Lektüre von Joh 6 nahe. Und auch für eine produktionsorientierte Fragerichtung muss das „Fehlen" der Einsetzungsworte in Joh 13 kein Hinweis auf Polemik sein; es könnte auch heißen, dass die Einsetzung des Abendmahls als bekannt vorausgesetzt

---

sowie dazu Crossan, It is Written, 147). Die (möglicherweise sekundäre) Verknüpfung, die die synoptischen Evangelien zwischen Passah und letztem Mahl Jesu herstellen, findet sich im Johannesevangelium so nicht, da Jesus hier vor dem Passahmahl stirbt und nicht am Tag danach. Möglicherweise ist die Erwähnung des Passah in Joh 6,4 deshalb eher als eine weitere Anknüpfung an die Exodusüberlieferungen zu lesen; das Passah wäre dann eine Anspielung auf den Auszug aus Ägypten, auf den die Zeit in der Wüste folgte (vgl. Ex 12–17); eine Abfolge, die in Joh 6,4.31ff reproduziert würde, vgl. Zumstein, Schriftrezeption, 138.

[17] Auch hier gibt es in der Literatur zu Joh 6 unterschiedliche Positionen; mehrheitlich wird zwar davon ausgegangen, dass Joh 6 in seiner jetzigen Form eucharistische Bezüge aufweist; anders aber z.B. Dunn, Discourse, passim, der die konkrete Begrifflichkeit von Joh 6,51cff als eine metaphorische versteht, in der es primär um die Wirklichkeit der Inkarnation geht. Eine solche einschränkende und anti-doketische Lektüre funktioniert allerdings nur mit einem verengten Metaphernbegriff, vgl. dazu das Metaphernkapitel oben C II.

[18] Zusätzliche Brisanz erhält die Diskussion dadurch, dass Joh 6 ein Zentraltext ist, an dem sich entscheidet, wie die Haltung zu den Sakramenten im Johannesevangelium einzuschätzen ist. Im Hintergrund der neueren Diskussion steht oftmals die sakramentskritische Haltung Bultmanns und „seines" Evangelisten, vgl. z.B. Bultmann, Evangelium, 162 und 360: „In Wahrheit sind für ihn [den Evangelisten] die Sakramente überflüssig: die Jünger sind ‚rein' durch das Wort (15,3) und sie sind – nach dem das Herrenmahl ersetzenden Gebet – ‚heilig' ebenfalls durch das Wort (17,17). Hat sich der Evglist mit den Sakramenten abgefunden, so kann er sie nur so verstanden haben, daß in ihnen das Wort in einer besonderen Weise vergegenwärtigt wird". Vgl. zum Ganzen die sorgfältige Aufarbeitung der Position Bultmanns und der sakramentalen Bezüge in Joh 6 bei Anderson, Christology, 110–136.

[19] So auch Frey, Bild, 348f.358.

wird, weshalb es nicht notwendig ist, sie zu erzählen[20], aber dennoch über die Bedeutung der Eucharistie reflektiert werden kann.

– Der Jesus aus Fleisch und Blut, der in Joh 6 sehr konkret davon redet, sein Fleisch und Blut als Nahrung zu geben, ist keine singuläre Erscheinung von Kapitel 6. Das Fleisch (σάρξ) weist zurück auf die Fleischwerdung im Prolog (1,14: ὁ λόγος σὰρξ ἐγένετο); Jesu Blut begegnet in der Kreuzigungsszene wieder, wo aus seiner Seitenwunde Blut (αἷμα) und Wasser hervorkommen. Dieser Jesus ist kein körperloses, weltdistanziertes Wesen. Gleichzeitig lässt sich aber auch nicht übersehen, dass mehrfach im Johannesevangelium Fleisch und Geist gegeneinander gestellt werden, wobei dem Geist die überlegene Position zukommt; so etwa in 3,6: τὸ γεγεννημένον ἐκ τῆς σαρκὸς σάρξ ἐστιν, καὶ τὸ γεγεννημένον ἐκ τοῦ πνεύματος πνεῦμά ἐστιν und in 6,63: τὸ πνεῦμά ἐστιν τὸ ζῳοποιοῦν, ἡ σὰρξ οὐκ ὠφελεῖ οὐδέν. Dasselbe Fleisch, das hier nach Aussage des Textes nichts nützt, ist verwirrenderweise eben jenes Fleisch, dessen Essen einige Verse zuvor (6,58) als notwendig für das Erlangen des ewigen Lebens bezeichnet wurde. Jede Textlektüre[21] hat sich mit solchen gegenläufigen Aussagen im Evangelium auseinanderzusetzen; die Resultate der Interpretation werden dabei je nach Schwerpunktsetzung notwendigerweise unterschiedlich ausfallen. Ich werte Phänomene wie das genannte als Signale, durch die eine statische Interpretation des Textes von diesem selbst unterlaufen wird. Im genannten Fall bedeutet dies, dass eine Lektüre, die 6,51c–58 im Sinne eines Heilsautomatismus versteht, unter Hinweis auf das Wirken des πνεῦμα abzuweisen ist.

2. *Manna, Brot vom Himmel und Jesus*

Nach der oben erwähnten These Peder Borgens entspricht Joh 6,31–58 einem "common homiletic pattern"[22]. Dieses "pattern" findet Borgen

---

[20] Zu vergleichbaren Phänomenen im Johannesevangelium vgl. oben B III 4, wo es u.a. um den Zwölferkreis geht, der in Joh 6 unvermittelt auftritt, ohne dass eine Berufung der Zwölf irgendwo erzählt worden wäre. Ähnliches ließe sich auch im Hinblick auf Jesu Taufe ausführen: Auch sie wird – ohne selbst berichtet zu werden – in Joh 1 Gegenstand der erzählerischen Reflexion.

[21] Selbst wenn man die Aussagen verschiedenen Schichten im Entstehungsprozeß zuordnet, bleibt die Frage im Hinblick auf die Gestalt des Endtextes bestehen, denn auch den letzten RedaktorInnen eines Textes ist nicht abzusprechen, dass sie einen in irgendeiner Weise sinnvollen Text herstellen wollten.

[22] Borgen, Bread, 1 (und passim). Borgen stellt dort (1) fest: "There are clear parallels among Philo, John 6,31–58, and Palestinian midrashim in such details as exegetical

in einer Reihe spätantiker Texte; wie in Joh 6,31–58 geht es dabei auch in palästinischen Midraschim[23] und bei Philo von Alexandrien (Mut 253–263; LA III, 162–168) mehrfach um das Manna der Exodus-Erzählung. Hauptcharakteristika des "pattern" sind nach Borgen erstens eine deutliche Korrespondenz zwischen dem Anfangs- und dem Schlussteil der Homilie, wobei die abschließende Aussage Unterpunkte der Homilie summiert. Zweitens gibt es zusätzlich zu dem zitierten Haupttext aus dem Alten Testament mindestens ein weiteres, untergeordnetes alttestamentliches Zitat. Und drittens werden Worte aus dem Haupttext innerhalb der Homilie paraphrasiert oder zitiert[24]. Weiterhin beschreibt Borgen gemeinsame Kennzeichen dieser homiletischen Form, indem er u.a. darauf hinweist, dass der zitierte Text unterteilt und stückweise ausgelegt wird, wobei häufig Formulierungen auftreten, die entgegengesetzte Auslegungsmöglichkeiten nebeneinander stellen: „nicht:...– sondern:..." (οὐ – ἀλλά). Thema solcher Gegenüberstellungen können dabei z.B. die Zeiten von Verbformen, die handelnden Subjekte oder die möglichen AdressatInnen der Rede sein[25]. Das Hauptzitat der Homilie stammt üblicherweise aus der Tora; der zweite zitierte Text stammt in den Midraschim und bei Johannes aus den Propheten oder den Schriften, bei Philo auch aus der Tora. Das zweite Zitat wird in der Homilie weniger ausführlich paraphrasiert und spielt für den Aufbau und Zusammenhalt der Auslegung eine eher untergeordnete Rolle[26].

Anhand der von Borgen herausgearbeiteten formalen Merkmale des "common homiletic pattern" lassen sich der Aufbau und die intertextuellen Bezüge der johanneischen „Manna-Exegese" charakterisieren. Ich nehme dabei die Ergebnisse Borgens als Ausgangspunkt, ohne ihm jedoch bei der Einzelauslegung in allen Punkten zu folgen. Die Hauptabweichung von Borgens Textauslegung besteht dabei darin, dass ich das Ende der Homilie nicht in 6,58 ansetze sondern schon in 6,51b, da sich alle von Borgen geschilderten Elemente und Charakteristika der Homilie in 6,31–51b wiederfinden und sich der Wechsel von Sprache

---

method, patterns and terminology, with John resembling the midrashim more than Philo".

[23] Ich benutze den Terminus Midrasch hier in Anlehnung an Borgen und im Bewusstsein der mit diesem Begriff gegebenen definitorischen Schwierigkeiten (vgl. zum Problem Anderson, Christology, 56f A7).

[24] Vgl. Borgen, Bread, 47. Dort zählt er noch folgende Texte auf, die dieselbe Struktur aufweisen: Philo, LA III,65–75a; LA III, 169–173; Philo, Sac 76–87; Gal 3,6–29; Röm 4,1–22 und wohl auch Philo, Som II, 17–30.

[25] Vgl. Borgen, Bread, 64–66; Ders., Philo, 155f.

[26] Vgl. Borgen, Bread, 51–53.

und Thema von 6,51b zu 6,51c[27] nicht im Rahmen von Borgens vergleichender Analyse erklären lässt, weil in den von Borgen angeführten Paralleltexten ein entsprechender Themenwechsel nirgendwo begegnet[28]. Aus dieser differierenden Abgrenzung der Homilie folgt auch eine differierende Bestimmung ihres Schlussteiles. Die von Borgen als charakteristisch herausgearbeiteten Korrespondenzen zwischen Anfangs- und Schlussteil der Homilie lassen sich deutlich zwischen den Versen 31–35 einerseits und 48–51 andererseits aufzeigen[29]. Zur Veranschaulichung sind hier die beiden Abschnitten gemeinsamen Worte und Formulierungen unterstrichen:

31 οἱ πατέρες ἡμῶν τὸ μάννα ἔφαγον ἐν τῇ ἐρήμῳ, καθώς ἐστιν γεγραμμένον, Ἄρτον ἐκ τοῦ οὐρανοῦ ἔδωκεν αὐτοῖς φαγεῖν. 32 εἶπεν οὖν αὐτοῖς ὁ Ἰησοῦς, Ἀμὴν ἀμὴν λέγω ὑμῖν, οὐ Μωϋσῆς δέδωκεν ὑμῖν τὸν ἄρτον ἐκ τοῦ οὐρανοῦ, ἀλλ' ὁ πατήρ μου δίδωσιν ὑμῖν τὸν ἄρτον ἐκ τοῦ οὐρανοῦ τὸν ἀληθινόν· 33 ὁ γὰρ ἄρτος τοῦ θεοῦ ἐστιν ὁ καταβαίνων ἐκ τοῦ οὐρανοῦ καὶ ζωὴν διδοὺς τῷ κόσμῳ. 34 Εἶπον οὖν πρὸς αὐτόν, Κύριε, πάντοτε δὸς ἡμῖν τὸν ἄρτον τοῦτον. 35 εἶπεν αὐτοῖς ὁ Ἰησοῦς, Ἐγώ εἰμι ὁ ἄρτος τῆς ζωῆς· ὁ ἐρχόμενος πρὸς ἐμὲ οὐ μὴ πεινάσῃ, καὶ ὁ πιστεύων εἰς ἐμὲ οὐ μὴ διψήσει πώποτε.	48 ἐγώ εἰμι ὁ ἄρτος τῆς ζωῆς. 49 οἱ πατέρες ὑμῶν ἔφαγον ἐν τῇ ἐρήμῳ τὸ μάννα καὶ ἀπέθανον· 50 οὗτός ἐστιν ὁ ἄρτος ὁ ἐκ τοῦ οὐρανοῦ καταβαίνων, ἵνα τις ἐξ αὐτοῦ φάγῃ καὶ μὴ ἀποθάνῃ. 51 ἐγώ εἰμι ὁ ἄρτος ὁ ζῶν ὁ ἐκ τοῦ οὐρανοῦ καταβάς· ἐάν τις φάγῃ ἐκ τούτου τοῦ ἄρτου ζήσει εἰς τὸν αἰῶνα.

---

[27] Während in 31–51b Gott derjenige ist, der das Manna (= Jesus) gibt, ist es in 51b–58 Jesus, der das Brot (= sein Fleisch) gibt. Entsprechend finden sich auch die Ich-bin-Worte, in denen es ja um die Gleichsetzung von Brot / Manna und Jesus geht, nur in 31–51b, nicht aber in 51c–58. – Theobald, Schriftzitate, 341, redet vom „*Exkurs-Charakter* des eucharistischen Redewechsels" (Hervorhebung dort) und bewertet Vers 51 als „Gelenk"- oder „Übergangsvers". Zur Diskussion um Joh 6,52 vgl. auch Anderson, Christology, 127–134.

[28] Georg Richter, Zur Formgeschichte und literarischen Einheit von Joh 6,31–58 (ZNW 60, 1969, 21–55), 24–29, untersucht die von Borgen angeführten Homilien und kommt zu dem m.E. überzeugenden Schluss, dass keine von ihnen mit Joh 6,31–58 übereinstimmt, wohl aber mit Joh 6,31–51b. Zur Fortsetzung der Diskussion von Borgen und Richter vgl. auch Meeks, Man, 58; Borgen, Aspects, passim; Anderson, Christology, 52–61 (dort weitere Literatur zur Rezeption von Borgens Thesen).

[29] M.E. sind die Korrespondenzen hier sogar deutlicher als bei dem von Borgen angenommenen Schluss, da dort weniger Motive vom Beginn der Homilie wieder aufgenommen werden als in dem von mir angenommenen Schlussteil.

Der Anfangsteil der Homilie mündet in das erste Ich-bin-Wort (mit Bedingungssatz); der Schlussteil beginnt mit der Wiederaufnahme dieses Ich-bin-Wortes (ohne Bedingungssatz), das am Ende – in leichter Abwandlung – noch einmal wiederholt wird. Die Metapher von Jesus als Brot des Lebens findet sich also an Schlüsselstellen des Textes.

Bevor ich mich diesen Ich-bin-Worten zuwende, ist es nötig, dem Gesamtverlauf der Homilie und den Einzelaspekten der Auslegung des Zitats von 6,31b nachzugehen, um dann auf diesem Hintergrund die Funktion und Bedeutung der Ich-bin-Worte beschreiben zu können.

Die Homilie beginnt in 31a mit einer haggadischen Zusammenfassung von Exodus 16[30] und dem markierten Schriftzitat in 31b: ἄρτον ἐκ τοῦ οὐρανοῦ ἔδωκεν αὐτοῖς φαγεῖν. Kontrovers ist in der Forschung, welcher Text hier zitiert wird[31], da Joh 31b keinen der möglichen Bezugstexte exakt wiedergibt. Relevant sind folgende Textstellen:

Ex 16,4: ἐγὼ ὕω ὑμῖν ἄρτους ἐκ τοῦ οὐρανοῦ.
Ex 16,15: εἶπεν δὲ Μωυσῆς πρὸς αὐτούς
Οὗτος ὁ ἄρτος, ὃν ἔδωκεν κύριος ὑμῖν φαγεῖν.
Ψ 77,24[32]: καὶ ἔβρεξεν αὐτοῖς μαννα φαγεῖν
καὶ ἄρτον οὐρανοῦ ἔδωκεν αὐτοῖς.
Ψ 104,40: καὶ ἄρτον οὐρανοῦ ἐνέπλησεν αὐτούς.
2Esdr 19,15[33]: καὶ ἄρτον ἐξ οὐρανοῦ ἔδωκας αὐτοῖς εἰς σιτοδείαν.
Weish 16,20: ἀγγέλων τροφὴν ἐψώμισας τὸν λαόν σου
καὶ ἕτοιμον ἄρτον ἀπ' οὐρανοῦ
παρέσχες αὐτοῖς ἀκοπιάτως.

Vom Text der johanneischen Formulierung her ist m.E. nicht entscheidbar, welche Stelle hier zitiert werden soll; für ein intertextuelles Verständnis von Joh 6,31b sind aber ohnehin alle aufgezählten Texte von Belang – und zudem auch die Ausführungen über das Manna, die sich in Num 11 und Dtn 8 finden. Die erste und ausführlichste

---

[30] Vgl. Borgen, Bread, 20–24.61f; Theobald, Schriftzitate, 330f, Zumstein, Schriftrezeption, 126.
[31] Von einer Verbindung von Ex 16,4 und Ex 16,15 gehen Borgen, Bread, 40–42, und Sasse, Menschensohn, 201f, aus; für Ψ 77,24 als Primärquelle plädieren u.a. Theobald, Schriftzitate, 329 (weitere Literatur zur Frage); Swancutt, Hungers, 228–230; mehrere Stellen erwähnen z.B. Bultmann, 169 A5; Schnackenburg, Johannesevangelium II, 54; Becker, Evangelium I, 204; Wengst, Johannesevangelium I, 236; Richter, Formgeschichte, 21.
[32] Ich zitiere die Psalmen hier und im Folgenden nach der Nummerierung der Septuaginta.
[33] In der hebräischen Bibel: Neh 9,15.

Darstellung der Manna-Episode begegnet jedoch in Ex 16, das somit eine Art „Basistext"[34] aller anderen darstellt. Bezieht man dann auch die anderen Texte in die Lektüre der johanneischen Homilie ein, so lässt sich interessanterweise feststellen, dass sich die Textauslegung von Joh 6,31ff nicht als Gegensatz etwa gegen Ex 16,4 etabliert, sondern sich quasi in jenen Zwischenräumen der Texte bewegt, die durch ihre jeweils unterschiedlichen Formulierungen und Schwerpunktsetzungen erzeugt werden. So geht es in Joh 6,32 u.a. um die Zeit der Handlung: die Perfektform δέδωκεν und die Präsensform δίδωσιν werden als Alternative nebeneinander gestellt[35]. Betrachtet man von hier aus die LXX-Texte, so fällt auf, dass dort an den meisten Stellen Verbformen der Vergangenheit verwendet sind, nicht jedoch in Ex 16,4, wo zwar ein anderes Verb steht – dies aber im Präsens. Der johanneische Text bietet mithin keinen geschichtlichen Rückblick auf die Manna-Episode, wie es die Psalmen, 2Esdr und Weish tun, sondern eine präsentische Situationsbeschreibung wie in Ex 16,4: Das Geben des himmlisches Brotes findet *jetzt* statt, ebenso wie in Ex 16,4.

Noch eine weitere Alternative wird Joh 6,32 diskutiert, wenn es darum geht, ob Mose oder Gott das Brot gibt. In den LXX-Passagen ist es eindeutig Gott, der das Manna gibt; an keiner Stelle wird im Zusammenhang der Mannaspeisung behauptet, Mose sei der Gebende gewesen. Damit stellt sich die Frage, warum im johanneischen Text eine Lesart des Zitates abgelehnt wird, die zwar von seinem Wortlaut her möglich ist, sich aber in den genannten Intertexten nicht findet. Ich sehe zwei Möglichkeiten, dies zu deuten: Die erste Deutung geht von der Beobachtung aus, dass der johanneische Jesus etwas als gegnerische Meinung postuliert, was kaum eine tatsächliche jüdische Meinung gewesen sein kann – womit den DialogpartnerInnen Jesu im Text ein nicht-schriftgemäßes Verständnis des Zitates unterstellt wird und sich gleichzeitig Jesu Verständnis des Zitates allen Kundigen als die eigentlich

---

[34] Zu diesem Ausdruck vgl. Theobald, Schriftzitate, 329 A12. – Schnackenburg, Johannesevangelium II, 43, stellt fest: „Die Auslegung des Schriftwortes steht im Horizont des ganzen Wüstengeschehens, das die Entwicklung des Disputs mit den Juden mitbestimmt". Vgl. auch Anderson, Christology, 202: "The rhetorical device used by the crowd quotes Psalm 78:24, which is itself a midrashic conflation of Exodus 16:4,15 and Numbers 11:7–9 (...). While both of these passages are midrashic developments of Exodus 16 (and Numbers 11), John 6 also adapts some of the interpretive content of Psalm 78 to fit the situation for the Johannine audience".

[35] Dabei hat das griechische Perfekt eine (mindestens auch) präsentische Bedeutung; es steht üblicherweise für einen gegenwärtigen Zustand, der sich aus einem vergangenen Geschehen resultativ ergibt.

richtige, jüdisch angemessene und toratreue Lektüre darstellt. In dieser Deutung lässt sich der Text als Teil jener Strategie der Diffamierung von gegnerischen Ἰουδαῖοι verstehen, die ich oben dargestellt habe[36]. Jesus, so wird den LeserInnen vor Augen geführt, vertritt die schriftgemäße, wahre jüdische Position, die gegnerischen Ἰουδαῖοι sind vom Jüdischen abgewichen – das ihnen unterstellte Verständnis des Zitates veranschaulicht, was im Johannesevangelium mehrfach thematisiert wird: Das richtige Verständnis der Schrift ist auf Jesu Seite zu finden, „die Anderen" lesen nicht richtig und verstehen falsch[37].

Eine zweite Deutungsmöglichkeit des Textes setzt bei dem Gedanken an, dass sich innerhalb einer intertextuellen Lektüre auch subtilere Bezüge herstellen lassen als die bislang benannten[38]. Jene vom Text benannte Verständnismöglichkeit, in der Mose als Gebender auftritt, findet sich in den Schriften der jüdischen Bibel zwar nicht in Verbindung mit dem Brot, dafür aber an anderer Stelle innerhalb der Erzählungen vom Wüstenaufenthalt. In Num 20 leidet das Volk in der Wüste Mangel (dasselbe Szenario, das in Joh 6,31a aufgerufen wird) an *Wasser*. Mose (und Aaron) werden von Gott in die Lage versetzt, Abhilfe zu schaffen, indem sie mit einem Stab an einen Felsen schlagen, der dann Wasser hervorbringt. Dabei sagen sie: „können *wir* euch nicht aus diesem Felsen Wasser fließen lassen?" (μὴ ἐκ τῆς πέτρας ταύτης ἐξάξωμεν ὑμῖν ὕδωρ; Num 20,10). Als Konsequenz (auch?) dieser Überheblichkeit wird im nächsten Abschnitt festgestellt, dass Mose und Aaron das gelobte Land nicht betreten werden[39]. Auch hier gilt also: Nicht Mose ist es,

---

[36] Vgl. oben B II 3. Dies stimmt auch damit überein, dass bei der nächsten Bezeichnung der gegnerischen Gruppe zum ersten Mal in Joh 6 explizit von den Ἰουδαῖοι die Rede ist (6,41), obwohl es sich nach der Logik der Erzählung um dieselbe Gruppe handelt, die zuvor als Volk (ὄχλος) bezeichnet wurde; vgl. Crossan, It is Written, 150.

[37] Vgl. 5,39.46f; 7,19; 8,17; 10,34–36. Der größere Kontext, in den sich die hier geführte Debatte einzeichnen lässt, wird von Dieter Georgi in einem Aufsatz mit dem Titel: „Der Kampf um die reine Lehre im Urchristentum als Auseinandersetzung um das rechte Verständnis der an Israel ergangenen Offenbarung Gottes" beschrieben.

[38] Hierbei ist die Gefahr einer Überinterpretation des Textes nicht immer auszuschließen. Methodisch ist dazu zu bemerken, dass „Überinterpretation" und „Intertextualität" zwei wenig miteinander kompatible theoretische Konzepte sind (denn wer könnte entscheiden, welcher intertextuelle Bezug nicht assoziiert werden darf?). Allerdings vermag ich nicht zu entscheiden, ob die oben benannte Assoziation für spätantike RezipientInnen naheliegend gewesen ist, möglich scheint sie mir jedenfalls zu sein. – Zum methodischen Hintergrund vgl. oben B III 4.

[39] Dieselbe Geschichte wie in Num 20,2–13 wird auch in Ex 17,1–7 (also direkt nach dem Manna-Kapitel) erzählt, dort allerdings, ohne dass die Rolle des Mose in gleicher Weise problematisch würde; vgl. auch Ψ 105,32f.

der gibt, sondern Gott. Die gegnerischen Ἰουδαῖοι aus Joh 6 haben in jedem Fall Unrecht.

Im Mittelteil der Homilie wird das Zitat aus 6,31b in drei weiteren Schritten ausgelegt. Der erste Abschnitt beginnt in 6,36 mit einer Formulierung, die oft als problematisch angesehen wurde, da Jesus in ihr anscheinend auf ein eigenes Wort zurückverweist, welches sich aber im vorausgehenden Text in dieser Form nicht finden lässt[40]. Die übliche Übersetzung von Vers 36 (ἀλλ' εἶπον ὑμῖν ὅτι καὶ ἑωράκατέ με καὶ οὐ πιστεύετε) begreift das ὅτι als ὅτι recitativum und das ὑμῖν als Anrede (Aber ich habe euch gesagt: ‚Ihr habt mich gesehen und glaubt nicht'.) Borgen versteht den Satz anders, indem er ὑμῖν als Rückverweis auf die Auslegung des Zitates von 6,31b in 6,32 auffasst und ὅτι kausal versteht: „Aber ich habe ‚euch' gesagt, weil *ihr* mich gesehen habt und dennoch nicht glaubt"[41]. Diese Übersetzung von Vers 36 leuchtet ein, nicht nur weil sie das Problem des Rückverweises formal lösen kann, sondern auch, weil es plausibel ist, hier eine Fortsetzung der Auslegung von Einzelaspekten des Zitates zu sehen: Ging es zuvor um die Alternativen „Mose" oder „Gott" als Gebender sowie um die Zeit der Handlung, so geht es jetzt um die Alternative „ihnen" (αὐτοῖς) oder „euch" (ὑμῖν) als Empfangende des Brotes. In Vers 32 hatte Jesus die Formulierung des Zitates aus Vers 31 von ἔδωκεν αὐτοῖς zu δίδωσιν ὑμῖν modifiziert. Diese Verschiebung wird jetzt wieder aufgenommen und erklärt. Dabei ist auch hier wieder – ähnlich wie bei der Verbform – in den Intertexten der LXX beides zu finden: ὑμῖν in Ex 16,4.5; αὐτοῖς bzw. αὐτούς in Ψ 77,24; 2Esdr 19,15; Weish 16,20 bzw. Ψ 104,40. Inhaltlich geht es dabei, genau wie bei der Verbform, um die Vergegenwärtigung der Handlung: Nicht die Väter in der fernen Vergangenheit sind gemeint, sondern die jetzt Anwesenden. Auf die Exodus- und Wüstenzeit wird nicht (wie in den Psalmen, 2Esdr und Weish) als auf ein geschichtliches Ereignis zurückgeblickt, sondern sie wird reinszeniert. Dem entspricht, dass in Joh 6 die tatsächliche Speisung nicht als berichtetes Ereignis der Wüstenzeit in den Blick kommt, sondern in der Brotvermehrung

---

[40] Bultmann, Evangelium, 173 A4, sieht (wie auch Richter, Formgeschichte, 50) eine Bezugnahme von 36 auf 26 (ζητεῖτέ με οὐχ ὅτι εἴδετε σημεῖα, ἀλλ' ὅτι ἐφάγετε ἐκ τῶν ἄρτων καὶ ἐχορτάσθητε). Warum er diesen Bezug für „sicher" hält, vermag ich nicht nachzuvollziehen. Vgl. dazu auch die bei Borgen, Bread, 74 A1, referierte Kritik Noacks (Zur johanneischen Tradition. Beiträge zur Kritik an der literarkritischen Analyse des vierten Evangeliums, Kopenhagen 1954, 147f); Noack meint, hier läge ein Zitat aus mündlicher Überlieferung vor.

[41] Vgl. Borgen, Bread, 74f.175–179.

reinszeniert wird. Die Gabe der Nahrung geschieht jetzt und sie geschieht für die (im Text) Anwesenden.

Der nächste Abschnitt der Homilie beginnt mit dem Stichwort ἐγόγγυζον in 6,41, das in der Jesusrede in Vers 43 noch einmal aufgenommen wird. Die Ἰουδαῖοι in Joh 6 „murren", genauso wie das Volk Israel in der Wüste immer wieder „murrt"[42]. (δια)γογγύζειν oder γογγυσμός als Vokabeln für das „Murren" finden sich in Ex 16 mehrfach[43] und begegnen auch sonst häufig im Kontext von Bezugnahmen auf die Zeit in der Wüste[44]. Das „Murren" ist geradezu die typische Haltung des Volkes in der Wüste. In Joh 6 wird nun nicht über das Murren in der Wüstenzeit geredet, sondern die Ἰουδαῖοι verhalten sich jetzt angesichts der Gabe Gottes so, wie sich einst das Volk trotz der wiederholten Gaben Gottes in der Wüste verhalten hat. Hier bestätigt sich noch einmal, was sich oben schon im Hinblick auf das „euch" und die präsentische Verbform zeigte: In Joh 6 liegt eine Reinszenierung oder Aktualisierung der Wüstenzeit vor, kein distanzierter Rückblick.

Der nächste (und letzte) Abschnitt vor dem summierenden Schlussteil setzt in 6,45 mit der Einführung des Prophetenzitats als zweitem markierten Zitat der Homilie ein: ἔστιν γεγραμμένον ἐν τοῖς προφήταις· Καὶ ἔσονται πάντες διδακτοὶ θεοῦ. Die primäre Bezugsstelle[45] ist Jes 54,(12).13, wo es vom neuen Jerusalem heißt: (θήσω...) πάντας τοὺς υἱούς σου διδακτοὺς θεοῦ καὶ ἐν πολλῇ εἰρήνῃ τὰ τέκνα σου. Der Zusammenhang dieses Textes (Jes 54,1–55,5) ist von Heilsprophetie geprägt; beschrieben wird die ideale Zeit und Gesellschaft im neuen Jerusalem, zu der es auch gehört, dass alle zur kostenlosen Speisung eingeladen werden (vgl. Jes 55,1f)[46].

---

[42] Zu diesem Bezug vgl. auch Theobald, Schriftzitate, 330f; Zumstein, Schriftrezeption, 127.132; Cebulj, Ich bin es, 132.

[43] 16,2.7(bis).8(tris).9.12.

[44] Vgl. Ex 15,24; 17,3; Num 11,1; 14,2.27.29.36; 16,11; 17,6.20(bis).25; Dtn 1,27; Ψ 105,25.

[45] Gelegentlich werden in der Literatur auch Bezüge auf Jer 31,33f (LXX: 38,33f); Ez 36,26ff; Joel 2,27ff u.a. diskutiert (vgl. etwa Bultmann, Evangelium, 172 A2; Theobald, Schriftzitate, 359 A122). Eine Einbeziehung dieser Texte ändert aber nichts an der aufgerufenen Vorstellungswelt der Heilszeit, zumal auch in Ez 36,29f und Joel 2,23–26 reichliches Essen thematisiert wird.

[46] Swancutt, Hungers, passim (bes. 234–247), geht von einem weitreichenden Einfluss des ganzen Kapitels Jes 55 auf Joh 6 aus, der mir in dieser Tragweite nicht nachvollziehbar erscheint, zumal wenn andere Texte auf Kosten von Jes 55 zurückgestellt werden (vgl. z.B. 242 A66); zustimmen kann ich aber ihrer Feststellung, das Zitat von Jes 54,13 in Joh 6 "indicates that the eschatological time is now" (234).

Noch an einer weiteren Stelle innerhalb der Schriften der Septuaginta[47] kommt das Motiv des Gelehrtseins von Gott vor: Im 17. Psalm Salomos geht es um das zukünftige ideale Zeitalter, wobei es vom Messias heißt: καὶ αὐτὸς βασιλεὺς δίκαιος διδακτὸς ὑπὸ θεοῦ ἐπ' αὐτούς, καὶ οὐκ ἔστιν ἀδικία ἐν ταῖς ἡμέραις αὐτοῦ ἐν μέσῳ αὐτῶν, ὅτι πάντες ἅγιοι, καὶ βασιλεὺς αὐτῶν χριστὸς κυρίου. (PsSal 17,32). Der Messias selbst ist König, von Gott gelehrt, es gibt kein Unrecht, und alle sind heilig. Der Überfluss des messianischen Zeitalters ist auch Thema der syrischen Baruchapokalypse[48], wo es u.a. heißt: „Und die, die Hunger litten, sollen fröhlich sein und (sollen) weiter (dann) aber an jedem Tage neue Wunder sehen. (...) Es wird zu jener Zeit geschehen, dass aus der Höhe Mannaschätze wiederum herniederkommen; sie werden zehren dann davon in jenen Jahren, weil sie es sind, die ans Ende der Zeiten gekommen sind" (syrBar 29,6.8)[49].

Die genannten Zusammenhänge können ein Licht darauf werfen, warum in Joh 6 ausgerechnet Jes 54,13 zitiert wird. Nachdem zuvor die Wüstenszene aktualisiert wurde, ist es jetzt das messianische Zeitalter, das vergegenwärtigt wird. In Joh 6,45 heißt es im Anschluss an das Prophetenzitat: πᾶς ὁ ἀκούσας παρὰ τοῦ πατρὸς καὶ μαθὼν ἔρχεται πρὸς ἐμέ. Jesus ruft auf, zu ihm zu kommen, und verheißt ewiges Leben (ὁ πιστεύων ἔχει ζωὴν αἰώνιον, 6,47). Die Homilie in Joh 6 aktualisiert also nicht nur ein vergangenes Szenario (Mannaspeisung in der Wüste), sondern verweist auch auf ein – in anderen Schriften – zukünftiges Szenario (Gottesgelehrsamkeit und Speisung im messianischen Zeitalter) und veranschaulicht seine Präsenz in der Einladung Jesu. Erinnerte Vergangenheit und erwartete Zukunft sind gleichzeitig gegenwärtig.

---

[47] Assoziieren ließe sich hier auch noch Num 11,29 (Num 11 spielt in der Wüstenzeit, u.a. geht es auch um das Manna), wo Mose angesichts des Vorkommens geistgewirkter prophetischer Verzückung unter den Ältesten des Volkes davon redet, dass das ganze Volk Gottes zu ProphetInnen werden und Gott seinen Geist auf sie alle legen möge.

[48] Die syrische Fassung dieser Schrift ist wohl aus dem Griechischen übersetzt, es existieren auch griechische Fragmente (aus Oxyrhynchos; vgl. Grenfell / Hunt, The Oxyrhynchus Papyri, Bd. 3, London 1903, Nr. 403, S. 3–7). Abgefasst ist die Schrift vermutlich ursprünglich hebräisch oder aramäisch (vgl. Klijn, JSHRZ 5,2, 110f) zu Beginn des zweiten Jahrhunderts (so Klijn, ebd., 114; andere gehen von einer Abfassungszeit nach 70, aber noch im ersten Jahrhundert aus, vgl. Ryssel in: Kautzsch, Pseudepigraphen, 407).

[49] Übersetzung nach Klijn, JSHRZ 5,2, 142. – Zu den Wundern der messianischen Heilszeit vgl. auch Mi 7,15; 4Esra 13,50. Nach Grill, Untersuchungen II, 76, sind sie „Wiederholung der Zeichen Moses"; er verweist auf Midrasch Kohelet zu I,9: "Redemptor prior descendere fecit pro iis Manna, sic et redemptor posterior descendere faciet Manna" (ebd., A230).

Nach meiner Unterteilung der Homilie in Joh 6,31–51b schließt der eben behandelte, dritte und letzte Abschnitt des Mittelteils mit der Verheißung ewigen Lebens. Betrachtet man von hier aus noch einmal die einzelnen Unterabschnitte, so zeigt sich, dass alle fünf Teile der Homilie mit einer Heilszusage enden, wobei die zweite und die dritte sowie die vierte und die fünfte sehr ähnlich formuliert sind:

31 > 35 ...ὁ ἐρχόμενος πρὸς ἐμὲ οὐ μὴ πεινάσῃ,
        καὶ ὁ πιστεύων εἰς ἐμὲ οὐ μὴ διψήσει πώποτε.
36 > 40 ...καὶ ἀναστήσω αὐτὸν ἐγὼ ἐν τῇ ἐσχάτῃ ἡμέρᾳ.
41 > 44 ...κἀγὼ ἀναστήσω αὐτὸν ἐν τῇ ἐσχάτῃ ἡμέρᾳ.
45 > 47 ...ὁ πιστεύων ἔχει ζωὴν αἰώνιον.
48 > 51 ...ἐάν τις φάγῃ ἐκ τούτου τοῦ ἄρτου ζήσει εἰς τὸν αἰῶνα.

Ich sehe in diesen Entsprechungen nicht nur eine Bestätigung meiner Unterteilung der Homilie, sondern auch einen Hinweis darauf, wie zentral das Lebensthema für den ganzen Text ist[50]. Eine gewisse Abweichung zeigt sich nur in dem Schlusssatz des Eingangsteils, auf den auch noch aus anderen Gründen die Aufmerksamkeit zu richten ist: Die Verheißung von Vers 35b enthält ein gegenüber dem Rest der Homilie überschüssiges Motiv; nur hier geht es nicht nur um Hunger (nach Brot), sondern auch um Durst. Dieses überschüssige Motiv hängt m.E. damit zusammen, dass eine weitere Bezugnahme auf einen Septuagintatext vorliegt, wenn auch keine markierte. Von besonderem Interesse ist Vers 35b auch deshalb, weil es sich um den Nachsatz zum ersten Ich-bin-Wort des Textes handelt, von dem aus verständlich werden kann, warum die ersten prädikativen Ich-bin-Worte des Johannesevangeliums gerade im Rahmen einer Exegese zu finden sind, die sich mit dem Manna der Wüstenzeit beschäftigt. An dieser Stelle wird es nötig, sich

---

[50] Dies korrespondiert auch damit, dass das Brot mehrfach als Lebensbrot (ὁ ἄρτος τῆς ζωῆς oder ὁ ἄρτος ὁ ζῶν, vgl. 6,35.48.51) spezifiziert ist. – In spätantiken Texten findet sich die nächste Parallele dazu in den Formulierungen vom ἄρτος ζωῆς in JosAs 8,5.9; 15,5; 16,16; 19,5; 21,21 (so im Langtext, im Kurztext existiert nur der Beleg in 15,5 [nach dortiger Zählung 15,4]; zum Problem der unterschiedlichen Textfassungen vgl. Standhartinger, Frauenbild, passim, bes. 27–47.219–225). Im Zusammenhang mit dem Essen der Honigwabe findet sich in JosAs auch eine fast johanneisch klingende Formulierung, wenn es heißt, wer auch immer davon esse, werde bis in ewige Zeiten nicht sterben (πᾶς ὃς ἂν φάγῃ ἐξ αὐτοῦ οὐκ ἀποθανεῖται εἰς τὸν αἰῶνα χρόνον, JosAs 16,14 Langtext); zu den Parallelen von Joh 6 und JosAs vgl. Burchard, Importance, 280–282; Kügler, Jünger, 210; Davies, Rhetoric, 94f; Cebulj, Ich bin es, 269f; Sasse, Menschensohn, 209–218.

mit den intertextuellen Bezügen zwischen Joh 6 und solchen Schriften zu beschäftigen, in denen es um die Weisheit geht.

3. Sophia und Jesus als Nahrungspendende und Nahrungsmittel

Jesus ist in Joh 6 derjenige, der die Nahrung gibt, und er ist gleichzeitig auch selbst die Nahrung. Formulierungen, in denen Jesus das Brot gibt (6,11.23.27.51c), stehen neben solchen, in denen er seine Identität mit dem Brot betont (6,35.41.48.51a; also den Ich-bin-Worten). Diese Doppelrolle ist auffällig[51], zumal die Manna-Texte der Septuaginta nichts Vergleichbares bieten.

Ausgangspunkt meiner folgenden Überlegungen ist die Parallelität[52] von Joh 6,35 und Sir 24,19.21. Im Johannestext redet Jesus, bei Sirach Sophia:

Joh 6,35	Sir 24,19.21
ὁ ἐρχόμενος πρὸς ἐμὲ	προσέλθετε πρός με,
	οἱ ἐπιθυμοῦντές μου (...)
οὐ μὴ πεινάσῃ,	οἱ ἐσθίοντές με ἔτι πεινάσουσιν,
καὶ ὁ πιστεύων εἰς ἐμὲ	καὶ οἱ πίνοντές με
οὐ μὴ διψήσει πώποτε.	ἔτι διψήσουσιν.

Wie Jesus bietet sich auch Sophia als Nahrung für alle an, die zu ihr kommen. Und in einem anderen Text der Septuaginta ist Sophia diejenige, die die Nahrung bereitet und zum Essen ihrer Brote einlädt: ἡ σοφία ᾠκοδόμησεν ἑαυτῇ οἶκον (...) καὶ ἡτοιμάσατο τὴν ἑαυτῆς τράπεζαν· (...) καὶ τοῖς ἐνδεέσι φρενῶν εἶπεν Ἔλθατε φάγετε τῶν ἐμῶν ἄρτων καὶ πίετε οἶνον, ὃν ἐκέρασα ὑμῖν[53]. Und schließlich ist Sophia zugleich Subjekt und Objekt der Nahrungsgabe, wenn es in Sir 15,3

---

[51] Vgl. Crossan, It is Written, 158, der zu Joh 6,35ff bemerkt: "[N]ow the discourse turns problematic (...). This bread is now identified with the 'I' of Jesus. Feeder and Food are equated".

[52] Es ließe sich darüber streiten, ob hier ein Zitat oder eine Anspielung vorliegt (primär eine Frage der Terminologie). Das Verhältnis von Textübernahme und -abweichung ist hier m.E. nicht anders als bei den beiden markierten „Zitaten" aus Joh 6,31 und 6,45 (die in der Forschung durchgehend als Zitate bezeichnet werden), anders ist jedoch, dass hier keine Markierung vorliegt, was wohl der Hauptgrund dafür sein dürfte, dass in vielen Untersuchungen von Joh 6 Sir 24,19.21 eine geringere Rolle spielt als etwa Ex 16,4; Ψ 77,24 oder Jes 54,13; vgl. jedoch zu Joh 6,35 und Passagen der Weisheitsliteratur auch Maritz / Van Belle, Imagery, 345–349.

[53] „Die Weisheit hat sich ein Haus gebaut (...) und ihren Tisch vorbereitet (...) und denen, die bedürftig an Verstand sind, sagte sie: ‚Kommt, eßt von meinen Broten und trinkt den Wein, den ich euch gemischt habe'"; Spr 9,1–5.

heißt, dass sie (die Weisheit) ihn (den Gottesfürchtigen) mit dem Brot der Klugheit nähren und ihm das Wasser der *Weisheit* zu trinken geben wird (ψωμιεῖ αὐτὸν ἄρτον συνέσεως καὶ ὕδωρ σοφίας ποτίσει αὐτόν). Für Sophia gilt also dasselbe wie für Jesus in Joh 6: Sie ist sowohl Nahrungsspenderin als auch Nahrungsmittel; sie lädt zum Essen ein und kann selbst gegessen (und getrunken) werden[54].

Im Gegensatz zu Joh 6 allerdings gibt es in den Weisheitstexten der Septuaginta keine Kombination des Essens der Weisheit mit dem himmlischen Manna – und umgekehrt tritt die Weisheit als Nahrungsmittel in den Texten der Wüstenerzählung nicht auf[55]. Dennoch kommt die Verbindung von Exodusauslegung und Weisheitstradition nicht nur im Johannesevangelium vor. An dieser Stelle sind Texte heranzuziehen, die eine andere Art von intertextueller Beziehung zu Joh 6 aufweisen als die bisher berücksichtigten der biblischen Schriften. Waren bislang markierte Zitate und Anspielungen der Ausgangspunkt der hergestellten Verbindungen, so sind es jetzt formale Parallelen und gemeinsame Referenztexte. Deutliche Analogien zu Joh 6 finden sich vor allem bei Philo von Alexandrien sowie bei Paulus[56].

Philo identifiziert an mehreren Stellen himmlische Nahrung, Manna und Weisheit miteinander. Die Verknüpfung wird wie in Joh 6 unter Rückgriff auf Exodus 16 vorgenommen, so z.B. in Mut 259, wo Philo irdische und himmlische Nahrung einander gegenüberstellt (vgl. Joh 6,27) und dann fortfährt: „Es heißt ja: ‚Siehe, ich regne euch Brot vom Himmel' (ἰδοὺ ὕω ὑμῖν ἄρτους ἀπ' οὐρανοῦ, Ex 16,4). Von was für einer anderen Nahrung nun sagt er mit Recht, sie werde vom Himmel geregnet, als von der himmlischen Weisheit (τὴν οὐράνιον σοφίαν)?"[57]

---

[54] Bei den drei genannten Textstellen handelt es sich nicht um isolierte Phänomene, sondern um Beispiele aus einer umfangreichen Tradition innerhalb der Weisheitsüberlieferungen, vgl. Sandelin, Wisdom as Nourisher, passim.

[55] In Weish 16, wo man dies noch am ehesten vermuten könnte, ist es Gott, der das Manna gibt.

[56] Analogien gibt es auch in den rabbinischen Schriften (auf die ich hier aus methodischen Gründen der Textauswahl nicht näher eingehen werde); vgl. ShemR 25,7 (zitiert bei Wengst, Johannesevangelium, 237): „‚Siehe, ich lasse für euch Brot vom Himmel regnen' (Ex 16,4). Das ist, was geschrieben steht: ‚Kommt, esst Brot von meinem Brot, und trinkt vom Wein, den ich gemischt habe!' (Spr 9,5) Der heilige, gesegnet er, sagte: Wer veranlasste es euch, vom Manna zu essen und vom Brunnen zu trinken? Weil ihr die Satzungen angenommen habt und die Rechtsvorschriften, wie denn gesagt ist: ‚Dort gab er ihnen Satzung und Recht usw.' (Ex 15,25). Siehe, durch mein Brot habt ihr das Brot des Manna genommen, und durch den Wein, den ich gemischt habe, habt ihr das Wasser des Brunnens getrunken".

[57] Mut 259 (LCL, Philo V, 274; vgl. Cohn et al., Philo VI, 160).

Nach philonischer Lektüre handelt Ex 16,4 also von der Weisheit, so wie nach johanneischer Lektüre dieser Text von Jesus redet.

Aufschlussreich ist auch ein weiterer Text von Philo, in dem mehrere Passagen aus Ex 16 einbezogen werden und wo neben der Weisheit auch das Wort eine Rolle spielt:

> Auch als die (Israeliten) zu erforschen suchten, was es sei, das die Seele ernähre, – „denn", wie Moses sagt, „sie wußten nicht, was es war" (Ex 16,15) – da fanden und lernten sie, daß es Gottes Wort und die göttliche Vernunft (ῥῆμα θεοῦ καὶ λόγον θεῖον) ist, woher alle Arten von Bildung und Weisheit (πᾶσαι παιδεῖαι καὶ σοφίαι) in ewigem Fluß ausströmen. Das ist die himmlische Nahrung (ἡ οὐράνιος τροφή), die in der heiligen Schrift durch den Mund des Schöpfers verkündet wird mit den Worten: „Siehe, ich lasse euch Brot vom Himmel regnen" (ἰδοὺ ἐγὼ ὕω ὑμῖν ἄρτους ἐκ τοῦ οὐρανοῦ, Ex 16,4); denn in der Tat läßt Gott die himmlische Weisheit (τὴν αἰθέριον σοφίαν) auf die gut veranlagten, schaulustigen Seelen herniederträufeln. Wie diese es nun mit großer Freude erblickten und davon kosteten, werden sie sich wohl ihrer Empfindung dabei bewußt, kennen aber nicht deren Ursache. Deshalb fragen sie: „Was ist dies" (Ex 16,15), das süßer ist als Honig und weißer als Schnee? Sie werden vom Propheten belehrt werden (διδαχθήσονται δὲ ὑπὸ τοῦ θεοπρόπου) mit den Worten: „Dies ist das Brot, das der Herr ihnen zu essen gab" (οὗτός ἐστιν ὁ ἄρτος, ὃν ἔδωκε κύριος αὐτοῖς φαγεῖν, Ex 16,15). Sage nun weiter: Was für ein Brot? „Es ist das Wort" heißt es, „das der Herr angeordnet hat" (τοῦτο τὸ ῥῆμα, ὃ συνέταξε κύριος, Ex 16,16)[58].

Die Gleichsetzung, die Philo zwischen dem Manna / himmlischen Brot einerseits und der Weisheit / dem Wort andererseits vornimmt, belegt er mit der Identifikation des Brotes aus Ex 16,15 und des Wortes aus Ex 16,16. Diese Zusammenstellung von Ex 16,15 und 16 wäre nach neuzeitlichen exegetischen Maßstäben nicht naheliegend, da sich Ex 16,16 nicht auf den vorangegangenen Vers, sondern auf die nachfolgende Aufforderung bezieht[59]. Für Philo aber gelten andere exegetische Plausibilitäten, die solche Kombinationen ermöglichen. Gleichzeitig zeigt sich in dem oben zitierten Text auch die Schwierigkeit, in den Schriften Philos eine systematische Verhältnisbestimmung jener Begriffe

---

[58] Fug 137–139 (LCL, Philo V, 82–84; Cohn et al., Philo VI, 86); vgl. oben am Beginn dieses Kapitels.

[59] Vgl. Ex 16,15f: ἰδόντες δὲ αὐτὸ οἱ υἱοὶ Ισραηλ εἶπαν ἕτερος τῷ ἑτέρῳ Τί ἐστιν τοῦτο; οὐ γὰρ ᾔδεισαν, τί ἦν. εἶπεν δὲ Μωυσῆς πρὸς αὐτούς· Οὗτος ὁ ἄρτος, ὃν ἔδωκεν κύριος ὑμῖν φαγεῖν· τοῦτο τὸ ῥῆμα, ὃ συνέταξεν κύριος Συναγάγετε ἀπ' αὐτοῦ ἕκαστος εἰς τοὺς καθήκοντας, γομορ κατὰ κεφαλὴν κατὰ ἀριθμὸν ψυχῶν ὑμῶν ἕκαστος σὺν τοῖς συσκηνίοις ὑμῶν συλλέξατε.

vorzunehmen, die für „Wort" oder „Weisheit" gebraucht werden: In Ex 16,16 heißt "Wort" ῥῆμα, während Philo an den entsprechenden Stellen wechselweise ῥῆμα, λόγος, παιδεία, σοφία und τροφή verwendet. Derselbe Wechsel zwischen den Begriffen zeigt sich auch in anderen Passagen von Philos Schriften, in denen ähnliche Zuordnungen begegnen. Im Einzelnen: In LA III, 169–173 kombiniert Philo ebenfalls Ex 16,15 und 16, dabei werden ῥῆμα, λόγος und τροφή einander gleichgesetzt[60]. In Her 79 wird Num 11,6 zitiert, gleichgesetzt werden hier μάννα, λόγος und τροφή[61]. In Her 191 geht es um Ex 16,18, gleichgesetzt werden τροφή, σοφία, μάννα und λόγος[62]. In Decal 13 ist von τροφή, νόμος und λόγος in der Wüste die Rede[63]. In Cong 170–174 werden bei einer Auslegung von Dtn 8,2f μάννα, τροφή, λόγος und σοφία nebeneinander gestellt[64]. Und schließlich geht es in Det 115–118 um τροφή, σοφία, μάννα und λόγος[65], wobei die Weisheit hier noch zusätzlich mit dem nahrungsspendenden Felsen[66] gleichgesetzt wird.

Eine durchgehende Systematisierung der Zuordnungen ist in den Schriften Philos m.E. nicht erkennbar[67]. Bemerkenswert sind aber die Analogien zwischen seinen Ausführungen und Joh 6: Es wird auf die Wüstenzeit Israels Bezug genommen, es werden einzelne Verse aus der Tora zitiert, wobei gleichzeitig die Gesamtüberlieferung eine Rolle

---

[60] LCL, Philo I, 414–418; Cohn et al., Philo III, 139f (fälschlicherweise steht in den Philoausgaben Ex 16,13f statt Ex 16,15f). In der anschließenden Passage (LA III, 174–176) werden noch Dtn 8,3 und Num 14,4 in die Auslegung einbezogen.

[61] LCL, Philo IV, 320f; Cohn et al., Philo, V, 241.

[62] LCL, Philo IV, 378; Cohn et al., Philo V, 266.

[63] LCL, Philo VII, 10; Cohn et al., Philo I, 373.

[64] LCL, Philo IV, 546–548; Cohn et al., Philo VI, 47f. – Dabei bietet sich – wie bei Ex 16,15f – auch bei Dtn 8,2f eine Zusammenstellung von irdischer Nahrung (Brot) und himmlischer Nahrung (Wort) an, heißt es doch in Dtn 8,3: καὶ ἐψώμισέν σε τὸ μαννα, ὃ οὐκ εἴδησαν οἱ πατέρες σου, ἵνα ἀναγγείλῃ σοι ὅτι οὐκ ἐπ' ἄρτῳ μόνῳ ζήσεται ὁ ἄνθρωπος, ἀλλ' ἐπὶ παντὶ ῥήματι τῷ ἐκπορευομένῳ διὰ στόματος θεοῦ ζήσεται ὁ ἄνθρωπος.

[65] LCL, Philo II, 278–280; Cohn et al., Philo II, 312–314.

[66] Vgl. Dtn 32,13; Ex 17,6; Num 20,7–11; Ψ 77,15f; Ψ 104,41.

[67] Auch in der Sekundärliteratur ist hier keine schlüssige und einheitliche Systematisierung erkennbar. Mack, Logos, 106f, sieht die Weisheit in der jenseitigen, den Logos in der diesseitigen Sphäre wirkend (vgl. auch Scott, Sophia, 58–61); Sandelin, Wisdom, 102, stellt demgegenüber fest, dass die Weisheit nicht ausschließlich in der "supra-mundane sphere" wirkt und bemerkt dazu: "Philo's way of thinking is not very consistent, but this will hardly come as a surprise to students of his writings"; und auch Borgen, Bread, 141, redet von "many inconsistencies of Philo on this point". – In dem oben zitierten Text (Fug 137–139) strömt die Weisheit aus dem Wort Gottes aus, so dass es zumindest hier schwer fiele, Sophia der jenseitigen und den Logos der diesseitigen Sphäre zuzuordnen.

spielt; und schließlich wird das Manna als himmlische Nahrung auf die Weisheit, das Wort bzw. Christus hin ausgelegt. Kombiniert werden bei Philo wie in Joh 6 Motive aus den Wüstenerzählungen mit solchen aus der Weisheitsüberlieferung. Dabei ist in Joh 6 nicht von der Weisheit die Rede, sondern von Christus. Auch dies ist jedoch keine Besonderheit der johanneischen Aktualisierung der Wüstentraditionen. Hinzuweisen ist hier zum einen darauf, dass auch in einigen Passagen bei Philo nicht explizit von der „Weisheit" die Rede ist, sondern lediglich das „Wort" als himmlische Nahrung fungiert (vgl. LA III, 169–173; Her 79; Decal 13). Hinzuweisen ist zum anderen aber auch auf eine analoge Gleichsetzung bei Paulus.

In 1Kor 10,1–10 spielt Paulus nacheinander auf fünf Geschichten aus der Wüstenzeit an[68], nur in einem Falle gibt es ein markiertes Zitat aus einem der relevanten Texte[69]. Wie in Joh 6,41.43 wird auch in 1Kor 10,10 das Motiv des „Murrens" (γογγύζειν) aufgenommen. Wie in Joh 6,48 ist auch in 1Kor 10,5 vom Sterben der Väter in der Wüste die Rede; dies im Einklang mit den Bezugsstellen der biblischen Überlieferung (vgl. Num 14,12–23; Ψ 77,31). In beiden Texten geht es um Essen *und* Trinken (vgl. Joh 6,35; 1Kor 10,3f.7). Und in beiden Texten wird Christus an einer Stelle in die Wüstenüberlieferung eingesetzt, wo bei Philo die Weisheit bzw. das Wort stehen: In Joh 6 ist Christus das himmlische Brot, und in 1Kor 10,4 setzt Paulus Christus mit dem wasserspendenden Felsen der Wüstenzeit gleich[70]. Im Unterschied zu Joh 6 benutzt Paulus die Wüstenüberlieferungen als Beispiele für sein argumentatives Anliegen[71], wodurch sich eine größere Distanz zum

---

[68] Num 11,1–35; Ex 32,1–35; Num 25,1–18; Num 21,4–9; Ex 16,2–12 / Num 14,1–45, vgl. dazu Weiß, Korintherbrief, 252f; Wire, Prophets, 104.

[69] Ex 32,6 (LXX) in 1Kor 10,7: ἐκάθισεν ὁ λαὸς φαγεῖν καὶ πεῖν καὶ ἀνέστησαν παίζειν. Zu den intertextuellen Bezügen in 1Kor 10 vgl. auch Hays, Schriftverständnis, passim.

[70] Vgl. Weiß, Korintherbrief, 251: „So wie Philo den Felsen mit der Sophia, aber auch mit dem Manna und wieder mit dem Logos gleichzusetzen fähig ist, so setzt P[aulus] an diese Stelle den präexistenten Christus. Irgend welche Schwierigkeiten macht das für sein Denken nicht. Überall wo in der israelit[ischen] Geschichte ein Eingreifen Gottes durch seine Engel oder durch die Mittelwesen der Sophia oder des Logos vorkommt, da kann ohne weiteres Christus an die Stelle treten".

[71] Vgl. 1Kor 10,6: ταῦτα δὲ τύποι ἡμῶν ἐγενήθησαν, εἰς τὸ μὴ εἶναι ἡμᾶς ἐπιθυμητὰς κακῶν, καθὼς κἀκεῖνοι ἐπεθύμησαν, vgl. 1Kor 10,11. – Zum Begriff „Typos" vgl. Ostmeyer, Typos, passim, der zeigt, dass das neutestamentliche (wie das gemeinantike) Verständnis von Typos nicht dem entspricht, was später in typologischer Exegese als Schema der Überbietung alttestamentlicher Ereignisse in Christus etabliert wurde. Ostmeyer, ebd., 236, fasst zusammen: „Das AT ist zumindest dann, wenn der Terminus τύπος ins Spiel kommt, nicht Lieferant schwacher Vorlagen, die von Christus oder

erzählten Geschehen einstellt, als dies bei der aktualisierenden Reinszenierung des Wüstengeschehens in Joh 6 der Fall ist[72]. Beiden Texten ist jedoch gemeinsam, dass sie Christus mit der Geschichte Israels in der Wüste zusammenschauen und -lesen: Seine Funktion wird durch die Überlieferungen von der Wüstenzeit Israels gedeutet. Dabei sind es – wie sich an Philo sehen lässt – die Weisheitstexte und -überlieferungen, die es ermöglichen, Christus quasi in die Wüste zu versetzen.

Zusammenfassend lässt sich sagen: Ausgehend von der Parallelität von Joh 6,35 und Sir 24,19.21, zeigt sich, dass Bezüge zur Weisheitsüberlieferung den Text von Joh 6 implizit durchziehen, während die Bezüge auf die Wüstenüberlieferung durch die Markierung des Zitats in Joh 6,31 explizit gemacht werden. Die Verbindungen von Johannesevangelium und Weisheitstexten beschränken sich allerdings nicht auf das sechste Kapitel, sondern durchziehen das Evangelium vom Prolog an, wobei – wie auch oft bei Philo – nicht von σοφία, sondern vom λόγος die Rede ist[73]. Auf dem Hintergrund der Bezüge von Johannesevangelium und Weisheitstexten fällt auf, dass das Wort σοφία nicht ein einziges Mal im Johannesevangelium vorkommt; dies im Gegensatz etwa zu 1Kor, wo mehrfach von der Weisheit die Rede ist[74]. Alle exegetischen Kombinationen aus Joh 6 haben enge Parallelen in den Philonischen Schriften, aber an der Stelle, wo bei Philo wechselweise von σοφία und λόγος die Rede ist, geht es im Johannesevangelium direkt um Jesus, nur im Prolog tritt der λόγος an die Stelle der σοφία. Die Weisheit ist im Johannesevangelium also nur indirekt anwesend. Die beschriebene Rolle Jesu in Joh 6 als Nahrungsspender und Nahrungsmittel zugleich entspricht der Rolle der σοφία anscheinend so weitgehend, dass sie selbst

---

dem NT übersteigert oder überwunden werden müssen. Das AT enthält an diesen Stellen nach Auffassung der ntl. Autoren und der griechischsprachigen Kirchenväter die Sache selbst".

[72] Diese Differenz entspricht der zwischen einem argumentierenden Brief, in dem es über weite Strecken um Fragen des täglichen Verhaltens geht, und einer theologisch deutenden Erzählung der Jesusgeschichte: Wo in Joh 6 erzählt wird, dass die Ἰουδαῖοι ebenso murren wie die IsraelitInnen in der Wüste, steht in 1Kor 10 die *Aufforderung*, nicht ebenso zu murren wie diese (vgl. Joh 6,41.43 und 1Kor 10,10).

[73] Für den Prolog ist dies Allgemeingut der Forschung, zum Johannesevangelium insgesamt vgl. etwa Scott, Sophia and the Johannine Jesus, bes. 83–173; Ringe, Wisdom's Friends, bes. 46–63. – Es wird sich im Verlaufe meiner Untersuchungen noch zeigen, dass nicht nur die Rede vom „Brot des Lebens" enge Parallelen in den Weisheitstexten hat, sondern dasselbe auch für andere Ich-bin-Worte zu konstatieren ist.

[74] Vgl. 1,17–24.30; 2,1–7.13; 3,19; 12,8.

im Text nicht mehr genannt werden muss. Das „Ich" der Weisheit aus Sir 24 ist im „Ich" Jesu aufgegangen.

Jesu Selbstbezeichnung als „Brot des Lebens" wird in Joh 6 sowohl intratextuell als auch intertextuell illustriert. Die intratextuelle Illustration erfolgt durch die Erzählung von der Brotvermehrung[75]; hier ist an das zu erinnern, was ich im vorigen Kapitel über das Verhältnis von Metapher und Erzählung ausgeführt habe: Innerhalb von Joh 6 bereitet die Erzählung von Jesus als Brotspender die Prädikation Jesu als Brot vor, wobei diese Prädikation die Erzählung zugleich rekapituliert und auf eine neue Stufe hebt. Von Jesus als Brotspender wird erzählt, bevor die Metapher von Jesus als Brot im Text auftritt.

Die intertextuellen Bezüge sind komplexer. In Joh 6,31ff werden drei verschiedene Textbereiche aufgerufen: Es gibt Bezüge erstens zu den Erzählungen von der Gabe des himmlischen Manna, die in Joh 6 reinszeniert wird, zweitens zur verheißenen idealen (messianischen) Zeit, die in Joh 6 vergegenwärtigt wird, und drittens zur Präsenz der Weisheit in Nahrungsgabe und als Nahrung, in deren Entsprechung der johanneische Jesus dargestellt wird. Das Verhältnis der zentralen Metapher von Jesus als Brot zu dem intertextuellen Aspekt des Kapitels ist dabei nicht dasselbe wie das Verhältnis von Metapher und (intratextueller) Erzählung, denn im Zentrum der intertextuellen Ausführungen steht nicht Jesus, sondern das Brot. Hier wird also das Prädikat der Metapher mit Inhalt gefüllt, nicht das Subjekt. Die eingespielten Texte erleichtern und ermöglichen dabei eine Identifikation von Jesus und dem Brot, da auch das Brot der Bezugstexte nicht einfach „normales" irdisches Brot ist, sondern himmlische Nahrung. Im Falle der Weisheitstexte ist zusätzlich noch die Gleichsetzung von Nahrungsgeber(in) und Nahrungsgabe vorgezeichnet. Die Metapher „Ich bin das Brot" wird also einerseits erzählerisch exemplifiziert und andererseits intertextuell gefüllt[76]. Oder, von der anderen Seite aus betrachtet: In der

---

[75] Vgl. schon Bultmann, Evangelium, 161, der feststellt, der Evangelist „benutzt das aus der Quelle entnommene Speisungswunder als symbolisches Bild für den Gedanken der Offenbarungsrede: Jesus als der Spender des Lebensbrotes".

[76] Vgl. Still / Worton, Introduction, 11f, die eine strukturelle Ähnlichkeit von Zitat und Metapher in ihrem Verweischarakter sehen: "A tropological reading of a quotation 'sees it as' something other than it is / was in its original context, sees it as a metaphor" (11). Der intertextuelle Lesevorgang ähnelt dem, den Ricoeur im Hinblick auf die Metapher beschreibt: "We would therefore suggest that every quotation is a metaphor which speaks of that which is absent and which engages the reader in a speculative activity" (12).

Brotmetapher konzentrieren sich die inhaltlichen Ausführungen von Joh 6. Dabei lebt die Metapher von den Beziehungen zur Erzählung des σημεῖον einerseits und vom Rückgriff auf die Texte der Septuaginta andererseits.

Das Verhältnis von johanneischem Text und Intertexten habe ich bislang mit Begriffen wie Reinszenierung, Vergegenwärtigung oder Illustration zu beschreiben versucht. In der Literatur zum Johannesevangelium dominieren allerdings andere Kategorien. Die Rede ist hier immer wieder von Ersetzung, Überbietung oder Überhöhung. Auf dem Hintergrund solcher Positionen ist deshalb jetzt noch einmal dezidiert auf die Frage nach dem Verhältnis von jüdischer Überlieferung und johanneischem Text einzugehen.

4. Antithese, Überbietung, Überhöhung?

In der Sekundärliteratur wird Joh 6 häufiger im polemischem Sinn verstanden. Die Rede ist von „Antithetik" im Hinblick auf die Wüstenerzählungen und von „jesuanischer Exklusivität"[77]; Jesus wird als „Anti-Moses" und „Anti-Sophia" gesehen[78], und Joh 6 wird in Konvergenz gedeutet „mit der joh Figur der Überbietung der *jüdischen Institutionen* (…) und der *jüdischen Feste* (…), deren wahrer Inhalt und wahre Erfüllung Jesus zu sein beansprucht"[79]. Eine solche Art der Lektüre wird strukturell von der Vorstellung von Antithese und Überbietung geprägt[80], und in und zwischen den Texten werden Oppositionen gefunden, wo sich mit einem anderen Vorverständnis auch Motivübernahmen, modifizierte Weiterführungen oder Anknüpfungen an Traditionen sehen ließen. Als textliche Anhaltspunkte einer solchen Kontrast- und Überbietungslektüre

---

[77] So Becker, Evangelium, 205f; vgl. auch Hahn, Motive, 349; Kügler, Jünger, 198f.

[78] So Petersen, Gospel, 90–109 bzw. 110–132; vgl. bes. 114: "Jesus usurps the role of Mother Sophia".

[79] So Scholtissek, Ironie, 254. Zur Überbietung vgl. auch Kügler, Brotspender, 121; für eine nicht-antithetische Lektüre der johanneischen Bezugnahmen auf den Tempel vgl. Busse, Tempelmetaphorik, passim.

[80] Vielleicht ließe sich sogar sagen, sie werden von dieser Vorstellung erst erzeugt. Wenn etwa Petersen, Gospel, 119, im Kontext seiner Ausführungen über Jesus und Sophia feststellt: "The relationship among the Father, his only Son, and those who do not receive life, is anti-structurally derived from the story of Sophia. But that story, at least in its Baruchian form, is itself an anti-structural revision of the story of Moses, because God's direct giving of Sophia *as* the Law replaces the notion of God's sending of Moses *with* the Law", so scheint das Finden der Antistruktur hier doch eher die Exegese zu bestimmen, als dass es ein Resultat der Exegese wäre.

von Joh 6 dienen primär zwei Aspekte des johanneischen Textes: erstens das „Sterben der Väter in der Wüste" (6,49) und zweitens die Tatsache, dass Jesus als „wahres" Brot charakterisiert wird (6,32). Beide Aspekte scheinen mir jedoch nicht hinreichend, um ein Textverständnis wie das genannte zu begründen. Deshalb werde ich im Folgenden für beide andere Verstehensmöglichkeiten aufzeigen und in Anschluss daran eine eigene Verhältnisbestimmung von johanneischem Text und in ihm rezipierter Tradition vornehmen.

Das erste der genannten Argumente – das „Sterben der Väter in der Wüste" – begründet strukturell ein antijüdisches Verständnis des Textes. Es findet sich z.B. bei Anderson, wo es heißt: "For the first time in the history of Jewish-Christian midrashic use of the manna tradition is the bread of Moses actually considered inferior and death-producing. Thus, the 'way of life' for Christian Jews becoming Jewish Christians is to accept Jesus as having been sent from the father, and to transfer their faith in the 'bread' of the Torah to that Bread which Moses, the manna, and the Torah prefigure: Jesus, the Bread coming down out of heaven for the life of the world"[81]. Gegenüber einer solchen Auslegung sind vor allem zwei Einwände vorzubringen: Erstens wird in Joh 6,49 nicht gesagt, dass das Manna "death-producing" wäre – vielmehr wird schlicht und ohne einen kausalen Zusammenhang festgestellt: „sie aßen... und sie starben" (ἔφαγον... καὶ ἀπέθανον). Ob die Väter starben, *weil* sie das Manna aßen oder *obwohl* sie das Manna aßen, oder ob beides voneinander unabhängige, lediglich aufeinander folgende Geschehnisse sind, bleibt im Text offen. Zweitens – und dies ist m.E. noch gravierender – ist Andersons Annahme einer Diskontinuität ("for the first time") in der Auslegung der Mannatradition nicht haltbar. Vielmehr ist Joh 6,49 eine getreue Wiedergabe dessen, was innerhalb der jüdischen Bibel mehrfach erzählt wird: Die Wüstengeneration isst das Manna und die Wüstengeneration stirbt. Eine Zusammenfassung der Wüstenereignisse findet sich etwa in Psalm 77, wo es heißt: „Er ließ Manna auf sie regnen zum Essen, Brot vom Himmel gab er ihnen. (...) Und sie aßen und sie füllten sich maßlos, und, was sie begehrten, brachte er ihnen; sie verloren ihre Begierde nicht. Noch waren sie mit der Nahrung in ihrem Mund beschäftigt, da kam der Zorn Gottes auf sie, und er tötete sie, während sie tranken, und die Erwählten Israels

---

[81] Anderson, Christology, 258 (vgl. 216).

schlug er in Fesseln"[82]. Das johanneische „die Väter aßen das Manna in der Wüste und starben" ist mithin keine christliche Abkehr von der jüdischen Mannatradition, sondern eine präzise Zusammenfassung der jüdischen Überlieferung[83]; Joh 6 steht hier in der Kontinuität der jüdischen Tradition[84].

Der zweite (angebliche) textliche Anhaltspunkt einer Kontrastlektüre findet sich in Joh 6,32, wo das Brot, das Gott gibt, als wahres (ἀληθινός) Brot charakterisiert wird. „Wahres" Brot, so die implizite Voraussetzung vieler Interpretationen, kann es nur geben, wenn es auch „falsches" Brot gibt — woraus notwendig eine polemische Lektüre des johanneischen Textes resultiert. Je nach angenommenem intertextuellen Kontext kann dieses „Falsche" primär pagan oder (zusätzlich) auch jüdisch bestimmt werden. Eine solche Lektüre lässt sich z.B. bei Schweizer beobachten, der u.a. unter Berufung auf die ἀληθινός-Formulierungen von einem „polemisch-exklusiven Sinn" der Ich-bin-Formel ausgeht: „Es ist die Gottesformel der sogenannten ‚religiösen Welt', die hier aufgenommen wird und zwar so aufgenommen wird, daß das ἀληθινός hinweist auf den, der allein das Recht hat, sie zu gebrauchen. Die Parallelen unseres ersten Teils sind also keine gleichgültigen Parallelen. In ihrer ganzen Fülle stehen sie da als dieser umfassende, mächtige, eindrucksvolle und mitreißende Faktor, den die Religiosität der Welt darstellt und dem der Christus mit *seinem* ‚Ich bin' entgegentritt"[85]. Schweizer sieht das

---

[82] Ψ 77,24.29–31; vgl. auch Num 11–14; Weish 16–18.

[83] Als Parallele für die johanneische Rezeption der Mannatradition lässt sich über die genannten Texte hinaus auch Dtn 8,1–3 anführen, wo Mose das Volk an die Prüfungen in der Wüste erinnert und wo es in 8,3 heißt: „Er hat dich mit Manna ernährt, das deine Väter nicht kannten, damit er dir zeige, dass der Mensch nicht vom Brot allein leben wird, sondern von allen Reden, die aus dem Mund Gottes hervorgehen, wird der Mensch leben".

[84] Dies ließe sich auch im Hinblick auf rabbinische Texte zeigen; vgl. die bei Boyarin, Intertextuality and the Reading of Midrash, passim, aufgeführten zahlreichen rabbinischen Texte, die sich mit der Wüstenzeit auseinandersetzen und wo sich neben einer Stilisierung dieser Zeit als idealer Zeit der Gottesgemeinschaft ebenso auch Auslegungen finden, die die Konflikte zwischen Gott und seinem Volk betonen (vgl. bes. die Texte auf den Seiten 31.50.72 und die zusammenfassende Interpretation 75–79).

[85] Schweizer, Ego eimi, 126. Schnackenburg, Johannesevangelium 2, 66, bemerkt zu Schweizer: „Nicht richtig dürfte es allerdings sein, daß diese Redeform polemisch gegen andere Ansprüche gerichtet sein muß". – Auch der bestimmte Artikel in den Prädikationen der Ich-bin-Worte ist nach Wead, Devices, 78, nicht – wie Schweizer meint – Indiz dafür, "that Jesus was setting himself up as the true figure against other false figures", sondern vielmehr ein erwartbarer Bestandteil bei Metaphern im Griechischen (anders als im Deutschen oder Englischen). Nach Wead, ebd., ist der metaphorische Artikelgebrauch "very close to the generic use".

„Ich bin" also als „Rekognitionsformel" und meint, die Prädikate seien „die bekannten, sinngefüllten Gottesprädikate, man darf wohl sagen, die typischen Namen der Heilandsgestalten, und es ist die Frage zu beantworten, wer wirklich Anrecht auf sie hat"[86].

Schon vom Wortbefund her lassen sich Zweifel an einer solchen Deutung des ἀληθινός anmelden. Wenn im Text des Johannesevangeliums von „wahr" im Gegensatz zu „falsch" die Rede ist – etwa im Kontext des Zeugnis-Ablegens oder bei konkreten Aussagen, die sich falsifizieren ließen –, so steht dort eher ἀληθής als ἀληθινός[87], während sich die Bedeutung von ἀληθινός als „wahrhaftig" oder „wahr" im Sinne von „der göttlichen, übergeordneten Sphäre zugehörig" beschreiben lässt[88]. Diese Bedeutungsdifferenz entspricht auch dem lexikalischen Befund jenseits der johanneischen Schriften[89]. Entsprechend beschreibt z.B. Leroy den Sinn von ἀληθινός: „Durch dieses Beiwort wird angezeigt, dass nun nicht mehr die irdische, sondern die in der irdischen Wirklichkeit sichtbar gewordene himmlische Welt gemeint ist. Der Bereich des ἀληθινόν ist die Sphäre des Gottes (...). Er offenbart sich (...) dadurch, dass die himmlische Welt den Menschen sichtbar und erreichbar wird"[90]. Die Konsequenz, die Leroy dann allerdings in den folgenden Sätzen zieht, ist m.E. nicht zwingend. Er schreibt: „Darin liegt der tiefste Grund der Antithese: Die Gemeinde Jesu ist einer höheren Offenbarung teilhaftig geworden als das Judentum. Nicht in der Weise, dass das Alte abgetan wäre, sondern es ist im Neuen überhöht worden"[91].

Das Schema von „Altem" und „Neuem"[92], von Antithese, Überhöhung und Überbietung ist anscheinend so tief in der Johannesexegese

---

[86] Schweizer, Ego eimi, 126.
[87] Vgl. Joh 3,33; 4,18; 5,31.32; 8,13.14.17; 10,41; 21,24; sowie 1Joh 2,27; 3Joh 12.
[88] Vgl. 1,9; 4,23.37; 7,28; 8,16; 15,1; 17,3; 1Joh 2,8; 5,20.
[89] Vgl. Liddell / Scott / Jones, Lexicon, 64, wo sich zu ἀληθής findet: *unconcealed*, so *true, real*, Gegensatz: *false, apparent* und zu ἀληθινός: *agreeable to truth, truthful, trusty, genuine*; τὰ ἀληθινά von *real objects* im Gegensatz zu τὰ γεγραμμένα (Aristoteles, Pol 1281 b12). – Zu dieser Bedeutungsdifferenz vgl. auch Davies, Rhetoric, 101f.
[90] Leroy, Rätsel, 104.
[91] Leroy, Rätsel, 104.
[92] Die Kategorien „alt" und „neu" werden dabei dann auf das Judentum einerseits, das Christentum / die Gemeinde Jesu andererseits angewendet. Demgegenüber ist von Joh 6 aus zu bemerken, dass die Fronten hier nicht in dieser Weise verteilt werden: Am Ende des Kapitels (6,60–71) und als Konsequenz aus der Brotrede steht eine Spaltung im internen Kreis der μαθηταί und die Ankündigung des Judasverrates. Die Spaltung verläuft nicht zwischen jüdisch einerseits und christlich andererseits, sondern intern in der (jüdischen) Gruppe der nächsten AnhängerInnen Jesu.

verankert, dass es auch dann reproduziert wird, wenn die Exegese es nicht nahelegt. Denn wenn, wie bisher ausgeführt, ἀληθινός „wahr" nicht im Sinne eines Gegensatz zu „falsch" meint, sondern im Sinne eines Ebenenwechsels vom Irdischen zum Himmlischen (also vertikal und nicht horizontal zu verstehen ist), so bedeutet dies, dass im Text nicht die Konkurrenz das zentrale Thema ist, sondern die Gotteserkenntnis und die Beziehung der Menschen zur göttlichen Sphäre[93]. Es geht also nicht um das wahre (= richtige) Brot im Gegensatz zum falschen, sondern um das wahre (= himmlische) Brot im Gegensatz zum irdischen. Himmlische und irdische Sphäre werden miteinander in Beziehung gesetzt, wobei das Brot sozusagen als Übergangsmedium fungiert. Dies kann es deshalb sein, weil es gleichzeitig als irdisches Brot (in der Brotvermehrungserzählung) und als himmlisches Brot (in den metaphorischen Selbstprädikationen Jesu) im Text anwesend ist. Der genannte Wechsel der Ebenen funktioniert also durch die Metaphorisierung des Brotes, wobei interessanterweise das „wahre" Brot nicht das normale ist, das den irdischen Hunger stillt, sondern das himmlische, in der Person Jesu gegenwärtige. Die metaphorische Bedeutung ist die „eigentliche"[94]. Die RezipientInnen des Textes sind aufgefordert, sich von einer nur irdischen Sichtweise zu lösen und einen gedanklichen Ebenenwechsel in den himmlischen Bereich zu vollziehen. Eine Lektüre des Textes, die sich lediglich an der möglichen Konkurrenz Jesu zu anderen Gestalten orientiert, verliert an Plausibilität, wenn man den metaphorischen Charakter der Prädikation Jesu als Brot ernst nimmt. Dies lässt sich mit dem bekannten Beispiel der Metapherntheorie illustrieren: „Achill ist ein Löwe" bedeutet vieles über Achill – aber es geht nicht um eine Abqualifizierung anderer Löwen, weil sie keine Löwen sind, und auch nicht um eine Polemik gegen andere Helden, die vielleicht behaupten könnten, sie seien Löwen. Die Metapher ist eine Aussage über das Wesen Achills, so wie das „Ich bin das Brot" des johanneischen Jesus eine Aussage über das Wesen Jesu ist.

---

[93] Ähnlich interpretiert auch Origenes: „Wahres Licht ist hier nicht gesagt im Gegensatz zu falschem, sondern im Unterschied zu abbildlichem Licht. Denn die Wahrheit und das Wahre wird bisweilen der Lüge und dem Trug, bisweilen aber auch dem Bild und der Nachahmung gegenübergestellt. Man kann das sinnenhafte Licht als ein abbildliches auffassen, besonders die Sonne; das geistige [Licht] aber, vor allem das Erhellende des geistig Erkennbaren und der heiligen Wirkkräfte, als wahres Licht." – Origenes, Johanneskommentar, Fragment 6 (GCS 10, 488); Übersetzung nach Gögler, Origenes, 123; zum griechischen Text vgl. oben C II am Kapitelbeginn.

[94] Vgl. oben C II 3.

5. *Erinnerung, Erwartung und messianische Zeit*

Jenseits der Deutungskategorien „Antithese" und „Überbietung" bleibt festzuhalten, dass der johanneische Jesus die jüdischen Überlieferungen nicht suspendiert, sondern dass er vermittels ihrer gedeutet wird; d.h. die Bedeutung Jesu wird mit Motiven der jüdischen Tradition expliziert. Dabei, so meine These, fallen Erinnerung und Erwartung zusammen, und auf diese Weise verdichtet sich die Zeit zur messianischen Zeit. Ausführlicher gesagt: Die intertextuellen Bezüge von Joh 6 rufen einerseits vergangene Geschichte (die Gabe des himmlischen Manna) auf, wobei die Wüstenerzählungen nicht historisierend betrachtet, sondern in der erzählten Geschichte aktualisiert und reinszeniert werden. Die Zeit als erinnerte Zeit ist gleichzeitig die gegenwärtige Zeit. Andererseits wird durch die Bezugnahme auf die erwartete messianische Zeit der Gottesgelehrtheit, die sich in der Einladung Jesu konkretisiert, auch diese erwartete Zeit als gegenwärtige dargestellt. Im Reden (und Handeln) Jesu fallen also die erinnerte und die erwartete Zeit zusammen: Was in Joh 6 passiert, ist mithin eine Verdichtung der Zeit, durch die ihre Linearität aufgehoben wird.

Erzählt wird der Einbruch des Messianischen in die Geschichte, von dem Walter Benjamin in seinen geschichtsphilosophischen Thesen redet. Benjamin stellt dort fest, dass „[d]ie Geschichte (…) Gegenstand einer Konstruktion [ist], deren Ort nicht die homogene und leere Zeit sondern die von Jetztzeit erfüllte bildet"[95]. Benjamin stellt sich gegen das additive Verfahren des Historismus auf die Seite einer „materialistischen Geschichtsschreibung", bei der „das Zeichen einer messianischen Stillstellung des Geschehens" sichtbar wird, was es ermöglicht, „eine bestimmte Epoche aus dem homogenen Verlauf der Geschichte herauszusprengen"[96].

Zeit und Geschichte sind diskontinuierlich, sie enthalten Momente, die mit besonderer Bedeutung aufgeladen sind (oder werden) und die

---

[95] Benjamin, Begriff XIV, 150.
[96] Benjamin, Begriff XVII, 152. Vgl. auch Benjamin, Begriff (Anhang) A, 153: „Der Historismus begnügt sich damit, einen Kausalnexus von verschiedenen Momenten der Geschichte zu etablieren. Aber kein Tatbestand ist als Ursache eben darum bereits ein historischer. Er ward das, posthum, durch Begebenheiten, die durch Jahrtausende von ihm getrennt sein mögen. Der Historiker, der davon ausgeht, hört auf, sich die Abfolge von Begebenheiten durch die Finger laufen zu lassen wie einen Rosenkranz. Er erfaßt die Konstellationen, in die seine eigene Epoche mit einer ganz bestimmten früheren getreten ist. Er begründet so einen Begriff der Gegenwart als der ‚Jetztzeit', in welcher Splitter der messianischen eingesprengt sind".

sich nicht erzählerisch einer linearen Abfolge einfügen lassen[97]. Durch die Art, wie die Jesusgeschichte in Joh 6 erzählt, reflektiert und mit intertextuellen Bezügen angereichert wird, stellt sich das Erzählte als ein herausgehobener Moment besonderer Bedeutungsdichte dar. Das Auftreten Jesu ist nicht einfach eine Episode im linearen Ablauf aufeinanderfolgender Ereignisse, sondern ein Kristallisationspunkt der Geschichte[98]. Auf diesem Hintergrund erklärt sich auch die Differenz in den Formulierungen von Sir 24,21 (οἱ ἐσθίοντές με ἔτι πεινάσουσιν, καὶ οἱ πίνοντές με ἔτι διψήσουσιν) und Joh 6,35 (ὁ ἐρχόμενος πρὸς ἐμὲ οὐ μὴ πεινάσῃ, καὶ ὁ πιστεύων εἰς ἐμὲ οὐ μὴ διψήσει πώποτε). Die Veränderung vom „immer wieder" zum „nicht mehr" des Hungerns und Dürstens markiert die Einmaligkeit der messianischen Zeiterfahrung. Mithin ist die Frage, ob Jesus hier in Entsprechung, in Antithese oder in Überbietung zu Sophia geschildert wird[99], nicht die Frage, auf die der Text eine Antwort zu geben vermag. Die Differenz von Sir 24 und Joh 6 liegt primär in ihrem Verhältnis zur Zeit: Zur Darstellung der verdichteten Zeit in Joh 6 gehört auch das Heraustreten aus der wiederholten Abfolge von Hunger, Durst und Sättigung. Ein solcher Kristallisationspunkt von Zeit und Geschichte ist jedoch nur darstellbar, indem er zu anderen Geschichten in Beziehung gesetzt wird. Seine Bedeutung erschließt sich nicht ohne diese Bezüge. Gerade indem das Auftreten Jesu in Joh 6 als Teil der Geschichte Israels dargestellt wird, tritt seine Besonderheit zutage: Das Spezifische erschließt sich nicht ohne seinen Kontext.

---

[97] Vgl. Zamboni, Materialismus, 164: „Es stimmt nicht, daß die Zeit in jedem Abschnitt quantitativ und undifferenziert ist. Es stimmt nicht, daß die Tage des Jahres alle identisch sind. Auch die Jahre sind es nicht. Wahr ist dagegen, daß es Momente gibt, die Wert kondensieren, die eine eigene symbolische Kraft haben. (...) Es gibt geschichtliche Augenblicke, die Sinn binden. Sie verdichten ihn, mehr als andere, die gleichgültig und unendlich wiederholbar sind. Die Zeit ist also an Stellen mit besonderer Anziehung bedeutungsdichter als an anderen".

[98] Die Beziehung, die ich hier zwischen dem Johannesevangelium und Geschichtsschreibung herstelle, hat ihren Hintergrund in den Erkenntnissen u.a. Hayden Whites, dass es zwischen sogenannter fiktionaler Literatur einerseits und Geschichtsschreibung andererseits mehr Gemeinsamkeiten gibt als üblicherweise angenommen, da historische Texte narrative Grundstrukturen reproduzieren, vgl. Hayden White, Der historische Text als literarisches Kunstwerk, passim, sowie zu White insgesamt: Jenkins, History, 134–179.

[99] Dementsprechend sind hier auch die Stimmen der Sekundärliteratur sehr unterschiedlich: Vgl. im Gegenüber zu den oben genannten antithetischen Konzepten etwa auch Kügler, Jünger, 201–203; Davies, Rhetoric, 198; D'Angelo, Images, 208, die mit unterschiedlichen Nuancierungen von einer Fortschreibung der Weisheitstraditionen ausgehen.

Auf dem Hintergrund der bisherigen Ausführungen ist es auch möglich, Differenzen und Verschiebungen zu benennen. In der Brotrede von Joh 6 werden bestimmte Elemente hervorgehoben, die in den biblischen Intertexten nur am Rande begegnen oder keine Rolle spielen. Eine intertextuelle Lektüre lenkt den Blick nicht nur auf Übereinstimmungen, sondern gerade im Zusammenlesen der Texte kann das Spezifische eines Einzeltextes deutlicher werden. Auf zwei der in Joh 6 besonders betonten Elemente möchte ich abschließend noch einmal eingehen. Beide spielten in meinen bisherigen Ausführungen schon eine Rolle, und beide sind m.E. für das Verständnis des johanneischen Jesus als „Brot vom Himmel" von zentraler Bedeutung.

6. *Raum und Materie*

Das Brot ist im Zitat von Joh 6,31 zunächst als „Brot vom Himmel" (ἄρτον ἐκ τοῦ οὐρανοῦ) qualifiziert. Diese Näherbestimmung des Brotes wird im Folgenden mehrfach wiederholt, wobei zusätzlich Formen des Verbs καταβαίνειν die Bewegungsrichtung des Manna / Brotes / Jesu vom Himmel zur Erde betonen (vgl. 6,33.38.41.42.50.51.58). Dabei wird – wie schon zu Beginn dieses Kapitels festgestellt – auch in zwei der Varianten des Ich-bin-Wortes das καταβαίνειν explizit betont (vgl. 6,41.51). Das Herabsteigen ist also ebenso wie das ἐγώ εἰμι und der Bezug auf Jesus ein Element des Textes, das über den in 6,31 zitierten Text hinausführt. Neben den mehrfachen Formulierungen, die eine Abwärtsbewegung beschreiben, gibt es in Joh 6 auch einige, wo eine Aufwärtsbewegung benannt wird[100]. Ein zentrales Thema von Joh 6 sind mithin räumliche Grenzüberschreitungen zwischen Himmel und Erde[101], wobei die Bewegungsrichtung vom Himmel zur Erde die primär betonte ist.

In den Manna-Überlieferungen, auf die sich Joh 6 bezieht, hat dieses Thema keine vergleichbare Relevanz. Dass das Manna nicht Subjekt einer Aufwärtsbewegung ist, kann sachlich kaum überraschen; aber

---

[100] Vom Menschensohn wird gesagt, dass er dahin aufsteigen werde, wo er vorher war (ἀναβαίνοντα, 6,62) und Jesus kündigt an, dass er seine AnhängerInnen auferwecken werde (ἀναστήσω, 6,39.40.44.54). – Zu den Ab- und Aufstiegsmotiven im Johannesevangelium vgl. Meeks, Man, 50–68.

[101] Auch das Wiederauftreten des „Menschensohnes" in Joh 6,27.53.62 erklärt sich auf diesem Hintergrund, da er schon Joh 1,51; 3,13 mit dem Motiv des ἀνα- und καταβαίνειν verbunden ist; vgl. Meeks, Man, 50–52; Sasse, Menschensohn, 198: „Der Menschensohn ist als Gestalt, die aus der himmlischen Sphäre stammt und dorthin zurückgekehrt ist, der ideale Vermittler".

auch die Abwärtsbewegung wird in den Texten nicht besonders betont: Lediglich an einer Stelle ist vom καταβαίνειν des Manna die Rede (Num 11,9). Das Motiv kommt also am Rande vor, ist aber nicht zentral. Etwas anders sieht es in jenen Weisheitstexten aus, wo es um die Nähe der Weisheit zu den Menschen geht. Hier kann gesagt werden, dass die Weisheit mit Josef in die Zisterne herabgestiegen ist (συγκατέβη, Weish 10,14), dass sie in die Menschen eintritt (μεταβαίνουσα, Weish 7,27), auf der Erde erscheint (ἐπὶ τῆς γῆς ὤφθη, Bar 3,38), und Gott wird gebeten, sie vom Himmel zu senden (ἐξαπόστειλον αὐτὴν ἐξ ἁγίων οὐρανῶν, Weish 9,10). Trotz dieser Anklänge an eine Abwärtsbewegung der Weisheit lässt sich nicht behaupten, das Abstiegsmotiv sei in gleicher Weise zentral wie in Joh 6. Das Aufstiegsmotiv ist noch seltener[102]. In Joh 6 wird also mit der siebenmaligen Wiederholung von Formen des Verbums καταβαίνειν ein Element betont, das in den Bezugstexten nur am Rande begegnet. Damit wird der Blick auf das aktive Herabsteigen und die konkrete Anwesenheit Jesu gelenkt.

Derselbe thematische Schwerpunkt zeigt sich auch mit der Einführung eines weiteren Motivs in Joh 6, das weder in den Manna- noch in den Weisheitstexten auftritt. Die Brotrede in Joh 6 schliesst mit einem Abschnitt, wo das Brot, das Jesus gibt und das er selber ist, als σάρξ bezeichnet wird (6,51c–58). Das himmlische Brot wird also im Verlauf der Diskussionen zum Fleisch Jesu, das καταβαίνειν führt zu einer konkreten Materialisierung in der Person Jesu. Damit zeigt sich in Joh 6 dieselbe Bewegung wie schon im Prolog: ὁ λόγος σὰρξ ἐγένετο καὶ ἐσκήνωσεν ἐν ἡμῖν (Joh 1,14). Der zweite Teil dieser Aussage hat eine enge Parallele in den Weisheitstexten, wenn in Sir 24,8 – also in jenem Abschnitt des Sirachbuches, der oben schon eine Rolle spielte[103] – vom irdischen Aufenthalt der Weisheit als „Zelten" (κατασκηνοῦν) die Rede ist[104]. Eine Parallele zum ersten Teil der Aussage fehlt in den

---

[102] An dieser Stelle wird üblicherweise auf äthHen 42,1f verwiesen: „Die Weisheit fand keinen Platz, wo sie wohnen konnte, da hatte sie eine Wohnung in den Himmeln. Die Weisheit ging aus, um unter den Menschenkindern zu wohnen, und sie fand keine Wohnung; die Weisheit kehrte an ihren Ort zurück und nahm ihren Sitz unter den Engeln". Übersetzung: Uhlig (Übers.), Henochbuch (JSHRZ 7), 584. – Dass immer wieder dieser eine Text zitiert wird, verweist auf die Abwesenheit vergleichbarer Aussagen in der Septuaginta, wo primär aus der Sicht der Menschen vom „Suchen und nicht Finden" der Weisheit geredet wird (vgl. z.B. Spr 1,28), nicht jedoch von einer (Aufwärts-)bewegung der Weisheit.

[103] Zur Parallelität von Joh 6,35 und Sir 24,19.21 vgl. oben 3.

[104] Sir 24,8 heißt vollständig: τότε ἐνετείλατό μοι ὁ κτίστης ἁπάντων, καὶ ὁ κτίσας με κατέπαυσεν τὴν σκηνήν μου καὶ εἶπεν Ἐν Ιακωβ κατασκήνωσον καὶ ἐν Ισραηλ κατακληρονομήθητι.

Weisheitstexten ebenso wie in den Mannaüberlieferungen. Die Rede von der σάρξ in Joh 1,14 und 6,51c–58 ist also ein spezifisches Element der johanneischen Texte, das in den ansonsten relevanten Bezugstexten fehlt. Betont wird die konkrete körperliche Anwesenheit Jesu[105].

Wie oben ausgeführt, wird in Joh 6 die „normale" zeitliche Abfolge durchbrochen im Einbruch der messianischen Zeit, in der Erinnerung und Erwartung zusammenfallen. Gleichzeitig wird nun auch die Trennlinie zwischen Oben und Unten, Himmlischem und Irdischem, göttlicher Gabe[106] und Materie durchbrochen. Beide Grenzüberschreitungen sind keine voneinander separaten Ereignisse: Die räumliche Überbrückung der Differenz von Oben und Unten, Göttlichem und Menschlichem und die Aufhebung der linaren Zeitabfolge sind im Text von Joh 6 miteinander verwoben. Als Resultat lässt sich sagen, dass der Einbruch des Tranzendenten die lineare Zeit aufhebt. Anders formuliert: Wo sich das Transzendente materialisiert hat, wird die Zeit transzendiert.

Wenn Jesus sich im Ich-bin-Wort selbst als „lebendiges Brot vom Himmel" bezeichnet, so geht es nicht um eine Überbietung oder Ersetzung der Überlieferungen Israels. Vielmehr beschreibt Jesus sich selbst in Anknüpfung an verschiedene Überlieferungen Israels, wobei diese Überlieferungen variiert fortgeführt und weitergedacht werden. Das Thema ist – wie in den Manna- und Weisheitstexten – Gottes wirksame Anwesenheit in der Welt, die im Text des Johannesevangeliums in Jesus *verkörpert* wird. Die Selbstbezeichnung Jesu als himmlisches Brot ist als Konkretisierung von Joh 1,14 lesbar. Gottes Wort und Gottes Weisheit sind in körperlicher Form für die Menschen erfahrbar geworden. Diese Menschen sind in Joh 6 konkret die Ἰουδαῖοι. Sie sind das Publikum bei diesem „messianischen Einbruch" in die Geschichte – ebenso wie die Weisheit „zeltet" auch Jesus in Israel.

Im nächsten Ich-bin-Wort des Johannesevangeliums bezeichnet sich Jesus als „Licht der Welt" (φῶς τοῦ κόσμου, 8,12), womit sich der Horizont des gedachten Publikums beträchtlich erweitert. Gleichzeitig erweitern sich auch die intertextuellen Verknüpfungsmöglichkeiten. Dies soll Thema des nun folgenden Kapitels sein.

---

[105] Vgl. Scholtissek, In ihm sein, 194, der seinem Kapitel über Joh 6 den Titel gibt: „Eucharistie und Immmanenz".

[106] In 6,33 wird das himmlische Brot explizit als ἄρτος τοῦ θεοῦ bezeichnet.

II. Licht, Ethik und Erkenntnis

Nulla ergo natura est, quae non recipiat bonum vel malum, excepta dei natura, quae bonorum omnium fons est, et Christi: sapientia enim est, et sapientia stultitiam utique recipere non potest; et iustitia est, iustitia autem nunquam profecto iniustitiam capiet; et verbum est vel ratio, quae utique inrationabilis effici non potest; sed lux est, et lucem certum est quod ‚tenebrae non compraehendant'[1].

Πᾶσα δόσις ἀγαθὴ καὶ πᾶν δώρημα τέλειον ἄνωθέν ἐστι καταβαῖνον ἀπὸ τοῦ πατρὸς τῶν φώτων. ἀλλὰ καὶ πᾶσα πατροκινήτου φωτοφανείας πρόοδος εἰς ἡμᾶς ἀγαθοδότως φοιτῶσα πάλιν ὡς ἑνοποιὸς δύναμις ἀνατατικῶς ἡμᾶς ἀναπλοῖ καὶ ἐπιστρέφει πρὸς τὴν τοῦ συναγωγοῦ πατρὸς ἑνότητα καὶ θεοποιὸν ἁπλότητα. καὶ γὰρ ἐξ αὐτοῦ τὰ πάντα καὶ εἰς αὐτὸν ὡς ὁ ἱερὸς ἔφη λόγος. οὐκοῦν Ἰησοῦν ἐπικαλεσάμενοι τὸ πατρικὸν φῶς, τὸ ὂν τὸ ἀληθινόν, ὃ φωτίζει πάντα ἄνθρωπον ἐρχόμενον εἰς τὸν κόσμον, δι' οὗ τὴν πρὸς τὸν ἀρχίφωτον πατέρα προσαγωγὴν ἐσχήκαμεν[2].

Lichtmetaphorik ist in religiösen Texten der Antike ungemein verbreitet[3]. Eine Darstellung dieses Phänomens wäre dazu verurteilt, einen

---

[1] „Es gibt also keine Natur, die nicht das Gute wie das Böse aufnehmen könnte, außer der Natur Gottes, die der Quell alles Guten ist, und der Natur Christi: denn er ist die ‚Weisheit', diese aber kann Torheit nicht aufnehmen; er ist ‚Gerechtigkeit', diese aber wird nie Ungerechtigkeit aufnehmen; er ist der ‚Logos', der nicht unvernünftig werden kann; und er ist das ‚Licht', und gewiß kann ‚die Finsternis das Licht nicht ergreifen' (vgl. Joh 1,5)". – Origenes, De principiis I,8,3 (100,10); Text und Übersetzung nach Görgemanns / Karpp (Hg. / Übers.), 258f.

[2] „‚Jede gute Gabe und jedes vollkommene Geschenk ist von oben, kommt vom Vater der Lichter herab' (Jak 1,17). Aber auch umgekehrt: Jedes Hervortreten der vom Vater ausgehenden Lichtausstrahlung, die uns als Gabe des Guten erreicht, nimmt als einende Kraft in der Orientierung nach oben die Scheidung von uns weg und führt uns zur Einheit des Vaters zurück, der alles in sich versammelt, und zur Ungeschiedenheit, die Gott gleich macht. Denn es heißt ‚Aus ihm ist alles und auf ihn hin', wie das geheiligte Wort sagt (Röm 11,36). So wollen wir also Jesus herbeirufen, das Licht vom Vater, das wirkliche, ‚das wahre, das jeden Menschen bei seinem Eintritt in die Welt erleuchtet' (Joh 1,9), durch das wir Zugang zum Vater haben (vgl. Röm 5,2; Eph 2,18), der Quelle des Lichts". – Pseudo-Dionysius Areopagita, Über die himmlische Hierarchie 120b–121a (SC 58, 69–71); Übersetzung nach Günter Heil, BGrL 22, 28.

[3] Zur Universalität der Lichtmetaphorik vgl. Bultmann, Geschichte der Lichtsymbolik, passim; Klein, Lichtterminologie, 1.6 10.192–203; Culpepper, Anatomy, 190f; Schwankl, Metaphorik, 139f; Schwankl, Licht, 38–73.385–388.400f. Schwankl stellt dort, 5f, fest, es sei „zweifelhaft, ob E. Nordens Forderung, eine semasiologische Geschichte des Wortes φῶς darzustellen, überhaupt erfüllbar ist. Wer diesen Versuch unternimmt, findet sich nolens volens bald mitten in der Arbeit an einer abendländischen Geistesgeschichte, wenn nicht an einer Geistesgeschichte der ganzen Menschheit. Die Beschäftigung mit Licht und Finsternis gerät tendenziell unversehens zum ‚Studium Generale'". – An späterer Stelle (ebd., 52) unternimmt Schwankl eine Erklärung dieses Phänomens: „Wenn irgend etwas geeignet ist, in der empirischen Welt das zu vertreten

Überblick über nahezu die gesamte antike Literatur zu geben. Eine solche Vorgehensweise scheint für eine intertextuelle Annäherung an die Selbstprädikation des johanneischen Jesus als φῶς τοῦ κόσμου (8,12) ungeeignet. Ich werde deshalb im Folgenden nicht einen umfassenden Überblick über religiöse Lichtmetaphorik spätantiker Schriften geben, sondern jene Texte ins Zentrum stellen, die über die Lichtterminologie hinaus noch auf andere Weise mit den johanneischen Formulierungen übereinstimmen. In meinem Überblickskapitel über die Ich-bin-Formulierungen[4] hatte sich gezeigt, dass in einigen Texten der Spätantike eine göttliche Offenbarergestalt sich im Ich-Stil als Licht präsentiert, d.h. in diesen Texten begegnet exakt oder in leichter Abwandlung dieselbe Aussage wie im Johannesevangelium: „Ich bin das Licht". Interessanterweise sind diese Texte vorwiegend dem Bereich gnostischer Literatur zuzuordnen. Die Frage nach der Relation von Johannesevangelium und Gnosis, die in der älteren Forschung anhand der mandäischen Quellen diskutiert wurde, kehrt hier also in einem anderen Zusammenhang zurück. Eine weitere Verbindungslinie besteht zur frühjüdischen Weisheitsliteratur, in deren Lichtmetaphorik viele Motive anklingen, die sich sowohl im Johannesevangelium als auch in den anderen Texten finden lassen. Abschließend geht es um das Profil der johanneischen Aussagen im Kontext der anderen behandelten Schriften.

Als notwendige Voraussetzung der *inter*textuellen Untersuchungen werde ich mich in einem ersten Schritt der *intra*textuellen Kontextualisierung der jesuanischen Selbstprädikation als „Licht der Welt" zuwenden. Dabei ist zwei Aspekten besonders nachzugehen: erstens dem Ort von Joh 8,12 im Ablauf der johanneischen Jesuserzählung und zweitens der Verbindung dieses Textes mit anderen Passagen des Evangeliums, in denen vom Licht die Rede ist.

---

und darzustellen, was für den homo religiosus ‚Gott' bedeutet, dann in erster Linie das Licht. Es nimmt, soweit es dafür überhaupt eine Entsprechung gibt, im empirischen Raum jene Spitzenstellung ein, die Gott im religiösen Universum zukommt: es ist das Schönste, Sublimste, das aller Wahrnehmung vorausliegt und alle Dinge erst hervortreten läßt". – Nicht zufällig scheint auch, dass das Licht (als einzige der Prädikationen johanneischer Ich-bin-Worte) auch in die frühchristlichen Glaubensbekenntnisse Eingang gefunden hat: Im Nicenum (325) und Niceno-Constinopolitanum (381) wird Christus als φῶς ἐκ φωτός bezeichnet, vgl. Bekenntnisschriften, XIII bzw. 26; dazu Lohse, Epochen, 59.

[4] Vgl. oben C III.

1. *Abgrenzung, Gliederung und Kontext*

In den meisten neuzeitlichen Bibelausgaben folgt Joh 8,12 auf die Geschichte von Jesus und der Ehebrecherin (Joh 7,53–8,11). Der Neuansatz in 8,12 wirkt dann eigenartig kontextlos, da Jesus nach 8,11 allein auf der Bühne der Erzählung zurückgeblieben war und somit nicht deutlich ist, mit wem er in 8,12 redet, wenn es heißt: πάλιν οὖν αὐτοῖς ἐλάλησεν ὁ Ἰησοῦς κτλ. Allerdings handelt es sich bei Joh 7,53–8,11 um einen Textzusatz, der sich in den ältesten Manuskripten nicht findet[5]. Deshalb ist der situative Kontext von Joh 8,12 nicht in dieser Geschichte, sondern im vorausgehenden Text von Kap. 7 zu suchen. Hier erfahren wir, dass Jesus während des herbstlichen Laubhüttenfestes (Sukkot / σκηνοπηγία, vgl. 7,2) im Jerusalemer Tempel lehrt, wobei er auf Widerstand besonders von Seiten der Φαρισαῖοι stößt. Als letzte Zeitangabe des Kapitels wird in 7,37 der letzte, große Tag des Festes genannt, als nächste Zeitangabe folgt erst in 10,22 das Tempelweihfest (Chanukka / τὰ ἐγκαίνια) im Winter, bei dem Jesus wiederum im Tempel anwesend ist. Der gesamte Abschnitt 7,37–10,21 spielt also am letzten Tag des Laubhüttenfestes in Jerusalem, der zudem ein Sabbat ist[6].

Inhaltlich gibt es mehrere Bezüge zwischen dem Laubhüttenfest und dem in 7,37–10,21 erzählten Diskussionen: So wird in der Sekundärliteratur zu dieser Passage das „lebendige Wasser", von dem Jesus in 7,37f redet, mit dem Wasserritus des Laubhüttenfestes in Verbindung gebracht, dessen Wasser aus dem auch in Joh 9,7 erwähnten Siloahteich geschöpft wurde[7], sowie das Licht aus 8,12 mit der Festbeleuchtung im Tempel[8]. Eine Kombination von (endzeitlichem) Wasser, Licht und

---

[5] Vgl. oben B III 7.
[6] Vgl. Menken, Feste, 270f.
[7] Vgl. Menken, Feste, 279: „An den sieben Tagen des Festes wurde Wasser aus dem Siloahteich geschöpft und zum Tempel gebracht, wo der Priester es auf den Altar goß (Suk IV,9). Wahrscheinlich schon im 1. Jh. n.Chr. wurde dieser Wasserritus als Erinnerung an das Wasser, das Gott während des Wüstenzuges gab (bes. Num 21,16–18), und als Präfiguration des endzeitlichen Tempelwassers (bes. Ez 47,1–10; Sach 13,1; 14,8) gesehen (tSuk III,3–18). Es ist also nicht zufällig, dass der Evangelist Jesus am Laubhüttenfest von sich als Geber des endzeitlichen Wassers (in 7,39 mit dem Geist identifiziert) sprechen lässt".
[8] Vgl. Menken, Feste, 279: „Am Laubhüttenfest wurde nach Suk V,2–4 der Frauenvorhof im Tempel festlich beleuchtet"; vgl. Strack / Billerbeck, Kommentar 2, 806f, sowie Casey, Gospel, 24.134f; Schwankl, Licht, 192f.

dem Laubhüttenfest begegnet auch in Sach 14,7ff[9]. Im Jubiläenbuch 16,21–31 gilt Abraham, um den die Diskussion in Joh 8,31–58 kreist, als Stifter des Laubhüttenfestes, wobei in beiden Texten die Freude Abrahams betont wird[10].

Bezüge zum Laubhüttenfest verbinden also unterschiedliche Textsegmente in Joh 7–9 noch über die gemeinsame Zeitangabe hinaus[11]. Dazu spielen die Abschnitte 7,14–8,59 auch an einem gemeinsamen Ort, nämlich im Jerusalemer Tempel[12]. In 8,59 verläßt Jesus den Tempel, in den er erst zum Tempelweihfest in 10,22 zurückkehrt. Im dazwischen liegenden Abschnitt 9,1–10,21 fehlt – abgesehen vom Siloahteich, der in 9,7.11 erwähnt wird – eine eindeutige Ortsangabe für die berichteten Geschehnisse. Trotz des Ortswechsels in 8,59 ist der folgende Abschnitt explizit mit dem vorhergehenden verbunden, da Jesus seine Selbstbezeichnung als „Licht der Welt" aus 8,12 zu Beginn der Blindenheilung variiert wiederholt (vgl. 9,5). Zudem endet der außerhalb des Tempels spielende Abschnitt in 10,21 mit einem Rückverweis auf die Blindenheilung, so dass der Abschnitt dadurch eine gewisse Geschlossenheit erhält.

---

[9] Menken, Feste, 279 A25, bemerkt dazu: „Nach Meg 31a war Sach 14 die Prophetenlesung für den ersten Tag des Laubhüttenfestes".

[10] Vgl. Joh 8,56 und Jub 16,25.27.31; sowie Zahn, Evangelium, 431–433.

[11] Dabei ist es m.E. nicht nötig, die Bezüge zum Laubhüttenfest im Sinne einer Überbietungstheologie zu interpretieren, wie es etwa von Casey, Gospel, 135, unter dem Stichwort "replacement symbolism" praktiziert wird. Auch Menken, Feste, 285, vertritt eine solche Position, wenn er konstatiert: „Das Heil Gottes, das in den Festen gefeiert und damit vergegenwärtigt wird, bildet den Typus, Jesus bildet den Antitypus dazu. Einerseits gleicht der Typus dem Antitypus, andererseits übertrifft er ihn". Vgl. auch ebd., 279: „Wenn der joh. Jesus sich am Laubhüttenfest als das Licht der Welt bezeichnet, sagt er also implizit, dass er das bringt, was in der Festbeleuchtung präfiguriert wird, dies aber nicht nur für Israel, sondern für die ganze Welt". – Gegenüber solchen Auslegungen sind die Kontinuitäten mit der Tradition zu betonen, so etwa, dass von Israel das Licht für die Völker ausgeht (vgl. z.B. Jes 60,3) und dass der johanneische Jesus sich als toratreuer Jude immer wieder zu den Festen nach Jerusalem begibt.

[12] In Anknüpfung daran ist in der Forschung die Position verbreitet, Jesus würde den Jerusalemer Tempel ersetzen, überbieten o.ä. Vgl. aber Busse, Tempelmetaphorik, passim, mit dem Fazit: „Der in Jesus erneuerte Tempel sichert die Kommunikation zwischen Himmel und Erde und garantiert so weiterhin die wohlwollende Nähe Gottes." (…) „Die Schrift als Bildspender ist es letztlich, die der theologischen Überzeugung und der Argumentation des Evangelisten Gewicht und Plausibilität, d.h. Autorität bei seiner Leserschaft verleiht" (428). Nach Wengst, Johannesevangelium 1, 317, und Blank, Evangelium 1b, 128f, wird hier die Frage nach dem Ort der Gegenwart Gottes verhandelt, die nach der Zerstörung des zweiten Tempels (und dies ist die Situation der Abfassung des Johannesevangeliums) von besonderer Brisanz war.

Verbindendes Element der unterschiedlichen Textpassagen, die während des Laubhüttenfestes situiert sind, ist auch die durchgehende Polemik zwischen Jesus einerseits und Ἰουδαῖοι oder Φαρισαῖοι andererseits[13]. Mehrfach ist von Spaltung, Opposition und Tötungsabsicht die Rede – wobei gleichzeitig auch Ἰουδαῖοι erwähnt werden, die sich Jesus gegenüber zustimmend verhalten. Auch die Jesusreden sind von Polemik geprägt. Gipfelpunkte der Polemik[14] sind der Vorwurf der Teufelskindschaft in 8,44 sowie die erstmalige Erwähnung des Synagogenausschlusses in 9,22.

Ein weiteres verbindendes Element ist die in 8,12–10,21 auftretende Häufigkeit von ἐγώ εἰμι-Formulierungen. Jesus ist Licht der Welt (8,12), Tür (10,7.9), guter Hirte (10,11.14) sowie derjenige, der für sich selbst Zeugnis ablegt (8,18). Der Blindgeborene identifiziert sich selbst mit einem ἐγώ εἰμι, und Jesus gebraucht es noch an drei weiteren Stellen (vgl. 8,24.28.58)[15].

Die Verbindungslinien, die sich von 8,12 ausgehend zum Rest des Evangeliums ziehen lassen, sind also zahlreich. Thematisch liessen sich das Laubhüttenfest, die antijüdische Polemik, die ἐγώ εἰμι-Formulierungen oder auch die Lichtmetaphorik als Ausgangspunkt weiterer Überlegungen wählen. Ich werde in diesem Kapitel letztere ins Zentrum stellen, um durch die Näherbestimmung der johanneischen Lichtmetaphorik einen Ausgangspunkt für den intertextuellen Vergleich zu gewinnen. Dabei orientieren sich meine Ausführungen an der umfangreichen Monographie Otto Schwankls zum Thema[16].

Die Lichtmetaphorik durchzieht die gesamte erste Hälfte des Johannesevangeliums[17], tritt ab Kap. 13 jedoch zurück[18]. „Licht" gehört

---

[13] Dabei bleibt undeutlich, an wen genau sich 8,12 richtet. In 7,40 war das Volk Adressat; in 8,13 antworten die Φαρισαῖοι und in 8,22 die Ἰουδαῖοι. Vgl. dazu Schwankl, Licht, 194: „Die Gesprächspartner und -gegner ergeben sich offenbar nach Bedarf aus dem Gang der Gedanken; sie haben kaum ein eigenes Profil, sondern dienen mehr dazu, die Person und die Worte Jesu ins Rampenlicht zu rücken".

[14] Zur Polemik in Joh 8 vgl. auch Reinhartz, Johannes, passim, die eine „widerständige Lektüre" aus jüdischer Sicht bietet.

[15] Zu den Ich-bin-Formulierungen in Joh 8 vgl. Cebulj, Ich bin es, 162–170.

[16] Otto Schwankl, Licht und Finsternis. Ein metaphorisches Paradigma in den johanneischen Schriften, Herders Biblische Studien 5, Freiburg u.a. 1995; vgl. auch Ders., Die Metaphorik von Licht und Finsternis im johanneischen Schrifttum, in: Karl Kertelge (Hg.), Metaphorik und Mythos im Neuen Testament, QD 126, Freiburg u.a. 1990, 135–167.

[17] Vgl. 1,4f.7–9; 3,19–21; 5,35; 8,12; 9,4f; 11,9f; 12,35f; 12,46.

[18] Culpepper, Anatomy, 192, findet auch weiterhin Lichtmetaphorik, so etwa in der (angenommenen) Minderwertigkeit der Laternen in 18,3 und des Kohlenfeuers in 18,18,

zur Offenbarung vor der Welt, und entsprechend fällt das Wort κόσμος auch in der Mehrheit der Lichtstellen[19]. Im Kontext der anderen Passagen lässt sich 8,12 als Zentralstelle qualifizieren. Schwankl meint, „daß die vorausgehenden Stellen zu 8,12 hinlenken, die nachfolgenden von 8,12 herkommen"[20]. Dabei ist das Licht-Wort in 8,12 von seinem Wortschatz her mit den nachfolgenden Stellen enger verwandt als mit den vorausgehenden. Während die vorausgehenden Stellen die Frage aufwerfen, wer oder was das Licht eigentlich sei, redet Jesus in den nachfolgenden Stellen mehrfach explizit von sich selbst als Licht. Zwei der Formulierungen lehnen sich dabei besonders eng an 8,12 an:

8,12	9,5	12,46
ἐγώ εἰμι τὸ φῶς τοῦ κόσμου· ὁ ἀκολουθῶν ἐμοὶ οὐ μὴ περιπατήσῃ ἐν τῇ σκοτίᾳ, ἀλλ' ἕξει τὸ φῶς τῆς ζωῆς.	ὅταν ἐν τῷ κόσμῳ ὦ, φῶς εἰμι τοῦ κόσμου.	ἐγὼ φῶς εἰς τὸν κόσμον ἐλήλυθα, ἵνα πᾶς ὁ πιστεύων εἰς ἐμὲ ἐν τῇ σκοτίᾳ μὴ μείνῃ.

Dabei fasst 12,46 die Sendung Jesu am Ende des „öffentlichen" Teils des Evangeliums noch einmal zusammen, während mit Hilfe von 9,5 die Erzählung von der Blindenheilung[21] als konkrete Umsetzung der Lichtmetaphorik markiert wird. Damit ergibt sich eine ähnliche Relation von Erzählung und Ich-bin-Wort wie in Kap. 6: In der Erzählung gibt Jesus Brot bzw. Licht, in der entsprechenden Selbstprädikation qualifiziert er sich selbst als Brot des Lebens bzw. Licht der Welt. Auch dem metaphorischen Ich-bin-Wort in 8,12 entspricht also ein σημεῖον

---

das im hellen Licht des Tages als "painful reminder" wirke (21,9). Weiterhin noch: Maria Magdalena geht in der Dunkelheit zum Grab (20,1); die Jünger fangen nachts nichts, aber als es Morgen wird (21,4). Culpepper schließt daraus: "The symbol has by the latter half of the gospel expanded to the point of explosion so that the mere suggestion of its presence evokes the heavy thematic and theological load it acquired in its earlier, more explicit development". – Mir geht es in diesem Kapitel allerdings um die konkret mit dem Wort „Licht" verbundene Metaphorik, weshalb ich diesen Ansatz Culpeppers nicht weiter verfolge.

[19] Vgl. 1,9f; 3,19; 8,12; 9,5; 11,9; 12,46f; vgl. Schwankl, Licht, 201.

[20] Schwankl, Licht, 201. Vgl. auch Theobald, Herrenworte, 259; Ders., Fleischwerdung, 319, der sagt, die nachfolgenden Lichtworte seien „wie Perlen an einer Kette, die von 8,12 her geknüpft ist".

[21] Zum Thema der „Blindheit" in den johanneischen Schriften und seiner Verbindung zum Motiv des Synagogenausschlusses vgl. Lieu, Blindness, passim.

als Konkretisierung. Darüber hinaus gibt es bei dem nächsten σημεῖον des Evangeliums eine weitere Verbindungslinie zur Lichtmetaphorik, da Jesus im Kontext der Auferweckung des Lazarus davon spricht, dass das Tageslicht notwendige Bedingung des Umhergehens ist[22].

Zwei Aspekte der Lichtmetaphorik verdienen besonders hervorgehoben zu werden: Erstens ist dies die zeitliche Einschränkung der Lichtmetaphorik, die an allen Stellen nach 8,12 zutage tritt: Jesus als Licht ist nicht unbegrenzt anwesend (vgl. 9,5; 11,9f; 12,35.46)[23]. Der zweite Aspekt ist die Verknüpfung der Lichtmetaphorik mit einer ethischen Perspektive[24]: Es gilt zu handeln, solange es Tag ist (9,4); im Licht zu wandeln (11,9; 12,35), zu glauben (12,46) und die Worte Jesu zu hören (12,47). Die Kehrseite sind Stolpern (11,10; 12,35), Bleiben in der Finsternis (12,46) und schließlich das Gericht (12,47). Die zeitliche Einschränkung erhöht die Dringlichkeit der Aufforderung[25]; die Verbindung mit den beiden σημεῖα verstärkt die „lebenspraktische" Seite der Lichtmetaphorik noch einmal: Licht wird in 9,4 und 11,9 als Voraussetzung des Handelns (ἐργάζεσθαι) bzw. Wandelns (περιπατεῖν) angegeben; beide Male folgt die Umsetzung in einer Erzählung, in der Jesus einen Blindgeborenen bzw. Gestorbenen wieder zum Licht bringt und damit sich selbst sozusagen als „handelndes Licht" darstellt.

Im Kontext der anderen Lichtstellen liegt es nahe, auch den Bedingungssatz, der auf das Ich-bin-Wort Jesu in 8,12 folgt, als Handlungsanweisung[26] zu verstehen: ὁ ἀκολουθῶν ἐμοὶ οὐ μὴ περιπατήσῃ ἐν τῇ σκοτίᾳ, ἀλλ' ἕξει τὸ φῶς τῆς ζωῆς gibt die Nachfolge als Bedingung an, um nicht in der Finsternis zu wandeln, sondern das Licht der Lebens zu erhalten. Der Nachsatz lässt sich damit zugleich als Aufforderung zur Nachfolge verstehen. Mit Blick auf die beiden Lichtstellen in Kap. 12 wird zudem „Glauben" zum Synonym für Nachfolgen, da

---

[22] Vgl. 11,9f, wo Jesus sagt: Οὐχὶ δώδεκα ὧραί εἰσιν τῆς ἡμέρας; ἐάν τις περιπατῇ ἐν τῇ ἡμέρᾳ, οὐ προσκόπτει, ὅτι τὸ φῶς τοῦ κόσμου τούτου βλέπει· ἐὰν δέ τις περιπατῇ ἐν τῇ νυκτί, προσκόπτει, ὅτι τὸ φῶς οὐκ ἔστιν ἐν αὐτῷ.

[23] Vgl. dazu Schwankl, Licht, 229–234.240–243.260–262.

[24] Vgl. den Abschnitt „‚Responsorik' und Ethik" bei Schwankl, Licht, 375–383. Als Zusammenfassung heißt es dort (382): „Die Offenbarung, die in der joh Licht-Finsternis-Metaphorik ‚zur Sprache kommt', hat appellativen, paränetischen und also ‚ethischen' Charakter. Die Botschaft, die wir aus joh Mund ‚von ihm' hören, ist von Anfang an auch eine ‚sittliche Botschaft', also eine, zu deren Inhalt das verantwortliche Handeln des Hörers gehört".

[25] Vgl. Klein, Licht, 273–275.287f; Schnakenburg, Johannesevangelium 2 (2. Aufl.), 240; sowie Schwankl, Licht, 262, der von „performativer Absicht" redet.

[26] Vgl. Schwankl, Licht, 203.214f; Cebulj, Ich bin es, 173. Auch Bultmann, Evangelium, 260, meint, das ἐρχέσθω von 7,37 sei „auch hier mitzuhören".

dort die Konsequenzen der Nachfolge in 8,12, nämlich das Leben im Licht und nicht in der Finsternis, als Folge des Glaubens erscheinen (vgl. 12,36.46).

Die Kehrseite der lebenspraktischen und ethischen Perspektive ist die Rede vom Gericht, die in den abschließenden Ausführungen zum Licht in 12,46f begegnet. Ausführlich ist das Gericht schon zuvor in 3,19–21 thematisiert. Dort führt das Kommen des Lichtes in den κόσμος zur κρίσις, d.h. zur Unterscheidung jener Menschen, die schlecht handeln und das Licht hassen, von solchen, die die Wahrheit tun und zum Licht kommen. Das Licht ist hier quasi zweifach vorhanden: Zum Einen ist die An- bzw. Abwesenheit von Licht Synonym der entsprechenden menschlichen Handlungsweisen, zum Anderen ist es das übergeordnete Licht, das beides zutage treten lässt[27]. In dem Abschnitt 3,19–21 wird vom Licht der übergeordneten Art noch nicht explizit gesagt, was oder wer hier bezeichnet sein soll. Dies ist ein Merkmal aller Stellen vor 8,12: Nirgendwo wird die Gleichsetzung von Jesus und Licht explizit festgestellt, so dass erst 8,12 letztendlich die Lösung jenes Rätsels ist, welches die vorhergehenden Lichtstellen aufgeben[28]. Dabei ist jedoch klar, wer das Licht nicht ist: Johannes der Täufer. Dieser ist nämlich nur eine Lampe (λύχνος, 5,35) und nicht selbst das Licht, sondern lediglich Zeuge für das Licht (1,8).

Eine Sonderstellung innerhalb der johanneischen Lichtmetaphorik kommt dem Prolog zu. Licht ist das fünfte Substantiv, das im Evangelium genannt wird, nach ἀρχή, λόγος, θεός und ζωή. Licht ist äquivalent mit Leben. Es wird als φῶς τῶν ἀνθρώπων qualifiziert, was wohl als Licht *für* die Menschen[29] zu verstehen ist. Das Auftreten des Lichtes am Anfang des Evangeliums ist im Rahmen der Bezüge von Gen 1 und Joh 1 zu verstehen. Beide Texte beginnen ἐν ἀρχῇ. In Gen 1,3 wird durch das erste Wort Gottes das Licht geschaffen, in Joh 1,4 folgt das Licht auf den λόγος. Beide Male wird die Finsternis als Gegenbegriff benannt (vgl. Gen 1,2.4f; Joh 1,5).

Das genaue Verhältnis von φῶς und λόγος ist nicht einfach zu bestimmen. In 1,3 wird gesagt, dass alles (πάντα) durch den λόγος entstanden ist; in 1,4 das so Entstandene[30] als Leben bezeichnet, und dieses Leben

---

[27] Vgl. Culpepper, Anatomy, 191.
[28] Vgl. Schwankl, Licht, 201.
[29] So auch Schwankl, Licht, 89.377.
[30] Wie inzwischen allgemein üblich, ziehe ich ὃ γέγονεν aus Vers 3 Ende zum nachfolgenden Satz. Für eine ausführliche Begründung dieser Entscheidung vgl. Aland, Untersuchung, passim.

wiederum als Licht für die Menschen. Nach der Zwischenbemerkung über Johannes den Täufer, die sicherstellt, dass das genannte Licht nicht mit Johannes identisch ist (Vers 6–8), kommt Vers 9 wieder auf das eigentliche Licht zurück. Die folgenden Sätze haben jedoch maskuline und nicht neutrische Anschlüsse (αὐτόν etc.), passen also nicht auf das Licht, wohl aber auf den Logos[31]. Von hier aus legt es sich nahe, schon Vers 9 (ἦν τὸ φῶς τὸ ἀληθινόν) als Aussage über den λόγος zu verstehen und damit für die folgenden Sätze eine Gleichsetzung von φῶς und λόγος anzunehmen[32]. Beide Begriffe werden dann durch die folgenden Aussagen personalisiert, offen ist jedoch weiterhin die Frage, wer – wenn nicht Johannes – bezeichnet wird. In Vers 14 schreitet die „Enthüllung" dieser Person weiter voran, da wir nun erfahren, dass der λόγος σάρξ wurde; der Name Jesus Christus fällt jedoch erst in Vers 17. Rückwirkend ließe sich nun annehmen, dass auch alle Aussagen, die zuvor über den Logos oder das Licht getroffen wurden, letztlich schon von Jesus Christus reden, der damit also vom ersten Vers an gegenwärtig wäre. Ein alternatives Verständnis[33] ist jedoch auch denkbar: Danach bezöge sich der Anfang der Prologs auf frühere Offenbarungen des Logos und erst die Inkarnation in Vers 14 direkt auf Jesus Christus[34]. Fraglich ist also, ob Joh 1,5 (καὶ τὸ φῶς ἐν τῇ σκοτίᾳ φαίνει, καὶ ἡ σκοτία αὐτὸ οὐ κατέλαβεν) schon von Christus redet und sich auf die Inkarnation bezieht[35], oder ob die hier beschriebene Offenbarung des Göttlichen als vorchristlich (im Sinne etwa von Röm 1,19f) zu verstehen ist.

M.E. lässt sich die benannte Alternative nicht definitiv entscheiden. Möglicherweise ist diese Offenheit des Textes nicht zufällig. Liest man den Prolog vom Rest des Evangeliums aus, so legt es sich nahe, Logos und Licht von Beginn an auf Jesus Christus zu beziehen, da sich dieser ja in 8,12 selbst als Licht bezeichnet. Liest man den Prolog jedoch von jüdischen Weisheitstexten aus (oder von jenen gnostischen Schriften, die

---

[31] Vgl. Pagels, Exegesis, 490, unter Verweis auf Dodd, Interpretation, 286.

[32] So Bultmann, Evangelium, 31f. Zu anderen Möglichkeiten und den grammatischen Rätseln von Vers 9 vgl. Schwankl, Licht, 118f.

[33] Bultmann, Hintergrund, 12, formuliert die offene Frage folgendermaßen: „Wie weit ist von dem präexistenten Logos die Rede, von wo ab von dem in der Geschichte auftretenden, d.h. von Jesus?" – Auch Bultmann kann diese Frage nicht abschließend beantworten; allerdings redet er im Zusammenhang mit den ersten Versen des Prologs von „Schöpfungsoffenbarung" (ebd., 26).

[34] So Pagels, Exegesis, 490.

[35] Für letzteres tritt Schwankl, Licht, 96, ein unter Verweis auf Theobald, Fleischwerdung, 216.469.

ich im Folgenden behandeln werde), so legt sich nahe, den Beginn des Prologs nicht auf die konkrete Inkarnation des Logos im historischen Jesus zu beziehen, sondern auf vorhergehende oder andere Offenbarungen. Es erscheint kaum zufällig, dass diese beiden Lektüremöglichkeiten entsprechend in der Sekundärliteratur vertreten werden: Schwankl liest den Prolog im Kontext des Restevangeliums und versteht 1,5 inkarnatorisch, Pagels liest im Kontext anderer spätantiker Texte, in denen es um Genesisauslegung geht, und vertritt die andere Position. Mir scheint es wichtig zu betonen, dass sich der Prolog schrittweise entfaltet. D.h., dass nicht von 1,1 an offen über Christus geredet wird, sondern sich die Bezüge erst nach und nach aufbauen[36]. Auf diese Weise wird ein Verständnis ermöglicht, das Anknüpfungen an andere Offenbarungstexte zulässt – um dann schließlich auf Jesus Christus hinzuführen. Der Text sagt eben nicht: Am Anfang war Christus, sondern: Am Anfang war der λόγος. Damit ist der Anschluss an andere Traditionen geöffnet und nicht geschlossen.

Die allmähliche Hinführung des Prologs auf Jesus Christus funktioniert auf dem Hintergrund anderer Traditionen, in denen Gen 1 ausgelegt wird und das Licht zum göttlichen Bereich gehört. Das Ich-bin-Wort in Joh 8,12 stellt dann eine Kurzfassung der Denkbewegung des Prologs dar: Das Licht, von dem immer wieder im Kontext göttlicher Schöpfung und Offenbarung die Rede ist, jenes Licht ist Jesus. Damit liegt aber in 8,12 eine Rekognitionsformel im Sinne Bultmanns vor: Das Licht, das ihr kennt, von dem im Evangelium schon geredet wurde, dieses Licht *bin ich*. Joh 8,12 lässt sich deshalb als Rekognitionsformel verstehen, weil der Ausdruck „Licht" schon zuvor gefüllt ist, von anderen Texten derselben Zeit im allgemeinen und vom Evangelium im Besonderen. Dazu passt der Befund, dass es zu keinem anderen Ich-bin-Wort so deutliche wörtliche Parallelen in der spätantiken Textwelt gibt wie zu Joh 8,12. Diese Parallelen haben gemeinsam, dass es in ihnen darum geht, wie das Licht in die Welt kommt, sei es in der Schöpfung oder zum Zweck der Erlösung; es geht um die Bewegung des Transzendenten in die Welt hinein. Entsprechend bezeichnet sich Jesus auch in Joh 8,12 nicht einfach als Licht, sondern als φῶς τοῦ κόσμου, als Licht der Welt und für die Welt, womit das Motiv der Zuwendung

---

[36] Vgl. Schwankl, Licht, 98: „In dem Sinn, wie Johannes die Worte λόγος, ζωή und φῶς meint, kann man sie also ‚eigentlich' erst verstehen, wenn man das ganze Evangelium gelesen hat; in einem vorläufigen Grundsinn frühestens, wenn man den ganzen Prolog gelesen hat".

zur Welt betont wird[37]. Φῶς τοῦ κόσμου in Joh 8,12 lässt sich dabei als Parallelformulierung zu φῶς τῶν ἀνθρώπων in Joh 1,4 lesen: Der Kosmos ist im Johannesevangelium primär die Menschenwelt, Spekulationen über die Entstehung des Universums werden mit diesem Begriff nicht verbunden. Hier zeichnet sich eine erste Differenz zu jenen Schriften aus dem Bereich der Gnosis (im weiteren Sinne) ab, in denen sich eine Offenbarergestalt als „Licht" bezeichnet und gleichzeitig die Kosmogonie zentrales Thema ist.

Abgesehen von Jesus im Johannesevangeliums habe ich noch in fünf weiteren spätantiken Texten Offenbarergestalten gefunden, die sich selbst in Ich-Reden als „Licht" bezeichnen; es sind: Jesus im Thomasevangelium, Derdekeas in der Paraphrase des Sêem, Poimandres im gleichnamigen ersten Traktat des Corpus Hermeticum, Pronoia in der Langfassung des Johannesapokryphons sowie Protennoia in der Schrift mit dem Titel „dreigestaltige Protennoia". Bei meinem Vergleich der Lichtaussagen dieser Gestalten mit jenen des johanneischen Jesus beginne ich mit dem Thomasevangelium, da hier ebenfalls eindeutig Jesus das Subjekt der Lichtaussage ist.

2. Jesus im Thomasevangelium (NHC II,2)

Für das Verhältnis von Thomas- und Johannesevangelium fehlt ein Forschungskonsens. Während Raimund Brown Anfang der 1960iger Jahre die These vertritt, dass das Thomasevangelium eine Vorstufe des Johannesevangeliums als Vorlage hat[38], gibt es seither Stimmen, die das Verhältnis umkehren[39] oder über Streitigkeiten zwischen den jeweils hinter den Texten stehenden Gemeinschaften spekulieren[40]. Angesichts der Tatsache, dass die Ähnlichkeiten zwischen beiden Evangelien in keinem Fall so weitreichend sind, dass sie zur Annahme einer literarischen Abhängigkeit nötigen, ist wohl ein "common setting in early Christianity"[41] das plausibelste Erklärungsmodell für die Gemeinsamkeiten beider Texte.

---

[37] Vgl. Schwankl, Licht, 213.
[38] Vgl. Brown, The Gospel of Thomas and St. John's Gospel, passim.
[39] Vgl. bes. Köster, Gnostic Sayings and Controversy Traditions in John 8:12–59, passim.
[40] Vgl. z.B. Riley, Resurrection Reconsidered, passim.
[41] So das Fazit von Dunderberg, I-Sayings, 64. Für einen Überblick über die Forschung vgl. dort 35–43, sowie Ders., John and Thomas in Conflict?, passim. Hier

Aufgrund meiner methodischen Vorgaben möchte ich mich jedoch nicht weiter auf diese Debatte einlassen, sondern daran erinnern, dass die Fragerichtung von Intertextualität nicht Abhängigkeitsverhältnisse in den Blick nimmt, sondern sich damit beschäftigt, wie ein Text "in the discursive space of a culture" partizipiert[42]. Die beiden Evangelien, um die es geht, waren antiken RezipientInnen ungefähr zur gleichen Zeit und in derselben Sprache zugänglich. Konkrete intertextuelle Bezüge gibt es schon durch die beiden Texten eigene Titulierung als Evangelium; durch Jesus als wichtigste Person und Thomas als hervorgehobenen[43] Jünger, der in verschiedenen Textversionen beider Schriften die Beinamen Judas oder Δίδυμος, „Zwilling", trägt[44].

An dieser Stelle zeigen sich jedoch auch die Schwierigkeiten einer rezeptionsorientierten Auslegung. Sie liegen nicht primär auf dem Gebiet der Traditionsgeschichte, sondern auf dem der Textkritik. Da wir für die Frühzeit nur fragmentarische Textzeugnisse haben, wissen wir nicht, welche Textform frühen RezipientInnen vorlag. Während für das Johannesevangelium zumindest zwei umfangreiche frühe Papyri erhalten sind[45], ist die Lage beim Thomasevangelium deutlich schwieriger. Zwar gibt es drei erhaltene Papyri aus dem 2. / 3. Jahrhundert[46], diese umfassen jedoch nur kurze Passagen. Die einzige nahezu vollständig erhaltene Fassung ist eine koptische Übersetzung aus dem vierten Jahrhundert. Die drei griechischen Papyri stammen nicht aus demselben Manuskript, und ihre Relation zum koptischen Text lässt sich nicht mit Sicherheit bestimmen[47]. Das bedeutet, dass wir zwar wissen, dass das Thomasevangelium im zweiten Jahrhundert in griechischer Sprache existierte, aber keinen vollständigen Textzeugen für diese Zeit haben. Zudem ist selbst dort, wo die griechischen Fragmente Textpassagen bereitstellen, die koptische

---

formuliert Dunderberg abschließend die Ansicht, die Beziehung zwischen den beiden Texten "may vary from one saying to another".

[42] Aichele / Phillips, Introduction, 9.

[43] In den anderen neutestamentlichen Schriften kommt Thomas nur in den Apostellisten vor (vgl. Mk 3,18; Mt 10,3; Lk 6,15; Apg 1,13); eigene Thomasgeschichten gibt es dort nicht. – Zu weiteren inhaltlichen Übereinstimmungen vgl. Dunderberg, I-Sayings, passim.

[44] Zu Δίδυμος vgl. Joh 11,16; 20,24; 21,2; EvThom Incipit; zu Judas vgl. Joh 14,22 („Thomas" findet sich nur in der syrischen Textüberlieferung; in den griechischen Texten sind Thomas „Didymos" und Judas „nicht der Iskariot" mithin zwei Personen); EvThom Incipit.

[45] Die Bodmer-Papyri $\mathfrak{P}^{66}$ und $\mathfrak{P}^{75}$, deren Entstehungszeit um 200 bzw. zu Beginn des dritten Jahrhunderts liegen dürfte, vgl. oben B III 7.

[46] POxy 1; 654 und 655. Ich lege im Folgenden die Ausgabe von Harold W. Attridge in NHS 20, 98–128, zugrunde.

[47] Vgl. Attridge, Fragments, 99–101.

Textfassung nicht unbedingt sekundär gegenüber der griechischen; sie könnte auch auf eine frühere griechische Textfassung zurück gehen[48].

Am Beispiel des Beinamens „Didymos" lassen sich einige Schwierigkeiten darstellen: Im koptischen Text steht, ⲆⲒⲆⲨⲘⲞⲤ ⲒⲞⲨⲆⲀⲤ ⲐⲰⲘⲀⲤ habe die Worte Jesu aufgeschrieben. Im griechischen Fragment POxy 654,3 findet sich zwar der Name Thomas, am Ende der vorhergehenden Textzeile jedoch eine Lücke, in der nicht „Judas" und „Didymos" zugleich Platz gehabt haben können[49]. Die übliche Ergänzung sieht hier nur „Judas", nicht jedoch „Didymos" vor[50]. Ist Didymos also eine spätere Ergänzung der koptischen Übersetzung – möglicherweise unter Einfluss anderer Thomas-Texte oder der koptischen Fassung des Johannesevangeliums – oder gab es schon im zweiten Jahrhundert eine griechische Textfassung, die den Beinamen Didymos enthielt? Oder ist in der Lücke von POxy 654,2 doch Didymos zu ergänzen? Alle drei Varianten sind möglich; es bleibt festzuhalten, dass sich mit unserem derzeitigen Kenntnisstand die gestellten Fragen nicht beantworten lassen[51].

Für die Behandlung der Parallelen von Thomas- und Johannesevangelium bedeutet dies, dass sowohl die griechischen Fragmente als auch die koptische Übersetzung zu berücksichtigen sind, wobei ihr Verhältnis im Einzelfall zu bedenken ist.

Im Koptischen ist ⲀⲚⲞⲔ ⲠⲈ häufigstes Äquivalent des griechischen ἐγώ εἰμι[52]. Ich-bin-Formulierungen im Munde Jesu gibt es in einem der griechischen Papyri und in zwei Logien der koptischen Fassung[53]; die hier interessierende Parallele zu Joh 8,12 findet sich in der koptischen Version von EvThom 77 (p. 46,22–28):

ⲠⲈⲬⲈ ⲒⲤ ⲬⲈ ⲀⲚⲞⲔ ⲠⲈ ⲠⲞⲨⲞⲈⲒⲚ ⲠⲀⲈⲒ ⲈⲦϨⲒϪⲰⲞⲨ ⲦⲎⲢⲞⲨ ⲀⲚⲞⲔ` ⲠⲈ ⲠⲦⲎⲢϤ`
ⲚⲦⲀ ⲠⲦⲎⲢϤ` ⲈⲒ ⲈⲂⲞⲖ Ⲛ̄ϨⲎⲦ` ⲀⲨⲰ ⲚⲦⲀ ⲠⲦⲎⲢϤ` ⲠⲰϨ ϢⲀⲢⲞⲈⲒ ⲠⲰϨ Ⲛ̄ⲚⲞⲨϢⲈ
ⲀⲚⲞⲔ` ϮⲘ̄ⲘⲀⲨ ϤⲒ Ⲙ̄ⲠⲰⲚⲈ ⲈϨⲢⲀⲒ̈ ⲀⲨⲰ ⲦⲈⲦⲚⲀϨⲈ ⲈⲢⲞⲈⲒ Ⲙ̄ⲘⲀⲨ

Jesus sagte: „Ich bin das Licht, das über allem[54] ist. Ich bin das All. Aus mir ist das All hervorgegangen. Und zu mir ist das All gelangt. Spaltet

---

[48] Vgl. Zöckler, Lehren, 26f.
[49] Vgl. Attridge, Fragments, 100.
[50] Vgl. Attridge, Fragments, 113: κ[αὶ ἔγραψεν Ἰούδα ὁ] καὶ Θωμᾶ. Im Apparat ist noch eine Ergänzungsvariante von Wilson aufgeführt, die Didymos enthält.
[51] Vgl. zur Diskussion um die Namensformen auch Dunderberg, John, 370–374.
[52] Vgl. dazu den Exkurs „Zur Übertragung von ἐγώ εἰμι in koptischen Übersetzungen"; oben C III 3.
[53] Die andere Stelle ist EvThom 61, wo Jesus im Dialog mit Salome sagt: „Ich bin der, der aus dem Gleichen ist" (ⲀⲚⲞⲔ` ⲠⲈ ⲠⲈⲦϢⲞⲞⲠ` ⲈⲂⲞⲖ Ϩ̄Ⲙ ⲠⲈⲦ`ϢⲎϢ). – Vgl. zu diesem Text Petersen, Werke, 198–202; Dunderberg, I-Sayings, 49–56.
[54] Es ist auch die Übersetzung „über allen" möglich. Aufgrund des Textzusammenhanges habe ich mich für die andere Möglichkeit entschieden, da die Gesamtheit der Dinge und nicht die Menschen im Zentrum stehen, auch wenn die Menschen vermutlich eingeschlossen sind.

ein Stück Holz – ich bin da. Hebt den Stein hoch, und ihr werdet mich dort finden."

Der Beginn der Jesusrede ist mit Joh 8,12 identisch; die Fortsetzung differiert beträchtlich. Die griechische Fassung dürfte zwei Ich-bin-Formulierungen enthalten haben: ἐγώ εἰμι τὸ φῶς und wahrscheinlich ἐγώ εἰμι τὰ πάντα[55]. Die zweite Hälfte des Logions ist in einer etwas abweichenden Fassung in POxy 1 erhalten: ἔγει[ρ]ον τὸν λίθο(ν) κἀκεῖ εὑρήσεις με· σχίσον τὸ ξύλον κἀγὼ ἐκεῖ εἰμι. (Hebe den Stein hoch, und dort wirst du mich finden. Spalte das Holzstück, und ich bin dort). Die beiden Sätze sind also vertauscht, und die Aufforderungen erfolgen im Singular. Zudem ist der Kontext dieser Bildworte in POxy 1 ein anderer als in der koptischen Fassung. In POxy 1 sind sie an einen Ausspruch Jesu angefügt, dessen Äquivalent im koptischen Text als Logion 30 auftaucht[56] und in dem Jesus dem, der allein ist, zusagt, mit ihm zu sein[57]. Der erste Teil von Logion 77 ist – wie der überwiegende Teil des Thomasevangeliums – auf keinem griechischen Papyrus überliefert.

---

[55] Nach Crum, Dictionary, 424a, ist ⲠⲦⲎⲢϤ Äquivalent von τὰ πάντα und z.B. in koptischen Übersetzungen von Ijob 8,3; 1Kor 8,6 und 1Clem 34,2 verwendet. – Zur Diskussion um die Bedeutung von ⲠⲦⲎⲢϤ in diesem Logion vgl. Marjanen, Thomas, 121–124. Ich gehe mit Pagels, Exegesis, 483–486; DeConick, Seek, 21f, und Valantasis, Gospel, 156, davon aus, dass es hier um die Schöpfung des Alls geht; anders Fieger, Thomasevangelium, 215, der meint, in diesem Logion sei von den Lichtfunken in allen Menschen die Rede, „die die wechselseitige Beziehung zwischen dem zum Gnostiker gewordenen Menschen und der Jesus genannten Fülle des Lichtes" ermöglichen – eine Interpretation, die sich m.E. schon deshalb nicht nahelegt, weil in EvThom 77 gerade nicht betont wird, dass Jesus bzw. das Licht sich *in den Menschen* befinden.

[56] Der vorhergehende Text von POxy 1 lautet mit den Ergänzungen bei Attridge, Fragments, 119: [λέγ]ει ['Ι(ησοῦ)ς· ὅπ]ου ἐὰν ὦσιν [τρ]ε[ῖς], ε[ἰσὶ]ν ἄθεοι· καὶ [ὅ]που ε[ἷς] ἐστιν μόνος, [λ]έγω· ἐγώ εἰμι μετ' αὐτ[οῦ]. (Jesus sagt: Wo drei sind, sind sie gottlos; und wo einer allein ist, sage ich: Ich bin mit ihm). Der koptische Text ist schwer verständlich und vermutlich korrupt: ⲠⲈϪⲈ ⲒⲤ ϪⲈ ⲠⲘⲀ ⲈⲨⲚ ϢⲞⲘⲦ ⲚⲚⲞⲨⲦⲈ ⲘⲘⲀⲨ ϨⲚⲚⲞⲨⲦⲈ ⲚⲈ ⲠⲘⲀ ⲈⲨⲚ ⲤⲚⲀⲨ Ⲏ ⲞⲨⲀ ⲀⲚⲞⲔ· †ϢⲞⲞⲠ· ⲚⲘⲘⲀϤ· (Jesus sagte: Wo drei Götter sind, sind es Götter. Wo zwei oder einer ist, bin ich mit ihm). – Aufgrund des Zustands beider Texte ist eine begründete Hypothese über die textliche Entwicklung schwer zu treffen; deutlich scheint aber, dass in beiden Varianten das Vereinzelungsthema wie auch sonst im EvThom positiv besetzt ist, ganz im Gegensatz etwa zu Mt 18,20.

[57] Auch in Bezug auf den abschließenden Satz ist schwer zu sagen, welche Fassung die ursprünglichere ist; eine Änderung in den Singular wäre plausibel, um einen besseren Anschluss an das Vereinzelungsthema in der griechischen Fassung herzustellen; eine Änderung der Reihenfolge in der koptischen Fassung scheint wegen des Anschlusses durch die Wiederholung von ⲠⲰϨ plausibel.

Die Differenz der Selbstaussagen Jesu im Thomas- und Johannesevangelium setzt mit der Näherbestimmung des Lichtes ein. Während bei Johannes das Licht als φῶς τοῦ κόσμου bestimmt wird, ist es bei Thomas „das Licht, das über allem ist". Auch weiterhin nehmen beide Texte eine unterschiedliche Wendung: Im Johannesevangelium folgt der Bedingungssatz; im Thomasevangelium folgt ein weiteres Ich-bin-Wort Jesu, in dem dieser sich als „All" bezeichnet, und der Text läuft darauf hinaus, die Ubiquität Jesu zu betonen. Dabei ist die Bezeichnung Jesu als All in zwei Richtungen interpretiert: Aus ihm ist das All hervorgegangen, und zu ihm ist es gelangt. Jesus begründet Anfang und Zielpunkt des Alls, Schöpfung und Erlösung[58]. Sowohl Johannes wie auch Thomas schließen formal mit einer Zusage an die Menschen: Bei Johannes führt Nachfolge dazu, das Licht zu haben (ὁ ἀκολουθῶν ἐμοὶ [...] ἕξει τὸ φῶς τῆς ζωῆς); bei Thomas lässt sich Jesus überall finden, sei es im Holz, sei es unter einem Stein. Zugespitzt lässt sich sagen, dass die JesusanhängerInnen des Thomasevangeliums auf eine Nachfolge im johanneischen Sinne verzichten können, da Jesus ohnehin überall gegenwärtig ist – so wie das Licht, das ja tatsächlich unter den aufgehobenen Stein und in das gespaltene Holz scheint. Eine temporäre Begrenzung, wie sie mit den johanneischen Lichtaussagen verbunden ist, gibt es hier nicht[59]. Gemeinsam ist beiden Texten jedoch die doppelbödige Verwendung des Lichtbegriffs als in Jesus personifiziertes Licht einerseits und „normales" Licht andererseits. Gemeinsam ist beiden Texten auch der Bezug von Licht und Weltschöpfung.

In ihrem Vergleich der Genesisexegese im Thomas- und Johannesevangelium bezieht Pagels auch EvThom 77 ein. Sie konstatiert, dass in EvThom 77 das Licht schon vor der Schöpfung anwesend ist. Das Licht werde als "anthropomorphic being"[60] personifiziert, wobei ein Wortspiel zwischen φῶς (Licht) und φώς (Mensch)[61] in die

---

[58] Vgl. Kol 1,16f.
[59] Vgl. Valantasis, Gospel, 156, der von der "panentheistic perspective" von EvThom 77 redet und betont: "Jesus the light has no boundaries; he is both source and destiny for everything".
[60] Pagels, Exegesis, 484.
[61] Vgl. auch DeConick, Seek, 21f; sowie zu dieser Vokabel Lampe, Lexicon, 1507 (mit Belegstellen bei Clemens, Paid I,6 und Ecl 33); Liddell / Scott, Lexicon, 1968, wo s.v. φώς, "also in late prose" vermerkt ist, sowie ein Verweis auf PRyl 77. Dieser Papyrus ist veröffentlicht in: Johnson / Martin / Hunt, Catalogue, 28–36; er stammt aus dem Jahr 192 n.Chr. und enthält in Zeile 34 die Aufforderung: μιμοῦ τὸν πατέρα τὸν φιλότιμον τὸν γέροντα φῶτα (imitate your father, the lover of office, the brave old man).

Septuagintafassung von Gen 1,3 hineingelesen werde[62]. Pagels betont dabei, dass im EvThom wie in anderen Texten kein „gnostischer Mythos" zugrunde liegt, sondern es sich um eine verbreitete Art der Exegese von Gen 1 handelt[63], der sie noch weitere Textabschnitte des EvThom zuordnet[64]. Licht wird im Zusammenhang gesehen mit dem Ursprungsort Jesu und der Menschen (EvThom 24; 50; 61), mit der Teilung des androgynen Urmenschen in zwei Einzelwesen (EvThom 11; ev. 61) sowie mit dem „Bild" (ϩΙΚⲰΝ; εἰκών) aus Gen 1,26f (EvThom 50; 83). Bezüge zu Gen 1 spielen für die Theologie des EvThom eine wichtige Rolle, wobei eine Rückkehr in den lichterfüllten und geschlechtlich nicht differenzierten Urzustand des „Einzelnen" angestrebt wird (vgl. EvThom 11; 22; 37; 49f). Der Kontext von EvThom 77 im Thomasevangelium verweist auf ein gesteigertes Interesse am menschlichen Urzustand und an der Kosmogonie, das sich im Johannesevangelium nicht in gleicher Weise finden lässt: "For John, indeed, 'cosmology is not (...) a path to knowledge of God and eternal life'"[65].

Neben diesen Unterschieden sollten jedoch auch die Gemeinsamkeiten von Thomas- und Johannesevangelium nicht außer Acht gelassen werden. In beiden Schriften entspricht der relativ großen Rolle des Lichtes jene der Finsternis nicht. Nur zweimal tritt im EvThom der Gegenbegriff Finsternis in Erscheinung (24; 61). Schwankl redet in Bezug auf das Johannesevangelium von „einer auffälligen *Asymmetrie*. Das Licht überwiegt die Finsternis bei weitem, ist ihr voraus und überlegen.

---

[62] Pagels, Exegesis, 484. Weiter heißt es dort: "Yet if log. 77 follows Jewish tradition by anthropomorphizing the primordial light, it simultaneously diverges from such tradition, of course, by depicting 'the living Jesus' speaking with that divine voice. Predictably, extant parallels most often identify the one who appears in the light as the 'first man'. Some mean by this not the 'first man' of Gen 1:26 but rather his predecessor (cf. Gen 1:3), a being of radiant light".

[63] Vgl. Pagels, Exegesis, 488: "Our evidence suggests, then, that Thomas's theology do not depend upon some presupposed, generic 'gnostic myth'. Instead (...) the source of this religious conviction is, quite simply, exegesis of Genesis 1 – and, as we have seen, exegesis that follows a pattern both widely known and varied in the ancient world. Such exegesis connects the *eikon* of Gen 1:26–27 with the primordial light (or: light/*anthropos* of Gen 1:3), to show that the divine image implanted at creation enables humankind to find (...) the way back to its origin in the mystery of the primordial creation". – Die entgegengesetzte Forschungsposition, also eine gnostisch-mytische Deutung der Lichtmetaphorik im EvThom, vertritt Popkes, Licht, passim – wobei er allerdings selbst seine Ergebnisse auf die koptische Version des EvThom einschränkt.

[64] Nach Pagels, Exegesis, 481, referieren die Logien 4; 11; 18; 19; 37; 49; 50; 77; 83; 84 und 85 auf die Schöpfungsgeschichte oder zumindest damit verbundene Themen wie "the beginning"; "implicitly related" seien zudem 22; 24; 61 und 70.

[65] Pagels, Exegesis, 491, mit Zitation von Dodd, Interpretation, 285.

Der Kampf zwischen Licht und Finsternis ist prinzipiell entschieden zugunsten des Lichtes"[66]. Im EvThom sieht es nicht anders aus; von einem krassen Dualismus[67] und einem einlinig negativen Weltverhältnis[68] lässt sich nicht sprechen. Bei einem Vergleich von Weltsicht und Weltverhältnis des EvThom mit dem anderer spätantiker Schriften (Weish, Joh, EvPhil und AJ) kommt Marjanen zu folgendem Fazit: "Thomas' view of the cosmos is closest to that of John. (...) In neither of these writings is the relationship between God as Creator and the evil character of the world made in any way problematic, or even discussed"[69].

Auch im Hinblick auf Inkarnation oder „Doketismus" ist eine krasse Gegenüberstellung beider Schriften nicht angebracht. Beide Schriften reden im Hinblick auf Jesus von σάρξ (Joh 1,14; EvThom 28)[70]; und auch der Jesus des Thomasevangeliums „trägt sein Kreuz" (EvThom 55) – allerdings sind Inkarnation und Leiden Jesu sicher keine zentralen theologischen Motive des Thomasevangeliums. Die Unterschiede von Thomas- und Johannesevangelium lassen sich weniger als eindeutige

---

[66] Schwankl, Licht, 360. – Ebd., 15–17, beschreibt Schwankl „Dualität" als Grundmuster johanneischer Sprache, das nicht von vornherein einem „ontischen Dualismus" gleichzusetzen ist. Ähnlich auch Popkes, Licht, 648, der „kein Indiz eines kategorischen Dualismus" in der johanneischen Lichtmetaphorik findet.

[67] Vgl. DeConick, Seek, 21, die unter Verweis auf EvThom 77 feststellt: "There is no theological dualism in *Thomas*. The ignorant Demiurge does not create the world in *Thomas*. Jesus, as the *Phōs*, the Light-Man, does".

[68] Vgl. Zöckler, Lehren, 119–121, der Belege für eine „[P]ositive Weltbeziehung" im EvThom aufführt ohne zu verleugnen, dass es auch gegenteilige Aussagen gibt; vgl. ebd., 118, wo er die „Schwierigkeit" benennt, „einen einheitlichen Begriff von Welt im EvThom zu bestimmen", sowie ebd., 254, wo er feststellt, dass insgesamt die Haltung der „Weltabkehr durch Thomas' Spruchüberlieferung nicht bestätigt" wird.

[69] Marjanen, Thomas, 137f. – Die Überschrift von Marjanens Beitrag lautet vollständig: "Is Thomas a Gnostic Gospel?" Er untersucht diese Frage anhand der Weltsicht und kommt zu dem Fazit (138): "Are *Thomas*' and thus also John's view of the world then Gnostic? If a Gnostic writing has to distinguish between a good, eternal God and a perishable, malevolent creator, as is done in the *Gospel of Philip* or the *Apocryphon of John*, one has to answer no. If the fact that a writing regards the world as evil and as being in opposition to the divine realm makes its conception of the world Gnostic, one can answer yes. It is at least clear that *Thomas*' and John's view of the world have moved a long way from the view of Jewish wisdom tradition toward a Gnostic conception, as the latter is manifested in the Valentinian *Gospel of Philip* and even more plainly in the *Apocryphon of John*".

[70] Vgl dazu Dunderberg, I-Sayings, 46–49. Dunderberg liest die verschiedenen Inkarnationsformulierungen von Joh 1,14 und EvThom 28 auf dem Hintergrund unterschiedlicher Weisheitstraditionen; Joh 1,14 verknüpft er über ἐσκήνωσεν mit Sir 24,8; die Terminologie in EvThom 28 (ὤφθην, ⲁⲉⲓⲟⲩⲱⲛϩ ⲉⲃⲟⲗ) verbindet er mit der Aussage über die Weisheit in Bar 3,38 (μετὰ τοῦτο ἐπὶ τῆς γῆς ὤφθη καὶ ἐν τοῖς ἀνθρώποις συνανεστράφη). Mithin ist es nicht nötig, EvThom 28 „doketisch" zu lesen und als Gegensatz zu Joh 1,14 zu interpretieren.

Gegensätze beschreiben denn als Verschiebungen der theologischen Schwerpunkte.

Eine solche Verschiebung lässt sich auch im Gebrauch der Lichtmetaphorik konstatieren. Die allgemein menschliche Lichtmetaphorik[71] wird verwendet und mit Jesus verbunden. In beiden Texten bezeichnet sich Jesus selbst als Licht; wobei dieses Licht im Johannesevangelium mit der zeitlich begrenzten irdischen Existenz Jesu sowie, von menschlicher Seite aus gesehen, mit Glauben, „Wandeln im Licht" und Nachfolge in Verbindung gebracht wird, während im Thomasevangelium Licht mit der Entstehung des Alls und dem idealen Urzustand verknüpft ist. Dabei fehlt beiden ein Interesse an der Schwerpunktsetzung der jeweils anderen Schrift; bei Thomas tritt die Ethik zurück, bei Johannes die Kosmogonie[72]. Der eklatanteste Unterschied besteht darin, dass bei Johannes die Anwesenheit des Lichts in der Welt zeitlich begrenzt ist, bei Thomas jedoch seine Ubiquität betont wird. Die konkrete Umsetzung der Lichtmetaphorik differiert also in beiden Schriften trotz mancher Übereinstimmungen[73]. Zu untersuchen bleibt, ob sich in den anderen Schriften, in denen sich Offenbarergestalten selbst als Licht bezeichnen, ähnliche Verschiebungen in der Verwendung von Lichtmetaphorik wie zwischen Johannes- und Thomasevangelium zeigen.

3. *Derdekeas in der Paraphrase des Sêem (NHC VII,1)*

Die Schrift mit dem Titel „Paraphrase des Sêem", in der Derdekeas als Offenbarer auftritt, ist ein rätselhafter Text, bei dessen Interpretation nicht unerhebliche Schwierigkeiten zu überwinden sind[74]. Trotz des guten textlichen Erhaltungszustandes bleibt der Sinn einzelner

---

[71] Vgl. Schwankl, Licht, 38–50.

[72] Dabei handelt es sich um unterschiedliche *Schwerpunktsetzungen*: Im Johannesevangelium fehlt die Kosmogonie nicht vollständig (Prolog), sie spielt aber keine vergleichbare Rolle; ähnliches lässt sich im Hinblick auf die Ethik im Thomasevangelium sagen (vgl. EvThom 11; 24).

[73] Die Unterschiede führen bei Dunderberg, I-Sayings, 59, zu dem Schluss: "The use of light imagery indicates, therefore, no particular relationship between the two gospels".

[74] Vgl. Wisse, Introduction, 18: "The tractate presents the translator and interpreter with frustrating difficulties. The meaning of many sentences is unclear or appears unsuited to the context. This is most likely due to a combination of factors: the corruption of the Coptic text during its transmission, incompetent translation of the tractate from Greek into Coptic, and weaknesses in the original composition of the text". – Ähnlich äußern sich auch Schenke, NHD 2, 544–560; Fischer, Paraphrase, 255f.

Passagen oft unklar. Der Text ist als erste Schrift im siebten Codex aus Nag Hammadi überliefert und zeigt eine auffallende Nähe zum Manichäismus[75]. Es sind uns keine griechischen Fragmente bekannt; bei der koptischen Fassung dürfte es sich dennoch um eine Übersetzung aus dem Griechischen handeln[76]. Ungeklärt ist das Verhältnis zu der bei Hippolyt erwähnten „Paraphrase des Seth"[77]; neben inhaltlichen Übereinstimmungen fällt auf, dass beide Texte als „Paraphrase" bezeichnet werden[78]. Allerdings ist das Referat bei Hippolyt in der dritten Person formuliert, während überwiegende Teile der Schrift aus Nag Hammadi als Offenbarungsrede einer himmlischen Gestalt abgefasst sind. Dementsprechend gibt es auch im Text bei Hippolyt keine Ich-bin-Worte, während in der Paraphrase des Sêem mehrere Formulierungen mit ⲀⲚⲞⲔ ⲠⲈ zu finden sind, ohne dass sich von einem durchgehenden Ich-Stil sprechen ließe.

Der Hauptteil der Paraphrase des Sêem (p.1,22–p.32,27) besteht aus Offenbarungen von Derdekeas an Sêem, der als eine Art Urmensch oder archetypischer Gnostiker gesehen werden kann[79]. Ein zentrales Thema der Offenbarungen ist die Kosmogonie, wobei drei Kräfte oder Urprinzipien, nämlich das vollkommene Licht, die Finsternis und der Geist zwischen diesen beiden beteiligt sind – und viele Einzelzüge unklar bleiben[80]. Der Prozess geht zwar von den Kräften der Finsternis aus, ist

---

[75] Vgl. Wisse, Introduction, 21; Schenke, NHD 2, 544f.548f.
[76] Vgl. Schenke, NHD 2, 544f: „Daß die vorliegende sahidisch-koptische Kopie die Übersetzung einer griechischen Vorlage ist, kann an den stehengebliebenen Endungen mancher griechischer Lehnwörter oder Eigennamen noch deutlich abgelesen werden"; vgl. auch Wisse, Introduction, 18f.
[77] Hippolyt, Ref V,19–22. Zum Verhältnis beider Texte vgl. Krause, Paraphrase, passim; Fischer, Paraphrase, 256f; Schenke, NHD 2, 544.546f.
[78] Die Bezeichnung als „Paraphrase" (ⲠⲀⲢⲀⲪⲢⲀⲤⲒⲤ) findet sich in der Überschrift (p.1,1), im Incipit (p.1,2) und noch einmal im Verlaufe der Schrift (p.32,27), wo merkwürdigerweise mitten im Text der Satz: „Dies ist die Paraphrase" (ⲦⲀⲒ ⲦⲈ ⲠⲀⲢⲀⲪⲢⲀⲤⲒⲤ) auftaucht, dessen Referenz nicht klar ist. In der Sekundärliteratur wird der Satz entweder auf vorhergehende Passagen (so Schenke, NHD 2, 546, als Ende einer Quelle; Fischer, Paraphrase, 259, als Schlussbemerkung) oder nachfolgende Textabschnitte (so Wisse, Introduction, 15.17; Ders., Redeemer, 130; Krause, Paraphrase, 104) bezogen; deutlich ist lediglich, dass es sich hier um einen Einschnitt im Text handelt; markiert wird m.E. das Ende des Hauptteils der Offenbarungen. Die oben behandelten Licht-Passagen befinden sich alle in diesem Hauptteil der Schrift.
[79] Beide Namensformen sind analogielos; vgl. Schenke, NHD 2, 545. Fischer, Paraphrase, 260f, liest die Namen als absichtliche Verschlüsselungen.
[80] Vgl. Schenke, NHD 2, 547: „Das Bewegungsprinzip, nach dem die Welt entsteht und vergeht, ist die Mischung und Entmischung von Licht und Finsternis (über das Zwischenglied des Geistes hinweg). Auch das Ziel der Bewegung ist klar. Was bei dem

jedoch gleichzeitig auch notwendig für die Erlösung[81]. Der Offenbarer Derdekeas berichtet nicht einfach, was vor sich geht, sondern ist selbst an dem geschilderten Weltentstehungsprozess beteiligt, und zwar auf der Seite des Lichtes. Seine Beziehung zum Licht wird im Verlaufe der Schrift wechselweise als Verwandtschafts-, Teilhabe- sowie als Identitätsverhältnis beschrieben. Die relevanten Passagen sind die folgenden, in denen durchgehend Derdekeas der Sprechende ist:

> ⲁⲛⲟⲕ ⲇⲉⲓⲟⲩⲱⲛϩ ⲉⲃⲟⲗ· ⲁⲛ[ⲟⲕ] ⲡⲉ ⲡϣⲏⲣⲉ ⲙⲡⲟⲩⲟⲉⲓⲛ ⲛ̄ⲛⲁⲧ`ⲭⲱϩⲙ̄ ⲉⲧⲉ ⲙ̄ⲙⲛ̄ⲧⲉϥ ⲁⲡⲏⲭϥ̄· ⲁⲉⲓⲟⲩⲱⲛϩ ⲉⲃⲟⲗ ϩⲙ̄ ⲡⲓⲛⲉ ⲙ̄ⲡⲡ̄ⲛ̄ⲁ̄· ⲁⲛⲟⲕ ⲅⲁⲣ ⲡⲉ ⲧⲁⲕⲧⲓⲛ ⲙ̄ⲡⲟⲩⲟⲉⲓⲛ ⲛ̄ⲕⲁⲑⲟⲗⲓⲕⲟⲛ

„Ich erschien. Ich bin das Kind des unverdorbenen, unbegrenzten Lichtes. Ich erschien im Bild für den Geist. Denn ich bin der Strahl des universalen Lichtes"[82].

> ⲁⲛⲟⲕ ⲡⲉ ⲇⲉⲣⲇⲉⲕⲉⲁⲥ ⲡϣⲏⲣⲉ ⲙ̄ⲡⲟⲩⲟⲉⲓⲛ ⲛ̄ⲁⲧ`ⲭⲱϩⲙ̄ ⲉⲧⲉ ⲙ̄ⲙⲛ̄ⲧⲉϥ ⲁⲡⲏⲭϥ̄·

„Ich bin Derdekeas, das Kind des unverdorbenen, unbegrenzten Lichtes"[83].

> ⲁⲉⲓ† ϩⲓⲱⲱⲧ` ⲛ̄ⲧⲁϩⲃⲥⲱ· ⲉⲧⲉ ⲡⲁⲓ ⲡⲉ ⲑⲃⲥⲱ ⲙ̄ⲡⲟⲩⲟⲉⲓⲛ ⲙ̄ⲡⲙⲉⲅⲉⲑⲟⲥ ⲉⲧⲉ ⲁⲛⲟⲕ ⲡⲉ

„Ich zog meine Kleidung an, nämlich die Kleidung des Lichtes der Größe, das ich bin"[84].

> ⲁⲛⲟⲕ ⲡⲉ ⲡⲟⲩⲟⲉⲓⲛ ⲉⲧ`ϫⲏⲕ ⲉⲃⲟⲗ ⲉⲧⲙ̄ⲡⲥⲁⲛϩⲣⲉ ⲙ̄ⲡⲡ̄ⲛ̄ⲁ̄ ⲙⲛ̄ ⲡⲕⲁⲕⲉ·

„Ich bin das vollkommene Licht, das über dem Geist und der Finsternis ist"[85].

Verständnisprobleme verursachen einerseits die unklare Zuordnung des Lichtes: Derdekeas ist Kind oder Strahl des Lichtes, selbst das Licht, und schließlich steigt er noch herab, um das Licht zu erretten[86]. Zudem

---

Prozeß der Mischung herauskommen soll, ist eben die wirkliche Welt. Das heißt auf der anderen Seite: Es sind die Motivationen der Einzelprozesse, die dunkel bleiben".

[81] Vgl. Wisse, Redeemer, 134.
[82] ParSem p.4,1–6.
[83] ParSem p.8,24–26.
[84] ParSem p.8,33–36. – Der Relativsatz am Ende bezieht sich wohl in Analogie zu den anderen Stellen auf das Licht; die „Größe" (ⲙⲉⲅⲉⲑⲟⲥ) ist jedenfalls kaum identisch mit Derdekeas, da es u.a. im Incipit (p.1,5f) heisst, Derdekeas habe dem Sêem „nach dem Willen der Größe (ⲙⲉⲅⲉⲑⲟⲥ)" die Offenbarungen mitgeteilt.
[85] ParSem p.10,21–24.
[86] Vgl. ParSem p.18,1–5.12–14: „Dann zog ich (...) mein Lichtgewand aus und zog ein anderes, gestaltloses Feuergewand an (...). Ich stieg in das Chaos hinab, um das ganze Licht aus ihm zu erretten" (Übers.: Schenke, NHD 2, 557).

ist unklar, ob mehrfach von derselben Erscheinung oder Herabkunft berichtet wird oder ob verschiedene, aufeinander folgende Vorgänge gemeint sind. Da später im Text von einer zweiten Erscheinung die Rede ist (p.21,13–15), lässt sich vermuten, dass die zuvor geschilderten Erscheinungen mindestens zum Teil denselben Vorgang in unterschiedlicher Form beschreiben wollen[87]. Für weitere Verwirrung sorgt die Tatsache, dass im Text häufig die Konjunktion γάρ (denn) ohne eine erkennbare begründende Funktion anzutreffen ist[88]; so auch in der ersten der oben zitierten Textpassagen.

Einige der benannten Schwierigkeiten könnten das Resultat eines komplizierten textlichen Überlieferungsprozesses sein[89]. Allerdings lassen sich die Unklarheiten des Textes zumindest teilweise auch als beabsichtigte Verschlüsselungen betrachten. In dieser Weise liest Karl Martin Fischer ParSem: Er stellt fest, die ganze Schrift sei geprägt von dem „höchst merkwürdige[n] Prinzip, von scheinbar etwas anderem zu reden, als von dem, was gemeint ist". Das Phänomen der „Konturenlosigkeit aller Kräfte und Mächte" in der Kosmogonie versteht er als ein „ins Mythologische projiziertes Daseinsverständnis". „Keines der Bilder ist richtig durchgeführt, aber es bleibt der Eindruck des Ekels über den ganzen Schöpfungsvorgang. Logische Folge ist in diesem Bildgestammel nicht zu finden und wahrscheinlich auch nicht zu suchen"[90].

Auch die Bezüge zu anderen Texten oder Traditionen sind nach Fischer von absichtlicher Verfremdung geprägt: Der Verfasser „interpretiert nicht das Alte Testament um, obwohl man motivgeschichtlich die Abhängigkeit noch spürt, sondern setzt diese Uminterpretation in gewisser Weise voraus, aber verfremdet sie zugleich wieder". Auf diesem Hintergrund lassen sich die unterschiedlichen Beschreibungen der Kosmogonie als verfremdende Adaptionen von Gen 1 lesen. Gen 1 wird nicht direkt zitiert, aber Motive aus der Genesisgeschichte sind im Text erkennbar[91]: So ist Gen 1,2–4 in der Rede von den drei Kräften,

---

[87] Vgl. Wisse, Introduction, 19: "In the first lenghty revelation of Derdekeas there are six different occasions (6,36ff; 12,15ff; 13,35ff; 15,29ff; 16,36 and 21,13f) in which he speaks of his appearance, the last one is called 'a second time'. One suspects that most refer to the same appearance in chaos or the world, but again certainty is lacking. One can also not assume that Derdekas' revelation proceeds chronologically, for it appears that it often covers the same ground in somewhat different words".

[88] Vgl. Wisse, Introduction, 19; Schenke, NHD 2, 549.

[89] So Schenke, NHD 2, 549f.

[90] Fischer, Paraphrase, 261.263f.

[91] Interessanterweise finden sich auch im bei Hippolyt überlieferten Text Bezüge zur Genesis: In Ref V,20,1–3 berichtet Hippolyt, die SethianerInnen hätten sich auf

Licht, Finsternis und Geist wiedererkennbar, zumal der Geist sich über dem Wasser bewegt[92]. Gestützt wird eine solche intertextuelle Lektüre durch die expliziteren Bezüge, die sich später in ParSem finden lassen: Erzählt wird, dass die Erde entsprechend der Zahl der Tiere alle Arten von Futter hervorbringt (p.20,10–12), vom Turmbau (p.25,17f.25f), von der Sintflut (p.28,5f) und von der Zerstörung Sodoms (p.29,1–29), wobei die positive Bewertung Sodoms wiederum zeigt, wie sehr der Genesistext verfremdet wird[93].

Die Lichtgestalt des Derdekeas ist also Funktion einer speziellen Art von Genesislektüre, wobei das unpersönliche Licht aus Gen 1,2–5 personifiziert wird, in das Geschehen zwecks Rettung des Geistes eingreift und in der Person des Derdekeas selbst spricht[94]. Die Rettung des Geistes soll bewirken, dass „das ganze Licht nach oben steigt"[95]; Seligkeit bedeutet eingehen in das „Denken (ⲙⲉⲉⲩⲉ) des Lichtes"[96]; der Körper (ⲥⲱⲙⲁ) ist hinderlich, das Denken muss sich vom Körper trennen[97] und schließlich sagt Sêem gegen Ende des Textes: „Selig sind die, die, als sie schliefen, erkannt haben, in welcher Kraft ihr Denken ruht"[98]. Denken (ⲙⲉⲉⲩⲉ) ist ein Schlüsselbegriff; das Erkennen bringt Erlösung; der Offenbarer wiederum verhilft zum Erkennen; und das Erkennen bezieht sich wesentlich auf Vorgänge der Kosmogonie, an denen der Offenbarer wesenhaft beteiligt ist.

Wisse beschreibt die Offenbarergestalt folgendermaßen: "The redeemer is the son and likeness of the perfect Light, in substance equivalent

---

„Mose" berufen und es werden Stellen aus der Genesis zitiert (Vgl. Marcovich [Hg.], Hippolytus, 193).

[92] Vgl. ParSem p.2,20–23; 9,24f.

[93] Vgl. Havelaar, Gott, 120: „Die Anwesenheit dieser expliziten Verweisungen ermöglicht zumindest die Auffassung, daß die Schöpfungsgeschichte aus Genesis auch in den kosmologischen Abschnitten unseres Textes im Hintergrund steht. Es handelt sich jedoch um eine extrem reduzierte Schöpfungsgeschichte, in der der Gegensatz Licht – Finsternis das zentrale Thema bildet".

[94] Vgl. Havelaar, Gott, 121: „Derdekeas, der hier spricht, ist auch eine Person im Text. (…) Diese Geschichte, die in der ersten Person, teilweise von einem Erzähler, der über sich selbst spricht, dargestellt wird, erzielt einen ganz anderen Effekt beim Leser als der ruhige implizite Erzählstil in Genesis". Weiter (122) stellt Havelaar fest, der Text wirke „viel persönlicher", was durch stilistische Elemente verursacht werde, „an erster Stelle von der Anwendung persönlicher Pronomina".

[95] ParSem p.19,30f.

[96] ParSem p.24,17–20.

[97] Vgl. ParSem p.34,28f; 41,6f.

[98] ParSem p.47,16–20; Übers. nach Schenke, NHD 2, 568; abweichend übersetze ich ⲙⲉⲉⲩⲉ mit „Denken" statt „Denkvermögen", dies in Analogie zu den im Folgenden behandelten Schriften.

to the Christian concept of the pre-existent son of God. Moved by pity he descends to the realm of evil to save the fallen light of the Spirit, which is the root and origin of the race of Shem"[99]. Wisse findet in diesem Szenario jenen Erlösermythos, nach dem die neutestamentliche Wissenschaft schon lange fahndet: "We are faced with a gnostic redeemer myth which overlaps the Christian redeemer only in those features which have a certain likelihood of being originally pre- or non-Christian". Nach Wisses Ansicht handelt es sich in ParSem um einen nicht-christlichen Traktat, er datiert ihn spätestens in die Mitte des zweiten Jahrhunderts[100]. Jener Aufsatz, in dem diese Ansichten niedergelegt sind, ist schon 1970 erschienen; seine Thesen haben sich in späteren Veröffentlichungen nicht durchsetzen können: Wisse selbst korrigiert seine Datierung in seiner 1996 erschienenen Einleitung zur Textausgabe auf das späte zweite oder dritte Jahrhundert[101], ähnlich äußert sich auch Schenke[102], der zudem davon ausgeht, dass christliche Traditionen vorausgesetzt seien, „wenn auch merkwürdig wenig Gebrauch davon gemacht wird"[103].

Während also die Bezüge zu christlichen Texten in ParSem keine größere Rolle spielen, so ist dies im Hinblick auf die Genesis nicht der Fall. Das Interesse an der Kosmogonie und die Rolle, die die Erkenntnis der Weltentstehungsvorgänge für die Erlösung aus dem Bereich der Finsternis-Welt spielt, sind zentrale Anliegen des Textes. Im Vergleich mit der Lichtmetaphorik sowohl des Johannes- wie auch des Thomasevangeliums ist in der Paraphrase des Sêem der Schwerpunkt noch weiter in Richtung auf die spekulative Kosmogonie verschoben und gleichzeitig die ethische Komponente reduziert; angestrebt wird nicht ein „Wandeln im Licht" im Sinne von Nachfolge und Glauben, sondern Erkenntnis, die Befreiung aus der Finsternis bringt. Entsprechend wird der Begriff πίστις zwar gebraucht, aber im Sinne von „Gnosis" umgedeutet[104]. Jene Verschiebung in den Aussagen über das Licht, die sich oben schon zwischen Johannes- und Thomasevangelium gezeigt

---

[99] Wisse, Redeemer, 135.
[100] Vgl. Wisse, Redeemer, 139.
[101] Wisse, Introduction, 22; ebd., 21, erwägt er die Möglichkeit christlicher Bezüge.
[102] Vgl. Schenke, NHD 2, 545.
[103] Schenke, NHD 2, 548; vgl. schon Fischer, Paraphrase, 266, der die Schrift für ein „gnostisches Spätprodukt" hält und in ihr verschlüsselte Polemik gegen das Christentum und „gegen die von der Kirche geübte Taufe" findet.
[104] Vgl. Schenke, NHD 2, 548; Fischer, Paraphrase, 266.

hatte, ist hier also in verstärkter Form zu finden. Statt von Lichtmetaphorik lässt sich in Bezug auf die Paraphrase des Sêem eher von Lichtmythologie reden; die doppelbödige Verwendung ist verändert, indem das Licht der Schöpfung als Kraft gesehen und personifiziert wird; dadurch entsteht auch hier der Effekt, dass das „Licht" (in Gestalt von Derdekeas) vom Licht redet. Eine explizite Betonung der Ubiquität des Lichtes erfolgt nicht, und die Rolle der Finsternis ist eine größere als im Johannes- und im Thomasevangelium; ist es doch sogar die Finsternis, die den Schöpfungsprozess in Gang setzt. Die Paraphrase des Sêem ist sehr viel eindeutiger dualistisch und weltfeindlich als das Thomas- oder auch das Johannesevangelium.

4. *Poimandres im Poimandres (CH 1)*

Noch in einer weiteren spätantiken Schrift tritt das Licht der Genesis als personifizierte Offenbarergestalt auf: Dies ist der Fall im Poimandres, dessen Parallelitäten zur Paraphrase des Sêem schon seit längerem in der Forschung erkannt worden sind[105]. Die Übereinstimmungen sind sowohl strukturell als auch inhaltlich: Ein himmlisches Offenbarerwesen erscheint, stellt sich vermittels einer Ich-bin-Formulierung namentlich als Poimandres bzw. Derdekeas vor[106] und gibt Einblick in den Prozess der Weltentstehung. Diese Einsichten sind erlösungsrelevant[107]. In der Rahmenhandlung tritt ein Offenbarungsempfänger auf, den der Offenbarer im Hauptteil der Mitteilungen mehrmals anredet. Die Ausführungen über die Weltentstehung enthalten in beiden Texten Anklänge an die Genesis, auch wenn ein expliziter Verweis auf den Genesistext erst später innerhalb der Offenbarung erfolgt[108]. Die Dynamik der Weltentstehung entwickelt sich aus Licht und Finsternis, statt des Geistes schwebt im Poimandres allerdings das geistige Wort (πνευματικὸς λόγος) über dem Wasser[109]. Der Offenbarer ist selbst an dem Vorgang der Weltentstehung beteiligt: Zu Beginn der Vision verwandelt Poimandres sich in die geschilderten Vorgänge hinein, nach dem ersten Abschnitt der Weltentstehung folgt dann eine Passage, in der er sich selbst mit dem Licht aus der vorgeführten Vision gleichsetzt (Poim 6a):

---

[105] Vgl. z.B. Wisse, Redeemer, 131.
[106] Poim 2 und ParSem p.8,24f.
[107] Vgl. Poim 21: „Licht und Leben ist der Gott und Vater, aus dem der Mensch entstand. Wenn du also erkennst, dass du aus Licht und Leben bestehst und dass du aus ihnen herkommst, so wirst du wieder ins Leben gehen".
[108] In Poim 18 wird Gen 1,28 in Variation als „heiliges Wort" zitiert.
[109] Vgl. Poim 4f.

Τὸ φῶς ἐκεῖνο, ἔφη, ἐγώ, Νοῦς, ὁ σὸς θεός, ὁ πρὸ φύσεως ὑγρᾶς τῆς ἐκ σκότους φανείσης· ὁ δὲ ἐκ Νοὸς φωτεινὸς Λόγος υἱὸς θεοῦ.

„Jenes Licht", sagte er, „bin ich, der Verstand, dein Gott, der ich vor der feuchten Natur, die aus der Finsternis erschienen ist, (da bin); der aus dem Verstand (hervorgekommene) leuchtende Logos ist der Sohn Gottes".

Auch wenn in dieser Passage das εἰμι fehlt, so sind doch die sonstigen Übereinstimmungen weitreichend genug, um sich auch mit diesem Text kurz zu beschäftigen. Die Parallelitäten zu ParSem gehen noch über das bisher Benannte hinaus. Merkwürdige Unklarheiten in der Zuordnung der Personen und Kräfte begegnen auch hier: So bezeichnet sich Poimandres in der zitierten Passage als Licht, Nous und Gott, kurz darauf jedoch wird der Vatergott Nous genannt, und Poimandres redet dann im Folgenden über diesen wie über eine andere Person[110]. In der ab Poim 9 berichteten Schöpfungsgeschichte verwandelt sich Poimandres dann nicht mehr selbst in eine der beteiligten Kräfte, sondern berichtet lediglich über die Vorgänge; die Visionsschilderung wird in verbale Mitteilungen überführt, der Vatergott nun mit dem Licht gleichgesetzt. Wie in ParSem ist also auch im Poim das Licht auf mehreren Ebenen zu finden: als Licht in der Schöpfung, als personifiziertes Licht im Offenbarer und als göttliches Licht. Erlösung besteht im Erkennen dieser Zusammenhänge, beides ist synonym mit der Abwendung vom eindeutig negativ charakterisierten Körper[111].

Beide Texte deuten die Genesisgeschichte um und lesen sie aus anderer Perspektive neu, wobei im Gegensatz zu ParSem im Poim vom guten Vatergott als Schöpfer geredet werden kann[112]; hier entfernt sich Poim also weit weniger von einem jüdischen Verständnis der Genesisgeschichte. In beiden Texten spielt Christliches höchstens am Rande eine Rolle; bei Poim wird in der Forschung sogar überwiegend die Einschätzung vertreten, im Text seien keine christlichen Bezüge zu finden[113].

---

[110] Vgl. zu dieser Schwierigkeit schon Dibelius, Poimandres, 178–180. Dibelius trennt die Anfangspassage (Poim 1–6a) literarkritisch vom Folgenden, gibt aber selbst zu, dass damit die Probleme noch nicht gelöst sind.

[111] Vgl. z.B. Poim 19: Wer aus verkehrter Liebe den Körper liebt, bleibt in der Finsternis und leidet am Tod; Poim 20: Vom Körper nährt sich der Tod.

[112] Vgl. Poim 9f.; 12; 21.

[113] Vgl. z.B. Reitzenstein, Poimandres, 58f; Schenke, Gott, 46: „Der Poimandres ist eine vom Christentum nicht beeinflußte Schrift. Dafür haben jüdische Vorstellungen, besonders die beiden Schöpfungsgeschichten der Genesis (…) auf den ganzen Traktat (…) stark eingewirkt"; zu der Dominanz jüdischer Elemente im Poim vgl. auch Jansen, Frage, passim; Pearson, Elements, passim; anders Büchli, Poimandres, passim, der Poim (etwas mühevoll) als „paganisiertes Evangelium" liest.

Pearson redet von einer "curious mixture of Jewish piety, Gnosticism, and Hermetic paganism"[114]. Die Nähe zu Texten aus Nag Hammadi ist an vielen Stellen deutlich; nicht zuletzt bestätigt sich die Verwandtschaft der welt- und körperfeindlichen Art bestimmter hermetischer Schriften (wie Poim = CH 1 und CH 13) zu gnostischen Texten auch darin, dass drei hermetische Schriften in einem der Nag-Hammadi-Codices gefunden wurden[115], was belegt, dass diese Texte in der Spätantike gemeinsam mit gnostischer Literatur rezipiert wurden.

Im Verhältnis zum Johannesevangelium zeigt sich in der Rede vom Licht auch im Poimandres eine ungleich stärkere Betonung von Kosmogonie, Anthropogonie und spekulativer Genesisauslegung; die Lichtmetaphorik ist wie in ParSem über weite Stecken eher als Lichtmythologie zu bezeichnen[116]; und schließlich wird zur (Selbst-)Erkenntnis[117] und nicht zum Glauben aufgefordert. Gegen Ende der Schrift appelliert der Offenbarungsempfänger an die Menschen[118]: „Kehrt um, ihr, die ihr mit dem Irrtum auf dem Weg gewesen seid und an der Unwissenheit teilgehabt habt: Trennt euch von dem finsteren Licht (ἀπαλλάγητε τοῦ σκοτεινοῦ φωτός); nehmt die Unsterblichkeit auf, indem ihr das Verderben verlasst". „Finsteres Licht" und Unwissenheit gehören hier zusammen; ebenso wie Licht und Erkenntnis. Von diesem Licht der Erkenntnis ist noch in weiteren Schriften die Rede, denen ich mich jetzt zuwenden will.

5. *Pronoia im Apokryphon des Johannes (NHC II,1 / IV,1)*

Das Apokryphon des Johannes ist ein zentraler Text der sethianischen Gnosis. Es ist uns in vier koptischen Fassungen erhalten; zum Teil ist der

---

[114] Pearson, Elements, 147.
[115] Codex VI,6–8: OgdEnn; PrecHerm; Askl; zu den Überschneidungen mit schon zuvor bekannten hermetischen Texten vgl. die betreffenden Einleitungen in NHD 2 sowie Tröger, Gnosis, passim.
[116] Zu Metaphorik und Mythos vgl. Schwankl, Licht, 53: „Metaphorisches Denken setzt voraus, daß der Sprecher die Verschiedenheit der vereinigten Sphären oder Gegenstände bewußt wahrnimmt und sie absichtlich als ‚eigentlich' verschiedene zusammenspannt. Je weniger das der Fall ist, desto mehr ist die Haltung und Sprache als mythisch zu charakterisieren. Gewiß sind die Grenzen fließend; doch tendenziell erkennt der Mythos dort (noch) eine Identität, wo die Metaphorik eine Ähnlichkeit und Analogie konstatiert (oder allererst schafft); anders gesagt: Im Verhältnis zum bewußten und ausdrücklichen Gebrauch von Bildern in der metaphorischen Sprache bleibt die des Mythos vergleichsweise undifferenziert".
[117] Vgl. z.B. Poim 21 Ende: „Der verständige Mensch erkenne sich selbst".
[118] Poim 28 Ende.

Inhalt der Schrift auch bei Irenäus überliefert[119]. Zwei der koptischen Fassungen (NHC III,1 und BG,2) bezeugen voneinander unabhängige Übersetzungen einer kürzeren griechischen Vorlage; die beiden anderen Fassungen (NHC II,1 und NHC IV,1) sind Abschriften ein und derselben Übersetzung einer längeren griechischen Vorlage[120]. Während die erwähnten griechischen Fassungen, auf denen die koptischen Übersetzungen beruhen, wohl ins dritte Jahrhundert zu datieren sind (und jener Text, den Irenäus kannte, ins zweite Jahrhundert gehört), so wird von dem Monolog der Pronoia, um den es im Folgenden primär gehen wird, in der Forschung ein höheres Alter angenommen; die Rede ist hier sogar von einer möglichen Entstehung im ersten Jahrhundert[121].

Zu Beginn des AJ wird von der Erscheinung eines sich verwandelnden göttlichen Wesens – später als ⲤⲰⲦⲎⲢ oder ⲬⲢⲒⲤⲦⲞⲤ benannt – vor dem erkenntnisbedürftigen Zebedaiden Johannes erzählt. Es folgen längere Reden des Offenbarers, unterbrochen durch kurze Fragen des Johannes. In den Reden wird die gnostische Vorstellungswelt von Theogonie, Kosmogonie und Anthropogonie entfaltet; und schließlich geht es auch um die Soteriologie. Abschließend kehrt der Text noch einmal zur Rahmenhandlung zurück: Die göttliche Gestalt entschwindet, und Johannes begibt sich zu den anderen JüngerInnen, um diesen das erhaltene Wissen mitzuteilen. Durch die Rahmenhandlung ist deutlich, dass es der auferstandene Christus ist, der seinem Jünger Johannes in einer Erscheinung göttliches Wissen mitteilt.

Von einer Mehrheit der Forschung wird die christliche Rahmenhandlung für eine sekundäre Hinzufügung gehalten[122]. Das heißt, dass wohl ein längerer gnostisch-mythologischer Traktat zu einem christlichen Offenbarungsdialog umgearbeitet wurde[123]. Beispiele für eine solche

---

[119] Haer I,29; geschrieben um 180.

[120] Zum Verhältnis der unterschiedlichen Versionen vgl. Waldstein, NHD 1, 96; Waldstein / Wisse, Introduction, 1; Wisse, Synopsis, passim; Williams, Response, 213–215; Broek, Weisheit, 86f.

[121] Vgl. Turner, Gnosticism, 62f; Waldstein, NHD 1, 96; Ders., Monologue, 371 A8.

[122] So z.B. King, Sophia, 160f; Arai, Christologie, 303. Krause, Christianisation, 188, redet sogar von einer Übereinstimmung der Literatur in dieser Frage.

[123] Krause, Christianisation, 191, spricht von einer "christian revision along the lines of an already familiar genre, the Gnostic 'dialogue'". – Zu beachten bleibt allerdings, daß auch die Auszüge des Textes bei Irenäus schon christliche Elemente enthalten, wenn auch die Rahmenhandlung hier fehlt. D.h., dass die Verchristlichung des Textes und die Zufügung der Rahmenhandlung nicht einfach als identisch angesehen werden können. Deutlich ist aber der sekundäre Charakter der Verchristlichung, vgl. schon Schottroff, Glaubende, 7, die bemerkt: „Es ist erstaunlich, wie gering der sachliche

christianisiernde Überarbeitung von Texten finden sich auch sonst in den uns bekannten koptisch-gnostischen Schriften[124].

Der Monolog der Pronoia ist in den beiden Versionen der Langfassung des AJ als Abschluss der Offenbarungsreden eingefügt[125] und so in den Gesamttext integriert, dass der Erlöser der Sprechende ist. In der jetzigen Zusammenstellung der Texte ist es mithin Christus, der hier als Pronoia, als personifizierte Vorsehung, den Menschen den Weg zur Erlösung mitteilt[126]. Der Pronoia-Monolog lässt sich auf zwei Ebenen lesen: erstens separat als Sondergut anderer Herkunft; zweitens als Teil der Schrift in seiner jetzigen Plazierung. Dabei beruht die erste Lektüre nicht auf einer uns bekannten Handschrift, sondern auf Schlussfolgerungen, die sich aus den vorliegenden unterschiedlichen Versionen des AJ ziehen lassen und die die Identifikation von Christus und Pronoia als sekundär erweisen[127]. Für eine separate Existenz des Monologs spricht auch seine Beziehung zum Gesamttext der dreigestaltigen Protennoia, dessen Vorlage er möglicherweise gewesen sein könnte[128]. Gleichzeitig mit der Einfügung des Monologs wird die Rolle der Pronoia im Hauptteil des AJ verstärkt[129]. Es bleibt aber eine gewisse Spannung zwischen Monolog und Hauptteil, wird doch im Hauptteil der Erlöser / Christus mit dem Sohn der Barbelo / Pronoia identifiziert; im eingefügten Monolog jedoch mit der Pronoia selbst.

Der Monolog der Pronoia ist dreiteilig, dreimal berichtet Pronoia in Ich-Form von ihrem Abstieg in die Welt, die als Bereich der Finsternis, als Unterwelt und als Gefängnis charakterisiert wird[130]. Der dritte Teil ist der ausführlichste, hier begegnet Pronoia einem Menschen, den sie

---

Einfluß des Christentums in einer Schrift ist, die die Autorität Christi und des Zebedaiden so hoch schätzt".

[124] Vgl. z.B. Krause, Verhältnis, passim. Zur Bedeutung der christlichen Rahmungen insgesamt vgl. Hartenstein, Lehre, passim.

[125] NHC II p.30,11–31,25 / NHC IV p.46,23–49,6.

[126] Vgl. King, Sophia, 169: "Nothing is more clear than that Christ has appropriated a hymn that originally belonged in the mouth of the female savior, Pronoia".

[127] Vgl. Waldstein, Monologue, 389–392, der zeigt, dass der Monolog in der Langversion eingefügt und nicht in der Kurzversion gestrichen wurde. Er fasst zusammen: "An already existing Monologue was inserted into the shorter version exactly at the point where the shorter version already spoke of a saviour figure" (391).

[128] Vgl. Waldstein, Monologue, 371; 388: "*Trim. Prot.* (NHC XIII) appears to know the Providence Monologue without knowing the *Apocryphon of John* as a whole. Together with the absence of the providence Monologue from the shorter version of the *Apocryphon of John*, this evidence suggests that the Monologue existed once as an independent piece".

[129] Vgl. Waldstein, Monologue, 392.

[130] Für eine Übersetzung des Gesamttextes vgl. oben C III 3d.

weckt, aufrichtet und mit einem besiegelnden Taufritual[131] der Macht des Todes entzieht. In allen drei Teilen setzt Pronoia sich selbst mit dem himmlischen Licht und mit dem Denken bzw. der Erinnerung in Beziehung; im dritten Teil ist diese Selbstvorstellung verdoppelt, da sie nicht nur zu Beginn erfolgt, sondern auch dem zu rettenden Menschen gegenüber wiederholt wird. Die vier Selbstvorstellungen weichen in den Einzelformulierungen voneinander ab. Im ersten Teil stellt sich die sprechende Gestalt als Pronoia vor, sagt, dass sie zuerst existierte, „wandelnd auf allen Wegen", und fährt fort[132]:

ⲀⲚⲞⲔ ⲄⲀⲢ ⲦⲈ ⲦⲘⲚⲦⲢⲘ̄ⲘⲀⲞ Ⲙ̄ⲠⲞⲨⲞⲈⲒⲚ
ⲀⲚⲞⲔ` ⲠⲈ ⲠⲢ̄ ⲠⲘⲈⲈⲨⲈ Ⲙ̄ⲠⲈⲠⲖⲎⲢⲰⲘⲀ

Denn ich bin der Reichtum des Lichtes;
ich bin die Erinnerung der Fülle[133].

Die Pronoia geht in den Herrschaftsbereich der Finsternis, wird nicht erkannt und verbirgt sich. Sie kommt zurück und sagt bei ihrem zweiten Auftreten:

ⲀⲈⲒⲈⲒ ⲈⲂⲞⲖ Ϩ̄Ⲛ ⲚⲀⲠⲞⲨⲞⲈⲒⲚ ⲈⲦⲈ ⲀⲚⲞⲔ ⲠⲈ
ⲠⲢ̄ ⲠⲘⲈⲈⲨⲈ Ⲛ̄ⲦⲠⲢⲞⲚⲞⲒⲀ

Ich kam von denen, die dem Licht zugehören, welches ich bin,
die Erinnerung der Pronoia[134].

Das Licht steht nicht nur für die Pronoia selbst, sondern auch für jenen Bereich, aus dem sie kommt. Entsprechend sagt sie auch, dass sie wieder hinauf zu „meiner Lichtwurzel" (ⲦⲀⲚⲞⲨⲚⲈ Ⲛ̄ⲞⲨⲞⲈⲒⲚ) weggeht. Ihre dritte Reise in die Finsternis-Welt beginnt folgendermaßen:

ⲈⲦⲒ Ϩ̄Ⲙ ⲠⲘⲀϨϢⲞⲘⲦ` Ⲛ̄ⲤⲞⲠ` ⲀⲈⲒⲘⲞⲞϢⲈ
ⲈⲦⲈ ⲀⲚⲞⲔ ⲠⲈ ⲠⲞⲨⲞⲈⲒⲚ ⲈⲦϢⲞⲞⲠ` Ϩ̄Ⲙ ⲠⲞⲨⲞⲈⲒⲚ
ⲀⲚⲞⲔ ⲠⲈ ⲠⲢ̄ ⲠⲘⲈⲈⲨⲈ Ⲛ̄ⲦⲠⲢⲞⲚⲞⲒⲀ

---

[131] Zur Form der Taufe vgl. Waldstein, Monologue, 386–388; Broek, Weisheit, 108–116.
[132] Ich folge hier dem koptischen Text von Codex II (nach der Textausgabe in NHMS 33), da der Text in Codex IV nur mit Lücken erhalten ist. Die erkennbaren Abweichungen von Codex IV sind insgesamt geringfügig; es handelt sich überwiegend um andere Schreibweisen, die damit zusammenhängen, dass das Koptische von Codex IV stärker in Richtung auf das Sahidische standardisiert ist, vgl. dazu Waldstein / Wisse, Introduction, 5f; Wisse, Synopsis, 141 A4.
[133] NHC II, p.30,15f.
[134] NHC II, p.30,23f.

Ein drittes Mal noch wandelte ich
– ich bin das Licht, das im Licht existiert;
ich bin die Erinnerung der Pronoia[135].

Auf ihrer dritten Reise trifft sie den (paradigmatischen) Menschen im Gefängnis des Körpers. Sie sagt zu ihm:

ⲁⲛⲟⲕ` ⲧⲉ ⲧⲡⲣⲟⲛⲟⲓⲁ ⲙ̄ⲡⲟⲩⲟⲉⲓⲛ ⲉⲧⲃ̄ⲃⲏⲩ
ⲁⲛⲟⲕ ⲡⲉ ⲡⲙⲉⲉⲩⲉ ⲙ̄ⲡⲡⲁⲣⲑⲉⲛⲓⲕⲟⲛ ⲙ̄ⲡ̄ⲛⲁ

Ich bin die Pronoia des reinen Lichtes,
ich bin das Denken des jungfräulichen Geistes[136].

Anschließend fordert sie ihn auf, sich zu erinnern (ⲣ̄ ⲡⲙⲉⲉⲩⲉ) und seiner Wurzel (ⲛⲟⲩⲛⲉ) zu folgen, die sie mit sich selbst gleichsetzt. Es gibt also eine Konsubstanzialität sowohl zwischen dem Menschen und der Pronoia wie auch zwischen dem himmlischen Bereich und der Pronoia, die letztlich den Erlösungsvorgang ermöglicht. Wenn sich die Pronoia einerseits mit dem Licht des himmlischen Bereiches gleichsetzt und andererseits auch mit der Wurzel des Menschen, dann bedeutet dies, dass auch im Menschen das himmlische Licht (partiell) anwesend ist; jenes Licht, das – wie die Pronoia – aus der anderen, „oberen", Welt stammt, und den Menschen vor den Finsternismächten bewahren kann. Entscheidend dafür sind Denken (ⲡⲙⲉⲉⲩⲉ) und Erinnerung (ⲡⲣ̄ ⲡⲙⲉⲉⲩⲉ), auch diese sind wieder sowohl die Pronoia selbst als auch ein Vermögen des Menschen, zu dem die Pronoia ihn auffordert. Durch die viermal in Variationen wiederholte Doppelung der ⲁⲛⲟⲕ ⲡⲉ / ⲧⲉ-Formulierungen werden Erinnerung bzw. Denken und Licht parallelisiert; Pronoia ist die Botschafterin und Bringerin von beidem – und identisch mit beidem. Der schlafende, im Vergessen befangene Mensch wird von ihr aufgeweckt, zur Erinnerung aufgefordert und schließlich im „Licht des Wassers" (ϩⲛ̄ ⲡⲟⲩⲟⲉⲓⲛ ⲙ̄ⲡⲙⲟⲟⲩ)[137] besiegelt, damit der Tod keine Macht mehr über ihn habe. Das Licht ist also nicht nur in der oberen Welt, in der Pronoia und im Menschen gegenwärtig, sondern auch im rettenden Ritual.

ⲁⲛⲟⲕ ⲧⲉ wird in den oben zitierten Texten immer dann gebraucht, wenn das Folgende feminin ist, ⲁⲛⲟⲕ ⲡⲉ nur bei maskulinem Folgewort. Im Koptischen steht nur dann ⲧⲉ, wenn feminine Kongruenz

---

[135] NHC II, p.30,32–35.
[136] NHC II, p.31,11–13.
[137] NHC II, p.31,23f.

besteht, bei Inkongruenz jedoch ⲡⲉ[138]. Das bedeutet, dass die Verwendung von ⲧⲉ die Weiblichkeit des ⲁⲛⲟⲕ anzeigt, entsprechend zur Weiblichkeit der redenden Pronoia. In NHC IV gibt es in der Parallele zum vierten Textabschnitt eine Abweichung; es heißt dort: ⲁⲛⲟⲕ ⲡⲉ ⲧ`ⲡⲣⲟ[ⲛⲟⲓⲁ][139], womit – da die Pronoia offensichtlich feminin ist und auch den femininen Artikel trägt – das redende Ich notwendigerweise in Inkongruenz dazu steht und sich somit als männlich erweist. Eine naheliegende Deutung dieses Geschlechtswechsels ist, dass sich hier der männliche Erlöser / Christus aus dem Kontext des Pronoia-Monologs in die Grammatik eingemischt hat; dass also die Verschmelzung von Monolog und Kontext an dieser Stelle in NHC IV weiter fortgeschritten ist als in NHC II. Zusammen mit dem weiter fortgeschrittenen Stadium der Standardisierung des Koptischen im Text von NHC IV insgesamt ist dies ein weiteres Indiz dafür, dass die Einfügung des Pronoiahymnus in der Textgeschichte des AJ ein sekundäres Stadium ist.

Zudem zeigt sich hier (wie auch sonst in dieser Schrift) der variable Umgang, den Texte wie das AJ mit Geschlechtszuweisungen haben[140]. Weder androgyne Wesen noch Identifikationen von weiblichen und männlichen Gestalten stellen ein Problem dar – was für das Verständnis der Texte deshalb zu betonen ist, weil neuzeitliche Zuschreibungen oft fixierter und dualistischer sind.

Waldstein sieht in seinem Aufsatz über den Monolog der Pronoia das religionsgeschichtliche "setting" dieses Textes in frühjüdischen Weisheitstraditionen[141]. Er fragt, wie diese Traditionen benutzt und reinterpretiert werden. Im Vergleich mit der Weisheit Salomos findet er einen gesteigerten Dualismus mit verstärkter Abwertung des Körpers und "increased alienation from the visible cosmos"[142] sowie, damit

---

[138] Vgl. Plisch, Einführung, 45f.
[139] NHC IV, p.48,14f.
[140] Vgl. schon Bultmann, Hintergrund, 30, der im Hinblick auf mandäische, manichäische und andere Quellen davon redet, dass das Geschlecht der Offenbarungsgottheit „nicht wesentlich" sei: „In den verschiedenen Quellen wechseln männliche und weibliche Gestalten der Offenbarungsträger und erscheinen auch miteinander kombiniert". – Über Bultmann hinausgehend meine ich allerdings, dass die Tatsache, dass das Geschlecht „nicht wesentlich" ist, an sich wesentlich ist.
[141] Vgl. Waldstein, Monologue, 393–395; mit zahlreichen Literaturangaben zur Verbindung von „Weisheit" und „Gnosis". – Auch Broek, Weisheit, 92–106, betont in seinem ungefähr zeitgleich erschienenen und unabhängig von Waldstein formulierten Aufsatz (vgl. 86 A*) die Verbindung von Weisheit und Pronoia.
[142] Waldstein, Monologue, 396; vgl. Broek, Weisheit, 106: „In unserem Hymnus ist die Welt zur Unterwelt geworden, einem Ort der Finsternis, und der Mensch lebt

zusammenhängend, eine zunehmende Betonung der Konsubstanzialität, wo Erlösung als "awakened identity of the inner self with the divine"[143] verstanden wird. Gemeinsamkeiten von Pronoia-Monolog und dem Prolog des Johannesevangeliums sieht er nicht als Indizien literarischer Abhängigkeit, sondern als Hinweis auf "their common root in Jewish sapiental traditions"[144].

Vergleicht man die Lichtmetaphorik des Johannesevangeliums und des Johannesapokryphons miteinander, so fällt auf, dass auch in diesem Falle wieder die ethische Wendung der Lichtmetaphorik des Johannesevangeliums im Vergleichstext fehlt und gleichzeitig Denken, Erinnerung und Selbsterkenntnis betont werden. Im Gegensatz zu den anderen bisher behandelten Texten (EvThom, ParSem, Poim) fehlen jedoch konkrete Bezüge zur Genesisgeschichte im Pronoia-Monolog. Diese Bezüge stellen sich erst dann ein, wenn man den Monolog im Kontext des gesamten AJ liest. Dabei lässt sich auch Genaueres über das Licht und sein Schicksal erfahren.

In der Theogonie des AJ wird gesagt, dass der unerkennbare Gott, der Vater des Alls, Licht ist; er sieht sich in seinem Licht selbst an[145] und ist derjenige, der das unermessliche, unbegreifliche Licht gibt[146]. Die Mutter – wechselweise Barbelo, Epinoia oder Pronoia genannt – tritt in seinem Licht in Erscheinung[147]; ihr Licht scheint ebenso wie sein Licht[148]. Der Sohn schließlich – auch als Monogenes oder Autogenes bezeichnet – entsteht durch einen Lichtfunken aus der Mutter[149].

In der auf die Theogonie folgenden Kosmogonie erfahren wir, dass Jaldabaoth – auch Saklas oder Samael genannt, identisch mit dem Schöpfergott der Genesis und entstanden aus einem Fehler der Sophia – unwissende Finsternis ist, auch wenn er seine Macht vom „Licht seiner Mutter" hat und sich deshalb Gott nennt[150]. Es beginnt nun auch die Vermischung von Licht und Finsternis: „Als das Licht sich mit der Finsternis vermischt hatte, brachte es die Finsternis zum

---

unter der Herrschaft der Mächte des Abgrundes, des Chaos und des Todes, in einem Gefängnis".
[143] Waldstein, Monologue, 397.
[144] Waldstein, Monologue, 402.
[145] Vgl. p.3,36–4,1; p.4,19f.
[146] Vgl. p.4,9f.
[147] Vgl. p.4,28f.
[148] Vgl. p.4,32f.
[149] Vgl. p.6,12–14.
[150] Vgl. p.11,9; p.12,6–9.

Leuchten. Als aber die Finsternis sich mit dem Licht vermischt hatte, verfinsterte sie das Licht und es wurde weder hell noch dunkel, sondern schwach"[151].

Anschließend wird die Mutter Jaldabaoths sich ihres Mangels an Licht, der „Finsternis des Unwissens", bewusst, sie beginnt sich zu schämen[152]. Der Mensch wird als Bild Gottes und als Lichtwesen erschaffen[153]; die Gewalten werden eifersüchtig, weil er ihnen überlegen ist: „Als sie nun verstanden, dass er Licht war und mehr denken konnte als sie und frei war von Bosheit, nahmen sie ihn und warfen ihn hinunter in die untersten Regionen der Materie"[154]. Als Erlösergestalt wird die „Epinoia des Lichts"[155] gesandt, die das Denken der Menschen erweckt[156], u.a. in Kombination mit dem Essen vom Baum der Erkenntnis. Die rettende Wirksamkeit der Mutter / Epinoia / Pronoia besteht darin, dass sie „das Denken und das ewige Licht" (ⲘⲈⲈⲨⲈ ⲀⲨⲰ ⲠⲞⲨⲞⲈⲒⲚ` Ⲛ̄ϢⲀ ⲈⲚⲈϨ) des Menschen erweckt[157].

Größere Abschnitte dieses von mir kurz und auf das Licht fokussiert wiedergegebenen Textes sind als eine Art „Kritischer Midrasch zu Genesis 1–7"[158] komponiert; wiederholt finden sich Anspielungen und Zitate, mehrfach markiert durch die bemerkenswerte Zitationsformel: „*nicht* wie Moses gesagt hat"[159], die gleichermaßen die Verbundenheit mit dem Genesistext wie seine Uminterpretation bezeugt.

Im Hauptteil des AJ wird die Geschichte der Devolution des göttlichen Lichtes in die Welt hinein erzählt; der Schwerpunkt liegt auf Theogonie, Kosmogonie und Anthropogonie, die soteriologische Perspektive ist zwar vorhanden, steht aber nicht im Zentrum des Textes. Im Monolog der Pronoia ist es umgekehrt: Die Errettung des Menschen steht im Zentrum, die anderen Aspekte sind, wenn überhaupt, nur implizit in den beiden ersten Abwärtsbewegungen der Pronoia vorhanden[160]. Der Pronoia-Monolog bildet also in der jetzigen Komposition

---

[151] P.11,10–15; Übersetzung: Waldstein, NHD 1, 118.
[152] Vgl. p.13,14–16.24f.
[153] Vgl. p.15,3f.13; p.19,33.
[154] P.20,5–9; Übersetzung: Waldstein, NHD 1, 132.
[155] So p.20,17.25 u.ö.
[156] Vgl. p.21,14–16; p.23,33–35.
[157] Vgl. p.28,2–5.
[158] So die Überschrift bei Waldstein, NHD 1, 121.
[159] Vgl. p.13,19–21 (Gen 1,2); p.22,22–24 (Gen 2,21); p.23,3f (Gen 2,21f); p.29,6f (Gen 7,7.13–16).
[160] Vgl. Broek, Weisheit, 107: „Was im gnostischen Schöpfungsmythos in erzählerischer Form erklärt wird, ist hier vorausgesetzt".

des AJ den Gegenpart zu seinem Hauptteil; während in diesem die Abwärtsbewegung ausführlich dargestellt wird, ist es im Monolog die rettende Aktion. Insofern erklärt sich auch, warum im Monolog selbst explizite Genesisbezüge fehlen.

Der augenfälligste Unterschied zwischen Pronoia-Monolog und Hauptteil des AJ ist die Fülle der göttlichen Wesen, die im Hauptteil an den Vorgängen beteiligt sind, sowie die Ausführlichkeit, mit der die Entstehung dieser Wesen auseinander und der Devolutionsprozess beschrieben werden. Im Vergleich wirkt der Monolog der Pronoia, in dem nur ein einziges göttliches Wesen auftritt, ausgesprochen sparsam. Die langen mythologischen Ausführungen des Hauptteils und seine bisweilen unübersichtlichen Identifikationen verschiedener göttlicher Gestalten[161] sind reduziert, von der Vielfalt der Abwärtsbewegungen verschiedener Gestalten bleibt lediglich, dass auch Pronoia sich mehrfach abwärts bewegt, allerdings dreimal als substantiell dieselbe Gestalt. In dieser Reduktion der himmlischen Bewegungen wirkt der Text des Pronoia-Monologs gleichsam „entmythologisiert" – dem vergleichbar, was Bultmann im Hinblick auf das Johannesevangelium und sein Verhältnis zu gnostischen Texten beschreibt[162]. Dass ein Weniger oder Mehr an Mythologie allerdings Rückschlüsse auf das Alter der Texte zuließe, scheint mir nicht evident. Es sprechen jedoch andere, vom Grad der Mythologisierung unabhängige und schon genannte Indizien dafür, dass der Pronoia-Hymnus keine sekundäre entmythologisierte Kurzfassung des AJ-Hauptteils ist, sondern unabhängig und möglicherweise älter. In der jetzigen Zusammenstellung in der Langfassung des AJ jedoch – und dies scheint mir entscheidend – interpretieren und ergänzen sich beide Texte gegenseitig und bezeugen durch ihre Kombination ihre Zusammengehörigkeit in den Augen jener spätantiken RezipientInnen, die die Langfassung des AJ erstellt und tradiert haben.

Unter den Nag-Hammadi-Schriften gibt es einen weiteren Text, der, wie schon erwähnt, weitreichende Übereinstimmungen mit dem

---

[161] Vgl. Schottroff, Glaubende, 112: „Eine konsequente himmlische Genealogie liegt auch gar nicht vor, bei einem Versuch, sie nachträglich zu konstruieren, gerät man in Schwierigkeiten, die nicht daran liegen, daß die Genealogie schlecht durchgeführt ist oder durch sekundäre Bearbeitungen des Stoffes in Unordnung geraten ist, sondern daran, daß eine konsequente Genealogie nicht beabsichtigt ist".

[162] Vgl. Bultmann, Theologie, 362, mit 365f.414f.419; Ders., Evangelium, 14; Ders., Bedeutung, passim; vgl. auch Fischer, Christus, 265: „Der Mythus wird also auf das äußerste reduziert. Der Glaube bleibt Glaube und wird nicht in spekulative Schau geführt".

Pronoia-Monolog aufweist. Es handelt sich um die „dreigestaltige Protennoia", der ich mich jetzt zuwenden möchte.

6. *Protennoia in der dreigestaltigen Protennoia (NHC XIII,1)*

Die Schrift mit dem Titel „Dreigestaltige Protennoia" (ⲠⲢⲰⲦⲈⲚⲚⲞⲒⲀ ⲦⲢⲒⲘⲞⲢⲪⲞⲤ)[163] ist die einzige erhaltene Schrift aus Nag-Hammadi-Codex XIII; es existieren keine weitere Textzeugen und keine griechischen Fragmente, obwohl die Schrift aus dem Griechischen übersetzt wurde. Die erhaltene koptische Fassung ist teilweise beschädigt[164]. Der Text gehört zur sethianischen Gnosis[165], es gibt Übereinstimmungen sowohl mit dem Hauptteil des AJ wie auch mit dem Monolog der Pronoia. Wie letzterer ist auch der Gesamttext der dreigestaltigen Protennoia dreiteilig, entsprechend der Dreigestaltigkeit der Protennoia selbst, die in den drei Teilen in drei verschiedenen Erscheinungsweisen in die Welt kommt: In drei Offenbarungsreden präsentiert sich Protennoia nacheinander als Vater, Mutter und Sohn / Logos. Wie im AJ begegnet dabei Licht auf allen Ebenen und in unterschiedlichen Gestalten:

Der Vater ist Licht, das im Licht wohnt[166]; er lässt das Licht über der Finsternis aufstrahlen, stellt sich in sein Licht; er ist Auge des Lichts[167]. Die von ihm hervorgebrachten Äonen spenden Glanz und wirken als Lichter[168]. Die „Epinoia des Lichtes" ist Mutter von Jaldabaoth / Saklas / Samael, der ihre Kraft raubt[169].

Die Menschen, die die Protennoia erkennen und gerettet werden (sollen), werden mehrfach als „Kinder des Lichtes" (ⲚϢⲎⲢⲈ ⲘⲠⲞⲨⲞⲈⲒⲚ) bezeichnet[170]; Protennoia in ihrer ersten Gestalt ist ihr „Vater"[171]; er / sie kommt herab zu den Ihren und bringt sie zum Leuchten[172]; Protennoia in ihrer zweiten Gestalt ist der Mutterschoß, der das Licht gebiert[173];

---

[163] Der Titel ist in der Subscriptio erhalten, vgl. NHC XIII, p.50,22.
[164] Vgl. Schenke Robinson, NHD 2, 808f.
[165] Vgl. Schenke Robinson, NHD 2, 812f; [Schenke] Robinson, Protennoia, 39–42.
[166] Vgl. NHC XIII, p.36,32f; auch die folgenden Angaben aus NHC XIII.
[167] Vgl. p.36,5; p.38,1–6.
[168] Vgl. p.39,10f.
[169] Vgl. p.39,26–32.
[170] Vgl. p.37,19f; p.41,1.16; p.42,16f; p.45,33.
[171] Vgl. p.41,1f.
[172] Vgl. p.41,32–42,2.
[173] Vgl. p.45,6–8.

sie ruft die Kinder des Lichtes[174] und lädt sie ein in das vollkommene Licht[175]: „Dies (ist das Licht), in dem ihr zu Anfang wart, als ihr (noch) Licht wart"[176].

Protennoia in ihrer zweiten Gestalt kehrt zurück in ihr Licht[177]; im dritten Teil erscheint sie als Logos, der Ruf, Schweigen, unermeßliches Licht und Quelle des Alls ist; ausgesandt, um die zu erleuchten, die in der Finsternis wohnen[178]. Die drei Abstiege der Protennoia werden im Logosteil summiert; anschließend daran qualifiziert Protennoia-Logos sich selbst:

ⲁ[ⲛⲟⲕ] ⲡⲉ ⲡⲟⲩⲟⲉⲓⲛ ⲉⲧϯ ⲟⲩⲟⲉⲓⲛⲉ ⲙ̄ⲡⲧⲏ[ⲣϥ
ⲁ]ⲛⲟⲕ ⲡⲉ ⲡⲟⲩⲟⲉⲓⲛ ⲉⲧⲣⲁϣⲉ ϩⲣ[ⲁⲓ̈ ϩⲛ̄ ⲛⲁ]ⲥⲛⲏⲩ

[Ich] bin das Licht, das das All erleuchtet.
Ich bin das Licht, das sich freut [in meinen] Geschwistern[179].

Der Logos kommt zur Rettung des Pneumas in die Welt der Sterblichen herab; er bekleidet den zu erlösenden Menschen „mit strahlendem Licht, das die Erkenntnis des Denkens (ⲡⲙⲉⲉⲩⲉ) der Vaterschaft ist"[180]. Zur Rettung des Menschen gehören seine Bekleidung mit „Gewändern des Lichts", die Taufe mit Lebenswasser sowie die „Versiegelung"[181]: Das Resultat ist Teilhabe des Menschen an der Erkenntnis[182]: „Und er wurde zu Licht im Lichte"[183].

Wie im AJ gibt es also auch hier eine Konsubstanzialität des Menschen mit dem himmlischen Licht; wie im AJ wird das Licht mit (verschiedenen) Offenbarergestalten gleichgesetzt, die Welt als Unterwelt und Finsternis bezeichnet, in die diese Offenbarergestalten das Licht bringen, und schließlich die Taufe mit dem Licht in Verbindung gebracht und positiv bewertet. Weniger explizit als im Hauptteil des AJ sind die Bezüge zur Genesiserzählung, allerdings wird in einer Passage das Pflücken von jenem Baum, dessen Früchte Unwissenheit

---

[174] Vgl. p.42,14–17.
[175] Vgl. p.45,12f.
[176] P.45,19; Übersetzung: Schenke Robinson, NHD 2, 825.
[177] Vgl. p.45,31f.
[178] Vgl. p.46,31–33.
[179] P.47,28–31.
[180] P.48,13f.
[181] Vgl. p.48,17–32.
[182] Vgl. p.48,33f.
[183] P.48,34f, Ergänzung und Übersetzung nach Schenke Robinson, NHD 2, 829; Turner, NHS 28, 429, ergänzt ebenso.

und Finsternis sind, zum Thema gemacht[184] – womit auch hier eine Anspielung auf die Genesisgeschichte vorliegt, die die sonstigen Reden von Licht, Finsternis, Wasser und Geist intertextuell mit dem Beginn der Genesiserzählung verbindet[185].

Wie im AJ spielt das Denken (ⲡⲙⲉⲉⲩⲉ) eine große Rolle; gleich zu Beginn setzt sich Protennoia damit gleich[186], später dazu noch mit der Erkenntnis und dem Wissen sowie dem Ruf, der in jedem Menschen ruft und aufgrund der Konsubstanzialität des Menschen mit der Protennoia erkannt werden kann[187]. Ausgedrückt ist dies vermittels der Rede vom (göttlichen) Samen (ⲥⲡⲉⲣⲙⲁ) im Menschen; im AJ heißt es entsprechend gleich zu Beginn des Pronoia-Monologs, dass diese sich in ihren Samen (ⲥⲡⲉⲣⲙⲁ) verwandelt[188]. Aufgefordert wird in beiden Schriften zum Erkennen des eigenen göttlichen Anteils, dessen Existenz letztlich Resultat der mitgeteilten himmlischen Devolutionsvorgänge ist. Damit kommt dem Wissen um die himmlische Welt und jene Vorgänge in ihr, die zur Erschaffung von Kosmos und Menschen geführt haben, eine Schlüsselfunktion für den Erlösungsprozess zu. Während die Menschen im Johannesevangelium aufgefordert werden, zu glauben, im Licht zu wandeln und entsprechend zu handeln, ist auch in der dreigestaltigen Protennoia wieder eine Verschiebung von einer solchen ethischen Perspektive auf die (Selbst-)Erkenntnis festzustellen[189].

Die Rede von der „Verschiebung" soll keine Abhängigkeit der Protennoia vom Johannesevangelium oder seinem Prolog postulieren, wie es in der Forschung gelegentlich angenommen wurde[190]. Zwar gibt es in der Protennoia Spuren von (vermutlich sekundärer) Verchristlichung, die diese Schrift aber nicht zu einer genuin christlichen machen[191].

---

[184] Vgl. p.44,20–24.
[185] Auch Pagels, Exegesis, 493f.496, ordnet Ausführungen aus Protennoia einer Exegese von Gen 1,2–3 zu, wie sie vergleichbar auch in EvThom zu finden ist, allerdings ohne die dortige Schwerpunktsetzung auf Gen 1,26f.
[186] Vgl. p.35,1, vgl. auch p.36,17.
[187] Vgl. p.36,12–14.
[188] Vgl. NHC II, p.30,12f.
[189] Vgl. Schenke [Robinson], TU 132, 153, die im Zusammenhang mit den entsprechenden Passagen von Protennoia von der „mythologische[n] Identität von Licht und Erkenntnis" redet: „Das Licht bringt und ist selber die erlösende Erkenntnis".
[190] Zu den postulierten Abhängigkeitsverhältnissen (auf die ich nicht weiter eingehe, da ich ein anderes Textverstehensmodell verfolge) vgl. Evans, Prologue, passim; [Schenke] Robinson, Protennoia, 37–39.45–50; Nagel, Rezeption, 448–452; Broek, Weisheit, 97f; sowie Waldstein, Monologue, 370 A3 und A4 (zu Protennoia); ebd., 398–402 (zum Pronoia-Monolog).
[191] Vgl. [Schenke] Robinson, Protennoia, 42–45.

Vielmehr lässt sich – unter Einbeziehung anderer Schriften der sethianischen Gnosis – vermuten, dass es im Sethianismus eine Richtung oder Phase der Annäherung an christliches Gedankengut sowie der Auseinandersetzung damit gegeben hat; ein vergleichbares Verhältnis besteht auch zwischen einigen sethianischen Schriften und dem Mittelplatonismus[192].

Für die Datierung gibt es auch bei der Protennoia wieder wenig konkrete Anhaltspunkte. Dass eine griechische Vorlage der koptischen Übersetzung schon im ersten Jahrhundert n.Chr. entstanden sein könnte[193], ist nicht zweifelsfrei belegbar. Ebenso wie auch bei Teilen des AJ, dem EvThom und dem Poim werden die Datierungsfragen wohl auch hier kontrovers bleiben; deutlich ist jedoch, dass diejenigen, die die Texte tradiert, übersetzt und überarbeitet haben, mindestens phasenweise in Kontakt miteineinander gestanden haben. So belegt etwa die Rahmung des AJ, in der ausgerechnet der Zebedaide Johannes als Offenbarungsempfänger eingefügt wird, dass die Trägergruppe des AJ überliefertes kosmologisches Wissen mit jenem Jünger in Beziehung setzte, der als Autor des Johannesevangeliums galt – was zeigt, dass eine intertextuelle Lektüre johanneischer und gnostischer Texte auch in der Spätantike möglich war und stattgefunden hat.

Während eine genauere Datierung der hier behandelten Texte (einschließlich des Johannesevangeliums) ebenso wie die Reihenfolge ihrer Entstehung und ihr Verhältnis zueinander nicht eindeutig zu klären sind, ist ihr Verhältnis zu jüdischen Texten und Traditionen sehr viel deutlicher. Alle behandelten Texte weisen Beziehungen zur Genesis auf; bei den meisten ist darüber hinaus eine Aufnahme von Weisheitstraditionen sichtbar. Nach Schenke Robinson sind der Johannesprolog und die Protennoia „unbestrittenermaßen aus der hellenistisch-jüdischen Weisheitstradition gespeist, die letztlich auf Genesisspekulation zurückgeht. (...) [D]ie Protennoia ist selbst die gnostisch transformierte, zur Allgöttin gewordene Sophia der Weisheitsliteratur"[194]. Und Waldstein meint, der Monolog der Pronoia sei "a non-Christian text rooted in hellenistic-Jewish wisdom speculations which it recasts in recognisable

---

[192] Vgl. Turner, Setting, passim, sowie insgesamt den von Turner und Majercik herausgegebenen Sammelband zu "Gnosticism and Later Platonism".
[193] So Schenke Robinson, NHD 2, 815.
[194] Schenke Robinson, NHD 2, 813. – Zu den Bezügen von Johannesprolog und Weisheit vgl. u.a. auch Bultmann, Hintergrund, 19–32; Lips, Christus, 91f; Ashton, Transformation, passim; Cebulj, Ich bin es, 257–265; Strotmann, Präexistenz, passim, mit einem Forschungsüberblick zu Beginn.

Gnostic fashion"[195]. Da die Weisheit also unbestrittenermaßen eine große Rolle für die Texte spielt, werde ich mich im Folgenden den frühjüdischen Weisheitstexten zuwenden[196]. Im Zentrum soll auch dabei wieder die Lichtmetaphorik stehen; außerdem ist von Interesse, welche der anderen Motive aus den Texten auch in der Weisheitsliteratur präsent sind[197]. Die Frage ist also, ob jene unterschiedlichen Schwerpunkte, die sich im Johannesevangelium und in den anderen Texten im Hinblick besonders auf Ethik, Erkenntnis und den Stellenwert kosmologischer Spekulation zeigen, schon in der Weisheitsliteratur vorgezeichnet sind oder ob bestimmte Motive der Texte innovativ gegenüber der jüdischen Weisheit sind.

7. Das Licht der Weisheit und andere Lichter

Diligite lumen sapientiae, omnis, qui praeestis populis[198].

Zu Beginn ist auf etwas hinzuweisen, das in der Weisheitsliteratur fehlt: In keinem einzigen Text der Septuaginta gibt es eine Aussage, in der die Weisheit von sich selbst in Ich-Form sagt, sie sei das Licht. Die Formulierung ἐγώ εἰμι τὸ φῶς κτλ. ist abwesend. Dennoch sind die meisten anderen Motive der bisher behandelten Texte durchaus präsent. So gibt es Selbstvorstellungen in Ich-Form mit betontem ἐγώ (vgl. Spr 8,3–36; 9,5–12; Sir 24,3–22), eine Verbindung von Weisheit und Genesis / Schöpfung (vgl. Spr 8,22–30; Sir 1,4; 24,3–5; Weish 6,22; 9,2; 10,1; Bar 3,32f)[199] und häufiger auch Lichtmetaphorik in Aussagen über die Weisheit. So ist etwa in der Weisheit Salomos von dem andauernden „Lichtglanz" (φέγγος) Sophias die Rede und es heißt dort: „Sie ist schöner als die Sonne und übertrifft jedes Sternbild. Sie

---

[195] Waldstein, Monologue, 371; vgl. Broek, Weisheit, 92.
[196] Dabei werde ich nicht auf die Datierung der Weisheitsschriften und die Reihenfolge ihrer Entstehung eingehen, da im Zusammenhang mit einer intertextuellen Lektüre johanneischer Texte nicht die Genese der Weisheitsschriften interessiert, sondern entscheidend ist, dass die betreffenden Schriften den AutorInnen und RezepientInnen des Johannesevangeliums in der Spätantike in griechischer Sprache zugänglich waren.
[197] Dabei geht es um einzelne Motive; einen zugrundeliegenden „Weisheitsmythos" anzunehmen, wie es etwa Bultmann, Hintergrund, 17f, tut, ist für einen Vergleich der Motive nicht nötig, und auch deshalb problematisch, weil sich – ähnlich wie in den gnostischen Texten – jeweils nur einzelne Passagen eines von uns dann konstruierbaren Mythos in den Schriften antreffen lassen; vgl. dazu Lips, Christus, 75–85.
[198] „Liebt und ehrt das Licht der Weisheit, ihr alle, die ihr den Völkern vorsteht". – Vulgatazusatz als Vers 6,23 zu Weish 6,21 LXX.
[199] Zur Verbindung von Weisheit und Schöpfung vgl. Murphy, Wisdom, passim.

ist strahlender als das Licht (φῶς), denn diesem folgt die Nacht, doch über die Weisheit siegt keine Schlechtigkeit"[200]. Im Baruchbuch heißt es: „Kehr um, Jakob, nimm sie (die Weisheit) auf. Geh deinen Weg in Richtung auf den Glanz (λάμψις) ihres Lichtes (φῶς)"[201], und Kohelet sagt: „Und ich sah, dass es ein Übermaß gibt von Weisheit (σοφία) über den Unverstand, so wie es ein Übermaß des Lichtes (φῶς) gibt über die Finsternis"[202].

Schon ein erster Blick auf diese Stellen macht deutlich, dass im Zusammenhang von Weisheit und Licht sowohl der ethische als auch der erkenntnistheoretische Aspekt[203] der Lichtmetaphorik aufleuchten. Was in den bisher behandelten Texten also schwerpunktmäßig aufgeteilt ist – im Johannesevangelium wird die ethische Komponente betont, in den anderen Schriften das Denken und die Erkenntnis – begegnet in der Weisheitsliteratur neben- und miteinander.

Ethische Fragen und Anweisungen zum (ge)rechten Verhalten im Alltag sind ein durchgängiges Thema der Weisheitsliteratur[204]. Die Weisheit Salomos beginnt mit der Aufforderung, Gerechtigkeit zu lieben (Weish 1,1). Gerechtigkeit ist ein Hauptthema der Schrift, entsprechend kann auch vom Licht der Gerechtigkeit (τὸ τῆς δικαιοσύνης φῶς, Weish 5,6) geredet werden sowie vom unvergänglichen Licht der Tora (τὸ ἄφθαρτον

---

[200] Weish 7,29f; vgl. auch Weish 7,18f (die Weisheit belehrt über Sonne und Sterne); Weish 7,26 (sie ist Abglanz des ewigen Lichtes); Weish 6,11 (sie ist strahlend und unvergänglich). – Die Erwähnung von Gestirnen gibt es auch schon im Zusammenhang mit Isis, vgl. Kyme 9 (Ich bin, die im Sternbild des Hundes aufgeht); 44 (Ich bin in den Strahlen der Sonne); 45 (Ich bin dabei beim Gang der Sonne); zum Verhältnis von Isis und Sophia vgl. u.a. Mack, Logos, 15.38–42; Schroer, Buch, 445f. Hinzuweisen ist hier auch auf die vielen bildlichen Darstellungen von Isis mit der Sonnenscheibe. – Auch Christus wird vielfach mit der Sonne in Beziehung gesetzt (wenn auch nicht im Johannesevangelium), vgl. Wallraff, Christus Verus Sol, passim, der ebd., 14, feststellt, es sei „häufig problematisch, Sonnenverehrung von allgemeiner Lichtmetaphorik bei der Rede vom Göttlichen abzugrenzen", aber aus pragmatischen Gründen letzteres nicht berücksichtigt.

[201] Bar 4,2; vgl. auch Bar 3,14.

[202] Koh 2,13. – Auch bei Philo begegnet die Weisheit als Licht, vgl. Klein, Lichtterminologie, 13–79; Sandelin, Wisdom, 108–114. Sandelin, Wisdom, 109, fasst zusammen: "The light that God sends forth is to be understood as Wisdom (Mig 40) or as the Word (Som I 75). God is himself the supreme light, although according to Philo He does not resemble any created thing".

[203] Zu diesem Aspekt vgl. Zimmermann, Christologie, 51–53; Schwankl, Licht, 47, der im Hinblick auf die Philosophie von den alten Griechen über die Aufklärung ("enlightment") bis heute bemerkt: „Auf alle Fälle tritt also das metaphorische Konzept von Licht und Finsternis innerhalb der Philosophie zusammen mit der *Erkenntnistheorie* auf den Plan und strukturiert oder repräsentiert den gesamten Erkenntnisvorgang".

[204] Vgl. Schroer, Gerechtigkeit, passim; Scoralick, Worte, passim.

νόμου φῶς, Weish 18,4)²⁰⁵. Am Anfang des Proverbienbuches werden als Absicht des Textes das Erkennen der Weisheit sowie das Verstehen der Gerechtigkeit nebeneinander genannt (Spr 1,2f; vgl. 2,9f). Wie im Johannesevangelium sind Weg- und Lichtmetaphorik verknüpft, wenn etwa gesagt wird, die Wege der Gerechten würden wie das Licht leuchten (ὁμοίως φωτὶ λάμπουσιν), während die Wege der Gottlosen Finsternis sind und zum „Anstoßen" (προσκόπτειν) führen (Spr 4,18f; vgl. Joh 11,9f), oder wenn es heißt, dass „das Gebot der Tora Leuchte und Licht" (λύχνος ἐντολὴ νόμου καὶ φῶς) sei, und es mit dem „Weg des Lebens" (ὁδὸς ζωῆς) parallelisiert wird (Spr 6,23)²⁰⁶. Die Nähe zu johanneischen Ausdrucksformen ist deutlich; dies gilt auch im Hinblick auf ein anderes johanneisches Phänomen, nämlich die „Bedingungssätze"²⁰⁷. Sätze dieses Typus gibt es in unterschiedlichen Weisheitsschriften; Beispiele²⁰⁸ sind etwa die Selbstaussagen der Weisheit aus Spr 8,17: ἐγὼ τοὺς ἐμὲ φιλοῦντας ἀγαπῶ, οἱ δὲ ἐμὲ ζητοῦντες εὑρήσουσιν (Ich liebe die, die mich lieben, die, die mich suchen, werden mich finden), und Sir 24,22: ὁ ὑπακούων μου οὐκ αἰσχυνθήσεται, καὶ οἱ ἐργαζόμενοι ἐν ἐμοὶ οὐχ ἁμαρτήσουσιν (Wer auf mich hört, wird nicht zu Schanden werden, und die, die in mir handeln, werden keine Verfehlungen begehen), sowie die Aussage über die Weisheit aus Weish 6,12: Λαμπρὰ καὶ ἀμάραντός ἐστιν ἡ σοφία καὶ εὐχερῶς θεωρεῖται ὑπὸ τῶν ἀγαπώντων αὐτὴν καὶ εὑρίσκεται ὑπὸ τῶν ζητούντων αὐτήν (Strahlend und unvergänglich ist die Weisheit, und leicht wird sie gesehen von denen, die sie lieben, und gefunden von denen, die sie suchen).

---

²⁰⁵ Schwankl, Licht, 61, konstatiert die häufige Verknüpfung von „Gesetz" und Licht in frühjüdischen Schriften und fährt fort: „Meist spielt dabei auch die ethische Komponente mit, sofern das Gesetz der Orientierung zum rechten Lebenswandel dient. Ebenso kann aber im geistigen Feld der Weisheitsliteratur die Weisheit als Licht gesehen werden. Sie erscheint in Weish 7,22–8,1 als kosmische und moralische Lichtmacht, die die Welt organisiert und im Menschen wirkt. Sie ist wie das Gesetz das Gegengewicht gegen das Böse; über sie siegt keine Schlechtigkeit (V.30)". – Die positive Wertung von νόμος / Tora in der Weisheitsliteratur steht m.E. nicht im Gegensatz zum Johannesevangelium, da auch dort mit der Tora argumentiert und nicht gegen sie gesprochen wird (vgl. oben B II 3); vielmehr ist es möglich, die teilweise unspezifischen johanneischen Aussagen vom „Wandeln im Licht" etc. von der Weisheitsliteratur aus zu konkretisieren.

²⁰⁶ Wie in Joh 8,12; 11,9f; 12,35 wird auch in der Weisheitsliteratur vom „Wandeln" (περιπατεῖν) geredet; vgl. Spr. 6,22.28; 8,20 u.ö.

²⁰⁷ Vgl. oben C I 3. Dort beschreibe ich das gemeinsame logische Schema dieser auf die Ich-bin-Formulierungen folgenden Sätze als: „wer x tut, bekommt auch y". Die sprachliche Ausgestaltung variiert in den Einzelfällen.

²⁰⁸ Diese Beispiele ließen sich leicht vermehren; erinnert sei hier nur noch an die oben D I 3 behandelte Parallelität von Sir 24,21 und Joh 6,35.

Während viele johanneische Motive also der Weisheit nicht fremd sind, besteht die größte Divergenz zwischen Johannesevangelium und Weisheitsliteratur darin, dass die Anwesenheit des johanneischen Jesus als Licht zeitlich begrenzt ist. Zwar kann auch von der Weisheit gesagt werden, dass sie die Welt verlässt[209] und nicht mehr zu finden ist[210], aber dieses Motiv steht in der Weisheitsliteratur nicht in gleicher Weise im Zentrum wie die umgekehrten Aussagen – und vor allem taucht es auch nicht im Zusammenhang mit der Lichtmetaphorik auf. Verbreiteter ist die Vorstellung, dass die Weisheit in allem wirkt, alles durchdringt und erfüllt und immer wieder in die Menschen „hineingeht"[211]; solche Aussagen stehen auch im Kontext von Lichtmetaphorik (vgl. Weish 7,24–30); das Licht veranschaulicht das Übermaß der Weisheit (vgl. Koh 2,13). Dass das Licht aufhört zu leuchten (vgl. Joh 9,4f; 11,9f; 12,35f), liegt nicht im Horizont der Weisheitstexte. Wenn Jesus in Joh 12,35 sagt: ἔτι μικρὸν χρόνον τὸ φῶς ἐν ὑμῖν ἐστιν, so redet er deutlich über sich selbst als Licht, das nur noch „kurze Zeit" da sein wird. Die Grenze der „Lichtzeit" ist die Grenze der Lebenszeit Jesu auf dieser Welt[212]; die Begrenzung, die das Licht hier erfährt, also Konsequenz des Todes Jesu und damit letztlich Konsequenz der Inkarnation. Während die Sophia als quasi „übermenschliches" Wesen immer weiter und immer wieder in anderen Menschen leuchten kann, ist der Aufenthalt des Menschen Jesus als Licht auf der Welt zeitlich begrenzt. Dass sich die Gestalt Jesu im Zusammenhang mit der Lichtmetaphorik auch anders beschreiben lässt, zeigt das Thomasevangelium. Das Konzept der Ubiquität Jesu und des Lichtes aus EvThom 77 steht in deutlichem Gegensatz zur johanneischen Aktualisierung der Lichtmetaphorik und gleichzeitig in Kontinuität zu den Lichtaussagen über die Universalität der Weisheit. Ermöglicht wird dies im EvThom einerseits durch die Überzeitlichkeit des „lebendigen" Jesus, dessen Worte nach dem Incipit im EvThom zu finden sind, und andererseits durch das offene Konzept des nicht

---

[209] Vgl. äthHen 42,1f: „Die Weisheit fand keinen Platz, wo sie wohnen konnte, da hatte sie eine Wohnung in den Himmeln. Die Weisheit ging aus, um unter den Menschenkindern zu wohnen, und sie fand keine Wohnung; die Weisheit kehrte an ihren Ort zurück und nahm ihren Sitz unter den Engeln". Übersetzung: Uhlig, Henochbuch (JSHRZ 7), 584.

[210] Vgl. Spr 1,28b (ζητήσουσίν με κακοὶ καὶ οὐχ εὑρήσουσιν) mit der Parallele in Joh 7,34a (ζητήσετέ με καὶ οὐχ εὑρήσετέ [με]) u.ö. – Zu den Weisheitsmotiven in Joh 7f vgl. Cory, Rescue, 99–102.

[211] Vgl. Weish 7,27f: „Und in jeder Generation geht sie (die Weisheit) in heilige Seelen hinein und bereitet FreundInnen Gottes und ProphetInnen".

[212] Vgl. Wengst, Johannesevangelium 2, 70.

mehr nur jesuanischen Lichtes, das sich nun auch in Steinen, Holz und Menschen sehen lässt (vgl. EvThom 77; 24).

Noch ein weiter Aspekt der (im weiteren Sinne) gnostischen Texte ist der Weisheitsliteratur nicht fremd. Bei den behandelten Schriften fiel immer wieder die bedeutende Rolle auf, die (Selbst-)Erkenntnis und Denken (ⲙⲉⲉⲩⲉ) für das dortige Lichtkonzept spielen. Das entsprechende Vokabular ist in der Weisheitsliteratur reichlich vorhanden; so begegnet dort Weisheit (σοφία) in Parallelisierung und Kombination mit Erkenntnis (γνῶσις, z.B. Spr 2,6; 8,9.12; 9,6; Weish 7,17), mit Vokablen des Denkens und der Einsicht (ἔννοια, z.B. Spr 1,4; 2,11; 3,21; 4,1; 5,2; 8,12; 23,19; 24,7; φρόνησις, z.B. Spr 3,13.19; 7,4; 8,1; 9,6; Bar 3,14; Weish 7,16; 8,6.7.18; σύνεσις, z.B. Spr 2,2.3; 9,10; Ijob 28,20; Bar 3,14.32; αἴσθησις, z.B. Spr 1,4; 2,3.10; 3,20; ἐπιστήμη, z.B. Ijob 28,12.28; Weish 7,16; 8,4), sowie mit dem Geist (πνεῦμα, z.B. Weish 7,22; Bar 3,14)[213].

Dabei ist auch die Konsubstanzialität von Offenbarergestalt und jenen, die die Offenbarung empfangen, nicht ohne Anknüpfungspunkte in den Weisheitstexten. Σοφία spielt in ihnen eine Doppelrolle: Neben der Verwendung als Namen einer himmlischen Gestalt gibt es die „Rolle der Weisheit als immanenter Kraft der Erkenntnis"[214]. In Sir 1,10 heißt es, dass alle Menschen die Weisheit entsprechend der Gabe Gottes besitzen, in Weish 7,23 durchdringt sie mit ihrem Geist alle Geister, und in Spr 2,10 ist davon die Rede, dass die Weisheit in das Denken (διάνοια) des Menschen einzieht. Die Weisheit wirkt nicht nur von außen, sondern auch im Inneren der Menschen, sie ist allen

---

[213] Auffällig ist, dass bis auf πνεῦμα alle oben genannten Begriffe im Johannesevangelium fehlen. Dies hängt allerdings nicht nur mit der johanneischen Schwerpunktsetzung zusammen, die mehr auf Glauben und Ethik als auf Erkenntnis und Denken liegt, sondern auch damit, dass Johannes verbale Ausdrücke bevorzugt: So steht dem Fehlen von γνῶσις der häufige Gebrauch von γιγνώσκω gegenüber – ebenso wie dem Fehlen von πίστις der häufige Gebrauch von πιστεύω. – Neben den oben genannten Begriffen spielen auch πίστις und πιστεύω in der Weisheitsliteratur eine Rolle (vgl. z.B. Spr 3,3; 12,17.22; 14,22; 15,27f; Weish 3,14; 12,2; 14,5; 16,26; 18,6; Sir 1,27, 2,6.8.13; 11,21; 12,10; 15,15 u.ö.). Nach den Gepflogenheiten heutiger Übersetzungen wird πιστεύω im Johannesevangelium durchgehend mit „glauben" wiedergegeben, wenn es in den Weisheitsschriften steht, jedoch überwiegend anders übersetzt (oft mit „vertrauen") – was die Kontinuität des Ausdrucks verschleiert.

[214] So Bultmann, Hintergrund, 28. Bultmann hält es dort für fraglich, ob „das Gottwesen als Kraft der Schöpfung und Erkenntnis einerseits und das Gottwesen als Offenbarungsträger andererseits" ursprünglich zusammengehören – was hier aber nicht weiter zu interessieren braucht; wichtig ist lediglich, dass beides in den in der Spätantike vorliegenden Texten kombiniert ist.

zugänglich, die nach ihr suchen²¹⁵. Dies ist sicherlich nicht identisch mit der Vorstellung der Konsubstanzialität in den oben behandelten Texten, lässt sich aber in eine vergleichbare Richtung lesen und interpretieren: Weisheit und Erkenntnis als innere Fähigkeit des Menschen sind zusammen mit der weisheitlichen Lichtmetaphorik Ausgangspunkt dafür, auch vom göttlichen inneren Licht des Menschen reden zu können – die Idee der Konsubstanzialität liegt sozusagen in der Fluchtlinie der Weisheitstexte.

Auffälligster Unterschied zwischen der Weisheitsliteratur und den gnostischen Texten sind die teilweise ausufernden Spekulationen über Theogonie, Kosmogonie und Anthropogonie, wie sie sich besonders in AJ, Protennoia und ParSem finden lassen. Bemerkenswerterweise gibt es aber auch hier eine Anknüpfung an Motive der Weisheitsliteratur. Liest man die Passage Weish 7,17–26 mit „gnostischen" Augen²¹⁶, so erscheint das kosmologische Wissen als Konsequenz aus den Lehren der Weisheit, die mit Hilfe des in ihr befindlichen, alles durchdringenden Geistes (πνεῦμα) in allem wirkt und gleichzeitig als Hauch der Kraft Gottes (ἀτμὶς...τῆς τοῦ θεοῦ δυνάμεως) und Ausfluss seines Glanzes (ἀπόρροια τῆς...δόξης) bezeichnet wird. Wenn man diesen Text aus der Perspektive der sethianischen Gnosis betrachtet, so lässt sich hier die ursprüngliche sethianische Triade von Vater, Mutter und Sohn finden und einiges über ihr Verhältnis zueinander erfahren. Zweifellos ist der Stellenwert der spekulativen Ausführungen in den gnostischen Texten ein ungleich größerer und die mythologischen Vorstellungen

---

²¹⁵ Vgl. Ashton, Transformation, 163. "[W]isdom / understanding is portrayed as accessible, directly available to anyone who sets about obtaining it in the right way".

²¹⁶ Dazu möchte ich mit Hilfe der (gnosisunverdächtigen) Einheitsübersetzung einladen: „Er verlieh mir untrügliche Kenntnis der Dinge, so daß ich den Aufbau der Welt und das Wirken der Elemente verstehe, Anfang und Ende und Mitte der Zeiten, die Abfolge der Sonnenwenden und den Wandel der Jahreszeiten, den Kreislauf der Jahre und die Stellung der Sterne, die Natur der Tiere und die Wildheit der Raubtiere, die Gewalt der Geister und die Gedanken der Menschen, die Verschiedenheit der Pflanzen und die Kräfte der Wurzeln. Alles Verborgene und alles Offenbare habe ich erkannt; denn es lehrte mich die Weisheit, die Meisterin aller Dinge. In ihr ist ein Geist, gedankenvoll, heilig, einzigartig, mannigfaltig, zart, beweglich, durchdringend, unbefleckt, klar, unverletzlich, das Gute liebend, scharf, nicht zu hemmen, wohltätig, menschenfreundlich, fest, sicher, ohne Sorge, alles vermögend, alles überwachend und alle Geister durchdringend, die denkenden, reinen und zartesten. Denn die Weisheit ist beweglicher als alle Bewegung; in ihrer Reinheit durchdringt und erfüllt sie alles. Sie ist ein Hauch der Kraft Gottes und reiner Ausfluß der Herrlichkeit des Allherrschers; darum fällt kein Schatten auf sie. Sie ist der Widerschein des ewigen Lichts, der ungetrübte Spiegel von Gottes Kraft, das Bild seiner Vollkommenheit" (Weish 7,17–26).

sind beträchtlich erweitert, aber dennoch stehen auch sie in einer denkbaren Fortführung von Vorstellungen, die in der Weisheitsliteratur schon anklingen.

Zusammenfassend lässt sich sagen, dass nahezu alle Motive, die im Johannesevangelium einerseits und den behandelten gnostischen (und diesen verwandten) Texten andererseits jeweils im Zusammenhang mit der Lichtmetaphorik und der Darstellung des Lichtes eine Rolle spielen, in der Weisheitsliteratur vorgezeichnet sind. Darüber hinaus liegen in allen Texten unterschiedliche Verarbeitungen der Genesiserzählung vor. Die Texte sind also sehr weitgehend von jüdischer Überlieferung geprägt, die sie in verschiedener Weise akzentuieren und fortführen; die jüdischen Traditionen bilden die gemeinsame Basis und Mitte der Aktualisierungen der Lichtmetaphorik[217]. Die Unterschiede der Texte liegen in ihren unterschiedlichen Schwerpunktsetzungen und divergierenden Weiterführungen der Weisheitsüberlieferungen: Im Johannesevangelium wird der Lebenswandel und damit die ethische Seite der Lichtmetaphorik betont, in den anderen Texten gewinnen Erkenntnis und kosmologische Spekulation an Bedeutung.

8. *Die johanneische Lichtmetaphorik im Kontext der anderen Texte*

Bultmann beschreibt die unterschiedlichen Schwerpunktsetzungen von Gnosis und Johannesevangelium als „kosmologischen Dualismus" versus „Entscheidungsdualismus"[218]. Jesu Worte seien „keine Lehrsätze, sondern Einladung und Ruf zur Entscheidung"[219]. „Auch ist für Johannes die Menschwerdung des Gottessohnes nicht eine Veranstaltung, um den Menschen die ‚Gnosis' in der Gestalt von kosmologischen und anthropologischen Lehren zu übermitteln", und Jesus hat keine „Belehrungen über die Entstehung der Welt und das Schicksal der Seelen gebracht. Er vermittelt nicht etwas, sondern er ruft zu sich; oder wenn er eine

---

[217] Diese gemeinsame Basis und Mitte der Texte macht es m.E. auch unnötig, die Ähnlichkeiten etwa von AJ, Protennoia und Joh mit Hilfe von Theorien direkter Abhängigkeiten (gleich in welcher Richtung) zu erklären. Darüber hinaus lassen mich auch die divergierenden Schwerpunktsetzungen der Texte (deren Gemeinsames die Weisheit bildet), an der Annahme von Schenke Robinson, NHD 2, 813f, zweifeln, die meint: „Die Protennoia erschafft damit einen Zugang zu der Spielart der Weisheitstradition, die bereits durch den gnostischen Filter lief, bevor sie den als Vorlage des Prologs erschlossenen Logoshymnus erreichte".
[218] So Bultmann, Theologie, 373; vgl. ebd., 429.
[219] Bultmann, Theologie, 374.

Gabe verheißt, so ist die Gabe er selbst: er ist selbst das Lebensbrot, das er spendet (6,35); er ist selbst das Licht (8,12); er ist selbst das Leben (11,25; 14,6)"[220].

Bultmanns Blickrichtung richtet sich von den gnostischen Texten herkommend auf das Johannesevangelium. So kann er sagen, aus dem kosmologischen Dualismus sei „bei Johannes ein Entscheidungsdualismus *geworden*"[221] und feststellen, der gnostische kosmologische Dualismus sei bei Johannes „entmythologisiert"[222]. Dies ist *eine* mögliche Blickrichtung: Schaut man von den gnostischen Texten aus auf das Johannesevangelium, so ist der Mythos reduziert, und die Rede vom Kosmos sowie die Verbindung mit der Genesis sind sozusagen nur ein Restbestand viel weitreichenderer mythologischer Spekulationen. So gesehen hat Johannes die „Auswüchse" reduziert und den Schwerpunkt auf die Ethik verschoben.

Bei der *anderen* möglichen Blickrichtung, die sich vom Johannesevangelium ausgehend auf die gnostischen Texte richtet, ergibt sich ein anderes Bild: Die gnostischen Texte beantworten Fragen, die im Johannesevangelium nicht im Zentrum stehen, da sie nicht erlösungsrelevant sind. Wer die gnostischen Texte von Johannes ausgehend liest, kann trotzdem Lücken auffüllen: Es ist mehr zu erfahren über die Weltentstehung und die Rolle, die der Logos dabei spielt; es erklärt sich, wieso der Kosmos gleichzeitig eine feindliche Größe ist (vgl. z.B. Joh 15,18f) und Schöpfung, die die Zuwendung Gottes erfährt (vgl. z.B. Joh 3,16), und es wird deutlicher, inwiefern der Erlöser sich als φῶς τοῦ κόσμου bezeichnen kann. Von dieser Blickrichtung aus gesehen sind die gnostischen Texte mythologisierende Weiterführungen johanneischer Konzeptionen, durch die offene Stellen im Text aufgefüllt werden.

Meiner Ansicht nach lässt sich nicht entscheiden, welche dieser beiden möglichen Blickrichtungen die „richtige" ist. Nicht nur uns, sondern auch den spätantiken RezipientInnen des Johannesevangeliums sind beide Blickrichtungen möglich. Eindeutige Abhängigkeitsverhältnisse zwischen dem Johannesevangelium einerseits und jenen fünf Texten andererseits, in denen sich ebenfalls Offenbarergestalten selbst als Licht vorstellen (EvThom, ParSem, Poim, AJ, Protennoia) lassen sich weder in

---

[220] Bultmann, Theologie, 393f.
[221] Bultmann, Theologie, 373; Hervorhebung von mir.
[222] Bultmann, Theologie, 362.

die eine noch in die andere Richtung feststellen[223]. Ausschlaggebend für Vergleich und Verständnis der Texte ist zudem nicht lediglich die Frage, was logisch oder zeitlich primär ist. Vielmehr werden die Konturen des Gesagten im Nebeneinander und Kontrast der Schriften deutlicher. Das gilt für ihre Gemeinsamkeiten ebenso wie für ihre Unterschiede.

Nach Hans Blumenberg indizieren „Umformungen der Grundmetapher", also der Lichtmetapher, „Wandlungen des Welt- und Selbstverständnisses"[224]. Blumenberg gibt seinem Aufsatz den Titel: „Licht als Metapher der Wahrheit". Seine Beispiele aus der europäischen Geistesgeschichte (von Parmenides über das platonische Höhlengleichnis bis zur Aufklärung) zeigen immer wieder eine Verbindung von Licht und dem *Erkennen* der Wahrheit; die Verbindung von Licht mit Sehen und Wissen, mit Erleuchtung und Erkenntnis durchzieht die europäische Geistesgeschichte. Die oben behandelten gnostischen und gnosisnahen Texte fügen sich in dieses Gesamtbild ein. Demgegenüber geht es in der Lichtmetaphorik des Johannesevangeliums nicht um das Erkennen, sondern primär um das *Tun* der Wahrheit: ὁ δὲ ποιῶν τὴν ἀλήθειαν ἔρχεται πρὸς τὸ φῶς (Joh 3,21). Das Desinteresse der johanneischen Lichtaussagen an Erkenntnis und Wissen ist auf dem Hintergrund der Lichtmetaphorik anderer Texte auffällig.

Die johanneische Lichtmetaphorik wirkt auch noch in anderen Aspekten reduktionistisch. Angesprochen hatte ich schon das Fehlen kosmologischer Spekulationen trotz Anknüpfungen an die Genesisgeschichte[225]. Was ebenfalls fehlt, ist die Gleichsetzung von Licht und Gott, wie sie z.B. in 1Joh 1,5 vorliegt. Auch eine direkte Identifikation der Nachfolgenden mit dem Licht, wie etwa in Mt 5,14 (ὑμεῖς ἐστε τὸ φῶς τοῦ κόσμου)[226], fehlt im Johannesevangelium – vorgesehen ist

---

[223] Es ist kaum denkbar, dass die fünf behandelten Texte, die vier verschiedenen Richtungen zuzuordnen sind (nicht sicher gnostisch, gnostisch-manichäisch, hermetisch, sethianisch), alle mit Absicht ihre zentralen Inhalte entchristlicht und dabei gleichzeitig das Christliche am Rande oder im Rahmen stehengelassen hätten. Mit Ausnahme des EvThom haben die Texte kein Primärinteresse am Christentum, sondern an der Auslegung jüdischer Texte. Wer die Texte ausschließlich vom Christlichen her und auf das Christliche hin liest, trägt also etwas in die Texte ein, das ihrem Ort in der religiösen Vielfalt der Antike nicht entspricht.

[224] Blumenberg, Licht, 433.

[225] Vgl. Bultmann, Evangelium, 261: „Die Offenbarung wird nie zum Offenbarten, das Licht, das der Glaubende *hat*, ist immer das Licht, das Jesus ist" (Hervorhebung dort gesperrt).

[226] Schon Origenes liest Joh 8,12 und Mt 5,14 zusammen, vgl. Johanneskommentar I, 26, §171 (SC 120, 144). – Wead, Devices, 81, verweist auf Ähnlichkeiten im johanneischen und matthäischen Metapherngebrauch hin; Klein, Vorgeschichte,

lediglich die Möglichkeit und Aufgabe, durch den Glauben an das Licht zu υἱοὶ φωτός zu werden (Joh 12,36)[227], nicht jedoch zum φῶς τοῦ κόσμου selbst.

Die reduktionistische Besonderheit der johanneischen Lichtkonzeption im Vergleich mit anderen Texten gründet in der Christologisierung der Lichtmetaphorik. Das Licht, das in den anderen Texten in vielfältiger Form vorhanden ist, wird im Text des Johannesevangeliums an die Gestalt Jesu Christi gebunden. Schwankl redet davon, dass „die ‚freilaufende' Metapher durch die exklusive Bindung an Jesus ihrerseits ‚gezähmt', nämlich historisiert und personalisiert" wird[228]. In Bultmanns Ausdrucksweise hieße das: Sie wird „entmythologisiert".

An zwei Stellen ist die Lichtmetaphorik des Johannesevangeliums dennoch nicht vollkommen exklusiv an Jesus gebunden. Zum Einen kann Johannes der Täufer immerhin als Lampe ein wenig Licht spenden (Joh 5,35), deutlich ist allerdings, dass er dies als Zeuge für das Licht und nicht als Licht selbst tut (1,8)[229]. Zweitens – und dies ist weitreichender – ist beim ersten Auftreten des Lichtes im Prolog über die Anknüpfung besonders an Gen 1 erst einmal ein Bezug zum Licht der Schöpfung gegeben und noch nicht zu Jesus Christus. Der Prolog beginnt, so hatte ich oben festgestellt, also mit einer offenen Anknüpfung an andere Traditionen und trifft nicht eindeutig von Anfang an Aussagen über Jesus Christus, sondern lenkt erst auf ihn hin. Die kom-

---

128–130, postuliert einen (schwer nachvollziehbaren) traditionsgeschichtlichen Zusammenhang von der vormt Fassung von Mt 5,14–16 zur vorjoh Fassung von Joh 8,12 (vgl. auch Cebulj, Ich bin es, 168); Schnackenburg, Johannesevangelium 2 (2. Aufl.), 241, schließlich stellt fest: „Vergleicht man [Joh 8,12] mit Mt 5,14, wo der gleiche Ausdruck die Jüngergemeinde Christi bezeichnet, erkennt man die joh. Konzentration auf die Christologie".

[227] Von den „Söhnen / Kindern des Lichts" ist auch anderswo die Rede (vgl. Lk 16,8; 1Thess 5,5; Eph 5,8; weitere Belege bei Schwankl, Licht, 267f), das Konzept weist also über das Johannesevangelium hinaus.

[228] Schwankl, Licht, 221, vgl. auch ebd., 365: „Aus dem Blickwinkel eines hellenistischen religiösen Menschen, namentlich eines nichtchristlichen Gnostikers, kann diese Gründung und Konzentrierung der Symbolik als eine ‚Symbolenteignung' erlebt werden; die vorhandenen Symbole werden von Johannes für Jesus Christus in Anspruch genommen. Doch muß man es nicht so sehen. Es könnte auch sein, daß die Symbole durch die joh Christologisierung erst zu sich kommen und ihren vollen Sinn entfalten. Jesus Christus (…) ist der Inbegriff des Ganzen. In seiner Person, in seinem Weg und Werk, verdichtet sich alles Geschehen und alle Geschichte".

[229] An der Täuferpolemik lässt sich auch sehen, auf welche Art im Johannesevangelium polemisiert wird. Vergleichbare Polemik gibt es im Kontext der johanneischen Lichtmetaphorik sonst nicht; die Konzentration auf Jesus wird (mit Ausnahme der Täuferpolemik) nicht in Abgrenzung zu anderen Lichtkonzeptionen erreicht, sondern in Anknüpfung an sie.

munikative Ausrichtung der johanneischen Lichtmetaphorik wird von Schwankl noch weiter gefasst: „Da die ‚Kategorie' der Licht-Finsternis-Metaphorik aber nicht nur einem einzigen Kulturkreis angehört, reicht die Begegnung, die Johannes durch sie herbeiführt, weiter als in den hellenistischen oder den atl-jüdischen Traditionsbereich hinein. Weil der Gegensatz von Licht und Finsternis ‚Allgemeingut' der menschlichen Erfahrung und des Aufbaus der religiösen Sinnwelt ist, gibt Johannes der christlichen Verkündigung durch den Einsatz dieses Konzepts nicht nur eine einmalig-situationsgerechte, sondern auch eine dauerhaft-allgemeinverständliche Gestalt"[230]. Diese allgemeine Ausrichtung der johanneischen Lichtmetaphorik zeigt sich auch im Gegenüber zu den gnostischen und gnosisnahen Texten, die besonders in ihren Ausführungen zur Kosmogonie eher ein Spezialpublikum erfordern, um überhaupt verständlich zu sein. Gerade die reduktionistische Klarheit der johanneischen Lichtkonzeption bringt die „dauerhaft-allgemeinverständliche Gestalt" hervor.

Der auffälligste Sonderzug der johanneischen Lichtmetaphorik ist ihre zeitliche Einschränkung. Auch diese Einschränkung hängt damit zusammen, dass die Lichtmetaphorik fast ausschließlich auf Jesus konzentriert ist. Zwar wird das Licht im Prolog schon vor dem irdischen Jesus genannt, die „Zeit des Lichtes" endet aber mit dem Weggang Jesu: Nur noch „kurze Zeit" ist das Licht, d.h. Jesus, in der Welt (vgl. Joh 12,15). Die Konzentration auf Jesus als Licht und die zeitliche Begrenzung lassen die Frage aufkommen, woher denn das Licht kommen kann und was das Wandeln im Licht ermöglichen kann, wenn Jesus nicht mehr da ist: Wenn es in Joh 12,36 heißt: „Solange ihr das Licht habt, glaubt an das Licht (ὡς τὸ φῶς ἔχετε, πιστεύετε εἰς τὸ φῶς)" so fragt sich, was in der Zeit danach sein wird. Die Christozentrik des Evangeliums macht eine theologische Bewältigung der Abwesenheit Jesu Christi erforderlich.

Die zeitliche Begrenzung des Lichtes steht im Kontext der besonderen Zeitkonzeption des Evangeliums: Die Zeit ist hier nicht linear-chronologisch gedacht, sondern als messianisch erfüllte Zeit, entsprechend dem, was ich im vorigen Kapitel im Hinblick auf die Brotrede ausgeführt habe[231]. In dieser so konzentrierten „Zeit" erhöht sich die „drängende Anforderung" an die Zuhörenden, „sich gegenüber

---

[230] Schwankl, Licht, 401.
[231] Vgl. oben D I 5.

dem Ruf des Offenbarers zu entscheiden"²³². Ändert sich diese Zeitkonzeption, so muss sich gleichzeitig auch die Lichtmetaphorik ändern. Der erste Johannesbrief formuliert im Rückblick auf die Zeit Jesu, dieser habe uns verkündigt, dass Gott Licht sei²³³, und setzt die Gemeinschaft untereinander synonym mit dem „Wandeln im Licht"²³⁴. Unter anderem durch die veränderte Zeitperspektive erfolgt notwendig ein Wandel der Lichtmetaphorik, die nun nicht mehr in Jesus, sondern in Gott zentriert ist.

Bemerkenswert ist im Zusammenhang der zeitlichen Begrenzung der Ort der Lichtaussagen im Gesamtaufriss des Evangeliums. Die Lichtmetaphorik endet in Kap. 12 zusammen mit dem öffentlichen Wirken Jesu. Im Anschluss an jene Aussage, die die Anwesenheit von Jesus als Licht am eindeutigsten zeitlich begrenzt, folgt die Bemerkung, dass er sich vor ihnen (der Öffentlichkeit) verbirgt (καὶ ἀπελθὼν ἐκρύβη ἀπ' αὐτῶν, 12,36). Dies ist der „pointierte narrative Ausdruck für die eingetretene Situation; damit sind die zeitlichen Terminierungen von 9,5–6, 11,9–10 und 12,35–36 eingelöst"²³⁵.

Aber damit ist noch nicht das Ende des Evangeliums erreicht. Was nach Kap. 12 folgt, sind die Abschiedsreden, in denen das Problem der Abwesenheit Jesu theologisch reflektiert wird²³⁶ und Jesus seinen AnhängerInnen das Kommen des Parakleten als Garanten für die Kontinuität der Offenbarung verheißt²³⁷. Auch das Motiv von der „kurzen Zeit", die Jesus nur noch anwesend sein wird (vgl. 7,33; 12,35), ist in den Abschiedsreden wieder aufgenommen und vertieft (vgl. 13,33; 14,19; 16,16–19). Zudem gibt es dort noch weitere metaphorische Ich-bin-Worte. Die Formulierung ἐγώ εἰμι τὸ φῶς τοῦ κόσμου, und mit

---

[232] So Schnackenburg, Johannesevangelium 2 (2. Aufl.), 240; vgl. auch Bultmann, Evangelium, 270f: „Seine [Jesu] Begegnung macht das Jetzt zur eschatologischen Zeit. Würde sie Dauer gewinnen, wäre sie nicht mehr eschatologische, sondern weltliche Zeit. Eben das gibt dem Jetzt, da er begegnet, die Last der Verantwortung, macht es zum Augenblick der Entscheidung über Leben und Tod".

[233] Vgl. 1Joh 1,5: καὶ ἔστιν αὕτη ἡ ἀγγελία ἣν ἀκηκόαμεν ἀπ' αὐτοῦ καὶ ἀναγγέλλομεν ὑμῖν, ὅτι ὁ θεὸς φῶς ἐστιν καὶ σκοτία ἐν αὐτῷ οὐκ ἔστιν οὐδεμία.

[234] Vgl. 1Joh 1,7: ἐὰν δὲ ἐν τῷ φωτὶ περιπατῶμεν ὡς αὐτός ἐστιν ἐν τῷ φωτί, κοινωνίαν ἔχομεν μετ' ἀλλήλων, vgl. auch 1 Joh 2,9–11. – Zu den lichtmetaphorischen Verschiebungen zwischen Joh und 1Joh vgl. auch Lieu, Blindness, passim; Klein, Licht, passim; Schwankl, Metaphorik, 161–164; Ders., Licht, 279–329; Popkes, Licht, 650f.

[235] Schwankl, Metaphorik, 159.

[236] Vgl. Bultmann, Evangelium, 270: „Die Abschiedsreden werden es vollends deutlich machen: in seinem Gehen erst erschließt sich der Sinn seines Kommens".

[237] Joh 14,16f.26; 15,26; 16,7–11; vgl. Schwankl, Metaphorik, 159; Wengst, Johannesevangelium 2, 70f.

ihr die Lichtmetaphorik, wird durch andere metaphorische Konzepte abgelöst, durch die die zeitliche Begrenzung ein Gegengewicht erhält. Dies in u.a. in der Rede vom Weinstock und seinen Zweigen der Fall, deren zentrales Thema das „Bleiben ineinander" ist und um die es im folgenden Kapitel gehen wird.

III. Der Weinstock, Israel und das Paradies

Καθὼς οἱ πρεσβύτεροι μέμνηνται οἱ Ἰωάννην τὸν μαθητὴν τοῦ Κυρίου ἑωρακότες ἀκηκοέναι παρ' αὐτοῦ πῶς περὶ τῶν χρόνων τούτων ἐδίδασκεν ὁ Κύριος καὶ ἔλεγεν: "Ἐλεύσονται ἡμέραι ἐν αἷς ἀμπελῶνες ἀναφύσονται καθ' ἕνα ἕκαστον μύρια κλήματα ἔχοντες, καὶ ἐν ἑνὶ ἑκάστῳ κλήματι μυρίους ὄζους, καὶ ἐν ἑνὶ ἑκάστῳ ὄζῳ μυρίας οἰναρίδας, καὶ ἐν μιᾷ ἑκάστῃ οἰναρίδι μυρίους βότρυας, καὶ ἐν ἑνὶ ἑκάστῳ βότρυϊ μυρίους ῥῶγας, καὶ εἷς ἕκαστος ῥὼξ ἐκθλιβεὶς δώσει εἴκοσι πέντε μετρητὰς οἴνου. Καὶ καταλαβόντος τινὸς τῶν ἁγίων βότρυα, ἄλλος ἐπιβοήσει βότρυς· Ἐγὼ βελτίων, ἐμὲ λαβέ, δι' ἐμοῦ τὸν Κύριον εὐλόγει"[1].

Zu Beginn von Joh 15 finden sich zwei Ich-bin-Worte, in denen sich Jesus selbst als Weinstock bezeichnet; auf beide folgt jeweils ein Bedingungssatz. Die beiden Formulierungen sind parallel gebaut und beginnen mit denselben Worten, fahren aber dann mit einer jeweils anderen Akzentsetzung fort:

15,1f Ἐγώ εἰμι ἡ ἄμπελος ἡ ἀληθινή, καὶ ὁ πατήρ μου ὁ γεωργός ἐστιν. πᾶν κλῆμα ἐν ἐμοὶ μὴ φέρον καρπὸν αἴρει αὐτό, καὶ πᾶν τὸ καρπὸν φέρον καθαίρει αὐτὸ ἵνα καρπὸν πλείονα φέρῃ.	15,5 ἐγώ εἰμι ἡ ἄμπελος, ὑμεῖς τὰ κλήματα. ὁ μένων ἐν ἐμοὶ κἀγὼ ἐν αὐτῷ οὗτος φέρει καρπὸν πολύν, ὅτι χωρὶς ἐμοῦ οὐ δύνασθε ποιεῖν οὐδέν.

Die mehrfach zu beobachtende Doppelung von Ich-bin-Worten begegnet also auch hier, und auch hier sind Verschiebungen zwischen beiden Formulierungen zu konstatieren: In der ersten Formulierung bezeichnet Jesus sich als wahren Weinstock und seinen Vater als (Wein-)bauern, in der zweiten Formulierung fehlt das ἀληθινός, und neben Jesus kommen die JüngerInnen als Zweige ins Bild. Entsprechend ist im

---

[1] „So erinnern sich auch die Presbyter, die Johannes, den Schüler des Herrn, gesehen haben, von ihm gehört zu haben, wie der Herr von jenen Zeiten lehrte und sprach: ‚Es werden Tage kommen, wo Weinstöcke wachsen werden, jeder mit 10 000 Reben, und an einer Rebe 10 000 Zweige und an einem Zweige 10 000 Schosse, und an jedem Schoß 10 000 Trauben und an jeder Traube 10 000 Beeren, und jede Beere wird ausgepreßt 1000 Liter Wein geben. Und wenn einer von den Heiligen eine Traube ergreift, wird die andere ihm zurufen: Ich bin eine bessere Traube, nimm mich und preise durch mich den Herrn!'" – Irenäus, Haer V, 33,3 (SC 153, 415); Übersetzung nach Klebba, BKV 4, 240; zum Text vgl. auch syrBar 29,5; Lindemann / Paulsen (Hg.), Väter, 288f; Klauck, Evangelien, 24.

ersten Fall Gott Subjekt des Bedingungssatzes, im zweiten Fall sind es die JüngerInnen; beidemale jedoch geht es um das Fruchttragen. Der thematische Schwerpunkt des Gesamtabschnitts liegt weniger bei der ersten Formulierung, entscheidend ist vielmehr das Verhältnis von Weinstock und Zweigen bzw. von Jesus und JüngerInnen. Dieses Verhältnis wird auf verschiedenen Ebenen beschrieben, wobei Formulierungen der Verbundenheit (meist mit μένειν ἐν ausgeführt) dominieren: Ein zentrales Thema der Weinstockrede ist die bleibende Gemeinschaft von Jesus und den JüngerInnen. Dabei beginnt die Weinstockrede allerdings nicht mit der Gemeinschaft, dem „Bleiben in", sondern mit dem negativen Gegenstück dieser Gemeinschaft, nämlich der Trennung der nicht-fruchtbringenden Zweige vom Weinstock. Bildwelt und Situationsbeschreibung der johanneischen Gemeinde scheinen sich hier gegenseitig zu durchdringen.

Zu erinnern ist in diesem Zusammenhang an das oben Ausgeführte zu Metaphern, Gleichnissen, Allegorien etc.: Dort hatte ich festgehalten, dass es sich in Joh 15,1ff um ein metaphorisches Netzwerk handelt, in dem Metaphern aus einem Bildfeld nebeneinander und aufeinander bezogen verwendet werden. Durch die explizite Bezugnahme auf Gepflogenheiten des Weinbaus tritt hier die Frage nach der konkreten Weinbaupraxis der Antike ins Blickfeld. Damit ergibt sich eine doppelte Fragerichtung für das Verstehen der Metaphorik von Joh 15: Zum Einen ist die metaphorische Verwendung von Worten aus dem Bildfeld Weinbau in anderen Texten der Spätantike wichtig, zum anderen ist aber auch die konkrete antike Weinbaupraxis relevant, soweit sie sich in Joh 15 spiegelt. Auf beides werde ich im Folgenden eingehen, zuvor jedoch soll eine Kontextualisierung der Weinstockrede innerhalb des Johannesevangeliums erfolgen, und ich werde noch einmal näher auf die metapherntheoretischen Implikationen des Textes eingehen.

1. *Abgrenzung, Gliederung und Kontext*

Die Weinstockrede ist Bestandteil der Abschiedsreden. Die Abgrenzung des Textes zum vorhergehenden ist eindeutig: Mit 15,1 erfolgt ein abrupter Neueinsatz der Rede, nachdem in 14,31 Jesus seine erste Rede mit der Aufforderung abgeschlossen hatte, aufzustehen und „von hier wegzugehen". Eingelöst wird diese Aufforderung erst in 18,1, wo nach weiteren Reden und dem Gebet Jesu (Kap.17) schließlich der Aufbruch erzählt wird. Die Kapitel 15–17 werden, da sie so eindeutig den Zusammenhang von 14,31 zu 18,1 unterbrechen, oft als deplaziert oder literarisch sekundär angesehen[2]. Deutlich ist aber, dass sich die Kap.15–17 inhaltlich nicht in einem Widerspruch zu Kap.13–14 befinden, sondern eine gedankliche Fortführung darstellen. Dettwiler interpretiert Abschnitte aus den späteren Kapiteln als „Relecture" der vorhergegangenen. Dabei meint „Relecture" bei Dettwiler „eine vielschichtige und komplexe Bewegung der Reinterpretation", die sich „grundsätzlich in der zweifachen Bewegung von explizierender Rezeption und thematischer Akzentverlagerung" vollzieht[3].

Aufgrund meiner methodischen Prämissen[4] sollen hier nicht die verschiedenen literarkritischen Modelle diskutiert werden; wichtig an Dettwilers Textbeobachtungen ist jedoch die enge thematische Bezogenheit der Weinstockrede auf die Erzählung von der Fußwaschung nebst ihren Deutungen (13,1–17) und auf die Formulierung des Liebesgebotes (13,34f), durch die eine Verbindung über Kap.14 hinweg zu Kap.13 deutlich wird[5]. Durch die thematischen Wiederaufnahmen rückt die Weinstockrede näher an das Szenario der zu Beginn von Kap.13 geschilderten Mahlzeit heran und erhält damit möglicherweise auch einen impliziten Bezug auf das Abendmahl[6]. Ergänzend dazu lässt sich eine – noch über die Ich-bin-Worte hinaus reichende – Verbindung mit Joh 6 feststellen, da die dort erstmalig gebrauchte sogenannte „reziproke Immanenzformel"[7] vom „Bleiben" ineinander[8] in Joh 15 aufgegriffen und entfaltet wird (vgl. die μένειν-Formulierungen in 15,4.5).

Das Ende der Weinstockrede wird in der Sekundärliteratur unterschiedlich bestimmt. Deutlich ist ein Neuansatz mit 15,18: Ab diesem

---

[2] Zu den verschiedenen Forschungshypothesen bezüglich Textumstellungen und -wachstum vgl. z.B. die Zusammenstellung bei Dettwiler, Gegenwart, 34–44.

[3] Dettwiler, Gegenwart, 45 bzw. 48. Zur Relecture vgl. auch Zumstein, Prozeß, passim; Scholtissek, In ihm sein, 131–137.

[4] Vgl. oben B III 7. Ein (mögliches) Modell der Textgenese bietet z.B. Theobald, Herrenworte, 401–419.

[5] So schon Bultmann, Evangelium, 406; vgl. auch Schnackenburg, Johannesevangelium 3,122f, der weitere Literatur mit dieser Position aufzählt, sich selbst aber eher skeptisch äußert.

[6] Vgl. Wead, Devices, 92; Bauer, Johannesevangelium, 189: „Daß wir der Rätselrede vom Weinstock gerade hier im Evangelium begegnen, erklärt sich möglicherweise daraus, daß auch über dem johanneischen Bericht von dem letzten Zusammensein Jesu mit den Seinen die Erinnerung an das Abendmahl schwebt". – Zum eucharistischen Bezug der Weinstockrede vgl. auch Wead, Devices, 92; Schnackenburg, Johannesevangelium 3, 122f und die dort in A55 genannte Literatur.

[7] Zu diesem Ausdruck vgl. bes. Schnackenburg, Kommentar 3, 112; Borig, Weinstock, 53f.81f; Scholtissek, In ihm sein, 2.159.

[8] Vgl. Joh 6,56: ὁ τρώγων μου τὴν σάρκα καὶ πίνων μου τὸ αἷμα ἐν ἐμοὶ μένει κἀγὼ ἐν αὐτῷ.

Vers geht es um das Verhältnis Jesu und der JüngerInnen zur Welt, also um die Außenperspektive, zuvor dagegen primär um die Binnenperspektive zwischen Jesus und JüngerInnen. Während sich die Abgrenzung der größeren Redeeinheit von 15,1–17 in der Forschung immer wieder findet, wird die Unterteilung dieser Einheit mit unterschiedlichen Ergebnissen diskutiert. Die meisten gehen von einer Zweiteilung aus, setzen die Zäsur jedoch unterschiedlich nach Vers 8, 10 oder 11[9]. Bis Vers 8 bewegt sich der Text vorwiegend auf der Ebene der Bildwelt von Weinstock, Zweigen und Früchten; ab Vers 9 steht die Liebe untereinander im Zentrum, wobei in Vers 16 noch einmal auf die Bildwelt rekurriert wird. Wie so oft im Johannesevangelium sind unterschiedliche Textteile durch Wiederaufnahmen miteinander verflochten. Sinnvoll scheint es deshalb, die Zäsur nicht zu stark zu betonen, aber doch von einem gewissen Neueinsatz mit Vers 9 auszugehen, da ab hier die zuvor im Bild von Zweigen und Weinstock beschriebene Gemeinschaft auf einer anderen Ebene thematisiert wird: Es folgt sozusagen eine Übertragung der zuvor gebrauchten Bilder in weniger bildhaft dominierte Sprache.

2. *Ein metaphorisches Netzwerk*

Joh 15,1–8 wird in der Forschung unterschiedlich klassifiziert: als Gleichnis, Parabel, Bild, Bildrede, Allegorie, symbolische Sprache, mashal, Metapher, ansatzweise gemischte Allegorie oder emblematische Allegorie[10]. Ich möchte hier an meine Überlegungen zur Metapherndiskussion[11] anknüpfen: Dort hatte ich – aufgrund meines Metaphernverständnisses und im Anschluss an einen Aufsatz von Watt über Joh 15 – festgehalten, dass es sich bei der Weinstockrede weder um eine

---

[9] Nach Vers 8 z.B. Becker, Herde, 172f; Scholtissek, In ihm sein, 276; Wengst, Johannesevangelium 2, 139; nach Vers 10 z.B. Borig, Weinstock, 19 und passim; nach Vers 11 z.B. Schnackenburg, Johannesevangelium 3,108; Onuki, Gemeinde, 119; Theobald, Herrenworte, 403.416f (Theobald und Onuki gehen jedoch auch von einer Zäsur nach V8 aus); Cebulj, Ich bin es, 235f; Thyen, HNT, 639; Haldimann, Rekonstruktion, 140f und passim. Dort findet sich auch auf den Seiten 129–131 eine Auflistung, welche ExegetInnen sich noch für welche Abgrenzung entschieden haben.

[10] Vgl. zur Zusammenstellung dieser Begriffe Borig, Weinstock, 21–23; Dettwiler, Gegenwart, 81–86; Gemünden, Vegetationsmetaphorik, 156–158; Van der Watt, Metaphorik, 68f; Haldimann, Rekonstruktion, 145–148; Scholtissek, In ihm sein, 278; Cebulj, Ich bin es, 242f; Zumstein, Bildersprache, 140f. – Ein vergleichbares Gattungsproblem gibt es auch im Hinblick auf Joh 10, vgl. Zimmermann, Christologie, 277–290.

[11] Vgl. oben C II 4 d.

Allegorie¹² noch um ein Gleichnis oder um eine Parabel, sondern um ein „metaphorisches Netzwerk" handelt. Watt stellt fest, dass die verschiedenen metaphorischen Wendungen in Joh 15,1–8 „aus einem Assoziationskomplex" stammen und „syntaktisch jeweils aufeinander bezogen" sind¹³. Dabei unterscheidet sich die strukturelle Funktion, die die Substantive einerseits und die Verben andererseits beim Aufbau des Netzwerkes haben, deutlich voneinander: Die Metaphern selbst sind aus den Substantiven aufgebaut (Jesus ist der Weinstock; Gott der Weinbauer; die JüngerInnen die Zweige), durch die Verben hingegen werden diese Metaphern miteinander verbunden (die Zweige *bleiben* am Weinstock; oder: Gott *entfernt* die Zweige etc.). Dabei treffen sich beide Aussageebenen des Textes in den Verben: Das „Bleiben" (μένειν) wird sowohl von Zweigen und Weinstock wie auch von Jesus und JüngerInnen ausgesagt, und auch von den anderen Verben gilt: „Sie funktionieren sowohl auf der buchstäblichen wie auf der bildhaften Ebene"¹⁴. Die Verben bilden mithin die Schaltstellen im Text, an denen deutlich wird, woraufhin die metaphorischen Prädikationen von Jesus, JüngerInnen etc. erfolgen. Dieser Prozeß funktioniert, weil die verwendeten Verben (μένειν, αἴρειν, καθαίρειν, καρπὸν φέρειν, βάλλειν, συνάγειν, καίειν) ein relativ offenes Bedeutungsspektrum haben und es sich hier nicht im engeren Sinne um Spezialvokabular des antiken Weinbaus handelt¹⁵. Aber auch ohne dieses Spezialvokabular ist die Praxis des Weinbaus das Bildfeld, durch das die Metaphern erst verständlich und lebendig werden¹⁶. Gerade weil in den Verben die Textebenen miteinander verbunden sind, lässt sich von ihrer konkreten (Weinbau-)bedeutung

---

¹² Dies wird in der neueren Forschung am umfangreichsten diskutiert – jedoch bemerkt schon Bultmann, Evangelium, 407 A1, völlig überzeugend: „Dem Charakter einer Allegorie widerspricht schon das ἐγώ εἰμι zu Anfang, das als Deutungsformel einer Allegorie am Schluß stehen müßte".

¹³ Van der Watt, Metaphorik, 77; ähnlich auch Theobald, Herrenworte, 410f; Zumstein, Bildersprache, 141–144. – Zu den „metaphorischen Netzwerken" vgl. auch Van der Watt, Family, 123f; Zimmermann, Christologie, 82f.

¹⁴ Van der Watt, Metaphorik, 75.

¹⁵ So ein Spezialvokabular existierte in hellenistisch-römischer Zeit tatsächlich, vgl. dazu unten im nächsten Abschnitt sowie Busse, Tempelmetaphorik, 419 A125.

¹⁶ Vgl. Matthews, Winepress, 22f: "Metaphorical usage in literature and speech draws its meaning and effect from the physical realities of the image used. (...) When the biblical writers and prophets draw on the vine image there is an expectation that their audience is both familiar with the various aspects of viticulture and capable of making the connections alluded to by the speaker. Obviously, if one has never worked in a vineyard, never seen the cultivation process, and never experienced the tasks associated with wine making, then metaphors based on familiarity can never achieve their full effect. One may drink a glass of wine and have no conception of what it took to

aus Licht auf ihre Bedeutung für die Beschreibung des Gemeinschaftsverhältnisses werfen.

Auffälligerweise setzt Joh 15,1ff direkt mit einem Ich-bin-Wort ein und gebraucht dabei mit dem Wort ἄμπελος eine Prädikation, die zuvor im Evangelium noch nirgendwo erwähnt wurde. Hierin unterscheidet sich dieses Ich-bin-Wort von allen anderen im Evangelium[17]. So steht z.B. in jenem Text, der am häufigsten mit der Weinstockrede verglichen wird, nämlich in Joh 10, das Ich-bin-Wort nicht gleich zu Beginn, sondern erst im Anschluss an die konkreten Ausführungen über Hirten, Diebe, Räuber und Schafe, auf die sich die folgenden Ich-bin-Worte beziehen. Im Vergleich zu Joh 10 wirken die Ich-bin-Worte in Joh 15 kontextlos. Dazu kommt noch, dass sich zur Weinstockrede keine konkrete Geschichte im Evangelium findet, in der die Metapher innerhalb einer Jesuserzählung umgesetzt würde, wie es etwa bei der Brotprädikation und der Brotvermehrungserzählung, der Lichtprädikation und der Blindenheilung oder der Auferstehungsprädikation und der Auferweckung des Lazarus der Fall ist. Und noch eine dritte Beobachtung lässt Joh 15,1ff kontextlos erscheinen: Im Gegensatz etwa zur Brotrede gibt es in Joh 15,1–8 kein einziges markiertes Zitat.

Offensichtlich werden die Rezipierenden also für das Verstehen und die Kontextualisierung von Joh 15,1ff weniger direkt geleitet als bei den übrigen Ich-bin-Worten; der intertextuelle Lektüreprozess scheint offener als bei anderen Passagen des Evangeliums. Zwei Fragerichtungen intertextuellen Verstehens legen sich dennoch nahe: Dies sind der antike Weinbau einerseits und die Weinstock-Metaphorik der griechischen Bibel andererseits. Letzteres wurde in der Forschung immer wieder herangezogen und ist fraglos auch deshalb relevant, weil niemand in der Lage sein dürfte, das Johannesevangelium bis Kapitel 15 zu lesen ohne die entscheidende Rolle von Bezugnahmen auf biblische Texte zu bemerken. Die Relevanz von ersterem (dem antiken Weinbau) lässt sich durch einen Vergleich von Joh 10 und 15 veranschaulichen, wie ihn etwa Jürgen Becker vornimmt. Becker parallelisiert in einem Aufsatz über Joh 10 und 15 die unterschiedlichen Abschnitte dieser beiden Texte. Dabei entspricht dem ersten Abschnitt der Hirtenrede (Joh 10,1–5) – von Becker als „allgemein bekanntes Bildfeld als Gleichnis; realer Text"

---

bring it to our hand. Perhaps that is why modern readers sometimes fall short in their appreciation of the word plays so common in the Bible".

[17] Auch in Joh 8,12 beginnt der Textabschnitt direkt mit einem Ich-bin-Wort; hier ist allerdings die Prädikation (das „Licht") nicht neu im Evangelium (vgl. oben D II 1).

benannt – kein konkreter Textabschnitt in Joh 15, sondern an dieser Stelle steht nach Becker das „Bildfeld, das als allgemeines Kulturwissen vorausgesetzt wird; virtueller Text"[18]. Das Bildfeld ist hier also der „virtuelle" Bezugstext[19], der für Joh 15 jene Stelle einnimmt, die in der Hirtenrede dem Gleichnis vom Hirten und seinen Schafen zukommt. Virtuell ist dieser Text, da er nicht in ausformulierter Form in Joh 15 vorliegt. Nimmt man die Perspektive der antiken RezipientInnen des Johannesevangeliums ein, so lässt sich von einer intertextuellen Beziehung zwischen einem geschriebenen Text einerseits und dem allgemeinen Wissen und der konkreten Anschauung vom antiken Weinbau andererseits sprechen. Wenn wir es jedoch heute unternehmen, diese intertextuelle Perspektive von Joh 15 zu betrachten, so ist es doch nötig, andere geschriebene Texte einzubeziehen[20]. Denn Informationen über Theorie und Praxis des antiken Weinbaus sind für uns am ehesten in jenen Texten greifbar, die sich zum Thema Wein, Weinreben und Weinbau im Rahmen von landwirtschaftlichen Handbüchern oder pflanzenkundlichen Darstellungen äußern. Dass solche Texte auch den spätantiken RezipientInnen des Johannesevangeliums bekannt waren, ist durchaus denkbar – allerdings nicht unbedingt wahrscheinlich, da es sich um teilweise sehr spezielle „Fachliteratur" handelt. Die Durchführung und die Ergebnisse der in den Texten beschriebenen Praxis jedoch dürften im östlichen Mittelmeerraum der Spätantike (also im Umfeld der Entstehung und frühen Rezeption des Johannesevangeliums) überall sichtbar gewesen sein[21]. Um diese Praxis und ihre Implikationen

---

[18] Becker, Herde, 172; vgl auch Zumstein, Bildersprache, 142: „Eine metaphorische Aussage setzt zwei getrennte Gebiete in kognitive Beziehung, in unserem Fall die Geschichte Jesu und den Weinbau".

[19] Vgl. zu einem offenen Textbegriff meine Ausführungen oben B III 3. – Ein ähnlicher Bezug auf die konkrete Alltagswelt wie bei Joh 15 und dem Weinbau steht auch bei Joh 10 und der (antiken) Schafhaltung im Hintergrund des Textes; vgl. die Analyse von Joh 10 bei Zimmermann, Christologie, 291–302, sowie ebd. 426f („Lebensweltthermeutik").

[20] Natürlich spielt auch unsere Anschauung vom konkreten heutigen Weinbau eine Rolle für die Assoziationen, die eine Lektüre von Joh 15 bei uns auslösen kann. Hier ist allerdings wegen der Unterschiede zwischen antiker und heutiger Praxis Vorsicht geboten.

[21] Nach Forbes, Studies 3, 126f, war der Weinbau im ganzen römischen Reich verbreitet (sogar im Süden Großbritanniens). Mit dem Untergang des römischen Reiches kamen Einbrüche und: "medieval viticulture meant but a slow rediscovery of the excellent classical techniques" (127). – Die Verbreitung des Weinbaus lässt sich auch daran ermessen, wie oft in neutestamentlichen und apokryphen Texten auf diesen rekurriert wird; vgl. etwa Mk 12,1–8parr; 14,25parr; Mt 20,1–14; 21,28; Lk 13,6f; 1Kor 9,7; Jak 3,12; Offb 14,18; 1Clem 23,4; 2Clem 11,3; EvThom 40; 65.

für das Verständnis der johanneischen Weinmetaphorik soll es deshalb im folgenden Abschnitt gehen.

3. Zum antiken Weinbau: Bildwelt-Realitäten

τῶν δ' ἀμπέλων τῶν τελέων ἤδη πρῶτον μὲν καὶ μέγιστόν ἐστιν ἡ κλάσις, καλῶς γὰρ ἀμπελουργουμένη, καὶ εὐβλαστοτέρα καὶ εὐκαρποτέρα καὶ πολυχρονιωτέρα γίνεται· δεύτερον δέ, καὶ τρόπον τινὰ τούτῳ παραπλήσιον, ἡ βλαστολογία, καὶ γὰρ ἐνταῦθα εἰδέναι δεῖ τὰ ποῖα συμφέρει καταλιπεῖν καὶ τὰ ποῖα ἀφαιρεῖν, καὶ πρὸς τοὺς ἑτέρους καρποὺς καὶ πρὸς τὴν ὅλην φύσιν[22].

Wenn der Wein richtig beschnitten wird, so erfahren wir hier, dann wird er besser austreiben (εὐβλαστοτέρα), besser Frucht tragen (εὐκαρποτέρα) und länger leben (πολυχρονιωτέρα). Auch der zweite benannte Beschneidungsvorgang (βλαστολογία) dient der Verbesserung des Ertrags und der Gesundheit der Pflanze[23].

Im Folgenden beschäftigt sich Theophrast, der Autor dieses Textes, mit den Einzelheiten des Beschneidens von Weinreben, wobei er unter anderem ausführt, inwiefern das richtige Beschneiden von der Weinsorte, den klimatischen Bedingungen, dem Zustand des Bodens, dem Verhältnis von verholzten und jungen Trieben sowie den Jahreszeiten abhängig ist[24]. In seinen umfänglichen Einzelausführungen referiert Theophrast das Wissen und den Diskussionsstand seiner Zeit, wobei er auch auf kontroverse Meinungen eingeht. Theophrast lebte im 4./3.

---

[22] When the vines have reached the stage of being full-grown the first and most important step is to prune them, since the vine when properly dressed produces better sprouts and fruit and lives longer. The second step, and in a way a repetition of this, is thinning, since here too we must know what parts are best spared and what are best removed, both for the effect on the rest of the fruiting branches and on the whole nature of the tree. (Theophrast, De causis plantarum III, 14,1 [LCL 474, 102f; Übers.: Benedict Einarson / George K.K. Link]).

[23] Ähnliche Passagen wie diese aus der Antike lassen sich auch in modernen Weinbüchern finden, vgl. z.B. Obalski, Wein, 23: „Reben sind Kletterpflanzen. Als in den Weinbergen noch Bäume wuchsen, kletterten die Triebe an den Baumstämmen hinauf. Heute dienen Pfähle oder Drähte als Kletterhilfen. Würde das Wachstum nicht kontrolliert und geleitet, würde die Rebe unkontrolliert wuchern und viele Trauben ausbilden. Um das zu verhindern, wird der Rebstock regelmäßig zurück geschnitten. Der Rebschnitt dient der Begrenzung des Ertrags und ist folglich eine wichtige Maßnahme zur Erzeugung eines hochwertigen Weins. Gleichzeitig dient der Rückschnitt aber auch der Gesundheit des Rebstocks".

[24] Vgl. Theophrast, De causis plantarum III, 14,2–16,3 (LCL 474, 104–123).

Jhdt. v.Chr.[25], er war Schüler, Mitarbeiter und Nachfolger des Aristoteles in der Schulleitung des Peripatos. Seine ausführlichen Darlegungen zum Weinbau sind kein Einzelstück in der antiken Literatur, Ausführungen über Wein und Weinbau finden sich etwa auch bei Cato[26], Varro Reatinus[27], Plinius dem Älteren[28] und Columella. Letzterer lebte im 1. Jhdt. n.Chr. und verfasste die zwölf Bücher seiner Schrift *De re rustica*[29] wohl in den 60iger Jahren dieses Jahrhunderts, d.h. in zeitlicher Nähe zum Johannesevangelium[30].

In vielem ähneln die den Wein betreffenden Passagen der genannten Werke heutigen Weinbüchern. So enthalten damalige wie heutige Weinbücher mit jeweils unterschiedlicher Schwerpunktsetzung z.B. Abschnitte über die Bepflanzungsdichte von Weinbergen, die Lagerung des Weins und die Qualität verschiedener Weinsorten. Die größten Unterschiede betreffen den eigentlichen Prozess der Weinherstellung nach der Ernte, da dort die moderne Technik die größte Rolle spielt. Ich habe im Folgenden nicht vor, einen Gesamtüberblick über den antiken Weinbau zu geben[31], sondern will nur auf einige Punkte eingehen, die mir für den Verstehenshintergrund von Joh 15 wichtig zu sein scheinen.

In den antiken Texten werden der Winzer, die Teile des Weinstocks, die verschiedenen Beschneidungsvorgänge etc. mit Spezialvokabeln benannt. Diese Vokabeln spielen in Joh 15 keine Rolle. Der Winzer

---

[25] Theophrast von Eresos, geb. 372/71 oder 371/70; gest. 288/87 oder 287/86; er schrieb zwei botanische Werke: Historia plantarum und De causis plantarum; vgl. zu diesen und den folgenden Angaben das Metzler Lexikon antiker Autoren, hg. von Oliver Schütze, zu den jeweiligen Autoren.

[26] Marcus Porcius Cato Censoris (234–149 v.Chr.): De agricultura. Um Wein geht es u.a. in den Kap. 23–26 und 32–33, im letzten der genannten auch um das Beschneiden.

[27] Marcus Terentius Varro (116–27 v.Chr.): De re rustica. Zum Wein vgl. u.a. 1. Buch, Kap. 8–9; 25; 31 (Beschneiden); 41.

[28] Gaius Plinius Secundus (23/24 n.Chr. bis 79 n.Chr.): Naturalis historia in 37 Bänden, im 14. Band geht es um Wein.

[29] Vom Weinbau handelt Buch V, 1,1–8,3 (LCL S. 2–71).

[30] Natürlich lassen sich auch noch viel ältere Belege für die Kultivierung von Wein finden als die genannten Texte, da es Weinbau schon vor 3000 v.Chr. in Ägypten und Mesopotamien gegeben hat, vgl. Forbes, Studies 3, 72f. Solche Belege scheinen allerdings für die Anschauungswelt der Spätantike vergleichsweise wenig ergiebig.

[31] Vgl. dazu Dalman, Arbeit 4, 291–335; Seltman, Wine, passim; Krauss, Archäologie 2, 227–244; Brown, Vocabulary, passim; Forbes, Studies 3, 72–80.111–130; Hamel, Poverty, 9f.22; Matthews, Winepress, passim.

(ἀμπελουργός) heisst hier einfach Bauer (γεωργός)[32], und bei den Zweigen (κλήματα) des Weinstocks wird nicht spezifiziert, um welche Sorte von Zweigen es sich handelt. Aus diesem Grunde scheint mir auch die offenere Übersetzung „Zweige" angemessener als die gebräuchlicheren Wiedergaben mit „Reben" oder „Ranken" – zumal diese beiden Bezeichnungen in die Irre leiten: Bei der ersten handelt es sich offiziell um einen Namen für die gesamte Pflanze, während es in Joh 15 um besondere Teile derselben geht. Die zweite Bezeichnung ist eigentlich sogar falsch, da „Ranken" diejenigen Teile der Weinreben bezeichnen, die sich an den Knoten der Triebe bilden, sich um alles Erreichbare herumschlingen, dem Wein zur Befestigung dienen und später verholzen[33] – d.h. Teile der Pflanze, die mit Sicherheit niemals Früchte tragen können, was jedoch im Bild von Joh 15 vorausgesetzt wird.

In der Aussage von Joh 15,2 geht es um zwei unterschiedliche Beschneidungsvorgänge: Erstens werden jene Zweige entfernt, die keine Frucht tragen (πᾶν κλῆμα ἐν ἐμοὶ μὴ φέρον καρπὸν αἴρει αὐτό); zweitens werden jene Zweige, die Frucht tragen, „gereinigt", damit sie mehr Frucht tragen (πᾶν τὸ καρπὸν φέρον καθαίρει αὐτὸ ἵνα καρπὸν πλείονα φέρῃ). Bei Theophrast findet sich folgende Beschreibung dieser beiden Maßnahmen:

> ὅταν δὲ βλαστάνῃ περιαιρεῖν τὰ ἄλλα πάντα, πλὴν ὅσα καρπὸν ἔχει, τούτων ἐπικνίζειν τὰς κορυφὰς ἐν αὐταῖς ταῖς οἰνάνθαις, ἵνα μήθ' ἡ ἄμπελος εἰς τοῦτο τὸ κλῆμα ἀφιῇ τὴν αὔξησιν ὅπερ ἀποτέμνεται, ἥ τε περιοῦσα τροφή, συνειληθεῖσα ἐπὶ ταῖς οἰνάνθαις, αὔξῃ τὸν βότρυν· ἀεὶ γὰρ δεῖ τοῦτο ζητεῖν ἐκ τῆς τομῆς, ὅπως ἥ τε ἄμπελος ἰσχύσει καὶ ὁ καρπὸς ἔσται πολύς.

> When the vine comes out we are told (1) to remove all other branches, but (2) in those that promise fruit to pinch off the tips just above the flowers, so that (1) the vine may not expend its growth on the portion cut away and so that (2) the food that is thus saved may be blocked at the flowers and make the cluster grow. For we must always (they say) look to this in pruning: to strength in the vine and abundance in the fruit[34].

Die beschriebenen Eingriffe am Wachstum der Reben finden statt, wenn der Wein austreibt (βλαστάνω), d.h. im Frühjahr. Zu diesem

---

[32] Bultmann, Evangelium, 408 A3, führt dies darauf zurück, dass „der Vergleich Gottes mit einem γεωργός geläufig gewesen zu sein" scheint; vgl. Bauer, Johannesevangelium, 3. Aufl. 190.
[33] Vgl. Obalski, Wein, 28; Gussek (Hg.), Wein, 252–254.
[34] Theophrast, De causis plantarum III, 14,8 (LCL 474, 110–113; Übers.: Benedict Einarson / George K. K. Link).

Zeitpunkt sind die Rebenblüten (οἰνάνθαι, „Gescheine") sichtbar, d.h. es ist erkennbar, wo sich später die Trauben ausbilden werden. Ziel des Beschneidens ist die Steigerung des Ertrags dadurch, dass die Pflanze daran gehindert wird, ihre Kraft in solche Zweige zu investieren, die ohnehin keine Frucht bringen werden. Ziel ist ebenso die Stärkung der Pflanze[35]. Das Beschneiden erscheint als notwendiger Vorgang, Befremden oder gar Trauer über den Verlust von Zweigen würden nicht ins Bild passen, im Vordergrund steht das Frucht-Bringen der gesamten Pflanze, d.h. der konkrete Nutzen[36].

Blickt man von diesen Ausführungen zurück auf den johanneischen Text, so lässt sich die Metaphorik an dieser Stelle auch als Bewältigungsversuch lesen[37]. In Joh 15 greifen drei Textebenen ineinander: Die bildliche Ebene der Weinkultivierung, die „historische" Ebene der Zeit Jesu und seiner JüngerInnen und die Ebene der Gleichzeitigkeit (die sich als Situation der johanneischen Gemeinde zur Zeit der Abfassung des Evangeliums oder auch allgemeiner als Situation der Rezipierenden verstehen lässt). Durch die Wahl der Weinmetaphorik erscheint der Trennungsvorgang (die Zweige, JüngerInnen, Gemeindemitglieder, die „weggenommen" werden) nicht nur als notwendig und fruchtbringend, sondern sogar als von Gott gewollt – ist es doch der Winzer, der die Zweige wegnimmt. Vor Augen tritt hier die Gemeinschaft um Jesus, die johanneische Gemeinde und letztlich jede Gemeinde als von innen bedrohte Gruppe, die den Verlust von Teilen ihrer selbst als notwendig

---

[35] Auf diesem Hintergrund funktioniert auch die Weinstockmetaphorik bei Clemens von Alexandrien, der im Anschluss an eine Zitation von Joh 15,1f fortfährt: „Denn wenn der Weinstock nicht beschnitten wird, so schießt er zu üppig ins Holz; ebenso ist es aber auch bei dem Menschen. Ihn säubert das Messer, das ist der Logos, von den üppig hervorschießenden unfruchtbaren Trieben und zwingt ihn so, sein Streben auf das Tragen von Früchten, nicht auf die Erfüllung von Begierden zu richten" (Paid I,66,4f; Übers.: Stählin, BKV II,7, 263).

[36] Zur Notwendigkeit des Schneidens und den einzelnen Vorgängen vgl. auch die ausführlichen Angaben bei Columella, De re rustica V, 5,11–19; V, 6,22–37. – In einem modernen Weinbuch werden als Ziele des Rebschnitts „gleichmäßiger, zufriedenstellender Ertrag"; „bestmögliche Traubenqualität" und die „Erhaltung des Gleichgewichtes zwischen Wüchsigkeit und Traubenertrag" genannt; vgl. Ruckenbauer / Traxler, Weinbau, 46.

[37] Vgl. Van der Watt, Metaphorik, 80, der meint, in der Metaphorik von Joh 15 werde „„allgemeines Wissen des Lesers über den Weinanbau aktiviert, um das, was Jesus früher über die Wirklichkeit Gottes [in ihm] und die angemessene christliche Reaktion darauf formuliert hatte, in einer schwierigen Lage der joh Gemeinde erneut zu aktualisieren".

für das Fruchtbringen anzusehen lernt – auch wenn dieser Verlust mitten im Wachstumsprozess vor sich geht.

Die JüngerInnen in Joh 15, also quasi die fruchtbringenden Zweige, sind schon rein, dies wird ihnen im nächsten Vers zugesagt (ἤδη ὑμεῖς καθαροί ἐστε). In Joh 15 fehlt jede Aufforderung, Frucht zu tragen[38], statt dessen wird dazu aufgefordert, zu bleiben (V. 4: μείνατε ἐν ἐμοί). Das Frucht-Tragen ergibt sich notwendig aus dem Bleiben; Trennung dagegen würde zur Fruchtlosigkeit führen. Joh 15,6 geht sogar noch weiter, wenn als Konsequenz des „Nicht-Bleibens" von denen, die sich trennen, gesagt wird, sie würden hinausgeworfen werden, vertrocknen, gesammelt und ins Feuer geworfen werden und verbrennen (ἐὰν μή τις μένῃ ἐν ἐμοί, ἐβλήθη ἔξω ὡς τὸ κλῆμα καὶ ἐξηράνθη καὶ συνάγουσιν αὐτὰ καὶ εἰς τὸ πῦρ βάλλουσιν καὶ καίεται). Der konkrete Vorgang, der hier im Hintergrund stehen dürfte, ist nicht das Beschneiden zu Beginn der Vegetationszeit wie in V.2 (also nicht die βλαστολογία)[39], sondern der gründliche Rebschnitt nach der Ernte im Spätherbst oder Winter[40]. In diesem Zusammenhang ist auch das Bild vom Verbrennen der abgeschnittenen Zweige stimmig. Der Text bleibt auf der bildlichen Ebene[41], vermittelt wird mit Hilfe des Bildes aber eine absolut endgültige Trennung von denen, die „nicht bleiben" – die Möglichkeit einer Rückkehr liegt nicht im Horizont des Textes; die Zweige sind für den Weinstock verloren.

Die Endgültigkeit des Beschneidungsvorganges zeigt sich besonders deutlich beim Vergleich mit einem anderen neutestamentlichen Text, der ein ähnliches landwirtschaftliches Verfahren als Anschauungsmaterial verwendet, dabei aber gerade die Veränderbarkeit von Zugehörigkeiten betont. Paulus benutzt in Röm 11,17–24 für das Verhältnis von Israel

---

[38] Vgl. Wengst, Johannesevangelium 2, 141.
[39] Zur Unterscheidung beider Vorgänge vgl. auch Matthews, Winepress, 26.
[40] Vgl. Theophrast, De causis plantarum III, 7,10; III,13,2; Columella, De re rustica V, 5,18. – In einem modernen Weinbuch wird der Rebschnitt folgendermaßen erklärt: „Unbestreitbar die für die Weinqualität ausschlaggebende Tätigkeit im Weinbaujahr; die Rebe wird im Winter auf eine gewisse Zahl von Augen zurückgeschnitten, die den Ertrag des nächsten Jahres bestimmt. Obwohl noch andere Faktoren im Spiel sind, erbringen doch im Ertrag eingeschränkte Reben in der Regel konzentrierteren Wein" (Robinson, Rebsorten,16f; vgl. Obalski, Wein, 22). Den Zusammenhang von Ertragseinschränkung und Weinqualität habe ich in den antiken Texten so nicht finden können.
[41] Vgl. Wengst, Johannesevangelium 2, 142; Schnackenburg, Johannesevangelium 3, 114; Onuki, Gemeinde, 120; Bultmann, Evangelium, 413: „Weder bedeutet das βληθῆναι ἔξω kirchliche Exkommunikation, noch geht das Verbrennen auf das höllische Feuer" und dazu in A5: „Die Rede hält am Bilde fest". – Anders z.B. Hirsch, Studien, 111; Wilckens, Evangelium, 238f.

und den Völkern das Bild von einem Ölbaum, dem eigene Zweige ausgebrochen und wilde Ölzweige eingepfropft werden. Der Appell an (ehemals) pagane LeserInnen betont die Revidierbarkeit des Vorganges, wenn es von den ausgebrochenen Zweigen heißt, Gott könne sie wieder einpfropfen (δυνατὸς γάρ ἐστιν ὁ θεὸς πάλιν ἐγκεντρίσαι αὐτούς, 11,23)[42]. Die Zweige in Joh 15,6 dagegen werden verbrannt – ein Einpfropfen der Zweige (das biologisch durchaus möglich wäre) wird nicht als Möglichkeit erwogen. Bei der Lektüre der antiken Weinbautexte fällt auf, dass auch in ihnen der Vorgang des Einpfropfens keine Rolle spielt. Im Gegensatz zur heutigen Praxis, in der es nahezu keine unveredelten Reben mehr gibt, wurde der antike Weinbau mit wurzelechten Reben durchgeführt[43]. Die Wahl des Bildes in Joh 15 (Weinrebe und nicht Ölbaum) korrespondiert also mit der Endgültigkeit des Ausgesagten. In Joh 15 werden die Innenbeziehungen in der Gemeinschaft gestärkt (vgl. die Betonung des Einander-Liebens in 15,9f.12.17) und gleichzeitig erlittene Trennungen definitiv gemacht. Das paulinische Modell der Revidierbarkeit lässt sich als mögliches (und vielleicht auch nötiges) Korrektiv johanneischer Einseitigkeiten sehen – auch wenn letztere historisch wohl ihren Ursprung in der Situation der johanneischen Gemeinde gehabt haben dürften[44].

Die Wahl der Weinstockmetapher hat noch eine andere Seite als die bisher ausgeführte – sozusagen eine positive Seite im Gegenüber zu der

---

[42] Vgl auch die Fortsetzung in V.24: „Denn wenn du aus dem von Natur wilden Ölbaum abgeschnitten und gegen die Natur in den edlen Ölbaum eingepfropft worden bist, wieviel mehr werden die natürlichen Zweige wieder eingepfropft werden in ihren eigenen Ölbaum" (εἰ γὰρ σὺ ἐκ τῆς κατὰ φύσιν ἐξεκόπης ἀγριελαίου καὶ παρὰ φύσιν ἐνεκεντρίσθης εἰς καλλιέλαιον, πόσῳ μᾶλλον οὗτοι οἱ κατὰ φύσιν ἐγκεντρισθήσονται τῇ ἰδίᾳ ἐλαίᾳ).

[43] Dieser Unterschied hat eine simple Erklärung in den neuzeitlichen Notwendigkeiten der Schädlingsbekämpfung, die in dieser Form erst seit dem 19. Jahrhundert bestehen. Robinson, Rebsorten, 17, bemerkt zum Veredeln: „Im weitesten Sinne das Einsetzen eines Teils einer (edleren) Pflanze in eine andere, so daß diese sich vereinigen und gemeinsam weiterwachsen. Im Weinbau handelt es sich meist um das Aufpfropfen einer europäischen Ertragsrebe auf eine oft wegen ihrer Reblausfestigkeit gewählte Unterlagsrebe". Obalski, Wein, 15, schreibt zur Reblaus: „Mit Weinstöcken aus Amerika importiert, verwüstete das kleine Insekt ab 1863 von Frankreich aus die Weinberge Europas. Wie durch einen Flächenbrand wurden ganze Rebbestände für immer vernichtet. Winzer verloren ihre Existenz oder wanderten in (noch) nicht betroffene Regionen aus. (...) Ein Mittel gegen die Reblaus wurde erst 1910 gefunden – zu spät für viele Rebsorten, die bereits ausgerottet waren". – Hier findet sich auch eine Erklärung dafür, dass ein Vergleich zwischen antiken und modernen Rebsorten kaum durchführbar ist, vgl. auch Dalman, Arbeit 4, 292.308.

[44] Vgl. oben B II 3.

negativen der Trennungsprozesse. Es lässt sich kaum eine lebendigere und assoziationsreichere Metaphorik denken als die Weinmetaphorik. Die zentrale Metapher ist in Joh 15,1–17 jene von Jesus als Weinstock, um die sich die anderen Metaphern sozusagen herumranken. Zweimal beginnt Jesus einen Satz mit der Aussage: „Ich bin der Weinstock", um dann einmal mit dem Weinbauern und einmal mit den Zweigen fortzufahren. Dabei ähnelt die Struktur des Textes jener der Weinreben: Die Bilder sind ineinander verschlungen, die Sätze greifen immer wieder aufeinander zurück, Themen werden fallengelassen und tauchen dann wieder auf, Formulierungen werden wiederholt, und ein Geflecht von Bezugnahmen der Sätze aufeinander[45] spiegelt auf der Sprachebene das Verbundenheitsthema, das metaphorisch im Bild des Weins zum Ausdruck kommt. Dabei darf man sich den Weinstock, um den es in Joh 15 geht, nicht nach dem Bild heutiger Monokultur-Weinberge mit geordneten Reihen gleichförmig beschnittener Weinstöcke zwischen ordentlich gezogenen Drähten vorstellen, wie sie in Mitteleuropa üblich sind. Schon das Wort Weinberg als übliche Übersetzung des griechischen ἀμπελών ist irreführend, weil die Weinreben rund um das Mittelmeer in der Antike (und zum Teil auch heute) nicht unbedingt in Hanglagen, sondern eher in der Ebene angepflanzt wurden, da die nötige Sonnenwärme ohnehin zur Verfügung steht[46]. Zudem fanden sich in diesen Weingärten oft auch andere Pflanzen wie etwa Feigenbäume[47]. Die Weinreben wurden teilweise zum Wachsen einfach auf der Erde liegen gelassen[48] oder aber auch mit Stäben gestützt oder auf Bäumen gezogen[49].

---

[45] Vgl. etwa die Wiederholungen der Schlüsselworte ἄμπελος in V.1.4.5; κλῆμα in V.2.4.5.6; καρπὸν φέρειν in V.2.2.4.5.8; μένειν in V.4.4.4.5.6.7.7; ἐγώ in V.1.1.2.4.4. 5.5.5.6.7.7.8.8; ὑμεῖς in V.3.3.4.5.7.7; πατήρ in V.1.8, sowie die Wiederholungen von Satzteilen in V.1/5; V.2/5/16; V.4/7; V.2/8; V.9/10.
[46] Vgl. Dalman, Arbeit 4, 308f; Krauss, Archäologie 2,227f.
[47] Vgl. Theophrast, De causis plantarum III, 10,8; Lk 13,6; Dalman, Arbeit 4, 327f; Forbes, Studies 3, 74; Krauss, Archäologie 2, 228, erwähnt auch „Rüben und Rettich" unter dem Weinstock.
[48] Vgl. Plinius, Naturalis historia XIV, 3,14; Columella, De re rustica V, 4,2; 5,17–19 (beide erwähnen diese Methode für besonders windige klimatische Bedingungen), Dalman, Arbeit 4, 328f; Forbes, Studies 3, 114.
[49] Vgl. Plinius, Naturalis historia XIV, 4,31; Dalman, Arbeit 4, 329f; Forbes, Studies 3, 72.75. Columella, De re rustica V, 6,1–37, hält Pappel, Ulme und Esche für die geeignetsten Bäume und gibt eine ausführliche Anleitung für die Errichtung einer solchen Plantage, wobei er u.a. die Bodenbeschaffenheit, das jeweilige Alter der Pflanzen und den Abstand, den die Wurzeln voneinander haben sollen, diskutiert. Im folgenden Abschnitt (7,1–4) geht er u.a. auf die Auswirkungen ein, die verschiedene Baumsorten auf das Aroma des Weins haben. Es kann dann kaum verwundern, wenn

Plinius bemerkt, dass es gerechtfertigt sei, den Wein wegen seiner Größe unter die Bäume zu klassifizieren[50] und führt Beispiele von riesigen Weinstöcken an[51]. In einer rabbinischen Anekdote heißt es: „In einem Weinberge mit 100 Stöcken gewann man jährlich 100 Faß Wein; der Bestand fiel dann auf 50, 40, 30, 20, 10, 1 Stöcke, ohne daß der Wein weniger wurde; d.h. ein Stock trug soviel wie 100 Stöcke"[52]. Auf diesem Hintergrund kann es nicht überraschen, dass in biblischen Texten oft nicht klar zwischen Weinstock (ἄμπελος) und Weingarten (ἀμπελών) unterschieden wird[53]. Zudem veranschaulichen Texte wie die zuletzt genannten, in welchem Maße die Weinstock-Metaphorik die Konnotationen von Fülle, Wachstum und Lebendigkeit mit sich bringt[54]. Durch die Wahl der Weinbau-Bildwelt wird diese Fülle auch im Zusammenhang mit Jesus und seinen JüngerInnen sichtbar; die Metapher von Jesus als Weinstock veranschaulicht die Lebendigkeit, die aus dem „Bleiben in" Jesus resultiert.

Dabei erscheint es mir für das Verständnis von Joh 15,1ff wichtig, diesen Text nicht als Konkurrenz-Text oder als Ausdruck eines strikt

---

er am Ende seiner Ausführungen konstatiert, dass alle anderen Bäume einfacher zu kultivieren seien als der Wein (Omnis tamen arboris cultus simplicior quam vinearum est [V, 8,1; LCL S. 70]).

[50] Naturalis historia XIV, 2,9: Vites iure apud priscos magnitudine quoque inter arbores numerabantur.

[51] Vgl. Naturalis historia XIV, 2,9–3,13. In 3,11 heißt es: nulla fine crescendi; vidique etiam totas villas et domos ambiri singularum palmitibus ac sesequacibus loris (In fact they never stop growing; and I have before now seen entire country houses and mansions encircled by the shoots and clinging tendrils of a single vine; Übers. Rackham; LCL 190f).

[52] Krauss, Archäologie 2, 229, mit Verweis auf yBer 2,5c38 und die Vergleichsstelle bKet 111b. Krauss bemerkt zu der Anekdote: „[D]ie Erfahrung lehrt, daß einzelne in Höfen oder an Häusern gepflanzte Weinstöcke in der Tat den ganzen Hof überschatten oder die ganze Hauswand überkleiden, und solche Riesenexemplare von Weinstöcken schwebten wohl dem Psalmisten vor (Ps 80,9–12), wenn er das von Ägypten nach Palästina verpflanzte jüdische Volk dem Weinstocke vergleicht, der das ganze Land überwuchert, dessen Schatten die Berge bedeckt, dessen Ranken das Meer erreichen".

[53] Zum Einzelnen vgl. den nächsten Abschnitt dieses Kapitels. Auch Borig, Weinstock, 82f, behandelt beides als austauschbare Begriffe und stellt fest, „daß das AT die Bilder ‚Weinstock' und ‚Weinberg' völlig synonym verwenden kann"; vgl. schon Schweizer, Ego Eimi, 158 A106.

[54] Siehe dazu auch den Gebrauch der Weinstockmetaphorik als Appell an die Hoffnung der AdressatInnen in 1Clem 23,4 (λάβετε ἄμπελον· πρῶτον μὲν φυλλοροεῖ, εἶτα βλαστὸς γίνεται, εἶτα φύλλον, εἶτα ἄνθος, καὶ μετὰ ταῦτα ὄμφαξ, εἶτα σταφυλὴ παρεστηκυῖα); vgl. 2Clem 11,3.

dualistischen Weltbildes zu interpretieren⁵⁵. Beides wird in der Sekundärliteratur vertreten, wobei auch hier wieder – wie bei der Brotrede – das ἀληθινός den zentralen Haftpunkt für solche Interpretationen darstellt. Das Beiwort ἀληθινός meint nicht, so hatte ich schon oben festgehalten⁵⁶, „wahr" im Gegensatz zu „falsch", sondern „wahrhaftig" oder „wahr" im Sinne von „der göttlichen, übergeordneten Sphäre zugehörig". Erinnert sei hier an Leroy, der durch das Beiwort ἀληθινός angezeigt sieht, dass „die in der irdischen Wirklichkeit sichtbar gewordene himmlische Welt gemeint ist. (...). [Gott] offenbart sich (...) dadurch, dass die himmlische Welt den Menschen sichtbar und erreichbar wird"⁵⁷. Die Qualifizierung des Weinstocks als ἀληθινή findet sich nur im ersten Ich-bin-Wort Jesu in Joh 15,1. Bei der Wiederholung der Aussage ἐγώ εἰμι ἡ ἄμπελος in Vers 5 fehlt das ἀληθινή. Ebenso wird in Joh 6 das Brot nur ein einziges Mal zu Beginn der Brotrede als ἀληθινός bezeichnet (6,32). Auf diese Weise funktioniert das Beiwort als Textelement, das zu Beginn eines Abschnittes die Doppelbödigkeit der Rede anzeigt. Durch die Betonung, dass es hier nicht um „normales", sondern um „wahrhaftiges" Brot bzw. den „wahrhaftigen" Weinstock geht, ist der metaphorische Charakter der Rede angezeigt. Da ἀληθινός keinen Hinweis auf eine Konkurrenz bedeutet⁵⁸, muss es im folgenden Text auch nicht wiederholt oder näher ausgeführt werden. Das Signal, dass eine besondere Art von Rede folgt, wird in Joh 15,1 gegeben; eine Wiederholung in Joh 15,5 wäre unnötig, da die Doppelbödigkeit der Rede hier schon etabliert ist – das ἀληθινός kann fehlen, und es fehlt auch tatsächlich.

Mithin geht es in Joh 15 nicht um Abwertung der natürlichen Welt, vielmehr ist ihre metaphorische Durchlässigkeit auf die Transzendenz

---

⁵⁵ Dualistisch interpretiert Bultmann, Evangelium, 407: „Daß er der wahre Weinstock ist, heißt, daß alles natürliche Leben kein wahres Leben ist, daß Leben – so wie der Mensch nach ihm fragt und es ersehnt – nur in der Verbindung mit Jesus zu haben ist". Allerdings schränkt er selbst diese Aussage wieder ein, wenn er ein oder zwei Seiten später in einer Fußnote den platonischen Sprachgebrauch als Analogie heranzieht (vgl. 408 A2). – Becker, Evangelium 2, 481, grenzt sich von Bultmann ab und stellt fest: „[D]er gesamte Text hat kein Gegenüber im Blick, er konzentriert sich ganz ausschließlich auf die Gemeinde, ihr Verhältnis zu Jesus und untereinander".
⁵⁶ Vgl. oben D I 4.
⁵⁷ Leroy, Rätsel, 104.
⁵⁸ Vgl. Schnackenburg, Johannesevangelium 3, 109, der zu dem Zusatz ἡ ἀληθινή bemerkt: „Bei dieser internen Jüngerbelehrung ist irgendein polemischer Ton gegenüber Außenstehenden nicht erkennbar".

hin vorausgesetzt[59]. Wenn es zutrifft, dass die Bildung von Metaphern für beide Seiten der in der Metapher neu kombinierten sprachlichen Bezeichnungen Auswirkungen hat[60], so bedeutet dies, dass nicht nur Jesus durch die Weinstock-Metapher qualifiziert wird, sondern sich auch unser Blick auf den Weinstock dadurch verändert, dass er in eine metaphorische Kombination mit Jesus eingetreten ist. Irdische und himmlische Welt durchdringen sich in der Metapher von Jesus als Weinstock.

4. *Metaphorischer Weinbau*

Für das Verstehen von Joh 15 spielt nicht nur der reale spätantike Weinbau eine Rolle, sondern auch die Art und Weise, wie die Weinmetaphorik in anderen Texten verwendet wird, die zu derselben Zeit wie das Johannesevangelium verfasst wurden oder in Gebrauch waren. Die ältere, religionsgeschichtlich orientierte Forschung verweist für den Hintergrund der johanneischen Rede vom Weinstock auf die mandäischen Texte[61]; in der neueren Literatur zu Joh 15 spielen diese jedoch keine Rolle mehr. Der Umschwung in der Forschung lässt sich an den Ausführungen Eduard Schweizers nachvollziehen. In seiner zuerst 1939 erschienen Monographie „Ego Eimi" zieht Schweizer die mandäischen Texte als nächste Parallelen heran, vermerkt dann aber 1965 im Vorwort zur zweiten Auflage dieser Monographie die Änderung seiner Ansichten[62] und sieht nun Hintergrund und Frontstellung der johanneischen Formulierungen bei einem von „alttestamentlichen Bildern geprägten Judentum"[63]. Neuere Veröffentlichungen sind durchgehend von der Annahme geprägt, dass die alttestamentlichen Texte den adäquaten Verstehenshintergrund von Joh 15 bereitstellen. Zugleich wird meistens postuliert, dass der Weinstock im Alten Testament Metapher für Israel sei und der johanneische Jesus als „wahrer Wein-

---

[59] Vgl. Lee, Abiding, 75: "God's nature is thus revealed in the Fourth Gospel as relational and immanent".

[60] Vgl. oben C II 3.

[61] Vgl. Bauer, Johannesevangelium, 3. Aufl. 189f; Schweizer, Ego Eimi, 40–43. 158–161; Bultmann, Johannesevangelium, 407–410 (unter Verweis auf die von Schweizer angeführten Textstellen).

[62] Im Vorwort zur 2. Aufl. von 1965, vii, heißt es: „Ich zweifle aber sehr daran, daß sich irgendeine Vorlage der johanneischen Formulierungen aus den Jahrhunderte später geschriebenen mandäischen Texten noch erheben läßt".

[63] Ebd., viii.

stock" Israel ersetze. Beispielhaft ist die Monographie Rainer Borigs über den wahren Weinstock[64]: Borig meint, dass sich der johanneische Bildgebrauch „deutlich aus dem AT herleiten" lasse: „Sind einzelne Details fast durch das ganze AT hin zu verfolgen, so findet sich das Bild als Ganzes insbesondere im prophetischen Gebrauch, und zwar dort, wo von Israel als dem Weinstock Jahwes die Rede ist. (...) Aus dieser Herkunft des joh. Bildgebrauchs lässt sich nun folgern, daß mit dem joh. Weinstockbild sich Jesus an die Stelle setzt, die bis dahin das Volk Israel einnehmen sollte. Dieser Sachverhalt findet zudem einen einsichtigen Grund darin, daß das Weinstockbild auf das geschichtliche Israel, im Blick auf die jeweils gegenwärtige Situation, stets malo sensu angewandt wird, Israel also stets durch Ausbleiben seiner ‚Frucht' Jahwe enttäuscht hat"[65]. Borig fasst zusammen: „So steht – und das sagt das Gesamtbild – dem unfruchtbaren Gottesvolk Israel jetzt der *fruchttragende* ‚Weinstock' gegenüber, der sich gerade im Fruchtbringen als der endzeitliche Weinstock nach des Vater-Winzers Willen erweist"[66]. Als Weinstock ersetzt Jesus Israel – so der Grundtenor neuerer Sekundärliteratur zu Joh 15[67].

---

[64] Borig, Rainer, Der wahre Weinstock. Untersuchungen zu Jo 15,1–10, StANT 16, München 1967.

[65] Borig, Weinstock, 97. – An anderen Stellen verstärkt Borig die Linie dieser Israelfeindlichen Interpretation noch, wenn er etwa konstatiert: „Der joh. Jesus identifiziert sich, indem er dabei den Anspruch einer vollkommenen und damit eo ipso exklusiven Erfüllung durch sich selbst erhebt, mit einem Bild, das als Bezeichnung des Heilsvolkes Jahwes galt" (Vergangenheit!) (192) und feststellt: „für den Weinstock Israel" gilt: „Unfruchtbar ist er in Gottes Ungnade gefallen" (241). Und schließlich: „Die Weinstockrede ruft die Beziehung zwischen Jahwe auf der einen und dem Bundesvolk Israel auf der anderen Seite wach. Doch sogleich der erste Satz ‚Ich bin der wahre Weinstock' und mehr noch die bis Vers 10 folgenden Ausführungen lösen die zweiseitige Beziehung des alten Bundes auf" (248).

[66] Borig, Weinstock, 241; vgl. auch 82f. 192. 248 u.ö.

[67] Vgl. etwa Casey, Gospel, 136: "The vine is another example of the fourth Gospel's replacement symbolism. It was a traditional symbol of Israel (cf. e.g. Isa 5.1–7; Ezek 19.10–14; Ps 80.9–20, Mk 12,1ff. // Mt 21.33ff. // Lk 20.9ff.). At John 15.1ff., Jesus is 'the true vine'. The disciples remain in him and bear much fruit, whereas anyone who does not remain in him is cast out". – Vergleichbar äußern sich z.B. Wead, Devices, 92; Heise, Bleiben, 81; Kuhl, Sendung, 206; Barrett, Gospel, 471; Ball, I Am, 248; Schnelle, Evangelium, 240. Vorsichtiger formulieren etwa Brown, Gospel, 672; Gemünden, Vegetationsmetaphorik, 166f; Wilckens, Evangelium, 236f; Cebulj, Ich bin es, 282–284; Schenke, Johanneskommentar, 299; Theobald, Herrenworte, 410–415; sowie Thyen, HNT, 610–642; Ders., Licht, 45, der dort konstatiert, dass das „An-die-Stelle-Treten" Christi für Israel „nicht im Sinne der fatalen Theorie der Enterbung der Synagoge durch die Kirche verstanden werden darf, sondern vielmehr so, daß dieser Messias mit seinem Leben eintritt für sein Volk Israel, den geliebten Weinberg Gottes". Thyen stellt fest, dass sich ein solche Interpretation „eigentlich von

Wichtig scheint mir, die beiden erwähnten Basisannahmen der Forschung getrennt voneinander zu behandeln: Fraglos sind die Texte der Septuaginta die nächsten Bezugstexte des Johannesevangeliums (worin sie sich von den mandäischen Texten unterscheiden, die sich – aus den von mir schon im Einleitungsteil konstatierten Gründen[68] – nicht als intertextuelle Bezugstexte des Johannesevangelium eignen). Daraus folgt aber nicht zwangsläufig, dass mit der Weinstockmetaphorik von Joh 15 Israel durch Jesus ersetzt werden soll. In der Sekundärliteratur wird immer wieder auf dieselben vier bis fünf alttestamentlichen Belegstellen für Israel als Weinstock (oder Weingarten) verwiesen[69]. Angesichts der Fülle von konkreten und metaphorischen Belegen aus dem Bereich des Weinbaus in den Schriften der Septuaginta scheint es mir demgegenüber geboten, auch auf die übrigen Belege einzugehen, um einen Einblick in die Konnotationen der spätantiken Weinmetaphorik zu gewinnen. Von Interesse ist weiterhin, wie diese Metaphorik in solchen Schriften aufgenommen wird, die etwa zeitgleich mit dem Johannesevangelium entstanden sind. Zu berücksichtigen sind sowohl die Belege für Weinstock (ἄμπελος) als auch für Weingarten (ἀμπελών), da beides – wie schon im vorigen Abschnitt festgestellt – nicht immer klar zu unterscheiden ist.

Eine Untersuchung der über 150 Stellen in der Septuaginta, an denen von Weinstock oder Weingarten die Rede ist[70], ergibt folgendes: In einer ersten Gruppe lassen sich jene Stellen zusammenfassen, in denen es um konkrete Bestimmungen für den Anbau oder den Gebrauch von Wein geht; vgl. z.B. Lev 25,3f: „Sechs Jahre sollst du deinen Acker einsäen und sechs Jahre deinen Weinstock beschneiden und seine Frucht sammeln; im siebten Jahr soll eine Ruhezeit für die Erde sein, ein Sabbat für den κύριος: Deinen Acker sollst du nicht einsäen und

---

selbst verstehen" müsste – was mir im Hinblick auf die Forschungslage allerdings nicht immer der Fall zu sein scheint.

[68] Vgl. oben B III 4.
[69] Dies sind Hos 10,1; Jes 5,1–7; Jer 2,21; Ψ 79,9–12 sowie gelegentlich Stellen aus Ez 15; 17; 19, wobei bei letzteren der konkrete Bezug zu Israel nicht klar ist: so scheint es in Ez 15 um die BewohnerInnen Jerusalems zu gehen, in Ez 17 um einen verheißenen König (Metzger, Zeder, 217.227, sieht den Baum in Ez 17 als „Metapher für die Dynastie Davids"), und in Ez 19,10 wird die Mutter des Angeredeten mit einer Rebe im Weingarten gleichgesetzt.
[70] Mit Berücksichtigung der Doppelungen, die sich durch die Oden ergeben, sind es 67 Belege für ἄμπελος und 97 Belege für ἀμπελών; zur Häufung von „Wein-Stellen" vgl. auch Carroll, Grapes, passim.

deinen Weinstock nicht beschneiden"[71]. Zweitens wird an einer Reihe von Stellen von konkreten Orten und Pflanzungen berichtet; der erste dieser Belege ist Gen 9,20, wo wir erfahren, dass Noah nach der Flut der erste γεωργός wurde und einen Weingarten pflanzte[72]. Neben dieser konkreten Verwendung von ἄμπελος und ἀμπελών gibt es – drittens – einige Stellen, die sich dem metaphorischen Gebrauch annähern, da in ihnen der Weinstock innerhalb einer bildersprachlichen Erzählung begegnet, so etwa in der königtumskritischen Jotamfabel Ri 9,12f, wo der Weinstock, im Anschluss an Ölbaum und Feigenbaum gefragt, ob er König sein möchte, dies ablehnt[73]. Die Belege dieser drei ersten Gruppen verweisen auf Alter, Verbreitung und Wichtigkeit des Weinbaus und sind insofern Zeugnisse dafür, dass die in Joh 15 verwendete Metaphorik kulturell zentral ist.

Interessanter sind die übrigen Belegstellen. Der größte Teil von ihnen beschreibt einen idealen Zustand in einer fruchtbaren und geradezu paradiesischen Landschaft. In 1 Makk 14,12 heißt es zur Illustration der beschriebenen Zeit in Frieden und ohne Feinde: „Und jeder saß unter seinem Weinstock und unter seinem Feigenbaum, und niemand versetzte sie in Furcht". In vergleichbarer Art und Weise wird auch das endzeitliche Heil geschildert, z.B. Jes 65,21: „Sie werden Häuser bauen und selbst darin wohnen, sie werden Weingärten anpflanzen und selbst ihre Erzeugnisse verzehren". Die Verheißung von zukünftigem Heil und Frieden richtet sich an den Rest Israels, wenn in Sach 8,12 Gott spricht: „Der Weinstock wird seine Frucht geben, das Land wird seinen Ertrag geben, der Himmel wird seinen Tau geben. Alles dies werde ich die Übriggebliebenen meines Volkes erben lassen". In Dtn 6,10f (im Kontext des Sch'ma Israel) heißt es von dem Abraham, Isaak und Jakob versprochenen Land, es enthalte „große und schöne Städte, die du nicht gebaut hast; (...); Weingärten und Olivenhaine, die du nicht angepflanzt hast" und es folgt die Mahnung: „Essend und vollgefüllt –

---

[71] Hierhin gehören noch: Zu ἄμπελος Num 6,4; Ri 13,14; zu ἀμπελών Ex 22,4; 23,11; Lev 19,10.19; Dtn 20,6; 22,6; 23,26; 24,21; 1Makk 3,56; 4Makk 2,9; Jer 42,7.9 (= HB 35,7.9).

[72] Zu ἄμπελος noch Num 22,24; 4(2)Kön 4,39; zu ἀμπελών Num 20,17; 21,22; Ri 9,27; 11,33; 14,5; 15,5; 21,20.21; 1 Kön (1Sam) 8,14.15; 15,9; 22,7; (3)1Kön 20,1.2.6.7.15.16.18 (HB 21; Nabots Weinberg); 4(2) Kön 5,26; 19,29; 1Esra 4,16 (= 3Esra 4,16); 2Esra 15 (Neh 5), 3.4.5.11; Ψ106,37; Spr 9,12; 24.30; Koh 2,4; Hld 1,6.14; 8,11.12; Ijob 24,6; Am 5,11; Mi 1,6; Zef 1,13; Jes 3,14; 37,30, wobei an einigen dieser Stellen über das Konkrete hinaus der metaphorische Charakter eventuell mit eine Rolle spielt.

[73] Vgl. auch zu ἄμπελος Gen 40,9.10; 49,11; sowie Jer 6,9; Ez 15,2.6 und Jes 1,8, wo ἄμπελος bzw. ἀμπελών in unterschiedlicher Art für Vergleiche eingesetzt werden.

nimm dich in Acht, dass du nicht vergisst den κύριος, deinen Gott, der dich aus Ägypten herausgeführt hat, aus dem Haus der Sklaverei". Gegenstück der Verheißungstexte bildet die Klage um das Verlorene, so etwa Joel 1,12: „Der Weinstock ist verdorrt, der Feigenbaum verwelkt, Granatapfelbaum, Dattelpalme und Apfelbaum und alle Bäume des Ackers sind verdorrt, denn zu Schanden geworden ist die Freude der Menschen".

In den unterschiedlichsten Texten der Septuaginta[74] bieten also jene Stellen, in denen Weinstöcke und Weingärten vorkommen, vornehmlich die Beschreibung einer Art Idealzustand für Israel und die Menschen, wo es Frieden und Nahrung im Überfluss gibt: das Land, wo nicht nur Milch und Honig fließen, sondern auch Weingärten und Olivenbäume zahlreich sind. Solche Beschreibungen sind sowohl in positiven Zusammenhängen zu finden wie auch in Drohworten oder Klagereden, wo das bedrohte oder verlorene Ideal beschrieben wird; die Bildwelt verweist auf einen fruchtbaren Idealzustand, der gleichzeitig bedroht ist. Die Rede ist von einem (verlorenen) „Paradies" für Israel (gegen andere Völker wie Moab findet sich nur die negativ-Darstellung des bedrohten oder verlorenen fruchtbaren Landes). Gott gibt – oder nimmt – Weinstöcke und Weingärten für Israel.

Von hier ausgehend lassen sich auch jene wenigen Stellen erklären, wo Israel mit einem Weinstock verglichen wird. In Jer 8,13 wird als Resultat der Strafe Gottes gesagt: „Es gibt keine Traube an den Weinstöcken"; das Gegenstück zukünftiger Verheißung findet sich im Weinberglied in Jes 27,2: „An jenem Tag (gibt es) einen schönen Weinberg" (τῇ ἡμέρᾳ ἐκείνῃ ἀμπελὼν καλός). Gott ist Wächter und Pfleger dieses Weinbergs, und schließlich heißt es in Vers 6: „Israel wird wachsen und blühen, und der Erdkreis wird gefüllt werden von seinen Früchten" (βλαστήσει καὶ ἐξανθήσει Ἰσραηλ, καὶ ἐμπλησθήσεται ἡ οἰκουμένη τοῦ καρποῦ αὐτοῦ, Jes 27,6). Der Weinberg Israels ist zum Weinberg Israel geworden[75]. Dominierend bleiben dabei aber – wie auch an den anderen

---

[74] Vgl. außer den oben genannten noch zu ἄμπελος: Num 20,5; Dtn 8,8; 3(1) Kön 2,46g; 4(2)Kön 18,31; Ψ77,47; 104,33; Hld 2,13.15; 6,11; 7,13; Hos 2,14; 14,8, Mi 4,4; Joel 1,7; 2,22; Hab 3,17; Hag 2,19; Sach 3,10; Mal 3,11; Jes 7,23; 16,8.9; 24,7; 32,12; 34,4; 36,16; Jer 8,13; 31,32 (=HB 48,32); Klgl 2,6; und zu ἀμπελών: Num 16,14; Dtn 28,30.39; Jos 24,13; 4(2)Kön 18,32; 2Esra 19 (Neh 9), 25; Hld 2,15; 7,13; Am 4,9; 9,14; Jes 16,10; 36,17; Jer 5,17; 12,10; 38,5 (=HB 31,5); 39,15 (=HB 32,15); Ez 28,26.

[75] Vergleichbar ist die Sachlage in Jes 5,1–7, wo der unfruchtbare Weinberg am Ende des Textes mit Israel gleichgesetzt wird, sowie in Hos 10,1, wo Israel als (ehemals) „wohlbezweigter Weinstock" (ἄμπελος εὐκληματοῦσα) bezeichnet wird, während zuvor

Stellen[76] – die Konnotationen von Fülle und Fruchtbarkeit (oder von deren Verlust). Sie sind es, durch die die Rede von Weinstöcken und Weingärten geprägt wird; von hier aus erklärt sich die Übertragung auf Israel, die aber im Hinblick auf den Gesamtbefund weder typisch ist noch im Zentrum steht.

Dieser Befund bestätigt sich bei der Durchsicht später entstandener Texte. Wo in ihnen die Rede von Weinstöcken und Weinbergen ist, findet sich eine Gleichsetzung mit Israel nicht als Regel, sondern als Ausnahme. In den neutestamentlichen Texten begegnet eine solche Gleichsetzung lediglich in der Mk / Mt-Variante des Gleichnisses von den bösen Weingärtnern, wo ein direkter Bezug auf Jes 5 vorliegt[77]. An den übrigen neutestamentlichen Stellen werden Weinstock und Weingarten nicht als Metapher oder Bild für Israel gebraucht[78]. Dasselbe gilt auch für apokryphe Schriften: Auch hier ist eine Beziehung von Weinstock / Weingarten auf Israel nicht die Regel[79], sondern die Ausnahme[80], d.h. wenn von einem Weinstock oder -garten die Rede ist,

---

gesagt wurde, dass Gott den Weinstock und den Feigenbaum der „Hure" Israel vernichtet; vgl. Hos 2,14. – Zur Kombination von Weinstock und Feigenbaum vgl. schon Grill, Untersuchungen II, 38f A110, der meint, Nathanael unter dem Feigenbaum „kündet in den Augen Jesu schon den im Genuß der Segnungen der messianischen Zeit stehenden Israeliten an (Micha 4,4; Sach 3,10) und deutet damit zugleich auf denjenigen hin, der im Begriff steht, diese Zeit heraufzuführen und der später sich selbst den Jüngern unter dem Bild des Weinstocks vorstellt (15,1ff). Feigenbaum und Weinstock gehören in dem alttestamentlichen Bild der Heilszeit zusammen; der Evangelist aber reiht bedeutsam an die Begegnung Jesu mit Nathanael unmittelbar das Wunder der Verwandlung von Wasser in Wein an". – Jene Beziehung, die Grill, Untersuchungen II,106, zwischen Joh 15 und dem Dionysoskult herstellt, kann allerdings aufgrund mangelnder konkreter Übereinstimmungen nicht überzeugen. – Zu Parallelen zwischen Sophia und Dionysos vgl. Sandelin, Wisdom, 76–79. M.E. erlaubt die Quellenlage hier allerdings keine weiteren Schlüsse.

[76] Vgl. noch Ψ 79,9–16 (dazu Metzger, Zeder, 218–221); Jer 2,21.

[77] Mk 12,1–9 / Mt 21,33–41; anders Lk 20,9–16 / EvThom 65; zur Problematik dieses Gleichnisses vgl. Petersen, Jülicher, 198–204.

[78] Vgl. Mk 14,25parr; Mt 20,1–14; 21,28; Lk 13,6f; 20,9–16, 1Kor 9,7; Jak 3,12; Offb 14,18.

[79] Vgl. Hen 10,19; 32,4; JosAs 18,9; 26,2; Arist 70; 79; 112; Sib 4,17; TestLevi 2,12; ParJer 3,10; Jub 7,1; 13,6; grBar 4,8–17; 1Clem 23,4; 2Clem 11,3; Did 9,2; Herm 40,5 (Mand X,1,5); 51,1–10 (Sim II,1–10); 55,2–7 (Sim V,2,2–7); 57,1 (Sim V,4,1); 58,2f (Sim V,5,2f); 59,2 (Sim V,6,2); 103,4 (Sim IX,26,4); EvThom 40; 65; TractTrip (NHC I,5) p.62,10; UW (NHC II,5) p.109,26.30; 110,17; LibThom (NHC II,7) p.144,25f.35; ApcPt (NHC VII,3) p.76,7; Silv (NHC VII,4) p.107,27; ActThom 36; 146.

[80] Die Ausnahmen sind 4Esra 5,23 (wo der vermutlich griechische Urtext nicht erhalten ist) und grBar 1,2 (Kautzsch, Pseudepigraphen, 448), wo Baruch klagt: „O Herr! Wozu hast du deinen Weinberg angezündet und ihn verödet?", wobei sich diese Klage auf Jerusalem, Israel oder Israels Land beziehen kann.

so ist nicht selbstverständlich Israel gemeint, sondern dies muss durch zusätzliche Textsignale explizit gemacht werden.

Unter jenen Texten, die etwa zeitgleich mit dem Johannesevangelium entstanden sind, ist besonders die syrische Baruchapokalypse[81] interessant. Im Zusammenhang meiner Ausführungen zur Brotrede habe ich bereits eine Passage zitiert, in der der Überfluss des messianischen Zeitalters geschildert wird. Dort geht es nicht nur um Brot / Manna, sondern auch um Wein, wenn es heisst: „Auch wird die Erde ihre Früchte zehntausendfältig bringen. An einem Weinstock werden tausend Reben sein, und eine Rebe trägt dann tausend Trauben und eine Traube tausend Beeren, und eine Beere gibt ein Kor voll Wein. Und die, die Hunger litten, sollen fröhlich sein und (sollen) weiter (dann) aber an jedem Tage neue Wunder sehen. (...) Es wird zu jener Zeit geschehen, daß aus der Höhe Mannaschätze wiederum herniederkommen; sie werden zehren dann davon in jenen Jahren, weil sie es sind, die ans Ende der Zeiten gekommen sind" (syrBar 29,5–6.8)[82]. Direkt im Anschluss wird noch die Auferstehung der Toten berichtet, so dass in dieser Passage der syrischen Baruchapokalypse mit dem fruchtbaren Weinstock, dem Brot aus der Höhe und der Auferstehung drei Kennzeichen des messianischen Zeitalters benannt werden, die im Johannesevangelium als Prädikationen der Ich-bin-Worte begegnen.

Wenige Kapitel später wird in der syrischen Baruchapokalypse eine Vision Baruchs geschildert, in der eine wasserreiche Quelle und ein fruchtbarer Weinstock sich als siegreich über einen absterbenden Wald erweisen. In der Deutung dieser Vision wird der Wald mit verschiedenen Phasen der Fremdherrschaft über Israel in Verbindung gebracht, während es von der Herrschaft des Messias heisst: „Sie gleicht der Quelle und dem Weinstock"[83]. Innerhalb der Vision öffnet der Weinstock seinen Mund und redet mit dem letzten Baum des absterbenden Waldes, einer Zeder. Der Weinstock erweist sich als siegreich, die Zeder verbrennt, der Weinstock wächst empor und rings um ihn herum ist eine Ebene voller Blumen, die nicht verdorren[84].

---

[81] Vgl. zu dieser Schrift oben D I 2.
[82] Übersetzung nach Klijn, JSHRZ 5,2, 141f; vgl. Kautzsch, Pseudepigraphen, 423; vgl. auch den oben am Eingang dieses Kapitels zitierten Irenäus-Text, wo die Ausführungen über den überaus fruchtbaren Weinstock in Zusammenhang mit der johanneischen Tradition gebracht werden.
[83] SyrBar 39,7; Übersetzung nach Klijn, JSHRZ 5,2, 145; vgl. Kautzsch, Pseudepigraphen, 425.
[84] Vgl. syrBar 36,7–37,1.

Auch hier steht der Weinstock in Verbindung mit der idealen Zeit von Fülle und Fruchtbarkeit; was geschildert wird, sind „paradiesische" Zustände für Israel – dagegen ist eine stereotype Gleichsetzung von Weinstock und Israel kein Bestandteil der Bildwelt.

Neben Fülle und Fruchtbarkeit wird auch die Freude in unterschiedlichen Schriften im Zusammenhang mit dem Weinstock erwähnt. In Joel 1,12 sind der verdorrte Weinstock und die fehlenden Freude kombiniert; Philo schreibt: „Sieh den edlen Weinstock, wie er von der Natur zum Wunder geschaffen ist mit den Zweigen, den Ranken, den Sprossen, den Blättern, dem Weinlaub, als ob sie die Stimme erhöben und des Baumes Freude (τοῦ δένδρου χαράν) über die zukünftige Frucht meldeten"[85], und in Joh 15,11 heisst es im Anschluss an die Ausführungen über den Weinstock: Ταῦτα λελάληκα ὑμῖν ἵνα ἡ χαρὰ ἡ ἐμὴ ἐν ὑμῖν ᾖ καὶ ἡ χαρὰ ὑμῶν πληρωθῇ, womit auch hier die Freude als Thema des Textes benannt wird.

Freude, Fülle und Fruchtbarkeit sind also die Konnotationen, die sich für eine intertextuelle Lektüre der johanneischen Weinstockmetaphorik nahelegen – nicht aber die Ersetzung Israels.

Es ist möglich, für das Verständnis der johanneischen Weinstockmetaphorik noch einen Schritt weiter zu gehen, wenn auch die Belege nicht mehr in derselben Breite zur Verfügung stehen wie bei dem bislang Ausgeführten. In der Forschung wird gelegentlich problematisiert, dass eine Metapher für ein *Kollektiv* (Israel) auf eine *Einzelperson* (Jesus) übertragen werde[86]. Diese Schwierigkeit ergibt sich naturgemäß nicht, wenn man nicht davon ausgeht, dass der johanneische Jesus Israel ersetzen soll – dennoch ist aber die Frage von Interesse, ob wie in Joh 15 auch in der Septuaginta Texte zu finden sind, in denen Weinstock und eine Einzelperson verbunden werden. Dies ist tatsächlich der Fall.

In der Septuaginta-Version von Ψ 79,16 wird der Weinstock mit dem Menschensohn parallelisiert; in Ez 17 wird das Bild des Weinstockes für einen König verwendet[87]. Sprechende (und insofern auch personifizierte) Weinstöcke gibt es etwa in Ri 9 und syrBar 36; auch hier geht es um das Königtum bzw. die Herrschaft des Messias. An einigen

---

[85] Mut 162 (LCL, Philo V, 224; vgl. Cohn et al., Philo VI, 140); vgl. Fug 176; Som II, 171.

[86] Vgl. z.B. Schweizer, Ego Eimi, 40; Brown, Gospel, 670; Borig, Weinstock, 97f. 192.

[87] Hier liesse sich noch TestLevi 2,12 ergänzen (JSHRZ 3,1, 48): „Und aus dem Anteil des Herrn wirst du deinen Lebensunterhalt nehmen, und er selbst wird dein Acker und Weinstock sein und die Erträge von Gold und Silber".

weiteren Stellen liegen weibliche Personifikationen des Weinstocks vor – erleichtert wird dies durch das grammatische Geschlecht: ἡ ἄμπελος. In Ez 19,10 wird die Mutter des (ehemaligen) Fürsten Israels mit einem Weinstock verglichen (ἡ μήτηρ σου ὡς ἄμπελος), wobei Blütenreichtum und Fruchtbarkeit betont sind; in Ψ127,3 heisst es: „Deine Frau ist wie ein blütentragender Weinstock" (ἡ γυνή σου ὡς ἄμπελος εὐθηνοῦσα); in Hld 7,9 werden die Brüste der Geliebten mit den Trauben des Weinstocks verglichen[88], und von Aseneth heisst es, ihre Haare wären wie der Weinstock im Paradies[89].

Die nächste Parallele zu Joh 15,1.5 ist Sir 24,17, wo sich die Weisheit – auffälligerweise auch in einer Selbstaussage mit betontem ἐγώ wie beim johanneischen Jesus – mit einem Weinstock vergleicht[90]:

ἐγὼ ὡς ἄμπελος ἐβλάστησα χάριν,
καὶ τὰ ἄνθη μου καρπὸς δόξης καὶ πλούτου.

Ich ließ wie ein Weinstock Schönes hervorsprossen,
meine Blüten wurden zu Frucht von Pracht und Reichtum.

Auch der Kontext dieser Selbstvorstellung der Sophia enthält Bilder, in denen Pracht, Schönheit und Fruchtbarkeit hervorgehoben werden[91]. Das heisst also, dass in diesem Sirachtext – ebenso wie an den zuvor erwähnten Stellen – die Einzelpersonifizierungen auf dem Hintergrund der „paradiesischen" Weinstockmetaphorik funktionieren, den ich oben beschrieben habe. Damit handelt es sich aber bei den genannten Stellen nicht um Sonderfälle, die für die Interpretation von Joh 15 keine Rolle spielen[92], sondern um Beispiele dafür, wie die Weinmetaphorik für

---

[88] An anderen Stellen des Hld ist nicht deutlich, ob es sich bei dem Weinstock auch um eine Metapher für die Geliebte handelt, vgl. 2,15; 7,13; 8,12; Schweizer, Ego Eimi, 40.

[89] JosAs 18,9.

[90] Zur Weisheit als Weinstock bei Philo vgl. Sandelin, Wisdom, 92f.

[91] In der Sekundärliteratur wird häufiger betont, dass Sophia eine Reaktion auf die ägyptisch-hellenistische Isis darstellt, vgl. u.a. Mack, Logos, Passim; Kloppenborg, Isis, passim; Berger, Anfang, 107; Reese, Influence, 42–50; Collins, Wisdom, 49f.203f; Schroer, Buch, passim; Cebulj, Ich bin es, 26f. Allerdings findet sich in den Selbstvorstellungen der Isis kein Weinstock; die nächste Parallele zu Sir 24 ist eine Aussage in der Inschrift aus Kyme, Zeile 7: ἐγώ εἰμι ἡ καρπὸν ἀνθρώποις εὑροῦσα. (Ich bin die, die Frucht für die Menschen erfunden hat). In POxy 1380, 179f (vgl. Grenfell / Hunt, Oxyrhynchus Papyri XI, 199), einer Anrufung der Göttin Isis aus dem zweiten Jahrhundert (Grenfell / Hunt, 190, datieren auf die Zeit Trajans oder Hadrians), ist in fragmentarischem Zusammenhang davon die Rede, dass Isis den Wein erfunden habe.

[92] So Borig, Weinstock, 99 u.ö.

Einzelpersonen quasi aus dem Bildfeld des Weinbaus hervorwächst – in den genannten Septuagintatexten wie in Joh 15.

Noch zwei weitere Aspekte belegen die Relevanz von Sir 24 für das Verständnis des johanneischen Textes: Zum ersten ist die Parallelität von Sophia und Jesus nicht singulär in Sir 24,17 / Joh 15,1.5, sondern häufiger im Johannesevangelium anzutreffen. Zu erinnern ist hier etwa an den Prolog sowie an die parallelen Formulierungen von Sir 24,19.21 und Joh 6,35[93]. Durch die wiederholte Bezugnahme auf Weisheitsüberlieferungen verstärken sich die intertextuellen Beziehungen der Sophiatexte und des Johannesevangeliums gegenseitig. Läge hier nur ein Einzelfall vor, so wäre dieser leicht überlesbar oder zu vernachlässigen; dass es sich aber um ein wiederholtes Phänomen handelt, zeigt, wie weitgehend Sophia und der johanneische Jesus miteinander übereinstimmen.

Der zweite relevante Aspekt betrifft das Verhältnis von Jesus und Israel. In Sir 24,12 sagt die Weisheit: καὶ ἐρρίζωσα ἐν λαῷ δεδοξασμένῳ, ἐν μερίδι κυρίου, κληρονομίας αὐτοῦ. (Und ich wurzelte in dem gepriesenen Volk, im Anteil des Herrn, dem seines Erbbesitzes). Sophias Fruchtbarkeit findet *innerhalb* Israels statt – und m.E. gibt es keinen Anhaltspunkt in Joh 15, dasselbe nicht auch von dem johanneischen Jesus anzunehmen. Um im Bild zu bleiben: Der fruchttragende Weinstock Jesus wächst innerhalb von Israel[94]. Das negative Gegenüber in Joh 15 ist der κόσμος, jene Welt, von der Jesus und die JüngerInnen gehasst werden (vgl. Joh 15,18). Von Israel ist in Joh 15 nicht die Rede[95]. Zusammenfassend gesagt: Es spricht nichts dagegen und vieles dafür, Joh 15 als Traditionsfortführung zu lesen und die Verankerung des Weinstockbildes in der Geschichte Israels zu betonen. Die Verwendung dieses Bildes für Jesus verdankt sich nicht der Idee der Ersetzung Israels, sondern einer Kontinuität mit den Überlieferungen Israels. Ebenso wie die Weisheit ist auch Jesus fruchttragender Weinstock innerhalb Israels.

---

[93] Vgl. dazu oben D I 3.

[94] Als Intertext assoziieren lässt sich hier das rätselhafte Logion EvThom 40: „Ein Weinstock wurde außerhalb (des Weinbergs) des Vaters gepflanzt. Und weil er nicht befestigt ist, wird er ausgerissen werden mit seiner Wurzel und wird zugrunde gehen". – In Kombination mit Joh 15 lässt sich dies als eine negative Version des Geschehens lesen, das in Joh 15 als positives (fruchtbringendes) geschildert ist.

[95] Zudem wird an jenen Stellen, wo Israel im Johannesevangelium vorkommt, der Begriff nicht zum Zweck der Abgrenzung, sondern in positivem Sinne gebraucht, vgl. 1,31.47.49; 3,10; 12,13 und oben B II 3.

Die Verbindungslinien zur Weisheit lassen sich noch weiter ausziehen. Weinstöcke und Weingärten werden in den verschiedensten Texten mit Freude, Fülle und Fruchtbarkeit assoziiert, sie kommen dort vor, wo es gilt paradiesische Verhältnisse[96] zu beschreiben. Innerhalb dieser Paradiesbildwelt kann der Baum des Lebens (τὸ ξύλον τῆς ζωῆς; Gen 2,9) oder der Baum der Weisheit im Paradies als Weinstock gelten[97]. Passend dazu wird auch die Weisheit als Lebensbaum bezeichnet[98], wenn es in Spr 3,18 von ihr heißt: ξύλον ζωῆς ἐστι πᾶσι τοῖς ἀντεχομένοις αὐτῆς, καὶ τοῖς ἐπερειδομένοις ἐπ' αὐτὴν ὡς ἐπὶ κύριον ἀσφαλής. (Sie ist ein Baum des Lebens allen, die sie ergreifen; und sicher denen, die an ihr festhalten wie am κύριος)[99]. Hier zeigt sich noch eine weitere sachliche Parallele zu Joh 15, da beidemale das Festhalten bzw. Bleiben am fruchtbaren Baum als das erstrebenswerte Handeln für die Menschen hervorgehoben wird.

Abschließend lässt sich sagen, dass mit der Wahl der Weinstockmetapher für Jesus die Konnotationen von Freude, Fülle, Fruchtbarkeit und einem geradezu paradiesischen Zustand aufgerufen werden. Dieses „Paradies" der johanneischen Gemeinde ist jedoch nicht ungetrübt und nicht unbedroht: An seiner Außenseite steht die feindliche Welt, und im Inneren gibt es Verluste, die auf der Bildebene als das (notwendige) Beschneiden der Reben verarbeitet werden. Die Wahl gerade der Weinstockmetaphorik lässt dennoch das Paradies inmitten der Bedrohungen sehen, indem die Offenbarung des Himmlischen, Transzendenten, wie sie nach dem Johannesevangelium in der Gestalt Jesu begegnet, mit der konkreten Anschauung von fruchttragenden Weinreben verbunden

---

[96] Vgl. Busse, Tempelmetaphorik, 398, der den Weinstock als „Paradiessymbol Israels" bezeichnet.

[97] Vgl. Henäthtlen 32,4 (der Baum der Weisheit trägt Weintrauben; eine Fußnote in JSHRZ 5,6, 568, verweist noch auf San 70a und Ber 40a); UW (NHC II,5) p.110,17 (der Baum des Lebens trägt Weintrauben); grBar 4,8–17 (JSHRZ 5,1, 25–27. Dort ist der Weinstock der Baum der Erkenntnis aus dem Paradies, der später von Noah gefunden und gepflanzt wird, nachdem ein Engel sagt, dass der Fluch in Segen verwandelt würde und der Wein Eingang ins Paradies bereiten könne – außer bei übermäßigem Trinken). Vom Weinstock als Lebensbaum reden auch Brown, Vocabulary, 150.170; Schnackenburg, Johannesevangelium, 110 A18; Forbes, Studies 3, 79; Brown, Gospel, 671f; Bultmann, Johannesevangelium, 407.

[98] Auch Philo, LA III,52, setzt Lebensbaum und Weisheit gleich, vgl. Sandelin, Wisdom, 91.

[99] Zuvor wird in Spr 3,12 jener Mensch glücklich gepriesen, der die Weisheit findet, und mit ihr werden u.a. Reichtum, Schönheit und Frieden assoziiert; vgl. McKinlay, Eat, 77. Zur Vegetationsmetaphorik in Weisheitsschriften insgesamt vgl. Gemünden, 97–104; Sandelin, Wisdom, 44–48.

wird[100]. Auch nachdem Jesus seine JüngerInnen – und die johanneische Gemeinde – verlassen hat[101], bleibt durch die Metapher von Jesus als Weinstock ein irdisches Bild des Transzendenten bestehen.

---

[100] Zur „Immmanenz-Theologie" in Joh 15 vgl. Scholtissck, In ihm sein, 309–316.372.

[101] Hier ist daran zu erinnern, dass Joh 15 Bestandteil der Abschiedsreden ist, die eben dies zum Thema haben. Darüber hinaus wird auch in Joh 15,13f der Tod Jesu gedeutet (vgl. auch Joh 10,15.17f). In der Wirkungsgeschichte von Joh 15 finden sich dann bildliche Darstellungen, in denen Christus am Weinstock gekreuzigt wird [vgl. z.B. den spätgotischen Altar von Giovanni Giuliani in der Kapelle des Weingutes Thallern in Niederösterreich [Abbildung unter: www.klosterweingut-thallern.at/kapelle2.htm; Jan. 2008] mit der Inschrift „Ich bin der wahre Weinstock").

E. ERGEBNISSE UND SCHLUSSFOLGERUNGEN: INTERTEXTUELLE PERSPEKTIVEN JOHANNEISCHER ICH-BIN-WORTE

Ταῦτα δὲ οὐκ ἀγνοοῦμεν πολλῷ εἶναι ἐλάττονα ὧν χωρεῖ ὁ τόπος ἐξεταζόμενος[1].

I. Das Ergebnis in Kürze

Die johanneischen Ich-bin-Worte und ihre Metaphorik sind vielfältig. Bei der Betrachtung ihrer intertextuellen Perspektiven ergaben sich unterschiedliche Anknüpfungsmöglichkeiten und verschiedene Schwerpunkte. Diese Verschiedenheit begreife allerdings ich nicht als Defizit meiner Ausführungen oder der untersuchten Texte, sondern als Indiz für deren Offenheit. Schon die Tatsache, dass in der Forschung immer wieder differierende Ableitungen und Verknüpfungen mit vollkommen unterschiedlichen Textbereichen vertreten wurden und werden, dass alle ForscherInnen gerade in dem Bereich Parallelen finden, den sie näher betrachten, verweist auf die Vielfalt der Beziehungen zwischen den johanneischen Ich-bin-Worten und dem antiken Textuniversum.

Der Text des Johannesevangeliums ist in der Lage, Menschen mit unterschiedlichsten Vorkenntnissen und verschiedenem religiösen Hintergrund jeweils an ihrem Ausgangspunkt abzuholen und in die eigene Text- und Metaphernwelt hineinzuziehen. Dabei führt diese Bewegung von ihren jeweiligen Ausgangspunkten immer wieder auf Jesus Christus zu, der im Zentrum der johanneischen Ich-bin-Worte und ihrer Bild- und Metaphernwelt steht. Der Weg auf Christus zu ist dabei nicht von Abgrenzung, sondern von Applikation geprägt: Die unterschiedlichen Bezüge und Anknüpfungspunkte werden nicht negiert, sondern auf Christus übertragen und auf ihn und in ihm konzentriert.

Innerhalb der erwähnten Vielfalt gibt es Schwerpunktthemen und -bereiche. So hat die Untersuchung der einzelnen Metaphern wiederholt

---

[1] „Ich bin mir wohl bewußt, daß diese Ausführungen weit unter dem bleiben, was die untersuchte Stelle in sich birgt". – Origenes Johanneskommentar, XXXII, 29, § 366 (SC 385, 344); Übersetzung nach Gögler, Origenes, 399.

auf Anknüpfungspunkte in jüdischen Texten, insbesondere in der Weisheitsliteratur, geführt. Dagegen standen bei der Frage nach der typologischen Intertextualität[2] der ἐγώ εἰμι-Formulierungen die jüdischen Texte weniger im Vordergrund. Hier ergaben sich vielmehr Bezüge zu Schriften aus dem weiteren Bereich der spätantiken hellenistischen Textwelt. Die beiden gewählten Richtungen der Annäherung an die johanneischen Ich-bin-Worte – einmal ausgehend von der Formulierung ἐγώ εἰμι selbst, einmal mit Schwerpunkt auf einzelne Metaphern – führen also tendenziell auf verschiedene Vernetzungen des Johannestextes hin, die sich in den Kontext der benannten Vielfalt einfügen.

Im Folgenden summiere ich zuerst in einem Rückblick den Gedankengang der Arbeit, um dann die Ergebnisse hinsichtlich der johanneischen Ich-bin-Worte systematisierend zusammenzufassen. Anschließend knüpfe ich in Form eines Epilogs an meine hermeneutischen Überlegungen an (Wie gehe ich mit Texten aus einer uns fremden historischen Situation um?[3]) und gehe der Frage nach den „Chancen und Gefahren der johanneischen Ich-bin-Worte"[4] nach.

II. Rückblick auf den Verlauf der Untersuchungen

In meinem forschungsgeschichtlichen Überblick zu Beginn der Arbeit (B I) zeigte sich eine beachtliche Divergenz zwischen den neueren und den älteren Ansätzen zur Erforschung und Kontextualisierung der johanneischen Ich-bin-Worte. Während die älteren Veröffentlichungen primär von den metaphorischen Ich-bin-Worten ausgehen und Vergleichstexte aus Gnosis und Hellenismus heranziehen, dominiert in neueren Veröffentlichungen ein Zugang über die sogenannten „absoluten Ich-bin-Worte" sowie die Überzeugung, dass das Alte Testament den einzig relevanten Verstehenshintergrund der johanneischen Aussagen darstellt. Sowohl in der älteren wie auch in der neueren Forschung fällt dabei auf, dass methodisch wenig reflektiert wird, wie die Auswahl der Vergleichstexte zustande kommt und auf welcher Ebene diese Texte für den Sinn der johanneischen Aussagen relevant sind. Gleichzeitig zeigt sich in vielen Veröffentlichungen ein Umgang mit jüdischen Tex-

---

[2] Zur Terminologie vgl. oben B III 5.
[3] Vgl. oben B II 4.
[4] Vgl. unten F.

ten und jüdischem Gedankengut, der einlinig von der Perspektive der Überbietung und Überwindung des Jüdischen geprägt ist.

Das Verhältnis von Johannesevangelium und Judentum ist deshalb Thema des folgenden Abschnitts meines ersten Kapitels (B II). Im Text des Johannesevangeliums finden sich eine Reihe von Aussagen, in denen die Ἰουδαῖοι als gegnerische Gruppe negativ gezeichnet werden. Oftmals werden diese Aussagen in der späteren Literatur nachgeschrieben – bisweilen sogar gesteigert –, ohne dabei den historischen Abstand von der Abfassungssituation zu bedenken. Gleichzeitig gerät oft aus dem Blickfeld, dass im Johannesevangelium auch positive Aussagen über die Ἰουδαῖοι begegnen und Jesus und andere auftretende Personen ebenfalls als Ἰουδαῖοι dargestellt sind. Auf der Ebene des Johannestextes verweist dieser in sich widersprüchliche Befund auf die Konfliktsituation der johanneischen Gemeinde innerhalb des Judentums. Die polemischen Aussagen lassen sich als Zeichen von Nähe interpretieren und dokumentieren somit das jüdische Selbstverständnis der johanneischen Gemeinde. Wenn sich in späteren Zeiten die Trennlinien zwischen Judentum und Christentum ausgeprägt haben, wird die teilweise vereinseitigende Rhetorik des Johannestextes nicht mehr als Verweis auf innerjüdische Auseinandersetzungen, sondern als Position des Christentums gegen das Judentum gelesen. Angesichts der Wirkungsgeschichte des Johannesevangeliums im Hinblick auf Antijudaismus und Antisemitismus ist hier Vorsicht geboten. Ich plädiere deshalb für eine Lektüre des Johannesevangeliums, in der die johanneische antijüdische Rhetorik nicht fortgeschrieben, sondern als ebensolche wahrgenommen wird. Eine in diesem Sinne aufmerksame Lektüre sollte auch eher in der Lage sein, die Kontinuitäten von jüdischen Texten und Johannesevangelium wahrzunehmen und nicht lediglich Kategorien wie Überbietung, Überwindung und Antithese zum Leitfaden der Auslegung zu machen.

Die methodische Unklarheit, die sich im forschungsgeschichtlichen Überblick im Hinblick auf die Herstellung von Textbeziehungen zeigte, bildet das Thema des dritten Abschnitts meines Eingangskapitels (B III). Hier greife ich auf methodische Überlegungen aus der Literaturwissenschaft zurück, die dort unter dem Oberbegriff „Intertextualität" verhandelt werden. Mein Ansatzpunkt liegt dabei bei einer rezeptionsorientierten Intertextualität, d.h.: Nicht die Autorenintention ist maßgeblich für den Textsinn, dieser konstituiert sich vielmehr in der Perspektive der Rezipierenden. Deshalb sind für meine intertextuelle Lektüre der johanneischen Ich-bin-Worte auch primär jene Texte von Interesse, die den spätantiken LeserInnen tatsächlich zugänglich waren, und sie sind es in der Form, in der sie ihnen zugänglich waren. Dies gilt auch für den Text des Johannesevangeliums selbst, den ich also nicht in einer rekonstruierten, umgestellten, reduzierten oder erweiterten Form zum Gegenstand der Analyse mache, sondern in jener Version, die den spätantiken RezipientInnen vorgelegen haben dürfte. Aus diesem methodischen Ansatz folgt auch, Fragen nach dem Textwachstum innerhalb des Evangeliums nicht zum Fokus der Untersuchung zu machen, sondern den Text synchron zu betrachten. Ebenfalls folgt daraus, dass die genaue Datierung der Intertexte nicht von vorrangiger Bedeutung ist. Auch Texte, die möglicherweise einige Zeit nach dem Johannesevangelium entstanden sind, geben einen Einblick in das spätantike Textuniversum und waren spätantiken RezipientInnen des Johannesevangeliums potenziell zugänglich. Entscheidend ist also beispielsweise nicht, ob der „Autor" des Johannesevangeliums (wer auch immer sich hinter diesem Ausdruck verbirgt) andere Evangelien kannte, sondern dass verschiedene Evangelien schon im zweiten Jahrhundert gemeinsam gelesen wurden.

Der Bezugstext der intertextuellen Interpretation ist der Text des gesamten Johannesevangeliums: Fragen nach dem Verhältnis einzelner Textabschnitte zum Gesamtevangelium werden als *intra*textuell und nicht *inter*textuell klassifiziert; das Verhältnis von Johannestext und anderen Texten des Neuen Testaments wird jedoch ebenso als intertextuell begriffen wie etwa das Verhältnis von Johannestext und den Schriften Philos von Alexandrien oder denen der Septuaginta. Dabei kommt der letztgenannten Textsammlung schon deshalb eine Sonderrolle zu, weil im Text des Johannesevangeliums selbst durch explizite Markierungen („wie geschrieben ist"), Zitate und Anspielungen immer wieder auf sie verwiesen wird.

Innerhalb der Intertextualitätstheorie wird grundlegend zwischen typologischer und referentieller Intertextualität unterschieden (auch als „Systemreferenz" bzw. „Einzeltextreferenz" benannt). Markierungen und Zitate gehören in den Bereich referentieller Intertextualität, dem Bereich typologischer Intertextualität sind etwa gemeinsame formale Eigenschaften sowie Gattungszugehörigkeiten zuzurechnen.

Auf den hier kurz umrissenen hermeutischen und methodischen Vorklärungen basieren die folgenden exegetischen Untersuchungen. An erster Stelle steht dabei ein Überblick über das Vorkommen von ἐγώ εἰμι-Formulierungen im Johannesevangelium (C I). Diese Formulierungen stehen im Kontext eines Ich-Stils, der das gesamte Johannesevangelium prägt und der es zum Teil erschwert, Einzelformulierungen als distinktiv auszusondern. Dies betrifft in erster Linie die in der neueren Forschung als sogenannte „absolute" Ich-bin-Worte zusammengefassten Vorkommen von ἐγώ εἰμι, die sich bei näherem Hinsehen nicht als einheitliche Gruppe qualifizieren lassen und nicht geeignet sind, den Schlüssel für das Verständnis aller Ich-bin-Worte abzugeben. Im Gegensatz dazu erweisen sich die prädikativen Ich-bin-Worten durch ihre feste Form und einheitliche Struktur als eine zusammengehörige und unterscheidbare Gruppe. Bei dieser Form folgt auf das ἐγώ εἰμι ein Artikel, eine Prädikation, eine Näherbestimmung der Prädikation, sowie ein Nachsatz mit bedingter Heilszusage[5]. Aufgrund der Tatsache, dass es sich bei den prädikativen Ich-bin-Worten im Gegensatz zu den anderen Formulierungen um eine distinktive Gruppe handelt, habe ich eben diese zum Ausgangspunkt der weiteren Untersuchungen gewählt.

Diese prädikativen Ich-bin-Worte lassen sich als Metaphern beschreiben (C II). Dabei ist „Metapher" nicht im Sinne einer Substituierungstheorie als lediglich rhetorische Ausschmückung zu verstehen, sondern im Sinne neuerer Ansätze der Metapherntheorie als bizarre Prädikation und sinnstiftende Neukombination. Als Metapher ist dabei nicht nur der eine Teil der kombinierten Ausdrücke (also nicht nur etwa das „Brot") zu bezeichnen, vielmehr bildet eben erst die (Neu-)Kombination die Metapher: „Ich bin das Brot". Die Bestimmung von Metaphern als sinnstiftende Neukombinationen bedeutet, dass der metaphorische Prozess nicht nur in eine Richtung funktioniert. Die Kombination hat vielmehr Auswirkungen auf beide Elemente des Satzes; die Zusammenstellung von Jesus und „Brot" betrifft nicht nur das Verständnis Jesu, sondern auch die Wahrnehmung des Brotes in der Erzählung, die mit der Metapher verbunden ist (C II 3).

Mehrfach begegnet im Johannesevangelium eine Verbindung von Erzählung und Metapher (so etwa in Joh 6 in der Abfolge von Brotvermehrungserzählung und Selbstpräsentation Jesu als „Brot des Lebens"), wobei sich die Metapher als kurzgefasste Erzählung oder auch die Erzählung als Explikation der Metapher verstehen lässt. Im einzelnen sind die intratextuellen Bezüge bei den metaphorischen Ich-bin-Worten unterschiedlich gestaltet (C II 5): Bei dem „Brot", dem „Licht" und der „Auferstehung" begegnet im Kontext der Metaphern

---

[5] Vgl. z.B. 8,12: ἐγώ εἰμι – τὸ – φῶς – τοῦ κόσμου – ὁ ἀκολουθῶν ἐμοὶ οὐ μὴ περιπατήσῃ ἐν τῇ σκοτίᾳ, ἀλλ' ἕξει τὸ φῶς τῆς ζωῆς.

ein σημεῖον, die Prädikationen „Tür" und „Hirte" folgen auf ein Gleichnis, das von Jesus erzählt wird. Die beiden abschließenden Prädikationen („Weg" und „Weinstock") sind in ihrer Kontexteinbindung komplexer gestaltet.

Der metaphorische Charakter der johanneischen Ich-bin-Worte spielt auch im folgenden Abschnitt eine Rolle, in dem ich einen Überblick über das Vorkommen von ἐγώ εἰμι-Formulierungen in Texten der Spätantike gebe (C III). Hier beginnt der intertextuelle Teil der Textauslegungen. Um der Fülle des vorhandenen Materials im Hinblick auf die johanneischen Ich-bin-Worte gerecht werden zu können, richte ich in diesem Abschnitt ein besonderes Augenmerk auf zwei Phänomene, die sich im Rahmen typologischer Intertextualität verstehen lassen: Zum Einen frage ich nach dem seriellen Vorkommen von ἐγώ εἰμι-Formulierungen, da sich erst durch (variierte) Wiederholungen stilbildende Merkmale erfassen lassen. Zum Anderen wird das antike Textmaterial insbesondere daraufhin untersucht, ob auch in anderen Schriften außer dem Johannesevangelium metaphorische Ich-bin-Formulierungen begegnen. Die Ergebnisse sind hinsichtlich der beiden Fragerichtungen unterschiedlich. Während Serien und Wiederholungen von ἐγώ εἰμι-Formulierungen in verschiedenen spätantiken Texten auftreten (zu nennen sind hier z.B. die Isis-Aretalogien), so ist der Befund im Hinblick auf metaphorische Ich-bin-Worte wesentlich schmaler. Lediglich in Texten, die im weiteren Sinne der Gnosis zuzuordnen sind, gibt es metaphorische Ich-bin-Worte, die in ihrer Struktur an die johanneischen erinnern. Gleichzeitig begegnen ebenfalls nur in diesen Texten wörtliche Übereinstimmungen mit den johanneischen Metaphern; hier sind besonders einige Texte auffällig, in denen sich eine himmlische Offenbarergestalt ebenso wie der johanneische Jesus selbst als „Licht" qualifiziert. Mit der wörtlichen Übereinstimmung innerhalb der Selbstaussage ist jedoch noch nicht gesagt, dass diese Aussage auch im Kontext der jeweiligen Schrift dasselbe bedeutet: An dieser Stelle zeichnet sich ein weiterer Interpretationsbedarf ab, dem ich in der Einzeluntersuchung der Lichtmetapher nachgehe (D II).

Das folgende Kapitel der Arbeit (D) enthält neben dieser Untersuchung der Lichtmetaphorik auch exemplarische Auslegungen weiterer metaphorischer Ich-bin-Worte. Während im vorhergehenden Abschnitt also die johanneischen Ich-bin-Worte ausgehend von der ihnen gemeinsamen Formulierung ἐγώ εἰμι betrachtet wurden, stehen nun einzelne Prädikationen mit ihrer intertextuellen Verknüpfung im Zentrum. Um neben der im vorherigen Kapitel thematisierten typologischen Intertextualität auch die referentielle Intertextualität nicht zu vernachlässigen, wende ich mich dabei zuerst jenem Ich-bin-Wort zu, in dessen Kontext die meisten direkten Zitate und Markierungen zu finden sind. Dies ist der Fall bei der Metapher „Ich bin das Brot", die viermal in jeweils variierter Form in der Brotrede von Joh 6 begegnet (D I). Die Brotrede lässt sich als Aktualisierung und Reinszenierung der jüdischen Überlieferungen von Manna und Wüstenwanderung verstehen, wobei das Verhältnis zu diesen Überlieferungen nicht davon geprägt ist, dass sie suspendiert oder als überholt erklärt werden. Vielmehr wird der johanneische Jesus vermittels ihrer gedeutet. Dies gilt nicht nur für das Verhältnis des Johannestextes zu den Manna-Überlieferungen, sondern auch für andere Texte, auf die in Joh 6 Bezug genommen wird. Besonders auffällig sind in diesem Kontext die Anknüpfungen an weisheitliche Motive im Kontext der Identifikation von Nahrungsgebenden und Nahrungsgabe. Parallele Phänomene gibt es bei Philo von Alexandrien und bei Paulus.

Im Vergleich mit den jüdischen Überlieferungen im Kontext von Manna und Weisheit fallen einige Aspekte auf, bei denen die johanneische Jesusdarstellung eigene Schwerpunkte setzt. Zu nennen sind hier besonders die Betonung von Grenzüberschreitungen zwischen Himmel und Erde sowie die Fokussierung auf die konkrete Anwesenheit und Körperlichkeit Jesu. In diesem Zusammenhang zeigt sich in der Rede vom Brot als σάρξ Jesu dieselbe Bewegung, die schon in Joh 1,14 thematisiert wurde: Die Brotmetaphorik lässt sich als Explikation und Entfaltung der Inkarnationsvorstellung lesen.

Im Anschluss an die Überlegungen zur Brotrede geht es um die johanneische Lichtmetaphorik (D II). Die Lichtmetaphorik durchzieht die ganze erste Hälfte des Evangeliums, wobei sich 8,12 („Ich bin das Licht") als Zentralstelle beschreiben lässt. Auffällig ist insgesamt die Konzentration auf Jesus, sowie die ethische Perspektive der johanneischen Lichtmetaphorik, in deren Zusammenhang Aufforderungen zum „Wandeln im Licht" u.ä. eine große Rolle spielen. Die Besonderheiten der johanneischen Lichtmetaphorik lassen sich im Vergleich mit anderen Texten verdeutlichen. Ich gehe auf fünf Schriften näher ein, in denen sich ebenfalls eine himmlische Offenbarergestalt selbst als Licht präsentiert und die im weiteren Sinne dem Bereich gnostischer Literatur zuzuordnen sind. In diesen Texten ist die Lichtmetaphorik vielfältiger und unübersichtlicher als im Johannesevangelium. Licht begegnet meist im Zusammenhang umfangreicher kosmogonischer Spekulationen, wobei das Licht auf verschiedenen Ebenen zu finden ist: als Licht der Schöpfung, göttliches Licht, Licht, das die Offenbarergestalten bringen und sind, sowie schließlich als Licht im Menschen, der aufgrund seiner Konsubstanzialiät mit dem göttlichen Licht zu erlösender Erkenntnis in der Lage ist. Im Vergleich mit diesen Texten wirkt die johanneische Lichtmetaphorik reduziert und gleichsam „entmythologisiert"; im Vergleich mit dem Johannesevangelium werden in den anderen Texten Fragen besonders hinsichtlich der Einzelheiten der Weltentstehung entfaltet, auf denen im Text des Johannesevangeliums kein vergleichbarer Schwerpunkt liegt. Möglich sind hier beide Lektürerichtungen, ohne dass einem Text oder einer Textgruppe eine zeitliche oder sachliche Priorität eingeräumt werden muss. Auffallend ist, dass sowohl das Johannesevangelium wie auch die anderen Texte immer wieder auf jüdische Schriften und Traditionen rekurrieren, und zwar sowohl auf die Genesis wie auch auf die Weisheitsliteratur. In den Weisheitsschriften sind dabei einerseits Motive vorgezeichnet, die in der Lichtmetaphorik des Johannesevangeliums eine besondere Rolle spielen, andererseits aber auch solche, die in den gnostischen und gnosisnahen Texten entfaltet werden.

Ein besonders auffälliger Aspekt bei der johanneischen Verwendung von Lichtmetaphorik ist ihre Konzentration auf Jesus, woran auch eine zeitliche Begrenzung der Anwesenheit des Lichts geknüpft ist. Diese zeitliche Begrenzung erhöht nicht nur die Dringlichkeit der ethischen Aufforderungen, sie bringt auch das Problem mit sich, wie die Zeit der Abwesenheit Jesu, also die Zeit ohne Licht, zu bewältigen sein könnte. Die johanneische Lichtmetaphorik endet gleichzeitig mit dem Ende des öffentlichen Auftretens Jesu in Kap.12. An die Stelle der Lichtmetapher treten nun in den Abschiedsreden andere Metaphern, in denen u.a. die bleibende Verbundenheit mit Jesus ausgedrückt wird.

Eine dieser Metaphern ist die vom Weinstock und seinen Zweigen (D III). Die Weinstockrede lässt sich als „metaphorisches Netzwerk" klassifizieren, die verschiedenen metaphorischen Wendungen in Joh 15 sind aufeinander bezogen und verweisen gleichzeitig auf die Realitäten des antiken Weinbaus. Im Kontext der Weinstockmetaphorik fehlt im Johannesevangelium eine Erzählung, in der diese Metapher exemplifiziert und illustriert wird; der „virtuelle Bezugstext" ist statt dessen der antike Weinbau. Auf dem Hintergrund der antiken Weinbaupraxis lassen sich die einzelnen in Joh 15 beschriebenen Vorgänge verdeutlichen (D III 3). Neben der konkreten Weinbaupraxis ist die Weinstockrede auch von intertextuellen Beziehungen zur Weinmetaphorik bestimmt. Dabei zeigt eine Zusammenstellung der entsprechenden Passagen der

Septuaginta, dass Weinstock und Weingarten nicht ausschließlich und nicht primär Metaphern für Israel sind (wie in der Forschung weithin vertreten), sondern auf eine ideale Zeit der Fülle und Fruchtbarkeit verweisen. In diesem Zusammenhang taucht auch wieder die Weisheit auf, die sich selbst mit einem fruchttragenden Weinstock vergleicht. Wenn der johanneische Jesus sich selbst als Weinstock bezeichnet, so ist dies also nicht im Sinne einer Ersetzung Israels durch Jesus zu interpretieren, vielmehr zeigt sich auch hier wieder eine Kontinuität mit jüdischen Vorstellungen, die auf Jesus appliziert werden. Mit der Wahl der Weinstockmetapher für Jesus werden Konnotationen von Freude, Fülle und Fruchtbarkeit aufgerufen. Dies gilt auch angesichts der Verluste, die in der Weinstockrede ebenfalls thematisiert werden. Die Weinstockmetaphorik trägt wie die mit ihr verbundene Rede von dem „Bleiben" in Jesus dazu bei, die Abwesenheit Jesu zu bewältigen und zu deuten – nicht zuletzt dadurch, dass durch die Metapher von Jesus als Weinstock ein irdisches Bild des Transzendenten gegenwärtig bleibt.

III. Gemeinsamkeiten Johanneischer Ich-bin-Worte

Καὶ μὴ θαυμάσῃ τις, εἰ πληθυντικῷ ὀνόματι τῷ τῶν ἀγαθῶν τὸν Ἰησοῦν ἐξειλήφαμεν εὐαγγελίζεσθαι. (...) Ἓν μὲν γὰρ ἀγαθὸν ζωή, Ἰησοῦς δὲ ζωή. Καὶ ἕτερον ἀγαθὸν "φῶς τοῦ κόσμου", "φῶς" τυγχάνον "ἀληθινὸν" καὶ "φῶς τῶν ἀνθρώπων"· ἅπερ πάντα ὁ υἱὸς εἶναι λέγεται τοῦ θεοῦ. Καὶ ἄλλο ἀγαθὸν κατ' ἐπίνοιαν παρὰ τὴν ζωὴν καὶ τὸ φῶς ἡ ἀλήθεια καὶ τέταρτον παρὰ ταῦτα ἡ ἐπὶ ταύτην φέρουσα ὁδός· ἅπερ πάντα ὁ σωτὴρ ἡμῶν διδάσκει ἑαυτὸν εἶναι λέγων· "Ἐγώ εἰμι ἡ ὁδὸς καὶ ἡ ἀλήθεια καὶ ἡ ζωή". Πῶς δὲ οὐκ ἀγαθὸν τὸ ἀποτιναξάμενον τὸν χοῦν καὶ τὴν νεκρότητα ἀναστῆναι, τούτου τυγχάνοντα ἀπὸ τοῦ κυρίου καθὸ ἀνάστασίς ἐστιν, ὃς καί φησιν· "Ἐγώ εἰμι ἡ ἀνάστασις"; Ἀλλὰ καὶ ἡ θύρα, δι' ἧς τις εἰς τὴν ἄκραν εἰσέρχεται μακαριότητα, ἀγαθόν· ὁ δὲ Χριστός φησιν· "Ἐγώ εἰμι ἡ θύρα". Τί δὲ δεῖ περὶ σοφίας λέγειν, ἣν "ἔκτισεν ὁ θεὸς ἀρχὴν ὁδῶν αὐτοῦ εἰς ἔργα αὐτοῦ", ᾗ προσέχαιρεν ὁ πατὴρ αὐτῆς, ἐνευφραινόμενος τῷ πολυποικίλῳ νοητῷ κάλλει αὐτῆς ὑπὸ νοητῶν ὀφθαλμῶν μόνων βλεπομένῳ καὶ εἰς ἔρωτα τὸν τὸ θεῖον κάλλος κατανοοῦντα οὐράνιον προκαλουμένῳ; Ἀγαθὸν γὰρ ἡ σοφία τοῦ θεοῦ[6].

---

[6] „Man soll sich nicht verwundern, wenn wir behaupten, unter der Vielzahl der Namen von Gutem werde Jesus verkündigt. (...) Eines dieser Güter ist das Leben – Jesus aber ist ‚das Leben'. Ein anderes Gut ist ‚das Licht der Welt', welches ‚das wahre Licht', ‚das Licht der Menschen' ist – vom Sohne Gottes aber wird gesagt, daß er all

Nach dem summierenden Rückblick auf die bisherigen Kapitel soll es im Folgenden darum gehen, gemeinsame Aspekte der metaphorischen Ich-bin-Worte zusammenzustellen. Dabei werden auch jene Ich-bin-Worte einbezogen, die im Kontext dieser Arbeit an verschiedenen Stellen eine Rolle spielen, ohne dass ihnen ein eigenes Kapitel gewidmet wäre.

Ansetzen möchte ich mit einer strukturellen Beobachtung, die mir von einiger Bedeutung für eine Beschäftigung mit dem Johannesevangelium zu sein scheint. Die wissenschaftliche wie die allgemeinere Rezeption und Auslegung des Johannesevangeliums redet häufig von einem sogenannten „Dualismus", der das Evangelium durchziehe und sein theologisches Denken strukturiere. Bei meiner Beschäftigung mit den johanneischen Texten ist mir jedoch immer wieder etwas anderes begegnet, das sich schlecht mit einem starren dualistischen Denken in Einklang bringen lässt: Jedesmal, wenn sich eine Gemeinsamkeit einer Gruppe von Texten abzuzeichnen scheint, wird dieses Ergebnis vom Text selbst dadurch unterlaufen, dass eine Ausnahme auftaucht; bemerkenswerterweise handelt es sich in vielen Fällen um genau *eine* Ausnahme. Ich bringe im Folgenden einige Beispiele für dieses Phänomen, wie es sich im Hinblick auf die Ich-bin-Worte darstellt:

– Alle Formulierungen, in denen ein ἐγώ εἰμι vorkommt, sind Formulierungen, in denen der johanneische Jesus Subjekt der Aussage ist. Die Ausnahme ist Joh 9,9, wo der geheilte Blindgeborene seine Identität mit einem ἐγώ εἰμι bestätigt.

– In allen ἐγώ εἰμι-Formulierungen ist das εἰμι Hilfsverb. Die Ausnahme ist Joh 8,58 (πρὶν Ἀβραὰμ γενέσθαι ἐγὼ εἰμί), wo εἰμί im Sinne von „existieren" verwendet wird.

---

dies sei. Dann gibt es in der Vorstellung ein anderes Gut neben ‚Leben' und ‚Licht': ‚die Wahrheit'. Und als viertes neben diesem den zu ihr führenden ‚Weg'. Der Erlöser aber lehrt uns, daß er dies alles selber sei: ‚Ich bin der Weg, die Wahrheit und das Leben'. Und weiter: wäre es nicht gut, wenn einer den Staub abschütteln und aus dem Abgestorbensein aufstehen könnte? – das ist es, was er vom Herrn erlangt, sofern dieser die Auferstehung ist, denn auch das sagt er: ‚Ich bin die Auferstehung'. Auch der Eingang, durch den man in die höchste Seligkeit eingeht, ist ein Gut; Christus aber sagt: ‚Ich bin die Tür'. Und was soll man von der ‚Weisheit' sagen, der ‚Gott am Anfang seiner Wege Dasein gab im Hinblick auf seine Werke' (Spr 8,22), an der ihr Vater sein Wohlgefallen hat, sich erfreuend an ihrer bunten, geistigen Schönheit, die allein von geistigen Augen erblickt wird und den Betrachter der göttlichen Schönheit zu himmlischer Liebe lockt? Ein Gut ist die ‚Weisheit' Gottes". – Origenes, Johanneskommentar, I, 9, § 52–56 (SC 120, 88); Übersetzung nach Gögler, Origenes, 105f. Zur Zunahme christologischer Metaphern in der Zeit der frühen Kirche vgl. Wallraff, Metaphern, passim.

– In allen Ich-bin-Worten, wo auf das ἐγώ εἰμι ein explizites Prädikat folgt, ist das Prädikatsnomen ein Substantiv und der ganze Ausdruck eine Metapher. Die Ausnahme ist Joh 8,18 (ἐγώ εἰμι ὁ μαρτυρῶν περὶ ἐμαυτοῦ), wo ein substantiviertes Partizip das Prädikatsnomen bildet und der Ausdruck schwerlich metaphorisch zu verstehen ist.
– Auf alle metaphorischen Ich-bin-Worte folgt (nicht bei jeder Wiederholung, aber mindestens einmal pro Metapher) ein Nachsatz, in dem eine bedingte Heilszusage ausgesprochen wird. Die Ausnahme ist die Hirtenmetapher in Joh 10,11.14, wo ein solcher Nachsatz fehlt[7].
– Die vorhanden Nachsätze enthalten alle eine positiv formulierte Heilszusage. Die Ausnahme ist Joh 14,6, wo ausschließlich negativ formuliert wird (οὐδεὶς ἔρχεται πρὸς τὸν πατέρα εἰ μὴ δι᾽ ἐμοῦ).
– Alle Prädikate der Metaphern sind schon im Alten Testament wichtige Begriffe, die häufig verwendet werden. Die Ausnahme ist Joh 11,25 – die ἀνάστασις ist sicher kein alttestamentlicher Zentralbegriff[8].
– Die Prädikate der Metaphern bezeichnen nicht nur Jesus, sondern auch Dinge oder Sachen, die dieser selbst gibt oder zur Verfügung stellt[9]. Die Ausnahme ist der Hirte, der weder ein Ding noch eine Sache bezeichnet noch von Jesus gegeben wird.

Diese Liste ließe sich verlängern, nicht nur im Hinblick auf die Ich-bin-Worte[10]. Der Text des Johannesevangeliums sträubt sich offensichtlich gegen eindeutige Festlegungen und eine statische Lektüre. Jedesmal, wenn sich eine Gemeinsamkeit einiger Texte abzuzeichnen beginnt, gibt es auch gegenläufige Tendenzen. Dieses Phänomen erschwert eine einfache Zusammenfassung der Ergebnisse; auf einer anderen Ebene gehört es jedoch selbst zu den Ergebnissen der Beschäftigung mit dem Johannesevangelium.

---

[7] Vgl. oben C I 3.
[8] Vgl. Cebulj, Ich bin es, 205. Verbindungslinien lassen sich eher zu späteren Schriften (Weish 3,1–4; 2Makk 7,9.14; 12,43f) ziehen. Auch eine Kontextualisierung mit Vorstellungen aus dem Isiskult ist denkbar, vgl. die Rede von der Überwindung der Grenze zwischen Tod und Leben bei Apuleius, Metamorphosen, XI,23; dazu Dibelius, Isisweihe, bes. 32–34; Giebel, Geheimnis, 183f; Sellin, Auferstehung, 224–226.
[9] Hier ließe sich über die Tür und den Weinstock diskutieren, dennoch liegen auch diese beiden auf einer anderen Ebene als der Hirte.
[10] Hier nur zwei Beispiele für dasselbe Phänomen in Bezug auf die Anrede Jesu: Nur Jesus wird im Johannesevangelium als κύριος angeredet; Ausnahme: Philippus in Joh 12,21. – Ausschließlich Jesus wird als ῥαββί angeredet; Ausnahme: Johannes der Täufer in Joh 3,26. – Die Häufigkeit dieses Phänomens verweist darauf, dass es sich hier nicht um Zufälle, sondern um eine Struktureigenschaft des Textes handelt. In den Diskussionen, die Judith Hartenstein und ich über das Johannesevangelium geführt haben, haben wir das beschriebene Phänomen als „Regel der einen Ausnahme" benannt.

Auf dem Hintergrund des beschriebenen Phänomens lassen sich dennoch gemeinsame Grundtendenzen im Hinblick auf die metaphorischen Ich-bin-Worte ausmachen:
– Die metaphorischen Ich-bin-Worte haben eine gemeinsame und wiedererkennbare Form: Auf das ἐγώ εἰμι folgt ein Artikel, eine Prädikation, eine Näherbestimmung der Prädikation sowie dann ein Nachsatz mit bedingter Heilszusage (vgl. C I 3). In einer Reihe von Ich-bin-Worten taucht dabei an unterschiedlichen Stellen der Schlüsselbegriff ζωή, Leben, auf. Dies kann innerhalb des eigentlichen Ich-bin-Wortes der Fall sein (so 6,35.48; 11,25; 14,6) oder auch im nachfolgenden Bedingungssatz (8,12), hier auch in verbalisierter Form (6,51; 11,25). Die ζωή ist „Heilsgut schlechthin"[11]. Im Kontext dieses allgemeinen Heilsbegriffs lassen sich die Aussagen der Nachsätze als Synonyme zueinander und zur Lebensgabe verstehen: nie mehr hungern und dürsten (6,35), in Ewigkeit leben (6,51), das Licht des Lebens haben (8,12), gerettet werden (10,9), in Ewigkeit nicht sterben (11,25), zum Vater kommen (14,6), viel Frucht bringen (15,5). Durch die gemeinsame Form der Ich-bin-Worte stehen die genannten Zusagen jeweils an derselben Stelle, sie beleuchten, ergänzen und interpretieren sich gegenseitig. Strukturell betrachtet gibt es ein Netzwerk von zusammengehörigen Aussagen, die auf derselben Ebene liegen, d.h. es werden horizontale Verbindungen geschaffen, nicht vertikale Abgrenzungen oder Dualitäten. Dies gilt in gewisser Weise auch für die Prädikationen, die durch ihren gemeinsamen Ort im formalen Aufbau der Ich-bin-Worte ebenfalls als Synonyme erscheinen, auch wenn dies inhaltlich weniger eindeutig ist als bei den Heilszusagen. Die Prädikate bezeichnen – wie Origenes im oben angeführten Zitat feststellt – Gutes oder Güter. Es gibt keine negativ konnotierten Begriffe.
– Die metaphorischen Ich-bin-Worte sind im Ablauf des Evangeliums mehrfach mit einer Erzählung verbunden, in der die Prädikation der Metapher als Gabe Jesu begegnet. Die Metaphern lassen sich hier als prägnante Kurzfassung der Erzählung lesen (vgl. C II 5). Bemerkenswert ist in diesem Zusammenhang, dass die prädikativen Ich-bin-Worte über Jesus durchgehend metaphorisch und nicht definitorisch sind[12]. Es fehlen Aussagen wie: „Ich bin der Sohn Gottes" oder „Ich bin der Logos".

---

[11] So Scholtissek, In ihm sein, 207.
[12] Vgl. generell zu den Konsequenzen der johanneischen Bilderchristologie auch Zimmermann, Christologie, 437: „Deshalb wäre es verfehlt, die bildtheologisch gewonnenen joh Sprachmöglichkeiten nun begrifflich zu verengen, wie es teilweise

Nach Zimmermann entzieht sich Bildersprache „einer im Sinne der Begriffslogik eindeutigen Auslegung und wird polyvalent. Bildersprache mahnt insofern auch die Grenzen des Verstehbaren an"[13]. Der nicht eindeutige und nicht statische Charakter der Aussagen wird noch dadurch verstärkt, dass mehrere Metaphern nebeneinander stehen, die sich gegenseitig nicht nur ergänzen, sondern auch relativieren[14]. Während etwa im Zusammenhang mit der Lichtmetaphorik die zeitliche Begrenzung der Anwesenheit Jesu thematisiert wird, geht es in der Weinstockmetaphorik um die bleibende Verbundenheit mit Jesus. Die Vielfalt der Metaphernsprache des Johannesevangeliums wurde bei der Beschäftigung mit den ausführlicher betrachteten Ich-bin-Worten deutlich, mit Blick auf die anderen Prädikationen verstärkt sich diese Vielfalt noch.

– Im Hinblick auf die intertextuellen Perspektiven der metaphorischen Ich-bin-Worte zeigten sich immer wieder Verbindungen zu jüdischen Texten und Traditionen. Markierte Einzeltextreferenzen und Zitate gibt es nur aus diesen Texten. Das Johannesevangelium steht dabei in der jüdischen Tradition, sie wird weiter geschrieben und umakzentuiert, aber nicht generell verworfen. Eine besondere Rolle spielt die Weisheitsliteratur, da wiederholt Aussagen, die dort im Zusammenhang

---

in der dogmatischen Tradition geschehen ist". Vgl. auch ebd., 386.411, sowie 449: „Christo-logie ist deshalb im johanneischen Sinn Christo-poetik".

[13] Zimmermann, Metapherntheorie, 109; speziell für das Johannesevangelium vgl. in Ders., Christologie, 380.407, die Zwischenüberschriften „Multiperspektivische Christologie der Bilder" bzw. „Vielfalt der Christusbilder" mit den dazugehörigen Ausführungen. Zum Ganzen vgl. auch Kuhlmann, Christus, 59: „Die Tatsache der Pluralität und Partikularität der christologischen Metaphern und die unterschiedlichen Christusbilder weisen darauf hin, daß kein Symbol ausreicht, um in abgeschlossener Weise auszusagen, was Jesus Christus bedeutet".

[14] Vgl. Schwankl, Licht, 220: „Auch kann der metaphorische Charakter der Ich-bin-Worte verblassen und ins Unmerkliche zurücksinken, so daß sie als ‚dogmatische' Sätze erscheinen. Doch setzt Johannes selbst ein beträchtliches Gegengewicht, indem er nicht mit einer einzigen, sondern mit einer ganzen Reihe von Prädikationen arbeitet. Denn durch diese Haltung verstärkt er den Sachgehalt der Aussagen nicht nur, sondern relativiert ihn zugleich. Wenn die Häufung von Bildern für den Mystiker charakteristisch ist, tritt uns Johannes in den Ich-bin-Worten nicht so sehr als Dogmatiker denn als Mystiker entgegen; mit einer Formulierung von G. Nebel könnte man auch sagen: als ‚spielender Metaphysiker', der zwar mit allem Ernst spricht, aber dabei doch den einseitigen Ernst des Fanatikers vermeidet. ‚Der einseitige Ernst findet da statt, wo man das Sein mit einem seiner Bilder, die Unendlichkeit mit einer ihrer endlichen und konkreten Gestalten identifiziert und jenen Überschuß, der die Poesie möglich macht, vergißt. Der spielende Metaphysiker ist sich dieses Mehr an Sein (…) bewußt'" (Schwankl verweist auf: G. Nebel, Griechischer Ursprung I, Wuppertal 1948, 141).

mit der Weisheit zu finden sind, auf Jesus appliziert werden[15]. Dies gilt nicht nur im Kontext der Brot-, Licht- und Weinstockmetaphorik, sondern noch darüber hinaus (wenn auch nicht unbedingt für alle metaphorischen Ich-bin-Worte[16]). So verweist etwa die Rede vom „Suchen und nicht Finden"[17], die im Johannesevangelium zusammen mit der Wegmetaphorik begegnet, ebenso auf die Weisheit wie die Wegmetaphorik selbst[18]. Auch im Kontext der Hirtenmetapher lassen sich Verbindungen herstellen[19], wenn auch hier die Verknüpfungen mit nichtweisheitlichen jüdischen Texten (wie z.B. Ez 34) primär ins Auge fallen[20]. Bemerkenswert ist dabei, dass der Name Σοφία im Text des Evangeliums an keiner Stelle erwähnt wird; der johanneische Jesus hat sie gleichsam absorbiert und steht nun im Zentrum jener Metaphorik, die in der Weisheitsliteratur mit Sophia verbunden ist.

– Die Bezüge mit den Texten der Septuaginta sind nicht die einzigen intertextuellen Verknüpfungsmöglichkeiten. Bei der Lichtmetaphorik hatte ich die Übereinstimmungen mit gnostischen Texten untersucht; bei der Brotrede sind Parallelen in den Texten Philos von Alexandrien besonders auffällig; die Weinstockmetaphorik funktioniert auf dem Hintergrund des „virtuellen" Bezugstextes antiker Weinbau. Im Hinblick auf die Metaphorik der anderen Ich-bin-Worte lässt sich diese Liste verlängern und ergänzen; interessant erschiene etwa eine intertextuelle Lektüre der Türmetapher im Kontext anderer metaphorischer Türen

---

[15] Dies gilt selbstverständlich auch über die Ich-bin-Worte hinaus; die Literatur zu dieser Verbindungslinie ist zahlreich, vgl. z.B. Theobald, Herrenworte, 530–532.583–590 („weisheitschristologische Matrix") sowie die Zusammenfassung bei McGrath, Christology, 55: "At the very least, John has made an explicit identification between Jesus and God's Wisdom / Word to an extent that no earlier writer did".

[16] Schwierig bleibt hier vor allem die „Auferstehung"; vgl. Scott, Sophia, 123–125.

[17] Vgl. zu diesem Motiv in der Weisheitsliteratur u.a. Baumann, Weisheitsgestalt, 100–102; Mack, Logos, 21–33; Scholtissek, In ihm sein, 100–104.

[18] Vgl. Zehnder, Wegmetaphorik, 608 u.ö.; Baumann, Weisheitsgestalt, 40f.61f.107–110; Mack, Logos, 118–154; Scholtissek, In ihm sein, 135; Beutler, Angst, 42; Scott, Sophia, 126–128; Theobald, Herrenworte, 314–319; Dettwiler, Gegenwart, 160–163, der daneben auch auf Texte aus Nag Hammadi verweist.

[19] Vgl. Beutler, Hintergrund, 30; zur Hirtenrede insgesamt vgl. bes. den von Beutler und Fortna herausgegebenen Sammelband über den "Shepherd Discourse" sowie Simonis, Hirtenrede (1967); Kowalski, Hirtenrede (1996); Theobald, Herrenworte, 353–393 (2002); Zimmermann, Christologie (2004), 241–404.

[20] Vgl. Deeley, Shepherd, passim; Beutler, Hintergrund, 23–32; Zimmermann, Christologie, 336–342.

und Tore aus neutestamentlichen[21] oder gnostischen[22] Texten. Möglich wäre auch eine intertextuelle Lektüre der johanneischen Wegmetaphorik mit jener pagan-griechischer Texte[23]; oder eine Zusammenschau des johanneischen Hirtenbildes mit antiken (auch bildlichen) Darstellungen fürsorglicher Hirten[24]. Die genannten Beispiele sind der Sache entsprechend notwendigerweise unvollständig: geht es ja gerade darum, die Vielfalt möglicher Verknüpfungspunkte aufzuzeigen. Auf jeden Fall ist hier ein Entweder – Oder (entweder jüdisch oder gnostisch etc.) kaum geeignet, um die möglichen Verknüpfungspunkte und Textbeziehungen auszuloten[25].

– Diese Offenheit der johanneischen Metaphernwelt gründet letztlich darauf, dass es sich durchgehend um allgemeinmenschlich verständliche Metaphern handelt. Schwankl betont in seiner Untersuchung der johanneischen Lichtmetaphorik, dass „Johannes (…) seine Botschaft an die urtümliche und allgemeine Erfahrung des Menschen" binde und sie „in der Alltagssprache" verankere. Damit nehme er „das einfache, aber folgenreiche Prinzip ernst, daß eine Mitteilung, um den Adressaten zu erreichen, in dessen Sprache abgefaßt sein muß". In der Licht-Finsternis-Metaphorik seien „allgemeine, ‚archetypische' Vorstellungen und Bilder" besetzt. Johannes schaffe – so folgert Schwankl – „ein ‚ökumenisches Forum' sowohl für verschiedene Religionen wie auch für verschiedene Sprach- und Bildungsschichten, von schlichten Gemütern bis zu anspruchsvollen Geistern und kontemplativen Meistern"[26]. Was Schwankl im Hinblick auf die johanneische Lichtmetaphorik formuliert,

---

[21] Vgl. z.B. Mt 7,13f; 25,10f; Lk 13,24f; Hebr 10,19–21.
[22] Vgl. Bauer, Johannesevangelium (3. Aufl.), 144; Turner, History, 47.
[23] Vgl. Snell, Entdeckung, 325–329.
[24] Vgl. z.B. Schumacher, Hirt, passim.
[25] Vgl. Beutler, Hintergrund, 18, der zur Hirtenrede feststellt, dass sich der jüdische und der gnostische Ableitungsversuch „nicht notwendigerweise ausschließen. (…) Bei der religionsgeschichtlichen Erklärung (…) kann es also nicht um ein Entweder – Oder bezüglich des alttestamentlich-jüdischen und des gnostischen Hintergrundes gehen, sondern nur um eine Standortbestimmung innerhalb einer von dem einen zum anderen Bereich verlaufenden ‚Entwicklungslinie'".
[26] Schwankl, Licht, 397 und 400. – Vgl. auch ebd., 387: „Johannes ist ein Dolmetscher von besonderem Kaliber, sozusagen ein ‚Verschmelzungskünstler'. In seiner Sprache (…) fließen diverse Horizonte und Vorstellungen zusammen. Dadurch gewinnt sein Evangelium einen ausgesprochen *ökumenischen Charakter*. Daß es nicht gelingen will, die religionsgeschichtliche Herkunft mancher joh Gedanken eindeutig zu bestimmen, läßt sich positiv als Element dieser ökumenischen Ausrichtung deuten". – Ähnlich äußern sich auch Scholtissek, In ihm sein, 23; Zimmermann, Größeres, 102f und passim; Ders. Christologie, 237 u.ö. (im Hinblick auf die christologischen Bilder des Johannesevangeliums insgesamt).

bestätigt sich im Blick auf die anderen Prädikationen und metaphorischen Bildwelten. Einschränkend ließe sich höchstens bemerken, dass für die Weinstockmetaphorik kulturelle Grenzen existieren, da es auch Gesellschaften gibt, die nicht in gleicher Weise wie die spätantike Welt des Mittelmeerraumes von Weinbau geprägt sind. Trotzdem ist die Verknüpfung mit der allgemeinen Erfahrung in der Welt des Johannesevangeliums und seiner spätantiken RezipientInnen zweifellos gegeben. Schwankls Rede vom „ökumenischen Forum" gilt also auch über die Lichtmetaphorik hinaus und begründet die vielfachen Rezeptionsmöglichkeiten des Evangeliums.

– Die Rede vom „wahren" Brot und „wahren" Weinstock verweist nicht auf Konkurrenz zu „falschen" Broten und „falschen" Weinstöcken, sondern auf den metaphorischen Charakter der Rede, in der Grenzüberschreitungen zwischen der himmlischen und der irdischen Welt thematisiert werden (vgl. D I 4 und D III 3)[27]. Das heißt aber: Es geht nicht um Konkurrenz zwischen verschiedenen Gestalten, die den Anspruch erheben, die „wahren" Brote oder Weinstöcke zu sein, sondern letztlich um das Verhältnis von Transzendenz und Immanenz, um die Frage nach der Offenbarung Gottes in der Welt[28]. Die metaphorischen Ich-bin-Worte lassen sich als Konkretisierungen der Inkarnation lesen[29]; die Metaphern binden alltägliche Erfahrungen und Transzendenz zusammen[30]. Verdeutlichen lässt sich dies im Kontrast mit Ich-bin-Worten anderer religiöser Texte: So vergleicht McRae die Ich-bin-Worte der Isis-Aretalogien mit denen der gnostischen Schrift Bronte. Er stellt fest, dass Isis Oppositionen unterscheidet und die

---

[27] Etwas anders funktioniert die Hirtenmetapher, da hier schon im Gleichnis die kontrastierenden Bilder vom guten Hirten und „Mietling" angelegt sind. Dies geschieht allerdings in Kontinuität mit der alttestamentlichen Hirtenmetaphorik (vgl. Ez 34,2–10). Über die andere Terminologie (καλός und nicht ἀληθινός) bestätigt diese Ausnahme die Deutung des ἀληθινός als nicht im Sinne von Konkurrenz zu verstehen.

[28] Dies lässt sich in den weiteren Horizont der johanneischen Theologie einordnen, wie ihn Scholtissek, In ihm sein, 175, beschreibt: „Wie verschiedene philosophische Schulen der Antike und jüdisch-hellenistische, rabbinische und gnostische Konzeptionen handelt das JohEv über die philosophisch-theologische Urfrage nach der Verhältnisbestimmung von Transzendenz und Immanenz, von Schöpfer und Schöpfung sowie der (oder den) diese Verhältnisbestimmung vermittelnden Größe(n)"; vgl. auch ebd., 364.

[29] Vgl. Schwankl, Licht, 400 (vgl. auch 385): „Diese ‚Weltwerdung des Evangeliums' ergibt sich letztlich aus der Fleischwerdung des Logos. Die *Inkulturation* des Evangeliums erwächst aus der Inkarnation". – Nach Buntfuß, Inkarnation, 312, „erläutern sich der Vorgang der Menschwerdung und der metaphorische Prozess gegenseitig".

[30] Zur Verbindung von Alltag und Transzendenz vgl. auch die theologischen Überlegungen bei Haardt, Way, passim; Berlis / Kalsky (Hg.), Transzendenz, passim.

Ordnung der Welt garantiert. Im Gegensatz dazu gilt für Bronte: "[T]he predications in the form of antithesis and paradox are used to show that the Gnostic revealer, whether Sophia or another, is of totally other order that transcends cosmic, social, ethical and religious values. The deity is not the source of order in the cosmos, but is wholly transcendent with respect to the cosmos"[31]. In Weiterführung dieses Vergleichs lässt sich sagen, dass sich der johanneische Jesus von den beiden genannten Gestalten unterscheidet: Im Gegensatz zu Isis tritt er nicht als Garant weltlicher Ordnungen auf (sein Verhältnis zum Kosmos ist vielmehr problematisch). Und im Gegensatz zu Bronte ist er nicht "wholly transcendent with respect to the cosmos", sondern so weitgehend körperlich anwesend, dass er berührbar und sogar essbar ist (vgl. Joh 6,53–58). Während Paradoxien also die Transzendenz der Offenbarergestalt verstärken, verbinden die johanneischen Metaphern die Offenbarergestalt mit der Welt: Jesus wird „geerdet". Dabei ergibt sich auf der Metaebene eine interessante Kreisbewegung: Das Wort wird Fleisch in Jesus, wie im Prolog des Johannesevangeliums zu lesen und in den Metaphern nachzuvollziehen ist – und gleichzeitig wird bei der „Verschriftlichung" Jesu im Text des Evangeliums das Fleisch wiederum zum Wort. Die Metaphern sind zwar ebenfalls Worte, aber sie garantieren nicht zuletzt durch ihren Bildcharakter und ihre Verbindung mit dem Alltäglichen die Verbindung von himmlischer und irdischer Sphäre[32].

– Das theologische Denken des Johannesevangeliums kreist um die Menschwerdung Jesu[33]: „Daß das Wort ‚Fleisch', ‚Mensch' geworden ist, gehört in die Mitte nicht nur des Johannesprologs, sondern des ganzen Johannesevangeliums"[34]. Dabei liegt der Schwerpunkt im

---

[31] McRae, Discourses, 121. Vgl. auch Schottroff, Glaubende, 98, die dem Apokryphon des Johannes die „Grundtendenz" zuspricht, „die Tranzendenz (...) zu radikalisieren".

[32] Vgl. noch einmal Schwankl, Licht, 364: „Die alltägliche Erfahrungswelt ist ein Vorrats- oder Lagerhaus von Symbolen, die zu Vehikeln der Offenbarung, zu Treffpunkten zwischen Endlichem und Unendlichem werden. Sie überspannen die Kluft zwischen dem empirisch Vorfindlichen und dem Geheimnis. Die Naturdinge sind aus sich selbst ‚heilige Zeichen' für eine größere, unseren sichtbaren Horizont übersteigende Ordnung; sie sind als dinghafte Metaphern quasi die Leitern, auf denen der Autor wie der Leser auf- und niedersteigt zwischen Himmel und Erde".

[33] Vgl. Beutler, Wort, 35–37, in Abgrenzung etwa zu Käsemann.

[34] Ebd., 37.

Evangelium (anders als zum Teil in neueren Debatten[35]) eindeutig auf der Körperlichkeit und der *Mensch*werdung, nicht jedoch auf der *Mann*werdung Jesu. Darüber hinaus lässt sich sogar sagen, dass die Art, wie Jesus im Johannesevangelium dargestellt wird, eher auf seine Weiblichkeit[36] verweist: Das zentrale Datum der Inkarnation bedeutet eine Grenzüberschreitung von Himmel zu Erde, von Geist zu Körper, und damit – folgt man den Zuschreibungen der abendländischen Geistesgeschichte – von Männlichem zu Weiblichem[37]. Jesus beschützt die Seinen, ruft sie beim Namen, gibt ihnen Leben und ernährt sie. Er übernimmt Attribute der weiblichen Sophia. Passend dazu sind auch die Prädikationen, mit denen sich Jesus selbst identifiziert, in der Mehrzahl grammatisch weiblich (ἡ θύρα, ἡ ἀνάστασις, ἡ ζωή, ἡ ὁδός, ἡ ἀλήθεια, ἡ ἄμπελος), nur eine Minderzahl ist männlich (ὁ ἄρτος, ὁ ποιμήν) nur eine neutrisch (τὸ φῶς). Eine Reduktion Jesu auf seine Männlichkeit wird der Vielschichtigkeit der johanneischen Bildwelt nicht gerecht; ein ausschließlich männlicher Jesus wäre im Hinblick auf seine tatsächliche Menschwerdung geradezu defizitär – und er wäre dies auch im Vergleich mit anderen Offenbarergestalten, die im Kontext der Ich-bin-Worte oder ihrer Metaphorik in dieser Arbeit aufgetaucht sind und die weiblich sind oder eine variable Geschlechtszugehörigkeit haben (vgl. bes. C III 3–5).

– Die Metaphorik der Ich-bin-Worte (wie des ganzen Johannesevangeliums) ist vielschichtig und vielfältig[38]. Ein gemeinsames Zentrum entsteht dadurch, dass alle Aussagen und Zuschreibungen auf Jesus hin konzentriert sind. Diese Konzentrationsbewegung hat zwei Seiten. Einerseits bewirkt sie, dass die „Einstiegsmöglichkeiten" in die Text- und Bildwelt des Evangeliums viele sind, der Text also offen ist für RezipientInnen mit ganz unterschiedlichen Ausgangspositionen. Andererseits führt die „Christologisierung der Symbolik"[39] dazu, dass Jesus Christus

---

[35] Vgl. etwa die konservativen Kleriker, die mit der Männlichkeit Jesu gegen das weibliche Priesteramt argumentieren, oder auch die feministischen Kritikerinnen, die fragen, ob ein männlicher Erlöser denn Frauen erlösen könne (vgl. z.B. Ruether, Sexismus, 145–170; Daly, Gottvater, 91; Daemen, Erlöser, passim); zur Diskussion vgl. Kuhlmann, Christus, 45–49; Merz, Jesus, 302f; Strahm, Christologien, 306–308; Hopkins, Christologie, 39–46.

[36] Zum Thema der „Weiblichkeit Jesu" vgl. auch Leutzsch, Christus, passim; Petersen, Weiblichkeit, passim.

[37] Vgl. Jasper, Garment, 23f.31f und passim.

[38] Vgl. Zimmermann, Größeres, passim; Ders., Christologie, 379–423.

[39] Diese Formulierung gebraucht Schwankl, Licht, 366. Er führt dann aus, dass dadurch „die Gestalt Jesu weitere Dimensionen an(nimmt). Er ist nicht mehr nur eine

letztlich eine Position einnimmt, neben der nichts anderes mehr bestehen kann. Auch wenn die einzelnen Aussagen über Jesus nicht über das hinausgehen, was jüdisch denkbar ist (auch zu den johanneischen „Spitzensätzen" lassen sich immer wieder jüdische Parallelen anführen, wo Entsprechendes etwa über Mose oder Sophia gesagt wird)[40], so bedeutet doch die Kumulation der Zuschreibungen im johanneischen Jesus, dass hier eine einzelne Gestalt in einer Weise ins Zentrum gerückt wird, wie es in jüdischen Texten sonst nicht der Fall ist. Durch die quantitative Kraft der sich ergänzenden Einzelaussagen gerät jede andere Sicht von Gott und Welt ins Abseits. Die daraus resultierende Exklusivität Jesu ist in der Wirkungsgeschichte des Johannesevangeliums *auch* zum Problem geworden – worauf jetzt noch einzugehen ist.

geschichtliche Einzelgestalt (...), sondern mehr; er wird zur symbolischen Gesamtgestalt der Geschichte, zur ‚Geschichte in Person'. In ihm erscheint der ganze Geschichtsprozeß als Prozeß der Begegnung zwischen Gott und Mensch (...). Diese christologische Gesamtsymbolik bringt Johannes u.a. dadurch zustande, daß er die allgemeinsten und elementarsten Dingsymbole für Jesus in Anspruch nimmt".

[40] Vgl. McGrath, Christology, 233: "John's aim was not (...) to defend monotheism. Yet this was not because John denied monotheism, but rather because John's Christology fits within the bounds of first-century Jewish monotheism".

F. EPILOG: GEFAHREN UND CHANCEN JOHANNEISCHER ICH-BIN-WORTE

„Ich bin der Weg und die Wahrheit und das Leben; niemand kommt zum Vater denn durch mich." (Jo 14,6.)

„Wahrlich, wahrlich ich sage euch: wer nicht zur Tür hineingeht in den Schafstall, sondern steigt anderswo hinein, der ist ein Dieb und Mörder. Ich bin die Tür; so jemand durch mich eingeht, der wird selig werden." (Jo 10,1.9.)

Jesus Christus, wie er uns in der heiligen Schrift bezeugt wird, ist das eine Wort Gottes, das wir zu hören, dem wir im Leben und im Sterben zu vertrauen und zu gehorchen haben.

Wir verwerfen die falsche Lehre, als könne und müsse die Kirche als Quelle ihrer Verkündigung außer und neben diesem einen Worte Gottes auch noch andere Ereignisse und Mächte, Gestalten und Wahrheiten als Gottes Offenbarung anerkennen[1].

Bei diesem Text handelt es sich um die erste These der Barmer Theologischen Erklärung von 1934. Sie ist gegen Behauptungen vor allem der „Deutschen Christen" formuliert, die in Hitler und der mit ihm verbundenen Geschichte und Ideologie die Offenbarung Gottes wirksam sahen und das Handeln Gottes zu erkennen meinten[2].

In diesem historischen Kontext wird Joh 14,6 – mit dem „Spitzensatz" οὐδεὶς ἔρχεται πρὸς τὸν πατέρα εἰ μὴ δι' ἐμοῦ – zur Abgrenzung und Verwerfung anderer Offenbarungsansprüche herangezogen. Die Notwendigkeit und Berechtigung eines solchen Vorgehens lässt sich kaum bestreiten. Andererseits darf aber auch nicht verschwiegen

---

[1] Erste These der Barmer Theologischen Erklärung von 1934, nach: Burgsmüller / Weth (Hg.), Barmer Theologische Erklärung, 34.

[2] Vgl. die bei Burgsmüller / Weth (Hg.), Erklärung, 34, zitierten Gegentexte aus Verlautbarungen der „Deutschen Christen"; darunter: „In Hitler ist die Zeit erfüllt für das deutsche Volk. Denn durch Hitler ist Christus, Gott der Helfer und Erlöser, unter uns mächtig geworden (…) Mit lutherischem Glaubensmut wagen wir Deutsche Christen darum mit bewährtem alten Steinen (Bibel und Bekenntnis) und neuen Steinen (Rasse und Volkstum) im Glauben diese Kirche zu bauen". – „Wie jedem Volk, so hat auch unserem Volk der ewige Gott ein arteigenes Gesetz eingeschaffen. Es gewann Gestalt in dem Führer Adolf Hitler und in dem von ihm geformten nationalsozialistischen Staat. Dieses Gesetz spricht zu uns in der aus Blut und Boden erwachsenen Geschichte unseres Volkes".

werden, dass die Barmer Theologische Erklärung sich an keiner Stelle zur sogenannten „Judenfrage" äußert[3]. Pinchas Lapide kommentiert die „erste und zentrale These" von Barmen: „Das war sicherlich eine klare Absage an den ver-gotteten Führer sowie an jedwede Vermischung von brauner Religion und christlichem Glauben. (...). Nicht zuletzt war es Trost und Zuspruch für die Wankelmütigen, ein klares Ja zu Jesus und eine nicht weniger klare Verwerfung des Messianismus' Hitlers"[4]. Lapide fährt dann aber fort, dass „dieser Solus-Christus-Text auch einen unverkennbar antijüdischen Beigeschmack" habe: „Indem er die Deutung nicht ausdrücklich abwehrt, daß durch das solus Christus alle Juden von Gottes Gnadenliebe ausgeschlossen seien, konnte er indirekt zum Förderer eines gesellschaftlichen Antisemitismus werden, der zum Wegbereiter der rassischen Apartheid und letzten Endes des Völkermordes geworden ist"[5].

In der neueren Exegese findet sich nicht selten Kritik an der judenfeindlichen Wirkungs- und Rezeptionsgeschichte von Joh 14,6. So formuliert z.B. Thyen: „Das Subjekt der Rede wurde degradiert und zu ihrem verfügbaren Objekt gemacht. Dadurch ist das seiner Heimat entfremdete Ich-Bin-Wort Jesu zu einem ‚Er-ist-Wort' geworden, buchstäblich zu einem Schlagwort, das im Laufe seiner langen Rezeptionsgeschichte einen nahezu imperialistischen ‚Absolutheitsanspruch des Christentums' begründen und seiner Durchsetzung, zumal den Juden gegenüber, dienen mußte. Gerade von ihnen (...) wurde in einer beispiellosen Art von Gesetzlichkeit ‚Glaube' gefordert, als sei er das einzig heilsnotwendige Werk und ihre Treue zur Tora ein Makel"[6].

Es zeigen sich hier zwei Seiten der Rezeption von Joh 14,6: In Barmen werden die Offenbarungsansprüche Hitlers und der „Deutschen Christen" abgewehrt; im Gegenüber zum Judentum wird mit demselben Text der exklusive Offenbarungsanspruch des Christentums begründet. Über die Tatsache hinaus, dass die meisten Menschen heutzutage der ersten Verfahrensweise ebenso zustimmen dürften, wie sie die zweite

---

[3] Vgl. Lapide, Jeder kommt zum Vater, passim, und bes. 31: „Ich werfe Barmen vor, die schrankenlose Liebe Gottes und Seine freie Gnade auf ihre eigenen Glaubensgenossen begrenzt und sie damit jenen versagt zu haben, die sie am dringendsten gebraucht hätten".

[4] Lapide, ebd., 20.

[5] Lapide, ebd., 20f.

[6] Thyen, Licht, 42f; vgl. auch Ders., HNT, 623–626, sowie die Kritik bei Wengst, Johannesevangelium 2, 120f; Dettwiler, Gegenwart, 166–168; Kügler, König, 70f.

wohl eher ablehnen würden, stellt sich die Frage, wo strukturell der Unterschied zwischen den beiden Verwendungen des Textes liegt. Damit verbunden ist die Frage, ob die Exegese[7] dazu beitragen kann, Kriterien für die Adaption von Johannesversen in politischen Kontexten bereitzustellen oder zumindest den Blick dafür zu schärfen, wie solche Kriterien gewonnen werden können.

Was die Exegese m.E. hier beitragen kann, lässt sich mit dem Stichwort Kontextualisierung beschreiben: Joh 14,6 ist kein separat überlieferter Sinnspruch, sondern im Evangelium auf mehreren Ebenen eingebunden. Zu nennen sind besonders der direkte Kontext, also der Beginn von Kap. 14, sowie der Zusammenhang mit der Situation der Abschiedsreden und schließlich die Verknüpfungen mit den anderen Ich-bin-Worten. – Ich beginne mit letzterem.

Liest man Joh 14,6 im Kontext der metaphorischen Ich-bin-Worte mit gleicher Struktur, so fällt auf, dass nur Joh 14,6b ausschließlich negativ formuliert ist[8]. Die Nachsätze der Ich-bin-Worte enthalten Heilszusagen, Angebote zur Nachfolge, die das positive Resultat hervorheben (vgl. z.B. 8,12: ὁ ἀκολουθῶν ἐμοὶ οὐ μὴ περιπατήσῃ ἐν τῇ σκοτίᾳ, ἀλλ' ἕξει τὸ φῶς τῆς ζωῆς). In diesem Kontext wird sichtbar, dass auch Joh 14,6 eine Heilszusage enthält. Unter Benutzung der Strukturelemente anderer Nachsätze lässt sich in diesem Sinne formulieren: ὁ ἀκολουθῶν ἐμοὶ οὐ μὴ ἀποθάνῃ, ἀλλ' ἔρχεται πρὸς τὸν πατέρα. So wird die Zusage hörbar, durch Jesus als Weg zu Gott kommen zu können. Gleichzeitig verschärft sich die Frage, warum gerade in Joh 14,6 ausschließlich negativ formuliert wird.

Die Antwort auf diese Frage liegt in der Situation der Abschiedsreden: Joh 14,6 richtet sich an die "in-group", d.h. auf der Ebene des Textes an die JüngerInnen, auf der Ebene der Situation an die johanneische Gemeinde. Es richtet sich nicht an die Ἰουδαῖοι, die weder Adressaten von Joh 14 sind noch Thema in diesem Text. Thema ist vielmehr der

---

[7] Meine folgenden Ausführungen verstehen sich als exegetischer Beitrag zum Thema. Auf das dahinter stehende systematisch-theologische Problem des christlichen Absolutheits- und Exklusivitätsanspruchs kann ich in diesem Rahmen nicht weiter eingehen, vgl. dazu jedoch die kritischen Ausführungen von Troeltsch, Absolutheit, passim (vgl. ebd., 23: „Die Konstruktion des Christentums als der absoluten Religion ist von historischer Denkweise aus und mit historischen Mitteln unmöglich"); Kuhlmann, Christus, passim.
[8] Vgl. oben C I 4 und E III.

Weggang Jesu und die bedrohte Situation der johanneischen Gemeinde[9]. Nimmt man den Kontext ernst, so ergibt sich, dass hier die AnhängerInnen Jesu bei ihm als einzigem „Weg zum Vater"[10] bleiben sollen – andere Menschen jedoch nicht dazu aufgefordert werden[11]. Diese Situation entspricht nun aber der Situation der Barmer Theologischen Erklärung, nicht aber der Situation der christlichen Judenmission. Im ersten Fall richtet sich der Text an Mitglieder der eigenen Gruppe in schwierigen Zeiten und dient der Identitätsstärkung primär nach innen; im zweiten Fall wird der Text von einer dominierenden Gruppe nach außen gewendet. Der Text verändert sich, wenn sich die Situation verändert; er kann seine ursprüngliche Dynamik wiedergewinnen, wenn er in einer Situation gebraucht wird, die der Abfassungssituation entspricht. Aufgabe der Exegese sollte es sein, sich gegen eine de-kontextualisierende Verwendung einzelner Zitate zu wenden und den Blick auf jene Zusammenhänge herzustellen, die durch eine fragmentierende Benutzung von Bibelversen verstellt werden. Dazu gehört es auch, darauf hinzuweisen, dass die metaphorischen Ich-bin-Worte an die Allgemeinheit der Ἰουδαῖοι ausschließlich einladend formuliert sind, während sich die abgrenzenden Formulierungen (neben 14,6 noch 15,2) lediglich an die Gruppe der direkten AnhängerInnen Jesu richten[12].

Noch ein weiterer Aspekt spricht gegen eine de-kontextualisierte Absolutsetzung von Joh 14,6b: Kurz zuvor heißt es: ἐν τῇ οἰκίᾳ τοῦ πατρός μου μοναὶ πολλαί εἰσιν (Joh 14,2)[13]. Die himmlischen Wohnungen sind viele, wie auch die irdischen Metaphern für Jesus viele sind. Es kann nicht unsere Aufgabe sein, Wohnungen zu verschließen,

---

[9] Vgl. Beutler, Angst, 21, der das Grundthema von Joh 14,1–14 paraphrasiert: „Jesus geht zum Vater, und es kommt darauf an, im Glauben mit ihm verbunden zu bleiben". – Zur Situation der johanneischen Gemeinde vgl. oben B II 3.

[10] Dabei ist der Weg die zentrale Metapher; ἀλήθεια und ζωή sind als Explikation von ὁδός aufzufassen; vgl. Scott, Sophia, 125f; Beutler, Angst, 44, mit weiterer Literatur. Das heißt aber, dass Joh 14,6 dynamisch und nicht statisch aufzufassen ist: Es geht darum, einen „Weg" zu gehen, nicht „Wahrheit" zu haben.

[11] Zugespitzt formuliert Franz Rosenzweig seine Schlussfolgerung: „Was Christus und seine Kirche in der Welt bedeuten, darüber sind wir einig: es kommt niemand zum Vater denn durch ihn. Es *kommt* niemand zum Vater – anders aber, wenn einer nicht mehr zum Vater zu kommen braucht, weil er schon bei ihm ist. Und dies ist nun der Fall des Volkes Israel (nicht des einzelnen Juden)"; in: Briefe und Tagebücher 1, (1900–1918), hg. von Rachel Rosenzweig und Edith Rosenzweig-Scheinmann, 1979, 135; zitiert nach Wengst, Johannesevangelium 2, 121, ebenfalls zitiert bei Lapide, Jeder kommt zum Vater, 23; Brumlik, Johannes, 102.

[12] Vgl. oben B II 4.

[13] Zur Deutung dieses Satzes im jüdischen Kontext vgl. Beutler, Angst, 30–36.

vielmehr geht es darum Wege – metaphorische und reale – zu öffnen[14]. Dass die Vielfalt der johanneischen Metaphorik solche Wege öffnen kann, bleibt zu hoffen.

---

[14] Vgl. Troeltsch, Bedeutung, 42f: „Entscheidend für die Würdigung der Bedeutung Jesu ist daher nicht die außerchristliche Erlösungsunfähigkeit, sondern das Bedürfnis der religiösen Gemeinschaft nach einem Halt, Zentrum und Symbol ihres religiösen Lebens. Das Große ist, daß dann nicht ein starres Dogma und nicht ein ebenso starres Moralgesetz das Zentrum und Symbol bildet, sondern das Bild einer lebendigen (...) Persönlichkeit".

G. LITERATURVERZEICHNIS

I. Abkürzungen und Technisches

Die verwendeten Abkürzungen für biblische Schriften folgen den Loccumer Richtlinien; der Übersicht halber seien hier die Abkürzungen für die Weisheitsschriften mit ihren verschiedenen Benennungen in den unterschiedlichen Bibelausgaben aufgeführt:

verwendete Abkürzung	Hebräische Bibel	LXX	Vulgata	Einheits-übersetzung	Zürcher / (Luther)
Spr	משלי	Παροιμίαι	Proverbia	Das Buch der Sprichwörter	Die Sprüche (Salomos)
Koh	קהלת	Ἐκκλησιαστής	Ecclesiastes	Das Buch Kohelet	Der Prediger (Salomo)
Hld	שיר השירים	Ἄσμα	Canticum Canticorum	Das Hohelied	Das Hohelied (Salomos)
Weish	–	Σοφία Σαλωμῶνος	Sapientia	Das Buch der Weisheit	–
Sir	–	Σοφία Σιράχ	Ecclesiasticus	Das Buch Jesus Sirach	–
Ps Sal	–	Ψαλμοὶ Σολομῶντος	–	–	–

Für apokryphe Schriften verwende ich folgende Abkürzungen:

ActJoh	Die Johannesakten
ActPetr	Die Petrusakten
ActPt	Die Taten des Petrus und der zwölf Apostel (NHC VI,1)
ActThec	Die Theklaakten
ActThom	Die Thomasakten
ÄgEv	Das ÄgypterInnen-Evangelium (NHC III,2 / IV,2)
äthHen	Das erste / äthiopische Henochbuch
AJ	Das Apokryphon des Johannes (NHC II,1 / III,1 / IV,1 / BG,2)
Allog	Allogenes (NHC XI,3)
ApcAd	Die Apokalypse des Adam (NHC V,5)
1ApcJac	Die erste Apokalypse des Jakobus (NHC V,3)
2ApcJac	Die zweite Apokalypse des Jakobus (NHC V,4)
ApcPl	Die Apokalypse des Paulus (NHC V,2)
ApcPt	Die Apokalypse des Petrus (NHC VII,3)
Arist	Der Aristeasbrief
Askl	Asklepios (NHC VI,8)
AuthLog	Authentikos Logos (NHC VI,3)
Bronte	Die Bronte – Vollkommener Verstand (NHC VI,2)
1Clem	Der erste Brief des Clemens (Romanus)
2Clem	Der zweite Brief des Clemens (Romanus)
Dial	Der Dialog des Erlösers (NHC III,5)
Did	Didache

EpAp	Epistula Apostolorum
EpJac	Epistula Jacobi apocrypha (NHC I,2)
EpPt	Der Brief des Petrus an Philippus (NHC VIII,2)
Eug	Der Brief des Eugnostos (NHC III,3 / V,1)
EV	Evangelium Veritatis (NHC I,3 / XII,2)
EvÄg	ÄgypterInnenevangelium (bei Clemens Alexandrinus)
EvEg	Egerton-Evangelium
EvHebr	HebräerInnenevangelium
EvMar	Das Evangelium nach Maria (BG,1)
EvPetr	Petrusevangelium
EvPhil	Das Evangelium nach Philippus (NHC II,3)
EvThom	Das Evangelium nach Thomas (NHC II,2)
ExAn	Die Exegese über die Seele (NHC II,6)
ExpVal	Valentinianische Abhandlung (NHC XI,2)
grBar	Die griechische Baruchapokalypse
HA	Die Hypostase der Archonten (NHC II,4)
Hen	(griechisches) Henochbuch (bei Denis, 818–824)
Herm	Der Hirt des Hermas
Hyps	Hypsiphrone (NHC XI,4)
Inter	Die Interpretation der Gnosis (NHC XI,1)
JosAs	Joseph und Aseneth
Jub	Das Buch der Jubiläen
LibThom	Das Buch des Thomas – Der Athlet schreibt an die Vollkommenen (NHC II,7)
2LogSeth	Der zweite Logos des großen Seth (NHC VII,2)
Mar	Marsanes (NHC X)
Melch	Melchisedek (NHC IX,1)
NHC VI,5	Platon, Politeia 588b–589b (NHC VI,5)
Noema	Der Gedanke unserer großen Kraft (NHC VI,4)
OdNor	Ode über Norea (NHC IX,2)
OgdEnn	De Ogdoade et Enneade (NHC VI,6)
ParJer	Paralipomena Jeremiou
ParSem	Die Paraphrase des Sêem (NHC VII,1)
Poim	Poimandres (CH 1)
PrecHerm	Hermetisches Gebet (NHC VI,7)
PrecPl	Gebet des Apostels Paulus (NHC I,1)
PrecVal	Fünf valentinianische Gebete (NHC XI,2a–e)
Protennoia	Die dreigestaltige Protennoia (NHC XIII,1)
Rheg	Brief an Rheginus über die Auferstehung (NHC I,4)
Sextus	Sextussprüche (NHC XII,1)
Sib	Die Sibyllinen
Silv	Die Lehren des Silvanus (NHC VII,4)
SJC	Die Sophia Jesu Christi (III,4 / BG,3)
StelSeth	Die drei Stelen des Seth (NHC VII,5)
syrBar	Die syrische Baruchapokalypse
TestAbr	Das Testament Abrahams
TestDan	Das Testament Dans
TestJob	Das Testament Hiobs
TestLevi	Das Testament Levis
TestZab	Das Testament Sebulons
TestVer	Testimonium Veritatis (NHC IX,3)
TractTrip	Tractatus Tripartitus (NHC I,5)
UW	Vom Ursprung der Welt (NHC II,5 / XIII,2)
VitAd	Das Leben Adams und Evas
Zostr	Zostrianus (NHC VIII,1)

Die Schriften Philos von Alexandrien zitiere ich mit folgenden Abkürzungen (in der zweiten Spalte finden sich der übliche lateinische Titel / Bd. LCL / Titel bei Cohn et al. / Bd. dort):

Abr	De Abrahamo / VI / Über Abraham / I
Aet	De aeternitate mundi / IX / Über die Unvergänglichkeit der Welt / VII
Agr	De agricultura / III / Über die Landwirtschaft / IV
Cher	De Cherubim / II / Über die Cherubim / III
Conf	De confusione linguarum / IV / Über die Verwirrung der Sprachen / V
Cong	De congressu quaerendae eruditionis gratia / IV / Über das Zusammenleben um der Allgemeinbildung willen / VI
Cont	De vita contemplativa / IX / Über das betrachtende Leben / VII
Decal	De decalogo / VII / Über den Dekalog / I
Det	Quod deterius potiori insidiari soleat / II / Über die Nachstellungen, die der Schlechtere dem Besseren bereitet / III
Ebr	De ebrietate / III / Über die Trunkenheit / V
Flac	In Flaccum / IX / Gegen Flaccus / VII
Fug	De fuga et inventione / V / Über die Flucht und das Finden / VI
Gig	De gigantibus / II / Über die Riesen / IV
Her	Quis rerum divinarum heres / IV / Über die Frage: Wer ist der Erbe der göttlichen Dinge / V
Imm	Quod Deus immutabilis sit / III / Über die Unveränderlichkeit Gottes / IV
Jos	De Josepho / VI / Über Joseph / I
LA	Legum allegoriae / I / Allegorische Erklärung des heiligen Gesetzbuches / III
Leg	De legatione ad Gaium / X / Die Gesandtschaft an Caligula / VII
Mig	De migratione Abrahami / IV / Über Abrahams Wanderung / V
Mos	De vita Mosis / VI / Über das Leben Mosis / I
Mut	De mutatione nominum / V / Über die Namensänderung / VI
Op	De opificio mundi / I / Über die Weltschöpfung / I
Plant	De plantatione / III / Über die Pflanzung Noahs / IV
Post	De posteritate Caini / II / Über die die Nachkommen des sich weise dünkenden Kain und darüber, wie er ein Auswanderer wird / IV
Praem	De praemiis et poenis / VIII / Über Belohnungen und Strafen / II
Prob	Quod omnis probus liber sit / IX / Über die Freiheit des Tüchtigen / VII
Prov	De providentia / IX / Über die Vorsehung / VII
QE	Quaestiones et solutiones in Exodum / Suppl II / – / – (nur armenisch)
QG	Quaestiones et solutiones in Genesim / Suppl I / – / – (nur armenisch)
Sac	De sacrificiis Abelis et Caini / II / Über die Opfer Abels und Kains / III
Sob	De sobrietate / III / Über die Nüchternheit / V
Som	De somniis / V / Über die Träume / VI
Spec	De specialibus legibus / VII + VIII / Über die Einzelgesetze / II
Virt	De virtutibus / VIII / Über die Tugenden / II

Abkürzungen für Reihen, Zeitschriften usw. richten sich nach Siegfried M. Schwertner, Internationales Abkürzungsverzeichnis für Theologie und Grenzgebiete, 2. überarbeitete und erweiterte Auflage, Berlin / New York 1992. Zusätzlich oder davon abweichend verwende ich außerdem:

BIS	Biblical Interpretation Series (Brill)
CH	Corpus Hermeticum
HB	Hebräische Bibel
LXX	Septuaginta
NHC	Nag Hammadi Codex / Codices

NHD 1 / 2	Schenke, Hans-Martin / Bethge, Hans-Gebhard / Kaiser, Ursula Ulrike (Hg.), Nag Hammadi Deutsch. Eingeleitet und übersetzt von Mitgliedern des Berliner Arbeitskreises für Koptisch-Gnostische Schriften. 1. Band: NHC I,1-V,1, GCS NF 8, Koptisch-Gnostische Schriften II, Berlin / New York 2001; 2. Band: NHC V,2-XIII,1, BG 1 und 4, GCS NF 12, Koptisch-Gnostische Schriften III, Berlin / New York 2003
NHMS	Nag Hammadi and Manichaean Studies, Fortsetzung der Reihe NHS
NTApo I	Wilhelm Schneemelcher (Hg.), Neutestamentliche Apokryphen in deutscher Übersetzung. Bd. I: Evangelien, Tübingen ^{6}1990
NTApo II	Wilhelm Schneemelcher (Hg.), Neutestamentliche Apokryphen in deutscher Übersetzung. Bd. II: Apostolisches, Apokalypsen und Verwandtes, Tübingen ^{6}1997
Ssc I / Ssc II	Schüssler Fiorenza, Elisabeth (Hg.), Searching the Scriptures, Bd I. A Feminist Introduction, New York 1993; Bd. II. A Feminist Commentary, New York 1994
POxy	Grenfell, Bernhard P. / Hunt, Arthur S. u.a. (Hg.), The Oxyrhynchus Papyri. Part 1ff, London 1898ff
PSI	Pubblicazioni della Società Italiana per la ricera dei Papyri greci e latini in Egitto, Papiri greci e latini, Bd. 1, Florenz 1912 – Bd. 14, Florenz 1957

Bei Lücken in den zitierten antiken Texten stehen in der deutschen Übersetzung jeweils die gesamten Worte in eckigen Klammern, sofern sie in der Handschrift zum größeren Teil nicht erhalten sind, bei nur geringfügigen Beschädigungen setze ich keine Klammern. Abweichende Vorgehensweisen bei Zitaten von Paralleltexten sind jeweils vermerkt.

II. Quellen, Textausgaben und Übersetzungen

Altes Testament; Septuaginta; zugehörige Apokryphen und Pseudepigraphen:
Becker, Jürgen (Übers.), Die Testamente der zwölf Patriarchen, JSHRZ 3,1, Gütersloh 1974
Berger, Klaus (Übers.), Das Buch der Jubiläen, JSHRZ 2,1–6, Gütersloh 1973–1999, 275–575
Burchard, Christoph (Übers.), Joseph und Aseneth, JSHRZ 2,1–6, Gütersloh 1973–1999, 579–735
Charles, Robert Henry (Übers.), The Book of Jubilees or The Little Genesis. Translated from the Editor's Ethiopic Text, London 1902
Charles, Robert Henry (Hg.), The Ethiopic Version of the Book of Enoch. Edited from Twenty-Three Mss. together with the Fragmentary Greek and Latin Versions, Anecdota Oxoniensia, Semitic Series XI, Oxford 1906
Charlesworth, James H. (Hg.), The Old Testament Pseudepigrapha, 2 Bde, Garden City NY 1983 / 1985
Denis, Albert-Marie, Concordance grecque des pseudepigraphes d'Ancien Testament: concordance, corpus des textes, indices, Louvain-la-Neuve 1987
Elliger, Kurt / Rudolph, Wilhelm (Hg.), Biblia Hebraica Stuttgartensia, Stuttgart ^{3}1984
Georgi, Dieter (Übers.), Weisheit Salomos, JSHRZ 3,4, Gütersloh 1980
Hage, Wolfgang (Übers.), Die griechische Baruchapokalypse / Eckhart, Karl-Gottfried (Übers.), Das Apokryphon Ezechiel, JSHRZ 5,1, Gütersloh 1974
Janssen, Enno (Übers.), Das Testament Abrahams, JSHRZ 3,2, Gütersloh 1975, 193–256
Kautzsch, E. (Hg.), Die Apokryphen und Pseudepigraphen des Alten Testaments, Bd. 1: Die Apokryphen; Bd. 2: Die Pseudepigraphen, Tübingen / Freiburg i.B. / Leipzig 1900
Klijn, Albertus F. J. (Übers.), Die syrische Baruch-Apokalypse, JSHRZ 5,2, Gütersloh 1976, 103–191
Merk, Otto / Meiser, Martin (Übers.), Das Leben Adams und Evas, JSHRZ 2,1–6, Gütersloh 1973–1999, 739–870
Merkel, Helmut (Übers.), Sibyllinen, JSHRZ 5,8, Gütersloh 1998
Rahlfs, Alfred (Hg.), Septuaginta. Id est Vetus Testamentum graece iuxta LXX interpretes, Stuttgart 1979
Riessler, Paul (Übers.), Altjüdisches Schrifttum außerhalb der Bibel, Freiburg / Heidelberg 1928 (^{6}1988)
Pohlmann, Karl Friedrich (Übers.), Das 3. Buch Esra, JSHRZ 1,5, Gütersloh 1980, 375–425
Sauer, Georg (Übers.), Jesus Sirach (Ben Sira), JSHRZ 3,5, Gütersloh 1981
Schaller, Berndt (Übers.), Paralipomena Jeremiou, JSHRZ 1,8, Gütersloh 1998
Schreiner, Josef (Übers.), Das 4. Buch Esra, JSHRZ 5,4, Gütersloh 1981, 289–412
Uhlig, Siegbert (Übers.), Das äthiopische Henochbuch, JSHRZ 5,6, Gütersloh 1984
Universidad Pontificia de Salamanca (Hg.), Biblia Sacra iuxta Vulgatam Clementinam, Bibliotheca de Autores Christianos 14, Madrid ^{5}1977

Apokryphe ApostelInnenakten:
Lipsius, Ricardus A. / Bonnet, Maximilianus (Hg.), Acta Apostolorum Apocrypha, I: Acta Petri, Acta Pauli, Acta Petri et Pauli, Acta Pauli et Theclae, Acta Thaddaei; II,1: Passio Andreae, Ex actis Andreae, Martyria Andreae, Acta Andreae et Matthiae, Acta Petri et Andreae, Passio Bartholomaei, Acta Ioannis, Martyrium Matthaei; II,2: Acta Philippi et Acta Thomae accedunt Acta Barnabae, Leipzig 1891–1903, Nachdruck Darmstadt 1959

Junod, Eric / Kaestli, Jean-Daniel (Hg.), Acta Iohannis. 1. Praefatio, textus; 2. Textus alii, commentarius, indices; CChr.SA 1.2, Turnhout 1983

Apokryphon des Johannes:
Krause, Martin / Labib, Pahor (Einl. / Hg. / Übers.), Die drei Versionen des Apokryphon des Johannes im Koptischen Museum zu Alt-Kairo. ADAI.K 1, Wiesbaden 1962
Waldstein, Michael / Wisse, Frederik (Einl. / Hg. / Übers.), The Apocryphon of John. Synopsis of Nag Hammadi Codices II,1; III,1 and IV,1 with BG 8502,2, NHMS 33, Leiden / New York / Köln 1995
Waldstein, Michael (Einl. / Übers.), Das Apokryphon des Johannes (NHC II,1; III,1; IV,1 und BG 2), in: NHD 1, 95–150

Apostolische Väter:
Lindemann, Andreas / Paulsen, Henning (Hg.), Die apostolischen Väter. Griechischdeutsche Parallelausgabe auf der Grundlage der Ausgabe von Franz X. Funk, Karl Bihlmeyer u. Molly Whittaker mit Übersetzungen v. Martin Dibelius u. Dietrich-Alex Koch, Tübingen 1992

Apuleius:
Helm, Rudolf (Hg. / Übers.), Apuleius, Metamorphosen oder der Goldene Esel. Lateinisch und Deutsch. Sechste durchgesehene und erweitere Aufl., besorgt von Walter Krenkel, Wissenschaftliche Buchgesellschaft, Darmstadt 1970

Aristoteles:
Fuhrmann, Manfred (Hg. / Übers.), Aristoteles, Περὶ Ποιητικῆς / Poetik. Griechisch / Deutsch, bibliographisch ergänzte Ausgabe, Reclams Universal-Bibliothek 7828, Stuttgart 1994
Krapinger, Gernot (Hg. / Übers.), Τέχνη ῥητορική / Rhetorik. Deutsch, Reclams Universal-Bibliothek 18006, Stuttgart 1999

Bronte:
McRae, George W. (Hg. / Übers.), The Thunder: Perfect Mind: VI,2: 13,1–21,32, in: Parrott (Hg.), Nag Hammadi Codices V, 2–5 and VI, 231–255
Plisch, Uwe-Karsten (Übers.), Die Brontê – Vollkommener Verstand (NHC VI,2), in: NHD 2, 455–466
Poirier, Paul-Hubert (Hg. / Übers.), Le Tonnerre, intellect parfait (NH VI,2), BCNH, Section «Textes» 22, Québec 1995

Cato:
Hooper, William Davies (Übers., rev. von Harison Boyd Ash), Marcus Porcius Cato, On Agriculture / Marcus Terentius Varro, On Agriculture, LCL, Cambridge MA / London, Nachdruck 1960

Cicero:
Merklin, Harald (Hg. / Übers.), Marcus Tullius Cicero, de oratore / Über den Redner. Lateinisch / Deutsch, Reclams Universal-Bibliothek 6884[8], Stuttgart ²1991

Clemens Alexandrinus:
Sagnard, François (Hg.), Clément d'Alexandrie, Extraits de Théodote, SC 23, Paris 1948
Stählin, Otto (Hg.), Clemens Alexandrinus, Erster Band. Protrepticus und Paedagogus, GCS 12, dritte, durchgesehene Auflage von Ursula Treu, Berlin 1972
—— (Hg.), Clemens Alexandrinus, Zweiter Band. Stromata Buch I–VI, GCS 52, in dritter Auflage neu hg. von Ludwig Früchtel, Berlin 1960

—— (Hg.), Clemens Alexandrinus, Dritter Band. Stromata Buch VII und VIII, Excerpta ex Theodoto, Eclogae Propheticae, Quis dives salvetur, Fragmente, GCS 17, Leipzig 1909
—— (Hg.), Clemens Alexandrinus, Vierter Band. Register, GCS 39, Leipzig 1936
—— (Übers.), Clemens von Alexandreia, Mahnrede an die Heiden; Der Erzieher, Buch I, BKV II, 7, München 1934
—— (Übers.), Clemens von Alexandreia, Teppiche. Wissenschaftliche Darlegungen entsprechend der wahren Philosophie (Stromateis), BKV II, 17, Buch I–III, München 1936; BKV II, 19, Buch IV–VI, München 1937

Columella:
Forster, E. S. / Heffner, Edward H. (Hg. / Übers.), Lucius Junius Moderatus Columella, On Agriculture in Three Volumes, Bd. II: res rustica V–IX, LCL, London / Cambridge MA 1954

Diodor von Sizilien:
Oldfather, Charles H. / Sherman, Charles L. / Geer, Russel M. / Walton, Francis R. (Hg. / Übers.), Diodorus of Sicily, Bibliotheca Historica in Twelve Volumes, LCL, Cambridge MA / London 1946–1967

Epistula Apostolorum:
Schmidt, Carl, Gespräche Jesu mit seinen Jüngern nach der Auferstehung. Ein katholisch-apostolisches Sendschreiben des 2. Jahrhunderts. Übersetzung des äthiopischen Textes von Isaak Wajnberg, TU 43, Leipzig 1919, Nachdruck Hildesheim 1967

Eusebius von Cäsarea:
Bardy, Gustave (Hg.), Histoire ecclésiastique I–IV, SC 31, Paris 1978; V–VII, SC 41, Paris 1955; VIII–X et Les martyrs en Paléstine, SC 55, Paris 1984
Haeuser, Philipp (Übers.), Kirchengeschichte des Eusebius Pamphili, Bischofs von Cäsarea, BKV II, 1, München 1937

Evangelium nach Thomas:
Attridge, Harold W. (Einl. / Hg.), Appendix: The Greek Fragments, in: Layton (Hg.), Codex II, Bd. I, 96–128
Köster, Helmut (Einl.) / Layton, Bentley (Hg.) / Lambdin, Thomas O. (Übers.), The Gospel According to Thomas, Nag Hammadi Codex II,2, in: Layton (Hg.), Codex II, Bd. I, 38–128
Schröter, Jens (Einl.) / Bethge, Hans-Gebhard u.a. (Übers.), Das Evangelium nach Thomas (NHC II,2), in: NHD 1, 151–181

Homer:
Allen, Thomas W. (Hg.), Homeri opera, tomus III, Odysseas libros I–XII continens, SCBO, Oxford ²1917, Nachdruck 1992
Hampe, Roland (Übers.), Homer, Odyssee, Reclams Universal-Bibliothek 280 [4], Stuttgart 1979

Hippolyt von Rom:
Marcovich, Miroslav (Hg.), Hippolytus, Refutatio omnium haeresium, PTS 25, Berlin / New York 1986
Preysing, Konrad (Übers.), Hippolytos von Rom, Widerlegung aller Häresien, Philosophumena, BKV I, 40, München 1922

Irenäus von Lyon:
Klebba, Ernst (Übers.), Des heiligen Irenäus fünf Bücher gegen die Häresien, Buch IV–V, BKV I, 4, München 1912

Rousseau, Adelin / Doutrelau, Louis / Mercier, Charles (Hg. / Übers.), Irénée de Lyon, Contre les hérésies V, Tome II: Texte et traduction, SC 153, Paris 1969

Joseph und Aseneth:
Burchard, Christoph (Übers.), Joseph und Aseneth, JSHRZ 2,4, Gütersloh 1983, 577–735
—— (Hg. mit Unterstützung von Carsten Burfeind und U. B. Fink), Joseph und Aseneth, PVTG 13, Leiden / Boston 2003 (Text entspricht weitgehend: Liber Aseneth, in: Denis, Albert-Marie, Concordance grecque des pseudepigraphes d'Ancien Testament: concordance, corpus des textes, indices, Louvain-la-Neuve 1987, 851–859)
Philonenko, Marc (Hg.), Joseph et Aséneth. Introduction, texte critique, traduction et notes, StPB 13, Leiden 1968, 128–221

Justin:
Haeuser, Philipp (Übers.), Des heiligen Philosophen und Martyrers Justinus Dialog mit dem Juden Tryphon, BKV I, 33, Kempten / München 1917
Marcovich, Miroslav (Hg.), Iustini Martyris Apologiae pro Christianis, PTS 38, Berlin 1994, Nachdruck 2005
——, Iustini Martyris Dialogus cum Tryphone, PTS 47, Berlin 1997
Rauschen, Gerhard (Übers.), Des heiligen Justins des Philosophen und Märtyrers zwei Apologien, in: Ders. (Hg.), Frühchristliche Apologeten und Märtyrerakten I, BKV I, 12, Kempten / München 1913, 55–101

Lukian:
Harmon, A. M. / Kilburn, K. / Macleod, M. D. (Hg. / Übers.), Lucian in Eight Volumes, LCL, London / New York / Cambridge MA 1913–1967
Macleod, M. D. (Hg.), Luciani opera, 4 Bde, SCBO, Oxford 1972–1987

Melito von Sardes:
Hall, Stuart George (Hg. / Übers.), Melito of Sardis: On Pascha and Fragments, OECT, Oxford 1979
Blank, Josef (Übers.), Meliton von Sardes: Vom Passa. Die älteste christliche Osterpredigt, Sophia. Quellen christlicher Theologie 3, Freiburg i.B. 1963

Nag-Hammadi-Schriften und BG; vgl. auch zu den Einzelschriften:
The Facsimile Edition of the Nag Hammadi Codices. Published under the Auspices of the Department of Antiquities of the Arab Republic of Egypt in Conjunction with the United Nations Educational, Scientific and Cultural Organization, 12 Bde., Leiden 1972–1984
Attridge, Harold W. (Hg.), Nag Hammadi Codex I (The Jung Codex). Bd.1: Introduction, Texts, Translations, Indices, NHS 22, Leiden 1985; Bd.2: Notes, NHS 23, Leiden 1985
Barns, J. W. B. / Browne, G. M. / Shelton, J. C. (Hg.), Nag Hammadi Codices: Greek and Coptic Papyri from the Cartonage of the Covers, NHS 16, Leiden 1981
Böhlig, Alexander / Wisse, Frederik (Hg. / Übers.) in Cooperation with Pahor Labib, Nag Hammadi Codices III,2 and IV,2: The Gospel of the Egyptians (The Holy Book of the Great Invisible Spirit), NHS 4, Leiden 1975
Emmel, Stephen (Hg.), Nag Hammadi Codex III,5: The Dialogue of the Saviour, NHS 26, Leiden 1984
Hedrick, Charles W., (Hg.), Nag Hammadi Codices XI, XII, XIII, NHS 28, Leiden / New York / København / Köln 1990
Layton, Bentley, The Gnostic Scriptures. A New Translation with Annotations and Introductions, London 1995
—— (Hg.), Nag Hammadi Codex II,2–7, together with XIII,2*, Brit.Lib.Or. 4926(1),

and P.Oxy.1,654,655, Bd. 1: Gospel According to Thomas, Gospel According to Philip, Hypostasis of the Archons, Indexes, NHS 20, Leiden / New York / København / Köln 1989; Bd. 2: On the Origin of the World, Expository Treatise on the Soul, Book of Thomas the Contender, NHS 21, Leiden / New York / København / Köln 1989

Parrott, Douglas M. (Hg.), Nag Hammadi Codices V,2–5 and VI with Papyrus Berolinensis 8502,1 and 4, NHS 11, Leiden 1979

—— (Hg.), Nag Hammadi Codices III,3–4 and V,1 with Papyrus Berolinensis 8502,3 and Oxyrhynchus Papyrus 1081: Eugnostos and the Sophia of Jesus Christ, NHS 27, Leiden / New York / København / Köln 1991

Pearson, Birger A. (Hg.), Nag Hammadi Codex VII, NHMS 30, Leiden / New York / Köln 1996

—— (Hg.), Nag Hammadi Codices IX and X, NHS 15, Leiden 1981

Robinson, James M. (Hg.), The Nag Hammadi Library in English, Leiden / San Francisco ³1988

Sieber, John H. (Hg.), Nag Hammadi Codex VIII, NHS 31, Leiden / New York / København / Köln 1991

Tardieu, Michel, Écrits gnostiques. Codex de Berlin, Sources gnostiques et manichéenes 1, Paris 1984

Till, Walter Curt (Hg. / Übers.), Die gnostischen Schriften des koptischen Papyrus Berolinensis 8502, TU 60, Berlin 1955 (2. erw. Aufl. bearbeitet von Hans-Martin Schenke, Berlin 1972)

Neue Prophetie / „Montanismus":
Heine, Ronald E. (Hg.), The Montanist Oracles and Testimonia, PatMS 14, Cambridge MA 1989

Neues Testament:
Aland, Kurt (Hg.), Synopsis quattuor Evangeliorum. Locis parallelis evangeliorum apocryphorum et patrum adhibitis, Stuttgart ¹⁵1996

Horner, George (Hg.), The Coptic Version of the New Testament in the Southern Dialect Otherwise Called Sahidic and Thebaic, Bd. I, The Gospels of S. Matthew and S. Mark, Oxford 1911, Bd. II, The Gospel of S. Luke, Oxford 1911, Bd. III, The Gospel of S. John, Oxford 1911, Nachdruck Osnabrück 1969

Huck, Albert / Lietzmann, Hans (Hg.), Synopse der drei ersten Evangelien, Tübingen ¹²1975

Nestle, Eberhard / Aland, Kurt (Hg.), Novum Testamentum Graece, Stuttgart ²⁷1993

ΑΔΕΛΦΟΤΗΣ ΘΕΟΛΟΓΩΝ "Ο ΣΩΤΗΡ" (Hg.), Ἡ Καινὴ Διαθήκη μετὰ Συντόμου Ἑρμηνείας ὑπὸ † Παναγιώτης Ν. Τρεμπέλα, Ἔκδοσις εἰκοστὴ ἕκτη, Athen 1986

Origenes:
Borret, Marcel (Hg.), Origène: Contre Celse, I–II, SC 132, Paris 1967; III–IV, SC 136, Paris 1968; V–VI, SC 147, Paris 1969; VII–VIII, SC 150, Paris 1969; Introduction, Index, SC 227, Paris 1976

Celsus, Gegen die Christen. Aus dem Griechischen von Theodor Keim, mit Beiträgen von F. W. Korff und Ernst Fuhrmann, München 1984

Chadwick, Henry (Hg.), Origen: Contra Celsum, Cambridge 1979

Gögler, Rolf (Übers. / Einl.), Origenes: Das Evangelium nach Johannes, Einsiedeln / Zürich / Köln 1959

Blanc, Cécile (Hg.), Origène: Commentaire sur Saint Jean; 5 Bde, SC 120; 157; 222; 290; 385, Paris 1966; 1970; 1975; 1982; 1992

Preuschen, Erwin (Hg.), Origenes, Werke 4: Der Johanneskommentar, GCS 10, Leipzig 1903

Görgemanns, Herwig / Karpp, Heinrich (Hg. / Übers.), Origenes: Vier Bücher von den Prinzipien, TzF 24, Darmstadt ²1985

Papyri und Inschriften:
Comfort, Philip W. / Barrett, David P., The Complete Text of the Earliest New Testament Manuscripts, Grand Rapids MI 1999
Grenfell, Bernhard P. / Hunt, Arthur S. u.a. (Hg.), The Oxyrhynchus Papyri. Part 1ff, London 1898ff (= POxy)
Hiller von Gaertingen, Friedrich Frhr., Inscriptiones Graecae (insularum maris Aegaei praeter Delum) 12,5, Berlin 1903; 12 Suppl, Berlin 1939
Horsley, G. H. R., New Documents Illustrating Early Christianity. A Review of the Greek Inscriptions and Papyri Published in 1976, Bd. 1, Macquarie University 1981
Johnson, J. de M. / Martin, Victor / Hunt, Arthur S. (Hg.), Catalogue of the Greek Papyri in the John Rylands Library Manchester, Bd. 2: Documents of the Ptolemaic and Roman Periods (Nos. 62–456), Manchester / London / New York u.a. 1915
Lake, Kirsopp / Lake, Helen (Hg. / Einl.), Codex Sinaiticus Petropolitanus. The New Testament, the Epistle of Barnabas and the Sheperd of Hermas, Oxford 1911
Preisendanz, Karl (Hg. / Übers.), Papyri Graecae Magicae. Die griechischen Zauberpapyri, 2Bde, 2.Aufl. hg. von Albert Henrichs, Stuttgart 1973 und 1974 (= Preisendanz, PGM)
Pubblicazioni della Società Italiana per la ricera dei Papyri greci e latini in Egitto, Papiri greci e latini, Bd. 1, Florenz 1912 – Bd. 14, Florenz 1957 (= PSI)
Rowlandson, Jane (Hg.), Women and Society in Greek and Roman Egypt. A Sourcebook, Cambridge 1998
Totti, Maria, Ausgewählte Texte der Isis- und Sarapis-Religion, SubEpi XII, Hildesheim / Zürich / New York 1985
Vidman, Ladislaus, Sylloge inscriptionum religionis Isiacae et Sarapiacae, RVV 28, Berlin 1969
Weil, Rudolf, Ios, in: MDAIA 2, 1877, 79–82
——, Zur Inschrift von Ios S. 80, in: MDAIA 2, 1877, 189f

Paraphrase des Sêem:
Schenke, Hans-Martin (Einl. / Übers.), Die Paraphrase des Sêem (NHC VII,1), in: NHD 2, 543–568
Wisse, Frederik (Einl. / Hg. / Übers.), NHC VII,1: The Paraphrase of Shem, in: Pearson (Hg.), Codex VII, 15–127

Philo von Alexandrien:
Colson, H. H. / Whitaker, G. H. / Marcus, Ralph (Hg. / Übers.), Philo with an English Translation in Ten Volumes (and Two Supplementary Volumes), LCL, London / Cambridge MA 1929–1962 (teilweise als Reprint)
Cohn, Leopold / Heinemann, Isaak / Adler, Maximilian / Theiler, Willy (Übers.), Philo von Alexandria. Die Werke in deutscher Übersetzung, Schriften der jüdisch-hellenistischen Literatur I, Breslau 1909–1938; Berlin 1964

Plato:
Hülser, Karlheinz (Hg.), Platon, Sämtliche Werke in zehn Bänden. Griechisch und Deutsch. Nach der Übersetzung Friedrich Schleiermachers, ergänzt durch Übersetzungen von Franz Susemihl und anderen, Bd. VI: Phaidros; Theaitetos, insel taschenbuch 1406, Frankfurt a.M. / Leipzig 1991

Plinius der Ältere:
Rackham, H. (Hg. / Übers.), Pliny, Natural History, Bd. 4, Libri XII–XVI, LCL, London / Cambridge MA 1945, Nachdruck 1960

Plutarch:
Babbitt, Frank C. (Hg. / Übers.), Plutarch's Moralia in Fifteen Volumes, Bd. 5, 3–191: de Iside et Osiride, LCL, London / Cambridge MA 1962
Griffiths, John Gwyn (Hg. / Übers.), Plutarch's De Iside et Osiride, Edited with an Introduction, Translation, and Commentary, University of Wales Press 1970
Hopfner, Theodor (Übers.), Plutarch, Über Isis und Osiris, 2 Bde., MOU 9,1–2, Prag 1940–1941

Poimandres:
Nock, Arthur Darby (Hg.) / Festugière, André-Jean (Übers.), Corpus Hermeticum. Texte établi et traduit, Bd 1: Poimandres, Traités II–XII, Paris 1946
Reitzenstein, Richard, Poimandres, Leipzig 1904 (Anhang: Die Texte, CH 1: 328–338)
Foerster, Werner (Hg.), Die Gnosis 1. Zeugnisse der Kirchenväter, unter Mitwirkung von Ernst Haenchen und Martin Krause, überarbeiteter Nachdruck Zürich 1995, 416–429 (deutsche Übersetzung des Poimandres)
Hermes Trismegistos, Poemander oder von der göttlichen Macht und Weisheit, in der Übersetzung und den Anmerkungen von Dieterich Tiedemann, mit einer Einleitung von Matthias Vollmer, Hamburg / Berlin 1990

Proklos:
Diehl, Ernestus (Hg.), Procli Diadochi in Platonis Timaeum Commentaria, 1. Bd., Leipzig 1903

Protennoia:
Janssens, Yvonne (Hg. / Übers.), La prôtennoia trimorphe (NH XIII,1), BCNH, Section «Textes» 4, Québec 1978
Schenke Robinson, Gesine (Einl. / Übers.), Die dreigestaltige Protennoia (NHC XIII,1), in: NHD 2, 807–831
Schenke [Robinson], Gesine (Hg. / Übers. / Komm.), Die dreigestaltige Protennoia (Nag Hammadi Codex XIII), TU 132, Berlin 1984
Turner, John D. (Einl. / Hg. / Übers.), NHC XIII,1: Trimorphic Protennoia, in: Hedrick (Hg.), Nag Hammadi Codices XI, XII, XIII, 371–454

Pseudo-Dionysius Areopagita:
Heil, Günter (Einl. / Übers.), Pseudo-Dionysius Areopagita, Über die himmlische Hierarchie. Über die kirchliche Hierarchie, BGrL 22, Stuttgart 1986
Heil, Günter (Hg.) / Gandillac, Maurice de (Übers.) / Roques, Rene (Einl.), Denys L'Aréopagite, La Hiérarchie céleste, SC 58, Paris 1958
Tritsch, Walter (Übers. / Einl.), Dionysius Areopagita, Die Hierarchien der Engel und der Kirche, München-Planegg 1955

Theophrast:
Einarson, Benedict / Link, George K. K. (Hg. / Übers.), Theophrastus, de causis plantarum III–IV, LCL 474, London / Cambridge MA 1990

Varro:
Hooper, William Davies (Übers., rev. von Harison Boyd Ash), Marcus Porcius Cato, On Agriculture / Marcus Terentius Varro, On Agriculture, LCL, Cambridge MA / London, Nachdruck 1960

III. ÜBRIGE LITERATUR

Aichele, George / Phillips, Gary A., Introduction: Exegesis, Eisegesis, Intergesis, in: Semeia 69 / 70: Intertextuality and the Bible, Atlanta 1995, 7–18
Aichele, George / Phillips, Gary A. (Hg.), Semeia 69 / 70: Intertextuality and the Bible, Atlanta 1995
Aland, Kurt, Vollständige Konkordanz zum griechischen Neuen Testament, 2 Bde., Berlin 1983
——, Eine Untersuchung zu Joh 1,3.4. Über die Bedeutung eines Punktes, in: ZNW 59, 1968, 174–209
—— / Aland, Barbara, Der Text des Neuen Testaments. Einführung in die wissenschaftlichen Ausgaben sowie in Theorie und Praxis der modernen Textkritik, Stuttgart ²1989
—— / Aland, Barbara (Hg.), Griechisch-deutsches Wörterbuch zu den Schriften des Neuen Testaments und der frühchristlichen Literatur von Walter Bauer, 6., völlig neu bearbeitete Aufl., Berlin / New York 1988
Alkier, Stefan / Hays, Richard B. (Hg.), Die Bibel im Dialog der Schriften. Konzepte intertextueller Bibellektüre, Neutestamentliche Entwürfe zur Theologie 10, Tübingen / Basel 2005
Altaner, Berthold / Stuiber, Alfred, Patrologie. Leben, Schriften und Lehre der Kirchenväter, Freiburg ⁸1978
Anderson, Paul N., The Christology of the Fourth Gospel. Its Unity and Disunity in the Light of John 6, WUNT II, 78, Tübingen 1996
Anderson, R. Dean Jr., Glossary of Greek Rhetorical Terms Connected to Methods of Argumentation, Figures and Tropes from Anaximenes to Quintilian, Leuven 2000
Appold, Mark L., The Oneness Motif in the Fourth Gospel. Motif Analysis and Exegetical Probe into the Theology of John, WUNT II,1, Tübingen 1976
Arai, Sasagu, Zur Christologie des Apokryphon des Johannes, in: NTS 15, 1969, 302–318
Ashton, John, The Transformation of Wisdom. A Study of the Prologue of John's Gospel, in: NTS 31, 1986, 161–186
Assmann, Jan, Artikel: Aretalogien, in: LÄ Bd.1, Wiesbaden 1975, 425–434
——, In Bilder verstrickt. Bildkult, Idolatrie und Kosmotheismus in der Antike, in: Bernhardt / Link-Wieczorek (Hg.), Metapher, 73–88
——, Artikel: Isis, in: Dictionary of Deities and Demons in the Bible, Leiden / New York / Köln 1995, 855–860
Bachtin, Michail M., Die Ästhetik des Wortes, Hg. und eingeleitet von Rainer Grübel, aus dem Russischen übersetzt von Rainer Grübel und Sabine Reese, Frankfurt a.M. 1979
——, Literatur und Karneval. Zur Romantheorie und Lachkultur, aus dem Russischen übersetzt und mit einem Nachwort versehen von Alexander Kaempfe, Frankfurt a.M. 1990
——, Probleme der Poetik Dostoevskijs. Aus dem Russischen von Adelheid Schramm, München 1971
Baeck, Leo, Das Evangelium als Urkunde der jüdischen Glaubensgeschichte, Berlin 1938
Baer, Richard A., Philo's Use of the Categories Male and Female, ALGHJ III, Leiden 1970
Bail, Ulrike, Gegen das Schweigen klagen. Eine intertextuelle Studie zu den Klagepsalmen Ps 6 und Ps 55 und der Erzählung von der Vergewaltigung Tamars, Gütersloh 1998
Ball, David M., "I Am" in John's Gospel. Literary Function, Background and Theological Implications, JSNT.S 124, Sheffield 1996

Barrett, Charles Kingsley, The Gospel According to St. John. An Introduction with Commentary and Notes on the Greek Text, London 1955, ²1978 (Deutsche Übersetzung: Das Evangelium nach Johannes. Aus dem Englischen von Hans Bald, KEK-Sonderband, Göttingen 1990)

Barth, Markus, Die Juden im Johannesevangelium. Wiedererwägungen zum Sitz im Leben, Datum und angeblichen Anti-Judaismus im Johannes-Evangelium, in: Neuhaus (Hg.), Teufelskinder, 39–94

Barthes, Roland, The Death of the Author, in: Image, Music, and Text. Transl. Stephen Heath, New York 1977 (auch in: Lodge, David [Hg.], Modern Criticism and Theory: A Reader, London / New York 1988, 167–172)

Bauer, Walter, Das Johannesevangelium, HNT 6, Tübingen 1912, ²1925, ³1933

——, Das Leben Jesu im Zeitalter der neutestamentlichen Apokryphen, Tübingen 1909

Baumann, Gerlinde, „Zukunft feministischer Spiritualität" oder „Werbefigur des Patriarchats"? Die Bedeutung der Weisheitsgestalt in Prov 1–9 für die feministisch-theologische Diskussion, in: Schottroff / Wacker (Hg.), Wurzel, 135–152

——, Die Weisheitsgestalt in Proverbien 1–9. Traditionsgeschichtliche und theologische Studien, FAT 16, Tübingen 1996

Baur, Ferdinand Christian, Das Christenthum und die christliche Kirche der drei ersten Jahrhunderte, Tübingen 1860 (Nachdruck Stuttgart 1966)

Beck, David R., The Discipleship Paradigm. Readers and Anonymous Characters in the Fourth Gospel, BIS 27, Leiden / New York / Köln 1997

Becker, Jürgen, Die Abschiedsreden im Johannesevangelium, in: ZNW 61, 1970, 215–246

——, Das Evangelium nach Johannes, ÖTK 4,1 und 4,2, Gütersloh ²1985 und ²1984

——, Die Herde des Hirten und die Reben am Weinstock. Ein Versuch zu Joh 10,1–8 und 15,1–17, in: Mell (Hg.), Gleichnisreden, 149–178

——, Die Hoffnung auf ewiges Leben im Johannesevangelium, in: ZNW 91, 2000, 192–211

——, Das Johannesevangelium im Streit der Methoden (1980–1984), in: ThR 51, 1986, 1–78

——, Aus der Literatur zum Johannesevangelium (1978–1980), in: ThR 47, 1982, 279–301.305–347

——, Das Urchristentum als gegliederte Epoche, SBS 155, Stuttgart 1993

Die Bekenntnisschriften der Evangelisch-Lutherischen Kirche. Herausgegeben im Gedenkjahr der Augsburgischen Konfession 1930, Göttingen ⁹1982

Belle, Gilbert van, The Signs Source of the Fourth Gospel. Historical Survey and Critical Evaluation of the Semeia Hypothesis, BEThL 116, Leuven 1994

Benjamin, Walter, Über den Begriff der Geschichte, in: Ders., Sprache und Geschichte. Philosophische Essays, ausgewählt von Rolf Tiedemann, mit einem Essay von Theodor W. Adorno, Stuttgart 1995, 141–154

Berger, Klaus, Im Anfang war Johannes. Datierung und Theologie des vierten Evangeliums, Stuttgart 1997

——, Exegese des Neuen Testaments. Neue Wege vom Text zur Auslegung, Heidelberg ²1984

Bergmann, Jan, Ich bin Isis. Studien zum memphitischen Hintergrund der griechischen Isisaretalogien, Uppsala 1968 (= Bergmann, Ich bin Isis)

——, Artikel: Isis, in LÄ Bd. 3, Wiesbaden 1980, 186–203 (= Bergmann, Artikel: Isis)

Bergmeier, Roland, Glaube als Gabe nach Johannes. Religions- und theologiegeschichtliche Studien zum prädestinatianischen Dualismus im vierten Evangelium, BWANT 112, Stuttgart 1980

Berlis, Angela / Kalsky, Manuela (Hg.), Alltägliche Transzendenz. Postmoderne

Ansichten zu Gott, Forum Religionsphilosophie Bd. 2, Münster / Hamburg / London 2003

Bernhardt, Reinhold / Link-Wieczorek, Ulrike, Einleitung, in: Dies., (Hg.), Metapher, 9–25

Bernhardt, Reinhold / Link-Wieczorek, Ulrike (Hg.), Metapher und Wirklichkeit. Die Logik der Bildhaftigkeit im Reden von Gott, Mensch und Natur, FS Dietrich Ritschl, Göttingen 1999

Beutler, Johannes, Habt keine Angst. Die erste johanneische Abschiedsrede (Joh 14), SBS 116, Stuttgart 1984

——, Literarische Gattungen im Johannesevangelium. Ein Forschungsbericht 1919–1980, in: ANRW II,25,3, Berlin / New York 1985, 2506–2568

——, Der Gebrauch von „Schrift" im Johannesevangelium, in: Ders. Studien, 295–315

——, Das Hauptgebot im Johannesevangelium, in: Ders., Studien, 107–120

——, Der alttestamentlich-jüdische Hintergrund der Hirtenrede in Johannes 10, in: Ders. / Fortna (Hg.), Discourse, 18–32.144–147 (auch in: Ders., Studien, 215–232)

——, Die „Juden" und der Tod Jesu im Johannesevangelium, in: Ders., Studien, 59–76

——, Methoden und Probleme heutiger Johannesforschung, in: Ders., Studien, 191–214

——, Psalm 42/43 im Johannesevangelium, in: Ders., Studien, 77–106 (auch in: NTS 25, 1979, 33–57)

——, Studien zu den johanneischen Schriften, SBAB 25, Stuttgart 1998

——, Zur Struktur von Johannes 6, in: Ders., Studien, 247–262 (auch in: SNTU 16, 1991, 89–104)

——, „Und das Wort ist Fleisch geworden..." Zur Menschwerdung nach dem Johannesprolog, in: Ders., Studien, 33–42 (auch in: GuL 46, 1973, 7–16)

—— / Fortna, Robert T. (Hg.), The Shepherd Discourse of John 10 and its Context. Studies by Members of the Johannine Seminar, SNTS.MS 67, Cambridge 1991

Bieringer, Reimund / Pollefeyt, Didier, Open to Both Ways...? Johannine Perspectives on Judaism in the Light of Jewish-Christian Dialogue, in: Labahn / Scholtissek / Strotmann (Hg.), Israel, 11–32

Bieringer, Reimund / Pollefeyt, Didier / Vandecasteele-Vanneuville, Frederique (Hg.), Anti-Judaism and the Fourth Gospel, Louisville KY 2001

Binder, Gerhard / Ehlich, Konrad (Hg.), Religiöse Kommunikation – Formen und Praxis vor der Neuzeit. Stätten und Formen der Kommunikation im Altertum VI, Bochumer Altertumswissenschaftliches Colloquium 26, Trier 1997

Bittner, Wolfgang J., Jesu Zeichen im Johannesevangelium. Die Messias-Erkenntnis im Johannesevangelium vor ihrem jüdischen Hintergrund, WUNT II, 26, Tübingen 1987

Black, Max, Mehr über die Metapher, in: Haverkamp (Hg.), Theorie, 379–413 (Original: More about Metaphor, in: Dialectica 31, 1977, 431–475; übersetzt von Margit Smuda)

——, Die Metapher, in: Haverkamp (Hg.), Theorie, 55–79 (Original: Metaphor, in: PAS 55, 1954, 273–294; übersetzt von Margit Smuda)

Blank, Josef, Das Evangelium nach Johannes, GSL.NT 4, Düsseldorf, 1a.b: 1981; 2.3: 1977

Blumenberg, Hans, Licht als Metapher der Wahrheit. Im Vorfeld einer philosophischen Begriffsbildung, in: StGen 10, 1957, 432–447

——, Paradigmen zu einer Metaphorologie, in: Haverkamp (Hg.), Theorie, 285–315 (= Blumenberg, Paradigmen zu einer Metaphorologie, in: ABG 6, Bonn 1960, 7–11.69.84–105)

Boer, Roland, Christological Slippage and Ideological Structures in Schwarzenegger's Terminator, in: Semeia 69 / 70: Intertextuality and the Bible, Atlanta 1995, 165–193

Borgen, Peder, Bread from Heaven, An Exegetical Study of the Concept of Manna in the Gospel of John and the Writings of Philo, NT.S 10, Leiden 1965 (²1981) (= Borgen, Bread)
——, Bread from Heaven. Aspects of Debates on Expository Method and Form, in: Ders., Logos, 32–45 (= Borgen, Aspects)
——, Logos Was the True Light – and Other Essays on the Gospel of John, Trondheim 1983
——, Philo of Alexandria. An Exegete for His Time, NT.S 86, Leiden / New York / Köln 1997
—— / Fuglseth, Kåre / Skarsten, Roald, The Philo Index. A Complete Greek Word Index to the Writings of Philo of Alexandria, Leiden / Boston / Köln u.a. 2000
Borig, Rainer, Der wahre Weinstock. Untersuchungen zu Jo 15,1–10, StANT 16, München 1967
Boring, M. Eugene, Mark 1:1–15 and the Beginning of the Gospel, in: Semeia 52: How Gospels Begin, Atlanta 1991, 43–81
Bousset, Wilhelm, Die Religionsgeschichte und das neue Testament, in: ThR 7, 1904, 265–277.311–318.353–365
Bovon, François, Das Evangelium nach Lukas, EKK III,1 und III,2, Zürich / Braunschweig / Neukirchen-Vluyn 1989 und 1996
Boyarin, Daniel, Intertextuality and the Reading of Midrash, ISBL, Bloomington: Indianapolis 1990
——, A Question of Theory or Experimentality, in: Semeia 86: Food and Drink in the Biblical Worlds, Atlanta 1999, 223–225
Brashear, William M., The Greek Magical Papyri. An Introduction and Survey; Annotated Bibliography (1928–1994), in: ANRW II,18,5, Berlin / New York 1995, 3380–3684
Brawley, Robert, Resistance to the Carnivalisation of Jesus: Scripture in the Lukan Passion Narrative, in: Semeia 69 / 70: Intertextuality and the Bible, Atlanta 1995, 33–60
Brenner, Athalya, A Feminist Companion to the Hebrew Bible in the New Testament, Sheffield 1996
Breytenbach, Cilliers / Paulsen, Henning (Hg.), Anfänge der Christologie, FS Ferdinand Hahn. Herausgegeben unter Mitwirkung von Christine Gerber, Göttingen 1991
Broek, Roelof van den, Von der jüdischen Weisheit zum gnostischen Erlöser. Zum Schlußhymnus des Apokryphons des Johannes, in: Ders., Studies in Gnosticism and Alexandrien Christianity, NHMS 39, Leiden / New York / Köln 1996, 86–116
Broer, Ingo, Antijudaismus im Neuen Testament? Versuch einer Annäherung anhand von zwei Texten (1 Thess 2,14–16 und Mt 27,24f), in: Oberlinner, Lorenz / Fiedler, Peter (Hg.), Salz der Erde – Licht der Welt. Exegetische Studien zum Matthäusevangelium, FS Anton Vögtle, Stuttgart 1991, 321–355
Broich, Ulrich, Zur Einzeltextreferenz, in: Broich / Pfister (Hg.), Intertextualität, 48–52
——, Formen der Markierung von Intertextualität, in: Broich / Pfister (Hg.), Intertextualität, 31–47
—— / Pfister, Manfred (Hg.), Intertextualität. Formen, Funktionen, anglistische Fallstudien, Konzepte der Sprach- und Literaturwissenschaft 35, Tübingen 1985
Brown, J. Pairman, The Mediterranean Vocabulary of the Vine, in: VT 19, 1969, 146–170
Brown, Raymond E., The Gospel According to John, AncB 29, New York 1966 (= Brown, Gospel)
——, The Gospel of Thomas and St. John's Gospel, in: NTS 9, 1962/63, 155–177 (= Brown, Thomas)
Brucker, Ralph, ‚Christushymnen' oder ‚epideiktische Passagen'? Studien zum Stilwechsel im Neuen Testament und seiner Umwelt, FRLANT 176, Göttingen 1997

Brumlik, Micha, Johannes: Das judenfeindliche Evangelium, in: KuI 4, 1989, 102–113 (auch erschienen in: Neuhaus [Hg.], Teufelskinder, 6–21)
Buechli, Jörg, Der Poimandres. Ein paganisiertes Evangelium. Sprachliche und begriffliche Untersuchungen zum 1. Traktat des Corpus Hermeticum, WUNT II,27, Tübingen 1987
Bühner, Jan-Adolf, Der Gesandte und sein Weg, WUNT II,2, Tübingen 1977
Bultmann, Rudolf, Die Bedeutung der neuerschlossenen mandäischen und manichäischen Quellen für das Verständnis des Johannesevangeliums, in: Ders., Exegetica, 55–104 (zuerst erschienen in: ZNW 24, 1925, 100–146)
——, Das Evangelium des Johannes, KEK, Göttingen [10]1941, Nachdruck 1968
——, Ist voraussetzungslose Exegese möglich? in: Ders., Glauben und Verstehen. Gesammelte Aufsätze 3, Tübingen 1960, 142–150
——, Exegetica. Aufsätze zur Erforschung des Neuen Testaments. Ausgewählt, eingeleitet und herausgegeben von Erich Dinkler, Tübingen 1967
——, Zur Geschichte der Lichtsymbolik im Altertum, in: Philologus 97, 1948, 1–36
——, Der religionsgeschichtliche Hintergrund des Prologs zum Johannes-Evangelium, in: Ders., Exegetica, 10–35 (zuerst erschienen in: Eucharisterion Bd. 2, FS Hermann Gunkel, FRLANT.NF 19,2, Göttingen 1923, 3–26)
——, Theologie des Neuen Testaments, 9. Aufl., durchgesehen und ergänzt von Otto Merk, Tübingen 1984 ([1]1953)
——, Das Urchristentum im Rahmen der antiken Religionen, Zürich 1949
Buntfuß, Markus, Inkarnation als Interaktion. Zur religiösen Distanzreduktion der Inkarnationsmetapher, in: Frey / Rohls / Zimmermann (Hg.), Metaphorik, 299–317
Burchard, Christoph, The Importance of Joseph and Aseneth for the Study of the New Testament: A General Survey and a Fresh Look at the Lord's Supper, in: Gesammelte Studien zu Joseph und Aseneth, hg. mit Unterstützung von Carsten Burfeind, SVTP 13, Leiden / New York / Köln 1996, 263–295 (auch in: NTS 33, 1987, 102–134)
Burgsmüller, Alfred / Weth, Rudolf (Hg.), Die Barmer Theologische Erklärung. Einführung und Dokumentation, mit einem Geleitwort von Eduard Lohse, Neukirchen-Vluyn [4]1984
Busch, Peter, Magie in neutestamentlicher Zeit, FRLANT 218, Göttingen 2006
Busse, Ulrich, Open Questions on John 10, in: Beutler / Fortna (Hg.), Discourse, 6–17.135–143
——, Die Tempelmetaphorik als ein Beispiel von implizitem Rekurs auf die biblische Tradition im Johannesevangelium, in: Tuckett (Hg.), Scriptures, 395–428
Camp, Claudia V., Understanding a Patriarchy: Women in Second Century Jerusalem Through the Eyes of Ben Sira, in: Levine (Hg.), Women, 1–39
Carroll, Robert P., YHWH's Sour Grapes: Images of Food and Drink in the Prophetic Discourses of the Hebrew Bible, in: Semeia 86: Food and Drink in the Biblical Worlds, Atlanta 1999, 113–131
Carter, Warren, Evoking Isaiah. Matthean Soteriology and an Intertextual Reading of Isaiah 7–9 and Matthew 1.23 and 4:15–16, in: JBL 119, 2000, 503–520
Casey, Maurice, Is John's Gospel True? London / New York 1996
Chambers, Ross, Alter ego: Intertextuality, Irony and the Politics of Reading, in: Still / Worton (Hg.), Intertextuality, 143–158
Cebulj, Christian, Ich bin es. Studien zur Identitätsbildung im Johannesevangelium, SBB 44, Stuttgart 2000
Clayton, Jay / Rothstein, Eric (Hg.), Influence and Intertextuality in Literary History, Madison 1992
Collins, John J., Between Athens and Jerusalem. Jewish Identity in the Hellenistic Diaspora, Livonia MI [2]2000
——, Jewish Wisdom in the Hellenistic Age, The Old Testament Library, Louisville KY 1997

Colpe, Carsten, Artikel: Antisemitismus, in: DNP 1, Stuttgart 1996, 790–792
——, Die religionsgeschichtliche Schule. Darstellung und Kritik ihres Bildes vom gnostischen Erlösermythus, FRLANT 78, Göttingen 1961
Comfort, Philip W. / Barrett, David P., The Complete Text of the Earliest New Testament Manuscripts, Grand Rapids MI 1999
Cory, Catherine, Wisdom's Rescue. A New Reading of the Tabernacles Discourse (John 7,1–8,59), in: JBL 116, 1997, 95–116
Cullmann, Oscar, Der johanneische Gebrauch doppeldeutiger Ausdrücke als Schlüssel zum Verständnis des vierten Evangeliums, in: ThZ 4, 1948, 360–372
——, Der johanneische Kreis. Sein Platz im Spätjudentum, in der Jüngerschaft Jesu und im Urchristentum. Zum Ursprung des Johannesevangeliums, Tübingen 1975
Crossan, John Dominic, It Is Written. A Structuralist Analysis of John 6, in: Stibbe (Hg.), Gospel, 145–164 (auch erschienen in: Semeia 26: Narrative and Discourse in Structural Exegesis. John 6 and 1 Thessalonians, Atlanta 1983, 3–21)
Crum, Walter E., A Coptic Dictionary, Oxford 1939
Culpepper, R. Alan, Anatomy of the Fourth Gospel. A Study in Literary Design, Philadelphia 1983
——, The Johannine School: An Evaluation of the Johannine-School Hypothesis Based on an Investigation of the Nature of Ancient Schools, SBL.DS 26, Missoula MT 1975
—— / Segovia, Fernando (Hg.), Semeia 53: The Fourth Gospel from a Literary Perspective, Atlanta 1991
Daemen, Andrea, „Kann ein Erlöser Frauen erlösen?" Überlegungen zur kontextuellen Christologie Rosemary Radford Ruethers, in: Schlangenbrut 53: Erlösende Vielfalt – feministische Christologien, Mai 1996, 17–18
Dalman, Gustaf, Arbeit und Sitte in Palästina, Bd. 4: Brot, Öl und Wein, SDPI 6, BFChTh.M 33, Gütersloh 1935, Nachdruck Hildesheim 1964
Daly, Mary, Jenseits von Gottvater Sohn & Co. Aufbruch zu einer Philosophie der Frauenbefreiung, München ⁵1988
Dan, Joseph, Artikel: Antisemitismus / Antijudaismus I. Definitionen und Probleme; V. Mittelalter und frühe Neuzeit, in: RGG⁴ 1, Tübingen 1998, 556–557.565–569
D'Angelo, Mary Rose, Images of Jesus and the Christian Call in the Gospels of Luke and John, in: SpTo 1985, 196–212
Daube, David, The "I am" of the Messianic Presence, in: Ders., The New Testament and Rabbinic Judaism, London 1956, 325–329
Davies, Margaret, Rhetoric and Reference in the Fourth Gospel, JSNT.S 69, Sheffield 1992
DeConick, April D., Seek to See Him. Ascent and Vision Mysticism in the Gospel of Thomas, SVigChr 33, Leiden / New York / Köln 1996
Deeley, Mary Katharine, Ezekiel's Shepherd and John's Jesus. A Case Study in the Appropriation of Biblical Texts, in: Evans / Sanders (Hg.), Interpretation, 252–264
Deissmann, Adolf, Licht vom Osten. Das Neue Testament und die neuentdeckten Texte der hellenistisch-römischen Welt, Tübingen 1908, ⁴1923
Denaux, Adelbert (Hg.), John and the Synoptics, BEThL 101, Leuven 1992
Dettwiler, Andreas, Die Gegenwart des Erhöhten. Eine exegetische Studie zu den johanneischen Abschiedsreden (Joh 13,31–16,33) unter besonderer Berücksichtigung ihres Relecture-Charakters, FRLANT 169, Göttingen 1995
Dewey, Kim, Paroimiai in the Gospel of John, in: Semeia 17: Gnomic Wisdom, Atlanta 1980, 81–100
Dibelius, Martin, Die Isisweihe bei Apuleius und verwandte Initiations-Riten, in: Botschaft und Geschichte. Gesammelte Aufsätze Bd. 2: Zum Urchristentum und zur hellenistischen Religionsgeschichte, Tübingen 1956, 30–79 (zuerst erschienen: SHAW 1917,4)

Dibelius, Otto, Poimandres, in: ZKG 26, 1905, 167–189
Dietrich, Walter / George, Martin / Luz, Ulrich (Hg.), Antijudaismus – christliche Erblast, Stuttgart / Berlin / Köln 1999
Dietzfelbinger, Christian, Der Abschied des Kommenden. Eine Auslegung der johanneischen Abschiedsreden, WUNT 95, Tübingen 1997
Dodd, Charles H., The Interpretation of the Fourth Gospel, Cambridge 1953
Draisma, Sipke (Hg.), Intertextuality in Biblical Writings. Essays in Honour of Bas van Iersel, Kampen 1989
Dube, Musa W., Reading for Decolonization (John 4:1–42), in: Semeia 75: Postcolonialism and Scriptural Reading, Atlanta 1996, 37–59
Dunderberg, Ismo, Thomas I-Sayings and the Gospel of John, in: Uro (Hg.), Thomas, 33–64 (= Dunderberg, I-Sayings)
——, Thomas and the Beloved Disciple, in: Uro (Hg.), Thomas, 65–88
——, John and Thomas in Conflict? in: Turner / McGuire (Hg.), Nag Hammadi, 361–380
Duke, Paul D., Irony in the Fourth Gospel, Atlanta 1985
Dunn, James D. G., John VI – A Eucharistic Discourse? in: NTS 17, 1970 / 71, 328–338
Du Rand, Jan A., A Syntactical and Narratological Reading of John 10 in Coherence with Chapter 9, in: Beutler / Fortna (Hg.), Discourse, 94–115.161–163
Ebach, Jürgen, Artikel: Antisemitismus, in: HRWG 1, Stuttgart / Berlin / Köln / Mainz 1988, 495–504
——, Das Zitat als Kommunikationsform. Beobachtungen, Anmerkungen und Fragestellungen am Beispiel biblischen und rabbinischen Zitierens, in: Binder / Ehlich (Hg.), Kommunikation, 35–101
Ecker, Gisela, "A Map for Re-reading". Intertextualität aus der Perspektive einer feministischen Literaturwissenschaft, in: Broich / Pfister (Hg.), Intertextualität, 297–311
Eckert, Willehad Paul / Levinson, Nathan Peter / Stöhr, Martin (Hg.), Antijudaismus im Neuen Testament? Exegetische und systematische Beiträge, ACJD 2, München 1967
Eco, Umberto, Lector in fabula. Die Mitarbeit der Interpretation in erzählenden Texten. Aus dem Italienischen von Heinz G. Held, München ²1994 (Orig.: Lector in fabula. La cooperazione interpretativa nei testi narrativi, Mailand 1979)
——, Nachschrift zum „Namen der Rose". Deutsch von Burkhart Kroeber, München / Wien 1986
——, Der Name der Rose. Roman. Deutsch von Burkhart Kroeber, München / Wien ²1986
Eisen, Ute E., Die Poetik der Apostelgeschichte. Eine narratologische Studie, NTOA 58, Freiburg (Schweiz) / Göttingen 2006
Emmel, Stephen, Artikel: Coptic Languague, in: AncB Dictionary IV, New York 1992, 180–188
Epp, Eldon Jay, The New Testament Papyri at Oxyrhynchus in their Social and Intellectual Context, in: Petersen, William L. / Vos, Johan S. / De Jonge, Henk J. (Hg.), Sayings of Jesus: Canonical and Non-Canonical. Essays in Honour of Tjitze Baarda, NT.S 89, Leiden / New York / Köln 1997, 47–68
Evans, Craig A., On the Prologue of John and the Trimorphic Protennoia, in: NTS 27, 1981, 395–401
—— / Sanders, James A. (Hg.), Early Christian Interpretation of the Scriptures of Israel. Investigations and Proposals, JSNT.S 148, Studies in Scripture in Early Judaism and Christianity 5, Sheffield 1997
Farmer, William R., Introduction, in: Ders. (Hg.), Anti-Judaism, 1–7
—— (Hg.), Anti-Judaism and the Gospels, Harrisburg PA 1999
Fehribach, Adeline, The Women in the Life of the Bridegroom. A Feminist Historical-Literary Analysis of the Female Characters in the Fourth Gospel, Collegeville MN 1998

Feld, Gerburgis, Artikel: Leben, in: Gössmann u.a. (Hg.), Wörterbuch, 360–362
Fieger, Michael, Das Thomasevangelium. Einleitung, Kommentar und Systematik, Münster 1991
Fischer, Karl Martin, Der johanneische Christus und der gnostische Erlöser. Überlegungen auf Grund von Joh 10, in: Tröger (Hg.), Gnosis, 245–266
——, Die Paraphrase des Sēem, in: Krause, Martin (Hg.), Essays on the Nag Hammadi Texts. In Honour of Pahor Labib, NHS 6, Leiden 1975, 255–267
Fish, Stanley, Literatur im Leser: Affektive Stilistik, in: Warning (Hg.), Rezeptionsästhetik, 196–227 (Orginal.: Literature in the Reader: Affective Stylistics, in: New Literary History 2, 1970, 123–162)
Fodor, James, Christian Hermeneutics. Paul Ricoeur and the Refiguring of Theology, Oxford 1995
Forbes, Robert James, Studies in Ancient Technology 3, Leiden u.a. ²1965
Fortna, Robert T., The Gospel of Signs. A Reconstruction of the Narrative Source Underlying the Fourth Gospel, MSSNTS 11, Cambridge 1970
Foucault, Michel, Was ist ein Autor?, in: Ders., Schriften zur Literatur, Frankfurt 1988, 7–31 (gekürzt auch in: Kimmich / Renner / Stiegler [Hg.], Texte, 233–247)
Fowden, Garth, The Egyptian Hermes. A Historical Approach to the Late Pagan Mind, Cambridge u.a. 1987
Franke, A. H., Das alte Testament bei Johannes. Ein Beitrag zur Erklärung und Beurtheilung der johanneischen Schriften, Göttingen 1885
Frenschkowski, Marco, Τὰ βαΐα τῶν φοινίκων (Joh 12,13) und andere Indizien für einen ägyptischen Ursprung des Johannesevangeliums, in: ZNW 91, 2000, 212–229
Frey, Christofer, Artikel: Antisemitismus / Antijudaismus VII. Systematisch-theologisch, in: RGG ⁴1, Tübingen 1998, 572–574
Frey, Jörg, Das Bild als Wirkungspotenzial. Ein rezeptionsästhetischer Versuch zur Funktion der Brot-Metapher in Johannes 6, in: Zimmermann (Hg.), Bildersprache, 331–361
——, Die johanneische Eschatologie, Bd. 1: Ihre Probleme im Spiegel der Forschung seit Reimarus, WUNT 96, Tübingen 1997; Bd. 2: Das johanneische Zeitverständnis, WUNT 110, Tübingen 1998; Bd. 3: Die eschatologische Verkündigung in den johanneischen Texten, WUNT 117, Tübingen 2000
—— / Van der Watt, Jan G. / Zimmermann, Ruben (Hg.), Imagery in the Gospel of John. Terms, Forms, Themes, and Theology of Johannine Figurative Language, WUNT 200, Tübingen 2006
—— / Schnelle, Udo (Hg. unter Mitarbeit von Juliane Schlegel), Kontexte des Johannesevangeliums. Das vierte Evangelium in religions- und traditionsgeschichtlicher Perspektive, WUNT 175, Tübingen 2004
—— / Rohls, Jan / Zimmermann, Ruben (Hg.), Metaphorik und Christologie, TBT 120, Berlin / New York 2003
Freyne, Seán, Reading Hebrews and Revelation Intertextually, in: Draisma (Hg.), Intertextuality, 83–93
Friedrich, Martin, Vom christlichen Antijudaismus zum modernen Antisemitismus. Die Auseinandersetzung um Assimilation, Emanzipation und Mission der Juden um die Wende zum 19. Jahrhundert, in: ZKG 102, 1991, 319–347
Frow, John, Intertextuality and Ontology, in: Still / Worton (Hg.), Intertextuality, 45–55
Füger, Wilhelm, Intertextualia Orwelliania. Untersuchungen zur Theorie und Praxis der Markierung von Intertextualität, in: Poetica 21, 1989, 179–200
Garrison, Roman, The Greco-Roman Context of Early Christian Literature, JSNTS 137, Sheffield 1997
Gasparov, Michail, Michail Bachtins Stellung in der russischen Kultur des 20. Jahrhunderts, in: Lachmann (Hg.), Dialogizität, 256–259
Gebauer, Roland, „Aletheia" im Johannesevangelium. Exegetische Anmerkungen zur theologischen Wahrheitsfrage, in: Herbert H. Klement (Hg.), Theologische Wahrheit

und die Postmoderne. Bericht von der 11. Studienkonferenz des Arbeitskreises für evangelikale Theologie (AfeT) 5.–8. Sept. 1999 in Bad Blankenberg, Wuppertal / Giessen / Basel 2000, 233–254

Geiger, Georg, Die ΕΓΩ EIMI-Worte bei Johannes und den Synoptikern. Eine Rückfrage nach dem historischen Jesus, in: Denaux (Hg.), John, 466–472

Gemünden, Petra von, Vegetationsmetaphorik im Neuen Testament und seiner Umwelt. Eine Bildfelduntersuchung, NTOA 18, Freiburg (Schweiz) / Göttingen 1993

—— / Theissen, Gerd, Metaphorische Logik im Römerbrief. Beobachtungen zu dessen Bildsematik und Aufbau, in: Bernhardt / Link-Wieczorek (Hg.), Metapher, 108–131

Genette, Gérard, Die Erzählung. Aus dem Französischen von Andreas Knop, mit einem Nachwort herausgegeben von Jochen Vogt, München ²1998 (französisches Original: 1972; 1983)

——, Palimpseste. Die Literatur auf zweiter Stufe. Aus dem Französischen von Wolfram Bayer und Dieter Hornig, es 1683, Frankfurt a.M. 1993 (Original: Palimpsestes. La littérature au second degré, Paris 1982)

——, Paratexte. Das Buch vom Beiwerk des Buches. Mit einem Vorwort von Harald Weinrich. Aus dem Französischen von Dieter Hornig, stw 1510, Frankfurt a.M. 2001 (Original: Seuils, Paris 1987)

——, Die restringierte Rhetorik, in: Haverkamp (Hg.), Theorie, 229–252 (Original: La rhétorique restreinte, in: Communications 16, 1970, 158–171 (= Figures III, Paris 1972, 21–40; übersetzt von Wolfgang Eitel)

George, Martin, Antijudaismus bei den Kirchenvätern. Eine notwendige Polemik?, in: Dietrich / George / Luz (Hg.), Antijudaismus, 74–92

Georgi, Dieter, Aeneas und Abraham. Paulus unter dem Aspekt der Latinität? in: ZNT 10, 2002, 37–43

——, Der Kampf um die reine Lehre im Urchristentum als Auseinandersetzung um das rechte Verständnis der an Israel ergangenen Offenbarung Gottes, in: Eckert / Levinson / Stöhr (Hg.), Antijudaismus, 82–94

Giebel, Marion, Das Geheimnis der Mysterien. Antike Kulte in Griechenland, Rom und Ägypten, Düsseldorf / Zürich ³2003

Gilhus, Ingvild Sælid, Trimorphic Protennoia, in: Ssc II, 55–65

Gisel, Pierre, Paul Ricoeur. Eine Einführung in sein Denken, in: Jüngel / Ricoeur, Metapher, 5–23

Gnilka, Joachim, Das Evangelium nach Markus, EKK II, 1 u. 2, Solothurn und Düsseldorf / Neukirchen-Vluyn ⁴1994

Gössmann, Elisabeth / Kuhlmann, Helga / Moltmann-Wendel, Elisabeth / Praetorius, Ina / Schottroff, Luise / Schüngel-Straumann, Helen / Strahm, Doris / Wuckelt, Agnes (Hg.) / Wehn, Beate (Redaktion), WFT, 2., vollständig überarbeitete und grundlegend erweiterte Auflage, Gütersloh 2002

Gräßer, Erich, Zwei Heilswege? Zum theologischen Verhältnis von Israel und Kirche, in: Müller, Paul-Gerhard / Stenger, Werner (Hg.), Kontinuität und Einheit. FS Franz Mußner, Freiburg i.B. / Basel / Wien 1981, 411–429

——, Die Juden als Teufelssöhne in Johannes 8,37–47, in: Eckert / Levinson / Stöhr (Hg.), Antijudaismus, 157–170 (auch erschienen in: Ders., Der Alte Bund im Neuen, WUNT 35, Tübingen 1985, 154–167)

——, Die antijüdische Polemik im Johannesevangelium (1964/65), in: Ders., Der Alte Bund im Neuen, WUNT 35, Tübingen 1985, 135–153

Graf, Fritz, Communio loquendi cum dis. Magie und Kommunikation, in: Binder / Ehlich (Hg.), Kommunikation, 119–139

Graham, Susan L., Intertextual Trekking: Visiting the Iniquity of the Fathers Upon the "Next Generation", in: Semeia 69 / 70: Intertextuality and the Bible, Atlanta 1995, 195–219

Grieshammer, Reinhard / Takacs, Sarolta A. / Haase, Mareile, Artikel: Isis, in: DNP 5, 1998, 1125–1132

Grill, Julius, Untersuchungen über die Entstehung des vierten Evangeliums, Erster Teil, Tübingen / Leipzig 1902; Zweiter Teil: Das Mysterienevangelium des hellenisierten kleinasiatischen Christentums, Tübingen 1923

Grivel, Charles, Thèses préparatoires sur les intertextes, in: Lachmann (Hg.), Dialogizität, 237–248

Groot, Maria de, Messiaanse Ikonen. Een vrouwenstudie van het evangelie naar Johannes, Kampen o.J. [1989]

Gunkel, Hermann, Zum religionsgeschichtlichen Verständnis des Neuen Testaments, FRLANT 1, Göttingen 1903

Gussek, Karl-Diether (Hg.), BI-Lexikon: Der Wein, Bibliographisches Institut Leipzig 1990

Haacker, Klaus, Elemente des heidnischen Antijudaismus im Neuen Testament, in: EvTh 48, 1988, 404–418

——, Jesus unter den Messiaskandidaten des antiken Judentums, in: Ders., Versöhnung mit Israel. Exegetische Beiträge, VKHW 5, Neukirchen-Vluyn 2002, 65–74

Haardt, Maaike de, 'A Way of Being-in-the-World'. Traces of Divinty in Everyday Life, in: Dies. / Korte, Anne-Marie (Hg.), Common Bodies. Everyday Practices, Gender and Religion, Theologische Frauenforschung in Europa Bd. 6, Münster / Hamburg / London 2002, 11–26

Habermann, Ruth, Das Evangelium nach Johannes. Orte der Frauen, in: Schottroff / Wacker (Hg.), Kompendium, 527–541

Hadjuk, A., Ego eimi bei Jesus und seine Messianität, CV 6, 1963, 50–60

Hahn, Ferdinand, „Das Heil kommt von den Juden". Erwägungen zu Joh 4,22b, in: Ders., Verwurzelung, 99–118

——, „Die Juden" im Johannesevangelium, in: Ders., Verwurzelung, 119–129

——, Die alttestamentlichen Motive in der urchristlichen Abendmahlsüberlieferung, in: EvTh 27, 1967, 337–374

——, Die Verwurzelung des Christentums im Judentum. Exegetische Beiträge zum christlich-jüdischen Gespräch, Zum 70. Geburtstag hg. von Cilliers Breytenbach, Neukirchen-Vluyn 1996

Hailer, Martin, Metapher und Symbol, oder: Ist Skepsis in der Theologie unausweichlich?, in: Bernhardt / Link-Wieczorek (Hg.), Metapher, 42–53

Hakola, Raimo, Identity Matters. John, the Jews and Jewishness, NT.S 118, Leiden / Boston 2005

Haldimann, Konrad, Rekonstruktion und Entfaltung. Exegetische Untersuchungen zu Joh 15 und 16, BZNW 104, Berlin / New York 2000

Hamel, Gildas, Poverty and Charity in Roman Palestine, First Three Centuries C.E., University of California Publications, Near Eastern Studies 23, Berkeley / Los Angeles / Oxford 1990

Haraway, Donna, Situiertes Wissen. Die Wissenschaftsfrage im Feminismus und das Privileg einer partialen Perspektive, in: Dies., Die Neuerfindung der Natur. Primaten, Cyborgs und Frauen, Frankfurt / New York 1995, 73–97

Harder, Richard, Karpokrates von Chalkis und die memphitische Isispropaganda, APAW 1943, 14, Berlin 1944

Harnack, Adolf von, Die Mission und Ausbreitung des Christentums in den ersten drei Jahrhunderten, Wiesbaden ⁴1924

——, Das Neue Testament um das Jahr 200. Theodor Zahn's Geschichte des Neutestamentlichen Kanons (Erster Band, Erste Hälfte) geprüft von D. Adolf Harnack, Freiburg i.B. 1889

Harner, Philip B., The "I Am" of the Fourth Gospel: A Study in Johannine Usage and Thought, Philadelphia 1970

Hartenstein, Judith, Charakterisierung im Dialog. Maria Magdalena, Petrus, Thomas und die Mutter Jesu im Johannesevangelium im Kontext anderer frühchristlicher Darstellungen, NTOA / StUNT 64, Göttingen / Freiburg (Schweiz) 2007

——, Die zweite Lehre. Erscheinungen des Auferstandenen als Rahmenerzählungen frühchristlicher Dialoge, TU 146, Berlin 2000

Hatch, Edwin / Redpath, Henry A., A Concordance to the Septuagint and the Other Greek Versions of the Old Testament (Including the Apocryphal Books), Second Edition, Grand Rapids MI 1998 (Oxford 1897–1906)

Hatina, Thomas R., Intertextuality and Historical Criticism in New Testament Studies: Is There a Relationship? in: Biblical Interpretation 7, 1999, 28–43

Havelaar, Henriette, Wie spricht Gott in der Schöpfungsgeschichte von Codex VII,1? in: Beltz, Walter (Hg.), Der Gottesspruch in der koptischen Literatur. Hans-Martin Schenke zum 65. Geburtstag, Hallesche Beiträge zur Orientwissenschaft 15, Halle 1994, 117–124

Haverkamp, Anselm, Einleitung in die *Theorie der Metapher*, in: Ders. (Hg.), Theorie, 1–27

——, (Hg.), Theorie der Metapher, WdF 389, Darmstadt 1983 (^{2}1996)

Hawking, Stephen W., Eine kurze Geschichte der Zeit. Die Suche nach der Urkraft des Universums. Mit einer Einleitung von Carl Sagan. Deutsch von Hainer Kober unter fachlicher Beratung von Dr. Bernd Schmidt, Reinbek 1988 (A Brief History of Time: From the Big Bang to Black Holes, New York 1988)

Hays, Richard B., Schriftverständnis und Intertextualität bei Paulus, in: ZNT 14, 2004, 55–64

Hebel, Udo J., Intertextuality, Allusion, and Quotation. An International Bibliography of Critical Studies, New York / Westport / London 1989

——, Towards a Descriptive Poetics of Allusion, in: Plett (Hg.), Intertextuality, 135–164

Heckel, Theo K., Vom Evangelium des Markus zum viergestaltigen Evangelium, WUNT 120, Tübingen 1999

Heever, Gerhard van den, Finding Data in Unexpected Places (or: From Text Linguistics to Socio-Rhetoric). A Socio-Rhetorical Reading of John's Gospel, in: SBL. SP 37, Atlanta 1998, 649–676

Heinemann, Isaak, Artikel: Antisemitismus, in: PRE.S 5, Stuttgart 1931, 3–43

Heise, Jürgen, Bleiben. Menein in den johanneischen Schriften, HUTh 8, Tübingen 1967

Heitmüller, Wilhelm, Das Johannes-Evangelium, SNT 4, Göttingen ^{3}1918 (1907)

Helbig, Jörg, Intertextualität und Markierung. Untersuchungen zur Systematik und Funktion der Signalisierung von Intertextualität, Beiträge zur neueren Literaturgeschichte 3,141, Heidelberg 1996

Hengel, Martin, Die Evangelienüberschriften. Vorgetragen am 18. Oktober 1981, SHAW. PH 1984,3, Heidelberg 1984

——, Die johanneische Frage. Ein Lösungsversuch. Mit einem Beitrag zur Apokalypse von Jörg Frey, WUNT 67, Tübingen 1993

——, Judentum und Hellenismus. Studien zu ihrer Begegnung unter besonderer Berücksichtigung Palästinas bis zur Mitte des 2. Jh. v. Chr., WUNT 10, Tübingen 1969

Heschel, Susannah, Altes Gift in neuen Schläuchen. Antijudaismus und Antipharisäismus in der christlich-feministischen Theologie, in: Frauenforschungsprojekt zur Geschichte der Theologinnen Göttingen (Hg.), Querdenken. Beiträge zur feministisch-befreiungstheologischen Diskussion, FS Hannelore Erhart, Pfaffenweiler ^{2}1993, 65–76

——, Theologen für Hitler. Walter Grundmann und das „Institut zur Erforschung und Beseitigung des jüdischen Einflusses auf das deutsche kirchliche Leben", in: Siegele-Wenschkewitz (Hg.), Antijudaismus, 125–170

Hinrichs, Boy, „Ich bin". Die Konsistenz des Johannes-Evangeliums in der Konzentration auf das Wort Jesu, SBS 133, Stuttgart 1988

Hirsch, Emanuel, Das vierte Evangelium in seiner ursprünglichen Gestalt verdeutscht und erklärt, Tübingen 1936

——, Studien zum vierten Evangelium. (Text – Literarkritik – Entstehungsgeschichte), BHTh 11, Tübingen 1936
Hoegen-Rohls, Christina, Der nachösterliche Johannes. Die Abschiedsreden als hermeneutischer Schlüssel zum vierten Evangelium, WUNT 2, 84, Tübingen 1996
Hoffmann, Christhard, Christlicher Antijudaismus und moderner Antisemitismus. Zusammenhänge und Differenzen als Problem der historischen Antisemitismusforschung, in: Siegele-Wenschkewitz (Hg.), Antijudaismus, 293–317
Hofius, Otfried / Kammler, Hans-Christian, Johannesstudien. Untersuchungen zur Theologie des vierten Evangeliums, WUNT 88, Tübingen 1996
Holthuis, Susanne, Intertextualität. Aspekte einer rezeptionsorientierten Konzeption, Stauffenburg Colloquium 28, Tübingen 1993
Hopkins, Julie, Christologie oder Christolatrie? Feministische Einwände gegen die traditionellen Modelle von Jesus dem Christus, in: Strahm / Strobel (Hg.), Verlangen, 37–51
Hornung, Erik, Das esoterische Ägypten. Das geheime Wissen der Ägypter und sein Einfluß auf das Abendland, München 1999
Ingarden, Roman, Konkretisation und Rekonstruktion, in: Warning (Hg.), Rezeptionsästhetik, 42–70
Iser, Wolfgang, Der Akt des Lesens. Theorie ästhetischer Wirkung, München ⁴1994
——, Die Appellstruktur der Texte, in: Warning (Hg.), Rezeptionsästhetik, 228–252
——, Der implizite Leser. Kommunikationsformen des Romans von Bunyan bis Beckett, München 1972
——, Der Lesevorgang, in: Warning (Hg.), Rezeptionsästhetik, 253–276
——, Im Lichte der Kritik, in: Warning (Hg.), Rezeptionsästhetik, 325–342
Jakobson, Roman, Der Doppelcharakter der Sprache und die Polarität zwischen Metaphorik und Metonymik (1956), in: Haverkamp (Hg.), Theorie, 163–174
Jansen, H. Ludin, Die Frage nach Tendenz und Verfasserschaft im Poimandres, in: Widengren (Hg.), Proceedings, 157–163
Janssens, Yvonne, The Trimorphic Protennoia and the Fourth Gospel, in: Logan / Wedderburn (Hg.), Testament, 229–244
Jasper, Alison, The Shining Garment of the Text. Gendered Readings of John's Prologue, JSNT.S 165, Sheffield 1998
Jauß, Hans Robert, Literaturgeschichte als Provokation der Literaturwissenschaft, in: Warning (Hg.), Rezeptionsästhetik, 126–162
——, Zum Problem des dialogischen Verstehens, in: Lachmann (Hg.), Dialogizität, 11–24
Jenkins, Keith, On 'What is History?' From Carr and Elton to Rorty and White, London / New York 1995
Jerke, Birgit, Wie wurde das Neue Testament zu einem sogenannten *Volkstestament* „entjudet"? Aus der Arbeit des Eisenacher „Institutes zur Erforschung und Beseitigung des jüdischen Einflusses auf das deutsche kirchliche Leben", in: Siegele-Wenschkewitz (Hg.), Antijudaismus, 201–234
Jörns, Klaus-Peter, Die johanneischen „Ich-bin"-Worte, in: DtPfrBl 71, 1971, 741–744
Johnson, Luke T., The New Testament's Anti-Jewish Slander and the Conventions of Ancient Polemic, in: JBL 108, 1989, 419–441
Jonge, Marinus de, Jewish Expectations about the 'Messiah' according to the Fourth Gospel, in: NTS 19, 1973, 246–270
Jost, Renate / Valtink, Eveline (Hg.), Ihr aber, für wen haltet ihr mich? Auf dem Weg zu einer feministisch-befreiungstheologischen Revision von Christologie, Gütersloh 1996 (= Jost / Valtink [Hg.], Weg)
Jülicher, Adolf, Die Gleichnisreden Jesu. Erster Teil. Die Gleichnisreden Jesu im Allgemeinen, Freiburg i.B. u.a. ²1899; Zweiter Teil. Auslegung der Gleichnisreden der drei ersten Evangelien, Freiburg i.B. u.a. 1899

Jüngel, Eberhard, Metaphorische Wahrheit. Erwägungen zur theologischen Relevanz der Metapher als Beitrag zur Hermeneutik einer narrativen Theologie, in: Jüngel / Ricoeur, Metapher, 71–122

—— / Ricoeur, Paul, Metapher. Zur Hermeneutik religiöser Sprache. Mit einer Einführung von Pierre Gisel, EvTh.S, München 1974

Käsemann, Ernst, Jesu letzter Wille nach Johannes 17, Tübingen ³1971 (¹1966)

Karrer, Wolfgang, Intertextualität als Elementen- und Struktur-Reproduktion, in: Broich / Pfister (Hg.), Intertextualität, 98–116

——, Titles and Mottoes as Intertextual Devices, in: Plett (Hg.), Intertextuality, 122–134

Katz, Steven T., Issues in the Separation of Judaism and Christianity after 70 C.E. A Reconsideration, in: JBL 103, 1984, 43–76

Kelber, Werner H., The Birth of a Beginning: John 1,1–18, in: Semeia 52: How Gospels Begin, Atlanta 1991, 121–144

Kertelge, Karl (Hg.), Metaphorik und Mythos im Neuen Testament, QD 126, Freiburg / Basel / Wien 1990

Kimmich, Dorothee / Renner, Rolf Günter / Stiegler, Bernd (Hg.), Texte zur Literaturtheorie der Gegenwart, Stuttgart 1996

King, Karen L. (Hg.), Images of the Feminine in Gnosticism, SAC 4, Philadelphia 1988

——, Sophia and Christ in the Apokryphon of John, in: Dies. (Hg.), Images, 158–176

——, What Is Gnosticism? Cambridge MA 2003

Kingsley, Peter, Poimandres. The Etymology of the Name and the Origins of the Hermetica, in: JWCI 56, 1993, 1–24

Kitzberger, Ingrid Rosa, Love and Footwashing: John 13:1–20 and Luke 7:36–50 Read Intertextually, in: Biblical Interpretation 2, 1994, 190–206

——, Mary of Bethany and Mary of Magdala – Two Female Characters in the Johannine Passion Narrative. A Feminist, Narrative-Critical Reader-Response, in: NTS 41, 1995, 564–586

Kjärgaard, Mogens Stiller, Metaphern, Gleichnisse und Ich-bin-Aussagen im Johannesevangelium, in: van Noppen, Jean-Pierre (Hg.), Erinnern, um Neues zu sagen. Die Bedeutung der Metapher für die religiöse Sprache, Frankfurt a.M. 1988, 241–257

Klauck, Hans-Josef, „Christus, Gottes Kraft und Gottes Weisheit" (1 Kor 1,24). Jüdische Weisheitsüberlieferungen im Neuen Testament, in: Ders., Alte Welt und neuer Glaube. Beiträge zur Religionsgeschichte, Forschungsgeschichte und Theologie des Neuen Testaments, NTOA 29, Freiburg (Schweiz) / Göttingen 1994, 251–275

——, Apokryphe Evangelien. Eine Einführung, Stuttgart ²2005

Klein, Franz-Norbert, Die Lichtterminologie bei Philon von Alexandrien und in den hermetischen Schriften. Untersuchungen zur Struktur der religiösen Sprache der hellenistischen Mystik, Leiden 1962

Klein, Günter, „Christlicher Antijudaismus". Bemerkungen zu einem semantischen Einschüchterungsversuch, in: ZThK 79, 1982, 411–450

——, „Das wahre Licht scheint schon". Beobachtungen zur Zeit- und Geschichtserfahrung einer urchristlichen Schule, in: ZThK 68, 1971, 261–326

Klein, Hans, Vorgeschichte und Verständnis der johanneischen Ich-bin-Worte, in: KuD 33, 1987, 120–136

Klinger, Elmar / Böhm, Stefanie / Franz, Thomas (Hg.), Die zwei Geschlechter und der eine Gott, Würzburg 2002

Kloepfer, Rolf, Grundlagen des „dialogischen Prinzips" in der Literatur, in: Lachmann (Hg.), Dialogizität, 85–106

Klöpper, Diana / Schiffner, Kerstin, Gütersloher Erzählbibel. Mit Bildern von Juliana Heidenreich, Gütersloh 2004

Kloft, Hans, Mysterienkulte der Antike. Götter – Menschen – Rituale, Beck Wissen 2106, München 1999

Kloppenborg, John S., Isis and Sophia in the Book of Wisdom, in: HThR 75, 1982, 57–84

Koester, Craig R., Symbolism in the Fourth Gospel: Meaning, Mystery, Community, Minneapolis ²2003

Köster, Helmut, Gnostic Sayings and Controversy Traditions in John 8:12–59, in: Hedrick, Charles / Hodgson, Robert (Hg.), Nag Hammadi, Gnosticism, and Early Christianity, Peabody MA 1986, 97–110

——, The History-of-Religions School, Gnosis, and Gospel of John, in: StTh 40, 1986, 115–136

——, Introduction to the New Testament, Vol 1: History, Culture, and Religion of the Hellenistic Age, New York / Berlin ²1995; Vol 2: History and Literature of Early Christianity, New York / Berlin 1987

Koppenfels, Werner von, Intertextualität und Sprachwechsel. Die literarische Übersetzung, in: Broich / Pfister (Hg.), Intertextualität, 137–158

Kowalski, Beate, Die Hirtenrede (Joh 10,1–18) im Kontext des Johannesevangeliums, SBB 31, Stuttgart 1996

Kraft, Heinrich, Clavis Patrum Apostolicorum, Darmstadt 1963

Kraus, Wolfgang, Johannes und das Alte Testament. Überlegungen zum Umgang mit der Schrift im Johannesevangelium im Horizont biblischer Theologie, in: ZNW 88, 1997, 1–23

Krause, Martin, The Christianisation of Gnostic Texts, in: Logan / Wedderburn (Hg.), Testament, 187–194

——, Die Paraphrase des Sêem und der Bericht Hippolyts, in: Widengren (Hg.), Proceedings, 101–110

——, Das literarische Verhältnis des Eugnostosbriefes zur Sophia Jesu Christi in: Mullus, FS Theodor Klauser, JAC Erg.-Bd. 1, Münster 1964, 215–223

Krauss, Samuel, Talmudische Archäologie 2, Leipzig 1911, Nachdruck Hildesheim 1966

Kristeva, Julia, Bachtin, das Wort, der Dialog und der Roman, in: Jens Ihwe (Hg.), Literaturwissenschaft und Linguistik. Ergebnisse und Perspektiven, Bd. 3: Zur linguistischen Basis der Literaturwissenschaft II, Frankfurt a.M. 1972, 345–375 (Originalausgabe: Bakhtine, le mot, le dialogue et le roman, in: Critique 23, 1967, 438–465; Nachdruck in: Kristeva, Julia, Semeiotikè: Recherches pour une sémanalyse, Paris 1969, 143–173; gekürzte deutsche Fassung in: Kimmich / Renner / Stiegler [Hg.], Texte, 334–348)

——, Die Revolution der poetischen Sprache. Aus dem Französischen übersetzt und mit einer Einleitung versehen von Reinold Werner, Frankfurt a.M. 1978 (Teilübersetzung von: La révolution du language poétique, Paris 1974)

Krüger, Julian, Oxyrhynchos in der Kaiserzeit. Studien zur Topographie und Literaturrezeption, EHS.G, 441, Frankfurt a.M. / Bern / New York / Paris 1990

Kruijf, Theo C. de, Artikel: Antisemitismus III. Im Neuen Testament, in: TRE 3, Berlin / New York 1978, 122–128

Kügler, Joachim, Der Jünger, den Jesus liebte. Literarische, theologische und historische Untersuchungen zu einer Schlüsselgestalt johanneischer Theologie und Geschichte. Mit einem Exkurs über die Brotrede in Joh 6, SBB 16, Stuttgart 1988

——, Der andere König. Religionsgeschichtliche Perspektiven auf die Christologie des Johannesevangeliums, SBS 178, Stuttgart 1999 (= Kügler, König)

——, Der König als Brotspender. Religionsgeschichtliche Überlegungen zu JosAs 4,7; 25,5 und Joh 6,15, in: ZNW 88, 1997, 118–124 (= Kügler, Brotspender)

Kuhl, Josef, Die Sendung Jesu und der Kirche nach dem Johannes-Evangelium, SIM 11, St.Augustin/Siegburg / Washington / Buenos Aires 1967

Kuhlmann, Helga, Solus Christus? Zur feministisch-theologischen Kritik am christologischen Exklusivitätsanspruch, in: Jost / Valtink (Hg.), Weg, 42–63

Kurz, William S., Intertextual Permutations of the Genesis Word in the Johannine Prologues, in: Evans / Sanders (Hg.), Interpretation, 179–190

Kysar, Robert, The Fourth Gospel. A Report on Recent Research, in: ANRW II,25,3, Berlin / New York 1985, 2389–2480

Kysar, Robert, Johannine Metaphor – Meaning and Function: A Literary Case Study of John 10:1–18, in: Semeia 53: The Fourth Gospel from a Literary Perspective, Atlanta 1991, 81–111

Labahn, Michael, Jesus als Lebensspender. Untersuchungen zu einer Geschichte der johanneischen Tradition anhand ihrer Wundergeschichten, BZNW 98, Berlin / New York 1999

—— / Scholtissek, Klaus / Strotmann, Angelika (Hg.), Israel und seine Heilstraditionen im Johannesevangelium. Festgabe für Johannes Beutler SJ zum 70. Geburtstag, Paderborn / München / Wien / Zürich 2004

Lachmann, Renate (Hg.), Dialogizität, Theorie und Geschichte der Literatur und der schönen Künste Reihe A, Bd. 1, München 1982

——. Der Potebnjasche Bildbegriff als Beitrag zur einer Theorie der ästhetischen Kommunikation. (Zur Vorgeschichte der Bachtinschen „Dialogizität"), in: Dies. (Hg.), Dialogizität, 29–50

——, Dialogizität und poetische Sprache, in: Dies. (Hg.), Dialogizität, 51–62

——, Ebenen des Intertextualitätsbegriffs, in: Stierle / Warning (Hg.), Gespräch, 133–138

——, Gedächtnis und Literatur. Intertextualität in der russischen Moderne, Frankfurt a.M. 1990

——, Intertextualität als Sinnkonstitution, in: Poetica 15, 1983, 66–107

Lack, Roland François, Intertextuality or Influence: Kristeva, Bloom and the Poésis of Isidore Ducasse, in: Still / Worton (Hg.), Intertextuality, 130–142

Lakoff, John / Johnson, Mark, Metaphors We Live By, Chicago u.a. 1980 (deutsche Übersetzung: Leben in Metaphern. Konstruktion und Gebrauch von Sprachbildern, Heidelberg [3] 2003)

Lamparter, Helmut, Die Hoheit Jesu. Eine Auslegung der Ich-Bin-Worte im Johannesevangelium, Stuttgart 1985

Lampe, Geoffrey William Hugo, A Patristic Greek Lexicon, Oxford 1961 ([5]1978)

Landis, Stephan, Das Verhältnis des Johannesevangeliums zu den Synoptikern am Beispiel von Mt 8,5–13; Lk 7,1–10; Joh 4,46–54, BZNW 74, Berlin / New York 1994

Lang, Bernhard, Israels Göttin. Vom semitischen Mythos zum mythischen Rest, in: Klinger / Böhm / Franz (Hg.), Geschlechter, 83–95

Lange, Nicholas R. M. de, Artikel: Antisemitismus IV. Alte Kirche, in: TRE 3, Berlin / New York 1978, 128–137

—— / Thoma, Clemens, Artikel: Antisemitismus I. Begriff / Vorchristlicher Antisemitismus, in: TRE 3, Berlin / New York 1978, 113–119

Lapide, Pinchas, Jeder kommt zum Vater. Barmen und die Folgen, Neukirchen-Vluyn 1984

Lategan, Bernard, Intertextuality and Social Transformation. Some Implications of the Family Concept in New Testament Texts, in: Draisma, (Hg.), Intertextuality, 105–116

Layton, Bentley, The Riddle of the Thunder (CG VI,2): The Function of Paradox in a Gnostic Text from Nag Hammadi, in: Hedrick, Charles / Hodgson, Robert (Hg.), Nag Hammadi, Gnosticism, and Early Christianity, Peabody MA 1986, 37–54

Lee, Dorothy, Abiding in the Fourth Gospel. A Case Study in Feminist Biblical Theology, in: Levine (Hg.), Companion 2, 64–78

Leistner, Reinhold, Antijudaismus im Johannesevangelium? Darstellung des Problems in der neueren Auslegungsgeschichte und Untersuchung der Leidensgeschichte, TW 3, Bern / Frankfurt a.M. 1974

Leipoldt, Johannes, Artikel: Antisemitismus, in: RAC 1, Stuttgart 1950, 469–476
Leroy, Herbert, Rätsel und Mißverständnis. Ein Beitrag zur Formgeschichte des Johannesevangeliums, BBB 30, Bonn 1968
Leutzsch, Martin, Bäume im Leben Israels und in der Bildersprache der Bibel. Eine Einführung, Unveröffentlichtes Manuskript 2003
——, Der weibliche Christus, in: Irmgard Pahl / Andrea K. Kaus (Hg.), Landesarbeitsgemeinschaft Theologische Frauenforschung / Feministische Theologie: „Soziale Rollen von Frauen in Religionsgemeinschaften" Projektbericht I, Bochum 2001, 89–110
Levine, Amy-Jill, Anti-Judaism and the Gospel of Matthew, in: Farmer (Hg.), Anti-Judaism, 9–36
—— (Hg. mit Marianne Blickenstaff), A Feminist Companion to John, 2 Bde, Feminist Companion to the New Testament and Early Christian Writings 4 und 5, London / New York 2003
—— (Hg.), "Women Like This". New Perspectives on Jewish Women in the Greco-Roman World, SBL Early Judaism and its Literature Number 01, Atlanta 1991
Liddell, Henry George / Scott, Robert / Jones, Henry Stuart, A Greek-English Lexicon, Oxford ^{9}1940 (Nachdruck with a revised supplement 1996)
Lieb, Hans-Heinrich, Was bezeichnet der herkömmliche Begriff ‚Metapher'? in: Haverkamp (Hg.), Theorie, 340–355 (zuerst erschienen in: Muttersprache 77, 1967, 43–52)
Lieu, J. M., Blindness in the Johannine Tradition, in: NTS 34, 1988, 83–95
Lindner, Monika, Integrationsformen der Intertextualität, in: Broich / Pfister (Hg.), Intertextualität, 116–135
Link, Christian, Gleichnisse als bewohnte Bildwelten, in: Bernhardt / Link-Wieczorek (Hg.), Metapher, 142–152
Linnemann, Eta, Die Hochzeit zu Kana und Dionysos oder das Unzureichende der Kategorien Übertragung und Identifikation zur Erfassung der religionsgeschichtlichen Beziehungen, in: NTS 20, 1974, 408–418
Lips, Hermann von, Christus als Sophia? Weisheitliche Traditionen in der urchristlichen Christologie, in: Breytenbach / Paulsen (Hg.), Anfänge, 75–95
——, Weisheitliche Traditionen im Neuen Testament, WMANT 64, Neukirchen-Vluyn 1990
Logan, Alastair H. B. / Wedderburn, J. M. (Hg.), The New Testament and Gnosis. Essays in Honour of Robert McL. Wilson, Edinburgh 1983
Lohse, Bernhard, Epochen der Dogmengeschichte, Stuttgart / Berlin ^{5}1983
Lowe, Malcolm, Who Were the Ἰουδαῖοι? in: NT 18, 1976, 101–130
Lührmann, Dieter, Fragmente apokryph gewordener Evangelien in griechischer und lateinischer Sprache, MThSt.NS 59, Marburg 2000 (= Lührmann, Fragmente)
——, Die griechischen Fragmente des Mariaevangeliums POx 3525 und PRyl 463, in: NT 30, 1988, 321–338 (= Lührmann, EvMar)
——, Das neue Fragment des P Egerton 2 (P Köln 255), in: Christopher M. Tuckett u.a. (Hg.), The Four Gospels 1992, FS Frans Neirynck, 3Bde, BEThL 100, 1992, 2239–2255
——, POx 2949: EvPt 3–5 in einer Handschrift des 2./3. Jahrhunderts, in: ZNW 72, 1981, 216–236
——, POx 4009: Ein neues Fragment des Petrusevangeliums, in: NT 35, 1993, 390–410
Luttikhuizen, Gerard, Intertextual References in Readers' Responses to the Apocryphon of John, in: Draisma (Hg.), Intertextuality, 117–126
Luz, Ulrich, Der Antijudaismus im Matthäusevangelium als historisches und theologisches Problem, in: EvTh 53, 1993, 310–327
——, Das ‚Auseinandergehen der Wege'. Über die Trennung des Christentums vom Judentum, in: Dietrich / George / Luz (Hg.), Antijudaismus, 56–73

—, Das Evangelium nach Matthäus, EKK I,1–4, Zürich u.a. / Neukirchen-Vluyn ²1989; 1990; 1997; 2002

Mack, Burton L., Logos und Sophia. Untersuchungen zur Weisheitstheologie im hellenistischen Judentum, StUNT 10, Göttingen 1973

Mai, Hans-Peter, Bypassing Intertextuality. Hermeneutics, Textual Practice, Hypertext, in: Plett (Hg.), Intertextuality, 30–59

—, Intertextual Theory – A Bibliography, in: Plett (Hg.), Intertextuality, 237–250

Maier, Christl, Das Buch der Sprichwörter. Wie weibliche Weisheit entsteht, in: Schottroff / Wacker (Hg.), Kompendium, 208–220

Malbon, Elizabeth Stuthers, The Beginning of a Narrative Commentary on the Gospel of Mark, in: SBL.SP 35, Atlanta 1996, 98–122

—, Ending at the Beginning: A Response, in: Semeia 52: How Gospels Begin, Atlanta 1991, 175–184

Marcus, Ralph, The Name Poimandres, in: JNES 8, 1949, 40–43

Maritz, Petrus / Van Belle, Gilbert, The Imagery of Eating and Drinking in Joh 6:35, in: Frey / Van der Watt / Zimmermann (Hg.), Imagery, 333–352

Marjanen, Antti, Is Thomas a Gnostic Gospel? in: Uro (Hg.), Thomas, 107–139

Markschies, Christoph, Die Gnosis, C.H. Beck Wissen (bsr 2173), München 2001

Martyn, J. Louis, History and Theology in the Fourth Gospel, New York 1968

Matthews, Victor H., Treading the Winepress: Actual and Metaphorical Viticulture in the Ancient Near East, in: Semeia 86: Food and Drink in the Biblical Worlds, Atlanta 1999, 19–32

Mayer, Günter, Index Philoneus, Berlin / New York 1974

Mayer, Reinhold, „Ich bin der Weg, die Wahrheit und das Leben". Ein Versuch über das Johannesevangelium aus Anlass der neu erwachten Debatte zur Judenmission, in: Schreiber, Stefan / Stimpfle, Alois (Hg.), Johannes aenigmaticus. Studien zum Johannesevangelium für Herbert Leroy, BU 29, Regensburg 2000, 183–195

McGuire, Anne, Thunder, Perfect Mind, in: Ssc II, 39–54

McGrath, James F., John's Apologetic Christology. Legitimation and Development in Johannine Christology, MSSNTS 111, Cambridge 2001

McKinlay, Judith E., To Eat or Not to Eat: Where is Wisdom in this Choice?, in: Semeia 86: Food and Drink in the Biblical Worlds, Atlanta 1999, 73–84

McRae, George W., The Jewish Background of the Gnostic Sophia Myth, in: NT 12, 1970, 86–101

—, Discourses of the Gnostic Revealer, in: Widengren (Hg.), Proceedings, 111–122

—, The Ego-Proclamation in Gnostic Sources, in: Bammel, Ernst (Hg.), The Trial of Jesus, FS Charles Francis Digby Moule, SBT 2,13, London 1970, 122–135

Meeks, Wayne A., "Am I a Jew?" Johannine Christianity and Judaism, in: Neusner, Jacob (Hg.), Christianity, Judaism and other Greco-Roman Cults. Studies for Morton Smith I: New Testament, SJLA 12, Leiden 1975, 163–185

—, The Man from Heaven in Johannine Sectarianism, in: JBL 91, 1972, 44–72

Méhat, André, Artikel: Clemens von Alexandrien, in: TRE 8, Berlin / New York 1981, 101–113

Mell, Ulrich (Hg.), Die Gleichnisreden Jesu 1899–1999. Beiträge zum Dialog mit Adolf Jülicher, BZNW 103, Berlin / New York 1999

Menge, Hermann, Repetitorium der lateinischen Syntax und Stilistik, München ¹³1962 (Nachdruck: Darmstadt ¹⁹1989)

Menken, Maarten J.J., Die Feste im Johannesevangelium, in: Labahn / Scholtissek / Strotmann (Hg.), Israel, 269–286

—, The Use of the Septuagint in Three Quotations in John: Jn 10,34; 12,38; 19,24, in: Tuckett (Hg.), Scriptures, 367–393

Merz, Annette, Artikel: Jesus Christus: Jesus / Jesusbewegung, in: Gössmann u.a. (Hg.), WFT, 300–304

—, Die fiktive Selbstauslegung des Paulus. Pseudepigraphie in den Pastoralbriefen

und ihrer frühsten Rezeption, NTOA 52, Freiburg (Schweiz) / Göttingen 2003 (Diss. Heidelberg 2000 als „Der intertextuelle und historische Ort der Pastoralbriefe")
Metzger, Martin, Zedern, Weinstock und Weltenbaum, in: Daniels, Dwight R. / Gleßmer, Uwe / Rösel, Martin (Hg.), Ernten, was man sät. FS Klaus Koch, Neukirchen-Vluyn 1991, 197–229
Miscall, Peter D., Texts, More Texts, a Textual Reader and a Textual Writer, in: Semeia 69 / 70: Intertextuality and the Bible, Atlanta 1995, 247–260
Moloney, Francis J., The Gospel of John, Sacra Pagina, New York 1998
——, Israel, the People and the Jews in the Fourth Gospel, in: Labahn / Scholtissek / Strotmann (Hg.), Israel, 351–364
Müller, Dieter, Ägypten und die griechischen Isis-Aretalogien, ASAW 53,1, Berlin 1961
Müller, Ulrich B., Die Offenbarung des Johannes, ÖTK 19, Gütersloh / Würzburg 1984
Müller, Wolfgang G., Namen als intertextuelle Elemente, in: Poetica 23, 1991, 139–165
——, Interfigurality. A Study on the Interdependence of Literary Figures, in: Plett (Hg.), Intertextuality, 101–121
Muraoka, Takamitsu, The Use of ΩΣ in the Greek Bible, in: NT 7, 1964/65, 51–72
Murphy, Roland E., Wisdom and Creation, in: JBL 104, 1985, 3–11
Mußner, Franz, Traktat über die Juden, München 1979
——, ZΩH. Die Anschauung vom „Leben" im 4. Evangelium unter Berücksichtigung der Johannesbriefe. Ein Beitrag zur biblischen Theologie, MThS I,5, München 1952
Nagel, Titus, Die Rezeption des Johannesevangeliums im 2. Jahrhundert. Studien zur vorirenäischen Aneignung und Auslegung des vierten Evangeliums in christlicher und christlich-gnostischer Literatur, Arbeiten zur Bibel und ihrer Geschichte 2, Leipzig 2000
Neuhaus, Dietrich (Hg.), Teufelskinder oder Heilsbringer – die Juden im Johannes-Evangelium, ArTe 64, Frankfurt a.M. 1990
Neumann, Peter Horst, Das Eigene und das Fremde. Über die Wünschbarkeit einer Theorie des Zitierens, in: Akzente 27, 1980, 292–305
Neuschäfer, Bernhard, Origenes als Philologe. Bd. 1: Text; Bd. 2: Anmerkungen, SBA 18, 1–2, Basel 1987
Nicklas, Tobias, Ablösung und Verstrickung. „Juden" und Jüngergestalten als Charaktere der erzählten Welt des Johannesevangeliums und ihre Wirkung auf den impliziten Leser, RSTh 60, Frankfurt a. M. u.a. 2001
Nicol, Willem, The Semeia in the Fourth Gospel. Tradition and Redaction, NT.S 32, Leiden 1972
Norden, Eduard, Agnostos Theos, Stuttgart 1913, Nachdruck Leipzig [7]1996
Norris, Frederick W., Isis, Sarapis and Demeter in Antioch of Syria, in: HThR 75, 1982, 189–207
Obalski, Werner, Wein, Bearbeitet von Claudia Hosbein, DuMont Schnellkurs, Köln 2003
Onuki, Takashi, Gemeinde und Welt im Johannesevangelium. Ein Beitrag zur Frage nach der theologischen und pragmatischen Funktion des johanneischen „Dualismus", WMANT 56, Neukirchen-Vluyn 1984
Ostmeyer, Karl-Heinrich, Typos – weder Urbild noch Abbild, in: Zimmermann (Hg.), Bildersprache, 215–236
Overbeck, Franz, Das Johannesevangelium. Studien zur Kritik seiner Erforschung. Aus dem Nachlaß hg. von Carl Albrecht Bernoulli, Tübingen 1911
Pagels, Elaine H., Exegesis of Genesis 1 in the Gospels of Thomas and John, in: JBL 118, 1999, 477–496
Painter, John, Tradition, History and Interpretation in John 10, in: Beutler / Fortna (Hg.), Discourse, 53–74.150–156

Parsons, Mikeal C., Reading a Beginning / Beginning a Reading: Tracing Literary Theory on Narrative Openings, in: Semeia 52: How Gospels Begin, Atlanta 1991, 11–31
Paulsen, Henning, Rudolf Bultmann 1933, in: Ders.: Literatur, 468–477
——, Zur Literatur und Geschichte des frühen Christentums. Gesammelte Aufsätze, hg. von Ute E. Eisen, WUNT 99, Tübingen 1997
——, Traditionsgeschichtliche Methode und religionsgeschichtliche Schule, in: Ders., Literatur, 426–461 (auch in: ZThK 75, 1978, 20–55)
——, Synkretismus im Urchristentum und im Neuen Testament, in: Ders., Literatur, 301–309 (auch in: Greive, Wolfgang / Niemann, Raul [Hg.], Neu glauben? Religionsvielfalt und neue religiöse Strömungen als Herausforderung an das Christentum, Gütersloh 1990, 34–44)
Pearson, Birger A., Jewish Elements in Corpus Hermeticum 1 (Poimandres), in: Ders., Gnosticism, Judaism and Egyptian Christianity, SAC, Minneapolis 1990, 136–147
Peek, Werner, Der Isishymnus von Andros und verwandte Texte, Berlin 1930
Petersen, Norman R., The Gospel of John and the Sociology of Light. Language and Characterization in the Fourth Gospel, Valley Forge PA 1993
Petersen, Silke, Adolf Jülicher und die Parabeln des Thomasevangeliums, in: Mell (Hg.), Gleichnisreden, 179–207
——, Die Evangelienüberschriften und die Entstehung des neutestamentlichen Kanons, in: ZNW 97, 2006, 250–274
——, Die Weiblichkeit Jesu Christi, in: Klinger / Böhm / Franz (Hg.), Geschlechter, 97–123
—— „Zerstört die Werke der Weiblichkeit!" Maria Magdalena, Salome und andere Jüngerinnen Jesu in christlich-gnostischen Schriften, NHMS 48, Leiden / Boston / Köln 1999
Pfister, Manfred, Konzepte der Intertextualität, in: Broich / Pfister (Hg.), Intertextualität, 1–30
——, How Postmodern is Intertextuality? in: Plett (Hg.), Intertextuality, 207–224
——, Zur Systemreferenz, in: Broich / Pfister (Hg.), Intertextualität, 52–58
Phillips, Gary A., "This is a Hard Saying. Who Can be Listener to it?" Creating a Reader in John 6, in: Semeia 26: Narrative and Discourse in Structural Exegesis. John 6 and 1 Thessalonians, Atlanta 1983, 23–56
——, "What Is Written? How Are You Reading?" Gospel, Intertextuality and Doing Lukewise: Reading Luke 10:25–42 Otherwise, in: Semeia 69 / 70: Intertextuality and the Bible, Atlanta 1995, 111–147
Plett, Heinrich F., Intertextualities, in: Ders. (Hg.), Intertextuality, 3–29
—— (Hg.), Intertextuality, Research in Text Theory / Untersuchungen zur Texttheorie 15, Berlin / New York 1991
——, Sprachliche Konstituenten einer intertextuellen Poetik, in: Broich / Pfister (Hg.), Intertextualität, 78–98
Plisch, Uwe-Karsten, Einführung in die koptische Sprache. Sahidischer Dialekt, Sprachen und Kulturen des christlichen Orients 5, Wiesbaden 1999
Polotsky, H. J., Grundlagen des koptischen Satzbaus, American Studies in Papyrology 28; 29, Decatur GA 1987; Atlanta 1990
Popkes, Enno Edzard, „Ich bin das Licht" – Erwägungen zur Verhältnisbestimmung des Thomasevangeliums und der johanneischen Schriften anhand der Lichtmetaphorik, in: Frey / Schnelle (Hg.), Kontexte, 641–674
Porsch, Felix, „Ihr habt den Teufel zum Vater" (Joh 8,44). Antijudaismus im Johannesevangelium? in: BiKi 44, 1989, 50–57
Porter, Stanley E., The Use of the Old Testament in the New Testament. A Brief Comment on Method and Terminology, in: Evans / Sanders (Hg.), Interpretation, 79–96
Preisendanz, Wolfgang, Zum Beitrag von R. Lachmann „Dialogizität und poetische Sprache", in: Lachmann (Hg.), Dialogizität, 25–28

Rad, Gerhard von / Kuhn, Karl Georg / Gutbrod, Walter, Artikel: Ἰσραήλ, Ἰσραηλίτης, Ἰουδαῖος, Ἰουδαία, Ἰουδαϊκός, ἰουδαΐζω, Ἰουδαϊσμός, Ἑβραῖος, Ἑβραϊκός, ἑβραΐς, ἑβραϊστί, in: ThWNT 3, Stuttgart 1938, 356–394

Räisänen, Heikki / Schüssler Fiorenza, Elisabeth / Sugirtharajah, R.S. / Stendahl, Krister / Barr, James, Reading the Bible in the Global Village: Helsinki, SBL, Atlanta 2001

——, Biblical Critics in the Global Village, in: Ders. u.a., Bible, 9–28

Rahner, Johanna, Mißverstehen um zu verstehen. Zur Funktion der Mißverständnisse im Johannesevangelium, in: BZ 43, 1999, 212–219

Rau, Eckhard, Reden in Vollmacht. Hintergrund, Form und Anliegen der Gleichnisse Jesu, FRLANT 149, Göttingen 1990

Rebell, Walter, Gemeinde als Gegenwelt. Zur soziologischen und didaktischen Funktion des Johannesevangeliums, BET 20, Frankfurt / Bern / New York / Paris 1987

Reese, James M., Hellenistic Influences on the Book of Wisdom and Its Consequences, AnBib 41, Rom 1970

Reinhartz, Adele, A Nice Jewish Girl Reads the Gospel of John, in: Phillips, Gary / Fewell, Danna Nolan (Hg.), Semeia 77: Ethics and Reading the Bible, Atlanta 1997, 177–193

——, Johannes 8,31–59 aus jüdischer Sicht, in: BiKi 59, 2004, 137–146

——, The Gospel of John, in: Ssc II, 561–600

——, The Grammar of Hate in the Gospel of John: Reading John in the Twenty-First Century, in: Labahn / Scholtissek / Strotmann (Hg.), Israel, 416–427

Reinmuth, Eckart, Hermeneutik des Neuen Testaments. Eine Einführung in die Lektüre des Neuen Testaments, UTB.W 2310, Göttingen 2002

Reitzenstein, Richard, Das iranische Erlösungsmysterium. Religionsgeschichtliche Untersuchungen, Bonn 1921

——, Die hellenistischen Mysterienreligionen nach ihren Grundgedanken und Wirkungen, 3. erweiterte und umgearbeitete Aufl., Leipzig / Berlin 1927

——, Poimandres. Studien zur griechisch-ägyptischen und frühchristlichen Literatur, Leipzig 1904

Rensberger, David, Anti-Judaism and the Gospel of John, in: Farmer (Hg.), Anti-Judaism, 120–157

Rese, Martin, „Intertextualität" – Ein Beispiel für Sinn und Unsinn „neuer" Methoden, in: Tuckett (Hg.), Scriptures, 431–439

Richard, E., Expressions of Double Meaning and Their Function in the Gospel of John, in: NTS 31, 1985, 96–112

Richter, Georg, Zur Formgeschichte und literarischen Einheit von Joh 6,31–58, in: ZNW 60, 1969, 21–55

Ricoeur, Paul, Erzählung, Metapher und Interpretationstheorie, in: ZThK 84, 1987, 232–253

——, Philosophische und theologische Hermeneutik, in: Jüngel / Ricoeur, Metapher, 24–45

——, Die Metapher und das Hauptproblem der Hermeneutik, in: Haverkamp (Hg.), Theorie, 356–375 (franz. Fassung: La métaphore et le problème central de l'herméneutique, in: RPL 70, 1972, 93–112; nach der Redaktion der engl. Übersetzung: Metaphor and the Main Problem of Hermeneutics, in: New Literary History 6, 1974 / 75, 95–110, übersetzt von Ursula Christmann)

——, Stellung und Funktion der Metapher in der biblischen Sprache, in: Jüngel / Ricoeur, Metapher, 45–70

Riley, Gregory J., Resurrection Reconsidered. Thomas and John in Controversy, Minneapolis 1995

Riffaterre, Michael, Kriterien für die Stilanalyse, in: Warning (Hg.), Rezeptionsästhetik, 163–195

——, Compulsory Reader Response: the Intertextual Drive, in: Still / Worton (Hg.), Intertextuality, 56–78

Ringe, Sharon H., Wisdom's Friends. Community and Christology in the Fourth Gospel, Louisville KY 1999
Rissi, Mathias, Die „Juden" im Johannesevangelium, in: ANRW II,26,3, Berlin / New York 1996, 2099–2141
Ritter, Adolf Martin, Die Lichtmetaphorik bei Dionysius Ps.-Areopagita und in seinem Wirkbereich, in: Bernhardt / Link-Wieczorek (Hg.), Metapher, 164–178
Rizzuto, Ana-María, One God, Two Genders. Psychoanalytic Reflections, in: Klinger / Böhm / Franz (Hg.), Geschlechter, 29–45
[Schenke] Robinson, Gesine, The Trimorphic Protennoia and the Prologue of the Fourth Gospel, in: Goehring, James E. / Hedrick, Charles W. / Sanders, Jack T. / Betz, Hans Dieter (Hg.), Gnosticism and the Early Christian World. In Honor of James M. Robinson, Forum Fascicles 2, Sonoma CA 1990, 37–50
Robinson, Jancis, Rebsorten und ihre Weine. Deutsch von Wolfgang Kissel, Bern / Stuttgart 1997
Röhl, Wolfgang G., Die Rezeption des Johannesevangeliums in christlich-gnostischen Schriften aus Nag Hammadi, EHS.T 428, Frankfurt a.M. 1991
Rosenzweig, Franz, Briefe und Tagebücher 1 (1900–1918), hg. von Rachel Rosenzweig und Edith Rosenzweig-Scheinmann, Haag 1979
Roth, Wolfgang, To Invert or Not to Invert. The Pharisaic Canon in the Gospels, in: Evans / Sanders (Hg.), Interpretation, 59–78
Ruckenbauer, Walter / Traxler, Hans, Weinbau aktuell. Trends, Fakten, Daten, Österreichischer Agrarverlag Wien 1992
Ruckstuhl, Eugen, Die literarische Einheit des Johannesevangeliums. Der gegenwärtige Stand der einschlägigen Forschungen, NTOA 5, Freiburg (Schweiz) / Göttingen 1987
—— / Dschulnigg, Peter, Stilkritik und Verfasserfrage im Johannesevangelium. Die johanneischen Sprachmerkmale auf dem Hintergrund des Neuen Testaments und des zeitgenössischen hellenistischen Schrifttums, NTOA 17, Freiburg (Schweiz) / Göttingen 1991
Rudolph, Enno, Metapher oder Symbol. Zum Streit um die schönste Form der Wahrheit. Anmerkungen zu einem möglichen Dialog zwischen Hans Blumenberg und Ernst Cassirer, in: Bernhardt / Link-Wieczorek (Hg.), Metapher, 320–328
Rudolph, Kurt, Randerscheinungen des Judentums und das Problem der Entstehung des Gnostizismus, in: Ders., Gnosis und spätantike Religionsgeschichte. Gesammelte Aufsätze, NHMS 42, Leiden u.a. 1996, 144–169
Ruether, Rosemary Radford, Nächstenliebe und Brudermord. Die theologischen Wurzeln des Antisemitismus, ACJD 7, München 1978
——, Sexismus und die Rede von Gott. Schritte zu einer anderen Theologie, Gütersloh 1985
Sabbe, M., John 10 and its Relationship to the Synoptic Gospels, in: Beutler / Fortna (Hg.), Discourse, 75–93.156–161
Sänger, Dieter, Neues Testament und Antijudaismus. Versuch einer exegetischen und hermeneutischen Vergewisserung im innerchristlichen Gespräch, in: KuD 34, 1988, 210–231
Sandelin, Karl-Gustav, Wisdom as Nourisher. A Study of and Old Testament Theme, Its Development within Early Judaism and Its Impact on Early Christianity, AAAbo, Ser. A, 64,3, Åbo 1986
Sanders, E. P., Reflections on Anti-Judaism in the New Testament and in Christianity, in: Farmer (Hg.), Anti-Judaism, 265–286
Sasse, Markus, Der Menschensohn im Evangelium nach Johannes, TANZ 35, Tübingen / Basel 2000
Schaberg, Jane, Die Stammütter Jesu, in: Concilium 25, 1989, 528–533
Schäfer, Peter, Artikel: Antisemitismus / Antijudaismus II. Griechisch-römische Antike, in: RGG[4] 1, Tübingen 1998, 557–558

Schaller, Berndt, Artikel: Antisemitismus / Antijudaismus III. Neues Testament (Ur- und Frühchristentum); IV. Christliche Antike bis zum Beginn des Mittelalters, in: RGG⁴ 1, Tübingen 1998, 558–559.559–565

Schenk, Wolfgang, Luke as Reader of Paul. Observation on His Reception, in: Draisma (Hg.), Intertextuality, 127–139

Schenke, Hans-Martin, Was ist Gnosis? Neue Aspekte der alten Fragen nach dem Ursprung und Wesen der Gnosis, in: Bauer, Johannes B. / Galter, Hannes D. (Hg.), Gnosis. Vorträge der Veranstaltungsfolge des Steierischen Herbstes und der österreichischen URANIA für Steiermark vom Oktober und November 1993, GrTS 16, Graz 1994, 179–203

——, Der Gott „Mensch" in der Gnosis. Ein religionsgeschichtlicher Beitrag zur Diskussion über die paulinische Anschauung von der Kirche als Leib Christi, Berlin 1962

——, Artikel: Nag Hammadi, in: TRE 23, Berlin / New York 1994, 731–736

Schenke, Ludger, Johannes. Kommentar, Düsseldorf 1998

Schlatter, Adolf, Der Evangelist Johannes. Wie er spricht, denkt und glaubt, Stuttgart ³1960 (= 1930)

Schlüter, Astrid, Die Selbstauslegung des Wortes. Selbstreferenz und Fremdreferenz in der Textwelt des Johannesevangeliums, BWANT 146, Suttgart 2002

Schlund, Christine, „Kein Knochen soll gebrochen werden". Studien zu Bedeutung und Funktion des Pesachfestes in Texten des frühen Judentums und im Johannesevangelium, WMANT 107, Neukirchen-Vluyn 2005

Schmid, Wolf / Stempel, Wolf-Dieter (Hg.), Dialog der Texte. Hamburger Kolloquium zur Intertextualität, Wiener Slawistischer Almanach Sonderbd. 11, Wien 1983

Schmidt, Andreas, Zwei Anmerkungen zu P.Ryl. III 457, in: APF 35, 1989, 11–12

Schmithals, Walter, Johannesevangelium und Johannesbriefe. Forschungsgeschichte und Analyse, BZNW 64, Berlin / New York 1992

Schmitz, Bettina, Arbeit an den Grenzen der Sprache. Julia Kristeva, Königstein (Taunus) 1998

Schmitz, Thomas A., Moderne Literaturtheorie und antike Texte. Eine Einführung, Darmstadt 2002

Schnackenburg, Rudolf, Das Johannesevangelium. Kommentar zu Kap. 1–4; Kommentar zu Kap. 5–12; Kommentar zu Kap. 13–21; Ergänzende Auslegungen und Exkurse, HThK 4,1–4, Freiburg i.B. / Basel / Wien 1965 (³1972); 1971 (²1977); 1975 (²1976); 1984

——, „Der Vater, der mich gesandt hat". Zur johanneischen Christologie, in: Breytenbach / Paulsen (Hg.), Anfänge, 275–291

Schnelle, Udo, Die Abschiedsreden im Johannesevangelium, in: ZNW 80, 1989, 64–79

——, Trinitarisches Denken im Johannesevangelium, in: Labahn / Scholtissek / Strotmann (Hg.), Israel, 367–386

——, Einleitung in das Neue Testament, Göttingen ³1999

——, Das Evangelium nach Johannes, ThHKNT 4, Leipzig 1998

——, Die Juden im Johannesevangelium, in: Kähler, Christoph / Böhm, Martina / Böttrich, Christfried (Hg.), Gedenkt an das Wort. FS Werner Vogler, Leipzig 1999

—— (Hg.) / Labahn, Michael / Lang, Manfred (Mitarb.), Neuer Wettstein. Texte zum Neuen Testament aus Griechentum und Hellenismus, Bd. I,2: Texte zum Johannesevangelium, Berlin / New York 2001

Scholer, David M., Nag Hammadi Bibliography 1948–1969, NHS 1, Leiden 1971

Scholer, David M., Nag Hammadi Bibliography 2 1970–1994, NHMS 32. Leiden / New York / Köln 1997

Scholtissek, Klaus, Antijudaismus im Johannesevangelium? Ein Gesprächsbeitrag, in: Kampling, Rainer (Hg.), „Nun steht aber diese Sache im Evangelium...". Zur

Frage nach den Anfängen des christlichen Antijudaismus, Paderborn / München / Wien / Zürich 1999

———, „Geschrieben in diesem Buch" (Joh 20,30). Beobachtungen zum kanonischen Anspruch des Johannesevangeliums, in: Labahn / Scholtissek / Strotmann (Hg.), Israel, 207–226

———, In ihm sein und bleiben. Die Sprache der Immanenz in den johanneischen Schriften, HBS 21, Freiburg i.Br. / Basel / Wien u.a. 2000

———, Ironie und Rollenwechsel im Johannesevangelium, in: ZNW 89, 1998, 235–255

Schottroff, Luise, Antijudaismus im Neuen Testament, in: Concilium 20, 1984, 406–412

———, Der Glaubende und die feindliche Welt. Beobachtungen zum gnostischen Dualismus und seiner Bedeutung für Paulus und das Johannesevangelium, WMANT 37, Neukirchen-Vluyn 1970

——— / Wacker, Marie-Theres (Hg.), Kompendium feministische Bibelauslegung, Gütersloh 1998

——— / Wacker, Marie-Theres (Hg.), Von der Wurzel getragen. Christlich-feministische Exegese in Auseinandersetzung mit Antijudaismus, BIS 17, Leiden / New York / Köln 1996

Schroer, Silvia, The Book of Sophia, in: Ssc II, 17–38

———, Das Buch der Weisheit. Ein Beispiel jüdischer interkultureller Theologie, in: Schottroff / Wacker (Hg.), Kompendium, 441–449

———, Feminismus und Antijudaismus. Zur Geschichte eines konstruktiven Streits, in: Dietrich / George / Luz (Hg.), Antijudaismus, 28–39

———, Die Gerechtigkeit der Sophia. Biblische Weisheitstraditionen und feministische Diskurse, in: Concilium 36, 2000, 539–548

———, Die Weisheit hat ihr Haus gebaut. Studien zur Gestalt der Sophia in den biblischen Schriften, Mainz 1996 (= Schroer, Weisheit)

———, Die personifizierte Weisheit als bibeltheologische Schlüsselfigur, in: BiKi 59, 2004, 195–202 (= Schroer, Schlüsselfigur)

Schüssler Fiorenza, Elisabeth (Hg.), Searching the Scriptures, Bd I. A Feminist Introduction, New York 1993; Bd. II. A Feminist Commentary, New York 1994

Schütze, Oliver (Hg.), Metzler Lexikon antiker Autoren, Stuttgart / Weimar 1997

Schulte-Middelich, Bernd, Funktionen intertextueller Textkonstitution, in: Broich / Pfister (Hg.), Intertextualität, 197–242

Schulz, Siegfried, Komposition und Herkunft der johanneischen Reden, BZNW 81, Berlin 1960

Schumacher, Walter Nikolaus, Hirt und „Guter Hirt". Studien zum Hirtenbild in der römischen Kunst vom zweiten bis zum Anfang des vierten Jahrhunderts unter besonderer Berücksichtigung der Mosaiken in der Südhalle von Aquileja, RQ.S 34, Freiburg 1977

Schwab, Gabriele, Die Subjektgenese, das Imaginäre und die poetische Sprache, in: Lachmann (Hg.), Dialogizität, 63–84

Schwankl, Otto, Licht und Finsternis. Ein metaphorisches Paradigma in den johanneischen Schriften, HBS 5, Freiburg / Basel / Wien / Barcelona / Rom / New York 1995

———, Die Metaphorik von Licht und Finsternis im johanneischen Schrifttum, in: Kertelge (Hg.), Metaphorik, 135–167

Schweizer, Eduard, Ego eimi. Die religionsgeschichtliche Herkunft und theologische Bedeutung der johanneischen Bildreden, zugleich ein Beitrag zur Quellenfrage des vierten Evangeliums, FRLANT 56, Göttingen 1939, ²1965

Scott, Bernard Brandon, The Birth of the Reader, in: Semeia 52: How Gospels Begin, Atlanta 1991, 83–102

Scott, Martin, Sophia and the Johannine Jesus, JSNT.S 71, Sheffield 1992

———, The Women of the Fourth Gospel: Paradigms of Discipleship or Paragons of Virtue? in: Faculty of Baptist Theological Seminary Rüschlikon / Schweiz (Hg.), FS Günter Wagner, International Theological Studies: Contributions of Baptist Scholars, Bern / Berlin / Frankfurt a.M. / New York / Paris / Wien 1994, 169–189
Scoralick, Ruth, Worte von Weisen begreifen. Beobachtungen zum Buch der Sprichwörter, in: BiKi 59, 2004, 216–221
Sellin, Gerhard, Allegorie und „Gleichnis". Zur Formenlehre der synoptischen Gleichnisse, in: ZThK 75, 1978, 281–335
———, „Die Auferstehung ist schon geschehen". Zur Spiritualisierung apokalyptischer Terminologie im Neuen Testament, in: NT 25, 1983, 220–237
Seltman, Charles, Wine in the Ancient World, London 1957
Siegele-Wenschkewitz, Leonore (Hg.), Christlicher Antijudaismus und Antisemitismus. Theologische und kirchliche Programme deutscher Christen, ArTe 85, Frankfurt a.M. 1994
———, Der Beitrag der Kirchengeschichte zu einer Theologie nach dem Holocaust. Christlicher Antijudaismus als Wurzel des Antisemitismus, in: Concilium 20, 1984, 413–416
———, Adolf Schlatters Sicht des Judentums im politischen Kontext. Die Schrift *Wird der Jude über uns siegen?* von 1935, in: Dies. (Hg.), Antijudaismus, 95–110
Siegert, Folker, Nag-Hammadi-Register. Wörterbuch zur Erfassung der Begriffe in den koptisch-gnostischen Schriften von Nag-Hammadi, WUNT 26, Tübingen 1982
Siegert, Folker, Vom Restaurieren übermalter Bilder. Worum geht es in der „Brotrede" Joh 6? in: Frey / Van der Watt / Zimmermann (Hg.), Imagery, 195–215
Simonis, Adrian John, Die Hirtenrede im Johannes-Evangelium. Versuch einer Analyse von Johannes 10,1–18 nach Entstehung, Hintergrund und Inhalt, AnBib 29, Rom: Päpstliches Bibelinstitut 1967
Smith, D. Moody, When Did the Gospels Become Scripture? in: JBL 119, 2000, 3–20
———, John Among the Gospels: The Relationship in Twentieth-Century Research, Minneapolis 1992
Smith, Dennis E., Narrative Beginnings in Ancient Literature and Theory, in: Semeia 52: How Gospels Begin, Atlanta 1991, 1–9
——— (Hg.), Semeia 52: How Gospels Begin, Atlanta 1991
Smith, Morton, Prolegomena to a Discussion of Aretalogies, Divine Men, the Gospel, and Jesus, in: JBL 90, 1971, 174–199
Snell, Bruno, Die Entdeckung des Geistes. Studien zur Entstehung des europäischen Denkens bei den Griechen, Hamburg ³1955 (⁸2000)
Söding, Thomas, Die Offenbarung des Logos. Biblische Theologie und Religionsgeschichte im johanneischen Spektrum, in: Labahn / Scholtissek / Strotmann (Hg.), Israel, 387–415
Sölle, Dorothee, Der Erstgeborene aus dem Tod. Dekonstuktion und Rekonstruktion von Christologie, in: Jost / Valtink (Hg.), Weg, 64–77
Staley, Jeffrey Lloyd, The Print's First Kiss. A Rhetorical Investigation of the Implied Reader in the Fourth Gospel, SBL.DS 82, Atlanta 1988
Standhartinger, Angela, Das Frauenbild im Judentum der hellenistischen Zeit. Ein Beitrag anhand von ,Joseph und Aseneth', AGJU 26, Leiden / New York / Köln 1995
Stanley, Christopher D., The Social Environment of 'Free' Biblical Quotations in the New Testament, in: Evans / Sanders (Hg.), Interpretation, 18–27
———, "Pearls before Swine": Did Paul's Audiences Understand His Biblical Quotations? in: NT 41, 1999, 124–144
———, The Rhetoric of Quotations. An Essay on Method, in: Evans / Sanders (Hg.), Interpretation, 44–58
Stare, Mira, Durch ihn leben. Die Lebensthematik in Joh 6, NTA NF 49, Münster 2004

Stauffer, Ethelbert, Jesus. Gestalt und Geschichte, Bern 1957
Stendahl, Krister, Dethroning Biblical Imperialism in Theology, in: Räisänen u.a., Bible, 61–66
Stegemann, Ekkehard W., Die Befreiung der Theologie vom Antijudaismus als wissenschaftliche Aufgabe, in: Judaica 48, 1992, 214–225
——, Die Tragödie der Nähe. Zu den judenfeindlichen Aussagen des Johannesevangeliums, in: KuI 4, 1989, 114–122
Stegemann, Wolfgang, Christliche Judenfeindschaft und Neues Testament. Vortrag zum Augustanatag am 26.6.1988, herausgegeben von der Gesellschaft der Freunde der Augustana-Hochschule, Neuendettelsau 1988 (auch erschienen in: Ders. [Hg.], Kirche und Nationalsozialismus, Stuttgart ²1992, 131–169)
——, Das Verhältnis Rudolf Bultmanns zum Judentum. Ein Beitrag zur Pathologie des strukturellen theologischen Antijudaismus, in: KuI 5, 1990, 26–44
Sterling, Gregory E., Recluse or Representative? Philo and Greek-Speaking Judaism Beyond Alexandria, in: SBL.SP 34, Atlanta 1995, 595–616
Stibbe, Mark W. G. (Hg.), The Gospel of John as Literature. An Anthology of Twentieth-Century Perspectives, NTTS 17, Leiden / New York / Köln 1993
Stiegler, Bernd, Intertextualität: Einleitung, in: Kimmich / Renner / Stiegler (Hg.), Texte, 325–333
Stierle, Karlheinz, Werk und Intertextualität, in: Stierle / Warning (Hg.), Gespräch, 139–150 (gekürzt auch in: Kimmich / Renner / Stiegler (Hg.), Texte, 349–359)
—— / Warning, Rainer (Hg.), Das Gespräch, München 1984
Still, Judith / Worton, Michael (Hg.), Intertextuality. Theories and Practices, Manchester / New York 1995
——, Introduction, in: Dies. (Hg.), Intertextuality, 1–44
Strack, Hermann L. / Billerbeck, Paul, Kommentar zum Neuen Testament aus Talmud und Midrasch, 4 Bde., München ²1956–1959
Strahm, Doris, Artikel: Jesus Christus: Feministische Christologien, in: Gössmann u.a. (Hg.), WFT, 306–313
—— / Strobel, Regula (Hg.), Vom Verlangen nach Heilwerden. Christologie in feministisch-theologischer Sicht, Fribourg / Luzern 1991
Stroker, William D., Extracanonical Sayings of Jesus, SBL Resources for Biblical Study 18, Atlanta 1989
Strotmann, Angelika, Das Buch Jesus Sirach. Über die schwierige Beziehung zwischen göttlicher Weisheit und konkreten Frauen in einer androzentrischen Schrift, in: Schottroff / Wacker (Hg.), Kompendium, 428–440
——, Relative oder absolute Präexistenz? Zur Diskussion über die Präexistenz der frühjüdischen Weisheitsgestalt im Kontext von Joh 1,1–18, in: Labahn / Scholtissek / Strotmann (Hg.), Israel, 91–106
Suerbaum, Ulrich, Intertextualität und Gattung. Beispielreihen und Hypothesen, in: Broich / Pfister (Hg.), Intertextualität, 58–77
Swancutt, Diana M., Hungers Assuaged by the Bread from Heaven: 'Eating Jesus' as Isaian Call to Belief. The Confluence of Isaiah 55 and Psalm 78(77) in John 6.22–71, in: Evans / Sanders (Hg.), Interpretation, 218–251
Takács, Sarolta A., Isis and Sarapis in the Roman World, Religions in the Graeco-Roman World 124, Leiden New York / Köln 1995
Theißen, Gerd, Aporien im Umgang mit den Antijudaismen des Neuen Testaments, in: Blum, Erhard / Macholz, Christian / Stegemann, Ekkehard W. (Hg.), Die Hebräische Bibel und ihre zweifache Nachgeschichte. FS Rolf Rendtorff, Neukirchen 1990, 535–553
——, Zur Entstehung des Christentums aus dem Judentum. Bemerkungen zu David Flussers Thesen, in: KuI 3, 1988, 179–189
——, Die Religion der ersten Christen. Eine Theorie des Urchristentums, Gütersloh 2000

Theobald, Michael, Die Fleischwerdung des Logos. Studien zum Verhältnis des Johannesprologs zum Corpus des Evangelium und zu 1 Joh, NTA.NF 20, Münster 1988
——, Herrenworte im Johannesevangelium, HBS 34, Freiburg i.B. u.a. 2002
——, Schriftzitate im „Lebensbrot"-Dialog Jesu (Joh 6). Ein Paradigma für den Schriftgebrauch des vierten Evangelisten, in: Tuckett (Hg.), Scriptures, 327-366
Thierfelder, Jörg, Artikel: Antisemitismus / Antijudaismus VI. Neueste Zeit, in: RGG^4 1, Tübingen 1998, 569-572
Thoma, Clemens, Artikel: Antisemitismus VIII. Hinweise für Möglichkeiten der Beurteilung, in: TRE 3, Berlin / New York 1978, 165-168
Thompson, Marianne Meye, "God's Voice You Have Never Heard, God's Form You Have Never Seen". Characterization of God in the Gospel of John, in: Semeia 63: Characterization in Biblical Literature, Atlanta 1993, 177-204
Thüsing, Wilhelm, Die Erhöhung und Verherrlichung Jesu im Johannesevangelium, NTA 21, Münster ^{3}1979
Thyen, Hartwig, Artikel: Ich-Bin-Worte, in: RAC 17, Stuttgart 1996, 147-213
——, Ich bin das Licht der Welt. Das Ich- und Ich-Bin-Sagen Jesu im Johannesevangelium, in: JAC 35, 1992, 19-46 (= Thyen, Licht)
——, Aus der Literatur zum Johannesevangelium, in: ThR 39, 1974, 1-69.222-252.289-330; ThR 42, 1977, 211-270; ThR 43, 1978, 328-359; ThR 44, 1979, 97-134
——, Artikel: Johannesevangelium, in: TRE 17, Berlin / New York 1988, 200-225
——, Das Johannesevangelium als literarisches Werk, in: Neuhaus (Hg.), Teufelskinder, 112-132 (= Thyen, Werk)
——, Das Johannesevangelium, HNT 6, Tübingen 2005 (= Thyen, HNT)
——, Johannes 10 im Kontext des vierten Evangeliums, in: Beutler / Fortna (Hg.), Discourse, 116-134.163-168 (= Thyen, Joh 10)
Till, Walter C., Koptische Grammatik (Saïdischer Dialekt), Lehrbücher für das Studium der orientalischen Sprachen, Bd. I, Leipzig ^{2}1961
——, Koptische Dialektgrammatik, München ^{2}1961
Tolbert, Mary Ann, Sowing the Gospel. Mark's World in Literary-Historical Perspective, Minneapolis 1996
Tompkins, Jane P., The Reader in History. The Changing Shape of Literary Response, in: Dies. (Hg.), Reader-Response Criticism: From Formalism to Poststructuralism, Baltimore 1980
Trilling, Gegner Jesu - Widersacher der Gemeinde - Repräsentanten der „Welt". Das Johannesevangelium und die Juden (1980), in: Ders., Studien zur Jesusüberlieferung, SBAB 1, Stuttgart 1988, 209-231
Trobisch, David, Die Endredaktion des Neuen Testaments. Eine Untersuchung zur Entstehung der christlichen Bibel, NTOA 31, Freiburg (Schweiz) / Göttingen 1996
Tröger, Karl-Wolfgang, Die hermetische Gnosis, in: Ders. (Hg.), Gnosis, 97-119
—— (Hg.), Gnosis und Neues Testament, Berlin / Gütersloh 1973
Troeltsch, Ernst, Die Absolutheit des Christentums und die Religionsgeschichte. Vortrag gehalten auf der Versammlung der Freunde der Christlichen Welt zu Mühlacker am 3. Oktober 1901. Erweitert und mit einem Vorwort versehen, Tübingen / Leipzig 1902
——, Die Bedeutung der Geschichtlichkeit Jesu für den Glauben, Tübingen 1911 (auch in: Ernst Troeltsch Lesebuch. Ausgewählte Texte hg. von Friedemann Voigt, UTB.W 2452, Tübingen 2003, 61-92)
Tuckett, Christopher M. (Hg.), The Scriptures in the Gospels, BEThL 131, Leuven 1997
Turner, John D., The History of Religions Background of John 10, in: Beutler / Fortna (Hg.), Discourse, 33-52.147-150
——, Sethian Gnosticism. A Literary History, in: Hedrick, Charles / Hodgson,

Robert (Hg.), Nag Hammadi, Gnosticism, and Early Christianity, Peabody MA 1986, 55–86.
——, Response to "Sophia and Christ in the *Apocryphon of John*" by Karen L. King, in: King (Hg.), Images, 177–186
——, The Setting of the Platonizing Sethian treatises in Middle Platonism, in: Turner / Majercik (Hg.), Gnosticism, 179–224
—— / Majercik, Ruth (Hg.), Gnosticism and Later Platonism. Themes, Figures, and Texts, SBL Symposium Series 12, Atlanta 2000
—— / McGuire, Anne (Hg.), The Nag Hammadi Library after Fifty Years. Proceedings of the 1995 Society of Biblical Literature Commemoration, NHMS 44, Leiden / New York / Köln 1997
Uro, Risto (Hg.), Thomas at the Crossroads. Essays on the Gospel of Thomas, Studies of the New Testament and Its World, Edinburgh 1998
Valantasis, Richard, The Nuptial Chamber Revisited: The Acts of Thomas and Cultural Intertextuality, in: SBL.SP 34, Atlanta 1995, 380–393
——, The Gospel of Thomas, New Testament Readings, London / New York 1997
Van der Watt, Jan G., The Family of the King. Dynamics of Metaphor in the Gospel of John, BIS 47, Leiden u.a. 2000
——, „Metaphorik" in Joh 15,1–8, in: BZ 38, 1994, 67–80
Van Iersel, Bas M. F., Mark. A Reader-Response Commentary, übers. von W. H. Bisscheroux, JSNT.S 164, Sheffield 1998
Verburg, Winfried, Passion als Tragödie? Die literarische Gattung der antiken Tragödie als Gestaltungsprinzip der Johannespassion, SBS 182, Stuttgart 1999
Vidman, Ladislav, Isis und Sarapis bei den Griechen und Römern. Epigraphische Studien zur Verbreitung und zu den Trägern des ägyptischen Kultes, RVV 29, Berlin 1970
Vogt, Hermann Josef, Origenes als Exeget, hg. von Wilhelm Geerlings, Paderborn / München / Wien / Zürich 1999
Vollenweider, Samuel, Antijudaismus im Neuen Testament. Der Anfang einer unseligen Tradition, in: Dietrich / George / Luz (Hg.), Antijudaismus, 40–55
——, Christus als Weisheit. Gedanken zu einer bedeutsamen Weichenstellung in der frühchristlichen Theologiegeschichte, in: EvTh 53, 1993, 290–310
Vorster, Willem, Intertextuality and Redaktionsgeschichte, in: Draisma (Hg.), Intertextuality, 15–26
Vouga, François, Antijudaismus im Johannesevangelium? in: ThGl 83, 1993, 81–89
Wacker, Marie-Theres, Den / dem anderen Raum geben. Feministisch-christliche Identität ohne Antijudaismus, in: Schottroff / Wacker (Hg.), Wurzel, 247–269
Wahlde, Urban C. von, The Johannine 'Jews': A Critical Survey, in: NTS 28, 1982, 33–60
Waldstein, Michael, The Providence Monologue in the Apocryphon of John and the Johannine Prologue, in: Journal of Early Christian Studies 3, 1995, 369–402
Wallraff, Martin, Christus Verus Sol. Sonnenverehrung und Christentum in der Spätantike, JAC.E 32, Münster 2001
——, Viele Metaphern – viele Götter? Beobachtungen zum Monotheismus in der Spätantike, in: Frey / Rohls / Zimmermann (Hg.), Metaphorik, 151–166
Warning, Rainer (Hg.), Rezeptionsästhetik. Theorie und Praxis, UTB 303, München 1975
——, Rezeptionsästhetik als literaturwissenschaftliche Pragmatik, in: Ders. (Hg.), Rezeptionsästhetik, 9–41
Wead, David W., The Literary Devices in John's Gospel, Basel 1970
Webster, Jane S., Transcending Alterity: Strange Women to Samaritan Women, in: Levine (Hg.), Companion 1, 126–142
Weder, Hans, Verstehen durch Metaphern. Überlegungen zur Erkenntnistheorie und

Methodik bildhafter religiöser Sprache im Anschluss an Adolf Jülicher, in: Mell (Hg.), Gleichnisreden, 97–112
Weinzierl, Erika, Artikel: Antisemitismus VII. 18. bis 20. Jahrhundert, in: TRE 3, Berlin / New York 1978, 155–165
Weinrich, Harald, Semantik der kühnen Metapher (1963), in: Haverkamp (Hg.), Theorie, 316–339 (= Weinrich, Sprache, 295–316; zuerst erschienen in: DVfLG 37, 1963, 325–344)
——, Sprache in Texten, Stuttgart 1976
——, Narrative Theologie, in: Concilium 9, 1973, 329–334
Weippert, Manfred, „Ich bin Jahwe" – „Ich bin Istar von Arbela". Deuterojesaja im Lichte der neuassyrischen Prophetie, in: Huwyler, Beat / Mathys, Hans-Peter / Weber, Beat (Hg.), Prophetie und Psalmen. FS Klaus Seybold, AOAT 280, Münster 2001, 31–59
Weiß, Johannes, Der erste Korintherbrief, KEK, 9., völlig neubearbeitete Auflage 1910, zweiter Neudruck Göttingen 1977
Welck, Christian, Erzählte Zeichen. Die Wundergeschichten des Johannesevangeliums literarisch untersucht. Mit einem Ausblick auf Joh 21, WUNT II, 69, Tübingen 1994
Welzen, Huub, Loosening and Binding. Luke 13:10–21 as Programme and Antiprogramme of the Gospel of Luke, in: Draisma (Hg.), Intertextuality, 175–187
Wendland, Paul, Die hellenistisch-römische Kultur in ihren Beziehungen zu Judentum und Christentum / Die urchristlichen Literaturformen, HNT I,2 / 3, Tübingen 2. und 3. Aufl. 1912
Wengst, Klaus, Bedrängte Gemeinde und verherrlichter Christus. Ein Versuch über das Johannesevangelium, München ³1992
——, Der erste, zweite und dritte Brief des Johannes, ÖTK 16, Gütersloh / Würzburg 1978
——, Das Johannesevangelium, 1. Teilband: Kapitel 1–10, ThKNT 4,1, Stuttgart / Berlin / Köln 2000; 2. Teilband: Kapitel 11–21, ThKNT 4,2, Stuttgart / Berlin / Köln 2001
Weren, Wim, Psalm 2 in Luke-Acts: An Intertextual Study, in: Draisma (Hg.), Intertextuality, 189–203
Westendorf, Wolfhart, Koptisches Handwörterbuch. Bearbeitet auf Grund des koptischen Handwörterbuchs von Wilhelm Spiegelberg, Studienausgabe, Heidelberg 1992
Wetter, Gilles P., „Ich bin es". Eine johanneische Formel, in: ThStKr 88, 1915, 224–238
Wheelwright, Philip, Semantik und Ontologie, in: Haverkamp (Hg.), Theorie, 106–119 (Original: Semantics and Ontology, in: Knights, Lionel C. / Cottle, Basil (Hg.), Metaphor and Symbol, Colston Papers 12, London 1960, 1–9; übersetzt von Ursula Christmann)
White, Hayden, Der historische Text als literarisches Kunstwerk, in: Conrad, Christoph / Kessel, Martina (Hg.), Geschichte schreiben in der Postmoderne. Beiträge zur aktuellen Diskussion, Stuttgart 1994, 123–157
Widengren, Geo (Hg.) / Hellholm, David (Mitarb.), Proceedings of the International Colloquium on Gnosticism, Stockholm August 20–25 1973, Stockholm 1977
Wiethaus, Ulrike, Artikel: Jesus Christus: Theologiegeschichtlich, in: Gössmann u.a. (Hg.), WFT, 304–306
Wilcke, Hans-Alwin, Bibelkunde des Neuen Testaments mit synoptischen Parallelstellenregister und Stellenverzeichnis der Quelle Q, ABCN 1, Essen 1985
Wilckens, Ulrich, Das Evangelium nach Johannes, NTD 4, Göttingen 1998
Wild, Robert A., The Known Isis-Sarapis Sanctuaries of the Roman Period, in: ANRW II,17,4, Berlin / New York 1984, 1739–1851

Williams, Catrin H., I am He. The Interpretation of 'Ani Hu' in Jewish and Early Christian Literature, WUNT II,113, Tübingen 2000
Williams, Michael A., Response to the Papers of Karen King, Frederik Wisse, Michael Waldstein and Sergio La Porta, in: Turner / McGuire (Hg.), Nag Hammadi, 208–220
———, Rethinking "Gnosticism". An Argument for Dismantling a Dubious Category, Princeton 1999
Winkel, Johannes, Die Ich-bin-Worte Jesu. Texte, Kommentare, Entwürfe, DAW 70, Göttingen 1995
Wire, Antoinette Clark, The Corinthian Women Prophets. A Reconstruction through Paul's Rhetoric, Minneapolis 1990
Wischmeyer, Oda, und Mitglieder des neutestamentlichen Oberseminars der Theologischen Fakultät der Universität Erlangen-Nürnberg, Das Selbstverständnis der neutestamentlichen Wissenschaft in Deutschland. Bestandsaufnahme. Kritik. Perspektiven. Ein Bericht auf der Grundlage eines neutestamentlichen Oberseminars, in: ZNT 10, 2002, 13–36
Wisse, Frederik, After the *Synopsis*. Prospects and Problems in Establishing a Critical Text of the *Apocryphon of John* and Defining Its Historical Location, in: Turner / McGuire (Hg.), Nag Hammadi, 138–153
———, The Redeemer Figure in the Paraphrase of Shem, in: NT 12, 1970, 130–140
Wolde, Ellen van, Trendy Intertextuality? in: Draisma (Hg.), Intertextuality, 43–49
Wucherpfennig, Ansgar, Markus 1,1–3, Johannes 1,1–18 und Herakleons Johannes-Kommentar im Licht christlicher Kanon-Entwicklung, in: Labahn / Scholtissek / Strotmann (Hg.), Israel, 227–244
Yamaguchi, Satoko, 'I Am' Sayings and Women in Context, in: Levine (Hg.), Companion 2, 34–63
Zahn, Theodor, Das Evangelium des Johannes, KNT 4, Leipzig / Erlangen [5/6]1921
Zamboni, Chiara, Der Materialismus der Seele, in: Diotima und andere, Die Welt zur Welt bringen. Politik, Geschlechterdifferenz und die Arbeit am Symbolischen, Aktuelle Frauenforschung, Königstein / Taunus 1999, 155–172
Zehnder, Markus Philipp, Wegmetaphorik im Alten Testament. Eine semantische Untersuchung der alttestamentlichen und altorientalischen Weg-Lexeme mit besonderer Berücksichtigung ihrer metaphorischen Bedeutung, BZAW 268, Berlin / New York 1999
Zimmermann, Heinrich, Das absolute Ἐγώ εἰμι als die neutestamentliche Offenbarungsformel, in: BZ 4, 1960, 54–69.266–276
Zimmermann, Ruben (Hg.), Bildersprache verstehen. Zur Hermeneutik der Metapher und anderer bildlicher Sprachformen. Mit einem Geleitwort von Hans-Georg Gadamer, Übergange 38, München 2000
———, Christologie der Bilder im Johannesevangelium. Die Christopoetik des vierten Evangeliums unter besonderer Berücksichtigung von Joh 10, WUNT 171, Tübingen 2004
———, Einführung: Bildersprache verstehen *oder:* Die offene Sinndynamik der Sprachbilder, in: Ders. (Hg.), Bildersprache, 13–54
———, „Du wirst noch Größeres sehen…" (Joh 1,50). Zur Ästhetik und Hermeneutik der Christusbilder im Johannesevangelium – Eine Skizze, in: Frey / Rohls / Zimmermann (Hg.), Metaphorik, 93–110
———, Metapherntheorie und biblische Bildersprache. Ein methodologischer Versuch, in: ThZ 56, 2000, 108–133
———, Paradigmen einer metaphorischen Christologie. Eine Leseanleitung, in: Frey / Rohls / Zimmermann (Hg.), Metaphorik, 1–34
Zöckler, Thomas, Jesu Lehren im Thomasevangelium, NHMS 47, Leiden / Boston / Köln 1999

Zumstein, Jean, Bildersprache und Relektüre am Beispiel von Joh 15,1–17, in: Frey / Van der Watt / Zimmermann (Hg.), Imagery, 139–156
——, Der Prozeß der relecture in der johanneischen Literatur, in: NTS 42, 1996, 394–411
——, Die Schriftrezeption in der Brotrede (Joh 6), in: Labahn / Scholtissek / Strotmann (Hg.), Israel, 123–139

H. REGISTER
ANTIKER SCHRIFTEN UND AUTORINNEN

Die Abkürzungen biblischer Schriften richten sich nach den Loccumer Richtlinien, für weitere Abkürzungen s.o. S.341–344. Zentralstellen sind kursiv hervorgehoben. Bei alttestamentlichen Texten ist im Zweifelsfalle die Zählung der Septuaginta gewählt. Einige weniger wichtige Stellenangaben (bes. aus Aufzählungen) sind zusammengefasst verzeichnet oder ausgelassen.

1. *Johannesevangelium*

1,1–18: 74f.*88–90*.223A.242–245. 266.272A.279A.282.331.
1,1: 244.
1,3: 242.
1,4: 242.244.
1,5: 242–244.
1,6–8: 243.
1,8: 242.282.
1,9: 47.228A.235A.243.
1,10: 47.
1,14: 127A.208.233f.243.251.321.331.
1,17: *30*.83.243.
1,19: 34.
1,20: 100.103.105.156.162.
1,23: 72.82.83.105.162.
1,25: 100.
1,26: 105.
1,27: 103.105.157.
1,30: 105.
1,31: 44.105.311A.
1,32: 127A.
1,33.34: 105.
1,41: 73A.100.
1,45: 45.83.
1,47.49: 44.311A.
1,51: 83.232A.

2,6: *30f.*34.47.
2,11: 204.
2,13: 34.45.
2,17: 82.
2,18: 34.204.
2,20: 34.

3,1: 34.
3,6: 208.
3,10: 44.311A.
3,13: 232A.

3,14: 83.
3,16: 33.47.280.
3,19–21: 242.
3,19: 12.
3,21: 281.
3,25: 34.48A.
3,26: 325A.
3,28: 100.103.105.156.
3,33: 228A.

4: 205.
4,5f: 83.
4,5: 204.
4,9: 33f.50A.
4,12: 83.
4,14: 205.
4,18: 228A.
4,22: 33.47.48A.50A.
4,23: 228A.
4,25: 73A.107.109.
4,26: 14.23.98A.99–101.103. 107.109.156.162.
4,28: 31A.
4,31–35: 205A.
4,37: 228A.
4,42: 33.47.
4,48: 204.

5,1: 34.45.
5,3b–4: 93.
5,7: 105.
5,10.15: 34.
5,16.18: 33.
5,31.32: 228A.
5,35: 242.
5,39: 45.82.213A.
5,45f: 82.83.
5,46: 45.
5,46f: 213A.

6: 80f.*136f*.199.*201–234*.288.
6,1: 202.205.
6,2–14: 202.
6,2: 204.
6,4: 34.207A.
6,11: 205.218.
6,14f: 47.204.
6,15–21: 202.
6,20: 14.99–101.155.162.
6,21.22–24: 202.
6,23: 206A.218.
6,24: 202f.
6,25–58: 202–225.
6,26: 204.214A.
6,27: 218.232A.
6,30: 204.
6,31–51b: 204.210–218.207A.
    209–218.224f.
6,31–58: *203–210*.
6,31–35: 210.
6,31: 82.203.*211–214*.218A.223.232.
6,32: 83.212–214.226–229.301.
6,33: 47.232.234A.
6,35: 17.23.98f.*111–113*.121.
    135.140.162.201.217.*218f*.222f.231.
    275A.280.311.319.321.326.
6,36: 214.
6,38: 232.
6,39.40: 232A.
6,41: 23.34.98f.*111–113*.140.162.
    201f.213A.215.218.222.
    223A.232.
6,42: 232.
6,43: 215.222.223A.
6,44: 232A.
6,45: 82.215f.218A.
6,47: 216.
6,48–51: 210.
6,48: 23.98f.*111–113*.121.140.162.201.
    218.222.326.
6,49: 226f.
6,50: 111A.232.
6,51: 23.98f.*111–113*.140.162.201.
    209f.218.232.326.
6,51c–58: 91.93.203f.206–210.233f.
6,52: 34.
6,53–58: 331.
6,53: 232A.
6,54: 206.232A.
6,56: 206.288A.
6,58: 206.208f.232.
6,59: 202f.
6,60–71: 202.228A.
6,60: 202.

6,62: 232A.
6,67: 73.
6,71: 206.

7–9: 237f.
7f: 276A.
7,1: 33f.47.202.
7,2: 34.237.
7,10: 45.127A.
7,11.13.15: 34.
7,19: 82.83.213A.
7,22f: 45.83.
7,23: 72.
7,28: 228.
7,33: 283.
7,34: 104.158.276A.
7,35: 34.44.282.
7,36: 93.104.158.
7,37–10,21: 237f.
7,37: 237.
7,38: 82.
7,39: 237A.
7,40: 239A.
7,42: 45.83.
7,53–8,11: 93.105A.237.

8: *29f.235–285*.
8f: 137.
8,11: 237.
8,12–10,21: 239.
8,12: 8A.12.23.93.98–100.104.
    111–113.137.140.161.162.176.
    198.234.*236–245*.247–249.
    275A.280–285.291A.319A.
    321.326.337.
8,13: 228A.239A.
8,14.16: 228A.
8,17: 213A.228A.
8,18: 23.99.101.158.162.239.325.
8,22: 34.239A.
8,23: 23.47.103.158.163.
8,24: 9.14.23.26.98A.99f.157.162.
    239.
8,28: 14.23.26.98A.99f.157.162.239.
8,31–58: 238.
8,31: 33.
8,33–58: 83.
8,44: 30.239.
8,48.52: 34.
8,56: 238A.
8,57: 34.
8,58: 9.14.23A.*98f*.107.158.162.239.
    324.
8,59: 33.238.

9,1–10,21: 238.
9,1–7: 137.
9,4f: 276.
9,4: 241.
9,5f: 283.
9,5: 12.47.104.137.162.238.240f.
9,7: 237f.
9,9: 14.99f.102.105.106.155.162.239.
    324.
9,11: 238.
9,18: 34.
9,22: 34.*40*.47.239.
9,28f: 82.83.
9,39: 47.

10: 289A.291.292A.
10,1–5: 125.128.130–133.135.291.
10,1: 335.
10,6: 133.
10,7–14: 2.130–132.137f.
10,7: 23.98f.*112f*.132A.140.161.162.239.
10,9: 23.98f.*112f*.140.162.239.326.335.
10,11: 23.98f.*112f*.140.154A.161.162.
    239.325.
10,14: 23.98f.*112f*.140.154A.162.239.
    325.
10,15: 113.313A.
10,16: 44.
10,17f: 313A.
10,19: 33.47.
10,21: 238.
10,22: 237f.
10,24: 34.
10,31: 29A.33f.47.
10,33: 33f.
10,34–36: 213A.
10,34f: 45.
10,34: 82.
10,35: 83A.
10,36: 162A.
10,41: 204.228A.

11: 137.
11,2: 73.
11,8: 33f.
11,9f: 241.275f.284.
11,16: 246A.
11,25: 12.23.*111–113*.137.140f.162.176.
    280.325f.
11,31.33.36.45: 33.
11,48: 44.
11,50f: 47.
11,52: 44.
11,54.55: 34.

12: 284.321.
12,9: 34.
12,11: 33f.
12,12: 45.
12,13: 44.83.311A.
12,15f: 82.
12,15: 283.
12,18: 204.
12,19: 47.
12,20: 44.
12,21: 325A.
12,26: 104.158.
12,27: 83.
12,34: 45.
12,35f: 12.241.275A.276.284.
12,36: 242.282–284.
12,38–41: 83.
12,38: 82.
12,40: 82.
12,41: 45.83.
12,42: *40*.
12,46: 12.104.163.240–242.
12,47: 241f.

13–16: 284.
13: 206f.239.288.
13,1–17: 388.
13,13: 163.
13,18: 72.82.206.
13,19: 14.17.23.26.98A.99–101.*108f*.
    157.162.
13,21–30: 206.
13,33: 34.284.
13,34f: 288.

14: 288.337f.
14,1–14: 338A.
14,2: 338f.
14,3: 104.158.
14,6: 12.23.99.*111–113*.138.140f.
    162.176.280.325.326.*335–339*.
14,16f: 284A.
14,19: 284.
14,22: 246A.
14,25f: 53A.
14,26: 284A.
14,31: 91A.287.

15–17: 93.287f.
15: 23.138.198A.206.*286–313*.321.
15,1–17: 289.299.
15,1–8: 125.128.130f.138.*289–313*.
15,1f: 23.99.*112f*.121.140.160.162.228A.
    286f.296A.299A.301.310f.

15,2: 295f.297.299A.338.
15,3: 207A.299A.
15,4: 206.288.297.299A.
15,5: 288.17.23.99.*112f.*140.161.162.
   198.206.286f.299A.301.310f.326.
15,6: 127.297f.299A.
15,8: 289.299A.
15,9f: 298.
15,9: 127A.289.299A.
15,10: 289.299A.
15,11: 289.299A.309.
15,12: 298.
15,13f: 313A.
15,16: 289.299A.
15,17: 298.
15,18f: 280.288.311.
15,19: 47.
15,25: 41.
15,26: 82.284A.

16,2: *40.*
16,7–11: 284A.
16,12f: 53A.
16,16–19: 284.
16,25.29: 133A.
16,33: 162.

17: 287.
17,3: 288A.
17,12: 82.
17,14.16: 103.158.
17,17: 203A.
17,20: 44.
17,24: 104.158.

18: 12.
18,1: 91A.287.
18,3: 239A.
18,5.6.8: 14.23.98A.99f.155.162.
18,12.14: 34.
18,18: 239A.
18,20: 34.
18,26: 105.
18,33: 34.
18,35: 34.105.157.163.
18,37: 14A.104.162A.
18,38: 34.105.
18,39: 34.

19,3: 34.
19,6: 105.
19,7.12.14: 34.
19,19–21: 34.
19,21: 47.163.

19,24.28: 82.
19,31: 34.
19,36f: 45.82.
19,38.42: 34.

20,1: 240A.
20,9: 45.82.
20,19: 34.47.
20,24: 246A.
20,30: 82.
20,31: 73A.109.

21: 91.93.205.
21,1: 205.
21,2: 246A.
21,4.9: 240A.
21,13: 205.
21,24: 228A.
21,25: 82.87A.93.*96.*

2. *Übrige Texte*

ActJoh 98: 102A.
ActPetr c. Sim. 20: 102A.
Act Petr (BG,4): 163A.179.
ActPt (NHC): 164.179.
   p.9,14f: 166f.
ActThec: 77.
   37: 157.
ActThom 11: 156.
   36: 307A.
   91: 157.
   113.114: 157.
   115.139: 154.
   146: 307A.
   160: 156.
ÄgEv (NHC III,2): 164.179.
   p.58,24f: 166.
äthHen 32,4: 312A.
   42,1f: 233A.276A.
Agrapha: 76.
Aischylos: 77.
AJ: 72A.164.*172–174.*179.180.195.
   245.251.2*60–269.*270–272.278–281.
   NHC II,1: 172.260f.265.
   p.2,12: 171.
   p.3,36–4,1: 266A.
   p.4,9f: 266A.
   p.4,19f: 266A.
   p.4,28f: 266A.
   p.4,32f: 266A.
   p.6,12–14: 266A.
   p.11,9: 266A.

p.11,10-15: 266f.
p.11,20: 166.
p.12,6-9: 266A.
p.13,8: 166.
p.13,14-16.24f: 267A.
p.13,19-21: 267A.
p.15,3f.13: 267A.
p.19,33: 267A.
p.20,5-7: 267.
p.20,17.25: 267A.
p.21,14-16: 267A.
p.22,22-24: 267A.
p.23,3f: 267A.
p.23,33-35: 267A.
p.28,2-5: 267A.
p.29,6f: 267A.
p.30,11-31,25: *172-174*.262-265.
p.30,12f: 271A.
p.30,15f: 263.
p.30,23f: 263.
p.30,32-35: 263A.
p.31,11-13: 264A.
p.31,23f: 264A.
NHC III,1: 172.261.
NHC IV,1: 172.260f.265.
  p.3,5-9: 171A.
  p.46,23-49,6: 172-174.262-265.
  p.48,14f: 265A.
BG,2: 172.261.
  p.21,18-22,2: 171A.
Alkaios: 77.
Alkman: 77.
Allog: 163A.
Am: 39.146A.
  3,13: 158A.
Apc s. Offb
ApcAd: 164.179.
  p.66,19-21: 166.
1ApcJac: 164.179.
  p.31,17f: 168.
2ApcJac: 164.179.
  p.46,6-9: 168.
  p.47,13f: 168.
  p.48,22f: 168.
  p.49,5-12: 168f.
  p.51,7-9: 168.
  p.59,21f: 168.
ApcPl: 164.179.
  p.18,21f: 165.
ApcPt: 163A.
  p.76,7: 307A.
Apg: 43.105.154.
  1,13: 246A.
  7,32: 155.

9,5: 143f.155.
10,21: 155.
10,26: 157.
13,25: 156.
13,44-51: 43.
18,10: 157.
21,39: 154.
22,3: 154.
22,8: 143f.155.
23,6: 153.
26,15: 143f.155.
26,28: 157.
27,23: 157.
Apollonios Rhodios: 77.
Apostelakten: 24.
Apuleius, Metamorphosen XI:
  189A.325A.
Archilochos: 77.
Arist: 307A.
Aristoteles: 76.116-118.120f.294.
  Poetik 1457b: 116-118.
  Poetik 1458a: 116.
  Politica 1281b: 228A.
  Rhetorik III,1404-05: 116.
  Rhetorik III,1411a: 117A.
Askl: 163A.260A.
Athanasius: 145A.
AuthLog: 163A.

Bakchylides: 77.
Bar: 146A.
  3,14: 274A.277.
  3,32f: 273.277.
  3,38: 233.251A.
  4,2: 274A.
Barn: 40.
  4,6: 38A.
  5,11: 38A.
  6,19: 38A.
  14,1-5: 38.
Bel et Draco: 146A.
Bronte: 164.*176f*.179.180A.195.330f.
  p.13,15-14,1: 176f.
  p.16,3-6: 177.
  p.18,21-28: 177.

Cato: 294.
  De agricultura 23-26.32-33: 294A.
Cels s. Origenes
1Chr: 147.
  1-9: 85.
2Chr: 146A.
Chrysippos: 76.
Chrysostomos: 143f.145A.195.

Hom in Ps 50: 143.
Cicero: 77A.118A.
   de oratore III,155f: 118A.
   de oratore III,157: 129A.
1Clem: 76.153A.
   16,15: 159.
   17,2: 159.
   17,5: 157.
   17,6: 159.
   23,4: 292A.300A.307A.
   34,2: 248A.
2Clem11,3: 292A.300A.307A.
Clemens Alexandrinus: 75–78.145A.249A.
   Ecl 33: 249A.
   Paid I,6: 249A.
   Paid I,66,4f: 296A.
Columella: 294.
   De re rustica: 294
   De re rustica V,1,1–8,3: 294A.
   De re rustica V,4,2: 299A.
   De re rustica V,5,11–19: 296A.
   De re rustica V,5,17–19: 299A.
   De re rustica V,5,18: 297A.
   De re rustica V,6,1–37: 299A.
   De re rustica V,6,22–37: 296A.
   De re rustica V,7,1–4: 299A.
   De re rustica V,8,1: 300A.

Dan: 146A.
Demosthenes: 77.
Deuterojesaja (s. auch Jes): 6–10.12.14.
   16.18.23A.26.59.
Dial: 163A.
Diatessaron: 95A.
Did 9,2: 307A.
Diodor: 1f.25.184–187.
   I,13–27: 184A.
   I,22,1: 187A.
   I,27,3: 185A.
   I,27,4: 185.
   I,27,6: 185.
Dtn: 76.147.305A.306A.
   1,27: 215A.
   5,9: 148.
   6,10f: 305f.
   8: 211.
   8,1–3: 227A.
   8,2f: 221.
   32,13: 221A.
   32,39: 149.

EpAp: 165.167.179.
   p.4: 167.
   p.10: 167.
   p.30: 167A.
   p.35: 167A.
Eph: 76.105A.153A.
   2,18: 235A.
   5,8: 282A.
Epiphanius: 145A.
   Haer 26,3,1: 157A.
EpJac: 163A.
EpJer: 146A.
EpPt: 164.179.
   p.134,17f: 166.
1(3)Esra: 146A.
2Esra (Esra/Neh): 146A.
   19,15 (Neh 9,15): 211f.214.
4Esra 5,23: 307A.
   13,50: 216A.
Est: 147.
   10,3d: 151.159.
Eug: 163A.
Euripides: 76.77.
Eusebius: 145A.
EV: 163A.
EvÄg: 76.
EvEg: 95A.
EvEva (bei Epiphanius): 157A.
EvHebr: 76.
EvMar: 77.95A.163A.
EvPetr: 95A.
EvPhil: 163A.251.
EvThom: 76A.77.78A.79.95.96.157.
   164.179.180.*245–252*.257.266.
   271f.276f.280f.
   Incipit / 1: 246f.276.
   4: 250A.
   11: 250.252A.
   18: 250A.
   19: 250A.
   22: 250.
   24: 250.252A.277.
   28: 251.
   30: 157A.248.
   37: 250.
   40: 292A.307A.311A.
   49.50: 250.
   55: 251.
   61: 168.247A.250.
   65: 292A.307A.
   70: 250A.
   77: 171.*247–251*.276f.
   83: 250.
   84.85: 250A.
POxy 1: 76A.78A.157.246.248.
POxy 654: 78A.246f.
POxy 655: 77A.246.

Ex: 147.305A.
  3,6: 148.
  3,14: 8f.12.76.*109*.147.*152*.158A.
  6,12: 149.
  7,5: 148.
  8,18: 148.
  12–17: 207A.
  14,4.18: 148.
  15: 304A.
  15,24: 215A.
  15,25: 219A.
  15,26: 148.
  16: 211f.215.219–221.
  16,2–12: 215A.222A.
  16,4: 201A.211f.214.218A.219f.
  16,5: 214.
  16,15: 201A.211f.220f.
  16,16:220f.
  16,18: 221.
  17: 304A.
  17,1–7: 213A.
  17,3: 215A.
  17,6: 221A.
  19,10: 304A.
  20,2: 12.144.148.
  20,5: 148.
  23,20: 84.
  29,46: 148.
  32,1–35: 222A.
  32,6: 222A.
ExAn: 163A.
ExpVal: 163A.
Ez: 147.159.195f.305A.306A.
  7,6: 148.
  17: 309.
  19,10: 310.
  28–39: 149.
  28,2.9: 149.
  34: 7.328.
  34,2–10: 330A.
  36,29f: 215A.
  47,1–10: 237A.

Gaius: 77A.
Gal: 76.105A.153A.
  3,26–29: 209A.
Gen: 75.76.147.279.305A.322.
  1–7: 266–268.
  1: 74.88–90.170.242.244.250.
    255–259.270–272.282.
  1,1: 88.
  1,2–5: 255f.
  1,2f: 271A.
  1,2: 242.267A.
  1,3: 242.250.
  1,4f: 242.
  1,26f: 250.271A.
  1,28: 258A.
  2,9: 312.
  2,21f: 267A.
  5: 85.
  5,1: 86.
  7,7.13–16: 267A.
  9,20: 305.
  10f: 85.
  17,1: 148.
  18,27: 151.159.
  24,24.34: 148.
  25: 85.
  26,24: 148.
  27,32: 148.
  31,13: 148.
  38: 86.
  45,3.4: 148.
  46: 85.
  46,3: 148.
grBar 1,2: 307A.
  4,8–17: 307A.312A.

HA: 164.179.
  p.86,30f: 166.
  p.93,8–13: 165.
  p.93,19: 169.
  p.94,21f: 166.
  p.95,5: 166.
Hab: 146A.
Hag: 147.
  1,13: 150.
  2,4: 150.
Hebr: 66.76.105A.133A.153A.
  10,19–21: 329A.
Hen(gr) 10,19: 307A.
  32,4: 307A.312A.
Herakleon: 4.
Herm: 77.153A.307A.
  11,3 (Vis III,7): 159.
  25,3 (Vis V,3): 154.
  40,3 (Mand X,1): 157.
  108,6 (Sim IX,31): 154A.
Hermetica (s. auch Poimandres):
  179.186A.260.281A.
  CH 13: 260.
Herodot: 77.
Hesiod: 74f.77.
Hiob s. Ijob.
Hippolyt: 253.
  Ref V,19–22: 253A.
  Ref V,20,1–3: 255A.

Hld: 147.305A.
  2,15: 307A.
  7,9: 310.
  7,13: 310A.
  8,12: 310A.
Homer: 72A.76.77.78.
  Odyssee: 89A.
  Odyssee 11,252: 181.
Hos: 147.
  1,9: 150.
  2,14: 307A.
  5,14: 151.
  10,1: 304A.306A.
  11,9: 150.
Hyps: 164.179.
  p.70,29: 165.

Ignatius von Antiochien: 38.40.
  Mag 8,1: 38.
  Mag 10,1–3: 38.
Ijob: 147.
  8,3: 248A.
  28,12.20.28: 277.
  30,9: 151.
  33,31: 150.
Inschriften (s. auch Isis): 1–3.25.70.78.
Inter: 164.179.
  p.10,31–34: 169.
Irenäus: 166A.261.
  Haer I,29: 261A.
  Haer V,33,3: 286.
Isis-Inschriften etc.: *1–3*.8.18.23.25f.
  27.59.77.78.140A.144f.181.*184–194*.
  195–197.310A.320.330.
  Andros: 1.185A.186.189A.
  Chalkis: 185A.186.
  bei Diodor: 1f.184–187.189A.192f.
  Ios: 1–3.25.185A.186.189A.
  Kyme: 144.185A.186f.*189–193*.
    274A.310A.
  Kyrene: 186A.
  bei Plutarch: 23A.184.193f.
  POxy 1380: 77A.188f.310A.
  Saloniki: 185A.186.189A.
Isokrates: 77.

Jak: 105A.153A.
  1,17: 235A.
  3,12: 292A.307A.
Jes: 147.305A.306A.
  2,2f: 44.76.
  5: 7.
  5,1–7: 304A.307.

9: 7.
27,2.6: 306.
40,3: 85.
41,4: 152.158A.
41,10: 148.
42: 7.
42,8: 12.
43,10: 17.149.
43,25: 150.
44,6: 158A.
45,8: 148.
45,18: 149
45,19.22: 148.
46,4: 149.
46,9: 148.
47,8.10: 149.
48,12: 152.158A.
48,17: 148.
49: 7.
51: 7.
51,12: 150.
52,6: 150.
54,1–55,5: 215.
54,12: 215.
54,13: 215f.218A.
55,1f: 215.
56,3: 151.
60,3: 238A.
61,8: 148.
65,21: 305.
Jer: 39.76.147.305A.306A.
  1,8.17.19: 150.
  2: 7.
  2,21: 304A.307A.
  3,12: 150.
  8,13: 306.
  9,23: 148.
  23,23: 148.
  24,7: 148.
  26,28: 150.
  38,33f: 215A.
  49,11: 150.
Jdt: 147.
Joel: 147.306A.
  1,12: 306.309.
  2,23–26: 215A.
  2,27: 150.215A.
1Joh: 76.153A.284.
  1,5: 280.284A.
  1,7: 284A.
  2,8: 228A.
  2,9–11: 284A.
  2,27: 228A.

3,24: 206A.
4,13-16: 206A.
5,20: 228A.
2Joh: 105A.153A.
3Joh: 105A.153A.
  12: 228A.
Jona: 147.
  1,9: 148.
Jos: 146A.
  2: 86.
JosAs: 217A.
  5,5.9: 217A.
  14,5: 217A.
  14,8: 148.
  15,5: 217A.
  15,12B: 148.
  16,14.16: 217A.
  18,9: 307A.310A.
  19,5: 148.217A.
  21,21: 217A.
  26,2: 307A.
Josephus: 70.90.
Jub: 238.
  7,1: 307A.
  13,6: 307A.
  15,33: 39A.
  16,21-31: 238.
Jud: 153A.
Justin Mart.: 145A.

Kallimachos: 76.77.
Kgl: 146A.
1Kön (1Sam): 147.305A.
  17,34: 151.
  30,13: 148.
2Kön (2Sam): 147.305A.
  1,8.13: 148.
  2,20: 148.
  3,8: 151.
  11: 86.
  11,5: 150.
  12,7: 150.
  13,28: 150.
  24,17: 151.
  15,28: 150.
  18,12: 150.
  20,17: 150.
  24,12.17: 150.
3(1)Kön: 147.
  2,2: 150.
4(2)Kön: 147.
  4,13: 150.
  10,9: 150.
  22,20: 150.

Koh: 146A.153.305A.
  2,13: 274A.276.
Kol: 76.105A.153A.
1Kor: 76.105A.154.223.
  1,12: 157.
  1,17-24.30: 223A.
  2,1-7.13: 223A.
  3,4: 157.
  3,19: 223A.
  8,6: 248A.
  9,7: 292A.307A.
  10,1-10: 222f.
  10,3.4.5: 222.
  10,6: 222A.
  10,7: 222.
  10,10: 222.223A.
  10,11: 222A.
  11,17-34: 207.
  12,8: 223A.
  15,9: 157.
2Kor: 76.105A.153A.
Koran, 61.Sure: 24.
Kore Kosmou: 186A.

Lev: 76.147.159.195f.
  11,44.45: 148.
  19-26: 148.
  19,2: 157A.
  25,3f: 304f.
  26,13.44.45: 148.
LibThom: 164.179.
  p.138,13: 171.
  p.144: 307A.
Livius: 77A.
2LogSeth: 164.179.
  p.50,12: 169.
  p.53,30f: 166.
  p.56,8: 167.
  p.59,5-19: 171A.
  p.64,19-22: 166.
  p.70,3-5: 169.
Lk: 43.66.76.87.95A.105.133A.154.196.
  1,1-4: *87f.*
  1,18: 144.157.
  1,19: 141A.154.159.
  6,15: 246A.
  7,8: 157.
  13,6f: 292A.307A.
  13,6; 299A
  13,24f: 329A.
  16,8: 282A.
  19,22: 157.
  20,9-16: 307A.
  21,8: 156.157.

21,38: 93.
22,70: 156.
24,39: 155.
24,53: 93.
LXX: 15f.25.72f.144f.*146–153*.159.164.
168.177.195f.198.211f.219.225.304.
309.318.323.

1Makk 14,12: 146A.305.
2Makk: 146A.
   7,9.14: 325A.
   12,43f: 325A.
3Makk: 146A.
4Makk: 147.305A.
Mal: 147.
   1,6.14: 150.
   3,1: 84.
Mandaica: 6.8.*19–24*.26.57.59.73.236.
265A.302.304.
Manichaica: 19.57.163A.253.265A.
Mar: 164.179.
   p.4,24f: 168.
Melch: 164.179.
   p.5,17f: 165.
   p.15,10–13: 168.
Melito von Sardes: 38f.40.102A.
   Passahomilie 96f: 38f.
   Passahomilie 103: 102A.
Menandros: 77.
Mi: 146A.
   4,4: 307A.
   7,15: 216A.
Mk: 43.76.78A.87.95A.96.105.133A.
154.196.
   1,1–4: *84f.*86f.89.
   1,1: 95A.
   3,18: 246A.
   4: 133A.
   6: 81.
   6,49f: 155.
   12,1–8: 292A.307.
   12,26: 155.
   13,6: 156A.157.
   14,19: 155A.
   14,25: 292A.307A.
   14,27: 155.
   14,61f: 156.
   14,62: 8.
Mt: 43.76.87.95A.105.133A.154.196.
   1,1–17: *85–87*.89f.
   1,18: 86.
   5,14–16: 282A.
   5,14: 8A.281f.
   7,13f: 329A.
   8,9: 157.

   10,3: 246A.
   14,27: 155.
   16,18: 44.
   18,17: 44.
   18,20: 248A.
   20,1–14: 292A.307A.
   20,15: 157.
   21,28: 292A.307A.
   21,33–41: 307.
   22,32: 155.
   24,5: 156.
   24,38: 206A.
   25,1–13: 167A.
   25,10f: 329A.
   26,21–25: 155.
   28,15: 43.
   28,20: 157.171.
Musonios: 76.

Nag-Hammadi-Schriften: 8.21.27.145.
163–180.197f.245–273.279–281.328A.
Nah: 146A.
Neh s. 2Esra
NHC VI,5 (Platon, Politeia): 163A.179.
Nicenum: 236A.
Niceno-Constantinopolitanum: 236A.
Noema: 163A.
Num: 76.147.305A.
   11–14: 227A.
   11: 211f.215A.216A.222A.
   11,6: 221.
   11,9: 233.
   11,29: 216A.
   14: 215A.222A.
   14,4: 221A.
   14,12–23: 222.
   16f: 215A.
   20: 213.
   20,7–11: 221A.
   20,10: 213.
   21,4–9: 222A.
   21,16–18: 237A.
   25,1–18: 222A.

Obd: 146A.
Oden Salomos: 19.
OdNor: 163A.
Offb 1,8: 144.154.158.194.197.
   1,14f: 126A.
   1,17f: 158.194.
   2,23: 158.
   14,18: 292A.307A.
   21,6: 158A.
   22,13: 158A.
   22,16:14A.66.105A.158.

OgdEnn: 164.179.260A.
  p.58,4.15.27: 170.
  p.60,29–31: 170A.
Origenes: 4.74.88.97f.108f.115.123A.
  145A.229A.
  Cels: 24.37.
  Cels IV,20–23: 38A.
  Cels V,25: 37A.
  Cels VII,9: 156A.
  Cels VIII,2.11: 37A.
  Joh-Komm: 4.74.97.115.
  Joh-Komm I,4: 97.
  Joh-Komm I,9: 323f.
  Joh-Komm I,26: 115.281A.
  Joh-Komm I,34: 88A.
  Joh-Komm X,5: 5.
  Joh-Komm XXXII,15: 108f.
  Joh-Komm XXXII,29: 315.
  Joh-Komm Frag.6: 115.229A.
  Joh-Komm Frag.136: 29.
  Princ I,2,1: 88A.
  Princ I,8,3: 235.

Papyri (siehe auch POxy): 2.25.70.
  76–79.*93–96*.246f.
  Chester-Beatty-Papyri: 94A.
  PRyl 77: 249A.
  $\mathfrak{P}^5$: 94.
  $\mathfrak{P}^{22}$: 94.
  $\mathfrak{P}^{28}$: 94.
  $\mathfrak{P}^{39}$: 94.
  $\mathfrak{P}^{45}$: 94.
  $\mathfrak{P}^{52}$: 94.
  $\mathfrak{P}^{66}$: 93.94.103A.104A.246A.
  $\mathfrak{P}^{75}$: 93.94.103A.246A.
  $\mathfrak{P}^{80}$: 94.
  $\mathfrak{P}^{90}$: 94.104A.
  $\mathfrak{P}^{95}$: 94.
  $\mathfrak{P}^{106}$: 94.
  $\mathfrak{P}^{107}$: 94.
  $\mathfrak{P}^{108}$: 94.
  $\mathfrak{P}^{109}$: 94.
ParJer 3,10: 307A.
ParSem: 164.179.245.*252–258*.
  259f.266.278.280f.
  p.1,1: 253A.
  p.1,2: 253A.
  p.1,22–32,27: 253–256.
  p.2,20–23: 256A.
  p.4,1–6: 170.254
  p.8,24–26: 165.170.254.258A.
  p.8,33–36: 170.254.
  p.9,24f: 256A.
  p.10,21–24: 170.254.
  p.18,1–5.12–14: 254A.

p.19,30f: 256A.
p.20,1: 168.
p.20,10–12: 256.
p.24,17–20: 256A.
p.25,17f.25f: 256.
p.28,5f: 256.
p.29,1–29: 256.
p.21,13–15: 255.
p.24,27–29: 168.
p.32,27: 253A.
p.34,28f: 256A.
p.41,6f: 256A.
p.47,7: 166.
p.47,16–20: 256.
1Petr: 76.105A.154.
  1,16: 157.
2Petr: 105A.153A.
  2,22: 133A.
Phil: 105A.153A.
Philo Alex.: 75.76.88.145A.201.209.
  219–223.309.310A.318.321.328.
  Cong 170–174: 221.
  Decal 13: 221f.
  Det 115–118: 221.
  Fug 137–139: 220f.
  Fug 137f: 201.
  Fug 176: 309A.
  Her 79: 221f.
  Her 191: 221.
  LA III,52: 312A.
  LA III,65–75a: 209A.
  LA III,162–168: 209.
  LA III,169–173: 209A.221f.
  LA III,174–176: 221A.
  Mig 40: 274A.
  Mut 162: 309.
  Mut 253–263: 209.
  Mut 259: 219.
  Sac 76–87: 209A.
  Som I, 75: 274A.
  Som II,17,30: 209A.
  Som II,171: 309A.
Phlm: 105A.153A.
Pindaros: 77.
Pistis Sophia: 163A.
Platon(ismus): 76.77.115.123A.272.
  301A.
  Politeia 588b–589b (NHC VI,5):
    163A.179.
  Theaitet 149a: 181.
Plinius d.Ä.: 294.
  Naturalis historia XIV: 294A.
  Naturalis historia XIV,2f: 300A.
  Naturalis historia XIV,2,9: 300A.
  Naturalis historia XIV,3,11: 300A.

Naturalis historia XIV,3,14: 299A.
Naturalis historia XIV,4,31: 299A.
Plinius d.J.: 72A.
Plutarch: 76.184.193f.
  De Iside et Osiride: 184A.
  De Iside et Osiride 354c: 194.
Poimandres: 24.165f.172.179.245.
  258–260.266.272.280f.
  1–6: 259A.
  2: 165f.258.
  4f: 258A.
  6: 170.*258f.*
  9f: 259.
  12: 259A.
  18: 258A.
  19f: 259A.
  21: 258A.259A.260A.
  28: 260A.
POxy: *76–79*.94A.188f.216A.
  1: 76A.78A.157.246.
  208: 77A.
  654: 78A.246f.
  655: 77A.246.
  847: 77A.94A.
  1228: 77A.
  1380: 77A.*188f.*310A.
  1596: 77A.
  1780: 77A.
  1781: 77A.
  3523: 77A.
PrecHerm: 163A.260A.
PrecPl: 163A.
PrecVal: 163A.
Proklos, Tim 1,30e: 194A.
Protennoia: 164f.*174–176*.
  177.179.180.195.245.262.
  269–273.278–281.
  p.35,1–4: 174.
  p.35,1: 271A.
  p.35,12f: 174.
  p.35,12: 176.
  p.35,22–24: 174.
  p.35,30–32: 174.
  p.36,5: 269A.
  p.36,12–18: 175.271A.
  p.36,17: 271A.
  p.36,32: 269A.
  p.37,19f: 269A.
  p.38,1–6: 269A.
  p.38,11f: 175.
  p.39,10f: 269A.
  p.39,26–32: 269A.
  p.41,1f.16: 269A.
  p.41,20–24: 175.
  p.41,32–42,2: 269A.
  p.42,4–11: 175.
  p.42,14–17: 269A.270A.
  p.43,35f: 166.
  p.44,20–24: 271A.
  p.45,6–9: 175.269A.
  p.45,12f: 270A.
  p.45,19: 270.
  p.45,31f: 270A.
  p.45,33: 269A.
  p.46,5f.14f: 175.
  p.46,31–33: 270A.
  p.47,28–34: 175.270.
  p.47,28–30: 176.
  p.48,13f: 270.
  p.48,17–32: 270A.
  p.48,33f: 270A.
  p.48,34f: 270.
  p.49,7–11: 175.
  p.50,22: 269.
Prov s. Spr.
Ψ (nach LXX): 76.147.
  21,7: 144.151.159.
  34,3: 151.
  40,10: 206A.
  45,11: 148.
  49,7: 148.
  77,15f: 221A.
  77,24: 211f.214.218A.226f.
  77,29–31: 226f.
  79,9–12: 300A.304A.307A.
  79,16: 309.
  80,11: 148.
  104,40: 211f.214.
  104,41: 221A.
  105,25: 215A.
  105,32: 213A.
  108,22: 149.
  127,3: 310.
Psalmen Salomos: 146A.216.
  17,32: 216.
Ps.-Dionysius Areopagita: 235.
  Hierachien 120f: 235.

Q (Logienquelle): 87.
Qumranschriften: 39.45A.
  1 QS II: 39A.
  4 Q 174 III: 39A.

Rabbinica: 10.
  Ber 40a: 312A.
  birkat ha-minim: 40A.
  bKet 111b: 300A.
  yBer 2,5c38: 300A.
  Meg 31a: 238A.
  Midraschim: 209.216A.

San 70a: 312A.
ShemR 25,7: 219A.
Suk IV,9: 237A.
Suk V,2–4: 237A.
tSuk III,3–18: 237A.
Rheg: 163A.
Ri: 147.305A.
  5,3: 150.
  6,8: 144.150.
  6,18: 150.
  9: 309A.
  9,12f: 305.
  11,27: 150.
  11,35.37: 150.
  17,9: 148.
Rö: 76.105A.154.
  1,16: 43.
  1,19f: 243.
  2,9: 43.
  2,10: 43.
  4,1–22: 209A.
  5,2: 235A.
  7,14: 157.
  9–11: 52A.
  9,24: 43.
  11,1.13: 154.
  11,17–24: 297f.
  11,23f: 298.
  11,36: 235A.
Rut: 86.147.
  2,10: 149.
  3,9: 148.
  4,4: 150.

Sach: 147.
  8,12: 305.
  3,10: 307A.
  13,1: 237A.
  14: 238.
Sallust: 77A.
1/2Sam s. 1/2Kön
Sappho: 77.78.
Sextus: 163A.179.
Sib 4,17: 307A.
Silv: 163A.179.
  p.107,27: 307A.
Sir: 18A.75.76.146A.153.273–279.
  1,4: 273.
  1,10: 277.
  4,3–34: 17A.
  4,15–19: 17A.
  4,17: 17.
  15,3: 218f.
  24,1–22: 153A.223f.273.310A.311.
  24,8: 233.251A.

  24,12: 311.
  24,17: 153.198.*310*.311.
  24,19: 218.223.311.
  24,21: 17.218.223.231.275A.311.
  24,22: 275.
  39,3: 133A.
  47,17: 133A.
SJC: 164.179.
  BG, p.83,19: 168.
  BG, p.105,2f: 168.
Sokrates: 181.
Sophokles: 77.
Spr: 18A.76.146A.153.273–279.
  1,2f: 275.
  1,4: 277.
  1,22–36: 17A.153A.
  1,28: 233A.276A.
  2,2.3: 277.
  2,6.10: 277.
  2,9f: 275.
  2,10.11: 277.
  3,12: 312A.
  3,13: 277.
  3,18: 312.
  3,19.20.21: 277.
  4,1: 277.
  4,18f: 275.
  5,2: 277.
  6,22: 275A.
  6,23: 275.
  6,28: 275A.
  7,4: 277.
  8,1–36: 17A.153A.273.
  8,1.9.12: 277.
  8,17: 275.
  8,20: 275A.
  8,22f: 88f.
  9,1–5: 218.
  9,5–12: 273.
  9,5f: 17A.153A.219A.
  9,6.10: 277.
  23,19: 277.
  24,7: 277.
StelSeth: 163A
Susanna: 146A.
syrBar: 216.308.
  29,5–6.8: 308.
  29,5: 286A.
  29,6.8: 216.
  36: 309.
  36,7–37,1: 308A.
  39,7: 308A.

Terentius: 77A.
TestAbr: 18.

1,7,11: 148.
1,8,5: 148.
1,8,7: 148.
1,16,11: 151.
1,16,12: 150.
2,7,2: 148.
2,13,15: 151.
2,13,16: 148.
17,5: 150.
TestDan 5,5f: 39A.
TestJob 1,5.6: 148.
  2,1: 148.
  27,2: 150.
  29,4: 148.
  31,6: 148.
TestLevi 2,12: 307A.309.
  5,6: 148.
TestZab 1,3: 148.
TestVer (NHC): 164.179.
  p.48,4f: 166.
Theokritos: 77.
Theophrast: 293–297.
  De causis plantarum: 294A.
  De causis plantarum III,7,10: 297A.
  De causis plantarum III,10.8: 299A.
  De causis plantarum III,13,2: 297A.
  De causis plantarum III,14,1: 293.
  De causis plantarum III,14,2–16,3: 293A.
  De causis plantarum III,14,8: 295.
  Historia plantarum: 294A.
1Thess: 105A.153A.
  2,14–16: 37A.
  5,5: 282A.
2Thess: 153A.
1Tim: 105A.154.
  1,15: 157.
2Tim: 105A.153A.
Tit: 105A.153A.
Tob: 147.
  12,15: 141A.144.148.
TractTrip: 163A.
  p.62,10: 307A.

UW (II,5): 164.171.176.179.
  p.103,11–13: 166.
  p.107,30f: 166.
  p.109f: 307A.
  p.110,17: 312A.
  p.112,28f: 166.

p.114,7–12: 170.

Varro Reatinus: 294.
  De re rustica I: 294A.
Vergil: 77A.
  Aeneis: 89A.
VitAd 17,2: 148.

Weish: 146A.251.153.265A.273–279.
  1,1: 274.
  3,1–4: 325A.
  5,6: 274.
  6,11: 274A.
  6,12: 275.
  6,21: 273A.
  6,22: 273.
  6,23 (Vulgata): 273.
  7,10: 17A.
  7,16.17: 277.
  7,17–26: 278.
  7,18f: 274A.
  7,22–8,1: 275A.
  7,22.23: 277.
  7,24–30: 276.
  7,26: 274A.
  7,27f: 233.276A.
  7,29f: 17A.274A.
  8,4: 277.
  9,2: 273.
  9,10: 233.
  10,1: 273.
  10,14: 233.
  16–18: 227A.
  16: 219A.
  16,20: 211f.214.
  18,4: 274f.

Xenophon: 77.

Zauberpapyri: 2.25.*181–184*.195f.
  PGM 1,64: 182.
  PGM 1,77–79: 182.
  PGM 1,84: 182.
  PGM 2,71: 182.
  PGM 2,73f: 182f.
Zef: 147.
  2,15: 149.
Zostr: 163A.